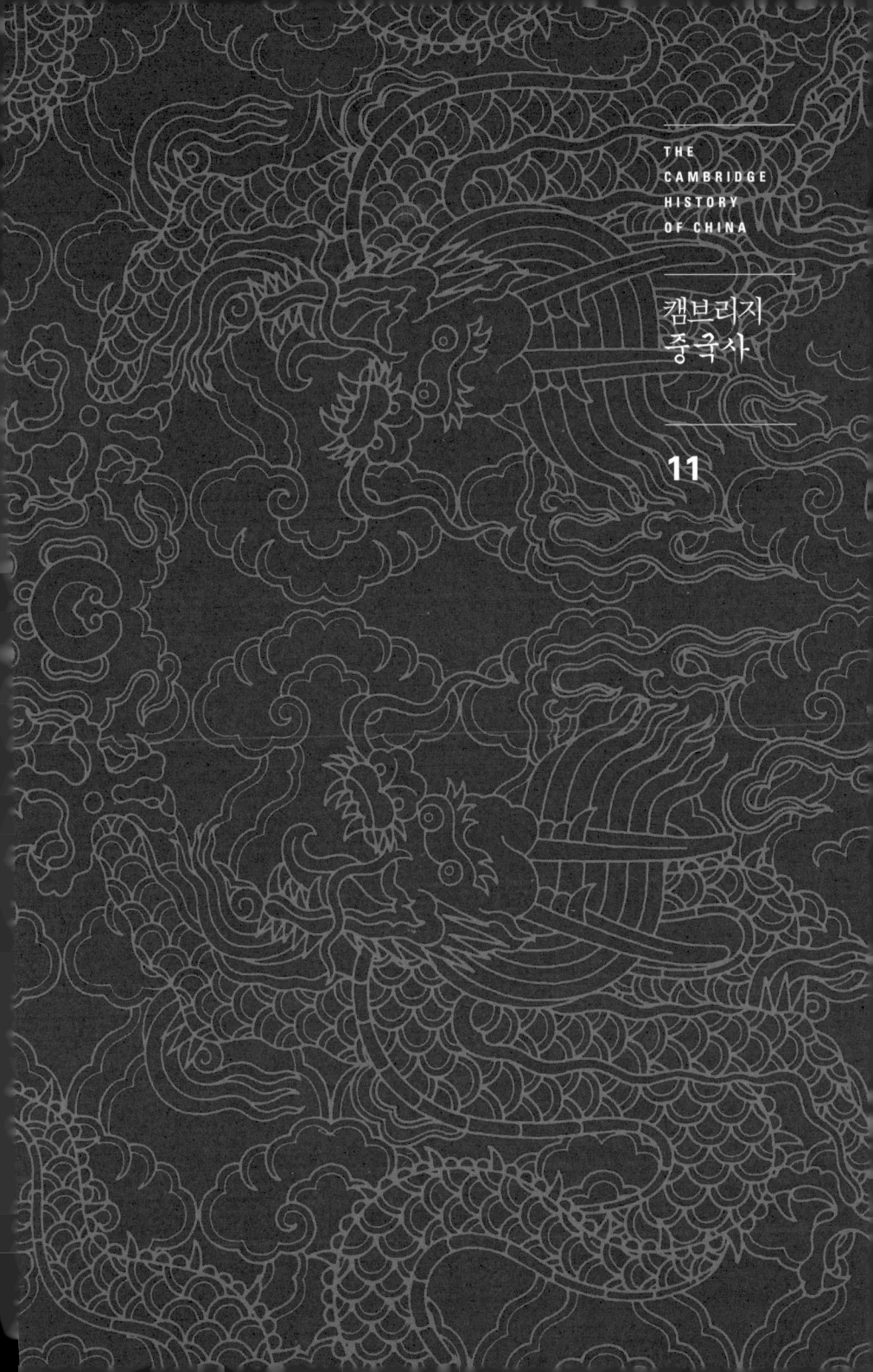

THE CAMBRIDGE HISTORY OF CHINA

캠브리지 중국사

11

캠브리지 중국사

THE CAMBRIDGE HISTORY OF CHINA

1800~1911

청 제국 말 【2부】 上

11

새물결

The Cambridge History of China Vol. 11

ⓒ Cambridge University Press, 1980
First published in Great Britain by the Press Syndicate of the University of Cambridge.
All rights are reserved.
Korean translation copyright ⓒ Seamulgyul Publishing House, 2007
This Korean Translation edition is published by arrangement with Cambridge University Press through Bestun Korea Agency, Seoul.

캠브리지 중국사 11권 (上)

총 편집 데니스 트위체트 · 존 K. 페어뱅크 | 책임 편집 존 K. 페어뱅크 · 류광징
옮긴이 김한식 · 김종건 외 | 진행 및 편집 이병무 · 이정화
펴낸이 홍미옥 | 펴낸곳 새물결 출판사
첫번째 펴낸날 2007년 9월 10일 | 등록 서울 제15-52호(1989.11.9)
주소 서울특별시 마포구 연남동 565-31 1층 우편번호 121-869
전화 (편집부) 3141-8696 (영업부) 3141-8697 | 팩스 3141-1778
E-mail sm3141@kornet.net
ISBN 978-89-5559-225-2(04910)
ISBN 978-89-5559-222-1(전32권)

이 책의 한국어판 저작권은 베스툰 코리아 에이전시를 통해 Cambridge University Press와 독점 계약한 새물결출판사에 있습니다. 신저작권법에 의해 한국 내에서 보호받는 저작물이므로 무단 전재나 무단 복제, 매체 수록 등을 금합니다.

<일러두기>

1. 이 책은 데니스 트위체트와 존 K. 페어뱅크가 총 편집을 맡고 존 K. 페어뱅크와 류광 징이 책임 편집한 *The Cambridge History of China Vol. 11 — Late Ch'ing 1800~1911, Part 2*를 우리말로 옮긴 것이다.
2. 중국 인지명 표기는 지명의 경우 중국식 발음으로 표기하고, 인명의 경우 신해혁명(1911년) 이전 인물들은 한글 발음으로, 신해혁명 이후까지 생존, 활동한 인물들은 중국식 발음으로 표기했다. 그 밖에 만주, 신장, 위구르, 티베트, 중앙아시아, 베트남의 인지명은 현지 발음으로 표기하는 것을 원칙으로 하되 만주인의 경우 입관 이전의 인명은 만주어 발음으로, 입관 이후의 인명은 중국 인명 표기 원칙에 따라 표기했다.
3. 중국식 인지명 표기와 일본 인지명 표기는 문화체육부 고시 외래어 표기법(1995. 3. 15)을 따랐다.
4. 본문 안에서 옮긴이 주나 옮긴이의 첨언은 〔 〕 안에 넣어 표시했으며, 내용이 긴 주는 본문 해당 부분에 * 표시를 하여 각주 처리했다. 단 인용문에서는 각 장 필자의 첨언을 〔 〕 안에 넣어 처리했으며, 옮긴이의 말은 〔 〕 안에 넣고 '— 옮긴이'로 표시했다.
5. 원서의 각주는 모두 미주로 처리하여 책의 말미에 실었다.

차례

서문 · 17
총 편집자 서문 · 28

01 청 말의 경제 동향(1870~1911년) | 앨버트 포이어워커 | 31

농업 · 35
수공업 · 54
근대 공업 · 72
국내 교역과 대외 교역 · 87
행정과 경제 · 110

02 청 말의 대외 관계(1866~1905년) | 임마누엘 C. Y. 쉬 | 127

대외 관계 변화의 배경 · 129
1866~1875년 사이의 대외 관계 · 132
    빈춘 해외 시찰단(1866년) · 132
    벌링게임 사절단과 올콕 협정 · 134
    톈진 교안(1870년) · 142
    친견 문제(1873년) · 146
    마거리 사건(1875년) · 148
변경 지역과 조공국에 대한 제국주의 침략의 가속화 · 152
    타이완(포르모사)과 류큐 · 153
    일리 위기(1871~1881년) · 159
    해방 대 육방 논쟁 · 162 | 숭후와 리바디아 조약 · 164
    증기택과 상트페테르부르크 협약(1881년) · 168
    안남을 둘러싼 청불 전쟁(1883~1885년) · 170
    청의파의 대두 · 173 | 강화 · 175
일본의 조선 침략 · 177

조선의 문호 개방 · 178
　　　국내 반란과 국제 정치 · 180
　　　동학난(1894년) · 183
　　　전쟁의 발발 · 184
　　　강화 · 186
　'중국의 분할' 위기 · 189
　　　삼국 간섭 · 189
　　　청러 밀약 · 191
　　　조차지 쟁탈전 · 194
　　　문호 개방 정책 · 195
　의화단의 난 · 198
　　　의화단 운동의 배경 · 199
　　　의화단 운동의 기원 · 202
　　　청조의 의화단 지지 · 204
　　　화남과 동남의 독자 행동 · 210
　　　강화 · 213
　　　만주에서의 러시아 · 217
　　　의화단의 난의 영향 · 219
　영일 동맹과 러일 전쟁의 결과 · 221
　　　영일 동맹의 기원 · 221
　　　영일 동맹의 영향 · 228
　　　러일 전쟁 · 233

03　서구와의 관계에 대한 중국의 인식 변화(1840~1895년) | 하오옌핑, 왕얼민 | 241

　머리말: 중국의 전통적 대외관 · 243
　최초의 반응과 타성(1840~1860년) · 248
　　　전통적 경세학과 새로 제안된 전략들 · 248
　　　오해와 타성 · 259
　서양이 가한 군사적·경제적 충격(1860~1895년) · 263

중국이 '변국'을 인정하다 · 263
　　선린 관계의 모색 · 272
　　"호기를 이용하자" · 279
대외 정책에 대한 시각 차이(1860~1895년) · 287
　　배외주의의 출현 · 288
　　　서양 기술에 대한 거부감 · 288 | 제국주의에 대한 공포 · 293
　　주전파의 대외 정책 · 297
　　문화주의의 고수 · 301
　　　문명 대 야만 · 302 | 인간 대 금수 · 305 | 보수주의의 영향 · 308
　　민족 의식의 출현 · 311
　　　중화주의의 붕괴 · 312 | 경제적 민족주의 · 314 | 국가 주권 개념 · 319
　　　세력 균형론 · 324
서구와의 관계에 대한 중국의 인식의 지속과 변화 · 327

04　군사적 도전: 서북 지역과 연해 지방 | 류광징, 리처드 J. 스미스 | 331

태평천국 시기 이후의 청 · 333
회란과 그러한 반란의 국제적 함의들 · 346
　　윈난 성 · 348
　　산시와 간쑤 · 351
　　신장 · 360
산시와 간쑤에서의 청의 승리 · 368
　　신장의 수복 · 384
이홍장과 해방 · 394
　　회군과 그 문제점 · 396
　　해군 건설 · 400
청불 전쟁과 그 영향 · 406
　　해군아문과 북양 해군 · 409
　　타이완의 유명전 · 418
　　무비학당과 그 문제점 · 427
청일 전쟁의 재난 · 431

05 사상의 변화와 개혁 운동(1890~1898년) | 장하오 | 437

배경 — 서구가 가한 충격의 여러 측면들 · 439
캉유웨이와 지적 격동의 출현 · 454
개혁 운동 · 465
후난 성의 개혁 · 480
1898년의 좌절 · 507
유신 시대의 유산 · 523

주 · 539

차례
下

06 신해혁명과 일본 | 매리어스 잰슨 |

중국의 문호 개방이 일본에게 경종이 되다
중국인의 생각 속에 비친 메이지 시기의 일본
재일 중국인 유학생
민족주의와 그것이 미친 영향
번역을 통한 영향
일본과 중국의 혁명파

07 정치 · 제도 개혁(1901~1911년) | 이치코 주조 |

광서제의 개혁 칙령
교육 개혁
군사 제도 개혁
입헌을 위한 준비
    행정 제도의 개혁
    입헌 정치의 준비 일정과 '헌법 대강'
    자의국, 자정원과 지방 자치회
재정 개편과 중앙 집중화
그 밖의 다른 개혁안
    새로운 법전의 편찬
    악습의 제거
    만한의 차별 폐지
청 말 개혁의 특징

08 신해혁명 전의 정부, 상인, 공업 | 웰링턴 K. K. 천 |

상인과 근대 기업: 하나의 재평가
    공업화에 대한 정치적 논거
    상인의 역할과 지위의 변화
근대 기업에 대한 관료들의 지원
    이홍장의 지도 방식
    관독 대 상판 · 724
    상인 합자에 대한 장지동의 약속 · 732
    증대되는 환멸
사기업을 위한 운동
    민영 철도와 경제 민족주의

　　　　사기업 무신면분
　　　　새로운 행정 장정과 법규
　　　베이징과 각 성들: 지도권을 둘러싼 갈등
　　　　수도에 신설된 각 부
　　　　각 성의 반응
　　　기업을 경영하는 관료의 출현
　　　　관료 기업가로서의 저우쉐시와 장젠
　　　　개관

09 공화 혁명 운동 | 마이클 개스터 |

　　　초기의 연맹: 1905년 이전의 혁명 운동
　　　　쑨원과 흥중회(1894~1903년)
　　　　쑨원, 캉유웨이, 량치차오 사이의 합작 시도
　　　　학생 운동(1901~1905년)
　　　　운동의 분열과 배만주의의 성장
　　　중국동맹회(1905~1908년)
　　　　새로운 혁명 전선의 형성
　　　　이념과 '혁명-개혁 논쟁'
　　　　혁명 전략과 비밀 결사
　　　청조의 멸망(1908~1912년)
　　　대연합의 출현
　　　　신군
　　　　새로운 신사층과 자의국
　　　　혁명 조직들
　　　민국의 탄생
　　　　헌우회
　　　　중국동맹회 중부 총회
　　　　쓰촨 성의 위기
　　　　후베이 성의 위기: 혁명과 온건
　　　　혁명의 수수께끼들
　　　　혁명파의 실추

10 사회 변화의 추세 | 마리안 바스티-브뤼게르 |

　　　특권 계층
　　　　지도층 신사: 태평천국 이후의 관리와 공명 소지자들
　　　　신군
　　　　서양과의 접촉이 초래한 결과
　　　　신 지식 계층과 기업가들
　　　　새로운 사회 제도
　　　　분열의 시작
　　　일반 백성
　　　　새로운 집단: 산업 노동자
　　　　농촌의 벼락부자와 농민들의 빈농화

수공업의 변화
    국내 이주와 해외 이민
    하층 프롤레타리아의 성장
 사회 변화의 동력
    외세가 가한 충격 대 내부의 요인들
    토지 소유 관계의 악화
    민중 운동과 그 사회적 영향

부록

  참고 문헌 해제 | 참고 문헌 | 주 | 중국 인지명 표기 일람 | 옮긴이 후기 | 찾아보기

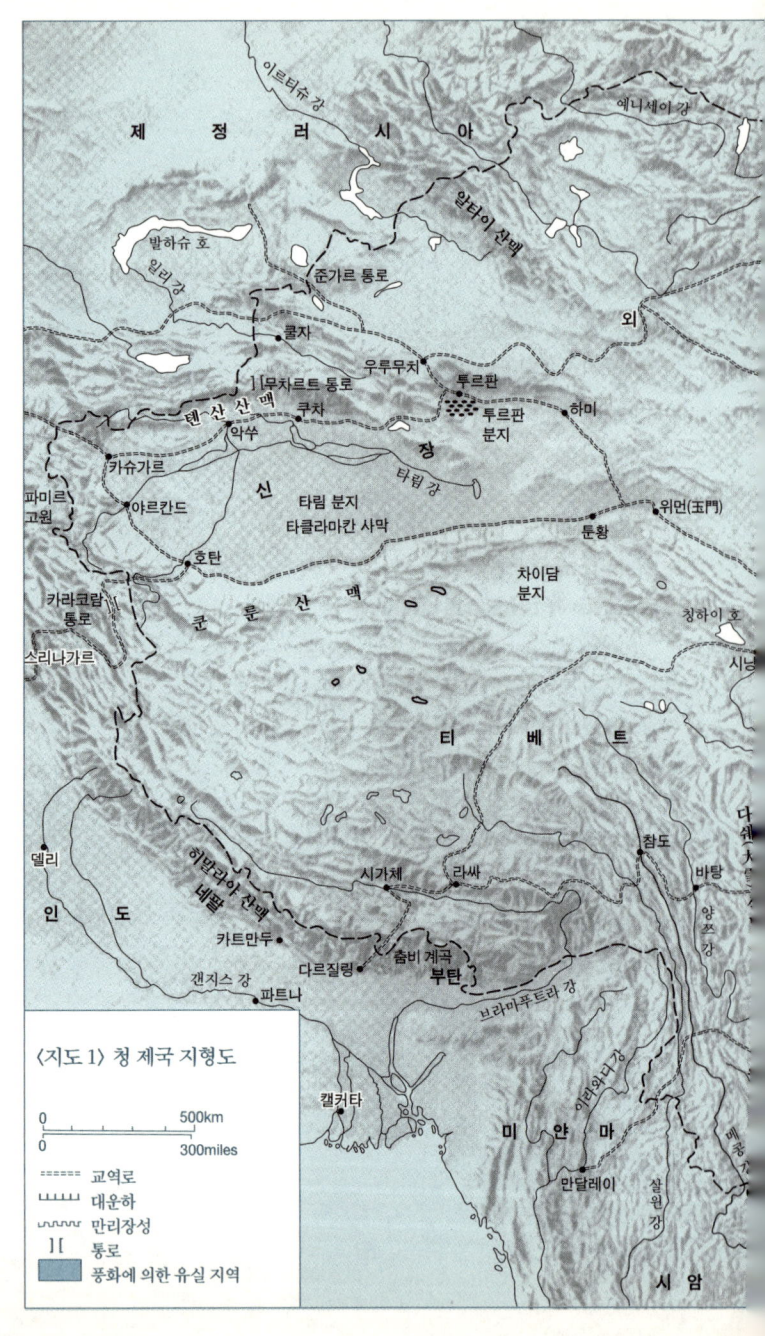

〈지도 1〉 청 제국 지형도

지도 목록

〈지도 1〉 청 제국 지형도 · 14
〈지도 2〉 주요 작물 지대 · 37
〈지도 3〉 교역로들 · 88
〈지도 4〉 청 말의 철도건설 · 104
〈지도 5〉 중앙아시아 · 158
〈지도 6〉 프랑스령 인도차이나 · 171
〈지도 7〉 1890년대의 제국주의 · 196
〈지도 8〉 1900년의 베이징 · 209
〈지도 9〉 만주와 조선에서의 국제 관계 · 226
〈지도 10〉 산시(陝西) · 간쑤 지역의 회란(1862~1873년) · 355
〈지도 11〉 청조의 신장 수복(1876~1878년) · 387
〈지도 12〉 19세기 말의 타이완 · 417
〈지도 13〉 청일 전쟁 · 432
〈지도 14〉 신해혁명 · 863

표 목록

〈표 1〉 1880년대 중국의 GNP 추산치 · 34
〈표 2〉 1873~1933년사이 중국의 농촌 인구와 경지 면적의 변화 지수 · 38
〈표 3〉 경작 규모의 변화(1870~1930년) · 39
〈표 4〉 주요 9개 성의 주현에서 보고한 작황 비율표(1821~1910년) · 41
〈표 5〉 1904~1909년에서 1930~1933년사이 경작지의 변동 추세 · 42
〈표 6〉 1900년경 주요 작물의 연간 생산량추산 · 46
〈표 7〉 1871~1910년사이 면사와 면포의 수입량과 수입액 · 60
〈표 8〉 1899~1913년사이에 설립된 142개 수공업 방직작업장의 자본금, 직기, 노동자 · 64
〈표 9〉 1871~1880년, 1901~1910년사이의 면사와 면포 소비량추산치 · 67
〈표 10〉 1894년 중국 내 외국계 기업 수와 자본금 추산치 · 73
〈표 11〉 1895~1913년사이의 중국 내 외국계 및 중외 합작 광공업체의 국적, 산업, 위치, 초기 자본금 · 74~75
〈표 12〉 1895~1913년사이에 창업된 중국인 소유의 광공업체 수와 초기 자본금(산업별) · 79
〈표 13〉 1895~1913년사이에 창업된 중국인 소유의 광공업체 수와 초기 자본금(지역별) · 80
〈표 14〉 1895~1913년사이에 창업된 중국인 소유의 광공업체의 초기 자본금 · 81
〈표 15〉 조약항과 내지의 중국인 소유의 기업 수 및 초기 자본금(1895~1913년) · 83
〈표 16〉 중국의 대외 무역(1870~1911년) · 94~95
〈표 17〉 중국의 주요 수입품의 비율(1870~1910년) · 97
〈표 18〉 중국의 주요 수출품의 비율(1870~1910년) · 98
〈표 19〉 중국의 주요 무역 상대국과의 교역의 비율(1871~1911년) · 99
〈표 20〉 중국의 주요 무역 상대국과의 교역(홍콩 포함)의 비율(1899~1905년) · 100
〈표 21〉 1890년대 초 중앙 정부의 연간 수입 지출 내역 · 116
〈표 22〉 군비 차관 및 배상금 차관(1894~1898년) · 121

서문

역사에 대해 생각할 때 항상 일반화가 필요하지만 중국사의 경우에는 보다 특별한 문제가 제기된다. 실제로 '중국'이란 말 자체가 근대 언어에서 사용되고 있는 용어 중 포괄하는 범위가 가장 넓은 것 중의 하나이기 때문이다. 이 용어는 가장 오랜 역사 기록에다 가장 넓은 지역을 차지하고 있으며 인구도 가장 많은 집단을 가리키는데, 모든 면에서 이에 필적할 집단은 없을 것이다. '중국' 또는 '중국인'에 관해 생각한다는 것만으로도 벌써 인간·시간·공간적인 면에서 다른 집단의 역사에서는 거의 생각할 수 없는 높은 수준의 보편성에 이르게 되는 것이다. 미노스 문명 이래 유럽은 이보다 훨씬 더 작은 규모를 유지해왔다. 따라서 유럽에 대해서는 제법 잘 알지만 상대적으로 중국에 관해서는 무지한 채 유럽의 역사가 중국보다 더 복합적이라고 말하는 것은 주제넘다고 할 수밖에 없을 것이다. 근대에 이르기까지 중국의 기록이 훨씬 더 풍부하게 남아 있었다. 종합적인 사고 면에서 중국은 유럽보다 훨씬 더 발달했는데, 아마 그것이 중국으로 하여금 유럽보다 더 큰 동질성을 갖게 했을지도 모른다. 아니면 그것은 부분적으로는 중국의 역사가들이 전통적으로 주로 사회 질서, 국가, 지배계층 등에 관심을 기울여왔기 때문에 생긴 환상일 수도 있을 것이다.

여하튼 이미 높은 수준의 일반성을 갖고 있는 중국의 역사 기록은 지금 종합을 추구하는 방향으로 연구되고 있으며, 이런 식으로 각종 개념을 통합하여 중국의 과거에 대한 특정한 이미지를 현대인들에게 제공하고 있다. 이런 작업은 시급한 과제이기는 하지만 또한 동시에 많은 어려움을 안고 있다. 통념을 따르기를 좋아하는 대중들의 욕구는 종종 미리 정해져 있는 뻔한 결론을 찾는 통속적인 요구와 일치한다. 특정인에게 비난을 퍼붓고, 악당을 확인하고, 누가 잘못했는지, 그리고 무엇이 잘못되었는지를 파악하거나 아니면 각종 교조적 주장을 정당화하고 다시 확인하는 일로 그치고 마는 경우도 많기 때문이다.

이것은 곧 중국의 역사가가 자국의 역사에 관해 서술한 내용은 통상적인 경우보다 훨씬 더 주의 깊게 꼼꼼히 검토되어야 한다는 것을 의미하며, 외부 관찰자들에 의해서 기록된 중국사도 특히 그렇게 해야 할 것이다. 예를 들면 지금까지 서양에서 나온 중국 근대사는 대부분 중국의 대외 관계사라고 할 수 있는데, 이는 그것이 근대사 중 외국인들이 가장 쉽게 연구할 수 있는 분야였기 때문이다. 물론 1840년(혹은 1514년) 이후 얼마나 다양한 외국의 요소들이 중국에 영향을 미쳤는지는 누구나 쉽게 알 수 있을 것이다. 심지어 중국에서 근대의 기점을 외세가 침입한 아편전쟁에서부터 시작하는 것이 하나의 관행이 될 정도였다. 그러나 외부로부터의 이 모든 충격들은 중국 민중의 일상적인 생활환경에서는 조그마한 한 부분에 지나지 않았다. 이들의 일상적인 환경 속에서 주변의 현실과 과거로부터 전해 내려온 삶의 방식들은 여전히 강고하게 존재하고 있었고 변화는 매우 느리게 일어나고 있었다. 19세기 중국의 현실에서 외세는 시간이 지나면서 점점 더 비중이 축소되지 않았을까? 이는 외세가 실제 규모나 중요성에서 축소되었기 때문이라기보다는 중국의 고유한 경험에 관한 새로운 지식이 축적됨에 따라 그들의 모습이 가려지게 되었기 때문이라고 할 수 있을 것이다.

 이 시리즈의 10권은 외국의 상업적 침략과 아편전쟁에서부터 시작하지 않고 베이징, 즉 19세기 초 중국 본토와 내륙아시아를 차지하고 있던 청 제국이라는 제도적 구조를 주목하는 관점에서부터 시작하고 있다. 그리고 이어 19세기 전반기에 점증하고 있던 문제, 즉 행정 체계와 사회 질서 등 국내 문제를 다루고 있다. 또한 태평천국의 난, 염군의 반란, 고통스럽게 이룩한 청 제국의 중흥 등에 관한 서술에서는 회복의 조짐뿐만 아니라 내적 혼란의 징조도 함께 묘사되고 있다. 중국의 경제나 군사 조직들 역시 오래되었지만 정체停滯와는 거리가 먼 전통 사회의 내적인 역동성을 보여주고 있다. 전례 없는 긴장에 직면했음에도 불구하고 수많은 남녀 민중들은 생존 방법을 알고 있었다. 그리고 실제로 18세기 내륙아시아에 대한 청의 군사적 승리와 만주족의 지배로 인해 청 말에 한족이 중국 본토에서 만주, 몽골, 신장新疆 그리고 동티베트 등의 광활한 변경 지대로 확산될 여지가 마련된 것 또한 분명하다. 다년간에 걸쳐 진행된 이러한 대규모 이주는 18세기 이전부터 시작된 중국의 놀라운 인구 성장의 결과로 나타난 현상이었다.

 광저우 무역의 성장도 일방적인 것이 아니라 쌍방적인 것이었으며, 인구 수, 이민, 무역 그리고 심지어 투자라는 면에서 거대하게 이루어진 한인들의 확장 중 가장 잘 알려진 한 부분일 뿐이다. 중국의 이러한 확장의 일부는 실제로 이미 유럽의 확장과 병행하여 해외에서까지 진행되고 있었다. 그것은 공식적인 역사를 주도해온 농업-관료적인 대륙 중국의 거대한 전통에 비하면 대략 반 정도 길이의 역사를 지닌 소 전통을 형성하고 있던 해양 중국의 영역 가운데 예전 청 국경을 넘어선 곳에서 진행되었다. 정크선을 이용해 아모이(샤먼厦門)나 광저우를 기점으로 동남아시아(남양南洋) 각지를 대상으로 이루어지는 해상 무역 활동은 이 지역에 유럽의 식민 세력이 도착하기 훨씬 전부터 전개되고 있었다. 몽골인들이 남송의 수군을 인수하여 1292년에 자바 원정대를 파견한 것이나 명 초기인 1405~1433년에 인도양을 횡단하는 원정대를 파견한 것만 생각해보아도 충분할 것이다. 1440년대에 있었던 몽골 세력의 부흥이 명나라의 일차적인 관심사가 되면서 해금海禁을 표방하는 내륙 국가로 돌아가게 되었고, 이어 청조가 지배하면서 해양 중심 중국 황제라는 지도력은 거의 종식을 고하게 되었다. 그러나 실제 스페인, 포르투갈, 네덜란드, 영국 그리고 프랑스 등 동남아 지역의 식민지에서 유럽의 지배자들이 상업, 독점 전매 사업 및 관세 징수 등의 문제를 처리하기 위해서 중국 상인과 중개업자들에 갈수록 더 의지하고 있었던 것도 사실이다. 이들 해외 중국인(화교)들은 동남아시아의 유럽 식민지들에서 특수한 중간 계층을 형성하게 되었다. 이들은 또한 시암의 지배자들에게도 필수 불가결한 존재가 되었는데, 지금도 방콕에서 태국을 통치하고 있는 차크리 왕조는 실제로 이들이 중심이 되어 창건되었다. 해양 중국의 뱃사람들과 기업인들은 비록 중앙 정부로부터 인정받지 못했고 종종 비난받기까지 했지만 이처럼 스스로 동남아시아 지역에서 일으킨 근대 초기의 상업 혁명과 식민 활동에 참여했다.

이러한 점점 가속화된 국제 무역의 성장이 마침내 광저우 아래쪽에 위치한 후먼虎門(보카 티그리스)을 통해 중국에도 영향을 미치게 되자 합법적인 무역이나 아편 무역에 종사하고 있던 광저우, 산터우汕頭,

아모이 출신 상인들은 이후 계속 증가하게 된 국제 교섭의 원동력으로 활약하게 되었다. 교역에 관한 외국의 기록은 넘쳐나는 반면 현재 중국의 자료는 극히 부족하다. 그러나 중국의 해외 교역이 분명히 중국-외국의 공동 사업이었으며, 실제로 조약항이 열리면서 외국 회사의 매판들이 조약항을 통해 중국 내외로 드나드는 수출입 무역의 대부분을 관장하게 되었다는 것은 이론의 여지가 없다. 홍콩, 상하이를 비롯한 각급 조약항들은 그곳의 외국인 거주자들이 주권, 조약상의 권리 또는 포함의 화력 등에 대해 어떤 생각을 하고 있든 상관없이 중국의 도시가 되었다. 중국의 상업적 개방에 외국인들이 참여했다고 할 수 있듯이 이와 똑같이 외국인들에 의한 중국의 개방에 중국인들도 동참했다고 할 수 있다. 1784~1834년경 동인도회사의 가장 중요한 거래 품목인 광저우 차 무역이 급격하게 성장했는데, 차는 여하튼 중국으로부터의 수입품이었다. 오지인 신장이나 만주 지역의 중국인 농부나 상인들과 함께 해양 중국의 뱃사람들과 사업가들은 중국 민중의 활력을 증언해주고 있으며, 특히 이들이 정부로부터 거의 아무런 도움도 받지 않았다는 점을 고려해볼 때 이들의 활약은 한층 더 두드러져 보인다.

대외 무역이 중국인과 외국인이 모두 적극적으로 참여한 양 방향의 과정이라고 하더라도 청 말 역사에 외세가 어떤 영향을 미쳤는지를 평가하려면 반드시 고려해야 할 사항이 있다. 즉 19세기 내내 외국과의 접촉은 거의 모든 사람들의 경험 속에서 점점 더 확대일로를 걸었다는 것이 그것이다. 유럽으로부터 신세계로의 대규모 이주는 19세기 중엽 이후 외국 선박을 이용해 시작된 중국 화교들의 비교적 온건한 이주보다 훨씬 오래된 것이었다. 그리고 영국의 대중들에게 아편

전쟁은 전략적으로 제1차 아프가니스탄 전쟁에 비해 사소한 전쟁이었고, 의화단의 난은 오랫동안 지루하게 이어져온 보어 전쟁 동안에 발생한 하나의 극적인 사건에 지나지 않았다. 대부분의 민족에게 산업화는 외국에서 유래한 것이었다. 이와 관련된 변화의 많은 측면에서 힘의 중심은 국가의 바깥에 있는 것으로 받아들여졌다. 국제 교역 및 국제 정치와 더불어 국제적인 과학과 기술의 발달이 점차 세계를 하나로 만드는 전 지구적 사회의 성립에 기여하게 되었다. 이런 측면에서 외부의 영향이 청 말의 역사에서 전례 없이 커다란 역할을 했다는 점은 너무나 당연하다고 생각된다.

중국이 국제 사회의 일원으로 편입됨으로써 이제 독특한 역사 해석을 위한, 즉 그 자체가 이러한 외국의 영향이 미친 궁극적 형태이기도 한 역사 해석을 위한 기반이 놓이게 되었다. 이러한 해석을 통해 중국의 경험이 다른 민족들의 경험과 통합되게 되었다. 그러한 작업은 먼저 '제국주의'와 관련하여, 그리고 두번째로는 '근대화'와 관련하여 이루어졌다. 이러한 접근은 유비類比를 통해 이루어졌는데, 다른 곳에서 보편적으로 발견되는 현상을 중국에서도 찾아보려는 것이 그것의 요체라고 할 수 있었다.

제국주의와 근대화라는 용어는 둘 다 거의 초역사적 범위에 걸쳐 있기 때문에 그러한 개념들을 사용하려면 역사가들은 이를 엄밀하게 정의하고 구체적으로 예증해야만 한다. 통상 제국주의는 외국의 정책을 말하는 것인 반면 근대화는 내적 과정을 가리킨다. 경제적인 측면에서 볼 때 중국의 경우 제국주의는 식민주의에까지는 이르지 못했다. 일례로 수출 시장을 겨냥한 외국인 주도의 플랜테이션 경제가 출현하지 않았다. 심지어 고전적 마르크스주의에서 말하는 대표적 화근, 즉 공장제 면제품의 수입도 중국의 면직물 수공업을 파괴하지 못했다. 중국의 면직 수공업은 20세기의 2사분기까지도 공장에서 생산된 저렴한 면사를 공급받으면서 그대로 유지되었다. 이러한 면사는 실업자 신세를 면하기 어려울 뻔한 농민들이 구입해 사용했는데, 이를 이용한 면직 수공업은 그 자체로 생계 수단이 될 정도는 아니었지만 그럼에도 불구하고 가난한 농민들에게 적지 않은 수입원이 되었다. 1930년대에 중국 면직물의 70%가 여전히 전통적인 베틀로 생산되고 있었다는 사실은 중국 농가가 일자리가 없는 노동력을 활용해야 할 필요를 얼마나 강하게 느끼고 있었는지를 잘 말해준다. 길쌈은 그들이 얼마나 가난했는지를 알려주는 일종의 지표 역할을 해주고 있다. 수공업으로 생산된 면직물은 또한 공장에서 생산된 면직물의 지배를 막음으로써 중국 민중이 전반적으로 어떻게 담배와 등잔을 켜기 위한 등유를 제외한 외국 상품의 거대 시장으로 떨어지는 것을 피할 수 있었는지도 함께 보여준다. 다른 이유가 아니라 극심한 빈곤이 그렇게 되는 것을 막아주었다고 할 수 있다. 이러한 사례는 청 말 외래 제국주의 세력과 중국이 어떤 관계였는가와 관련하여 내적 요소를 철저하게 분석하는 것이 얼마나 중요한지를 말해주고 있다.

    제국주의의 심리적 충격은 급격하게 가해진 것은 아니었지만 그러나 분명하게 나타났다. 중국 근대사의 한 주제로서의 제국주의 문제가 계량화가 가능한 경제학 분야에서는 그다지 두드러진 연구 성과를 낳지 못했지만 민족주의의 출현을 촉진한 요소로서의 사상이나 심리학 분야에서는 점점 더 중요한 주제가 되어가고 있는 것으로 보인다. 외국 세력이 중국을 수탈한다는 중국인들의 인식은 실제로 문헌 자료를 통해 수탈 자체보다도 훨씬 더 광범위하고도 쉽게 확인할 수 있다. 그러한 기록에서는 외세가 특권을 누렸다는 사실을 주로 지적하고 있는데, 이러한 차원에서는 외국의 선교사들과 상인들이 특히 주목받았다. 당시 사람들에게 있어서 제국주의는 전쟁과 포함(砲艦) 외교, 조약상 권리의 강요 및 외국 세력의 침투 등을 의미하는 것임에 분명했고, 지금도 민족적 유산으로서 뚜렷하게 기억되고 있다.

보다 최근에 등장한 외국인의 시각, 즉 근대화라는 개념을 중국에 적용하는 경우 주로 근대 서양에서 발전한 온갖 사회 과학적 개념들이 거기에 포괄되어버리는 문제가 발생한다. 객관적이면서 가치중립을 추구하는 사회 과학의 노력은 종종 그 자체가 서양 문화의 부산물로 여겨진다. 그러나 이 문제는 세계 문화의 성장과 더불어 제거될 수 있는 일시적인 문제라 할 수 있다. 보다 중요한 것은 근대화라는 용어가 상당히 높은 보편성을 내포하고 있다는 점일 것이다. 우리는 이 근대화라는 용어를 역사를 포함한 모든 사회 과학 분야에서 전형적으로 제시되고 있는 각종 진보적 발전론들을 통합하고 있는 어떤 것으로 받아들이고 있다. 근대에는 각 분야에서 보편적 성장이 이루어져, 경제, 정치, 사회, 문화 등의 각 분야에서 복잡성, 변화 그리고 발전 등이 나타난다. 그러나 이들 각 영역에서 진행된 근대화 과정은 관련 학문의 관점에서 정의된다. 따라서 모든 영역에 걸쳐 전반적으로 적용될 수 있는 단일한 원칙을 세우는 일은 일종의 신앙적 행위라고 할 수밖에 없을 것이다. 이것이 논리적으로는 만족을 줄 수 있겠지만 복잡한 역사 자료에 적용하기에는 많은 어려움이 따른다. '근대적'이라는 형용사를 '근대화'라는 추상적인 실체의 지위로까지 격상시키면 실제로 그에 대한 이해가 한층 더 풍부해질 수 있을까? 근대화라는 용어는 대개는 알려지지 않은 사실들, 해독되지 않는 메시지들, 풀리지 않은 신비들을 모두 포괄하고 있는 '삶' 이란 말처럼 제법 유용한 바구니가 될 수는 있을 것이다. 하지만 다른 모든 용어도 마찬가지이듯이 일단 구체화되어 굳어지게 되면 그 의미가 달라져버릴 수 있는 것이다.

중국의 근대에 대한 역사 연구와 저술들이 증가하고 발전함에 따라 새로운 학문 분야에 예비적인 구조를 제공할 수 있는 전면적인 일반화에 대한 욕구는 점점 더 줄어들 것으로 기대된다. 청 말기의 구체적인 경험과 사람들의 의식을 떠나지 않았던 관심사들이 주목을 받아야 한다. 이 책은 바로 그런 부분들을 주로 다루었다. 아쉽게도 이 책에서 문학이나 예술에 관해서 다루고 있지는 않지만 이 책에 담긴 철학 사상이나 정치사상의 역사를 통해 우리는 당시 무슨 일이 어떻게 일어났는지에 대해 의미 깊은 통찰을 얻게 될 것이다. 요컨대 청 말에 중국이 서양에 어떻게 대응했는가라는 주제는 이제 부차적인 것이 되기 시작하고 있는 반면 서양을 포함한 새로운 상황을 맞아 중국이 자국의 과거에 어떻게 대응해왔는지가 중요한 역사 연구의 주제가 되고 있다. 즉 자극은 우리가 그것을 발견하는 곳에 있으며, 반응 없는 자극은 전혀 자극이 아닌 셈이다.

예를 들어 대운하를 통해 베이징에 물자를 공급하는 조운 체계가 무너지면서 1820년대 산둥 성 연안을 우회해 정부 양곡을 실어 나르는 해운 체계를 부활시키려는 시도가 일어나게 되었는데, 이는 실사구시를 중시하는 관료들로 구성된 경세학파의 전통 속에서 등장한 제도적 장치라고 할 수 있었다. 이 문제를 해결하기 위한 증기선은 1870년대에 가서야 비로소 도입되었다. 서양의 기술을 빌림으로써 중국을 지키겠다는 자강 운동의 이론적 근거 또한 전통적인 경세론을 새로운 맥락에 적용한 것이라고 볼 수 있을 것이다. 수많은 재앙을 겪은 후

1890년대가 되어서야 비로소 개혁 운동을 위한 필수적인 토대로서 진화론 개념들과 사회 다윈주의 사상들이 유교 속으로 침투해 들어왔다. 그리고 결국 개혁가들의 주요 투쟁은 제국주의를 직접 겨냥하기보다는 제국주의의 침략을 가능하게 한 중국적 전통들을 겨냥하게 되었다. 청 말의 개혁가들과 혁명가들 모두 "가정을 잘 다스리면 누가 감히 당신을 모욕하겠는가?荀齊其家, 其誰敢侮之"라는 오래된 중국의 격언처럼 중국의 힘은 내부에서 와야 한다는 데 동의했다. 경전을 공부한 학자들에게 중국의 미래를 위한 주요한 영감의 근원은 여전히 중국의 과거였다. 이러한 사실은 청 말을 연구하는 오늘날의 역사가들에게는 19세기뿐만 아니라 중국의 위대한 전통에 대한 이해가 무엇보다 중요하다는 사실을 강조해주고 있다. 쑨원孫文 이전 세대 사람들이 실제로 무슨 생각을 하고 있었는지를 알 수 있는 다른 방법은 없기 때문이다.

메리 라이트Mary Clabaugh Wright(1917~1970년)는 제자와 동료들과 더불어 이 책의 시작과 끝 부분에 해당하는 1860년대와 1900년대를 다룬 두 권의 저서를 통해 청 말 중국사 연구에 위대한 업적을 남겼다. 1952년의 하버드 박사학위 논문을 발전시킨 『중국 보수주의의 최후 저항: 동치중흥, 1862~1874년 The last stand of Chinese conservatism: the T'ung-chih Restoration, 1862~1874』은 청조의 문제점과 정책들을 포괄적으로 분석하고 있는데, 이 문제에 관한 한 그녀에 필적할 만한 업적은 전무후무하다. 1965년에 그녀가 조직하고 주도한 학술회의의 성과를 편집한 『혁명 속의 중국: 첫번째 국면, 1900~1913년 China in revolution: the first phase, 1900~1913』은 6~7개국의 근대 사학자들의 연구 성과를 집대성한 책으로 혁명을 주제로 한 첫 전문 연구서였다. 1945~1959년까지 라이트는 스탠퍼드 대학 <후버 전쟁, 혁명, 평화연구소the Hoover Institution on War, Revolution and Peace>에 중국학 도서관을 세웠고, 1959년부터는 때 이른 죽음을 맞기까지 예일 대학 역사과 교수로 재직했다. 캠브리지 중국사의 본 권은 그녀의 선구적 연구로부터 너무나 큰 도움을 받았다. 이 책을 그녀에게 바친다.

1977년 10월
존 K. 페어뱅크
류광징

총 편집자 서문

　영어권에서 '캠브리지 역사' 시리즈는 20세기 초부터 각각의 특수한 주제에 관해 전문가들이 쓴 에세이를 학계의 명망 있는 각 권의 편집자들이 뚜렷한 방침에 따라 통일적으로 편집해 만드는 여러 권짜리 역사서의 전범을 제시해왔다. 제일 먼저 액튼 경이 기획한 『캠브리지 현대사』가 1902~1912년 사이에 16권으로 출간되었다. 이어 『캠브리지 고대사』, 『캠브리지 중세사』, 『캠브리지 영문학사』가 출간되었으며, '캠브리지 인도사', '캠브리지 폴란드사', '캠브리지 대영 제국사'가 출간을 기다리고 있다. 본래의 현대사는 지금 12권으로 된 『신 캠브리지 현대사』로 대체되었으며, 『캠브리지 경제사』가 지금 마무리되고 있는 중이다. 최근에 착수된 다른 '캠브리지 역사' 시리즈로는 '이슬람의 역사', '아랍문학사', 서구 문명의 핵심적인 기록이자 서구 문명에 큰 영향을 미친 성서를 다루고 있는 '성서의 역사', '이란의 역사', '중국의 역사' 등이 있다.
　중국의 경우 서구의 역사가들은 특수한 문제에 직면하게 되었다. 중국 문명의 역사는 서구의 어떤 단일 국가보다 포괄적이고 복합적이며, 한 나라라고 하지만 여러 지역과 시기별로 나누어지는 정도 또한 서구 문명의 역사 전체보다 약간만 덜할 뿐이기 때문이다. 또 중국의 역사 기록은 대단히 세밀하고 방대하며, 중국의 역사(학) 연구 또한 수세기 동안 고도로 발전하고 정교화되어 왔다. 하지만 최근 수십 년 전 까지만 해도 유럽의 중국학자들의 선구적인 연구들에도 불구하고 서구에서의 중국에 대한 연구는 거의 소수의 몇몇 고전적인 역사 문헌에 대한 번역 그리고 주요 왕조와 각 왕조의 각종 제도에 대한 약사 이상으로 진전되지 못하고 있다.

최근 서구 학자들은 중국뿐만 아니라 일본의 역사(학)연구의 풍부한 전통에 좀더 전면적으로 의지해 과거의 사건들과 제도들에 대한 상세한 지식뿐만 아니라 전통적인 역사학에 대한 비판적 이해도 크게 증진시켜나가고 있다. 그에 덧붙여 현 세대의 서구의 중국사학자들은 또한 현대 서구의 역사학 연구의 새로운 관점과 기법, 그리고 사회 과학 분야에서 이루어진 최근의 발전에 의존하는 동시에 급속하게 발전하고 있는 유럽, 일본, 중국의 중국학 연구들의 굳건한 토대를 마련하는 일을 계속 해나갈 수 있을 것이다. 또한 최근의 역사적 사건들은 새로운 문제들을 돌출시키는 한편으로 동시에 좀더 오래된 관념들은 의문시하도록 만들었다. 이처럼 복합적인 충격 속에서 서방의 중국학 연구에서는 새로운 혁명이 꾸준히 세를 얻어가고 있다.

1966년에 처음 기획되었을 때 이 『캠브리지 중국사』는 서구의 역사학 애독자들에게 일종의 표준으로서 중국 역사에 대한 핵심적인 내용을 설명해주는 것을 목표로 삼았었다. 6권으로 당시 우리가 중국에 대해 알고 있던 바를 설명해보려고 했던 것이다. 이후 각 시기와 관련된 연구들이 엄청나게 쏟아져 나오고, 새로운 연구 방법이 적용되고, 새로운 영역으로 연구 범위가 확대되면서 중국사 연구가 크게 촉진되게 되었다. 얼마나 괄목할 만한 성장이 있었는지는 이 '중국사'가 지금은 14권으로 불어난 것만 보아도 잘 알 수 있는데, 여기서는 왕조 이전의 고대사는 제외되어 있다. 뿐만 아니라 예술사와 문학사, 경제와 기술의 많은 측면들, 그리고 정말 풍부한 지역사 자료들 또한 한편으로 제쳐놓을 수밖에 없었다.

지난 10년 동안 중국이 과거에 대한 우리의 지식은 현격하게 향상되었으며, 앞으로도 계속 가속화될 것이다. 이처럼 거대하고 복합적인 주제를 서구 학자들이 많은 노력을 기울여 탐구해보려고 하는 것은 서구의 여러 국민들이 중국을 좀더 많이, 그리고 깊이 이해해보려고 하기 때문이다. 중국사는 당연한 권리와 필수품으로서 뿐만 아니라 저도 모르게 관심을 갖지 않을 수 없는 주제로서도 전 세계 모든 사람들의 것이다.

존 K. 페어뱅크
데니스 트위체트
1976년 6월

THE CAMBRIDGE HISTORY OF CHINA

01

청 말의
경제 동향
(1870~1911년)

20세기 이전의 중국 경제는 거의 대부분 농업 부문에 속하거나 그것과 긴밀한 관계를 맺고 있었다.[1] 본 장은 본래 19세기 중국 농업의 구조와 발전, 그리고 그것이 나머지 경제 분야에 대해 어떤 의미를 갖고 있는지를 분석하는 것을 목표로 할 예정이었다. 그러나 주로 농업을 검토하면서 수공업, 근대 공업, 교역과 상업 그리고 재정 제도 등에 대해서도 대략 그와 비슷한 비중을 두고 함께 살펴보았다. 만약 그러한 구분이 너무 식상하다면 이는 필자 본인의 능력의 한계 때문이라 고백할 수밖에 없다. 하지만 본 연구를 위해 필자가 참고해야 했던 중국 근대 경제사 관련 연구서들이 거의 대부분 판에 박은 듯 기술적 記述的인 저술들 — 여기 해당하지 않는 훌륭한 저서들이 점차 늘어나고 있지만 — 이란 점도 감안해주었으면 한다.

또 아래의 각 절에서는 자료를 선택적으로 다룰 수밖에 없었다. 필자는 각각의 경우 1911년까지 그리고 그 후로도 오랫동안 기본적으로 변화 없는 복합적인 생산 요소들이 대체로 안정을 유지한 사회적 맥락 속에서 작동하고 있던 상황에서 만주 왕조 최후의 50년 동안 새롭게 등장하거나 변화하고 있던 것에 초점을 맞추어보았다. 하지만 그렇다고 해서 그것이 청 제국의 마지막 100년 동안 아무런 중대한 변화도 일어나지 않았다는 이야기는 아니다. 그러기는커녕 이념적·정치적 폭풍이 이 유교 제국을 뿌리째 뒤흔들었다. 그러나 경제의 근본적인 변화와 근대적 경제의 성장은 청 말의 경제 체제 자체에서는 고유한 동력을 얻을 수 없었다. 그것은 분명히 수십 년간의 정치 투쟁, 외세 침입, 내전 등을 거친 후 달성된 새롭지만 여전히 취약한 정치적 통합의 부산물로서나 주어질 수 있었다.

〈표 1〉 1880년대 중국의 GNP 추산치

분 야		금액(1,000냥)	%
농 업		2,229,941	66.79
비 농 업	광업	47,800	1.43
	제조업*	128,000	3.77
	건설	30,000	0.90
	운송업	30,000	0.90
	무역	220,000	6.59
	금융	74,645	2.24
	숙박업	164,000	4.91
	공공 서비스	164,000	4.91
	전문직, 신사 및 기타 서비스	241,313	7.23
	해외로부터의 순수입	11,258	0.34
	계	1,108,816	33.21
합 계		3,338,757	100.00

* 거의 수공업임.
출전: Chung-li Chang, *The income of the Chinese gentry*(1962), p. 296. 장중리의 추산치가 갖고 있는 중요한 결점은 이미 확인된 치명적인 자료상의 문제 외에도 그가 신사들의 서비스 부분을 과대평가한 것과 더 심각하게는 경작 지역에 대한 1887년의 정부 자료에 지나치게 의존하고 있다는 점 등이다. 다음 절에서 제시하는 바와 같이 농업 부문의 수치는 적어도 1/3 이상 상향 조정되어야 한다. 본 표에서 저자는 이와 같이 조정하고 나머지 부문의 수치는 장중리의 것을 그대로 두었으며, 이에 따라 비율을 다시 계산했다.

우리는 본 작업을 시작하면서 민국 이전의 경우 — 많은 것을 시사해주는 지역적·부분적 자료는 꽤 많지만 — 포괄적 성격을 가진 자료로서 정밀한 계량적 정보를 담고 있는 것은 거의, 아무튼 만족할 만한 정도로는 구할 수가 없다는 점을 인정해야만 할 것이다. 국민 소득과 같은 너무나 기본적인 자료의 경우보다 이를 더 분명하게 보여주는 예도 없을 것이다. <표 1>은 필자가 아는 한 19세기 중국의 GNP를 파악하려 한 유일한 시도를 몇 가지 수정을 가해 재수록한 것이다. 표 안의 수치들 중에는 자의적으로 추산된 것도 있지만 이보다 신뢰할 만한 자료를 상당 규모로 수집하는 것은 불가능할 것이다. 이 수치들은 1880년대의 몇몇 경제 부문의 상대적 규모를 개략적으로 보여주고 있다.

농업

비록 일부 항목에서는 변화가 있고 몇몇 구성 요소의 크기나 질에서 일정한 변동이 있었지만 중국 농업의 기술과 조직은 1911년이나 1870년이나 큰 차이가 없었다(심지어 1930년대에 들어와서도 기본적으로는 별다른 변화가 없었다). 이 시기의 주요한 변화는 다음과 같았다. 즉 그에 상응하는 경작지의 증대를 동반하지 않은 채 완만하지만 상당한 정도로 진행된 인구 증가, 그에 따른 — 특히 화북 지역에서 두드러졌다 — 각 농가의 평균 경지 면적 감소, 1인당 경지 면적의 감소와 새로운 외부 시장 진출 기회에 대응해 나타난 재배 작물 유형의 변화, 농촌의 수공 면방직업의 절대적·상대적 쇠퇴와 이에 대응해 나타난 농촌의 비농업적 수입원의 부분적 재구성, 발전을 거듭하던 조약항 인근 지역의 토지 소유 형태가 대부분의 내지의 토지 소유 형태와 일부 달라지게 된 점, 다양한 법적 토지 보유 형식들 사이의 차이를 해소하려는 오랜 과정의 완결 등이 그것이었다.

19세기 하반기에 대한 유용한 인구 통계 자료는 물론 구할 수가 없다. 정부 추산에 따르면 1840년대의 중국 인구는 대략 4억 명을 넘었던 것으로 보인다. 이 추산치는 아주 세부적인 부분까지 정확한 것은 아니지만 상대적으로 신뢰할 만한 자료인 것으로 평가되어왔다.[2] 태평천국의 난과 기타 19세기 중반의 대규모 농민 봉기는 인구의 대량 감소 — 특히 화북 지역에서 — 를 초래했을 뿐만 아니라 1776~1850년 사이 새로 정비되어 상당히 신뢰할 만한 인구 통계를 가능하게 해주었던 보갑제를 붕괴시켜버렸다.

> 1851~1949년에 이르는 약 100년은 다양한 수치를 구해 볼 수 있음에도 불구하고 인구 통계학자의 관점에서는 실로 공백기라 할 수 있다.[3]

그럼에도 불구하고 1870년대 이후부터 청 말까지 인구가 서서히 증가했다고 주장할 수 있을 만한 — 인구 증가 정도를 측정하는 데는 도움이 안 된다고는 해도 — 질적 지표들이 있다. 내란의 피해가 그리 심하지 않은 서부와 화북 지방의 여러 성으로부터 사람들이 이주하면서 내전으로 초토화된 양쯔 강 유역의 여러 성들은 다시 사람들이 넘쳐나게 되었다. 만주 왕조 최후의 40년 동안 국내는 비교적 평화로웠고, 19세기 중반에 비해 풍요로웠다. 1884~1885년의 청불 전쟁, 그리고 1894~1895년의 청일 전쟁 등은 정치적·외교적으로는 중요한 의미를 갖고 있었지만 인구에는 큰 영향을 미치지 않았다. 1877~1878년의 북서부 지방의 대기근과 이보다는 덜하지만 그래도 심각한 문제였던 1892~1894년 및 1900년의 기근들은 틀림없이 일시적인 인구 감소를 유발했을 것이다. 하지만 가뭄과 홍수로 인한 이러한 위기는 과거에도 늘 발생했고, 20세기에 들어와서도 예를 들어 1920~1921년, 1928년, 1931년처럼 여전히 나타났다. 이러한 위기들은 많은 '저개발국'에서 전형적으로 나타나는 인구 유형 — 즉 내재적인 요소로서, 높지만 변동폭이 큰 사망률과 높으면서 상대적으로 안정적인 출

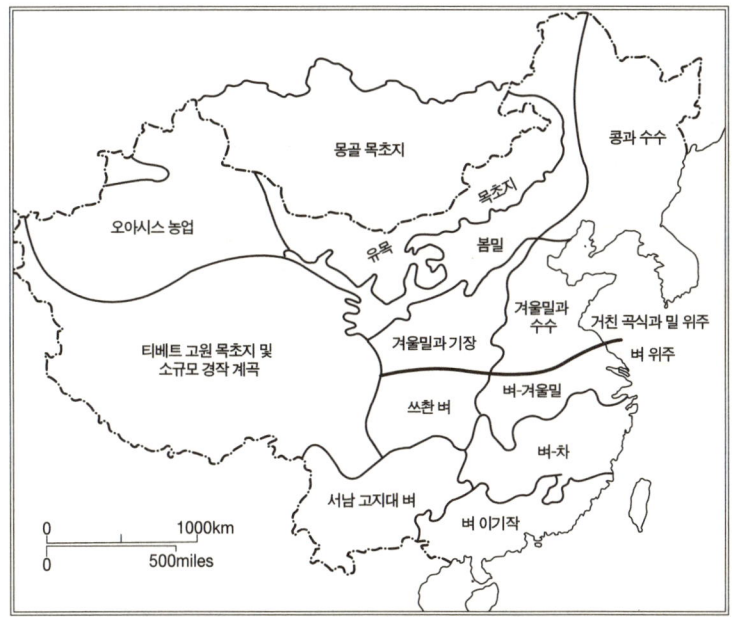

〈지도 2〉 주요 작물 지대

생률이 결합되어 완만하지만 대규모로 인구가 증가하게 되는 유형 — 에서는 빠지지 않고 등장하는 요소이다.

그러나 과연 얼마나 증가했던 것일까? 자오C. M. Chiao와 벅J. L. Buck은 1924~1925년 4개 성 4,216농가의 출생률과 사망률을 관찰한 후 1860년대에서 1920년 사이 중국의 농촌 인구는 연평균 1.4% 증가한 것으로 추정하고 있다.[4] 이러한 인구 증가율이 지속되었다면 이 70년 동안 인구는 2배 증가했을 것이다. 그러나 그러한 증가율은 보다 짧은 기간 동안 몇몇 지역에서는 있을 수 있었겠지만 장기적인 실제 평균치로는 분명 지나치게 높아 보인다. 1934년 실업부The Ministry of Industry 소속 중앙농업연구소The National Agricultural Research Bureau는 작황 관련 보고자들이 수집한 회고적인, 따라서 아무래도 빈약한 자료를 근거로 1873~1933년의 농촌 인구와 농지 면적에서 일어난 변화의 추정치를 작성한 바 있다. 필자는 그것을 이용해 <표 2>를 만들었다. 표를 보면 1873~1913년 사이의 40년 동안 인구가 17% 증가한 것으로, 즉 연평균 약 0.5%를 약간 밑도는 증가율을 기록한 것으로 추정된다. 1873년 총인구가 3억 5,000만~4억 명 사이였다고 가정하면 1913년에는 총인구가 4억 1,000만~4억 6,800만 명으로 증가했을 것이다. 19세기 중

〈표 2〉 1873~1933년 사이 중국의 농촌 인구와 경지 면적의 변화 지수

(1873년=100)

연도	인구	경작지
1873	100	100
1893	108	101
1913	117	101
1933	131	101

출전: Department of Agricultural Economics, National Agricultural Research Bureau, Ministry of Industries, *Crop reporting in China*(1934), pp. 48~53.

반에 총인구가 대략 4억 명을 넘었다는 점, 태평천국의 난을 비롯한 내전들로 인해 심각한 인구 손실이 있었다는 점, 그리고 수년간의 전쟁과 내전을 겪고 난 뒤인 1953년에 진정한 의미의 인구 조사에 가장 근접한 조사가 처음으로 실시되었을 때 나온 수치가 5억 8,300만 명이었다는 점을 염두에 두면 앞의 1873~1913년의 추정치가 적어도 터무니없는 것은 아니라는 것을 알 수 있을 것이다.

<표 2>가 말해주듯이 중앙농업연구소의 응답자들은 본인들이 조사한 몇몇 지방의 경우 완만하지만 지속적인 인구 증가에 필적할 만한 농지 면적의 증가는 찾아볼 수 없다고 보고하고 있다. 그에 따른 토

〈표 3〉 경작 규모의 변화(1870~1930년)

	보고 지점 수	농가 평균 경작 면적(헥타르)			
		1870년	1890년	1910년	1930년
중국	55	1.37	1.35	1.06	0.92
밀 경작 지역	29	1.75	1.77	1.32	1.10
벼 경작 지역	26	0.67	0.81	0.77	0.72
밀 경작 지역					
봄밀(간쑤 성, 칭하이 성)	2	0.48	0.51	0.66	0.71
겨울밀-기장(허난 성, 산시 성, 산시 성)	8	1.14	1.28	0.97	0.81
겨울밀-수수(안후이 성, 허난 성, 허베이 성,* 장쑤 성, 산둥 성)	19	2.19	2.18	1.53	1.26
벼 경작 지역					
양쯔 강 벼-밀(안후이 성, 저장 성, 허난 성, 후베이 성, 장시 성, 장쑤 성)	15	0.77	0.99	0.84	0.79
벼-차(후난 성, 장시 성)	6	0.42	0.42	0.76	0.74
쓰촨 벼(산시 성, 쓰촨 성)	2	0.82	0.76	0.64	0.55
이기작 벼(푸젠 성)	1	0.58	0.54	0.55	0.53
서남 벼(구이저우 성)	2	—	0.52	0.48	0.36

* 물론 허베이 성은 청 말에는 직예성이라고 불렸다.
출전: John Lossing Buck, *Land utilization in China. Statistics*, p. 288.

지 대비 인구 비율의 악화가 토지 이용에 관한 벅의 기념비적 연구를 위해 현장 조사원들이 수집한 <표 3>의 평균 경지 면적에 관한 역사적 자료에 반영되어 있다. 벅의 응답자들은 대부분 앞서 보고된 평균 경지 면적의 감소를 지역 인구 증가 때문으로 보고 있다. 화북(벅의 조사에서 겨울밀-수수 생산 지역으로 분류된 곳)에서 평균 경지 면적의 감소는 화중(벼-밀과 벼-차 생산 지역)에 비해 훨씬 더 현저하게 나타났다. 이러한 차이는 태평천국의 난으로 양쯔 강 이남의 여러 성의 인구 손실이 훨씬 더 컸고, 그에 따라 화중과 화남 지방의 토지 대비 인구 비율이 일시적으로 하락한 탓이었다. 좀더 인구가 조밀한 지역에서 당시 상대적으로 덜 조밀했던 이들 지역으로 사람들이 이동함에 따라 1900년 이후 토지 대비 인구 비율은 상승하고 평균 경지 면적은 서서히 감소되었다.

비록 1870~1911년 사이 농촌의 생활수준이 개선되지 않은 것은 분명하지만 인구 증가와 평균 경지 면적의 감소가 농민들의 생활수준을 급격하고 장기적으로 떨어뜨렸다고 결론 내릴 만한 단정적인 증거는 없다. 각 성이 여름과 가을의 작황에 관해 6개월마다 베이징으로 보낸 공식 보고서들은 19세기 전반에 걸쳐 뚜렷한 하강세가 있었음을 보여주고 있는 것이 사실이다. 따라서 <표 4>가 암시하듯이 1850년대와 1860년대 재앙을 몰고 온 반란의 시기에 얼마간 상황이 악화되었을 것이라고 추정해보는 것이 합리적일 것이다. 그러나 해관이 작성한 『무역에 관한 보고와 회계 *Reports and returns on trade*』에 매년 기록되어 있는 지방의 작황에 관한 수많은 보고들은 1870년대 이후 생활수준이 지속적으로 떨어졌다는 사실을 확증해주고 있지 않다. 청 말의 몇 십 년 동안 흉작에 대한 보고 빈도가 점점 더 늘어갔던 것은 부분적으로

〈표 4〉 주요 9개 성의 주현에서 보고한 작황 비율표(1821~1910년)

연도	보고 횟수*	평균 이상	평균	평균 이하
1821년	1,114	42.99	54.30	2.69
1825년	1,192	46.47	51.67	1.84
1830년	1,321	39.64	61.54	1.51
1835년	1,229	20.17	65.58	14.23
1840년	1,304	25.07	67.02	7.89
1845년	1,306	29.24	63.93	6.81
1850년	1,019	22.27	72.32	5.39
1855년	979	14.09	65.67	20.22
1860년	752	20.21	59.04	24.73
1865년	1,087	5.79	53.81	40.38
1870년	1,255	4.86	45.01	50.11
1875년	1,308	6.19	53.66	40.13
1880년	1,309	7.79	52.94	39.26
1885년	1,246	6.26	49.51	44.22
1890년	1,309	5.27	45.37	49.35
1895년	1,243	3.94	45.29	50.76
1900년	1,190	4.28	42.85	52.85
1905년	1,198	4.00	43.24	52.75
1910년	1,126	4.61	37.74	57.63

* 9개 성 가운데 8개 성의 경우 여름 보고와 가을 보고가 모두 포함되어 있다. 따라서 주현의 보고 횟수는 연례 보고 횟수의 약 절반이다.

출전: 리원즈(李文治) 편, 『중국 근대 농업사 자료 제1집, 1840~1911년』, pp. 761~769의 자료를 중심으로 계산했다. 이 자료는 「諭戶部嗣後查報各省收成分數, 應以八分以上爲豊收 六分以上爲平收 五分二下爲歉收[후베이 성에 내리는 상유. 이하 각 성의 작황을 보고할 시 아래의 범주를 사용할 것. 8분(즉 이론적 최대치의 80%)은 풍작으로, 6~7분은 평작으로, 5분 또는 그 이하는 흉작]」(『大淸高宗聖皇帝實錄』, 339권, p. 41a~b, 1749년 6월 14일 타이완 판, 1964년, 22권, p. 5151)란 상유에 따라 제출된 보고서들을 근거로 하고 있다.

는 각 성 정부가 베이징의 끈질긴 증세 요구에 대해 저항하려 했던 시도들을 반영하는 것은 아닌가 하는 의심이 든다. 이에 관해서는 아래에서 정부와 경제에 관해 논할 때 따로 살펴볼 생각이다. 게다가 여러 차례의 반란으로 인한 인구 감소는 토지에 대한 심각한 인구 압력을 일시적으로 완화시켜주었는데, 맬서스가 말한 안전밸브 역할을 해준 셈이기도 했다.

물론 각 개별 농민이 처한 조건들 및 공간적으로 분리되어 있던 각 지역의 조건들은 크게 달라서 살아남느냐 아니면 불행을 감수해야 하느냐 하는 차이는 종종 불확실한 날씨, 지방 관리의 탐욕, 지역 내 내전이나 도적 떼의 유무에 의해 결정되었다. 그러나 전체적으로 보자면 1870~1911년 사이 농작물의 총 생산량은 증가한 인구를 부양하기에 충분할 정도로 늘어났던 것 같다. 하지만 농사 기술이나 조직에 중요한 변화가 있었기 때문에 그러한 증가가 일어난 것은 아니었다. 19세기 하반기에는 (청 초의 옥수수와 조생종 벼 같은) 어떤 중요한 새로운 작물이나 품종도 도입되지 않았다. 더욱이 내전으로 점철된

〈표 5〉 1904~1909년에서 1930~1933년 사이 경작지의 변동 추세

		보고 지역 수	전체 곡물 경작지의 비율 추산치*			
			1904~ 1909년	1914~ 1919년	1924~ 1929년	1930~ 1933년
경작지가 증가하거나 혹은 변화하지 않은 작물	잠두	7	9	9	9	8
	옥수수	22	11	14	16	17
	면화	29	11	14	18	20
	아편	13	14	3	11	20
	땅콩	18	9	8	11	11
	유채씨	5	15	21	27	28
	벼	17	40	41	37	40
	참깨	7	4	8	10	9
	콩	7	8	9	10	8
	고구마	18	10	11	12	13
	밀	29	26	27	27	27
경작지가 줄어든 작물	보리	10	24	23	20	19
	쪽	12	10	7	2	—
	수수	14	26	23	20	16
	기장	15	22	18	17	17
	사탕수수	10	7	6	5	6

* 보고 지역의 추산치임.
출전: Buck, *Land utilization*, p. 217.

이 세기 중반에는 기반 시설이 심각하게 파괴되었으며, 그것들은 아주 서서히 회복될 수밖에 없었다. 관개 시설, 저수지와 제방 시설, 곡물 창고 등이 모두 18세기 수준 이상으로 확충되거나 개선되지 못했다. 농작물 생산량의 증가는 주로 단위 면적당 훨씬 더 많은 생산과 수입을 가져다주는 동시에 더 많은 노동력을 요구하는 작물로 품종을 바꾼 결과였다. 토지 대비 인구 비율이 계속 악화되면서 나타난 20세기 초의 재배 작물의 이러한 변화는 1904~1909년에서 1924~1929년 사이의 경작지 변동 추세에 관한 자료에 잘 나타나 있다. 벅의 조사관들이 수집한 이 자료는 위의 <표 5>에 요약되어 있다. 이 자료를 보면 옥수수, 고구마, 참깨가 점차 식량 작물인 보리, 수수와 조를 대신하고 있으며, 계속 증가 중인 상하이와 톈진의 방직 공장에 공급하기 위해 면화 같은 환금 작물의 재배도 증가하고 있었음을 알 수 있다. 불행히도 1870~1911년에 대해서는 심지어 이처럼 시사적이지만 여전히 불완전한 자료조차 구할 수가 없다. 하지만 민국 초 정치적 불안정과 끊임없는 내전의 와중에서도 그러한 종류의 변화들이 일어날 수 있었다면 청 말의 상대적 안정기에는 더더욱 불가능하지 않았을 것이다. 1870~1911년 사이에 이루어진 농산물의 수출 동향을 살펴보면 부분적으로나마 이에 대한 단서를 찾을 수 있다.

    액수 면에서 보면 1887년 비단에 의해 추월되기까지는 차가 단일 품목으로서는 중국 제일의 수출품이었다. 전체 수출품에서 차지하는 차의 비중은 1871년의 54%에서 1898년에는 18%, 다시 1906년에는 11%로 꾸준히 감소했다. 수출되는 차의 절대량이 그렇게까지 급감하지는 않은 것으로 미루어보아 이것은 이 시기 차 재배 면적이 늘어나지 않았음을 시사하고 있다. 생사와 견직물의 수출량과 수출액은 모두 40년 내내 증가했다. 이는 추가로 확보된 경지에는 뽕나무와 상수리나무가 재배되었을 가능성이 크다는 것을 말해준다. 화북과 만주에서는 상수리나무 잎이 누에를 키우는 데 사용되었는데, 이 산누에의 실로 짠 얇은 명주인 산둥주山東紬는 점차 중요한 수출품이 되어갔다.

 1899년 한 해를 제외하고 1888~1919년 사이 원면의 경우 수입보다 수출이 많았다. 이것은 1870~1887년(1874년은 예외)간의 수입초과와는 정반대 상황이었다. 얼핏 보면 원면 수출의 증가는 면화의 총 생산량이 청 말 20년 동안 크게 증가했음을 강력히 시사하고 있는 것처럼 보일 수도 있다. 하지만 사실은 그리 단순하지 않았다. 면화 수출이 증가하던 바로 그 시기에 다른 한편에서는 원면 가격이 지속적으로 상승하고 있었고, 또한 인도와 일본에서 기계로 생산된 보다 저렴한 면사의 유입이 확대되고 있었다. 이 세 가지 동향을 하나로 결합해보면, 면화 생산량은 증가하지 않았거나 혹은 내수와 수출을 모두 감당할 수 있을 정도까지 증가하지는 않았고, 그로 인한 국내 면화와 실 가격의 상승은 방직업자들로 하여금 보다 저렴한 수입물을 구매하도록 만들었으며, 내수 감소는 다시 원면 생산 증대의 동기를 억제하고 말았다는 결론을 내릴 수 있을 것이다.

 19세기 말에 경작 면적이 뚜렷하게 확대된 작물이 하나 있었는데, 아편이 바로 그것이었다. 액수 면에서 아편은 1880년대 중반까지 단일 품목으로서는 중국 최대의 수입품이었다. 아편과 면제품 두 가지가 1870년대와 1880년대 초 중국 총 수입의 2/3를 차지하고 있었고, 1898년에 이르러서야 비로소 50%정도까지 떨어지게 된다. 이러한 감소는 전적으로 아편 수입량(수입액은 여전히 상승하고 있었지만)이 감소했기 때문으로, 면제품 수입량은 여전히 급증하고 있었다. 그리고 아편 수입량이 줄어든 주원인은 국내 아편 재배가 지속적으로 확대된 데 있었다. 애석하게도 수입 아편을 대체하기 위해 새로 양귀비를 재배하기 시작한 토지 면적을 대략적으로라도 추정해볼 수 있게 해줄 만한 유용한 자료는 남아 있지 않다. 청 말과 민국 초기에 아편의 단가가 급상승한 것은 아편을 (실질적으로까지는 아니더라도) 법적으로 금지할 조짐이 보임에 따라 물량이 감소하면서 사재기가 벌어졌기 때문이다. 합법적인 아편 수입 무역은 1917년 말에 폐지되었지만 이후 국내 아편 재배에 대한 단속은 양귀비 재배 지역을 지배하고 있던 각 지방 군벌의 풍기와 재정적 필요에 따라 성공의 정도가 다르게 나타났다.

다시 1879~1915년 사이의 수출량과 수출액에 관한 자료를 근거로 판단해볼 때 콩, 유채씨, 참깨, 땅콩의 경작 면적이 크게 증가했던 것처럼 보인다. 1890년대 이전 이들 상품의 교역량은 무시해도 좋을 정도였다. 20세기에 접어들면서부터 콩 생산품과 식물성 기름의 수출이 급증하기 시작했는데, 식물성 기름은 대부분 비누 제조 원료로 유럽으로 수출되었으며 일본으로는 기름뿐만 아니라 콩류와 콩깻묵이 수출되었다. 주 생산 지역과 수출 지역은 만주였는데, 러일 전쟁 후 인구가 화북으로부터 만주로 이동한 것은 아마 콩 재배 면적의 현저한 확대와 관련이 있을 것이다. 게다가 화북 지방에서 실시된 아편 재배 단속 노력도 농민들로 하여금 콩류나 참깨, 땅콩을 아편의 대체 환금작물로 재배하도록 유도했을 것이다. 반면 같은 시기에 국내 소비 형태에서도 중대한 변화가 일어나고 있었는데, 그것은 콩과 기름의 수출은 이 작물들의 재배가 증가했기 때문이라기보다는 국내용으로 소비되던 산물들이 수출용으로 전환되었기 때문이라는 것을 시사해주는 것일 수도 있다. 1890년대부터 등유의 수입이 급증해, 조명 등의 용도로 사용되던 상대적으로 비싼 식물성 기름을 대체하기 시작했던 것이다. 이렇게 볼 때 콩류와 식물성 기름 수출의 뚜렷한 증가는 1900년 이전에 나타난 경작 형태의 변화 정도를 과장하고 있을 가능성이 있다. 앞서 살펴본 대로 벅의 자료는 분명히 이러한 작물과 그 밖의 다른 환금 작물들의 재배 면적이 20세기 초부터 증가했음을 강력히 암시하고 있지만 말이다.

19세기 말의 상황에 관해서는 단지 상징적인 한 해를 대상으로 해서 주요 작황을 대략적으로 추정해볼 수밖에 없는 형편이다. 광서光緖 판(1899년) 『대청회전』에 수록되어 있는 경지 면적 관련 자료 — 이런저런 가감을 거치면 1887년의 공식 면적은 8억 4,776만 554무畝가 된다 — 는 세부적인 면에서 불완전하고 실제 경지 면적보다 훨씬 낮은 수치를 제시하고 있다. 많은 지방에서는 서로 다른 등급의 토지를 단일 기준으로 환산하기 위해 '정부 회계용 단위인' 무를 기본 측량 단위로 사용하고 있었는데, 1712년 이후 개간된 일부 토지는 여전

〈표 6〉 1900년경 주요 작물의 연간 생산량 추산

작물	곡물 경작지별 비율(%)	곡물 경작지 면적(무)	1무당 일반적 생산량(석)	생산량 (석)
탈곡되지 않은 벼	30.2	341,364,190	3.89	1,327,906,699
밀	26.3	297,280,735	1.39	413,220,222
수수	12.5	141,293,125	1.73	244,437,106
기장	11.6	131,120,020	1.64	215,036,833
보리	10.2	115,295,190	1.47	169,483,929
콩	6.7	75,733,115	1.39	105,269,030
옥수수	4.2	47,474,490	1.87	88,777,296
면화, 면	2.4	27,127,500	0.27	7,324,441

출전: Buck, *Land utilization*, p. 217; Ta-chung Liu and Kung-chia Yeh, *The economy of the Chinese mainland: national income and development, 1933~1959*, table 30, p. 130, table A-9, p. 300.

히 등기가 되어 있지 않았으며, 지방의 유력 신사들의 재산이 항상 납세 대장에 모두 반영되어 있었던 것도 아니다. 또한 미등기 토지가 정확히 얼마나 되는지는 불분명하지만 벅이 1929~1933년에 실시한 농업 조사 결과로 판단해볼 때 적어도 1/3 정도 상향 조정하는 것이 타당할 것이다. 1/3을 상향 조정하면 19세기 후반의 경작지, 즉 작물 재배 면적은 11억 3,034만 4,579무가 된다. 19세기에 재배되던 각종 작물의 총 재배 면적을 알려주는 포괄적인 자료는 구할 수 없지만 벅이 산출한 1929~1933년의 각종 작물의 백분율의 평균치와 중앙농업연구소가 산출한 1931~1937년의 백분율 평균치를 <표 5>에 제시된 1904~1909과 1930~1933년 사이의 변화 추세에 맞추어 조정해보면 청조 말의 상황에 대한 근사치를 얻을 수 있을 것이다. 이러한 산출치에 근거해 <표 6>은 19세기 말의 주요 작물의 생산량에 대해 적어도 개언성 있는 추정치를 제공하고 있다.

 19세기 농촌의 가장 중요한 단일 수공업이던 면방적업의 운명에 대해서는 아래 절에서 논의할 예정이다. 상업과 제조업이 가장 앞서 있었고 해외 교역의 영향도 가장 크게 받는 등 상대적으로 '발달해 있던' 양쯔 강 하류 지역에서는 태평천국의 난 이후 몇 십 년 동안 부재지주제가 성장했는데, 아마 광둥 성에서도 마찬가지였을 것이다. 이는 성공한 상인, 중개인 그리고 매판 상인들이 상업적 이윤을 노리고 이들 지역에 투자했음을 의미한다. 이런 의미의 부재지주는 대다수 농촌 지도층이 본인 소유의 토지가 있는 농촌 마을에 거주하지 않고 보통 현성이나 진鎭에 거주했던 사실과는 구별되어야 한다. 이러한 전개 과정에서 나타난 한 가지 형태는 조잔租棧의 성장이었는데, (주로 도시의 사업가인) 지주들은 이를 통해 조잔주에게 토지와 전호에 대한 관리를 맡기고 부세賦稅와 각종 비용을 제외한 이윤 가운데 일정한 몫을 받았다. 이러한 현상이 얼마나 확산되었는지 추정할 수는 없지만 무라마쓰 유지村松祐次가 발견해낸 사례들만으로도 최소한 화남에서는 그것이 우연적 현상이 아니었음을 충분히 알 수 있다.[5] 조잔주는 대개 농촌 신사층의 유력자로서 관청의 협조를 얻어 소작인에게서 소작료를 거두고, 심지어 체납자를 체포해 구금할 수도 있었다. 농촌의 계급 관계는 설령 어질기 그지없는 유교적 지주 아래에서라 해도 결코 목가적인 전원시에 어울리는 주제일 수 없었지만 19세기 말의 부재지주제는 20세기에 이르면 농촌 지역에서 더이상 감내할 수 없을 정도로 잔혹해지게 된다.

1887년 청의 공식 토지 기록에는 여전히 민전民田 외에 특히 화북과 만주 지역의 대규모 기지旗地[기인에게 부여한 토지], 둔전과 장莊[황실 장원] 등과 같은 토지가 존재하는 것으로 기록되어 있다. 이것들은 초기의 만주족 통치자들이 만주의 정치와 사회 구조에 적합한 토지 제도와 자신들이 정복한 중국의 토지 제도를 결합할 생각이었음을 보여준다. 19세기 말이 되면 부세의 세율상의 차이를 제외하면 초기의 이런 차별성은 사실상 거의 남아 있지 않게 된다. 인구 증가, 정부의 불충분한 급료, 사적 토지 소유제의 압도적 영향력 등이 결합되어 다양한 토지 보유 형태가 사실상 거의 하나로 통일되기에 이르렀던 것이다. 민전뿐만 아니라 기지도 이런저런 구실로 자유롭게 임대, 저당, 매매되어 소규모의 분산된 토지 형태로 한인 전호들에 의해 경작되게 된다.

관전, 조잔지, 일반 민전 형태로 보유되고 있던 토지는 하나의 대소유지를 이루어 고농[고용한 농업 노동자]들이 경작하는 경우가 거의 없었다. '자본주의적인' 상업적 경작은 여전히 찾아보기 어려웠는데, 이것이야말로 필자가 앞에서 언급한 몇 가지 변화에도 불구하고 전혀 변하지 않았던 청 말 농업의 여러 측면들 가운데 첫번째에 해당되는 것이었다. 19세기 전반에 걸쳐 관리, 부유한 신사, 독점 상인 등이 합쳐서 1만 무가 넘는 토지를 소유한 사례는 얼마든지 들 수 있지만 이만한 규모의 단일 소유지는 매우 드물었다. 청 말 중국의 토지 소유는 불균등했지만 유럽이나 다른 아시아 지역의 대규모 소유지나 미국의 거대한 목장 및 상업 농장에 비견될 수 있는 대농지는 거의 찾아볼 수 없었다. 토지 소유자는 통상 화북의 경우 대략 20~30무, 화남의 경우 12~15무를 경작하는 자작농에서부터 평균 약 100~150무를 소유한 채 대부분을 소작을 주고 있던 200여 만 호의 농촌 신사 가문에 이르는 정도였다.[6] 20세기의 경우처럼 소작제는 '밀 생산지'인 화북 지방보다는 '쌀 생산지'인 화남 지방에서 훨씬 더 일반적이었다. 또 이후 몇 십 년까지도 그랬지만 50%의 농가가 소작농 혹은 불완전 자경농으로 분류될 수 있었다. 장기간 흉년이 든 지역과 주요 상업 중심지 인근에서 소작 관계가 날로 증가되는 일부 징후를 발견할 수는 있으나 청 말 40년 동안 토지 소유 형태에서 급격한 변화가 있었다는 증거는 거의 찾아볼 수 없다.

지대地代는 화폐나 현물로 납부되었다. 현물인 경우 지대는 통상 주요 작물의 50%였다. 1880년대에 보고된 현금 지대는 무畝당 0.6냥에서 2.66냥까지 다양한데, 이는 대체로 해당 지역 지가의 약 5~10%에 해당되는 것이었다(1930년대 현금 지대는 평균 토지 가격의 11%에 달했다는 중앙농업연구소의 통계와 비교해보라). 이는 토지에 투자해서 거두어들이는 회수금이 부세와 기타 비용을 제하고 나면 (정국이 안정될 때는 상대적으로 안전한 방법이라고는 해도) 상업이나 돈놀이로 벌어들일 수 있는 10~20%에 달하는 이윤의 절반밖에 되지 않았음을 의미한다. 아마 이처럼 상대적으로 낮은 회수율이 토지 소유의 집중을 제한했을 것이다. 소작제에 따른 실제적인 부담은 지대 말고도 소작 계약의 기타 내용들에 따라 달라졌다. 19세기의 경우 노동 봉사, 단기 임대, 임대 보증금 등에 관한 유리하거나 불리한 계약 조건의 개별 사례들은 찾아볼 수 있지만 수많은 가난한 농민들에게 19세기 말의 상황은 이전의 비참한 상태가 그대로 지속되는 것이 아니라 오히려 계속 악화되는 과정이었다고 결론 내릴 수 있는 체계적인 증거는 부족하다.

무라마쓰 교수는 1905~1917년 사이 지주의 조잔들의 지대 수입이 급증한 것을 발견했는데, 이러한 증거는 지방 신사들이 청 말의 10년 동안 가중된 세금 부담을 소작농들에게 전가했음을 알려준다. 본장의 뒷부분에서 상세히 논하게 될 이들 부가세는 의화단의 난에 따른 배상금을 지불할 재원 마련을 위해 각 성에 할당되었다. 역사적으로 유력 지주들은 본인에게 부과된 정상적인 세금 부담을 회피할 수 있는 능력을 갖고 있던 점(가장 흔한 방식은 지세 정액에 덧붙여졌던 '부가세'를 내지 않거나 일부만 내는 것이었다)을 고려할 때 대지주의 소작인은 물론 자경농들까지 결국 부가세 가운데 터무니없이 많은 몫을 납부했을 가능성이 없지 않다.

가장 주목할 만한 사실은 농업 제도가 전통적인 규범에서 상하로 중대한 일탈을 보이기보다는 전반적으로 안정성을 유지했다는 것이다. 중국 인구의 80%에 달하는 수백만 농가의 절대 다수가 처해 있던 매우 낮은 차원의 생활수준에서 균형이 이루어졌다. 홍수, 기근, 전염병 등과 같은 재난은 지원금과 식량을 그것들이 남아도는 지역에서 필요한 지역으로 보낼 수 있게 해주는 저렴한 대규모 운송 수단과 효율적인 중앙 통제의 부재로 인해 한층 더 심각한 결과를 가져왔다. 현실적으로 아버지나 할아버지보다 더 잘살 수 있을 것이라는 희망을 가질 수 있는 농민은 거의 없었다. 하지만 태평천국의 난과 염군의 반청 운동 이후 어떠한 대규모 농민 반란도 청 정부나 엘리트가 지배하는 농촌 사회를 위협하지 못했다. 농민을 기반으로 하는 견고한 혁명 운동이 일어나지 않았기 때문에(곳곳에 분산되어 있던 비밀 결사들이 어떤 역할을 했는지는 모호하다. 비밀 결사는 대체로 지방 신사들에 의해 통제되거나 그들과 협력하고 있었다) '중흥'과 '자강' 운동만으로도 ― 반청 민족주의와 외국의 정치적·경제적 침략까지는 아닐지라도 ― 전통적인 형태의 내부 불만은 아주 효율적으로 억누를 수 있었던 것이라고 생각할 수도 있을 정도이다. 이보다는 좀더 좁은 의미에서 농업 조직과 토지 이용 형태의 안정성은 정치적 보수주의의 결과라기보다는 사람들의 행동 양식을 규정했던 사회적 가치와 이용 가능한 기술이 지닌 여러 제약에 따른 결과였다.

 앞서 지적한 대로 대소유지는 흔하지 않았다. 게다가 각 농가(자경농과 소작농)가 실제로 경작하는 토지의 평균 면적은 아주 작았다. 일정한 한도를 넘어서 비교적 큰 토지를 소유한 지주도 여분의 토지를 사람을 고용해 경작하기보다는 소작을 주는 것이 더 낫다고 생각했다. 20세기의 자료는 농가 규모와 경작지 규모 사이에 높은 상관관계가 있음을 보여주고 있는데, 이것은 경작 단위가 최저 생계 수준에 가까웠음을 말해준다. 소규모 경작은 농지가 통상 토질이나 토지 유형이 전혀 다른 땅뙈기로 여기저기 분산되는 바람에 한층 더 심화되었다. 상당한 토지가 경계 표시용 땅으로 낭비되었고, 이 땅뙈기에서

저 땅뙈기로 이동하는 데 시간이 너무 많이 소모되었으며, 적절한 관개 시설을 갖추는 데에도 장애가 되었다. 대농장의 희귀성, 소규모의 가족 농토, 분산된 토지 소유 형태 등은 모두 부분적으로는 전통적인 상속 관행의 결과였는데, 특히 장자 상속의 부재가 크게 작용했다. 신사든 농민이든 가릴 것 없이 가장이 사망하면 보통 독립 가구를 이루고 있는 모든 생존한 아들들에게 가산을 균등하게 나누어 주었기 때문이다. 이러한 '분가分家'는 한 세대나 그 이후까지 억제될 수도 있었지만 대가족제라는 신사층의 이상은 종종 그에 따른 불가피한 긴장 앞에서는 자취를 감추고 말았다. 이는 마치 숲 자체는 계속 시골 지역을 울창하게 뒤덮고 있는 동안 원시림 속 여기저기서 각각의 참나무가 돋아나고 성장하고, 나이를 먹고 썩어가는 모습과 비슷했다. 농지가 조각조각 나누어진 것은 조상 전래의 농경지였던 논, 산지, 과수원 등과 같은 몇몇 유형의 토지를 각 상속자들에게 엇비슷하게라도 나누어주려는 지속적인 노력의 결과로 나타난 현상임에 분명하다.

    분가 이전이든 이후든 토지를 대규모로 소유했다고 해도 그것이 반드시 그러한 땅을 하나의 단위로 경영했다는 것을 의미하지는 않았다. 지방의 유력 가문도 토지의 일부만을 고농을 이용해 경작했다. 불충분한 농촌 신용 기구, 빈약한 경영 기술, 불안정한 환금 작물 시장 등 외에도 소작 경영보다 직접 경영을 통해 더 많은 이익을 낼 수 있는 토지의 양에도 한계가 있다는 문제가 있었다. 이런 한계는 기존의 경작 기술이 대규모의 그러나 각기 수준은 다른 노동력을 요구하고 있는 데서 말미암은 것이었다. 고농을 대규모로 고용할 수 있는 고용주들도 높은 감독 비용 그리고 농번기에만 집중적으로 고용되는 비가족 노동력을 통해 얻을 수 있는 수입의 지속적인 감소에 직면하게 되었다. 종자 개량, 개량된 시비법과 관개 시설의 확충 — 하지만 이처럼 중대한 기술적 변화는 일어나지 않았다 — 만이 원거리 시장에 상품을 공급할 수 있을 정도의 대규모 농경을 가능하게 해주었을 것이다.

청 말의 마지막 수십 년 동안 중국 경제의 농업 부문은 이렇듯 토지 및 자금의 부족과 과잉된 노동력이 수입 감소로 이어지는 현상이 하나의 요소로 뒤섞여 있는 것을 특징으로 하게 되었다. 그러나 장기적인 것까지는 아니라도 적어도 중기적 단위를 기준으로 예측해볼 경우 농업 부문은 안정적인 평형 상태를 유지하고 있었으며, 자체 재생산을 계속하지 못할 아무런 내재적 경제 요인도 찾아볼 수 없었다. 그렇게 많은 인구 그리고 상층 계층 내에서 그렇게 수준 높은 문화 — 물론 대다수의 생활수준은 사실상 낮았음에도 불구하고 — 가 유지될 수 있었던 것은 전통적인 기술 덕분이라고 할 수 있었다. 수세기 동안 엄청난 양의 인력을 기본적으로 계단식 농지의 개간, 관개 시설, 홍수 통제 그리고 배수 시설 등에 투자한 결과 일찍이 17세기에 헥타르당 2.3톤의 벼 생산이 가능하게 되었다. 이 수치는 중요한 지표로서, 전근대적 농업 기술(즉 종자 개량, 비료와 살충제의 대량 투입이 없는 상태)을 이용한 생산에서 이론적으로 가능한 최대치였다. 중국의 헥타르당 평균 벼 생산량은 1930년대에 2.47톤, 1955/6~1960/1년 사이에도 2.54톤에 이르렀을 뿐이다. 이 시기 인도의 생산량은 여전히 1.36톤을 넘지 못하고 있었다.[7] 그러나 안정과 정체는 한 끝 차이였다. 전통적인 농업의 균형은 생산물이 대부분 생산자 본인에 의해 소비되는 매우 낮은 1인당 생산량 수준에서 유지되어왔다. 시장에 내다 팔 수 있는 잉여 생산물은 아주 소량으로서, 공업 원료로 공급되거나 비농업 부문을 부양하는 데 사용되었다. 역으로 도시에서 만든 제조품에 대한 실수요도 한정되어 있었다. 이처럼 광범위한 산업화나 농업 발전의 즉각적인 가능성은 농업 부문의 무기력성 때문에 크게 제약받고 있었다.

수공업

'외국 자본주의'가 19세기 중반 이후 국내 수공업을 서서히 '파괴하거나' '착취해왔다'고 하는 오늘날의 일부 중국 역사가들의 단순화된 비난은 심지어 1930년대까지의 중국 경제의 실상과도 부합되지 않는다. 1930년대 중반, 심지어 '외국 자본주의의 침략'을 가장 심하게 받았다고 주장되고 있는 면방직 공업에서도 중국에서 생산되는 면포의 61%(평방야드로 계산한 것이다. 만약 야드로 계산한다면 이 비율은 73%가 될 것이다)는 여전히 수공업적 방식으로 생산되고 있었다.[8] 만약 1930년대 후난 성이나 쓰촨 성 농민들이 일본의 나이가이와타 공사內外綿公司에서 생산된 면제품을 입고 BAT 담배를 피웠으며 메이지 설탕을 먹었다고 주장하려 한다면 많은 것을 입증해야 할 것이다. 1933년의 경우 수공업 제품이 총 산업 생산 가치에서 차지하는 비중은 약 68%에 달했다. 1890년대에 시작되는 소규모 근대 산업이 발달하기 이전이나 혹은 초기 단계에 해당하는 1870년과 1911년에는 수공업의 상대적 비중이 1930년대보다 훨씬 높았을 것은 당연하다. 그리고 일부 중요한 수공업, 특히 방직업은 19~20세기 사이에 급격하게 쇠퇴했다. 그러나 이론적으로나 실제적으로나 수공업 제품에 대한 국내외의 총 수요는 20세기에도 감소하지 않았고, 나아가 1870~1911년 사이에도 수공업은 전체적으로 심각하게 훼손되지 않았다고 믿을 충분한 이유가 있다. 하지만 앞에서 말한 조잡한 도식을 거부한다고 해서, 이 40년 동안 수공업 부문에서 중대한 구조적 변화가 일어났다는 것이나 이러한 발전이 초래한 긴장과 혼란이 인구의 상당 부분에 불리한 영향을 미쳤다는 것을 부인하는 것은 아니다.

19세기 중반 중국의 수공업은 도시에서 주로 이루어졌지만 농촌의 수공업 작업장이나 도농 각 지역의 개별 가정에서도 이루어졌다. 하지만 이처럼 두 가지 형식의 수공업을 구분하는 것은 때로 아주 자의적일 수밖에 없는데, 왜냐하면 예를 들어 농민 직조공의 경우 가내 노동으로 천을 짜는 것 말고도 자본을 축적해 직기 몇 대를 마련한 다음 노동자를 고용해 운영할 수도 있었기 때문이다. 도시의 장인들도 마찬가지로 정미소를 운영하거나 면화에서 솜을 타는 일을 할 때 친족이 아닌 노동자를 고용해 가족 노동력을 보충하기도 했다. '수공업 공장'은 아직 동력 기계를 갖추고 있지는 못했지만 상대적으로 규모가 큰 작업장이었다. 기본적으로 가내 노동을 탈피해 여러 가구의 노동력을 이용하는 이런 사업체들에는 쓰촨의 염전과 제염업, 윈난의 구리광, 장시 징더전의 도자기, 전국 각 도시마다 분포되어 있는 쌀과 밀의 도정 공장 그리고 장쑤의 면포 광택과 염색 공장 등이 포함되어 있었다. 이 같은 탈가내 제조업의 절대 규모가 어느 정도였는지 산출하는 것은 불가능하고 앞으로도 가능치 않을 것이다.[9] 하지만 그것이 농촌의 생계 보조 수단으로 행해지거나 혹은 도시와 반半도시의 전업장인들에 의해서 행해지던 가내 수공업 생산에 비해 고용이나 생산량 모두에서 절대적으로 열세에 있었다는 것은 의심의 여지가 없다.

중국 농촌에서 가장 중요한 가내 수공업은 면방적과 방직업이었다. 면직물이 청 말 경제에서 중요한 위치를 차지하고 있었던 만큼 먼저 면직 공업에 관해 자세히 살펴보기로 하자. 이 시기 수공업 생산 일반의 역사는 면직물의 운명에 따라 평가될 수 있다. 원대부터 면화 재배와 가공이 급속도로 확산되면서 면직물은 매우 부유한 사람들을 제외한 모든 사람이 입는 중요한 일용품이 되었다. 면화 재배는 상당히 광범위한 지역에서 이루어졌지만 주요 생산지는 여전히 양쯔 강 유역의 각 성들이었다. 면화 수공업이 가장 집중적이고 고도로 발전한 곳도 이곳이었다. 양쯔 강 삼각주의 넓은 지역은 식용 작물보다는 면화 재배에 더 적합했으며, 비교적 습기가 많은 기후를 보이는 장쑤 성에서는 더 질기고 올이 고른 면사를 방적할 수 있었다. 예를 들어 강남(양쯔 강 하류 남쪽 지역)과 후베이 성의 사스沙市 주변 지역으로부터 꾸러미로 포장된 대규모 원면과 면직물들이 수로로 혹은 짐꾼들에 의해 만주와 화북으로, 양쯔 강을 통해 쓰촨 성으로, 남서부의 윈난 성과 구이저우 성으로, 그리고 남부 연해의 각 성으로 운송되었다. 강남 농민들의 경우 재배한 모든 면화를 자체 방적하기보다는 생산력을 면화 재배와 직포에(그리고 베를 짜기 위해 필요한 만큼의 면사 생산에만) 집중시키는 편이 훨씬 더 유리했다. 그리하여 양쯔 강 유역의 각 성에서 공급되는 원면과 지역에서 자체 생산된 원면을 이용해 자가 소비를 위해 농촌 가정에서 행해지는 면방적은 정도는 다양했지만 중국 전역에서 이루어지고 있었다. 그리고 지역에서 생산된 면직물이 후베이 성과 강남에서 생산된 면직물의 부족분을 보충했다.

그러나 면방직 수공업은 오직 주요 면화 생산지에서만 자체 지역 시장이 아니라 외부 시장을 대상으로 하는 중추 산업으로 발전할 수 있었다. 예를 들어 농민 직공이나 소상인들은 후베이 성 남부의 면직물 생산 지역에서 천을 사서 매일 열리는 포목 시장으로 반입했다. 이 시장에서 상품을 구입하는 도매상들은 질에 따라 옷감의 등급을 나누고 각 등급의 천에 상품의 목적지인 윈난 성과 구이저우 성의 시장에서 품질 보증 표시로 받아들여지던 잘 알려진 '상표'를 찍었다. 후베이 성에서 생산된 천은 쓰촨 성을 통해 윈난 성 북부로 운송되었는데, 우선 양쯔 강과 그 지류의 수로를 따라 운반된 후 짐꾼들이 한 사람당 무려 117필(무게 220파운드, 즉 약 100킬로그램)씩을 지고 이동했으며, 마지막으로 윈난 성의 산길에서는 가축을 이용해 실어 날랐다. 구이저우의 경우에는 주로 둥팅 호洞庭湖와 연결된 위안 강沅江을 끼고 있는 후난 성을 경유해 운반되었다. 이는 규모나 거리 면에서 당시의 기준으로 보아 결코 사소한 교역이 아니었다. 수공 면방직업의 구조에 이미 급격한 변화가 일어난 시기인 1895년까지도 매년 후베이 성에서 생산되는 20만 포 이상의 원면과 30만 포 이상의 면직물이 쓰촨 성으로 흘러 들어갔다. 매년 사스로부터 윈난 성 북부로 운반되는 면포는 약 320만 필이었다. 그리고 아모이(샤먼廈門) 이남의 중국, 화북과 만주 지방에는 주로 강남에서 생산된 면직물이 공급되었다. 게다가 상당량의 수공업 면직물이 광저우를 통해 영국과 미국에 수출되었다. 1831년까지 영국이 매년 수입한 '난킨Nankeens, 本色布'(난징과 양쯔 강 하류 기타 지역에서 생산된 면포)이 중국으로 수출한 영국산 면직물보다 많았다.

    면화 지대의 방적과 직포는 대부분 개별 농가에 의해 소규모로 이루어졌는데, 전업으로 하는 경우도 가끔은 있었지만 대개는 농가의 주요 생계 수단인 곡물 농사를 짓는 틈틈이 부업으로 하는 일이었다. 면사는 농가 자체에서 뽑거나 아니면 농민이 짠 면포를 구매하는 상인들과의 교환을 통해 구했다. 면방직 수공업을 통해 얻는 수입이 농가 수입에서 차지하는 비중은 부유한 농민에 비해 토지가 극히 적은 빈농의 경우가 더 컸다. 예를 들어 천을 짜기 전의 날실 준비 공정은 보통 미미한 농업 수입을 보충하기 위해 소농가에서 이루어졌다. 그러나 전체 면화 생산지와 관련해 말하자면 조밀한 농촌 인구의 최저 생활수준 유지 여부는 거의 전적으로 원면과 면포 시장에 달려 있었다. 면포의 광택과 염색은 주로 최종 제품의 분배 중심지이기도 한 장이 서는 현에 집중되어 있는 경우가 많았다. 이 마지막 공정은 통상 큰 포목상에 의해 통제되었고 보통 일한 만큼 삯을 받는 고용 노동자에 의해 이루어졌다. 이들 고용 노동자는 일반적으로 이런 상인들이 소유하거나 쑤저우蘇州에서처럼 포두包頭[노무 공급 청부업자]가 소유한 '수공업 작업장'에서 일했다. 포두가 소유한 작업장에서 일하는 노동자는 벌어들인 삯에서 작업장과 설비를 사용한 비용을 매달 지불했다. 일반적으로 1870년대 이전에는 앞에서 언급한 것처럼 보통 각 농가에 의해 독자적으로 이루어진 면포의 생산에 포목상이 직접 통제를 가하는 일은 없었다. 도시 지역의 공장제 수공업은 여전히 비교적 엄격한 조합의 감독을 받고 있었고, 주도적인 공업 조직 형태는 수공업 공장이 아닌 개별 숙련 장인이었다.

보기 드문 매판이었던 정관잉鄭觀應은 19세기 후반에 수공 면방 직업에서 일어난 변화에 대해 이렇게 묘사하고 있다.

연해 각 지역에서 면화를 재배해 실을 뽑고 면포를 짜고 있다. 면포와 실은 지역의 수요를 충당하는 외에 상당량이 선적되어 서부와 북부의 각 성으로 운반되고 있다. 그러나 외국의 면사와 면포가 수입되기 시작하면서 사람들은 낮은 가격과 우수한 품질을 탐해 하나둘 외국 상품을 사서 쓰게 되었다. 결국 남부 여러 성의 방직 작업에서 나오는 이윤의 절반이 사라졌다. 이제 조약항과 내지의 시진市鎭에서 토포土布〔국산 옷감〕를 입는 자는 20~30%에 지나지 않고, 외국 포를 입는 자가 70~80%에 달하고 있다.[10]

19세기 말 중국에 와 있던 외국 상인과 영사관원들은 정관잉이 동포들에게 보낸 경고를 읽고 기뻐했어야 했겠지만 오히려 그들의 보고는 정반대로 중국 시장, 특히 내지의 각 성의 시장을 뚫기가 얼마나 어려운지에 관한 거듭된 불평들로 가득 차 있었다. 외국 상인 단체들은 특히 외국인의 내지 거주 제한과 이금세釐金稅〔일종의 통관세〕 부담을 지적했다. 그러나 보다 통찰력 있는 영사들은 수공 면방직 산업의 저력이 모든 중국인에게 랭카셔 면직물을 입히겠다는 영국의 목표를 가로막는 주 장애물이라는 것을 알아차렸다.

정관잉과 조약항의 외국인들은 사실 진신을 공유하고 있었다. 1858~1860년의 조약에서 양쯔 강의 3개 항을 포함해 조약항의 추가 개방이 이루어진 후 외국의 면사와 면포 수입이 대량으로 증가하기 시작했다. 이러한 성장은 새로 획득한 중국 국내의 증기선〔윤선〕 항행권, 이금 대신 수입 관세의 1/2을 추가로 외국 상품에 부과하도록 하는 통관 제도 그리고 유럽으로부터의 물류비용을 낮추어준 1869년 수에즈 운하의 개통 등으로 촉진되었다. <표 7>은 1871~1910년 사이에 매년 수입한 면포와 면사의 수량과 금액을 열거한 것이다. 1871년

〈표 7〉 1871~1910년 사이 면사와 면포의 수입량과 수입액

	면사			면포		
	1,000 담(擔)*	1,000 해관 냥†	담당 평균가 (해관 냥)	1,000 필(匹)‡	1,000 해관 냥†	필당 평균가 (해관 냥)
1871년	70	1,877	26.81	14,439	24,877	1.72
1872년	50	1,372	27.44	12,241	21,435	1.75
1873년	68	3,130?	46.03?	8,989	16,202	1.80
1874년	69	1,969	28.54	9,763	16,301	1.67
1875년	91	2,747	30.19	10,720	17,315	1.62
1876년	113	2,839	25.12	11,870	17,377	1.46
1877년	116	2,841	24.49	11,117	15,959	1.44
1878년	108	2,521	23.34	9,158	13,509	1.48
1879년	138	3,191	23.12	12,772	19,409	1.52
1880년	152	3,648	24.00	13,561	19,735	1.46
1881년	172	4,228	24.58	14,931	21,818	1.46
1882년	185	4,505	24.35	12,159	18,201	1.50
1883년	228	5,242	22.99	11,500	16,805	1.46
1884년	261	5,584	21.39	11,229	16,557	1.47
1885년	388	7,871	20.20	15,706	23,623	1.50
1886년	383	7,869	20.55	14,041	21,181	1.51
1887년	593	12,591	21.23	15,267	24,457	1.60
1888년	683	13,496	19.76	18,664	30,942	1.66
1889년	679	13,019	19.17	14,275	23,116	1.62
1890년	1,081	19,392	17.94	16,561	25,629	1.55
1891년	1,211	20,984	17.25	17,601	32,307	1.84
1892년	1,304	22,153	16.99	16,359	30,555	1.87
1893년	982	17,863	18.19	12,498	27,275	2.18
1894년	1,160	21,397	18.45	13,343	30,708	2.30
1895년	1,132	21,209	18.74	13,437	31,865	2.37
1896년	1,621	32,010	19.75	18,919	47,233	2.50
1897년	1,571	34,430	21.92	16,914	44,233	2.62
1898년	1,959	39,295	20.06	15,524	38,324	2.47
1899년	2,745	54,941	20.01	19,419	48,524	2.50
1900년	1,488	30,187	20.29	15,964	45,419	2.85
1901년	2,273	49,012	21.56	16,688	50,640	3.03
1902년	2,448	54,794	22.38	22,958	72,752	3.17
1903년	2,738	67,736	24.74	19,272	60,884	3.16
1904년	2,281	59,516	26.09	18,704	64,568	3.45
1905년	2,554	67,209	26.32	35,760	114,244	3.19
1906년	2,541	65,141	25.64	28,734	87,587	3.05
1907년	2,273	57,515	25.30	18,193	61,401	3.37
1908년	1,823	46,173	25.33	16,906	64,725	3.83
1909년	2,406	62,464	25.96	21,196	74,827	3.53
1910년	2,282	62,831	27.53	17,013	67,852	3.99

* 1담은 133.33파운드
† 해관 냥은 1874년에 처음으로 사용되었다. 1871~1873년의 금액은 해관 통계표에 지방 냥으로 기록된 것을 해관 냥으로 환산한 것이다.
‡ 크기가 다양했지만 대개는 길이 40야드 폭 36인치였다. 필 이외에 타스나 야드로 계산된 면제품(1~2%는 평방 야드로 계산됨)은 여기에 포함되지 않는다.
출전: 양단류(楊端六)와 허우허우페이(候厚培), 『지난 65년 동안의 중국의 국제 무역 통계(六十五年來中國國際貿易統計)』, <표 4>, <표 9>; China Inspectorate-General of Customs, *Decennial reports······, 1922~1931*, 1권, pp. 113, 182.

의 면사와 면포는 금액 기준으로 중국 수입의 1/3을 차지했다. 이후 몇 년 동안 이 물품들이 전체 수입량에서 차지하는 비중은 이 정도 수준을 오르내렸지만 1880년대에서 1920년(정점에 이른 해)에 이르는 시기에 수입 면제품이 급증했다. 면사 수입량은 1871~1880년과 1901~1910년의 두 시기의 연평균 수입량을 비교해보면 9만 7,451담에서 236만 3,000담으로 약 24배 증가했다. 1913년 이후 국내 기계 면사가 점차 수입 실을 대체하면서 수입량은 하강하기 시작했다. 면포의 수입 총액은 1898년, 1899년, 1903년을 제외하면 매년 면사의 수입 총액을 능가했지만 수입 증가량 — 1871~1880년에서 1901~1910년 사이 1,146만 3,010필에서 2,144만 2,000필로 2배의 증가를 보인 것 — 은 그렇게까지 엄청난 것은 아니었다. 그러나 면포 수입은 1920년대까지 계속 증가하다가 난징 정부가 새로 관세 자주권을 회복했을 때에야 비로소 급격하게 하강했다. 역설적으로 청조 최후의 40년 동안 대대적인 면사 수입이 오히려 간접적으로 면포 수입의 급격한 증가를 막는 장애물이 되었다. 면사 수입은 중국 수공 면방직업의 구조에 중대한 영향을 미쳤던 것이다.

<표 7>에 제시된 수입 면사 1담(6,355킬로그램)의 평균 가격과 수입 면포 1필의 평균 가격에 따르면 면사 가격은 1870년대 중반부터 19세기 말에 이르기까지 계속 떨어지는 경향을 보여주고 있다. 면포 가격도 1870년대에는 떨어지지만 1880년대 말부터 다시 오르기 시작해 이후의 면사 가격의 상승보다 훨씬 빠른 상승세를 보였다. 값싼 면사가 나타난 주원인은 봄베이 면사 공장에서 생산된 면사가 대규모로 중국 시장에 들어와서 보다 비싼 영국 면사를 대체한 데 있었다. 1890년대부터 인도 면사 외에 일본의 기계 면사의 수입도 날로 증가했다.

면사 가격은 약 20년에 걸쳐 서서히 낮아졌다. 이와 관련해 1871~1910년 사이의 시기 내내 해관 냥의 금 가격$^{gold\ value}$이 계속 하락하고 있던 것은 다른 무엇보다 중요한 사실이었다.

수입 기계 면사 가격은 점차 낮아지고 있었던 반면 중국의 원면 가격은 오히려 상승했다. 이처럼 원면 가격이 상승한 것은 1890년대 초부터 일본 면사 공장으로의 대규모 원면 수출이 이루어지고 있었음에 반해 중국에서는 제1차세계대전 시기와 그 이후 근대 방직 공업의 괄목할 성장이 나타나기 전까지 면화 재배가 거의 증가하지 않았기 때문이다. 소규모 단위로 운영되고 기술도 낙후한 농업 부문은 수출 수요에 신속히 적응하는 데 한계가 있었던 데다, 값싼 외국 면사의 수입은 수공 면사에 대한 수요를 약화시킴으로써 면화 재배 면적을 늘리려는 농부들의 의욕을 위축시켰다. 1896~1897년 랭카셔 주의 블랙번 상인회에서 파견한 중국 방문단은 이렇게 보고하고 있다.

> 현지 면직 공업에서 가장 특이한 점은 다른 농업 생산물에 비해 원면 가격이 높다는 것이다.[11]

수공업 직공들은 점점 더 수입 기계 면사를 이용하게 되었는데, 최소한 날실용으로 그리고 때로는 씨실용으로도 그것을 이용했다. 1870~1880년대 화남, 특히 광둥 성은 수입 면사의 주요 시장으로서 전체 물량의 절반을 흡수했다. 그러나 그러한 비중은 꾸준히 하락해 면사 총 수입량의 1/5까지 떨어졌다. 1890년대에는 두 지역, 즉 1) 화북과 만주 그리고 2) 양쯔 강 중상류의 안후이 성, 장시 성, 후베이 성, 후난 성과 쓰촨 성 등 각 성이 윈난 성과 구이저우 성 지역과 함께 총 수입량의 30% 정도를 흡수하면서 수입 면사의 주 시장이 되었다. 수공 면방직업이 집중되어 있던 강남 지역은 매년 면사 수입량의 10% 정도를 흡수했지만 해마다 수입량의 변동폭이 컸다. 수입 기계 면사의 주요 시장이 면화 재배와 수공업이 가장 발달하지 못한 지역이었다는 것은 분명하다. 저렴한 수입 면사는 과거 강남이나 후베이 성으로부터 면포나 상대적으로 비싼 원면을 구입하던 지역의 수공 직포업의 경제적 발전을 가능하게 해주었다. 수익이 낮은 수공 방적업은 쇠퇴했고, 쓰촨 성 등지에서 날실은 수입 실로, 씨실은 국내산 실로 짠 면포가 순 국내산 수공 면포나 외국산 면포와 경쟁했다. 예를 들어 이 지방에서는 이러한 보고가 있었다.

> 인도 면사가 얼마 되지 않는 지역 면화 재배를 말살하고 있고, 일단 면포로 짜여진 후에는 수입 회색 셔츠보다 주로 토포를 잠식하고 있다.[12]

이처럼 외국 면사의 수입이 증가하면서 나타난 가장 현저한 결과는 19세기 상반기까지 주요 면화 재배 지역에만 집중되어 있던 면직 수공업이 각지로 분산된 것이었다. 오래된 면직업 중심지들은 초기에 타격을 입으면서, 원래 시장에서 경쟁하기 위해 역시 기계 면사를 사용하지 않을 수 없었다. 1890년대 말부터 사스와 한커우漢口 지역에서 일본산 면사가 대량으로 날실로 사용되기 시작했다. 수입 면사는 강남에서는 큰 시장을 얻지 못했지만 강남의 수공 직공들은 20세기 초 계속 발전 중이던 상하이의 면방적 공장에서 생산되는 면사의 주요 구매자가 되었다. 더욱이 기계 면사를 재료로 사용하게 되면서 수공 면직업 전체가 한층 더 강화되었다. 수입 면사와 수공 면사를 혼합해 생산되는 면포는 특히 가격과 내구성 면에서 당시 중국 시장에 적합했다. 국내산 원면으로 집에서 쓸 면사와 면포를 만드는 것은 여전히 많은 중국 농촌 지역에서 중요한 위치를 차지하고 있었다. 그러나 시장에 내다 팔기 위해 행하던 방적 작업은 처음에는 수입 면사로 인해, 후에는 조약항의 중국인 소유 공장과 외국인 소유 공장에서 생산되는 기계 면사로 인해 상당 부분 설 자리를 잃고 말았다.

직포는 여전히 주로 각각의 가내에서 수공업 방식으로 이루어졌지만 20세기로 접어들 무렵 몇몇 지역에서 다른 형태의 산업 조직이 나타나기도 했다. 이러한 변화들은 비교적 값싼 기계 면사의 공급과 일본에서 도입된 발판 달린 개량형 목제 직기와 철제 기어가 장착된 직기로 말미암아 촉진되었다. 이처럼 개량된 직기들은 직공의 1일 생산량을 높여주었다. 한 통계에 따르면 1899~1913년 사이에 설립된 총 142개 수공업 면직 작업장 중 69개는 장쑤 성에 있으면서 상하이에서 생산된 면사를 공급받았고, 15개는 산둥 성에, 14개는 직예성(허베이 성)에, 9개는 쓰촨 성에 있었고, 푸젠 성과 광둥 성에 각각 7개, 후베이 성에 6개, 만주에 4개, 저장 성에 3개, 구이저우 성에 1개가 설립되어 있었다. <표 8>은 이러한 작업장의 규모와 설비를 보여주고 있

〈표 8〉 1899~1913년 사이에 설립된 142개 수공업 방직 작업장의 자본금, 직기, 노동자

	자본금(원)	직기 수	노동자 수
자료 제출 작업장 수	67	37	96
합계	660,220	3,307	14,972
평균	9,854	89	156
최대	70,000	360	1,264
최소	200	12	5

출전: 펑쩌이(彭澤益) 편, 『중국 근대 수공업사 자료, 1840~1949년(中國近代手工業史資料, 1840~1949)』, 2권, pp. 369~376.

다.

 자가 경영을 하는 농촌 직인들 주위로는 면포 상인들이 농촌 직인들에게 면사를 하청주는 선대제先貸制 수공업 형식의 면직업 역시 수많은 지역에서 발달하고 있었다. 농촌의 직인들 중에는 농사를 포기하고 상인 고용주가 규정한 양식에 따라 도급제로 임금을 받고 일하는 사람들도 있었다. 이런 하청제가 실제로 얼마나 존재했는가를 말해주는 자료는 없지만 직예성의 가오양高陽과 바오디寶抵, 산둥 성의 웨이 현濰縣과 저장 성의 샤스陕石에서 그와 관련된 몇 가지 주목할 만한 사례를 찾아볼 수 있다. 이 4지역 중 앞의 3곳의 경우에는 하청제가 1910년대부터 1920년대 중반까지 매우 급속하게 성장하고 있었다. 이 제도는 특히 제1차세계대전 시기와 그 직후에 성행하다가 이후 급속히 쇠퇴했다. 더이상 농업 수입이 불안정한 수요에 대한 완충제 역할을 해줄 수 없게 된 사람들에게 이런 형태의 농촌 방직업은 본질상 불확실한 직업이었다. 그것은 원거리 시장을 위해 생산하면서도 불가피한 변화에 대응할 수 있는 근대적 조직과 금융 시설을 갖추지 못한 산업이었던 것이다.

 면포 수입의 증가 속도가 면사보다 훨씬 느렸던 것은 이미 설명한 대로 무엇보다도 기계 면사를 이용하면서 증대되게 된 수공 면직 산업의 규모와 역량 때문이었다. 수입 면포는 농촌 지역에서는 상대적으로 거의 사용되지 않았고, 도시 지역의 부유한 기술자와 상인들에게 주로 판매되었다. 아모이 주재 영국 영사는 1886년에 이렇게 보고하고 있다.

 18개 성 전역에서 그리고 그 외의 방대한 지역에서 뼈 빠지게 일하고 있는 수많은 하층 중국인들이 외국산 면포를 입지 않고 국산 면포를 입는다는 사실은 모든 사람들에게 잘 알려진 바이다. 중국인들에게 그 이유를 물어보면, 가난한 사람들이 토포를 입는 것은 그것이 외국산 면포보다 3~4배, 또는 5배까지 오래가고 쉽지 닳지 않으며 겨울에 더 따뜻하기 때문이라고 대답한다. 왜 토포가 더 따뜻한가를 물으면 중국인들은 면포를 짠 중국산 실이 외국산과 달라서 본래 더 따뜻하다고 답한다. 그래서 부유한 상인들은 3~4벌의 멋진 양포洋袍로 만든 의복을 입지만 노동자, 농민, 짐꾼, 뱃사공 등은 조악하지만 사실상 질이 더 좋은 한 벌의 옷으로 만족하며 또 만족해야만 한다.[13]

또한 기계 날실과 수공 씨실을 섞어 쓰면서 외국산 면포와 경쟁하기에 훨씬 더 좋은 상품이 생산되었다. 블랙번 사절단은 다음과 같은 사실을 인정할 수밖에 없었다.

확실히 일반 셔츠감은 수입 면사를 재료로 수공업자들이 만든 중국 면포로 대체되고 있고, 이에 대해 우리가 할 수 있는 일은 거의 없는 것 같다.[14]

1871~1880년 사이의 원면의 연평균 생산량이 700만 담이고, 1901~1910년 사이의 수치가 이와 대체로 비슷하다는 가설에 근거해 필자는 이 두 10년간 해마다 평균적으로 소비된 면사와 면포의 양을 계산해보았다. <표 9>는 이 계산을 요약한 것이다. 면사의 총 소비량이 첫번째 시기에서 두번째 시기 사이에 인구 증가와 함께 증가한 사실을 한눈에 알 수 있을 것이다. 그러나 첫번째 시기에 거의 독점적인 지위를 차지했던 수공업 면사는 절대량뿐만 아니라 면사 총 공급량에

〈표 9〉 1871~1880년, 1901~1910년 사이의 면사와 면포 소비량 추산치

1. 면사	국내 방적 공장	수입	수공업	합계
1871~1880년				
담	—	97,451	4,882,381	4,979,832
%	—	1.96	98.04	100.00
1901~1910년				
담	1,055,040	2,363,000	2,449,715	5,867,755
%	17.98	40.27	41.75	100.00
2. 면포	국내 방적 공장	수입	수공업	합계
1871~1880년				
야드	—	414,805,000	3,224,960,440	3,639,765,440
%	—	11.40	88.60	100.00
평방야드	—	376,165,000	1,612,480,220	1,988,645,220
%	—	18.92	81.08	100.00
1901~1910년				
야드	25,200,000	721,400,000	3,699,890,434	4,446,490,434
%	0.57	16.23	83.20	100.00
평방야드	24,494,400	654,200,000	1,849,945,217	2,528,639,617
%	0.97	25.87	73.16	100.00

출전: Albert Feuerwerker, "Handicraft and manufactured cotton textiles in China, 1871~1911", *Journal of Economic History*, 30.2(1970년 6월), pp. 338~378.

서 차지하는 비중 또한 급격히 하락했다. 생산량이 240만 담 감소하여 1901~1910년의 수공업 면사의 연평균 생산량은 1871~1880년의 연평균 생산량의 절반 수준밖에 되지 않았다. 총 소비량 가운데 수공업 면사의 비중은 98%에서 42%까지 하락했다. 수공업 면사는 국내외에서 생산된 기계 면사로 대체되었다. 첫번째 시기에는 아직 중국에 근대적인 방직 공장이 설립되지 않았지만 1901~1910년 기간에는 조약항과 인근 지역을 중심으로 국내외 자본으로 설립된 공장이 총 면사 소비량의 18% 가까이를 생산했는데, 이는 절대량으로 따지면 1871~1880년에서 1901~1910년까지 소비된 면사의 전체 증가량에 해당되는 것이었다. 그러나 더 중요한 것은 1901~1910년까지의 수입 면사

의 증가량이 수공업 면사의 생산량과 거의 같았다는 사실이다. 수입 면사가 면사 소비량에서 차지하는 비중은 1871~1880년의 2%에서 1901~1910년에는 40%로 증가했다. 절대량으로 보면 첫번째 시기에 비해 두번째 시기에는 24배가 불어났다.

면포의 총 소비량 또한 야드로 평가하든 평방야드로 평가하든 상관없이 모두 인구 증가에 따라 증가했다. 국내 방직 공장의 생산량은 1871~1880년에는 존재하지 않았고 1901~1990년에도 여전히 미약했다. 큰 폭의 발전은 1920년대 초에 들어서야 나타나기 시작했다. 수입 면포가 첫번째 시기에서 두번째 시기로 넘어가면서 증가하기는 했지만 수입 면사만큼 그렇게 뚜렷하지는 않았다. 1871~1880년에 수입 면포의 연평균 소비량이 총 소비량에서 차지하는 비중은 11%(야드)와 19%(평방야드)였고, 1901~1910년에는 각각 16%와 26%로 증가했다. 이처럼 수입 면사의 현저한 증가와 분명한 대조를 이루었던 주원인은 수공 면직업이 첫번째 시기부터 두번째 시기까지 외국 면포와의 경쟁에서 상당한 경쟁력을 유지한 데 있었다.

수공업 면포의 상대적인 비중은 약간 하락했지만 절대량은 1871~1880년의 연평균 32억 야드에서 1901~1910년에는 연평균 37억 야드로 증가했다. 이러한 증가는 주목할 만한 것으로 수공 면직 산업의 역량을 잘 보여주고 있다. 그러나 만약 서양 면포의 수입이 없었다면 그러한 역량은 한층 더 커졌을 것이다. 과거 농가 부업으로 물레를 돌려 실을 잣던 일부 농민들이 없어진 일거리 대신 면포를 짜는 일로 전향했음은 의심의 여지가 없다. 그러나 수공업 면사 240만 담의 감소로 줄어든 일자리와 수공업 면포 6억~7억 야드의 증가로 늘어난 일자리를 대충 비교해보면 전체의 10~20%만이 업종 전환을 이룰 수 있었음을 알 수 있다. 또한 면사 뽑는 일이 중요한 일거리였던 지역의 농가 중 많은 가정의 경우 가족 중 몇 사람이 도시에서 일자리를 구하는 데 실패하거나 환금 작물의 생산과 판매를 증가시키지 못했다는 결론을 내리지 않을 수 없다. 그리하여 항상 아슬아슬했던 수입과 필수 지출 사이의 균형이 심각하게 동요하게 되었다.

이것은 분명히 필자가 이 글을 시작할 때 언급한 바 있는 '외국 자본주의 침입' 운운하는 비난의 한 가지 논거가 될 수 있을 것이다. 면방직과 방적업만큼 농촌의 보조 수입 수단으로 중요한 수공업도 없었기 때문이다. 따라서 19세기 하반기에 다른 많은 수공업은 그대로 유지되거나 성장했음에도 불구하고 수공 방적업의 명백한 붕괴를 근거로 모든 전통적인 수공업 부문이 외국의 수입품과 국내 공장제 상품에 잠식당했다는 침소봉대성 억지 주장들이 제기되어왔다. 또 종종 통렬한 어조로 치닫는 비판을 뒷받침해주는 두번째 논거도 있다. 외국 자본주의는 국내 수공업을 파괴하고 착취했을 뿐만 아니라 — 유럽 자본주의에 대한 마르크스의 견해를 중국에 적용하여 — 반드시 일어났어야 할 일, 즉 가내 수공업 생산에서 공장제 수공업 생산을 거쳐 근대 공장제 기계 공업으로 이행해나간다는 규범적 발전을 방해했기 때문에 더욱더 비판받아 마땅하다는 것이 그것이다. 외국 자본주의가 중국에서 공장제 수공업과 선대제 수공업을 방해해 그것들이 과거 유럽에서 행했다고 알려진 역할, 즉 성숙한 단계의 자본주의 발달을 향해 나아가기 위한 핵심적인 중간 단계 역할을 하지 못하게 했다는 것이다. 중국에서 공장제 수공업은 대부분이 직간접적으로 외국 투자를 통해 근대적 공장이 설립된 이후에야 비로소 등장하게 되고, 그나마도 기계화된 공장의 보조적 존재로서만 기능했을 뿐인데 이는 실제 증거를 통해 — 반드시 해석까지 지지해주는 것은 아니라 해도 — 입증될 수 있다. 이처럼 19세기 말과 20세기 초 중국의 수공업과 근대 공업은 모두 외국 자본주의에 종속되어 있었다.[15]

몇몇 수공업은 수입품과 경쟁할 수 없었다. 예를 들어 후난과 장시의 철강 생산은 19세기 말경 거의 사라졌다. 하지만 1870~1911년의 40년 동안 수출에 대한 수요의 증가로 인해 성장한 수공업도 있었다. 생사는 1887년부터 차를 대신하면서 단일 품목으로서는 가장 중요한 수출품이 되었다. 총 수출량에서 차지하는 생사의 비중은 떨어졌지만 실제 수출된 생사의 양은 이 시기 내내 증가했다. 생사 중에는 증기 제사장製絲場에서 생산된 것도 있었는데, 그것이 1899년 총 수출량의 40%를 차지했다. 그러한 방식은 20세기에 가서야 비로소 유행하게 되는 비교적 최신의 발전이었는데, 여하튼 증기 제사장은 공장제 수공업과 거의 다를 바 없었다. 산둥 성의 즈푸芝罘에 있던 해관 세무사는 1912년에 이렇게 보고하고 있다.

> 만주에서 생산된 고치로부터 수출용 야잠사野蠶絲를 뽑는 일은 비교적 근대적 공업으로서 70년대에 도입된 이래 상당한 발전을 이룩해왔다. 증기 제사장은 이제 3개가 존재하고 있는데, 지금까지는 그다지 성공적이지는 않다. 그러나 손으로 감는 전통적 방식 대신 외국식으로 다리로 밟아 감는 방식이 오래전부터 널리 채택되어 탁월한 효과를 거두고 있다. 1911년에는 40개의 제사 공장이 가동되었으며, 거기에 1,400여 명의 노동자가 고용되어 연간 1만 4천 담의 실을 생산하고 있다. 제조 과정에서의 진보는 찾아볼 수 없다.[16]

당시의 문헌들을 대략적으로 훑어보면 1892~1913년에 최소한

415개의 수공 제사 공장이 주로 광둥 성, 쓰촨 성과 산둥 성에 있었음을 알 수 있다.[17] 견직업은 모두 수직기手織機를 사용하여 이루어졌으며, 화중과 화남의 주요 산업을 이루고 있었다. 견직물 수출은 1870년대부터 점점 더 꾸준히 늘어나 레이온 섬유와의 경쟁이 시작되는 1920년대 초까지 증가했다.

반면 수공업 차 가공업은 1880년대 중반에 절정에 달한 듯하다. 그 후로 조약항의 개항 이후 꾸준히 증가하던 중국 차의 수출은 급격히 하락했다. 이런 하락세는 주로 중국에서와는 달리 수출업자들이 일정 수준의 질을 유지하도록 생산을 충분히 통제할 수 있는 식민지 환경에서 생산된 인도 차와 실론 차와의 경쟁으로 말미암은 것이었다. 생사도 마찬가지지만 차의 경우 전체적인 면모를 살필 수 있는 자료는 오직 수출과 관련된 것뿐이다. 그러나 당시의 기록 중 청 말에 국내 수요가 줄었음을 암시하는 것은 없고, 게다가 앞서 이야기한 인구 증가로 인해 그러한 상황은 불가능했을 것이다. 따라서 생사 수출의 상대적인 성공과 차 수출의 증가 및 쇠퇴를 함께 놓고 보면 비록 그것들이 수공업의 새로운 흥기를 시사한다고 할 수는 없어도 수공업이 청 말에 치명적인 위기에 처했다는 어떠한 가설도 강력히 반박할 수 있는 근거는 될 수 있다.

비교적 대규모의 수공업 중 착유搾油, 정미, 재래식 채광 등은 견직업과 더불어 19세기에 수입품이나 국내 기계 생산품의 영향을 거의 받지 않았다. 수공업 착유 작업장은 실제로 1890년대부터 빠르게 증가했는데, 유럽 비누 공장의 콩기름에 대한 수요와 일본의 콩, 콩깻묵 그리고 기름에 대한 수요로 인한 것이었다. 하지만 조명용으로 사용되던 식물유는 1890년대부터 점차 수입 등유로 대체되어갔다. 폭죽,

부채, 대나무 가구, 중국산 약초, 농기구 등 수입 대체품이 전혀 없는 상품들을 생산하는 사소한 수공업은 전혀 영향을 받지 않았다. 일본에서 수입한 페달 달린 조면기로 수공업 공장에서 수출용 면화를 조면하는 작업들이 조약항에서 확대되었다. 더욱이 예를 들어 수공업 작업장에서의 면 뜨개질이나 성냥 제조 같은 몇몇 새로운 종류의 공업이 발달하고 있었다. 20세기로 들어설 무렵 이러한 수공업의 발전은 대부분 도시에 세워진 수공업 작업장의 형태로 출현했다. 앞에서 논한 하청 방식의 면직업 체제를 제외하면 농촌에는 이와 비교할 만한 새로운 발전이 나타나지 않았다. 서서히 늘어나고 있던 농촌 인구는 19세기 내내 면사를 뽑는 작업을 통해 획득하던 중요한 수입의 상당 부분을 박탈당한 채 가족 구성원이 하나둘씩 임시직이든 영구직이든 일자리를 찾아서 도시로 떠나는 현상을 보이게 되었다. 그러나 1911년에도 여전히 그것은 사소한 흐름에 불과했다.

근대 공업

19세기 말에 서서히 출현한 소규모의 근대 공업 부문에서도 우리가 수집할 수 있는 통계 자료는 단지 개괄적인 근사치에 지나지 않아, 예를 들어 1912년 이전의 생산에 관한 정보는 거의 존재하지 않는다. 이러한 상황은 충격적인데, 왜냐하면 그러한 기업들은 주로 조약항에 위치해 있어 외국의 후원을 받거나 아니면 중국인의 것인 경우에는 진기했기 때문에 영자 신문에 소개되었으며, 또한 이러한 기업들을 장려한 청 관료들의 기록 속에 반영되어 있었기 때문이다. 최근에 나온 가장 신뢰할 만한 통계에 따르면 1895년 이전 중국에는 103개 정도의 외자 기업 — 대부분이 소규모였다 — 이 있었다. 아래에서 논의하게 될 이들 외자 기업과 중국인 소유 회사들은 종종 약간의 동력 기계를 채택하고 있다는 사실만으로 수공업 공장들과 구별되었다. 엄격하게 말하자면 서양인이 제조업을 운영하는 것은 조약상 불법이었다. 하지만 그럼에도 불구하고 외국계 제조업체는 존재했으며, 대부분 상하이의 외국 조계 내에 있었고 기타 조약항에도 소수가 있었다. 1880년대 이전에 청 정부는 이러한 소규모 외자 공장의 설립을 방해하지 않았다. 그러나 이홍장^{李鴻章}을 비롯한 다른 관료들이 독자적인 제조 기업을 장려하기 시작하면서 조정의 지지를 얻어 1895년까지 서양인이 면방직 공장과 같은 대규모 기업을 운영하는 것을 금지시킬 수 있었다. 1894년 이런 외국계 기업의 수와 자본금의 추산치는 <표 10>과 같다.[18]

시모노세키 조약에 따라 조약항에서의 외국 공업이 합법화되면서

<표 10> 1894년 중국 내 외국계 기업 수와 자본금 추산치

기업 유형	기업 수	자본금(원)
조선: 건조와 수리	12	4,943,000
차 가공	7	4,000,000
생사 기계 가공	7	3,972,222
수출입업(차와 기계 가공 생사는 제외)	19	1,493,000
기타 경공업	39	3,793,000
전력과 상수도	4	1,523,000
합 계	88	19,724,000

*홍콩 소재 소수 기업들도 포함되어 있음.
출전: 쑨위탕(孫毓棠) 편, 『중국 근대 공업사 자료, 제1집, 1840~1895년』, 1권, pp. 242~247. 불완전한 자료에 근거한 것으로 받아들여지고 있다.

1895~1913년 사이 최소한 136개의 외자 제조 기업과 채광 기업이 추가로 설립되었는데, 초기 투자 자본금은 전부 중국 돈으로 10만 원이 넘었다. 여기에는 40개의 중외(中外) 합자 기업이 포함되어 있었지만 실제로는 편의성 때문에 모두 외국인에 의해 관리되었다(자본 규모에 상관없이 모든 외국인 소유 광산이 위 통계치에 포함되어 있다). 이런 기업들의 초기 자본금 총액은 1억 315만 3,000원이었고, 그것들의 몇 가지 특징은 <표 11>에 잘 나타나 있다.

영국, 프랑스, 독일, 러시아의 기업들은 20년 동안 상당히 균등하게 분포되어 있었지만 일본 기업은 2개를 제외하고는 모두 1904년 혹은 그 이후에 설립되었다. 이것은 러일 전쟁 이후 만주에 대한 일본의

〈표 11〉 1895~1913년 사이의 중국 내 외국계 및 중외 합작 광공업체의 국적, 산업, 위치, 초기 자본금

	기업체 수				초기 자본금(1,000원)			
	외국계[1]	중외 합작[2]	1+2	전체 비율	외국계[1]	중외 합작[2]	1+2	전체 비율
국적								
영국	28	9	37	27.21	25,465	24,216	49,681	48.16
프랑스	4	2	6	4.41	2,986	1,609	4,595	4.45
독일	9	3	12	8.82	6,534	1,147	7,681	7.45
일본	35	14	49	36.03	19,829	6,501	26,330	25.53
러시아	9	8	17	12.50	3,866	2,782	6,648	6.44
미국	6	2	8	5.88	2,551	689	3,240	3.14
기타	5	2	7	5.15	3,028	1,950	4,978	4.83
합계	96	40	136	100.00	64,259	38,894	103,153	100.00
산업								
광업	10	22	32	23.53	18,533	31,436	49,969	48.44
기계, 조선	7	0	7	5.15	2,895	0	2,895	2.81
전력, 상수도	16	3	19	13.97	10,772	742	11,514	11.16
섬유	12	4	16	11.76	10,325	2,190	12,515	12.13
식료품	34	5	39	28.68	15,126	2,022	17,148	16.62
기타	17	6	23	16.91	6,608	2,504	9,112	8.83
합계	96	40	136	100.00	64,259	38,894	103,153	100.00

위치								
장쑤	33	11	44	32.35	18,501	5,121	23,622	22.90
직예	7	6	13	9.56	4,645	24,309	28,954	28.07
후베이	8	2	10	7.35	3,576	1,609	5,185	5.03
산둥	5	1	6	4.41	3,503	92	3,595	3.49
만주	37	16	53	38.97	18,680	5,332	24,012	23.28
기타	6	4	10	7.35	15,354	2,431	17,785	17.24
합계	96	40	136	100.00	64,259	38,894	103,153	100.00

초기 자본금 규모	기업체 수				초기 자본금(1,000원)				평균 자본금 1,000원
	외국계[1]	중외 합작[2]	1+2	전체 비율	외국계[1]	중외 합작[2]	1+2	전체 비율	
100,000 이하	2	5	7	5.15	120	288	408	0.40	58
100,000 ~249,999	32	15	47	34.56	5,021	2,213	7,234	7.01	154
250,000 ~499,999	30	7	37	27.21	11,623	3,132	14,755	14.30	399
500,000 ~999,999	17	6	23	16.91	12,887	4,088	16,975	16.46	738
1,000,000 ~4,999,999	14	5	19	13.97	20,622	7,541	28,163	27.30	1,482
5,000,000 이상	1	2	3	2.21	13,986	21,632	35,618	34.53	11,873
합계	96	40	136	100.00	64,259	38,894	103,153	100.00	758

출전: 왕징위(汪敬虞) 편, 『중국 근대 공업사 자료, 제2집, 1895~1914년』, 1권, pp. 2~13에 들어 있는 자료로부터 계산함.

경제적 침투가 증가했음을 말해주는 증거이다. 탄광이 최대 투자처였고, 영국이 최대의 투자자였다. 중외 합작의 채광 기업들 중 상당 비율에 해당하는 기업들이 투자금의 30~50%는 반드시 중국인의 투자금일 것을 요구한 청 정부의 1902년 이전 개광開鑛 규정을 반영하고 있었다. 32개의 채광 기업 중 9개는 영국인 것이었는데, 자본금은 이 부문 총 자본금 4,996만 9,000원 중 3,793만 원으로 전체 산업에 대한 영국의 직접적인 투자 총액의 비율과 비슷한 양상을 보였다. 영국과 일본이 '기계와 조선' 범주에 포함되는 모든 회사를 소유했으며 다른 범주에서도 각각 매우 높은 비율을 차지해 136개 기업 중 86개가 이들 국가의 기업이었고, 초기 자본금도 총 1억 300만 원 중 7,600만 원에 달했다. 주로 직예성과 만주에 위치하고 있는 탄광을 제외하고 이들 외자 기업과 중외 합작 기업은 상하이, 화북의 조약항들 그리고 만주 등에 집중되어 있었다. 1906~1913년까지 광산을 포함한 53개 기업이 만주에 설립되었는데, 대개 일본 투자자들에 의한 것이었다. 136개 기업의 초기 자금의 평균 규모는 75만 8,000원이었다.

앞서 말한 범주에 포함된 중외 합작 기업을 제외한 중국인 소유의 제조 및 채광 기업에 관한 청 말의 자료는 이보다 훨씬 더 만족스럽지 못하다. 우선 대략 19개 정도의 정부 소유의 군수 공장과 조선소가 있었는데, 가장 큰 것은 상하이(증국번曾國藩과 이홍장이 1865년에 건립했다)와 난징(1865년 이홍장이 건립했다), 한양漢陽(1890년 장지동張之洞이 건립했다)에 있었다. 정부의 군수 공장들은 탄약을 제조하고 몇 척의 기선을 건조하는 것 외에 대개 용구와 부품을 생산하고 수리할 수 있는 기계 공장을 갖추고 있었다. 이들 많은 공장들은 기술자 양성을 위한 훈련 과정을 운영했고, 상하이의 강남기기제조총국 부설 번역관처럼 19세기 말에 중국 학생들에게 과학과 기술용 교재로 사용되는 편집물과 번역물들도 간행했다.

두번째로는 일련의 관영 또는 반관영 채광, 제련, 방직 기업들이 일찍이 1872년부터 운영되고 있었다. 이들 선구적인 기업들 중 카이핑開平 탄광, 한양 철창漢陽鐵廠와 그것의 부속 탄광 및 철광(한예핑漢冶萍), 장지동의 후베이 직포국湖北織布局과 이홍장의 상하이 기기직포국上海機器織布局 등 가장 크고 유명한 것들은 점차 그들을 후원했던 관리들의 통제를 벗어나 중국의 개인 투자자 수중에 들어가게 되거나 카이핑 탄광처럼 외국의 통제를 받게 되었다. 군수 공장의 투자 규모에 관해서는 아무런 만족할 만한 통계도 없다. 관판官辦, 관독상판官督商辦과 관상합판官商合辦 등의 다양한 관영 기업 및 반관 기업들에 관한 자료들이 개인 기업가가 설립한(상판商辦) 제조업과 광산 기업 관련 자료들과 항상 분명하게 구별되는 것은 아니다. 어쨌든 반관 기업 운영과 이러한 유형의 사기업 운영 사이의 차이는 대체로 형식적인 것으로서 아래에서 지적하듯 별다른 중요한 의미를 갖지는 않았다. 당시 문헌에 대한 최근의 연구는 앞서 언급한 군수 공장 외에 75개의 제조업체(예를 들어 제사 공장, 조면 공장, 방사 공장, 제분소, 성냥 공장, 제지소)와 개인 투자가 얼마간의 역할을 하게 되는 1872~1894년 사이에 설립된 33개 탄광 및 철광에 관한 정보를 제공해주고 있다. 이들 기업 중 많은 것이 단명했고, 또한 대개 소규모여서 증기 기관이나 전력을 일부 이용했다는 것 외에는 수공업 작업장과 별반 다를 바 없는 경우도 있었다.[19]

1895년부터 중국인 소유의 제조업체 수는 외자 기업과 마찬가지로 증가하게 된다. 그러나 이러한 초기 산업화 시기 동안 공업 부문의 전체 성장은 절대적인 측면에서 미약했고, 1918~1922년 사이에 생산을 시작한 신생 기업이 비교적 많이 출현한 것과 비교해보았을 때에도 그리 대단한 것은 아니었다. 청일 전쟁과 의화단의 난이라는 혼란을 겪은 뒤 청 정부는 1903년에 상부商部(후에 농공상부로 개편되었다)를 설립하고, 1904년에 '공사법公司法'을 반포하는 등의 조치를 취해 공업을 진흥시키려 했는데, 이러한 노력은 공업 발전에 제한적이나마 도움을 줄 수 있었다. 각 성의 상인과 신사들 사이에서 싹트기 시작한 반제국주의적 민족주의가 한 가지 요인으로 작용했던 것은 분명하다. 그러나 새로운 기업의 설립을 추동한 주동력은 대부분의 공업 부문,

특히 조약항 지역에서 판매될 소비재 상품 제조에 뛰어든 최초의 소수 기업들이 이윤을 낼 수 있다는 것을 보여준 데서 나왔다. 성공적인 외자 기업과 중국 기업들은 20세기 첫 10년 동안 최초 시장 가격으로 매년 투자금의 10% 이상을 회수하고 있었다. 그러나 전체 시장은 나라의 대부분을 차지하고 있는 농촌 지역의 낮은 수요 수준으로 인해 심각한 제한을 받고 있었다. 그 결과 최초의 소수 선구적 기업들을 좇아 설립된 회사들은 어느 부문을 막론하고 점증하는 위험과 불안정성이라는 상황에 직면하게 되었다. 그러한 위험은 많은 선구적 기업들이 각 성의 힘 있는 관료들의 발의로, 혹은 공적 자금의 지원을 받아 설립되었거나 아니면 세금의 부분적 감면이나 몇몇 시장의 독점과 같은 형태로 관의 지원을 받고 있었기 때문에 한층 더 가중되었다. 예를 들어 상하이 기기직포국(1890년 생산에 들어가고 1896년에 개편되었다)과 한예펑 공사(1894년 생산에 들어가고 1896년에 개편되었다)는 관독상판 기업으로서 성쉬안화이盛宣懷에 의해 관리되었고, 지도적 지방 관료인 이홍장과 장지동의 지원을 받고 있었다. 그러나 장젠張謇의 대생사창大生絲廠(1899년에 생산을 시작했다)과 저우쉐시周學熙가 설립한 계신양회공사啓新洋灰公司(1907년에 생산을 시작했다)같이 명목상 민간 사기업(상판商辦)인 경우에도 초기의 성공은 후원자가 관료로서의 연줄을 통해서 얻어낸 관의 지원에 힘입은 것이었다. 대생사창의 장젠은 장지동과 유곤일劉坤一의 후원을 받았고, 계신양회공사의 저우쉐시는 위안스카이袁世凱의 후원을 받았다. 제한적인 시장, 저축을 체계적으로 산업 투자로 연결시켜줄 수 있는 근대적인 은행 제도의 결여, 자금원이 심각하게 제한되어 있던 중앙 정부, 수입 상품 및 중국 내 외자 기업들과의 경쟁 등을 고려했을 때 일부 지방관들 그리고 이들과 결탁하고

⟨표 12⟩ 1895~1913년 사이에 창업된 중국인 소유의 광공업체 수와 초기 자본금

(산업별)

산업	기업 수	전체 비율	초기 자본금 (1,000원)	전체 비율	평균 자본금 (1,000원)
석탄	42	7.65	14,508	12.06	345
광산, 제련	39	7.10	7,565	6.29	194
제철	15	2.73	2,787	2.32	186
공공시설	46	8.38	21,600	17.96	470
시멘트	3	0.55	2,620	2.18	873
벽돌, 타일	12	2.19	651	0.54	543
도자기	7	1.28	772	0.64	110
유리	10	1.82	3,429	2.85	343
성냥	26	4.74	3,444	2.86	132
양초, 비누	18	3.28	805	0.67	45
조면(繰綿)	3	0.55	280	0.23	93
면사	19	3.46	10,454	8.69	550
면직, 염색	27	4.92	1,261	1.05	47
견사	97	17.67	11,584	9.63	119
모직	7	1.28	5,215	4.34	745
마(麻)	4	0.73	1,000	0.83	250
기타 직물	6	1.09	732	0.61	122
벼 도정	9	1.64	1,012	0.84	113
밀가루	53	9.65	8,622	7.17	163
착유	28	5.10	4,752	3.95	170
담배	20	3.64	1,378	1.15	69
기타 식료품	15	2.73	3,111	2.59	207
제지	14	2.55	5,929	4.93	424
인쇄	6	1.09	1,160	0.97	193
가죽	11	2.00	4,608	3.83	419
기타	12	2.19	1,009	0.84	84
합 계	549	100.00	120,288	100.00	219

출전: 왕징위 편, 『중국 근대 공업사 자료, 제2집, 1895~1914년』, 2권, pp. 869~920에 들어 있는 자료들을 근거로 계산함.

있던 기업가들이 상호 이익을 위해 규모는 제한적이지만 보호를 받는 산업 제국을 건설하려 했던 것은 놀랄 일이 아닐지도 모른다. 순수 민간 기업은 성공을 기대하기가 거의 어려웠다.

〈표 13〉 1895~1913년 사이에 창업된 중국인 소유의 광공업체 수와 초기 자본금

(지역별)

지역		기업 수	전체 비율	초기 자본금 (1,000원)	전체 비율
안후이성		18	3.28	1,868	1.55
저장성		29	5.28	4,346	3.61
직예성	톈진	17	3.10	4,219	3.51
	기타	34	6.19	11,951	9.94
푸젠성		19	3.46	1,461	1.21
허난성		12	2.19	1,890	1.57
후난성		24	4.37	3,968	3.31
후베이성	우한	28	5.10	17,240	14.33
	기타	9	1.64	1,937	1.61
장시성		13	2.37	2,383	1.98
장쑤성	상하이	83	15.12	23,879	19.85
	기타	70	12.75	13,510	11.23
광시성		5	0.91	1,424	1.18
광둥성	광저우	16	2.91	5,791	4.81
	기타	68	12.39	5,038	4.19
구이저우성		1	0.18	79	0.07
만주		44	8.01	4,922	4.09
산시(山西)성		10	1.82	3,038	2.53
산둥성		20	3.64	4,614	3.84
산시(陝西)성		1	0.18	405	0.34
쓰촨성		19	3.46	2,248	1.87
윈난성		5	0.91	1,671	1.39
기타		4	0.73	2,406	2.00
합계		549	100.00	120,288	100.00

출전: <표 12>와 같음.

경제적 성공과 정치권력 사이의 연결 고리 — 이것은 이전 시기 공행이나 염상 등과 같은 독점 사업의 전형적인 특징이었고 이후 1930~1940년대 국민당 시대에도 다시 나타난 바 있다 — 는 초기의 산업화 시기에도 깨지지 않았다.

최근의 한 통계에 따르면 1895~1913년 사이 중국인 소유의 민간

〈표 14〉 1895~1913년 사이에 창업된 중국인 소유 광공업체의 초기 자본금

초기 자본금 규모(원)	기업 수	전체 비율	초기 자본금 (1,000원)	전체 비율	평균 자본금 (1,000원)
10,000~49,999	214	38.98	5,899	4.90	28
50,000~99,999	89	16.21	7,052	5.86	79
100,000~249,999	104	18.94	17,731	14.74	170
250,000~499,999	85	15.48	29,901	24.86	352
500,000~999,999	40	7.29	27,980	23.26	700
1,000,000 이상	17	3.10	31,725	26.37	1,866
합 계	549	100.00	120,288	100.00	219

출전: 왕징위 편, 『중국 근대 공업사 자료, 제2집, 1895~1914년』, 2권, p. 1041.

기업이나 반관 기업으로서 기계 동력을 사용하는 제조업체와 광산업체가 최소 549개 설립된 것으로 나타난다. 전체 자본금은 중국 돈으로 1억 2,028만 8,000원이었다. 이 통계에는 군수 공장과 화폐 주조 공장 및 비교적 적은 수의 순수 관영 사업체는 포함되지 않았다. 이 549개의 회사에는 자료를 구할 수 있는, 초기 자본금 1만 원 이상의 모든 기업이 포함되어 있으며, 또한 이들에 관해서는 1895년 이전에 설립된 기업보다 많은 정보가 남아 있기도 하다. 이들 549개 회사의 몇몇 특징들이 <표 12>~<표 14>에 제시되어 있다.

여기서 조사된 이 20년 동안 근대식 공장의 설립이 가장 왕성했던 시기는 1905~1908년이었다. 이 4년간 238개 기업이 영업을 시작했는데, 이들의 자본 총액은 중국 돈 6,121만 9,000원에 달했다. 설치된 기계는 대부분 해외에서 수입되었는데, 이는 1905~1908년의 공구와 기계 연 수입액이 1895~1904년의 연 수입액의 두 배에 달한다는 사실에서도 확인된다. 기계류 수입은 1908년 이후 계속 증가했지만 새로 설립된 기업의 수는 상대적으로 대규모의 산업화가 시작되는 1918~1922년까지 급격하게 감소했다. 이런 경향은 아마도 기존의

특권 기업에 대한 자본 투자는 증가한 반면 신생 기업이 제한된 시장에 진입하는 것은 아주 어려워졌음을 보여주고 있다. 그것은 또한 청 말에 펼쳐진 민족주의적인 '이권 회수' 운동에 고무되어 투기 자본이 각 성의 철도 건설 사업 쪽으로 전환된 것을 반영하는 것일 수도 있다.

기업 수와 초기 자본금 모두에서 이들 신흥 공장들은 대부분 경공업에 집중되어 있어서, 예를 들어 섬유업의 경우 총 160개 사로 전체 기업 수의 29.14%를, 자본금은 3,024만 6,000원으로 전체 중 25.14%를 차지했고, 식품 가공업은 125개 사로 22.76%를, 자본금은 1,887만 5,000원으로 15.69%를 차지했다. 광산업은 전체 기업 수의 14.75%, 전체 자본금의 18.35%를 차지했다. 광산업이 이처럼 상대적으로 높은 비중을 차지하고 있었던 것은, 때로 명백히 과다한 보상을 지불하기도 했지만 1900~1910년에 수많은 외국 광산업체로부터 채굴권 취소를 얻어낸 청 말의 '이권 회수' 운동이 거둔 상당한 성과가 반영된 것이었다. 산시陝西 성, 광시 성, 구이저우 성을 제외한 중국 본토의 각 성의 대도시에 46개 발전소 또는 상수도 시설이 건설되었다. 이들 시설은 규모가 매우 다양했으며 양쯔 강 유역과 동남 연해 각 성의 조약항 도시에 가장 많이 건설되었다.

1900년 이후 점차 증기 제사장에서 이루어지게 된 견사 생산, 다예大冶 철광에서 이루어진 일본 수출용 광석 채굴, 그리고 이들보다는 소규모인 착유 공정 등을 제외하면 이들 중국인 소유의 근대식 공장은 수출용 원료를 가공하는 일은 하지 않았다. 이는 근대식 조면 공장이 3개뿐이었다는 사례를 통해서도 알 수 있다. 수출 가공업은 외국인 소유의 가공 공장에서 생산되는 물품이 있기는 했지만 기본적으로는 여전히 수공 산업이었다. 심지어 도시 지역의 직포와 염색 작업도 여전히 수공업 단계에 머물러 있거나 새로운 면사 공장 부근의 소규모 동력 기계를 갖춘 소형 공장에서 진행되었다.

사실 이처럼 새로운 제조업체 대부분이 소규모였다. 섬유업에 속하는 160개 기업 중 97개 기업이 증기 제사장이었고, 이 중 54개가 광둥에 위치한 소규모 공장들이었다. 상하이에 설립된 21개의 제사 공장은 모두 광둥의 공장들보다는 몇 배나 컸다. 그러나 97개 제사 공장의 평균 초기 투자액은 단지 11만 9,000원에 지나지 않았다. 549개의 기업 중 303개 기업의 초기 자본금은 10만 원에 이르지 못했다. 나머지 246개의 중국인 소유 기업(자본금 10만 원 이상)의 평균 자본금은 중국 돈 43만 2,000원으로 <표 11>에 제시된 136개 외자 기업과 중외 합작 기업의 평균 자본금 75만 8,000원과 크게 비교되었다.

중국인 소유의 기업은 물론 원하면 얼마든지 상하이나 기타 조약항뿐만 아니라 내지에도 세워질 수 있었다. 광산업을 제외한 468개 기업 중 239개는 조약항 도시에 설립되었고, 229개는 조약항이 아닌 다른 곳에 설립되었다. 광산업을 제외한 모든 외자 기업이 조약항에 위치하며 생산품을 주로 이 지역에서 판매하고 있었던 만큼, 내지에 중국 기업이 존재하고 있었다는 것은 중국에 진출한 외국 기업 공급 시

<표 15> 조약항과 내지의 중국인 소유 기업 수 및 초기 자본금(1895~1913년)

	기업 수	전체 비율	초기 자본금 (1,000원)	전체 비율	평균 자본금 (1,000원)
내지 기업	229	48.93	33,158	33.76	145
조약항 기업	239	51.07	65,057	66.24	272
상하이, 우한, 톈진, 광저우	144	30.77	51,129	52.06	355
기타 조약항	95	20.30	13,928	14.18	147
합계	468	100.00	98,215	100.00	210

출전: <표 12>와 같음.

장과 중국 기업의 공급 시장 사이에 경쟁과 동시에 어느 정도 상호 보완성이 존재하고 있었음을 말해준다. 그러나 <표 15>를 보면 조약항에 세워진 중국인 소유의 근대적 제조업체들은 규모나 자본금 면에서 내지에 설립된 업체들보다 평균적으로 훨씬 더 컸음을 알 수 있다. <표 13>과 <표 15>에서 알 수 있듯이 상하이, 우한, 톈진, 광저우 4개 도시가 가장 중요한 제조업 중심지였다. 예를 들어 상하이는 최소한 금속 가공, 면방직, 제사, 제분, 착유, 인쇄, 양초와 비누 제조 등의 업종에서 1위를 유지했다.

앞의 자료는 다만 대체적 추세를 살펴본다는 측면에서만 유용하다. 일부 기업은 빠져 있거나 반대로 중복 계산되었을 가능성도 있고, 표에서 살펴본 기업들 중 일부는 해당 시기 동안 문을 닫았을 가능성도 있으며 초기 자본금 또한 몇몇 경우 과다 계산되었을 가능성도 있다(혹은 초기 자본금이 순식간에 증가한 경우도 있을 수 있다). 따라서 앞서 언급한 몇몇 범주를 기준으로 기업 수와 자본금 규모를 단순 합산해 19세기에 이루어진 중국의 산업화의 절대적 규모로 받아들인다면 잘못된 결론으로 이어질 수밖에 없을 것이다. 이 자료들을 통해 끌어낼 수 있는 최고의 결론은 청 말에 외국 기업, 중국 기업, 그리고 광산업과 제조업을 모두 합쳐 기계 동력을 사용하는 기업이 500~600개 정도 있었으며, 이들 기업의 자본금 총액은 중국 돈 약 2억 원 전후였다는 것이다.

이들 기업 중 116개의 중국인 소유 기업과 40개의 외자 기업이 500명 이상의 노동자를 고용했으며, 전자에 총 13만 985명, 후자에 총 10만 9,410명의 노동자가 고용되어 있었던 것으로 추산된다. 물론 500명이라는 기준선은 자의적인 것이지만 이를 적용해볼 경우 이 24

만 395명의 노동자를 1900~1910년 시기 중국의 '근대적' 노동력의 규모로 간주할 수 있을 것이다.

19세기 외국 공장에 대한 투자 중 일부는 조약항에 거주하는 중국인 주주들에 의해 이루어졌는데, 그들은 주로 외국 무역 회사의 매판이거나 생사, 차, 수입 면사, 수입 면포 등을 거래하는 상인들이었다. 이런 사례는 특히 <표 10>의 제조업과 관련된 자료에는 포함되지 않은 외국인 소유의 연해와 하천을 운항하는 기선 회사, 은행, 보험 회사 그리고 창고업 등에서는 흔했다. 그러나 제사업, 전등, 전력 사업에서도 비슷한 경우가 있었고, 1895년 이후 새로 설립된 면방적 공장에서도 찾아볼 수 있었다. 최근의 한 연구는 1860~1900년 사이에 44개 외국 회사에 투자한 130명에 달하는 중국인 대주주들의 명단을 밝혀낸 바 있다.[20] 1896~1910년 시기를 대상으로 한 또 다른 표본은 주로 상하이의 17개 외자 공장에 투자한 78명의 중국인과 중국 기업을 열거하고 있다. 이 외자 기업 중 6개는 면방직 공장이었고 2개는 제분 공장이었다.[21] 이 두 사례에 반영되어 있는 외국 기업에 대한 중국인의 투자 총액 규모는 계산이 불가능하다. 그러나 이런 투자는 적정한 이윤에 대한 전망이 있기만 하면 조약항에서 자금(해외 무역에 참여해서 얻은 이익인 경우가 많았다)을 모을 수 있었음을 입증해준다. 외국인의 특별한 지위와 조약항 내의 조계가 이에 필요한 보증이 되어주었다. 중국의 기업가들이 비슷한 수준의 잠재 이익을 보장해줄 수 있게 되자 외국 기업에 투자한 사람들 중 일부는 '매판 자금'을 중국인 소유의 기업에도 투자했다. 사기업 형태이지만 관으로부터 크고 작은 특혜를 받고 있는 기업들의 특권과 관동상판 기업의 특권은 바로 이를 보증하기 위한 것이었다.

그러나 앞에서도 이미 언급했듯이 청 말의 근대적 제조 산업의 전체적인 장래성은 제한적일 수밖에 없었다. 우선 조약항 이외 지역의 저축을 산업과 연결시켜주는 각종 제도들, 특히 근대적인 금융 제도가 존재하지 않았다. 중앙 정부는 이념적으로나 정치적으로 법률 제도, 상업 제도, 교육 제도 등의 체제를 설립하고 유지할 수 있는 능력을 갖고 있지 못했는데, 그것들 없이는 근대 기업의 발달은 불가능했다. 또한 중앙 정부는 관세 자주권을 박탈당하고 외국인에게 각종 특권을 허용한 상태에서 수입품 및 중국 내 외국 기업 생산품들과의 경쟁으로부터 '유아기'의 중국인 소유 기업을 보호할 수도 없었다. 그리고 무엇보다도 필요했던 것은 공업의 성장을 위해 원료를 공급하고 늘어난 도시 인구에 식량을 제공하며 증가된 생산품을 위한 충분한 시장이 될 수 있도록 농업 부문을 근본적으로 재조직하는 일이었을 것이다. 19세기 말 중국 경제는 누구나 인정하듯이 빈약하기 짝이 없었다. 유럽의 산업 혁명의 기술은 이제 겨우 연해 도시들에서만 출현하기 시작하고 있었고, 농촌 인구는 1인당 토지 면적이 점점 줄어드는 열악한 상황 속에서 수세기 동안 잠재력이 거의 다 소진되다시피 한 농업 기술로 살아가고 있었다. 그러나 중국의 초기 산업 발전을 제약한 것은 자본의 절대적 부족이 아니었다. 1912년의 경우 농공상부에 등록된 제조업체들의 자본금 총액은 5,480만 4,000원인 것으로 보고되었다. 같은 해 해당 부서에 등록된 전통 은행들(전장錢莊, '돈 상점')과 전당포의 총 자본금은 중국 돈 1억 6,485만 4,000원이었다.[22] 이처럼 경제 자원은 워낙 제한적이기도 했지만 무엇보다 전통적인 유통망 속에서 사장된 채 있었는데, 오직 근본적인 정치 변화만이 그것을 깨트릴 수 있었다.

국내 교역과 대외 교역

당시의 기술 수준으로 볼 때 청 말의 중국 경제는 고도의 상업 발전을 특징으로 하고 있었다. 상품과 상인들은 전국적으로 활발하게 움직였으며 국내 경제는 — 일정한 한계가 있기는 했지만 — 세계 시장과의 연계를 발전시키고 있었다. 가장 기초적인 단계에서는 모든 농촌 지역의 농민들이 주위 촌락들의 중심 시장 역할을 하는 성진城鎭의 정기 시장에서 주기적으로 물건을 사고팔았다. 거기서 그들이 생산한 잉여 농산품과 수공업품은 다른 지방의 토산품과 교환되거나 조약항 도시에서 생산된 상품 또는 여러 단계의 시장 조직을 통해 최종 소비자에게 전해지는 소량의 외국 수입품과 교환되었다. 스키너의 조사에 따르면 20세기 초 기초 시장의 수는 63,000개에 달했는데,[23] 이런 수천 개의 기초 시장은 차례로 상위 단계의 시장들, 즉 중간 시장과 중심 시장으로 이어지면서 최종적으로는 톈진, 상하이, 광저우 같은 연해의 큰 교역 도시와 연결되었다.

각급 시장은 행상行商, 지방 상인들과 기초 시장 외의 모든 시장에서 온 회사의 대리인들로 북적였다. 중심 시장 이상의 상위 단계의 교역 체계는 청 정부의 행정 체계와 연결되어 있었다. 농촌의 중심 시장과 도시 및 지역 시장은 관의 통제를 받는 중간 상인과 아행牙行들의 소재지로서, 고위 관료들은 이들을 통해서 제국의 상업을 통제하고 세금을 징수했다. 또한 이런 상위 시장에서는 표호票號(주로 산시山西 성 출신의 가문들에 의해 경영되었고, 그리하여 '산시 표호'로 알려졌다)가 운영되고 있었는데, 여기서 발행한 어음을 통해 거액의 자금이 상위 단

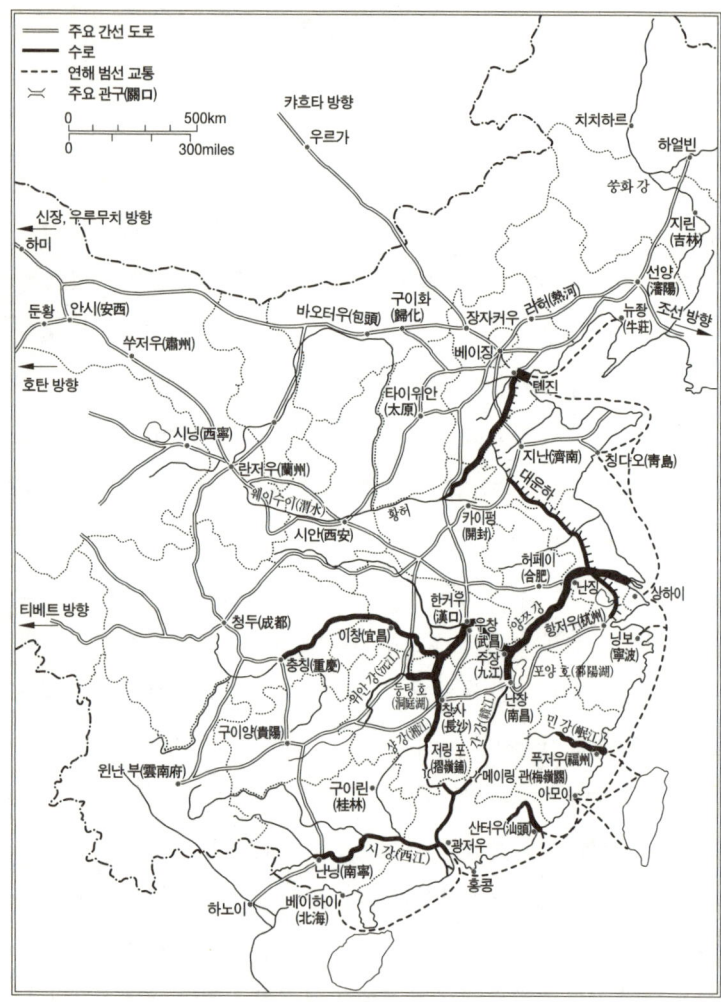

〈지도 3〉 교역로들

계의 시장들 사이에서 유통되었다. 상위 시장에는 전장과 같은 또 다른 유형의 '토착 은행'들이 존재하고 있었다. 전장은 — 주로 개인 담보를 받고서, 또는 가끔은 지정된 상품을 담보로 — 지역 상인들에게 자금을 대출해주기도 하고 한 지역의 기준 화폐를 다른 지역의 화폐로 교환해주기도 했다. 기초 시장의 경우에는 물물 교환도 없지 않았고, 금융 기관이라고 해야 지방의 고리대금업자와 소규모의 '환전상'이 전부였다.

63,000개나 되는 농촌의 기초 시장의 분포와 전체 시장 활동의 위계적 구조는 운송 수단의 발달 정도와 긴밀하게 관련되어 있었다. 상위 시장들은 주요 수로를 끼고 있거나 혹은 종점에 위치하고 있었으며, 화북의 경우에는 사람과 상품의 이동이 주로 육상으로 이루어지고 있었기 때문에 육상 도로를 끼고 있거나 혹은 종점에 있었다. 반면 기초 시장은 접근하기 힘든 지선이나 지류 부근에 위치해 있었다. 복잡하고 고도로 발달한 정기 시장 구조는 19세기 말에도 계속 번창했을 뿐만 아니라 상대적으로 아래의 두 가지 중대한 변화가 일어나지 않은 결과 20세기까지 지속되었다. 1) 지방의 교통수단이 개선되지 않아 농민들은 전통적인 기초 시장만큼 쉽게 중간 단계 혹은 상위 단계의 시장에 접근할 수 없었다. 2) 상위 단계의 시장들이 우수한 증기선, 기차, 통신을 통해 중국 내외의 산업 중심지와 연결되어 있지 않았기 때문에 상품의 들고 남이 늘어나지 못했고, 결국 이에 따라 기초 시장에서 교역하고 마는 농가들의 자급자족성도 줄어들지 않았다.

19세기 중국의 전체 교역의 대부분, 적어도 3/4은 지방 차원의 소규모 거래에 머물렀다. 이런 거래는 높은 운송 비용과 각 단계의 시장 체계를 거치며 이루어지는 중간상들의 거듭된 착취 그리고 대부분의 농촌에서 기본 식량을 어느 정도 자급자족하고 있던 사정 때문에 기초 시장과 중간 수준의 시장에 국한되어 있었다.

1892년 룽저우龍州 해관의 세무사는 "대부분의 교역은 가능한 한 수로를 이용하고 있다"[24]고 언급했다. 이는 주요 생산 지역 내의 단거리 곡물 운송(예를 들어 둥팅 호를 둘러싸고 있는 후난 성의 각 현으로부터 샹탄湘潭 혹은 창사長沙 등의 주요 시장으로 운송하는 것)뿐 아니라 미곡 잉여 지역인 후난 성에서 양쯔 강 삼각주의 쌀 부족 지역까지 이르는 수천 마일의 장거리 운송에도 적용되는 것이었다. 하지만 곡물처럼 부피만 크고 값이 싼 상품의 장거리 수송의 총량은 매우 적었다. 심지어 20세기 초에도 정크선을 이용해 안후이 성에서 상하이로 미곡을 수송해 판매하는 데 드는 비용이 미곡 생산지인 안후이 성 마을의 미곡가의 거의 두 배에 달했다.[25] 상위 시장 간의 장거리 교역 — 물론 궁극적으로는 기초 시장에서 시작하거나 거기서 끝났지만 — 은 대부분 무게에 비해 상대적으로 고가인 상품들로 구성되었다. 이런 상품들은 특정한 자원이나 기후 조건을 가진 지역에서 생산되었는데, 강남의 원면과 면직, 쓰촨 성의 염정鹽井이나 장쑤 성 연안의 염전에서 생산되는 소금, 윈난 성-구이저우 성-쓰촨 성의 아편, 광둥 성과 푸젠 성의 설탕, 윈난 성의 구리와 납, 양쯔 강 중하류 지역의 차 그리고 저장 성-장쑤 성-광둥 성-쓰촨 성의 생사 등을 예로 들 수 있다. 이런 상품은 무게에 비해 상대적으로 고가였기 때문에 높은 운송비와 매매 비용을 감당할 수 있었다. 예를 들어 차의 경우 1담이 같은 무게의 미곡에 비해 10배의 가치를 갖고 있어 안후이 성과 상하이 사이의 운송비 및 매매 비용은 전체 가격의 15~20%에 불과했다. 이런 상품들의 경우 다른 대안적인 공급원이 없었고 대부분의 분량을 도시와 성진의 비교적 부유한 사람들(신사층)이 소비했는데, 이들에게 가격은 상대적으로 부차적인 문제였다.

특히 화중과 화남에서 주요 하천과 각 하천의 지류 및 작은 하천들은 상업의 동맥이요 모세 혈관이었다. 청 말에 적용해도 될 것 같은 20세기의 한 조사에 따르면 기선 운행이 가능한 수로가 적어도 4,000마일이나 되었고 소증기선이 항해할 수 있는 수로는 15,000마일이 넘었으며 게다가 각종 '토착 선박'이 운항할 수 있는 수로가 27,000마일 더 있었다. 아마 상하이로부터 25,000마일에 걸쳐 양쯔 강의 수로를 운행하는 것이 가능했을 것인데, 한커우까지는 대양 기선이 그리고 한커우부터 이창宜昌까지는 경증기선이 운항했다. 이창에서 화물들은 다시 꾸려져서 정크선에 실리고 밧줄로 배를 끄는 인부들의 도움으로 양쯔 강의 급류를 타고 충칭重慶까지 이르렀다.²⁶⁾ 충칭에서부터는 좀더 소형의 정크선에 의해 양쯔 강 상류와 지류를 거쳐 쓰촨 성 북부와 구이저우 성에 이르고, 하천이나 짐꾼들을 이용해 윈난 성까지 운송되었다. 극히 작은 하천에서 사용되는 선박은 뱃머리가 위로 올라온 대나무 뗏목 수준이었거나 가득 실었을 때 흘수가 9인치 정도 되는 바닥이 납작한 작은 배였을 것이며, 이런 배는 종종 선원들이 물속으로 들어가 배를 끌거나 밀고 나가곤 했다. 반면 광저우를 통과해 흐르는 시 강西江은 광시 성 변경의 우저우梧州까지만 증기선 항해가 가능했고, 거기서 수천 척의 정크선이 하천과 지류들을 통해 광시 성, 구이저우 성, 윈난 성 등지로 상품을 수송했다. 상하이가 개항되기 이전 차와 비단을 광저우로 운반해주던 세번째의 주요 교역로는 광저우로부터 베이 강北江을 경유한 후 짐꾼을 이용해 난링南嶺 산맥의 저링 포摺嶺鋪와 메이링 관梅嶺關을 넘어 각각 후난 성의 샹 강湘江과 장시 성의 간 강贛江을 만나고, 다시 각각 둥팅 호와 포양 호鄱陽湖를 거쳐 양쯔 강과 합류하는 것이었다. 육로로 수송할 경우 짐꾼이 짐을 지고 난링 산맥을 넘어야 한다는 점이나 닝보, 푸저우, 아모이의 무역 배후지가 규모 면에서 한계가 있다는 점 등과 같은 약점들이 상하이가 주요 해외 무역항으로 발전하고 양쯔 강이 중국 내지와 연결되는 주요 통로로 발전하는 데 유리한 조건을 제공했다.

정크선은 한커우로부터 한수이漢水를 따라 서북쪽으로 나아가 산시陝西 성으로 들어갈 수도 있었다. 또한 어느 정도는 대운하가 계속 양쯔 강 하류 유역과 화북 평원을 연결해주었다. 그러나 화북에는 화남에 비해 운항 가능한 수로가 훨씬 적었다. 거기서는 바퀴가 큰 화북식 수레와 짐 나르는 가축들이 먼지와 진흙으로 뒤덮인 도로 위를 왕래했는데, 끊임없는 왕래로 말미암아 허난 성, 산시山西 성, 산시陝西 성 등지의 황토 지역의 도로들은 종종 주변 농촌의 지표면보다 10피트 또는 그 이상 낮게 패여 있었다. 베이징에서 출발하는 전통적인 주요 교역로는 험난한 육로를 따라 산시山西 성에 이르고, 장자커우張家口를 거쳐 몽골을 가로질러 러시아 국경 지대의 캬흐타에 이르는 노선이었다. 그리고 이 노선에 서쪽으로 산시陝西 성과 간쑤 성으로 통하는 지선이 연결되어 있었다. 화북 대부분의 지역처럼 수로를 이용할 수 없는 곳에서는 상품의 이동이 느리고 비용 또한 높았다.㉗ 짐수레, 외바퀴 손수레, 짐 싣는 가축 또는 짐꾼 등을 이용한 육로 운송비는 정크선을 이용하는 것보다 같은 무게에 같은 거리의 경우 2~5배 이상 높았던 것으로 추정된다.

19세기의 상업 체계는 전통적으로 높은 수준의 발전을 보이고는 있었지만 여전히 '근대적' 시장 경제는 아니었다. 앞서 지적했듯이 몇몇 고가의 상품이 수로를 통해 전국으로 운반되었다고는 하지만 이런 상품을 예로 들어 전국적인 시장 운운하는 것은 적절치 못하다. 상업은 몇 가지 요소들로 인해 야기된 마찰의 결과로 층층이 배열된 수많은 세포 속에 갇혀 있는 경향이 있었다. 예를 들어 지방 통화가 워낙 여러 가지였던 데다 은-동의 복본위 화폐 제도가 시행되고 있었던 점을 비롯해 높은 운송비(비용 면에서나 시간 면에서나 모두), 비교적 드문 신용 선물 제도, 상호 채무의 청산을 위한 상업 은행 제도의 결여, 그리고 전통적 무역 구조 속에서 기득권을 누리던 수많은 작은 중간상들의 존재 등을 그러한 요소들로 꼽을 수 있었다. 각각의 세포는 소규모 상업과 솔 택스$^{Sol\ Tax}$가 말하는 소위 '싸구려 자본주의'로 부산했지만, 단지 준사치품의 왕래와 상급 행정 기관에 대한 납세 형식으로 이루어지는 은과 일부 양곡들의 유출을 통해서만 서로 연결되고 있었다. 1853년에 태평군의 반란을 진압하는 데 필요한 자금을 조달하기 위해 이금세가 신설된 이후 19세기 후반기의 외국인 관찰자들은 국내 교역에 대한 이러한 세금 부과(대개 인정하듯이 이런 세제들은 종종 변덕스럽게 시행되곤 했다)가 본인들의 교역은 물론 중국의 상업적 통합에도 중대한 장애물이 될 것이라고 보고 있었다.[28] 그러나 15~100%에 이르는 운송비 및 매매 비용과 비교해볼 때 각 세관에서 부과하는 2%의 이금 세율이 내지 무역의 전체 교역량과 향방에 끼친 영향은 그다지 크지 않았던 듯하다. 앞에서 이미 언급했듯이 영국인들은 중국 내지에서 랭카셔산 의류를 팔기 어려운 것이 중국의 수공 직물업이 갖고 있는 우수한 경쟁력 때문임을 알고 있었다. 중국 국내 상업의 시장 구조와 규모는 무거운 부담을 안겨주는 관료들의 착취 때문이 아니라 주로 전근대적인 교통과 통신 체계의 한계로 말미암아 제한받고 있었던 것이다.

1911년 청조가 멸망할 즈음에 상업 체계의 외곽에서부터 작지만 주목할 만한 변화가 일어나고 있었다. 비록 본질적으로는 변하지 않

<표 16> 중국의 대외 무역(1870~1911년)

(지수 기준: 1913년=100)

연도	해관 냥으로 계산한 무역액(1,000냥)				무역 총액 지수		무역량 지수		순교역 조건†
	수입	수출	계	차액	당시가	'실제' 가*	수입	수출	
1870년	63,693	55,295	118,988	-8,398	12.2	—	25.9	33.3	76.5
1871년	70,103	66,853	136,956	-3,250	14.1	—	28.1	39.4	75.9
1872년	67,317	75,288	142,605	+7,971	14.6	—	27.9	43.3	71.1
1873년	66,637	69,451	136,088	+2,814	14.0	—	27.3	39.1	70.8
1874년	64,361	66,713	131,074	+2,352	13.5	20.7	31.5	40.1	62.8
1875년	67,803	68,913	136,716	+1,110	14.0	21.0	33.8	42.2	65.3
1876년	70,270	80,851	151,121	+10,581	15.5	21.6	36.3	42.8	54.4
1877년	73,234	67,445†	140,679	-5,789	14.5	21.9	36.1	40.8	65.2
1878년	70,804	67,172	137,976†	-3,632	14.2	20.5	34.9	41.4	66.3
1879년	82,227	72,281	154,508	-9,946	15.9	22.0	40.8	43.2	63.9
1880년	79,293	77,884	157,177	-1,409	16.1	23.7	36.2	47.2	69.7
1881년	91,911	71,453	163,364	-20,458	16.8	23.3	40.8	43.5	72.8
1882년	77,715	67,337	145,052	-10,378	14.9	21.3	36.4	45.9	76.7
1883년	73,568	70,198	143,766	-3,370	14.8	22.0	35.0	47.2	75.1
1884년	72,761	67,148	139,909	-5,613	14.4	21.1	34.5	50.6	83.6
1885년	88,200	65,006	153,206	-23,194	15.7	23.1	40.5	47.6	83.3
1886년	87,479	77,207	164,686	-10,272	16.9	24.2	35.3	54.2	91.4
1887년	102,264	85,860	188,124	-16,404	19.3	28.4	41.6	41.2	62.4
1888년	124,783	92,401	217,184	-32,382	22.3	34.3	50.3	43.6	62.7
1889년	110,884	96,948	207,832	-13,936	21.3	31.4	44.0	45.2	63.0
1890년	127,093	87,144	214,237	-39,949	22.0	32.4	54.8	42.0	59.8
1891년	134,004	100,948	234,952	-33,056	24.1	35.5	60.8	47.9	56.1
1892년	135,004	102,584	237,685	-32,517	24.4	34.9	59.9	49.8	58.8
1893년	151,363	116,632	267,995	-34,731	27.5	38.8	59.4	57.2	67.0
1894년	162,103	128,105	290,208	-33,998	29.8	40.3	45.3	60.1	91.1
1895년	171,697	143,293	314,990	-28,404	32.4	45.6	45.8	66.3	96.4
1896년	202,590	131,081	333,671	-71,509	34.3	47.6	53.2	56.4	91.0
1897년	202,829	163,501	366,330	-39,328	37.6	47.6	49.7	61.6	85.7
1898년	209,579	159,037	368,616	-50,542	37.9	45.1	51.3	63.4	91.2
1899년	264,748	195,785	460,533	-68,963	47.3	50.9	69.2	62.5	68.5
1900년	211,070	158,997	370,067	-52,073	38.0	43.7	49.5	54.9	82.3
1901년	268,303	169,657	437,960	-98,646	45.0	55.5	62.5	59.8	85.4
1902년	315,364	214,182	529,546	-101,182	54.5	56.1	70.9	65.1	82.6
1903년	326,739	214,352	541,091	-112,387	55.6	54.0	65.1	59.8	85.5
1904년	344,061	239,487	583,548	-104,574	59.9	60.6	69.2	64.0	94.1
1905년	447,101	227,888	674,989	-219,213	69.3	62.5	96.6	62.5	89.8
1906년	410,270	236,457	646,727	-173,813	66.4	66.4	95.3	64.6	83.2
1907년	416,401	264,381	680,782	-152,020	69.9	67.2	88.7	67.1	84.3

1908년	394,505	276,660	671,165	-117,845	68.9	62.7	72.7	73.0	101.4
1909년	418,158	338,993	757,151	-79,165	77.8	70.1	77.1	92.9	105.1
1910년	462,965	380,833	843,798	-82,132	86.7	85.0	79.2	102.9	111.7
1911년	471,504	377,338	848,842	-94,166	87.2	82.3	80.9	102.1	111.7

* 당시가로 계산한 무역 총액 지수를 도매 물가 지수로 나눈 수치.
출전: Yang Tuan-liu, *Statistics of China's foreign trade*, <표 1>~<표 3>; Nankai Institute of Economics, *Nankai index numbers*(1936), pp. 37~38. 1904년 이전 자료는 Chi-ming Hou, *Foreign investment and economic development in China, 1840~1937*, pp. 194~198.
† 는 원서의 계산 착오를 옮긴이가 수정한 것임.
‡ 수출 가격 지수를 수입 가격 지수로 나누어 100을 곱한 것.

았지만 — 필자는 그렇게 주장할 생각이다 — 결국 청 말의 경제는 조약항의 점진적 개방과 대외 교역 확대의 영향을 받게 되었다고 보는 것이 상식적일 것이다. 외국인이 관리하던 해관에서 수집한 무역 자료들이 근대 중국의 장기간의 역사 통계에 관한 중요 자료로서는 거의 유일한 것들이다. 그러나 대체로 우수한 이들 자료에도 약점이 있다. 우선 1887년까지 홍콩으로부터의 수입품은 포함되어 있지 않다. 또한 본선 인도 가격이나 운임 및 보험료 포함 인도 가격 등의 개념이 적용되지 않아 수출액은 상대적으로 낮게 계산되어 있는 반면 수입액은 높게 계산되어 있다. 더욱이 교역은 해관 은냥으로 계산되어 있는데, 당시 금에 대한 백은의 환매가는 계속 하락하고 있었다. 그 결과 기록된 교역액은 금으로 계산했을 때나 실제 무역량에 비해 부풀려지게 되었다. <표 16>은 1870~1911년 사이 중국의 대외 무역액과 지수를 나타낸 것으로 화폐 단위는 해관 냥으로 되어 있다.

당시의 해관 냥으로 계산하면 무역의 총 규모는 1870~1911년 사이에 7배 이상 증가했다. 하지만 앞서 지적한 대로 은의 가치는 무역 성장을 실제에 비해 부풀리고 있다. 무역량에서는 이 40년 동안 수입은 312%, 수출은 307% 증가했다. 당시의 화폐로 계산된 총 무역 성장률은 1890년대까지는 비교적 완만했으나 20세기의 첫 10년 동안 가장 급속한 성장을 보였다. 무역량을 기준으로 할 때 수입품의 증가는 꽤 꾸준히 이루어졌으나(1905~1906년의 폭발적 증가는 러일 전쟁의 직접적인 결과였기 때문에 고려할 필요가 없다) 수출은 1890년대에 상대적으로 정체되어 있다가 청조의 마지막 몇 년 동안 급증했음을 알 수 있다. 이러한 수출 급증은 주로 만주에서의 콩과 콩 제품 수출에 의한 것이었다. 만약 1888년 이전의 무역 자료를 조정해 수입은 운임 및 보험료 포함 인도 가격으로 계산하고 수출은 본선 인도 가격으로 계산하며 또한 홍콩에서 '밀수된' 아편과 기타 상품들까지 함께 고려한다면 1870~1887년 사이의 중국의 대외 무역은 흑자를 기록한 것으로 나타날 것이다. 1888~1900년 사이에는 수입이 수출을 다소, 즉 매년 평균 4,087만 6,000해관 냥씩 초과하고 있었다. 1900년 이후 무역 적자는 엄청나게 증가해 1901~1911년 매년 평균 1억 2,137만 7,000해관 냥에 달했다. 적자 가운데 일부는 화교들이 본국으로 송금한 돈으로 그리고 1900년까지는 소량의 금은의 수출로 보완되었다. 나머지 부분은 앞서 서술한 1895년 이후의 공업 투자와 뒤에 논할 청 정부에 대한 차관을 포함한 자본의 유입으로 충당되었다.

주로 인도에서 수입된 아편은 1890년까지는 단일 수입품으로서는 가장 중요한 상품이었다. 그러나 이후부터는 면제품 수입이 아편 수입을 능가하게 되었다. 1890년 이후 수입 면포와 면사는 가격 면에서 중국의 수입량의 약 1/3에 달했다. 면화 무역과 그것이 중국 경제에 끼친 영향은 이미 앞에서 수공업과 관련하여 살펴본 바 있다. 곡물과 기타 식품은 주로 연해의 대도시에 공급하기 위해서 수입되었는데, 수입량은 일반 작황이 아니라 이들 지역의 수확물 공급 상황에 따라 변동했던 것처럼 보인다. 이처럼 곡물과 기타 식품의 수입은 이러한 도시들이 성장한 것뿐만 아니라 이들 인근의 배후지 바깥에서 재배된 국내 곡물의 수송과 판매 비용이 엄청났던 상황을 동시에 반영하고 있다. 중국의 주요 수입품의 비율은 <표 17>에, 수출품의 비율은 <표 18>에 제시되어 있다.

난징 조약 이전 중국의 가장 중요한 수출품이던 비단과 차는 청이 무너질 때까지 기존의 지위를 계속 유지했다. 그러나 이 두 상품이 수출에서 차지하는 상대적 지위는 계속 떨어졌다. 차 수출이 크게 감소했는데, 인도와 일본의 경쟁력이 높아지고 있었음에도 불구하고 중국의 차 수출업자들이 생산자와 중간상에게 상품의 품질 수준을 유지하도록 할 수 없었기 때문이다. 절대량 면에서 막대한 견제품이 수출되

〈표 17〉 중국의 주요 수입품의 비율(1870~1910년)

	1870년	1880년	1890년	1900년	1910년
총액(1,000해관 냥)	63,693	79,293	127,093	211,070	462,965
아편(%)	43.0‡	39.3	19.5	14.8	12.0
면포(%)	28.0	24.9	20.2	21.5	14.7
면사(%)	3.0	4.6	15.3	14.3	13.6
곡물, 면분(%)	0.04	0.1	9.6	7.0	7.7
설탕(%)	0.1	0.4	0.9	3.0	4.8
담배(%)	—	—	—	0.5	2.0
석탄(%)	0.09	1.2	1.6	3.1	1.8
석유(%)	—	—	3.2	6.6	4.7
금속, 광물(%)	5.8	5.5	5.7	4.7	4.3
기계*(%)	—	—	0.3	0.7	1.5
철로 기재, 차량†(%)	—	—	—	—	3.8
기타(%)	19.97‡	24.0	23.7	23.8	29.1
합계(%)	100.0	100.0	100.0	100.0	100.0

* 1886년 이전 부문 자료 없음.
† 1903년 이전 부문 자료 없음.
‡ 추산치.
출전: Yang Tuan-liu, *Statistics of China's foreign trade*, <표 5>, pp. 15~25; Yu-kwei Cheng, *Foreign trade and industrial development of China*, p. 19.

〈표 18〉 중국의 주요 수출품의 비율(1870~1910년)

	1870년	1880년	1890년	1900년	1910년
총액(1,000해관 냥)	55,295	77,884	87,144	158,997	380,833
차(%)	49.9	45.9	30.6	16.0	9.4
견사, 견직(%)	38.8	38.0	33.9	30.4	25.4
종자, 종자유(%)	1.2	0.1	0.6	2.5	8.4
콩류(%)	1.2	0.2	0.4	1.9	5.6
피혁(%)	—	0.5	1.4	4.3	5.3
원면(%)	0.5	0.2	3.4	6.2	7.4
양모(%)	—	0.4	1.6	1.9	2.5
석탄(%)	—	—	—	—	1.5
달걀, 달걀 제품(%)	—	—	—	—	1.1
면분(%)	0.3	0.2	0.3	0.8	1.4
기타(%)	8.1	14.5	27.8	36.0	32.0
합계(%)	100.0	100.0	100.0	100.0	100.0

출전: Yang Tuan-liu and Hou Hou-p'ei et al., *Statistics of China's foreign trade*, 〈표 4〉, pp. 4~14, 〈표 8〉, pp. 32~42; Yu-kwei Cheng, *Foreign trade and industrial development of China*, p. 19.

고 있었다는 사실이 농촌의 주요 수공업이 여전히 힘을 유지하고 있었음을 시사한다면, 두유, 가죽, 전분, 달걀, 달걀 제품 등의 새로운 중요 상품과 그보다는 활발하지 못했지만 조면된 면화 등의 수출은 세기의 전환기부터 크고 작은 도시 지역에 수많은 소규모 수공업 작업장이 설립된 것을 반영하고 있다.

중국의 대외 교역에서 홍콩이 명목상 큰 비중을 차지하고 있었고, 게다가 1932년 이전 홍콩을 오간 상품들에 대한 자료가 부족한 상황이어서 각국과 이루어진 교역의 비중을 정확하게 추산하는 것은 불가능하다. 〈표 19〉는 특정 기간인 1871~1911년 사이 중국과 각국 사이에 이루어진 교역 비율을 수치 조정 없이 그대로 제시한 것이다. 그리고 〈표 20〉은 모스[H. B. Morse]가 해관을 위해 조사한 각국과의 교역 비율을 보여주는데, 그는 홍콩을 중국 항구로 취급하고 그곳의 수입과 수출을 표 안의 몇몇 주요 교역국의 수치 속에 포함시키고 있다. 영국은 19세기 말까지, 그리고 대영 제국 전체를 의미할 때에는 20세기까지도 계속해서 중국의 가장 중요한 무역 파트너였다. 수입에서 차지하는 영국의 압도적인 지위가 가장 눈에 띄는데, 앞서 언급했듯이 랭카셔산 면제품과 인도의 면사와 아편 등이 중요한 역할을 했다. 영국이 차지하는 전체 비중은 여전히 가장 크기는 했지만 계속 감소했다. 1890년대부터 일본과의 교역은 시모노세키 조약의 조항들과 1905년 이후 만주에서의 일본의 역할로 인해 크게 촉진되어 급성장했다. 중

〈표 19〉 중국의 주요 무역 상대국과의 교역 비율(1871~1911년)

수입	1871~1873년	1881~1883년	1891~1893년	1901~1903년	1909~1911년
홍콩	32.5	36.2	51.2	41.6	33.9
영국	34.7	23.8	20.4	15.9	16.5
일본*	3.7	4.9	4.7	12.5	15.5
미국	0.5	3.7	4.5	8.5	7.1
러시아	0.2	0.2	0.6	0.8	3.5
독일†	—	—	—	—	4.2
프랑스†	—	—	—	—	0.6
기타	28.4	31.2	18.6	20.7	18.7
합계	100.0	100.0	100.0	100.0	100.0
수출	1871~1873년	1881~1883년	1891~1893년	1901~1903년	1909~1911년
홍콩	14.7	25.4	39.3	40.8	28.2
영국	52.9	33.3	11.3	4.8	5.1
일본*	1.7	2.4	7.2	12.5	15.9
미국	14.1	12.4	9.8	10.2	9.0
러시아	3.3	7.3	8.6	5.5	12.5
독일†	—	—	—	—	3.1
프랑스†	—	—	—	—	10.7
기타	13.3	19.2	23.8	26.2	15.5
합계	100.0	100.0	100.0	100.0	100.0

* 1895년 이후 타이완 포함.
† 1909~1911년 이전은 기타에 포함됨.
출전: 옌중핑(嚴中平) 편, 『중국 근대 경제사 통계 자료선』, pp. 65~66, 〈표 7〉~〈표 8〉.

〈표 20〉 중국의 주요 무역 상대국과의 교역(홍콩 포함) 비율(1899~1905년)

	수 입			수 출		
	1899~ 1903년 평균	1904년	1905년	1899~ 1903년 평균	1904년	1905년
영 국	20.13	23.92	23.53	8.60	7.72	6.97
영국 자치령 등	28.33	26.54	23.81	13.98	12.49	12.44
(대영 제국 합계)	(48.46)	(50.46)	(47.34)	(22.58)	(20.21)	(19.41)
일 본*	18.26	18.06	16.13	12.70	15.51	14.03
미 국	10.95	9.20	18.11	12.92	16.09	15.47
러시아	2.54	4.31	3.49	13.59	13.24	14.83
독 일	5.50	5.90	5.08	3.39	4.05	4.41
프랑스	0.80	0.56	0.46	19.35	16.97	16.52
기 타	13.32	11.51	9.40	15.47	13.93	15.33
합 계	100.00	100.00	100.00	100.00	100.00	100.00

*타이완 포함.
출전: 중국 해관 총세무사 H. B. 모스의 Returns of Trade and Trade Reports(1906), 1부, p. 46에 근거해 산출.

국과의 무역에서 미국과 러시아의 비중 또한 점점 더 증가하고 있었다.

위에서 방금 서술한 대외 교역에 관해서는 두 가지 일반적 사실을 여기에 연관지어볼 수 있다. 첫째, 비록 교역이 계속 증가하고 있기는 했지만 중국의 1인당 국제 교역액은 미국 달러로 수입 0.94달러, 수출 0.67달러, 전체 1.61달러로 국제 연맹이 수집한 자료에 기록된 83개국 중 최하위를 기록했다. 이 계산에서 1913년의 중국 인구가 과대평가되었을 가능성도 있다. 그러나 그럴 리도 없지만 1인당 대외 교역이 위 통계치의 2배가 된다 하더라도 중국은 여전히 앞서 언급한 83개국 중 최하위 집단에 속하게 될 것이다. 쿠즈네츠^{Kuznets} 교수의 연구들은 국가의 크기와 국민 소득의 한 부분을 담당하는 해당 국가의 대외 교역 사이에는 반비례 관계가 성립될 가능성이 있음을 지적한 바 있다. 중국의 경우 국가의 크기라는 요소는 비교적 변화가 없는 수송 체계에 의해 유지되고 있는, 사실상 거의 자급자족적인 경제 세포들로 구성된 경제 체제에 의해 더욱 강화되었다.

두번째 사실은 대체로 외국 상품의 국내 유통과 — 이보다는 정도가 덜하긴 하지만 — 수출품 집하는 중국 상인들에 의해 장악되고 있었으며 전통적인 교역 창구를 통해서 운영되고 있었다는 것이다. 1896~1897년 랭카셔에서 파견한 중국 방문단은 이렇게 보고하고 있다.

> 현재 상하이를 제외하고는 양쯔 강 유역 전역에서 면제품 수입 무역에 종사하고 있는 유럽 상인은 하나도 없다. 영국 자본은 한커우 같은 항구에서는 도로 회수되었고 충칭과 같은 새로운 항구에는 투자된 적조차 없다.[29]

한커우에 있는 11명의 중국인 대상인들은 대리인을 통해 정기적으로 상하이에서 수입 옷과 면사를 구입했다. 그런 다음 한커우의 소매상과 후난 성과 허난 성의 하위 시장에서 상품을 구하기 위해 한커우에 온 상인들에게 되팔았다. 1896년 충칭에는 5개의 유럽 회사가 있었지만 오직 한 회사만이 중국의 가장 중요한 수입품인 수입 면제품을 취급했는데, 그것도 소규모에 그쳤다. 충칭의 면화 교역은 72개 중국 회사의 손에 장악되어 있었으며, 이들은 청두成都의 3개 회사 그리고 자딩嘉定의 1개 회사와 함께 매년 8월에 대리인(종종 회사의 동업자들이기도 했다)을 상하이에 보냈다. 그들은 거기에 5월까지 머물면서 면직 의류와 면사를 구매해 배를 이용해 충칭으로 보냈다. 쓰촨 성의 각 하위 시장에는 지방 상인들이 충칭의 대상인들로부터 외상으로 상품을 구입해 공급했다. 화남의 경우 윈난 성 린안 부臨安府같이 비교적 작은 교역 중심지에 있는 회사의 대리인이나 동업자들이 홍콩의 영국 수입상으로부터 직접 상품을 구입했는데, 이 상품들은 하이퐁을 거쳐 멍쯔蒙自를 통해 중국으로 들어왔다. 한편 1870년대 이후에는 외국 회사, 특히 영국 회사의 지점들이 한커우 같은 항구로 들어오는 면제품 수입의 대부분을 담당하고 있었다. 그러나 보다 작은 조약항 — 이 조약항들은 해당 지역의 광범위한 교역 구역에서 도시의 시장 역할을 하고 있었다 — 에 있던 이들 지점들은 중간 시장이나 기초 시장에서는 말할 것도 없고 심지어 중심 시장에서도 중국의 시골 도매상들과 지속적으로 직접적인 관계를 발전시킬 수 없었다. 이들 지점들과 전장鎭江이나 한커우에서 거래하는 중국 회사들은 전통적인 판매 구조의 정점에 위치하고 있었으며, 해당 지역을 잘 알고 있고 시장들과 장기적인 관계를 유지해왔다는 이점을 갖고 있었다. 앞서 언급한 충칭의 그러한 회사들은 점차 상하이나 홍콩에서 직접 상품을 구매하는 경향을 보였는데, 그곳에서는 상품 선택의 폭이 넓고 수입상들 사이의 경쟁과 빈번한 경매를 이용해 이익을 취할 수 있었기 때문이다. 양쯔 강을 운항하는 중국과 외국의 기선 회사는 치열한 경쟁을 벌이며 외국 상인들에게 제공되는 만큼의 유리한 조건을 중국 상인들에게도 제시했다. 더욱이 1876년의 옌타이烟臺 조약을 통해 수입품을 수송하는 중국 선주가 통관증을 받을 수 있는 권리가 공식화됨으로써 명목적으로는 관세에서 외국인과 동등한 대우를 받게 되었다. 주요 거래 상품의 수입 및 유통과 관련해 중국의 외국 무역 회사들은 점차 중국의 기존 상업망에 참여하는 상하이와 홍콩의 위탁 판매인으로 변신했다고 해도 과언은 아닐 것이다. 몇몇 전매 상품이나 선진 기술로 만들어진 상품들의 판매를 위해 서양인이 직접 관리하는 중국 대리상의 판매망이 20세기에 들어서면서부터 설립되었다. 청일 전쟁 이후 점증한 일본의 일부 수입품들도 직접적인 판매 방식을 통해 유통되었다. 그러나 대다수 수입품의 판매는 여전히 중국인들의 손에 맡겨져 있었다.

이처럼 수입품에 대한 중국의 수요는 제한적이었고, 조약항 이외 지역에서의 수요는 거의 전적으로 중국의 전통적인 시장 체제를 통해 공급되었다. 수출도 상황이 비슷했지만 좀더 많은 외국인이 참여했다는 것을 암시하는 지표들이 있다. 조약항의 외국 수출상들이 매년 수확된 차를 수집하면서 차의 품질을 전혀 통제할 수 없었던 것은 인도, 실론, 일본 등지와의 경쟁에서 중국 차가 상대적으로 뒤처지게 된 주원인이 되었다. 다른 한편 외국인들은 적어도 돼지 털, 가죽 및 가죽 제품 그리고 달걀 및 달걀 제품 등과 같은 새로운 수출품의 초창기의 공급 확장과 관련해서는 직접적인 역할을 했다.

앞서 언급한 대로 전통적인 판매 체계의 안정성은 수송 기술 및 비용과 직접적으로 관계가 있었다. 1911년까지 기선과 소증기선 그리고 철로는 극히 제한된 범위에서만 중국의 내지로 들어왔다. 1865년에 청 정부는 태평천국의 난 동안에는 용인되었던 내지의 수로에 대한 외국 증기선의 운항을 금지시켰다. 그러나 양쯔 강 하안의 조약항을 포함해 조약항들 사이를 오가는 중국인 소유 증기선과 외국인 소유 증기선의 운항 ― 그것은 조약에 따라 허용되어 있었다 ― 이 1870년대부터 확대되었다. 1874년에는 17척의 미국 기선, 11척의 영국 기선 그리고 6척의 중국 기선이 양쯔 강을 따라 상하이와 기타 조약항 사이에서 화물을 운반하고 있었다. 1894년에 이르면 윤선초상국輪船招商局 소유의 26척의 기선과 두 개의 영국 회사가 소유한 최소 51척

캠브리지 중국사

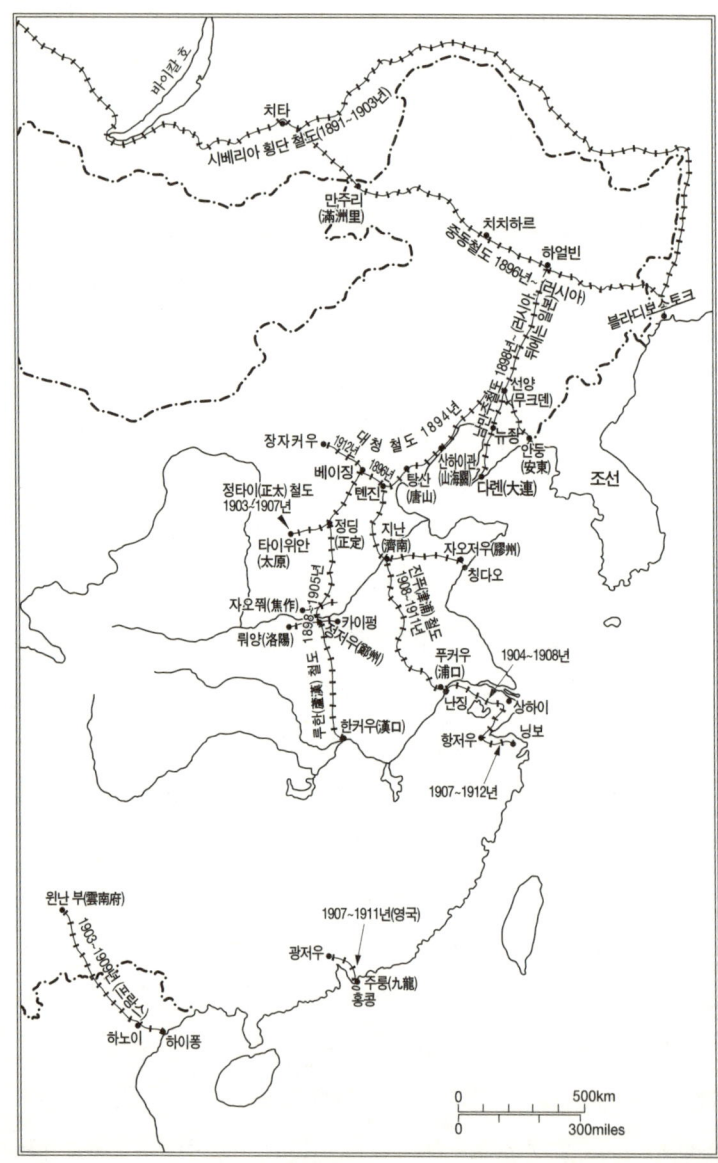

〈지도 4〉 청 말의 철도 건설

의 기선이 이 항로에서 운항하고 있었다. 좀더 작은 규모의 중국인 소유 소증기선들도 조약항과 외국인과의 교역에 개방되지 않은 내지의 도시 사이를 왕래하기 시작했다. 소증기선이 널리 보급되고 있었다는 사실은 중국 해관에 등록된 중국인 소유 기선의 평균 용적 톤수가 계속 줄어들고 있는 것을 보면 분명하게 알 수 있는데, 1882년에 737톤, 1892년에는 247톤, 1900년에는 35톤으로 줄어들고 있다. 1898년에 영국 정부는 차관 제공에 대한 제안을 중국 정부가 거절한 것에 대한 '보상'으로 1865년 이래 전혀 접근할 수 없었던 내지 항구에서 외국 국기를 단 증기선이 무역할 수 있게 해줄 것을 베이징에 강요했다. 1903년 내지 통행을 위해 등록한 중국 기선과 외국 기선의 수는 모두 614척이었는데, 이러한 숫자는 1909년에는 977척, 1910년에는 1,030척 그리고 1913년에는 1,130척(중국선 936척, 외국선 194척)으로 증가했다. 소하천을 오가는 이들 기선들은 양쯔 강과 시 강西江의 지류를 따라 나 있는 전통적인 무역로에 좀더 저렴한 비용과 좀더 빠른 속도로 물품을 날라주었지만(1909년에 총 360척이 상하이에 등록되어 있었으며, 72척은 한커우에, 277척은 광둥에 등록되어 있었다) 내지 무역은 여전히 숫자와 용적 톤수 면에서 압도적인 우위를 점하고 있는 수천 척의 정크선을 비롯한 각종 규모의 전통 선박들이 계속 담당하고 있었다.[30]

이와 비슷하게, 1912년경까지 총 연장 9,244킬로미터에 달하는 지선과 간선 철도(1895년 이전에 건설된 288킬로미터가 여기에 포함되었다)가 완성되긴 했지만 철도는 만청 왕조의 궁극적인 운명과 관련해서 지대한 정치적 영향력을 가졌던 것과는 정반대로 청 말의 경제와 상업 체제에는 매우 제한적인 영향만을 미쳤다. 1912년 이전 중국 철도는 결국 총연장이 극히 짧았고 대부분의 노선이 청 말의 최후 몇 년 사이에 비로소 개통되었기 때문에 경제와 판매 체계에 거의 영향을 끼치지 못했다. 더욱이 민국 초에 철도가 미친 여러 영향들 또한 군벌들에 의한 내전으로 인해 심각하게 왜곡된 것들이었다. 내전으로 말미암아 철도는 군 수송용으로 징발되었고, 재정은 군벌 군대의 유지를 위해 전용되었으며 노반과 철도 차량의 보수는 무시되었던 것이다.

대부분 베이징-선양 노선에서 벌어들인 이윤으로 중국 기술자들이 건설한 베이징-장자커우 사이의 199킬로미터에 이르는 철도와 같은 일부 예외를 제외하면 민국 이전의 중국 철도는 주로 외국 차관을 자금으로 하여 외국의 영업권 소유자들에 의해서 건설되었다. 만주의 중동철도(1,481킬로미터)와 하얼빈-다롄 사이의 남만주철도 간선(944킬로미터)은 중국인이 참여한다는 말만 있었지 전적으로 러시아에 의해 운영되었다. 그리고 산둥 성의 자오저우膠州-지난濟南 사이의 자오지膠齊 철도(394킬로미터)는 독일인이 자금을 투자해 운영하고 있었다. 1912년 당시 총연장 길이의 1/3이 조금 넘는 철도가 만주에 건설되어 있었는데, 의문의 여지 없이 이 철도는 1910년대 만주산 콩의 수출 증가와 면제품의 지속적인 수입 증가에 중요한 역할을 했다. 하얼빈은 실제로 중동철도에 의해 조성된 도시였고, 배후지에 선박 운항이 가능한 수로를 갖고 있지 않던 뉴좡牛莊과 친황다오秦皇島 같은 항구는 철도에 의존했다. 베이징-한커우 선(1,215킬로미터)과 톈진-푸커우 선(1,009킬로미터) 등 중국 본토의 주요 간선은 남북 방향으로 달리며 이전에는 부족한 대운하를 통해서만 연결되던 화북 평원과 양쯔 강 유역 사이를 연결했다. 평행을 이루며 달리는 이 두 노선이 다소 중복되어 비경제적인 측면이 있기는 했지만 전체적으로 보아 철도 건설의 열기가 고조되던 이 최초의 시기에 완성된 철도 노선은 적절한 장소에 건설되어 만주에서처럼 새로운 땅을 개척하고 화북의 부족한 수로를 보완해줄 수 있었다. 아마 한커우를 중심으로 하는 방사선 모양의 철도망이 이론상으로는 더 바람직했겠지만 베이징-한커우 선이 완성된 1906년에는 1920년대 만주에서처럼 정치적 목적에 따른 중복 건설, 수십 년에 걸친 한커우-광저우 선의 건설 지연, 1949년 이후에야 이루어지는 서부의 쓰촨 노선의 건설 등과 같은 사태를 예견하는 것은 불가능했다. 청 말 후베이 성의 사스沙市의 해관 세무사가 한 말은 철도로 연결되어 있는 화북과 만주의 소수 주요 도시를 제외한 모든 곳에 적용될 수 있을 것이다.

> 사스에는 철도 교통이 없다. 그러나 사스는 가장 광대한 인공적 · 자연적 수로 체계의 중심지이기 때문에 철도가 없어도 수년간은 아무 문제가 없다.[31]

좀더 통상적인 견해와는 정반대가 되겠지만, 청 말 중국의 외국 상인들은 점차 중국의 상업 체계의 통제자라기보다는 참여자가 된 것처럼 보인다. 그러나 주로 상하이와 홍콩에서 이루어지는 실제적인 수출입 업무는 1920년대까지 거의 전적으로 외국인에 의해 장악되어 있었다. 중국어를 하지 못하는 외국 상인과 영어를 한 마디도 못하는 충칭, 한커우의 고객 혹은 물품 공급자들 사이의 주 연결 고리는 매판이었다. 비록 명목상으로는 외국 회사의 고용인으로 되어 있었지만 많은 매판들은 자신들의 고용주가 취급하는 상품들을 본인 책임하에 처리하던 무역상들이었다. 그들은 중국 상인에게서 수출품을 구매하고 수입품 구매자에게 신용 거래를 해주었는데, 이러한 역할은 그들에게 내외적으로 교역의 흐름에 영향을 끼치고 그것으로부터 이익을 취할 수 있는 독특한 기회를 제공해주었다. 중국인 소유의 항운업체, 금융업체, 제조업체에 투자한 원 투자자들 가운데 많은 사람들이 상하이의 주요 외국 회사에서 매판으로 일하며 부자가 된 사람들이었다. 1911년 이후 중국인 소유의 무역 상사와 일본인 소유의 무역 상사가 증가하면서(일본인들이 영국과 미국인들에 비해 중국어 구사 능력을 습득하기 위해 훨씬 더 많은 노력을 기울였다) 대외 무역과 중국의 판매 체계 사이의 연결 고리로서의 매판의 전반적인 중요성은 점차 줄어들게 되었다. 그러나 다소 변형된 형태이기는 했지만 매판 제도는 이후에도 계속 존재했다.

외국인이 조약항에서 계속 수출입 업무를 장악할 수 있었던 것은 중국에서 대외 교역에 대해 금융 지원을 해주고 있던 외국 은행 덕분이었다. 동방은행Oriental Banking Corporation이 상하이에 영업소를 개설한 1848년부터 40년 동안 영국은 중국에서 근대식 은행업을 사실상 독점했다. 영국의 통제를 받는 가장 중요한 두 개의 회사는 1857년에 처음 중국 지사를 개설한 인도·호주·중국 공인 은행The Chartered Bank of India, Australia and China과 1865년에 설립된 홍콩·상하이 은행The Hongkong and Shanghai Banking Corporation(HSBC)이었다. 이어 1890년대에 독일, 일본, 러시아, 프랑스 그리고 미국의 경쟁자들이 출현하기 시작했다. 수출입을 위한 외국 은행의 금융 지원은 대부분 외국 회사들을 대상으로 이루어졌고, 중국 상인들에 대한 직접 대부는 제한적이었다. 그러나 '전장'에 대한 단기 대부는 허용되었으며, 전장들은 대부받은 자금을 다시 중국 상인들에게 빌려주었다. 외국 은행들은 대외 무역 관련 금융 사업을 독점함으로써 사실상 외환 시장도 통제했다. 또 그들은 중국 은의 유출입 통로였을 뿐만 아니라 요동치는 은의 금 가격을 결정했다. 1935년 전까지 상하이 시장에서의 공식적인 환율은 홍콩·상하이 은행의 당일 시세를 근거로 하고 있었다.

중국 최초의 근대식 은행은 1896년 성쉬안화이에 의해 설립된 중국통상은행 中國通商銀行(1911년까지는 중국제국은행)이었지만 1904년에 설립된 호부은행 戶部銀行이 민국 시기에 중국은행 中國銀行으로 발전하기까지 중국의 은행들은 대외 무역을 재정적으로 지원하는 데서 중요한 역할을 거의 수행하지 못했다. 1896~1911년 사이에 16개의 근대식 중국 은행들이 개점했다(이 중 오직 7개만이 1930년대까지 살아남았다). 이들 은행의 본점과 지점은 모두 대도시에 위치했다. 그리고 이들은 내지 교역과 관련해서는 내지의 '전장'에게 단기 자금을 대출해주는 형태로 단지 소규모의 간접적인 관계만을 유지했다. 근대적인 상업적 은행업은 1920~1930년대가 되어서야 비로소 전통적인 판매 체계를 파고들기 시작했다. 그러나 이들의 전체적인 영향력은 제2차세계대전 이후까지도 아주 미약했다. 청 말 지방 상업은 대부분 — 외부 신용에 정확히 얼마나 의존했는지는 모르지만 — 여전히 계속해서 구식 은행에서 자금을 제공받고 있었다. 이를 지표로 삼아볼 때 주요 조약항 이외의 지역에서는 1911년까지도 교역 구조와 그것을 원활하게 해주는 각종 제도가 반세기 전에 비해 크게 변하지 않았던 것을 알 수 있다.[32]

캠브리지 중국사

행정과 경제

　청조의 정치 체제가 경제에 어떤 결과를 남겼는가를 말할 때 종종 과중하고 변덕스러운 세금, 사방에 만연한 부패, 그리고 상업과 상인에 대한 전반적인 멸시 등이 언급되어왔다. 이런 현상들은 간단히 무시될 수 없는 문제들로, 특히 '중농경상重農輕商'이라는 이념적 태도는 검토해볼 필요가 있다. 그렇지만 여기서는 따로 이 문제를 다루지는 않을 것이다(8장을 참조하라). 그러나 사실은 본 장의 앞에서도 예시한 바대로 청 말 중국은 전통적인 기술의 제약 속에서도 이미 복합적이고 상업화된 '발달한' 경제를 갖고 있었다. 200년이라는 기간 동안 중국은 증가하는 인구를 감당할 수 있었으며, 본토 밖의 광대한 영역을 '초무剿撫[평화롭게 유지함]' 할 수 있었고, 18세기 말까지(1673~1681년의 삼번의 난을 제외하고) 이례적으로 긴 기간 동안 국내적으로 안정을 구가하면서 상대적 번영과 효과적인 통치를 유지할 수 있었다. 근대적 관점에서 보았을 때 백성들의 세 부담은 때로 변덕스럽기는 했지만 가벼웠다. 부패 또한 다른 사회에서와 마찬가지로 중국에도 존재했다. 그러나 조약항의 관찰자들이 '부패'라고 본 현상 중 많은 것들은 오히려 외국인들이 비공식적이지만 제도화되어 있던 '누규陋規'를 제대로 이해하지 못하고 있음을 반증하는 것이었다. 누규는 왕조의 공식 법령으로 정리되어 있는 고도로 합리화된 재정 체계 사이에 스며들어 있었다. 비록 상인들은 공식 이데올로기에서는 천시되었고, 때로 정부에 의해 터무니없이 많은 액수의 '헌납'을 강요받기도 했지만 그것이 그가 부자가 될 수도 있다는 사실을 부정하는 것은 아니었다. 18세기 양회兩淮 지방의 소금 운송 독점에 따른 연평균 이윤은 아마 500만 냥에 달했을 텐데, 30명의 대운수상과 약 200명의 소규모 상인들이 그것을 나누어 가졌다. 그리고 200만 냥에 달하는 부가 이익이 매년 30여 명에 이르는 행상들에게 분배되었다. 상인 집단은 또한 강한 힘을 가질 수도 있었는데, 특히 공직에 있거나 퇴직한 지방 엘리트들이 상인들의 손을 통해 상업이나 고리대업에 투자하고 있던 농촌의 판매 구조에서는 충분히 그럴 수 있었다. 더욱이 운이 좋은 경우 자녀나 손자들이 충분한 여유 시간과 엄격한 훈육을 통해 그리고 돈을 주고 구매한 초급 학위를 통해 정치 지도층에 진입할 수도 있었다. 요컨대 비교적 지속적으로 1인당 생산량을 유지하면서 전통 경제가 유지되고 확대되고 번영하는 데 있어 국가의 이념과 행정은 적어도 중립적 요소였으며, 주기적으로 반복되는 왕조의 쇠퇴기를 제외하면 결코 주요한 장애물이 되지는 않았다.

그러나 경제 발전 — 즉 1인당 국민 생산이라는 의미에서든 아니면 산업화(다시 말해 1인당 생산의 즉각적인 증가 여부를 막론하고 나타나는 근대 제조업 부문의 급속한 성장)라는 의미에서든 — 을 기준으로 할 경우 19세기 말 중국 정부가 이를 적극적으로 지원하지 못한 것은 분명하다. 의식 형태, 전통적인 재정 정책, 세출 방식 등은 모두 적절한 대책을 세우는 데 장애가 되었다.

거센크론Gerschenkron 교수가 지적한 바 있듯이[33] 예를 들어 1890년대의 러시아 같은 유럽의 보다 '후진적인' 국가에서 산업화가 추진되는 최초의 시기에는 농업 부문의 빈곤으로 인해 심하게 제약받아 크게 부족할 수밖에 없었던 시장 수요와 자본 공급을 국가 예산이 대신했다. 독일과 프랑스처럼 그보다는 덜 '후진적인' 국가들에서는 산업

은행의 신용 창출 활동이 그와 비슷한 역할을 했다. 그러나 청 말 중국은 이들 중 어떤 것도 대안으로 선택할 수가 없었다. 이미 언급했듯이 근대식 외국 은행이 국제 교역에 자금을 제공하는 중요한 역할을 한 것 외에는 1911년 이전 중국의 은행 체계는 거의 전적으로 산시山西 표호식의 환어음 은행과 지방의 '전장'으로 제한되어 있었다. 중국 최초의 근대적 은행으로 반관 반민의 성격을 갖고 있던 중국통상은행의 이사들은 주로 각 성과 베이징 사이의 환어음을 통제해 이익을 남기는 데 관심을 집중하고 있었다. 그러한 의도가 실패하자 그들은 완전히 전통적인 상업적 은행업에만 매달렸다. 이후에 설립된 두 개의 비교적 작은 관판官辦 은행, 즉 1908년에 설립된 교통은행, 1904년에 설립되어 1908년에 대청은행大淸銀行으로 바뀐 호부은행 모두 산업 대출을 목적으로 설립된 것이 아니었다.

청 정부가 산업 투자를 촉진시킬 수 있는 근대적인 은행 체계를 발전시킬 수 없었던 것은 결국 청 정부가 자체 예산으로 경제 발전에 투자할 수 없었던 것과 같은 원인에서 말미암은 것이었다. 간단히 말해, 다른 부문의 행정에서처럼 중앙 정부의 재정 체계는 매우 피상적이었던 것이다. 평상시에도 제국의 관료 조직의 구조는 비록 형식적으로는 고도로 중앙 집중화되어 있었지만 경제를 구성하고 있는 사회의 여러 측면을 포함해 중국 사회 속으로 깊숙이 침투하고 있지는 못했다. 중앙 정부는 보통 비교적 고정적인 경제 생산물 가운데서 자기 몫을 요구하고 그러한 생산물이 해마다 재생산되는 것을 가능케 해주는 내부 질서와 외적 방어막을 제공하는 것에 경제적 역할을 국한시키고 있었다. 물론 그렇게 하는 것이 유가 정치 이념의 주요 흐름에 부합하는 것이었다. 그러나 지난 2,000년의 제국의 역사에서는 제국 체제를 지탱하는 유가 사상과 법가 사상의 혼합물로부터 보다 적극적인 법가적 성향을 동원해 경제적 수동성을 탈피하려는 시도가 여러 시기에 걸쳐 이루어지기도 했는데, 특히 왕망王莽이나 왕안석王安石의 '개혁'을 주목할 만한 사례로 들 수 있을 것이다. 하지만 항상 자신들이 이민족이라는 것을 의식해 유교적 정통성을 옹호함으로써 통치의 정당성을 확보하려 했던 극보수적인 청조로서는 그러한 궤도 이탈을 시도하는 것이 어느 누구보다도 어려웠을 것이다. 예를 들어 경작지의 증대(1800년 전후까지)와 일정치 않으면서도 완만한 인구 증가(인구가 감소한 19세기 중반의 반란기는 제외해야 할 것이다)에 따라 당연히 총 경제 생산량의 규모도 커졌다. 그러나 생산 요소들의 배합은 거의 그대로 놔둔 채 그것들의 단위만 증가시키는 방식으로 이루어지는 경제 성장은 중앙 정부가 재정을 늘리고 경제에 대한 참여를 확대할 수 있는 기회가 되지는 못했다. 제국의 가장 중요한 수입원인 지세地稅의 공식 세액은 1712년 강희제에 의해 영구히 고정되었다(성세자생인정盛世滋生人丁). 각 성이 베이징에 납부해야 하는 할당액은 단지 새로운 토지가 개간되어 지세 장부에 추가되었을 때에만 상향 조정되도록 되어 있었다. 그러나 각 성이 그러한 증가를 중앙에 보고하는 일은 거의 없었다.

하지만 앞으로 살펴보겠지만 각 성과 지방의 세수는 분명히 고정적이지 않았고 국민 생산의 증가에 따라 증액되었다. 다만 경제적 균형의 유지와는 정반대되는 관점, 즉 경제적 발전 가능성이라는 관점에서 보면 이처럼 새로운 자원들은 전혀 쓸모가 없었다. 중앙 정부의 관료 집단 내에는 비록 요원하기는 하지만 여전히 법가 사상이 국가 경영 방침으로 되살아나서 경제 발전 계획을 추진할 수 있는 가능성이 남아 있었다. 제한적이기는 하지만 바로 이러한 일이 이홍장, 장지동, 성쉬안화이 등과 같은 19세기 말의 '자강 운동가' 들에 의해, 1898년의 '변법가' 들에 의해 그리고 1901년 이후의 청 말의 개혁 운동에 의해 일어났다. 그러나 지방 행정은 거의 청조가 멸망할 때까지 단연 유교적 '보편 의지' 의 온상이었다. 이런 보편 의지는 관료주의 국가의 이익 그 자체보다도 훨씬 더 광범위하고 널리 퍼져 있었으며, 지방 엘리트층이 진정 그들 자신의 것이었던 사회를 전혀 변화시키지 않고 그대로 유지하는 데 몰두하도록 하기도 했다. 이들은 도덕적 전범을 보임으로써 천하를 다스린다는 유가적 사상을 교육받았으며 또한 그것을 통해 지위를 유지했다. 비록 1900년 이후 점차 이 '보편 의지' 속에 반제국주의와 민족주의가 침투하고 있었지만 그것이 경제 발전에 필요한 재정적 부담을 수용하겠다는 자세로까지 확대되지는 않았다. 거기서는 경제의 변화를 위한 어떤 효율적인 동기도 기대할 수 없었다. 따라서 필자는 아래에서 중앙 정부의 무능력에 주목하고자 하는데, 분명 부러지기 쉬운 가지이기는 해도 중앙 정부 말고는 어느 누구도 문제 해결을 위한 최소한의 발판조차 제공하지 않았기 때문이다.

조정에 의해 기록된 법정 수입은 1712년 이후 19세기의 3사분기까지 큰 변화가 없었다(몇 해를 선별적으로 살펴보면 중앙 정부의 총수입은 1725년 3,610만 6,483냥, 1753년 3,976만 7,292냥, 1812년 4,334만 3,978냥, 1841년 3,860만 750냥이었다). 지세가 총수입의 75~80%에 달했다. 강희제가 지세의 세율을 동결했음에도 불구하고 각 성과 지방의 세수는 계속 증가되었다. 중앙 정부에 상납하도록 되어 있는 명목상의 할당액 말고도 3가지 기본적인 방법을 사용해 실제 징세액을 증가시켰다. 첫째는 모선耗羨인데, 이론상으로는 규정 이하의 순도를 가진 은을 송금하는 데 따른 손실과 은괴를 녹이고 주조하는 과정에서 발생하는 손실 등을 보완하기 위해 부과한 것이었다. 하지만 실제로 그러한 손실은 미미했다. 따라서 모선은 실제로는 강희제가 허용한 세액 이외의 증세였다. 1724년 이 부가세는 정부에 의해 정식으로 인가되었고 일부는 베이징으로 보내져 관료들의 불충분한 급료를 보충하기 위한 일종의 보너스인 '양염養廉'으로 지불되었다. 그러나 이러한 부가세 수입의 대부분은 여전히 베이징의 통제 밖에 있었다. 두번째는 지방 관원이 납세인에게 발급하는 청구서에 관례적으로 일정액의 징수비를 부가하는 것이었다. 세번째 방법은 주현의 관원이 곡물 혹은 은으로 계산되는 명목상의 징수액과 그들이 곡물이나 은을 대신해 받는 동전 사이의 교환율을 비교적 자유롭게 정하는 것이었다.

19세기 중반에 전통적인 토지세, 염세, 관세 이외에 두 종류의 중요한 수입원이 추가되었다. 1854년 이후 설치되어 외국인이 관리하던 해관이 대외 교역에 대해 관세를 징수했는데, 이들 수입은 성이 아니라 베이징 정부의 재정으로 충당되었다. 이와 반대로 두번째 새로운 부가세는 거의 베이징 정부의 통제 밖에 있었다. 원래 각 성의 관료들이 태평천국에 대한 진압 경비를 마련하기 위해 징수했던 '이금세'가 그것이었다. 이금세는 1853년 장쑤 성에서 대운하를 통과하는 곡물에 대한 국내 통과세로 처음 부과되었다. 1862년경 이금세는 거의 모든 물품에 부과되었으며, 또한 거의 모든 성에서 채택되었다. 경우에 따라서는 이금세가 유통로만이 아니라 출발지에서 생산세로 혹은 도착지에서 영업세로도 징수되었다. 세율은 아주 다양해 상품 가격의 1~10%까지 부과되었지만 가장 일반적으로는 각 세금 징수소를 통과할 때마다 2%의 이금세가 징수되었다. 각 성에서 매년 호부에 보고하는 이금세 중 약 20%만이 중앙 정부에 의해 처리되었고, 나머지는 사실

〈표 21〉 1890년대 초 중앙 정부의 연간 수입 지출 내역

(고평은냥庫平銀兩)

수 입	금액
토지세	25,088,000
조량(漕糧)	6,562,000
염세(염 이금세 포함)	13,659,000
상품 이금세	12,952,000
무역 관세(1893년)	21,989,000
상관세(常關稅) 수입	1,000,000
국내 아편세와 아편 이금세	2,229,000
잡세, 연납 및 기부금 등	5,500,000
합계	88,979,000
지 출	금액
중앙 정부 행정 비용, 황실 경비 및 만주 팔기군 경비	19,478,000
해관 행정 비용	2,478,000
공공사업	1,500,000
군대 근대화, 연해 군비	8,000,000
만주 지역 군비	1,848,000
간쑤 성 및 중앙아시아 행정 군사비	4,800,000
북양수사	5,000,000
남양수사	5,000,000
철도 건설	500,000
광시 성, 구이저우 성, 윈난 성 3성의 교부금	1,655,000
각 성의 행정 비용 및 군비	36,220,000
외국 차관 상환금	2,500,000
합계	88,979,000

출전: George Jamieson, *Report on the revenue and expenditure of the Chinese empire*.

상 각 성의 통제하에 있었다. 보고되지 않은 세수가 얼마나 되었는지 규모는 알 수 없지만 당연히 그것들도 지방에서 사용되었다.

이 외에도 중앙아시아에서의 반란, 러시아와의 일리 분쟁, 청불 전쟁, 홍수와 기근 등 계속되는 일련의 재난에 대처하는 데 필요한 비용을 충당하기 위해 호부가 끈질기게 독촉한 결과 1870~1880년대에는 염세와 잡세 수입이 잠시나마 다소 증가하기도 했다. 1880~1890

년대 제국의 세수입은 1800년대 중반에 비해 거의 2배 증가했지만 그것은 거의 해관세와 이금세 덕택이었다. 전통적인 재정 체제로는 신속히 대응할 수가 없었던 좌종당의 군사 원정과 서북 '초무' 등과 같은 긴급 사태에 즉각 재정을 지원하기 위해서는 정부는 외국 차관에 의지할 수밖에 없었다(4장을 참조하라). 1894년 이전에 총 4,000만 냥에 달하는 9건의 차관이 결정되었는데, 대부분이 군사비로 지출되었다. 이들 자금은 외국 정부가 아니라 조약항의 외국 기업들이 빌려준 것이었다. 청일 전쟁이 발발할 때쯤 해서는 이미 상환한 원리금과 이자가 도합 3,300만 냥에 달했는데, 대부분 해관세에서 지불되었다.

<표 21>은 1890년대 초의 전형적인 한 해의 베이징의 모든 세수입과 주요 지출 항목을 조사한 것이다. 각 항의 세수입은 실제로 중앙 정부로 이관된 세수를 표시한 것이 아니라 매년 두 번에 걸쳐 호부로 보고된 액수를 가리킨다. 이 세수입들은 화폐나 현물로 성의 몇 개 창고에 보관되어 호부의 배당을 기다렸다. 중앙의 재무 담당 부서는 세입과 세출의 종합 예산을 편성하지는 않았다(유신파의 계획 중 실현되지 못한 것 중의 하나가 바로 전국 규모의 정규 예산을 편성하는 것이었다). 오히려 반복적인 지출 항목은 점차 특정한 성의 특정 세수 분야에 조각조각 배당되게 되었다. 결국 중앙에 보고된 총 세수 중 일부는 이후 지방의 행정비와 군비로 각 성에 남겨졌고, 나머지 부분은 베이징으로(혹은 호부의 지시에 따라 다른 곳으로) 이관되었으며, 몇몇 경우 또 다른 일부가 협조 경비로 다른 성으로 이전되었다. 재정 제도는 단기 운용에 맞추어 짜여 있었으며, 전통적 관행의 무게에 짓눌려 비상시의 필요에 신속히 대응하기가 지극히 어려웠다. 태평천국의 난을 비롯한 19세기 중반의 각종 반란 때문에 제국의 각종 세수입원에 대한

베이징의 통제력은 약화되었고 재정 제도 또한 심각하게 뒤틀어졌다. 그러나 청조 최후의 17년과는 대조적으로 1894년까지 정부는 새로운 수입 덕분에 외국에서 큰돈을 빌려오지 않고도 민정 비용과 군사비 지출을 감당할 수 있었고, 정규 수입은 비교적 부담스럽지 않은 해외 차관을 상환할 수 있을 정도로 늘어나 있었다. 물론 1895년 이전에 양무운동에 따라 추진한 군사·산업 계획이 미미한 결과밖에 거두지 못한 것이 입증해주듯이 해군의 근대화와 서양식 군대 양성에 들어간 막대한 투자는 별다른 성과를 거두지 못했다.

앞서 언급한 대로 매년 베이징으로 보고된 세수입은 제국 전체에서 거둔 세금 징수량의 일부만을 나타내는 것이었다. 중앙 정부가 통제할 수 있는 전국의 잠재적인 재정 자원 부문은 대체로 탄력적이지 못했다. 정부는 조약 열강들의 만장일치의 동의가 없이는 관세율을 변경할 수 없었기 때문에 대외 무역의 성장을 통해서 세수입을 증대시킬 수 있는 기회를 가질 수 없었고, 겨우 염세와 기타 잡세를 조종할 수 있는 제한적인 능력밖에 갖고 있지 못했다. 전국에서 징수되는 세금의 총액에 관한 몇몇 통계들이 있는데, 전체 절대량에 관한 한 어느 것도 추론 이상의 의미를 갖지는 못하지만 그것들을 종합해볼 때 청조의 마지막 10년 동안 모든 영역에서 징수된 연간 세금 총량이 베이징에 보고된 액수보다 2배 이상 많았음을 분명히 알 수 있다. 1909년 제국 법령을 근거로 각 성에 설립된 청리재정부淸理財政部의 보고서인 『재정 설명서』에 대한 최근의 한 연구는 1908년의 세수 총액이 2억 9,200만 냥인 것으로 제시하고 있다.[34] 모스는 『중화 제국의 무역과 행정 *The trade and administration of the Chinese empire*』에서 세입과 세출에 관해 설명하면서 1900년대 초 총수입은 최소 2억 8,415만 냥에 달하고 이 중 중앙 정부의 세수가 9,906만 2,000냥, 성 정부의 세수가 1억 4,237만 4,000냥, 주현 정부의 세수가 4,271만 8,000냥이었던 것으로 제시하고 있다. 마지막으로 자정원資政院에 의해 마련된 1911년의 제국 '예산' 은 중앙과 각 성의 수입 총액이 3억 191만 297냥인 것으로 추산하고 있다(주의할 것은 여기에는 이금세 수입 4,417만 6,541냥 — 이것을 각 성에서 매년 보고하고 있는 연간 세수 총액 1,200만~1,500만 냥과 비교해볼 필요가 있을 것이다 — 그리고 비非세수입 9,200만 냥이 포함되어 있었다는 점이다). 1873년의 지세 개정으로 국가의 주요 세수입원을 새로운 중앙 정부가 직접 통제하게 된 메이지 시기의 일본과는 달리 청 말 정부는 이념적으로나 정치적으로 세수입에 대한 통제를 확대할 능력이 없었다.

만약 청조의 하반기 세수입 총액이 약 2억 5,000만 냥이고 이 중 베이징의 몫이 1억 냥이었다고 가정한다면 국민 소득의 얼마가 정부 지출로 이용 가능했을까? 물론 국민 소득에 관한 신뢰할 만한 자료가 없기 때문에 아주 대략적인 추산만이 가능할 것이다. 장중리의 '1880년대의 연간 GNP에 대한 대략적 추산'을 농업 생산 부문이 낮게 잡힌 점을 고려해 조정한다면 19세기 말의 GNP는 33억 3,875만 7,000냥이 될 것이다(앞의 <표 1>을 참조하라). 그렇다면 정부의 총 세수입은 GNP의 7.5%를 차지하고, 베이징 정부의 몫은 3%를 차지하게 된다.[35] 이미 인정한 대로 이러한 비율은 광범위한 오류의 여지를 갖고 있다. 이 점을 염두에 두고 정부 소비가 GNP에서 차지하는 비율이 일반적으로 한 자릿수에 머무는 현상은 19세기 중반의 몇몇 서유럽 국가와 미국에서도 발견된다는 것을 지적하는 것은 여러 모로 유익할 것이다.[36] 보다 덜 '후진적인' 이들 국가들의 경제 발전은 정부 예산으로부터 어떠한 대규모의 직접적 원조도 받지 않고 시작되었다.

물론 청과 대조되는 점은 서방 정부의 총 지출 중에서는 건강과 교육, 일반 행정, 입법, 사법 서비스(상업 서비스와 영업 서비스 포함) 부문에 대한 지출이 양적으로나 질적으로 훨씬 더 커서 이 덕분에 민간 부문이 새로운 기업에 투자해 이익을 남길 수 있는 풍토가 조성되었다는 점에서 찾을 수 있다. 따라서 청의 문제는 단지 GNP 중 극히 적은 비율만이 정부의 통제하에 있었고 또 그중 40%만을 중앙 정부 당국이 이용할 수 있었다는 데에만 있는 것이 아니었다. 중앙 정부의 지출의 거의 모든 증가분이 군사용으로, 주로 내부 반란을 진압하기 위해, 뿐만 아니라 일련의 사소한 외적 위기에 대응하기 위해 사용되었다는 사실도 이에 못지않거나 혹은 그보다 훨씬 더 중요한 결과를 가져왔다. 이는 중앙 정부의 지출이 19세기 한 세기 동안 2배로 증가했다 하더라도 마찬가지이다. <표 21>을 이전 시기의 몇몇 해를 골라 연간 세수를 살펴본 앞의 사례들과 비교해보라. 정부 서비스는 보는 바와 같이 크게 증가하지 않았다. 질서를 유지하고 황제와 관료 조직을 부양할 세금의 징수라는 전통적 한계를 벗어나고 있다는 어떤 중요한 조짐도 없었다. 물론 청 정부는 — 반제국주의적 민족주의에 의해 각성되어 — 1900년 이후 이념적으로는 더 많은 일을 할 준비가 되어 있었을지도 모른다. 그러나 정치적 취약성과 궁핍한 재정으로 인해 신식 교육 제도와 산업화의 추진 등과 같은 항목에 대한 실제 지출은 계속 낮은 수준을 유지할 수밖에 없었다.

1895년 이후 배상금 지불, 대규모 해외 차관에 대한 상환, 군사비 지출이라는 3중의 수요가 베이징 정부가 그때까지 불안스럽게 유지시켜온 수입과 지출 사이의 불안정한 균형을 무너뜨렸다. 심지어 널

〈표 22〉 군비 차관 및 배상금 차관(1894~1898년)

	연도	금액(고평은냥)	차관자	담보
7% 은 차관	1894년	10,000,000	홍콩·상하이 은행	해관 관세
6% 순은 차관	1895년	18,653,961	홍콩·상하이 은행	해관 관세
6% 금 차관	1895년	6,217,987	아른홀트 카르베르크사 (독일국립은행 대행)	장쑤 성 염 이금세/ 해관 관세
6% 금 차관	1895년	6,217,987	카셀 은행	해관 관세
4% 금 차관 (프랑스-러시아)	1895년	98,968,370	파리·상트페테르부르크 은행 연합	해관 관세
5% 순은 차관 (영국-독일)	1896년	97,622,400	홍콩·상하이 은행 독일-아시아 은행	해관 관세
4.5% 금 차관 (영국-독일)	1898년	112,776,780	홍콩·상하이 은행 독일-아시아 은행	이금세/염 이금세 /해관 관세
합 계		350,457,485		

출전: 쉬이성(徐義生), 『중국 근대 외채사 통계 자료, 1853~1927년』, pp. 28~31.

리 퍼져 있던 사상적 분위기 또한 '중농경상'에서 '부국강병'으로 전환되고 있었지만 제국의 정부는 설령 원했다 할지라도 그때까지 취해온 소극적인 경제적 역할을 반전시킬 수 있는 수단을 전혀 갖고 있지 못했다. 그리고 민족주의의 흥기에도 불구하고 근대적 경제 성장을 포함하는 변혁에 대한 보수적 저항은 청 말까지 강력히 유지되었다.

    1894~1911년 사이 청 정부는 외국의 채권자들에게서 7억 4,622만 453냥에 달하는 차관을 도입했다. 이 중 총 3억 3,058만 7,160냥의 차관이 철도 건설에 사용되었는데, 철도 운영에서 나오는 수입으로 차관을 상환할 계획이었다. 몇몇 계약은 실제로 외국의 저당권자에게 경영상의 특권과 원료 구매상의 상당한 혜택을 인정해주고 있었지만 철도 차관의 원금과 이자 상환은 중앙 정부의 일상적인 예산에 직접

적인 부담을 지우지는 않았다. 산업용 차관(2,551만 7,347냥), 전신 차관(545만 2,783냥) 그리고 기타 차관(64만 7,812냥) 등은 상대적으로 규모가 작았다. 산업 차관은 주로 일본 채권자가 반관영 기업인 한예핑 공사에 빌려준 것으로, 이 공사는 채무를 상환할 능력이 없어서 채무자에게 점점 더 많이 빚을 지게 되고 결국 1915년 '21개조 요구' 중 이 회사에 대한 일본의 통제를 정식으로 인정하라는 내용이 포함되게 되는 빌미를 제공했다.

철도 건설을 위한 거액의 차관 외에 주로 청일 전쟁의 군비(1억 1,983만 8,648냥), 중국이 승전국에 지불해야 할 거액의 배상금(2억 6,317만 6,701냥) 마련을 위한 차관도 있었다. 이들 중에는 몇몇 단기 차관도 포함되어 있었다. <표 22>는 7개의 주요 장기 차관과 배상 차관을 보여주고 있다. 이들 차관의 원금과 이자 상환을 위해서는 <표 21>에 요약된 정상적인 세출 외에 매년 2,000만 냥의 추가 비용이 필요했다. 이런 자금은 어디서 왔을까? <표 22>의 차관들 중 두 건을 제외한 모든 차관은 전적으로 해관의 관세 수입을 담보로 한 것들이었다. 1895년의 카르베르크Arnhold Karberg 차관은 장쑤 성의 염 이금세를 제1담보로 했으며, 관세를 제2담보로 했다. 1898년의 영국-독일 차관(이전의 몇 차례의 차관에 비해 규모가 작았다)은 관세 중 저당 잡히지 않은 부분과 해관 총세무사 감독하에 있던 양쯔 강 유역 7개 구역의 염 이금세와 이금세를 담보로 했다. 그러나 이것은 시작에 불과했다. 1890~1900년 사이의 관세 수입은 매년 2,200만~2,300만 냥으로 상당히 안정되어 있었다. 외국 차관 상환을 위해 관세 수입을 제쳐놓게 되자 호부의 고정 수입 항목에서 대량의 적자가 발생했는데, 호부의 계산에 따르면 적자액은 1900년에 최소한 1,670만 냥에 이르렀다. 결국 외국 차관의 상환은 수차례에 걸친 소금 가격의 인상, 봉급(관봉官俸)과 수당(진첩津貼)의 인하, 국내 아편세의 인상, 시장세와 기타 잡세의 증액, 베이징으로 이전하는 이금세의 확대 등의 방법으로 이루어졌다. 이는 모두 전통적인 방책이었으며 성 당국자들과의 장기 교섭의 결과로 획득한 것이었다. 차관 상환은 계획대로 이루어졌지만 재정 체계는 1902년까지 혼란스러웠다. 상당히 흥미로운 것은 청조가 1898년 중국 역사상 최초로 국내 공채의 발행을 시도했다는 점이다. 총 1억 냥에 달하는 '신용 공채'였는데, 상환 기간 20년에 연리 5%의 조건이었다. 부당 착취에 대한 지방 신사와 상인들의 항의로 이러한 실험이 중단될 때까지 아마 1,000만 냥 남짓의 공채가 팔린 듯하다. 청 정부의 '성실성과 신용'에 대한 대중의 신뢰는 거의 없었으며, 또한 민국 시기처럼 큰 폭의 할인을 통해 정부 공채를 흡수할 수 있는 은행 체계도 존재하지 않았다.

<표 22>에 제시된 차관 상환을 위한 연례 지출 외에 1902년부터 의화단 사건에 따른 연간 할당 배상금을 지불하기 위해 적어도 같은 양의 차관이 요구되었다. 청 말에는 차관 상환금과 의화단 배상금이 합쳐서 매년 4,600만~4,700만 냥에 달했다. 추가 지출분은 1902년 관세 개정 이후 증가된 관세 수입과 「의화단 의정서」에 의해 해관 세무사의 관할을 받게 된 상관 수입으로 충당되었다. 그러나 청조가 멸망하기까지 의화단 배상금의 3/4이 <표 21>에 표시되어 있는 기존 할당액을 초과하여 각 성이 정규적으로 베이징에 보낸 지세, 염세 그리고 이금세 수입에서 지불되었다는 사실은 매우 시사적이다. 베이징이 각 성으로부터 ― 강력한 항의에도 불구하고 그리고 1895~1901년과 같은 지루한 협상 없이 ― 이전에는 베이징의 통제 밖에 있던 연간 세

수 1,800만 냥 이상을 끌어들일 수 있었던 것은 물론 외국 군대가 사실상 화북을 점령하고 있던 특수한 환경 속에서만 있을 수 있는 일이었다. 그러나 임시방편적으로나마 이런저런 자금이 조달되었다는 것은 청 말 경제가 자금 축적의 잠재력을 갖고 있었다는 증거이기도 하다. 그러한 잠재력을 생산 부문에 투자하는 것을 이념적으로 인정하고 이를 위해 정치력을 동원해야 했는데, 바로 그러한 것들이 모두 빠져 있었던 것이 문제였다.

1895~1911년 사이 의화단의 난에 대한 배상금과 일본에 대한 전쟁 배상금을 위한 3개 차관(1개는 러시아-프랑스 차관, 2개는 영국-독일 차관)을 갚기 위해 외국 채권자들에게 원금과 이자를 합해 총 4억 7,698만 2,000냥이 지불되었다. 그것은 중국의 가용 자원의 대량 고갈을 의미하는 것이었다(여기에 4개 군사 차관까지 포함시킨다면 지불금은 총 5억 4,755만 2,000냥으로 올라갈 것이다. 그러나 군사비 지출은 필수적인 것으로서 배상금과 같이 자원의 순 손실로만 볼 수는 없다). 총 4억 7,698만 2,000냥의 차관은 1912년 이전에 외국에서 빌린 철도 건설 차관의 1.5배에 해당했다. 그것은 또한 1895~1913년 사이에 설립된 외자, 중외 합작, 중국인 소유 제조업체들의 초기 자본금 총액의 2배를 넘는 것이었다. 청조의 마지막 10년 동안에 있었던 해관 수입의 증가를 제외한다면 중국 경제에서 발생한 이처럼 거대한 자금의 유출분은 결국 지방의 세리들이 민중에게서 거두어 외채 상환용으로 중앙 정부로 보낸 세금 증가분에서 나온 것이었다.

그러나 청조는 과중한 세금에 반발한 민중의 봉기가 주원인이 되어서 무너지지는 않았다. 오히려 정반대였다. 1911년까지 청의 정치적 자원과 재정적 자원은 둘 다 똑같이 피상적이고 부적절한 것이었다. 1900년 이후 서서히 이념적 저항을 타파하며 각 방면에서 '국가 발전'을 진행하기 시작했을 때 베이징 정부는 그에 필요한 정치적 통제력을 결여하고 있었을 뿐만 아니라(비록 통제력을 확보하기 시작했지만) 외채의 짐에 짓눌려 있었는데, 그것은 그러한 발전이 시작되는 기반이 될 수도 있었을 재정 자원을 먼저 빼앗아버렸다. 그러나 이들 외채를 확보하는 과정은 정부가 자신의 목표를 확대하기에 이르는 데 치러야 했던 값비싼 수업료이기도 했다. 따라서 이 모든 것 속에 비극적인 불가피성이라는 요소가 존재하고 있었다고 할 수 있다.

19세기 하반기에 '전통적인' 중국 경제는 서서히 그리고 아주 소규모로 변화하기 시작했다. 그러나 그러한 변화는 경제 체제가 수십 년도 채 되지 않아 철저하게 개조되거나('근대화', '산업화') 아니면 기본적으로는 큰 변화가 없던 경제가 1800년경까지 보여준 전통적인 노선을 따라 성장을 계속할 수 있는 능력을 갖게 되리라는 기대를 갖게 하는 그런 종류의 것은 아니었다. 명백한 사실은 19세기 중반이 되면 청의 경제는 이미 이 나라가 동원할 수 있는 기술(기계적 · 조직적)로 도달할 수 있는 발전의 한계에 이르러 있었고, 1911년까지 극소수의 신('선진적', '근대적')기술만이 수입되어 채택되거나 내부에서 창조되었다는 것이다. 게다가 국가 부문이나 민간 부문 모두 이념적으로나 재정적으로 '경제 발전'을 최우선 정책으로 추진할 만한 역량을 갖고 있지 못했다.

다른 한편 각 부문 간의 긴장과 지방 간의 긴장에도 불구하고 청조가 종말을 맞이할 무렵까지도 이 경제 체제가 치명적인 고통을 받고 있다거나 전복되고 폐기되어야 할 단계에 이르렀음을 암시하는 징조는 거의 없었다. 대다수 사람들은 최저 생활수준에 근접한, 하지만 그래도 여전히 그로부터는 일정한 거리가 있는 — 이 점을 언급하는 것은 아주 중요하다 — 삶을 살고 있었다. 사회 혼란과 계급 갈등은 지역적인 것으로 그쳤다. 그리고 그러한 소란은 근본적이고 체계적인 악성 병폐의 징후라기보다는 범위와 강도 면에서 경제 체제 자체와는 무관하게 가뭄, 홍수, 흉작, 비적 떼, 내전, 외세의 침입, 관료 부패 등과 같은 일시적이고 우발적인 위기와 연동되어 발생했던 것처럼 보인다. 기술의 진보가 없는 상태에서 토지에 대한 심각한 인구 압력은 결국 경제 전체의 생존 능력을 위협하게 되었을 수도 있다. 그러나 이처럼 중대한 문제에 어떻게 대응할 것인가는 20세기 초에는 아직 의제로 등장하지 않았다. '평년'에는 도시와 농촌 사람 모두 비록 형편없는 수준에서이기는 해도 옷을 입고 음식을 먹을 수 있었다.

공교롭게도 앙시앵레짐(구체제)의 이념적·정치적 구성 요소들이 본래적 의미에서 경제적이라고 할 수 있는 요소들보다 더 일찍 무너지고 폐기되었다. 아마 의식적으로 경제 발전이라는 과제에 눈을 돌리게 된 새로운 정치 세력들은 전통적인 경제 또한 1949년 이전 혁명의 세기 동안 철저하게 붕괴했다고 자신만만하게 추정했을지도 모르겠다. 그들은 일단 인민의 힘을 옭아매온 성가신 족쇄가 타파되기만 하면 중국 경제의 기본적인 가치나 구조 중 신속한 경제 성장을 저해할 내재적 요소는 아무것도 없을 것이라고 생각했다. 그러한 바람이 여전히 베이징을 사로잡고 있다.

02

청 말의 대외 관계 (1866~1905년)

THE CAMBRIDGE HISTORY OF CHINA

대외 관계 변화의 배경

1861년 이후 청의 대외 관계에서는 새로운 [역사적] 시기가 시작되었다. 서구의 호전적 태도는 온건한 입장으로 바뀌었고, 청의 저항도 누그러졌다. 두 차례의 아편전쟁에서의 패배, 1860년 원명원圓明園의 소각까지 야기한 영불 연합군의 베이징 점령은 보다 실용적인 성향의 관원들에게 큰 충격을 주어 이들로 하여금 이미 새로운 국제 정세가 조성되었으며 당시의 서구 열강들은 이전에 소란을 일으켜온 오랑캐들과는 근본적으로 다르다는 사실을 깨닫도록 했다. 지금은 '서풍동점西風東漸'의 형국으로, 이를 막을 도리가 없다는 인식이 점증해갔다. 따라서 아무리 불편해도 이러한 현실을 무조건 수용해야 했다. 좀 더 진보적인 학자와 정치가들은 조약 의무를 이행하고, 외교 관행을 근대화하고, 서구식 산업과 기업을 일으키고, 외국인들을 기용해 새로운 상황을 타개해나가는 일을 돕도록 하기로 결정했다. 그 결과 1861년 외무부의 초기 형태에 해당하는 총리아문이 설립되고, 1864년에는 국제법에 관한 서적이 번역되었으며, 1873년에는 외국의 외교관들이 황제를 알현할 때 고두가 면제되었으며, 1876년 이후부터는 외국에 외교 공관이 설치되었다. 1880년경 이제 국제 사회의 일원이 된 청은 다른 나라들과 마찬가지로 사회적 다원주의가 지배하는 세계에서 생존 경쟁을 해야 한다는 것을 깨닫게 되었다. 형식적으로 볼 때 유교적 보편 제국('천하')이 하나의 민족 국가('국가')로 바뀌었으나 정신적으로는 과거의 중화주의적 세계관이 여전히 어슬렁거리고 있었다. 전통과 근대(성) 사이에서 갈팡질팡하던 청은 1880년대에는 베트남을 지키기 위해 그리고 1890년대에는 조선을 지키기 위해 전쟁을 치렀는데, 부분적으로는 조공국에 대한 의무에 충실하기 위해 또 부분적으로는 서구의 식민지 열강과 동일한 방식으로 종주권을 지키기 위해서였다. 전쟁에서 패하면서 조공 체제는 명실상부하게 무너졌고, 이로써 대외 관계에 관한 중국의 전통은 완전히 붕괴되었다.

또한 서양의 지도적인 국가들 사이에서도 태도, 정책, 역학 관계에서 변화가 있었다. 외국의 정부와 상인들은 1860년대 초 새로 체결된 조약으로 얻은 특권에 대체적으로 만족하고 있었다. 특히 영국은 무너져가는 청 제국을 관리해야 하는 상황이 올까 염려해 자국민들의 모험적·팽창론적 경향을 억제하려고 했다. 힌두교도와 무슬림들을 다스리는 것이 극도로 어렵다는 것을 보여준 1857년 인도에서의 대폭동[세포이 항쟁]은 동방에서 더이상 영토를 소유하려고 해서는 안 된다는 교훈을 런던에 전하기에 충분했다. 이와 함께 식민지 관리에 따른 부담과 비용을 지지 않고 정치적 영향력, 경제적 특권 그리고 전략적 안전성을 확보하는 것을 중시하는 새로운 경향이 나타났다.[1] 그리하여 1861년 이후 영국의 정책은 지금까지의 대응 방식의 전형적인 특징이던 무력에 의한 접근과는 현저히 달라진 모습을 띠게 되었는데, 청의 정치적 안정을 지원하고 평화적 수단으로 영국의 경제적 우위를 유지하려는 쪽으로 바뀌었던 것이다. 영국의 이러한 유화 정책은 다른 열강들의 요구가 점점 더 거세지고 베이징의 다른 외교관들의 독자적인 행동이 늘어나는 현상과 함께, 비록 당시로서는 감지하기 어려울 정도로 미미했지만 청의 대 서방 관계에서 영국의 주도권이 점차 약화되기 시작했음을 알리는 신호이기도 했다. 19세기 말까지 계속 우위를 유지하긴 했지만 영국은 한때 이견의 여지 없이 행사했던 주도권을 점차 잃어갔다. 실제로 1870년 이후 30여 년 동안 영국의 이권은 일본의 타이완 진출과 류큐琉球 열도 및 보닌 제도〔오가사와라小笠原 제도〕 점령, 러시아의 신장 경영, 프랑스의 인도차이나 합병, 그리고 1898년 청에서의 '조차지 쟁탈전'의 문을 연 일본에 의한 청의 조선 종주권 박탈 등에 의해 위협받았다.[2]

    청 말의 대외 관계는 우선 제국주의의 첨예화, 서구 열강과 일본 간의 역학 관계의 변동이라는 전 지구적 맥락 속에서, 아울러 만주족 통치의 점진적인 약화 그리고 대외 관계를 규정해온 청 제국 전통의 해체라는 배경하에서 검토되어야 한다.

1866~1875년 사이의 대외 관계

청이 외교의 근대화를 시작하면서 해관 총세무사였던 약관의 로버트 하트Robert Hart와 영국 공사관의 대리 공사였던 토머스 웨이드Thomas Wade는 '진보'적 사상을 증진시켰으며, 이들의 영향하에 중국 최초의 외교 사절단이 외국으로 파견되었다.

빈춘 해외 시찰단(1866년)

1865년 11월 6일 로버트 하트는 총리아문에 「국외방관론局外旁觀論〔한 국외자의 고찰들〕」이라는 제목의 각서를 제출했는데, 여기서 그는 철도, 기선, 전신, 광산 및 서양식 외교 방법 등의 장점을 강조했다. 그는 자기의 조언을 받아들이면 중국이 강해지겠지만 거부하면 국제적 노예로 전락하게 될 것임을 교묘하게 암시했다.

> 한 외부 관찰자의 견해는 경솔한 것도 아니요 고압적인 것도 아닙니다. 해외 국가들이 앞으로 바라는 것은 청을 해롭게 하는 것이 아닙니다. 그저 청과 평화와 우의를 유지하고자 하는 것일 뿐입니다.

하트는 외교 사절단의 해외 파견을 '최고로 중요한 일'로 간주했는데, 왜냐하면 그렇게 하면 중국이 베이징에 주재하는 완고한 외교관들을 거치지 않고 좀더 기탄없이 외국 정부와 직접 접촉할 수 있을 것이었기 때문이다. 이를 통해 청은 독립을 보전하고 또한 "청을 서양에 아주 단단하게 묶어주며 청이 도저히 후퇴가 불가능할 정도로 확실한 발전의 길로 들어설 수 있도록 해주는 연결 고리를 확보할 수 있을 것"이었다.³⁾ 공친왕은 하트가 "청과 외국의 상황을 주도면밀하게 살필 수 있는 뛰어난 능력을 갖고 있다"고 보았으나 하트의 견해는 당분간은 실행될 수 없는 것으로 여겼다.⁴⁾

하트의 각서에 이어 토머스 웨이드 또한 1866년 총리아문에 「신의약론新議略論[새로운 생각들에 대한 간략한 요해]」이란 서신을 보내 철도, 전신, 광산, 교육, 서양식 군사 훈련 및 외교 사절 파견 등의 유용성에 대해 설명했다. 웨이드는 오늘날의 외국인들은 과거의 흉노 같은 오랑캐들과는 다르며, 이러한 사실을 깨닫지 못하고 서구식 발전을 모색하지 않으면 청의 앞날은 막막할 것이라고 경고했다. 특히 상호 간의 직접 교섭은 해당 정부와 우호 관계를 형성해 분쟁을 예방할 것이므로 외교 사절단의 해외 파견이 가져올 이익은 지대하다고 주장했다.

비록 어떤 나라와 분쟁에 휩싸이더라도 청이 옳다면 꼭 무력 지원은 아니라 하더라도 다른 나라들은 당연히 청을 돕기 위해 중재에 나설 것입니다.

웨이드는 청은 과거가 아니라 미래를 안내자로 삼아야 한다고 주장했다.⁵⁾

이들의 권고에 따라 총리아문은 1866년 휴가를 맞은 하트의 인도 아래 비공식 시찰단을 유럽에 파견하기로 결정했다. 이 시찰단의 인솔자는 63세의 퇴역 지방관으로 하트의 중문中文 서신 담당 비서로 일하고 있던 빈춘斌椿이었다. 비록 빈춘에게 임시로 3품 문관의 품계를 주어 시찰단의 품격을 높여주긴 했지만 공친왕은 이 시찰단이 공식 외교 사절단이 아니라 정보를 수집하기 위한 서양 유람단일 뿐임을 분명히 했다. 비공식이었기 때문에 예민한 외교적 의례 문제를 피할 수 있었고, 공식 사절단의 경우 소요될 막대한 비용도 들지 않았다. 이 시찰단은 런던, 코펜하겐, 스톡홀름, 상트페테르부르크, 베를린, 브뤼셀, 파리 등을 방문했는데, 신기한 모습으로 인해 가는 곳마다 정중한 환대를 받았다. 귀국 후 시찰단원들은 각자가 본 것에 대해 상세한 보고서를 남겼다. 불행히도 그들의 견문은 주로 서양의 사회 관습, 고층 건물, 가스등, 엘리베이터, 각종 기계 등에 국한되었다. 정치 제도에 대해서는 그저 지나가는 김에 간단히 언급하는 정도였다. 그럼에도 불구하고 이 시찰단은 청이 해외에 공관을 설치하는 방향으로 움직이기 시작한 첫번째 시도를 대변한다. 하지만 정식 공사관은 1877년에 가서야 비로소 개설된다.

벌링게임 사절단과 올콕 협정

1860년대 서방 정부들이 베이징에서 '협력 정책'을 추구하고 있는 동안 조약항의 외국 무역상과 중국통들은 공세적인 정책을 추진하라는 목소리를 점점 더 높이고 있었다. 청 제국 전역을 서양과의 무역에 개방시키고 동시에 철도, 전신, 광산 및 기타 근대적 사업을 수용하게 하여 '진보'를 촉진시켜야 한다는 것이었다. 그들의 각종 요구 그리고 하트와 웨이드의 각서로 인해 총리아문 내에서는 영국이 당장 1868년으로 예정된 조약 개정에서 새로운 요구를 할 것이라는 우려가 싹트기 시작했다. 총리아문은 앞으로 발생할 만한 사안에 대해 지방 유력 관원들의 견해를 열심히 수집했다.

저명한 정치가로 난징 주재 총독이던 증국번은 철도, 전신, 내륙 항해, 중국 영해에서의 소금 운송, 대형 상점의 설립 등은 백성들의 생계에 피해를 입힐 것이므로 이와 관련된 외국의 모든 요구를 점잖게 그러나 단호하게 거절할 것을 제안했다. 그러나 채광은 엄청난 이익이 될 것이므로 초기 개발 단계에서는 외국 기술을 이용할 수도 있을 것이라고 생각했다. 그는 적당한 인력과 재원이 확보될 때 재외 공관을 열어야 한다고 믿었지만 외교 사절 활동에 대해서는 거의 관심을 보이지 않았다. 그것은 가용한 재원의 확보 여부에 따라 성공과 실패를 오갈 것이기에 상대적으로 별 소용도 없고 또 아무런 해도 없을 것이라고 믿었기 때문이다.[6] 증국번과 교분이 깊던 호광 총독 이홍장도 비슷한 견해를 피력했다. 이홍장은 조약 개정과 강화 협상은 다르다는 점을 지적함으로써 조정의 불안을 진정시키려고 했다. 전자는 자국의 요구를 타국에 강요하지 않으며 쌍방이 협의하는 것으로서, 만일 합의에 도달하지 못하더라도 적대 관계가 되는 것은 아니지만 강화 협상에서는 그렇지 않을 수가 있었다. 따라서 다가오는 조약 개정에서는 전쟁의 위험 없이 평화적으로 견해를 교환할 여지가 있을 것이었다.[7]

사실 런던의 영국 정부는 중국의 신속한 '진보'를 요구하는 중국통들의 압력에 호의적이지 않았기 때문에 총리아문의 걱정은 쓸데없는 것이었다. 1867년 8월 외무상인 스탠리 경Lord Stanley은 베이징 주재 공사 올콕Rutherford Alcock에게 이렇게 지시했다.

우리는 정부든 백성이든 그들이 즉시 우리와 같은 관점에서 만사를 보기를

기대해서는 안 되며 …… 또한 우리는 청이 보다 나은 체제를 받아들이도록
안내해야 할 뿐 강제해서는 안 된다.[8]

런던에 아무런 외교 대리인도 없었기 때문에 총리아문은 영국의
정책에 대해서는 깜깜했는데도 과거의 '이이제이' 정책을 적용하면
되지 않을까 하는 생각이 일종의 상식처럼 자리 잡고 있었다. 공친왕
과 문상은 퇴임할 예정이던 미국 공사 벌링게임Anson Burlingame을 초빙
했다. 그는 전에 필요하다면 청의 특사인 것처럼 나서 가속적인 서구
화를 강요하려는 유럽과 미국 정부의 압력을 완화시키기 위한 순회
외교 사절을 맡고 싶다고 제안한 바 있는 인물이었다. 벌링게임은 이
런 말로 그들의 초빙을 기꺼이 수락했다.

> 인류의 1/3을 차지하고 있는, 세계에서 가장 오래된 나라가 처음으로 서양
> 과 외교 관계를 가지려고 가장 역사가 짧은 나라의 대사를 지낸 나에게 그
> 러한 변화의 매개역을 담당하도록 요청하는 지금 나는 그러한 임무를 거절
> 할 수가 없다.[9]

1868년 5월 만주족과 한족을 각각 한 명씩 동반한 사절단[10]이 벌
링게임의 인솔하에 미국으로 파견되었다. 그의 웅변과 매력은 미국인
들을 사로잡았고, 존슨Andrew Johnson 대통령과 의례적인 면담을 가진
후 1868년 7월 28일 국무장관 수어드William H. Seward와 조약을 체결했
다. 거기에는 미국은 청의 내정에 대한 불간섭 정책을 취하고, 청은 미
국에 영사와 노동자들을 파견하며, 양 국민의 주거, 종교, 여행, 취학
에 대한 권리를 상호 보장한다는 등의 규정이 들어 있었다. 벌링게임

은 청 정부의 사전 승인 없이 본인의 재량권을 발휘했지만 청 조정은 너무나 만족했기 때문에 조약을 거부하지는 않았다.

런던에서 사절단은 빅토리아 여왕의 접견을 받았다. 외무상인 클래런던 경Lord Clarendon은 1868년 12월 28일 벌링게임에게 청이 조약상의 의무를 충실하게 준수하기만 하면 영국은 "다른 나라에 준하는 예우를 해줄 것임"과 함께 "안전을 무시하고, 그리고 청나라 백성들의 감정에 대한 적절하고 합리적인 고려 없이 다른 나라들과의 교섭을 좀더 신속하게 서두르도록 청 정부에 비우호적인 압력을 행사할 생각도 의도도 없음"[11]을 확인해주었다. 올콕에게도 이러한 확약이 전달되었고, 임박한 조약 개정 협상에도 그에 따라 임하라는 훈령이 전해졌다.[12]

영국의 확약을 얻어낸 후 베를린으로 간 벌링게임은 비스마르크에게서 북독일연합은 청에 관한 모든 일에서 청 조정의 이익에 가장 유리한 방식을 따를 것이라는 약속을 얻어냈다. 이러한 성과를 거둔 후 벌링게임은 상트페테르부르크에서 폐렴에 걸려 1869년 2월 23일에 사망했다. 그러나 사절단은 브뤼셀과 로마를 거쳐 1870년 10월 귀국했다.

벌링게임 사절단은 임박한 조약 개정에서 서구 열강들로 하여금 자제 정책을 취하도록 유도한다는 즉각적인 목표에서는 성공을 거두었지만 장기적으로 볼 때는 청 내부의 보수주의의 성장을 조장했다고 할 수 있었다. 이 사절단에 16만 냥을 지출한 베이징의 고위 관료들은 비교적 비싼 비용이 들긴 하지만 외국인들을 이럭저럭 다룰 수 있다고 믿게 되었으며, 전보다 훨씬 더 자만해져 외부의 자극에 점점 더 무뎌졌던 것이다.

조약 개정을 위한 장기간의 토론 과정에서 영국 상인단은 청 제국 전체의 개방을 강력히 촉구하는 한편 전신, 철도, 광산, 내륙 수로 운항, 거류권에 관한 새로운 양보를 요구했다. 올콕은 그들의 압력에 단호하게 맞서 온건한 태도와 상호 협력의 정신으로 협상에 임했다. 이 과정에서 그는 클래런던을 비롯해 실력자였던 상무부 부상 말레^{Louis} $_{Mallet}$의 강력한 지원을 받았다. 말레는 1869년 5월 19일자의 장문의 지침서에서 청에서 이미 확보한 지위를 확고히 하는 '안전 노선'을 따를 것을 밝히면서, 앞으로 계속 성과를 달성하려면 도덕적 영향력의 행사, 온건한 태도, 인내심이 필요하다고 주장했다.[13] 1869년 6월 4일 클래런던은 실제로 올콕에게 중국인들을 만족시킬 수 있다면 어떤 조정도 수용할 권한을 부여하면서 향후 "조약이 보다 유리하고 완전하게 개정될 때까지 기다릴 것"을 지시했다.

영국 정부는 귀하가 당장 얻을 수 있는 것을 받아들이는 것에 찬성한다.[14]

실제로 협상은 아편전쟁 이래 처음으로 군사적 위협 없이 대등한 입장에서 진행되었다. 그 결과 1869년 10월 23일 체결된 올콕 협정은 청이 홍콩에 영사관을 설립하는 것을 허용하고, 아편 수입 관세를 가격 대비 2.5%까지 올리고 견사 수출 관세는 1% 이상 올리며, 특정한 이권을 다른 열강에게 부여할 때는 영국의 동의를 얻거나 영국도 동일한 이권을 얻는다는 최혜국 대우를 보장했다. 기타 조항에는 원저우溫州와 우후蕪湖의 개항, 쓸모없어진 하이난 섬海南島의 충저우瓊州 항의 폐쇄, 수입항에서 영국 면사 수입에 대한 2.5% 추가 운송세 부과, 외국인에게 임대된 청 무역선의 내륙 수운 통행 허용, 포양 호에서의 증기선 통행 허용, 내륙에서 외국인들의 임시 거주권 허용, 상업 법규 전문에 대한 청 측의 동의 등이 포함되었다. 요컨대 이 협정의 조항들은 쌍방이 양보했음을 보여준다.

물론 총리아문도 이러한 최초의 평등한 협정에 만족했으며, 양측이 서명만 하면 그것으로 끝이라고 생각했다. 런던에서의 비준은 형식에 불과한 것으로 간주되었다. 왜냐하면 지금까지 다른 열강과 맺은 조약 가운데 비준되지 않은 것은 없었기 때문이다. 따라서 총리아문은 특히 협정에 적대적인 영국 상인들의 목소리가 점점 더 커져가고 있는 점을 고려해 조정에 신속히 협정을 승인할 것을 재촉했다.[15]

올콕 자신도 스스로 거둔 성과에 대단히 만족했다. 그는 클래런던에게 자랑스럽게 이렇게 말했다.

> 이 협정이 '통상 조약' 제27조[개정안]를 통해 소기의 목적을 훨씬 더 초과 달성하는 이익을 확보했다는 것이 밝혀질 것이라고 저는 믿습니다.

> 그가 이러한 성과를 거둘 수 있었던 것은 본인도 인정하고 있듯이 적잖이 로버트 하트의 중재에 힘입은 결과였다.

> 그[총리아문의 대신]들로 하여금 마침내 비록 이익이 없을지라도 지금까지 고수해온 많은 사항을 포기하고 제가 보기에 얼마든지 수용할 수 있는 조항들을 제시하는 것이 설령 이익은 없을지라도 적어도 편리하다는 것을 깨닫도록 할 수 있었던 것은 주로 하트의 적극적인 간여 덕분이라고 믿습니다.[16]

올콕은 당당하게 이렇게 선언했다.

우리는 더이상 평화의 조건을 강요하고 있지 않다. 오히려 평등한 입장에서 상호 이익을 위해 협상하고 있다.[17]

하지만 본국은 물론 청과 홍콩에서도 영국 상인단은 올콕의 외교를 경멸했고, 청을 "개명된 국가들과 동일한 권리와 특권을 가질 자격이 있는 나라"로 대접해야 한다는 그의 생각을 비웃었다.[18] 그들은 이 협정의 조문들 중에서도 특히 그들의 눈에는 세관원이자 스파이인 청 영사가 홍콩에 주재한다는 조항에 대해 강력하게 반대했다. 협정 비준에 반대하는 수많은 청원서가 국회에 제출되었다.[19] 다른 나라들의 비우호적인 태도도 상인단의 이러한 입장을 강화시켜주었다. 이 협정을 "평화의 승리"라고 격찬한 미국의 대리 대사 윌리엄스Dr. S. Wells Williams를 제외한 대부분의 다른 외교관들은 냉담한 반응을 보이거나 언급을 유보했다.

이처럼 적대적인 반응에 직면한 올콕은 "서양의 어떤 나라 정부도 일찍이 대외 무역에 관해 이처럼 너그럽게 양보한 적이 없으며" 또 청은 이전보다 훨씬 더 큰 종교적 관용을 보여주었을 뿐만 아니라 관세도 훨씬 더 낮추었음을 지적하면서 협정을 강력하게 옹호했다.[20] 그러나 이러한 주장들만으로는 상인들의 강력한 저항과 다른 나라들의 미온적인 태도가 결합해 터져 나오는 힘을 억누를 수 없었다. 클래런던의 후임인 외무상 그랜빌 경Lord Granville은 협정의 비준이 오해와 갈등을 감소시키기보다는 오히려 증대시킬 것이라고 보고 1870년 7월 25일 이의 비준을 거부하기로 결정했다. 그러한 행동은 분명히 청과 외국 모두에게 해로운 것이었다.

외국의 선의와 우호적인 국제 관계를 믿었던 총리아문은 배신감을 느꼈다. 협상에 참여한 사람들은 누구나 외국인들이란 그저 챙기려고만 하지 베풀 줄은 모르며, 막상 합의한 것이라도 조금만 마음에 들지 않으면 거부해버린다고 느꼈다. 올콕의 후임 공사였던 토머스 웨이드는 이렇게 말하고 있다.

> 문상은 우리가 막상 성사된 협정을 거부한 데 따른 모멸감과 불편한 심기로 인해 복수심에 가득 차 있었으며 …… 공사관의 어려움은 1869년 협정의 거부로 이루 말할 수 없이 배가되었다.[21]

그러나 영국 측의 비준 거부에 대해 총리아문은 놀라울 정도로 온건하게, 그리고 분노의 기색도 없이 조정에 이렇게 보고했다.

> 외국은 정치 제도상 정부의 권위는 약한 반면 상인들의 영향력이 강한 것이 사실이다. …… 우리는 그〔웨이드〕에게 분명한 목소리로 만일 새로운 협정이 성사되지 않으면 청과 외국 상인들뿐만 아니라 일반 백성도 이후의 교섭에 대해 신뢰하지 못할 것이라고 꾸짖었다. …… 우리〔총리아문〕로서는 전신, 철도, 소금 운송 및 광산 등 외국인들이 가장 많이 요구해온 중대 사안들을 청이 계속 거부해왔고 그래서 이번에 합의된 사안들도 결국 그들에게는 득보다는 실이 많은〔것으로 느끼게 만든〕 것은 아닌가 하는 생각이 든다. 그들이 지연 전술을 쓰는 것은 바로 이 때문이다.[22]

총리아문이 이렇게 자제심을 보인 것은 분명 이중적인 목적을 가진 전술의 일부였다. 중국인들에게는 협정 거부의 중요성을 평가 절하하면서[23] 외국인들에게는 영국의 배신이 참혹한 결과를 가져올 것임을 강조했던 것이다. 국제적 화합 정책의 실패를 공표해봐야 분명 총리아문에는 득 될 것이 없었지만 외국인들에 대해 실망감을 표하는 것은 그들을 수세로 몰아넣는 데 도움이 되었다.

올콕 협정의 거부가 청과 외국의 열강 사이에 10여 년 동안 이어져 오고 있던 친선 관계의 막을 내리게 하고 1870년대에 배외주의의 물결이 일어나게 했다고 하는 것은 과장일 것이다. 1869년 이전에도 반외세 폭동은 있었으며 조약 거부에 대한 중국인들의 실망은 소수의 관료 집단에 국한되었을 뿐 일반 백성들은 거의 아무것도 몰랐다. 증국번, 이홍장 등의 실용파 관료들은 대외 교섭에서 여전히 책임감 있는 태도를 취했다. 반외세 폭동은 주로 영국의 거부에 대해서는 거의 아는 바가 없는 신사층에 의해 야기되었다. 따라서 협정 거부와 배외주의 사이에 어떤 직접적인 연결 고리를 찾기는 어렵다. 그러나 영국의 행동은 중국인들로 하여금 외국인들은 본성상 탐욕스럽고 행동도 변덕스럽다고 확신케 했던 것은 분명하다. 벌링게임 사절단이 청의 자만심을 한층 더 키워주었다면 올콕 협정의 거부는 외국인들의 신뢰성에 대한 청의 의구심을 확신시켜주었다. 이 두 사건은 모두 청과 서양 간의 관계에 악영향을 끼쳤다.[24]

톈진 교안(1870년)

벌링게임이 미국을 순회하면서 청의 "언덕마다 빛나는 십자가를 세우자"라며 선교사들을 초청하고 있을 때 이미 청 제국 전역에서 반기독교 행동이 분출하고 있었다. 기독교는 유가 사상과 대립되는 이단으로 간주되었고, 모두가 함께 모여 예배드리는 의식은 중국의 관습과 상충되는 것으로 받아들여지면서 패륜적이고 비뚤어진 행위들에 대한 소문이 일게 되는 빌미가 되었다(10권의 11장을 참조하라). 중국인 교인들에 대한 선교사들의 비호와 수천 년간 이어져온 풍수 관념을 무시하면서 진행된 교회 건축은 중국인들의 감정을 자극했다.25) 반기독교 유인물들이 흔하게 나돌기 시작하면서 반교회 활동이 신사들의 지원하에 폭발하게 되었다. 그러한 활동은 올콕처럼 모종의 행동을 취하지 않으면 "체신과 영향력 — 동양에서는 모든 것이 여기에 달렸다 — 을 심각하게 훼손당할 것"이라고 느낀 외국 대표들의 즉각적인 보복을 야기했다. 그리하여 1868년 8월 양저우揚州에서 폭도들이 들고일어나 중국내지선교회의 새로운 선교 기지를 약탈하고 방화하자 올콕은 영사 메드허스트W. H. Medhurst와 네 척의 배를 난징으로 보내 총독인 증국번을 압박해 양저우의 지방관들을 해임하고 배상금을 지급하도록 했다. 또 1868년 11월 타이완에서 폭도들이 장뇌삼을 독점해온 서양 상인들을 공격하자 영국 통역관 존 깁슨John Gibson과 해군 대위 거든T. P. Gurdon이 안핑安平에 있는 청의 군사 시설을 공격해 백은 4만 냥을 받아냈다. 그러한 행동들은 즉각적인 성과를 거두었지만 동시에 한결같이 여론을 자극하고 배외주의를 불러일으켰다. 심지어 런던에서도 올콕과 메드허스트의 조치는 영국의 정책에 반하는 것이라 여겼고 깁슨과 거든의 대응에 대해서도 "비난받을" 짓이며 "무모하고도 용서받을 수 없는" 일이라고 질책했다.26)

1870년 톈진은 주요한 반기독교 폭동의 중심지였다. 톈진이 사건 발생의 현장이 된 것은 우연이 아니었다. 왜냐하면 이미 두 차례, 즉 1858년의 톈진 조약과 1860년의 베이징 조약 담판 시 외국군에 의해 점령된 바 있었기 때문이다. 평화 협정이 체결된 뒤에도 영불 연합군의 일부가 1865년까지 다구大沽에 남아 있었다. 외국군의 존재는 항상 반발을 야기하는 요인이었는데, 1860년 프랑스가 영사관으로 사용하기 위해 톈진에 있는 황제의 행궁行宮27)을 몰수한 것은 타는 불에 기름을 끼얹는 격이었다. 1869년 노트르담 데 빅투아르Notre Dame des Victoires의 교회와 고아원이 허물어진 절터 위에 세워졌다. 외국인이 세운 고아원에 고아들을 보내려는 중국인이 있을 리 만무했기 때문에 수녀들은 아이들을 데려올 때마다 사례금을 주었다. 그러자 '고아 중개인'으로 알려진 불량배들이 어린이들을 납치하는 사태가 야기되었다. 사례금 지급과 높은 사망률 — 수녀들은 특히 병든 아이와 죽어가는 아이에게 세례 의식을 베푸는 데 관심이 컸다 — 은 어쩔 수 없이 의구심을 불러일으킬 수밖에 없었다. 높은 담장을 치고 문을 굳게 닫은 채 외국인들이 아이들에게 마술을 걸어 신체를 잘라내고 심장과 눈을 빼내 약을 만든다는 소문이 퍼졌다.

 1870년 고아원을 조사하게 된 북양통상대신 숭후는 그처럼 참혹한 행위가 벌어진 사실이 없음을 확인했다. 그러나 호전적인 프랑스 영사 앙리 퐁타니에Henri Fontanier와 그의 부관이 갑자기 권총으로 무장하고 나타나 수녀들의 누명을 벗겨줄 것을 요구했다. 지현이 모여든 군중을 해산하지 못하는 데 화가 난 퐁타니에는 총을 쏘았고, 총탄은 지현을 빗나갔지만 수행 관원이 여기에 맞아 사망했다. 이에 대한 보복으로 군중들이 퐁타니에와 그의 부관을 죽이고, 교회와 고아원에 불을 질렀다. 수녀 10명, 신부 2명, 프랑스 관원 2명 및 러시아 상인 3명이 살해되었고, 영국과 미국 교회 4개소가 파괴되었다. 이 사건은 10여 년간 이어져오던 친선과 협력 관계를 단숨에 무너뜨렸다. 외국 군함이 곧바로 톈진에 입항했고, 총리아문으로 배상과 폭도들에 대한 처벌을 요구하는 7개국 공사의 강력한 항의가 이어졌다.

조정에서는 가장 신망 있던 신하이자 당시 직예 총독이던 증국번으로 하여금 사건을 조사하도록 했다. 병들고 노쇠한 증국번은 골치 아픈 임무를 받아들였으나 염려하던 것보다 훨씬 더 해결이 어려운 상황인 것만 확인했을 뿐이다. 프랑스 공사 대리는 철저한 배외주의자인 장군 진국서陳國瑞 및 톈진 지부와 지현의 사형을 요구했지만 보수적인 청조의 관료들과 독서인들은 어떠한 양보나 타협에도 반대했다. 이처럼 불안한 상황에서 증국번은 엄청난 성의와 용기를 보였다. 안전하게 군중의 정서에 영합하기보다는 본인의 정치적 미래를 걸고 솔직한 건의로 사건의 진상을 공정하게 밝히려고 했던 것이다. 그는 조정에 영국, 미국, 러시아에게는 프랑스와는 별도로 먼저 배상할 것을 권했다. 그런 다음 고아원을 방문한 증국번은 그곳에 있는 어린이들 자신의 입으로 납치된 것이 아니라 부모들에 의해 자진해서 보내졌다는 사실을 확인했다. 그는 아동 학대 소문이 사실이 아님을 칙령으로 공포해 수녀들의 명예를 회복시켜줄 것을 조정에 요청했다.

사건의 해결을 위해 증국번은 도대와 톈진 지부 및 지현의 해임, 주모자 15명의 사형, 기타 21명의 유배를 건의했다. 만일 프랑스가 이에 만족하지 않으면 좀더 중형으로 다스릴 것을 제안했다.

보수파들은 즉각 증국번을 매국노라고 비난했다. 베이징의 후난 회관湖南會館에서는 벽을 장식하고 있던 증국번의 글씨를 떼어내 불태웠고, 대학사 왜인倭仁은 처벌에 관해 프랑스와 협상하려는 증국번의 자세를 비난했다. 조정 또한 증국번의 건의를 받아들이기 어려웠다. 이처럼 중대한 시점에서 우창 주재 호광 총독이던 이홍장이 사형 8명,

유배 20명이라는 좀더 설득력 있는 대안을 제시했다. 이홍장이 직예총독으로 전보되어 톈진으로 옮겨와 사건의 조사를 맡게 되었고, 증국번은 양강 총독〔장쑤, 장시, 안후이 총괄〕으로 임명되어 난징으로 자리를 옮겼다. 개인적인 무력감에 휩싸인 데다 보수파의 비난에 시달리던 증국번은 낙심천만이었다. 그는 친구에게 보낸 서신에서 "밖으로는 청의淸議가 두렵고 안으로는 양심에 눌려 있다"고 썼다.

프랑스는 청에서는 호전적인 태도를 보였지만 다행히 유럽에서 프랑스–프로이센 전쟁이 발발하면서 그러한 태도는 크게 위축되었다. 이홍장은 보상금 40만 냥 지불, 사죄 사절단 파견, 톈진 지부와 지현의 해임, 주모자 18명은 사형에 처하고 25명은 변경에서의 중노동에 처하는 것에 동의함으로써 신속히 사건을 타결했다. 숭후가 인솔한 사죄 사절단은 프랑스에 도착했지만 프랑스 정부 또한 프로이센과의 전쟁에 골몰한 나머지 사절단을 맞을 겨를이 없다는 것만 확인했다. 그러자 총리아문은 숭후에게 귀국을 명했다. 그러나 뉴욕에 도착한 숭후에게 다시 프랑스로 돌아가라는 지시가 내려졌다. 내각의 임시 수반이던 티에르M. Thiers는 1871년 11월 23일 베르사유에서 숭후를 접견하고는 프랑스는 청의 주모자 처벌에는 그다지 관심이 없으며 오히려 지속적인 평화와 안정의 확보에 관심이 있다고 천명했다. 티에르가 황제의 사과 서신을 접수하면서 사건은 공식적으로 종결되었다.[28]

친견 문제(1873년)

외국의 외교관들은 1861년부터 베이징에 주재하고 있었지만 어린 황제에 대한 알현을 계속 거부당해왔다. 공친왕이 섭정 자격으로 그들을 접견하고 아직 어린 황제에 대한 알현은 바람직하지 않다고 설명했다. 5살밖에 되지 않은 황제를 만나게 해달라고 할 이유가 거의 없다는 데는 동의하면서도 외국 대표들은 반복해서 알현을 연기하는 것은 비우호적인 행위라고 주장했다. 물론 청이 알현을 연기한 것은 외국인들이 고두의 예를 행하지 않음으로써 청의 천자가 천하를 통치하고 있다는 신화와 고대로부터 전해 내려온 조공 체계를 부정하게 될 것을 알고 있었기 때문이다.

하지만 총리아문의 책략은 친견 문제를 연기할 수는 있어도 해결할 수는 없었다. 그리하여 1867년 조약 개정을 위한 비밀 협상이 진행되는 동안 총리아문은 지방의 최고위 관원들에게 이 문제에 대한 해법을 질의했다. 대다수는 황제가 성년이 될 때까지 문제의 거론을 미루자는 데 동의했다. 이홍장은 외국 대표들이 공친왕과 접견하는 것으로 충분하며 친견을 통해 얻을 수 있는 것은 아무것도 없다고 주장했다. 황제가 성년이 된 이후의 친견 의식에 관해서는 그는 외국 대표들이 자국 군주에게 행하는 의식대로 예를 갖추는 것을 허락할 것을 제안했다. 증국번은 강희제(1662~1722년)가 러시아를 열등한 속국이 아니라 대등한 입장의 상대국으로 다루었듯이 조정 역시 외국 대표들을 청의 관례를 떠나 동등한 지위를 가진 상대국 사절로 간주해야 한다고 주장했다. 그러나 일군의 보수파 관료들은 외국인들의 편의에 맞추기 위해 청의 제도와 관행을 바꾸어서는 안 된다고 주장했다.

1872년 황제가 성년이 되어 성혼을 했으나 외교관들은 아무도 혼례에 초대되지 않았는데, 이는 의례 문제를 피하기 위해서였다. 1873년 2월 황제가 친정을 선포하자 외국 대표들은 다시 친견 문제를 제기했다. 총리아문도 이 문제를 더이상 연기할 수 없어 적절한 의례에 관해 외교관들과 오랫동안 협상을 벌였는데, 마침내 외국 대표들이 황제를 알현할 때 고두를 하지 않고 가볍게 고개를 숙이는 인사로 대신하는 데 합의했다.

1873년 6월 27일 일요일 외교관들은 오전 5시 30분에 회합했으나 9시가 되어서야 자광각紫光閣에서 동치제를 알현할 수 있었다. 마침 1871년 조약의 비준서를 교환하기 위해 베이징에 머물고 있던 일본 외상 소에지마 다네오미副島種臣는 이 기회를 이용해 자신이 서구의 외교 관행을 훤히 꿰고 있음을 과시하면서 본인의 대사급 지위가 접견 시 서양 공사들보다 앞선다고 주장함으로써 일본이 서구 열강과 대등한 지위에 있음을 천명했다. 그리하여 그가 처음 황제를 접견했고, 이어 직위의 고하에 따라 러시아, 미국, 영국, 프랑스, 네덜란드 공사와 독일 통역관이 순서대로 접견했다. 그들은 동치제 앞의 탁자에 각자의 신임장을 올려놓았고, 황제는 공친왕을 통해 그들이 대표하고 있는 외국 주권자들에게 우의를 표했다. 서양 외교관들이 12년 동안 기다려온 황제 알현은 고작 30분밖에 걸리지 않았다.[29] 이런 알현은 매우 실망스러운 것이었는데, 그것이 과거 조공 사절들을 맞이할 때 사용되던 궁전에서 이루어졌다는 것을 외국 대표들이 나중에 알게 되면서 그러한 실망은 한층 더 커졌다.[30]

마거리 사건(1875년)

관세 전쟁에 일부 원인이 있었던 1870년대 초 유럽의 대공황은 1872년 이후 계속 침체 중이던 중국 교역에도 좋지 않은 영향을 미쳤다. 무역 전망을 개선하기 위해 영국은 미얀마에서부터 윈난 성과 양쯔 강 상류까지 이르는 철도와 교역로를 건설함으로써 청 내부로 통하는 뒷문을 연다는 계획을 부활시켰다.

이 안은 인도에서 장교로 은퇴한 리처드 스프라이Richard Sprye 대위가 북서쪽에서 내려오고 있는 러시아의 진출과 태평양을 건너 다가오고 있는 미국의 움직임을 저지하기 위한 수단으로 1858년에 처음 제안했던 것이다. 당국에서는 별다른 반응이 없었지만 스프라이는 이에 굴하지 않고 외상이 바뀔 때마다 그것을 거듭 제안했다. 1859년 외상이던 존 러셀John Russell 경은 이렇게 말했다.

> 스프라이 대위야말로 터무니없는 생각에 사로잡혀 있는 공상가이며 ······ 그의 계획에 흥미로운 구석이 없는 것은 아니나 현실성은 전혀 없는 것들이다.[31]

외무성은 그런 식의 뒷문을 통한 비밀스런 거래는 문제만 일으킬 뿐 그에 상응하는 상업적 이득은 얻을 수 없을 것이라고 믿었다. 이 안은 그것에 관심을 가졌던 유일한 고관인 솔즈베리Salisbury 경이 1874년에 디즈레일리Disraeli 내각하의 인도정청 책임자가 되면서 되살아났다. 솔즈베리 경은 제안된 경로를 살펴보도록 인도 정부에 지시했고, 외무성에 미얀마에서 출발한 탐사대의 입국 허가를 청 정부로부터 얻어내도록 베이징 공사에게 지시할 것을 요구했다.

비록 토머스 웨이드 본인은 그러한 노선을 통해 상업적 이익을 얻을 가능성에 회의적이었지만 청 정부는 즉각 그러한 요청을 수용해 28세의 영국 부영사 마거리Raymond Augustus Margary가 탐사대를 맞이하기 위해 양쯔 강을 거슬러 올라가는 것에 동의했다. 마거리는 청과 미얀마의 접경 지역에는 외국인에 적대적인 비밀 무장 세력이 있다는 것을 알고 있었고 또 청의 지방 관리들도 이를 경고했음에도 불구하고 미얀마로부터 오는 탐사대를 맞이하기 위해 국경 지대에 있는 바모로 과감히 출발했다. 이곳에서 1875년 2월 21일 마거리는 습격을 당해 살해되었다.

국제법상으로는 외국인이 본인 책임하에 위험한 행동을 감행했을 때는 당사국의 책임을 묻지 않도록 되어 있음에도 불구하고 영국 정부는 고집스럽게 청 정부에 책임을 물으며 웨이드에게 보상을 받아내도록 지시했다. 야심적인 웨이드는 살인에 대한 조사, 유족에 대한 보상, 재탐사의 보장, 사건이 발생한 윈난 성과 구이저우 성의 관할 책임이 있는 총독에 대한 사법 처리를 요구했다. 웨이드는 또한 황제 알현 절차, 통행료, 외국 외교관 예우의 제고, 사과 사절단의 영국 파견 등의 부차적인 문제도 함께 제기했다. 베이징은 살인에 대한 조사와 보상금 요구는 받아들였지만 다른 요구에 대해서는 난색을 표시했다. 그러자 웨이드는 즉각 공사관을 상하이로 철수시켰으며, 그가 러시아 공사와 협정을 맺어 영국군은 인도에서, 러시아군은 일리에서 출동할 것이라는 소문이 무성한 가운데 수교를 철회하겠다고 위협했다.

국교 단절을 피하기 위해 1875년 8월 29일 조정은 곽숭도가 이끄는 사과 사절단을 영국으로 파견하는 안을 승인하고, 웨이드를 설득해 협상을 재개하기 위해 로버트 하트를 상하이로 보냈다. 하트가 재치 있게 곽숭도 일행이 런던에서 협상 절차에 들어갈지도 모르며 그렇게 되면 웨이드가 세운 공은 모두 무위로 돌아갈 수도 있다는 것을 넌지시 암시하자 웨이드는 즈푸[옌타이煙臺의 조약항]의 피서지에서 이홍장과 협의에 들어갔다. 1876년 9월 13일 옌타이 조약이 체결되어 마거리 사건은 타결되었다. 먼저 영국에 사과 사절단을 파견하고 유족에게 20만 냥을 지급하기로 결정되었다. 두번째로 청 정부와 외국 외교관들을 위한 예우 규정을 마련하기로 했다. 세번째로 4개 항구를 새로 개항하고 조약항을 이금세 면제 구역으로 지정하기로 했다. 그러나 영국 정부는 1) 영국의 일방적인 행동에 대한 미국, 독일, 프랑스, 러시아의 비난, 2) 이금세의 완전 폐지를 주장하는 영국 상인단의 요구, 3) 아편세 인상에 항의하는 인도 정부의 반발 때문에 1885년에 이르기까지 이 조약을 비준하지 못했다.

마거리 사건의 가장 중요한 결과는 사과 사절단의 파견이었는데, 그것은 중국 최초의 해외 공관이 되었다. 이홍장의 친구였던 곽숭도는 당시 60세였지만 개명한 인물로 영국으로 파견되기 직전 병부시랑의 관직을 부여받았다. 곽숭도는 1877년 2월 8일 빅토리아 여왕에게 황제의 사과 서신을 전달한 후 런던에 공사관을 세웠다. 이후 2년 사이에 파리, 베를린, 스페인, 워싱턴, 도쿄와 상트페테르부르크에도 공사관이 설립되었다. 1880년경이 되어서야 비로소 중국은 늦게나마 국제 사회에 자신의 자리를 마련한 것이다.

외교 대표부를 상호 교환하는 서구의 관행을 청이 이처럼 뒤늦게 받아들인 것은 몇 가지 이유로 설명될 수 있을 것이다. 제도적으로 청은 강성한 시기에는 천자의 위엄을 사방에 과시하고 변방의 국가들을 조공국화하기 위해, 그리고 국력이 쇠한 혼란기에는 오랑캐들과 평화 협정을 맺거나 동맹을 맺기 위해 특별 사절단을 파견한 것 외에는 해외에 상주 사절단을 파견한 적이 없었다. 심리적으로 청조의 고관들 대부분은 외무外務를 체면 깎이는 일로 생각했고, 해외 파견을 일종의 추방으로 기피해왔다. 벌링게임과 함께 사절단으로 다녀온 두 사람은 귀국 후 형편없는 대우를 받았다. 마치 외국 여행으로 더럽혀지기라도 한 듯 한 명은 서부 변경의 한직으로 보내졌으며 다른 한 명은 몽골 변경으로 보내졌다. "오늘날 정직하고 성실한 이들 중에 누가 외무에 탁월한가?"라는 질문에 어느 대학사는 "정직하고 성실한 이들이 외무에 관심이나 있겠는가?"라고 반문했다.[32] 어사, 한림학사 및 보수적인 신사와 관원들은 역사적으로 오랑캐들이 중국 문화에 동화되었지 중국이 그들에게 동화된 일은 없다고 거듭 주장했다. 그들은 근대화에 맞서 보수주의를 제창했고, 외국인과 연합하는 것을 치욕으로 간주했다. 보수적인 분위기와 심리적 타성이 너무나 강해 청이 이러한 장벽을 넘어 서구와 외교 대표부를 맞교환하기까지는 15년 이상을 기다려야 했다.

변경 지역과 조공국에 대한 제국주의 침략의 가속화

19세기의 마지막 30년은 제국주의 열강의 중국 침략이 가속화된 시기였다. '실리주의 세대'에 들어서 있던 유럽은 민족주의, 복음주의, 자본주의의 힘에 의해 추동되어 아시아, 아프리카, 중동에서의 활동을 강화하고 있었다. 산업화는 원료와 해외 시장에 대한 수요를 자극했고, 사회적 다원주의는 팽창(주의)을 국가 간의 생존 투쟁으로 승인했다. 종교적 열정은 신자들로 하여금 이교도들에게 복음을 전파하겠다는 거룩한 사명감으로 불타오르게 했다. 이 모든 것에 '백인의 의무'로 표현되는 거만하고 독선적인 인종적 우월감이 보태어졌다.[35]

　미국의 남북 전쟁 종결, 일본의 메이지 유신, 프랑스에서의 제3공화국의 탄생, 이탈리아와 독일의 통일로 대변되는 1860년대의 획기적인 역사적 사건들은 각국의 역량을 해외로 맘껏 발산할 수 있도록 해주었다. 1869년 수에즈 운하의 완성은 유럽의 해외 팽창을 한층 더 자극했고, 새로 근대화된 국가들, 특히 일본과 독일도 제국주의 대열에 합류했다. 이와는 대조적으로 자희태후 치하의 청은 자강 운동과 유신 운동에서 별다른 진전이 없었으며, 동치 연간(1862~1874년)의 일시적인 중흥 이후 청조의 힘은 서서히 기울기 시작했다. 이처럼 힘이 약해진 기회를 이용해 외세는 청의 변경 지역과 조공국들을 잠식하기 시작했다.

타이완(포르모사)과 류큐

　명대(1368~1643년)에 일본은 한동안 청의 조공국이었는데, 당시 일본 바쿠후幕府의 쇼군將軍이던 아시카가 요시미쓰足利義滿는 조공 무역을 통해 경제적 이익을 얻기 위해 조공국 지위를 감수했다. 그러나 16세기 중반 이후 그러한 관계를 굴욕적이라고 느낀 민족주의적 성향의 일본 정치가들이 청과의 공식 관계를 단절했다. 1644년 청조가 성립된 이후에도 공식적인 관계는 회복되지 않았다. 명조와 달리 청조의 통치자들은 일본을 조공 체계 내로 편입시키려는 시도를 한 번도 하지 않았다.

　19세기 중반 일본과 중국의 개항 이후 일본 상인들은 영국과 네

덜란드 배를 타고 상하이로 들어가기 시작했다. 1870년에 이르러 메이지 정부는 청조와 공식적인 국교를 맺기로 결정하고, 조약 체결을 위해 야나기하라 사키미쓰柳原前光를 베이징으로 파견했다. 총리아문은 교역은 허락할 생각이었으나 정식 조약의 체결은 원하지 않았다. 보수적인 관료들은 조선과 안남(베트남) 같은 다른 속국들에게 선례가 될 것을 염려해 과거의 속국과 조약 관계를 맺는 것을 반대했다. 뿐만 아니라 과거 왜구들이 중국 연안에서 해적 행위를 자행한 전력과 일본이 톈진 교안을 틈타 중국에 출동한 사실을 들어 이것은 바로 일본이 중국에서 이권을 추구하고 있는 증거라고 주장했다. 반면 이홍장, 증국번과 같은 진보적 관료들은 조약을 맺기를 원했다. 이홍장은 일본은 명의 조공국이었지 결코 청의 조공국은 아니었으므로 조선과 안남과는 기본적으로 다른 지위를 갖고 있다고 주장했다. 또 서구의 지도나 도움 없이 공식적인 관계를 맺으려고 하는 것은 일본의 독립심과 호의를 보여주는 것이므로 청이 일본의 요구를 들어주지 않으려고 해서는 안 된다고 주장했다. 게다가 일본에 살고 있는 많은 화교들, 매년 일본에서 수입하는 막대한 양의 구리, 일본이 인접국인 점 등이 이홍장으로 하여금 일본과의 평등한 조약 체결을 지지하도록 만들었다. 증국번도 그의 견해에 동의하면서 그에 덧붙여 거의 일방적인 중국-서구 무역 관계와는 다른 상호적인 청일 무역 관계를 수립할 것을 강조했다. 하지만 그는 조약 체결에는 동의했지만 최혜국 대우는 유보할 것을 권했다.

이러한 건의에 힘입어 조정은 1871년 7월 24일 일본과 통상 조약을 체결했다. 그것은 1) 타국의 영토에 대한 상호 불가침, 2) 제3국과의 충돌 발생 시 우호적인 상호 협조, 3) 상호 영사 재판권, 4) 조약항으로만 국한된 관세 무역, 5) 일본 상인의 청 내 영사 임명 배제 등을 기본 내용으로 하고 있었다.

    1873년 표면상으로는 비준서를 교환한다는 명분을 내세웠지만 실제로는 동치제의 알현에 참여하고 타이완(포르모사*) 사건에 대한 청의 입장을 살피기 위해 일본의 외무상 소에지마 다네오미가 베이징에 도착했다. 일본은 1871년 말 타이완 원주민들이 난파당한 류큐인 선원 54명을 살해한 이 사건을 이용해 류큐인들에 대한 일본의 배타적인 종주권을 주장하려고 했다. 그리하여 두 세기 반 이상 모호하게 남아 있던 류큐 문제가 현안으로 부각되었다.

    류큐琉球(중국어로는 류추)는 1372년부터 청의 정식 조공국이었다. 청조 때는 격년으로 조공을 바쳤으며, 조선 및 안남과 더불어 가장 중요한 3대 조공국 중의 하나였다. 그러다가 1609년 일본의 사쓰마 번薩摩藩이 청은 모르는 가운데 류큐를 복속시킨 다음 북쪽 부분은 직접 통치하는 한편 남쪽 부분은 류큐 왕이 통치하도록 했다. 봉신국으로서 류큐는 매년 사쓰마 번에 공물을 바쳤고, 주기적으로 에도江戶(도쿄)의 바쿠후에게도 공물을 바쳤다. 하지만 청 본토와의 교역에서도 이득을 얻길 원했던 사쓰마 번의 영주는 류큐가 청과 조공 관계를 계속하도록 지시했다. 류큐의 왕위 계승에 관한 결정권은 사쓰마 번이 쥐고 있었지만 새로운 왕위 승계에 정통성을 부여하기 위한 청의 책봉 의식도 허용했다. 청조는 총 8차례 류큐에 책봉 의식을 위한 사절단(마지막은 1866년에 있었다)을 파견했는데, 그들이 머무는 동안 사쓰마 번은 일본인이 그곳을 다스리고 있다는 증거를 없애기 위해 온갖 노력을

<u>포르모사</u>: 타이완의 다른 이름. 1590년 서구에서는 처음으로 타이완을 방문한 포르투갈인들이 이곳을 '아름다운 섬'이라는 뜻의 '일하 포르모사Ilha Formosa'라고 부른 데서 유래했다.

다했다. 청의 사절단원이 일본이 영향력을 행사하고 있는 흔적을 알아채지 못할 리가 없었으나 공식적으로 청조는 류큐의 이중적인 지위에 대해서는 아무것도 몰랐으며, 류큐를 오직 청만의 배타적인 조공국으로 다루었다.[34]

1873년 소에지마가 류큐에 대한 일본의 종주권을 주장하자 총리아문이 류큐 열도는 청의 조공국이고 타이완은 청의 일부이므로 타이완 원주민의 류큐 선원 살해 사건은 일본과는 무관한 일이라고 대놓고 말했던 것은 바로 이 때문이다. 게다가 청은 원주민들의 내정 문제에는 간섭한 바가 없기 때문에 그들의 행동에도 책임이 없다고 했다. 이에 소에지마는 어떤 영토에 대한 통치권은 효율적인 통치에 의해 입증된다고 주장하며 이렇게 말했다. 청이 타이완 원주민들을 통제하지 못했기 때문에 그들은 청의 사법권 밖에 있는 것이고, 결국 그들을 징벌하기 위한 일본의 어떠한 조치도 청의 사법권을 침해하지 않는다는 것이었다. 그런 다음 일본 정부는 원정대를 보내기로 결정했으며, 1874년 4월 오쿠마 시게노부大隈重信를 장관으로, 사이고 쓰구미치西鄕從道를 타이완번지사무도독으로 하는 '타이완번지사무국臺灣蕃地事務局'이 조직되었다. 그러한 움직임은 서구 제국주의의 노선을 따라 해외 팽창을 추구하고 있던 메이지 정부의 외교 정책에 따른 것이었으며, 동시에 의회 소집을 요구하는 국내의 관심사를 다른 곳으로 돌리고 정한론征韓論을 요구하는 사무라이 출신 인사들의 요구를 충족시켜주기 위한 것이기도 했다.

일본의 침략에 직면한 조정은 푸젠 선정국 대신 심보정沈葆楨에게 타이완 방어를 지시했다. 그러나 심보정은 효과적인 방어가 불가능하다는 것을 깨달았다. 예컨대 진링 제조국金陵制造局에서 주조한 대포는 예포로만 사용되는 것이어서 실탄을 발사하면 폭발해버리곤 했다. 먼저 평화적인 해결을 시도했지만 사이고 다카모리西鄕隆盛가 협정안을 거부하면서 실패로 돌아갔으며, 1874년 9월 10일 내무상 오쿠보 도시미치大久保利通가 교섭을 지휘하기 위해 베이징에 도착했다.

오쿠보는 타이완에 대한 청의 효율적인 통치의 부재는 청의 통치권이 없다는 것을 의미하고, 따라서 일본의 상륙은 청 영토에 대한 침략으로 해석되어서는 안 된다는 주장을 되풀이했다. 공친왕은 청일 관계는 국제법의 일반 원칙이 아니라 특히 타국 영토에 대한 상호 불가침의 원칙을 규정하고 있는 1871년 조약에 따라야 한다고 주장했다. 오쿠보는 그가 말하는 조약은 오직 청일 관계에만 관련될 뿐 청의 사법권에서 벗어나 있는 타이완 원주민들과는 무관하다고 응수했다. 이처럼 외교적 난국이 계속되자 영국 공사인 토머스 웨이드가 중재에 나섰다. 이 사건은 마침내 청이 류큐인 희생자들에게 10만 냥, 타이완에 설치한 일본 막사들에 대한 인수금으로 40만 냥 등 총 50만 냥(75만 달러)을 지급하기로 동의함으로써 해결되었다. 아울러 청은 일본의 행위를 비난하지 않기로 동의했는데, 그것은 곧 류큐에 관한 일본의 종주권을 인정한다는 의미를 갖는 양보이기도 했다. 일본 주재 영국 공사 해리 파크스 경은 침략당하고도 기꺼이 배상금을 지불한 청의 이번 행동은 자국의 연약함을 공공연히 드러내는 것이자 외세에게 계속 침략하라고 초청하는 것이나 다름없다고 신랄하게 지적했다. 1879년 일본은 류큐를 합병해 오키나와沖繩 현으로 고쳐 불렀다.

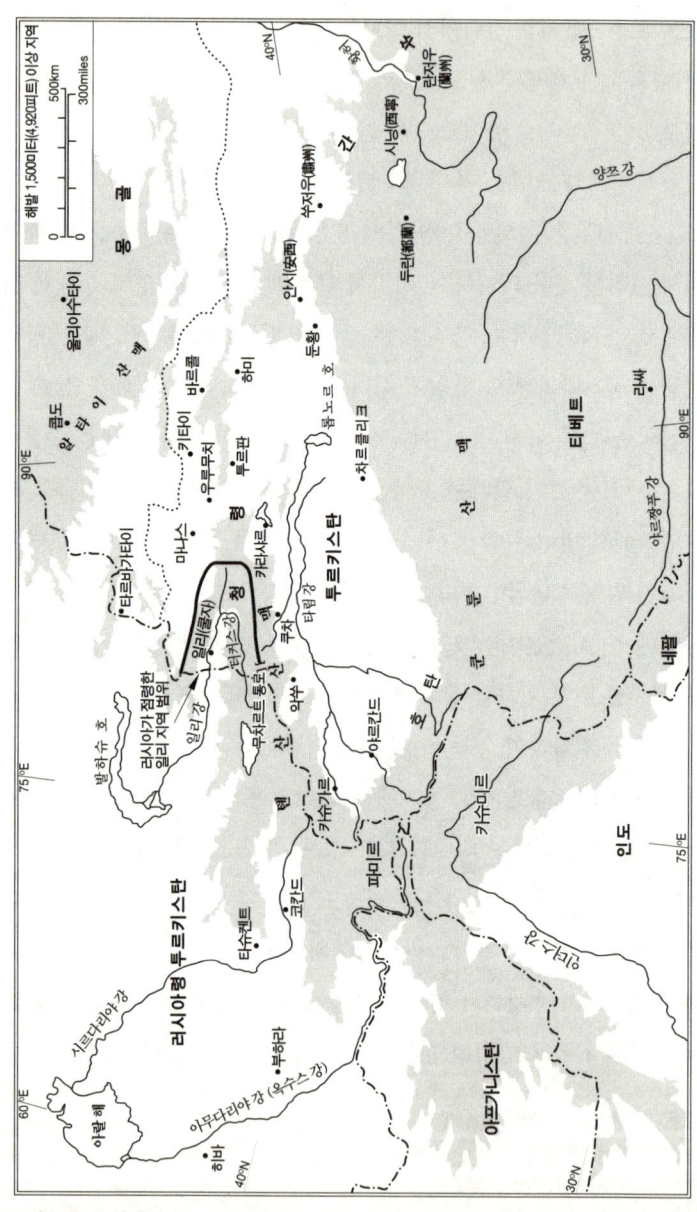

〈지도 5〉 중앙아시아

일리 위기(1871~1881년)

일리(러시아어로는 쿨자)는 당시 러시아령 투르키스탄 지역[현재 카자흐스탄]의 국경 근처에 있는 신장 북부의 9개 도시를 통치하던 중국의 한 부府였다(10권의 2장을 참조하라). 일리 계곡은 농업과 광업 자원이 풍부했을 뿐만 아니라 전략적 요충지이기도 했다 — 이곳의 무차르트 통로가 신장 남부로의 교통을 통제하고 있었던 것이다. 일리를 장악하면 곧 신장 전역을 통제하기가 용이했는데, 서구의 군사 전문가들은 일리를 중국령 투르키스탄의 요새로 묘사했다. 이처럼 중요한 지역은 당연히 주변 강대국들의 관심을 끌었다. 1851년 쿨자 조약을 체결한 러시아인들은 일리와 몽골 국경 지대의 추구착(타르바가타이)에 영사관을 설립하고 무관세 무역을 허락받았다. 일리에서의 교역은 급증했고, 중앙아시아에서 세력을 계속 팽창해오던 러시아인들은 점점 더 일리에 가까이 다가오게 되었다. 1860년대 신장 성에서 일어난 회란回亂을 틈타 러시아는 이처럼 중요한 지역으로 진입하려고 했다.

신장에서 일어난 회란은 부패한 청의 지방 행정에 뿌리를 두고 있었다(4장을 참조하라). 1759년 건륭제의 정복 이후 신장은 일리 장군 휘하의 군사 식민지로 통치되었는데, 일리 장군은 수명의 참찬대신들, 판사대신들, 그리고 각지의 요소에 배치되어 있는 약 21,760명의 병력의 지원을 받고 있었다. 고위 관리와 관원들은 거의 모두 만주족과 기인들이었으며, 이들은 벡이라 불리는 지방 수령들을 통해 백성들 — 대부분 투르크어를 사용하고 터번을 쓴 위구르 무슬림들 — 을 다스렸다. 만주족 정복자들은 복속한 무슬림들을 미개한 원주민으로 취급했으며, 본인들의 방종한 사치를 위해 무거운 세금을 부과하고 공물을 바칠 것을 강요했다. 불만을 품은 무슬림들은 반란을 일으켰고, 청에 의해 코칸드로 추방당한 원래 이 지역의 세습적인 성인聖人 통치자들 즉 호자들은 잃어버린 세력을 회복하려는 열망을 품고 있었다. 청의 정복 전에는 한때 마흐둠자다 가문의 아파키계 호자들이 카슈가르(신장 남부)를 다스렸었다. 그들은 침략을 준비하는 동안 신장의 교우들에게 반란을 일으킬 것을 선동했다. 청의 정복 이후 1세기 동안 적어도 10여 차례의 반란과 침략이 일어났다. 1864년 왕조의 쇠락과 중국의 북서부에서 일어난 회란들을 틈타 신장의 회민들도 다시 난을 일으켰다. 청의 지방 행정으로는 반란을 진압하기엔 역부족이었고, 베이징의 중앙 정부는 태평천국과 염군 및 다른 지역의 반란을 진압하기에도 바쁜 상황이었다(10권의 제6장 및 이 책의 4장을 참조하라).35)

이러한 혼란기에 코칸드의 장군인 야쿠브 벡(1820~1877년)이 1865년 신장에 들어와 일련의 군사적·정치적 공작을 편 끝에 1870년 카슈가르와 신장 북부 일부 지역의 지배자로 자리 잡았다. 인도의 영국인들은 러시아의 세력 확대를 견제할 수 있다고 보고 그의 제국 건설을 지지해 화친을 위해 사절단을 파견하고 무기를 지원해주었다.

러시아는 이러한 사태 진전을 관심 있게 지켜보았다. 러시아는 야쿠브의 제국을 영국 세력의 확장으로 보았는데, 그것은 근동과 중앙 아시아에서의 영국과 러시아 사이의 경쟁이라는 좀더 넓은 맥락에서 보자면 또 다른 정치적 의미를 갖는 것이었다. 게다가 신장의 소요는 러시아의 교역에 악영향을 끼쳤고, 러시아의 카자흐족과 키르기스족 및 기타 소수 민족들 사이에도 동요를 가져왔다. 러시아 군부, 관료, 부르주아 언론은 모두 일리의 영구 점령을 주장했으나 정부는 신장에서 청의 통치가 수복될 때까지만 점령하고 차후 청의 서부로 통하는 새로운 무역로 개설과 일부 '국경선의 재조정'을 조건으로 일리를 반환하기로 결정했다.[36] 1871년 7월 러시아령 투르키스탄의 초대 총독 카우프만K. P. von Kaufman은 병력을 출동시켜 일리를 점령했다.

상트페테르부르크의 러시아 정부는 혼란기에 러시아가 일리를 관리하고 있는 것은 청에 일종의 호의를 베풀기 위한 행동이라는 인상을 주려고 노력했지만 분명 러시아는 쇠약해진 청이 결코 신장을 회복하지 못할 것이라고 믿고 있었다. 혼란을 지속시키고 일리 점령을 연장하기 위해 러시아는 1872년 야쿠브와 교역 협정을 체결했다. 이듬해에는 영국도 이를 따랐다. 두 나라 모두 교역상의 특혜에 대한 대가로 야쿠브 정권을 승인해주었던 것이다.

야쿠브 정권을 토벌하기 전에 청 정부는 우선 산시陝西성과 간쑤성의 회란을 진압해야 했다. 1866년 조정은 좌종당을 섬감 총독〔산시陝西, 간쑤, 후에는 신장까지 총괄〕으로 임명해 양 성의 폭동을 진압할 특명을 부여했다. 그러나 임지에 부임하기도 전에 그는 염군 진압을 위해 전보되었다. 1868년 염군의 난이 평정된 뒤 좌종당은 본 임지인 섬감 지역으로 옮겨와 탁월한 지도력, 뛰어난 전략, 치열한 전투로 1873년 이 두 성의 반란을 진압했다. 좌종당의 군대가 신장을 공격하려는 순간 앞서 이야기한 대로 일본과의 타이완 분쟁이 발생했는데, 이 문제의 해결 과정에서 드러난 청의 취약함으로 인해 해방海防의 긴박한 필요성이 드러났다. 청은 과연 대담한 해군 증강 계획과 엄청난 비용이 드는 신장 작전을 동시에 추진할 수 있는가 하는 골치 아픈 문제에 직면하게 되었다. 대대적인 논란이 이어졌다.

해방 대 육방 논쟁

10년 동안의 자강 운동 이후 해방의 부실함에 대해 처음으로 우려를 표시한 사람은 공친왕과 문상이었다. 두 사람은 이렇게 경고했다.

만약 우리가 변화를 모색하면서 앞으로 나아가지 않고 지금처럼 계속 수동적인 자세로 일관한다면 장차 훨씬 더 어려운 문제에 직면하게 될 것이다.

연해의 고관들은 48척의 군함으로 해군을 건설해 이를 3개 함대로 나누어 각각 화북, 화중, 화남 연안에 배치하자고 제안했다. 그들은 러시아보다 일본의 위협이 한층 더 긴박하다고 여겼다. 이 집단을 대변한 이홍장은 대담하게 조정에 신장 원정을 취소하고 그에 배정된 재정을 해방으로 돌릴 것을 청했다.

해방론 지지자들은 다음과 같은 5가지 논거를 제출했다. 1) 베이징은 연안에 인접해 있으나 신장은 수도로부터 멀리 떨어져 있기 때문에 내륙의 국경 수비는 해방만큼 중대하거나 긴급하지 않다. 2) 재정적 어려움과 신장 원정에서의 승리의 불확실성을 고려해볼 때 신장 원정이 과연 바람직한지를 재검토할 필요가 있다. 3) 신장의 황무지를 수복하기 위해 그처럼 엄청난 비용을 들일 이유가 없다. 4) 주변 강대국들로 둘러싸여 있으므로 신장을 오랫동안 효율적으로 지켜내기는 어렵다. 5) 신장 수복을 연기하는 것은 선대 황제들이 정복한 영토를 포기하는 것이 아니라 단지 미래를 위해 힘을 비축하기 위한 지혜로운 방법일 뿐이다.

그러나 다른 많은 관료들은 해방의 중요성에 대해 이의를 제기하지는 않으면서도 내륙의 국경 수비를 희생시켜가면서까지 그렇게 해서는 안 된다고 주장했다. 만약 신장의 반란을 진압하는 데 실패한다면 러시아는 계속 진출해 올 것이고, 이를 틈타 서구 열강들이 연안을 따라 공격해 올 수도 있다는 것이었다. 그들이 보기에 러시아는 청과 국경을 맞대고 있기 때문에 일본이나 서구 열강보다 훨씬 더 큰 위협 세력이었다. 즉 일본과 서구 열강이 오직 바다로만 도달할 수 있는 것과 달리 러시아는 바다는 물론 육지로도 중국에 들어올 수 있었던 것이다. 이들 관료들은 러시아라는 골칫거리는 심장의 병이지만 서구의 위협은 사지四肢의 병에 불과한 것으로 비유했다. 이 집단을 이끈 좌종당은 서구 열강은 통상 상업적 이권만을 위해 싸우지만 러시아는 상업적 이권과 영토 할양 모두를 노리고 있다고 강조했다.

육방론 지지자들 또한 다음과 같은 5가지 논거를 제시했다. 1) 신장은 서북 변경 수비의 최일선으로서 베이징의 병풍격인 몽골을 보호하고 있다. 2) 서구 열강은 당장 침략해 들어올 위험성이 없지만 러시아의 신장 진출은 현재 직면한 위협이다. 3) 해방 재정에는 이미 상비금이 할당되었으므로 육방 비용을 해방에 전용해서는 안 된다. 4) 선대 황제들이 정복한 땅을 포기해서는 안 된다. 5) 우루무치와 악쑤 같은 전략적 요충지를 먼저 수복해야 한다. 좌종당은 원정 중단은 바로 신장에 외세의 통치를 불러들이는 것과 같다고 경고했다.[37]

양측의 논지는 설득력이 있으며 다 나름의 근거가 있었다. 그러나 연안에는 당장 별 문제가 없는 반면 신장에서는 회란이 발생했고 러시아는 일리를 점령하고 있었다. 그리하여 조정은 해방안을 포기하지는 않았으나 1875년 4월 23일 좌종당을 흠차대신으로 임명해 신장 원정을 수행하도록 파견했다.

좌종당은 치밀한 원정 준비에 들어가 "천천히 출동해 빨리 싸운다"는 전략을 세웠다. 1876년 초 그는 공격 준비를 마쳤고, 3월 본부를 쑤저우蘇州의 전진 기지로 옮겼다. 장군 유금당劉錦棠이 맹렬하고 신속하게 신장으로 공격해 들어가서 11월경 북부 지역 전체를 정복했다. 여전히 신장 남부를 지배하고 있던 야쿠브는 다급한 나머지 1877년 늦봄 영국에 특사를 파견해 청의 속국 지위를 받아들이겠다는 전언과 함께 영국의 중재를 요청했다. 그러나 좌종당의 군대가 런던에서 이 문제가 거론되는 속도보다 더 빠르게 진공했다. 야쿠브는 참패하고 1877년 5월 29일에 자살하기에 이르렀다. 그의 아들들이 전쟁을 계속했지만 내분으로 효율적인 저항은 전혀 불가능했다. 청은 1877년 말까지 일리의 조그만 러시아 주둔 지역을 제외한 신장 전역을 수복했다.

신장에 대한 통치권을 수복함으로써 청은 일리 반환과 관련해 러시아 측이 내세운 조건을 모두 충족시킨 셈이 되었다. 그러나 베이징 주재 러시아 공사가 이 문제에 관한 협의를 계속 연기하자 총리아문은 당시 막 러시아로 파견하기로 한 사절단에 일리 회수 문제에 대한 협상을 맡기기로 했다. 사절단 대표인 숭후에게 일등 흠차대신의 지위를 주었는데, 그것은 곧 전권 대사라는 것을 의미했다.

숭후와 리바디아 조약

러시아는 일리의 상황을 최대한 이용하기로 결심했다. 러시아 정부는 중앙의 여러 성과 우랄 지방의 상공업자들에게서 영국과 미국 상품이 전혀 없어 경쟁이라는 것이 필요 없는 몽골과 간쑤 성, 산시陝西 성으로 들어갈 수 있는 새로운 무역로를 확보해달라는 압력을 받고 있었다. 그러한 교역의 가능성과 귀금속 매장량이 풍부한 청 서부 지방에 대한 채굴권은 1873~1876년에 발생한 러시아의 경제 위기를 회복시키기에 충분한 것으로 간주되었다. 그리하여 국방대신의 책임 아래 청에 관한 정책을 입안하기 위한 특별 위원회가 소집되었다. 위원회는 일리 반환의 대가로 러시아 대상들이 중국 내지로 들어갈 수 있는 권리, 터커스 강 유역과 무차르트 통로의 양도, 쿨자 주민들에 대한 사면, 그 외 여러 가지 조건을 제시했다. 그러나 중앙아시아 철도를 건설하기 위해 대규모 배상금을 요구하자는 카우프만 장군의 제안은 거부되었다.[38]

큰 재능 없이 고분고분하기만 했던 만주 귀족 숭후(1826~1893년)는 주어진 임무에 대해 전혀 준비가 되어 있지 않았다. 국제 외교의 복잡함과 일리의 지리에 대해 아무것도 몰랐던 그는 상트페테르부르크에서 러시아의 아첨에 완전히 넘어가 경계심을 풀고 말았다. 게다가 그는 무시무시한 러시아인들에 기가 질려 속히 고국으로 돌아가 급박한 가족 일을 돌보고 싶어 했던 것 같다. 그는 급하게 리바디아Livadia 조약을 체결했는데, 이 조약은 명목상으로는 일리를 중국에 반환하고 있지만 실제로는 전략 요충지인 터커스 강 유역과 무차르트 통로를 포함해 일리 지방의 7/10을 러시아에 양도하는 것이었다. 또 러시아에 500만 루블의 배상금을 지급하도록 하며, 일곱 군데의 요지에 공관을 세울 권리와 만주의 페투나(伯都訥)까지 쑹화 강을 항해할 권리를 보장하고 있었다. 전신으로 곧 이 조항들이 베이징으로 전달되자 경악한 총리아문은 숭후에게 조약을 조인하지 말 것을 전보로 지시했다. 숭후는 조약은 벌써 조인되었고 조문도 교환되었으며 수정이나 재협상은 불가능하다는 기이한 답변을 보내왔다. 1879년 10월 2일 그는 조정의 승인도 없이 자기 전권으로 조약을 체결하고 귀국했다.

청의 관원들은 이 소식에 경악을 금치 못했다. 총리아문은 그러한 방법으로 일리를 되찾는 것은 되찾지 않는 것만 못하다고 주장했다. 좌종당은 힘들여 거둔 신장 원정의 성과가 숭후의 어리석은 행위로 물거품이 되어버리는 것은 아닌가 염려했다. 그는 조정에 "그들[러시아]과 먼저 논쟁을 벌인 후 …… 그런 다음 전장에서 해결하자"[39]고 건의했다. 반면 신장 원정이나 일리 수복을 위한 대[對] 러시아 압박 정책에 결코 찬성하지 않았던 이홍장은 이 조약에 표면적으로만 반대할 뿐 정작 조약의 거부를 위해 나서지는 않았다.

> 숭후의 이번 사절 활동은 전권을 갖고 행동할 수 있는 권한을 부여한 황제 폐하의 칙서에 근거한 것이다. 그에게 조약을 체결할 권한이 없다고 할 수는 없다. 만약 전권을 주었다가 뒤에 이를 번복한다면 잘못이다.[40]

이홍장은 비주류 소수파였다. 지식층과 관리들의 전반적인 분위기는 준비되어 있든 그렇지 않든 치욕적인 처사에 대해 전쟁으로 보복하자는 것이었다. 조약 서명자에 대한 무거운 처벌과 조약 거부를 요구하는 수많은 상소가 조정으로 쏟아져 들어왔다. 그중에서도 가장 신랄했던 것은 첨사부세마(詹事府洗馬)였던 젊은 장지동(1837~1909년)의 상소였다.

> 러시아인들은 요구하는 데 있어서 굉장히 탐욕스럽고 거친 것에 틀림없습니다. 그리고 그러한 요구를 받아들인 숭후는 굉장히 어리석고 무지함에 틀림없습니다. …… 만약 우리가 조약 수정을 요구한다면 문제는 없을 것입

니다. 만약 그렇게 하지 않는다면 우리는 국가로 불릴 자격조차 없습니다.

또 그는 숭후의 목을 벰으로써 전쟁을 치르고서라도 조약을 거부하겠다는 중국의 의지를 보여주어야 한다고 말했다. 이처럼 독서인층과 관료들의 생각을 대변하는 발언으로 장지동은 금세 유명해졌다.[41]

청조는 증국번의 아들로 영불 주재 공사였던 후작 증기택을 조약의 재협상을 위한 제2차 러시아 사절단 대표로 임명했다. 한편 숭후에 대한 사형 선고는 동료 외교관에 대한 비인도적 처벌에 무관심할 수 없었던 영국, 프랑스, 독일, 미국 외교 사절의 거센 반대에 부딪혔다. 빅토리아 여왕은 서태후에게 개인적인 탄원서를 보냈으며, 숭후는 1880년 6월 26일 집행 유예로 감형되었지만 2차 사절단의 성과가 나올 때까지 감옥에서 기다려야 했다. 이러한 부분적인 양보에도 불구하고 러시아는 숭후가 완전히 사면될 때까지 증기택과 협상하기를 거부했다.

청의 행동에 분노한 러시아는 시위용으로 23척의 군함을 중국으로 출동시켰다. 전쟁이 임박한 듯했다. 사람들은 러시아 해군은 바다를 통해 쳐들어오고 러시아 육군은 시베리아에서부터 만주를 통해 베이징으로 쳐들어올지 모른다고 크게 두려워했다. 조정은 결코 전쟁을 벌일 생각이 없었지만 사대부층의 정서에 휘말려 원한 것보다 훨씬 더 강경한 자세를 취하게 되었다. 전쟁의 가능성에 대비해 청조는 태평천국의 난 진압의 주역이었던 회군 장교들을 요충지에 배치했으며, 로버트 하트를 통해 중국 방어를 돕도록 찰스 고든Charles Gordon을 초빙했다.

상승군 대장을 지낸 고든은 1880년 봄부터 인도 총독 비서로 있었다. 그러나 사무실 근무가 '살아 있는 지옥'이라 느끼고 사임했는데, 바로 이틀 뒤 하트에게서 초청 전보를 받았다. 이를 기회 삼아 중국으로 돌아온 하트는 톈진에서 이홍장을 만나 중국이 무모하게 전쟁에 임해서는 안 된다는 데 의견을 같이했다. 그는 베이징에 조정이 자리 잡고 있는 한 중국은 어느 강대국과도 전쟁을 해서는 안 된다고 경고했다. 왜냐하면 다구 포대는 쉽게 함락될 것이고, 그렇게 되면 베이징 방어가 어려워질 것이라는 이유 때문이었다. 따라서 전쟁에 임하려면 내륙 지방으로 조정을 옮기고 장기전을 준비해야 한다고 했다. 이처럼 신중한 제안들은 호전적인 분위기의 베이징에서 환영받지는 못했지만 전쟁이 불가피하다는 논리를 반박하는 강력한 논거가 되었다. 이홍장은 고든을 통해 주전파들의 무모한 모험을 막고, 중국도 진정한 우방이 없지 않음을 러시아에 보여주려고 했다.[42]

증기택과 상트페테르부르크 협약(1881년)

고든이 중국의 평화를 위해 애쓰고 있는 사이 증기택은 사절 임무를 위해 상트페테르부르크로 출발할 준비를 하고 있었다. 선임자의 실수를 반복하지 않기 위해 그는 철저하게 외교 전략을 준비하고 일리의 지도들을 연구했다. 국경 문제에 대해서는 단호히 대응하되 교역 문제에 대해서는 조건을 완화하고 배상금 문제는 조정해보기로 결심한 증기택은 영국 외무성의 비공식적인 지원을 등에 업고 러시아로 출발했다. 상트페테르부르크 주재 영국 대사는 런던으로부터 증기택을 지원하라는 훈령을 받았다.

이 시점에서 전쟁이 일어나는 것을 내심 염려하고 있던 러시아는 표면적으로는 상트페테르부르크에서 협상을 진행하기를 거부하고 담판 장소를 베이징으로 옮기도록 요구함으로써 중국의 호전적인 태도에 맞섰다. 청 조정은 무슨 수를 쓰더라도 러시아에서 협상을 하도록 증기택에게 지시했다. 러시아는 마지못해 동의했으나 협상은 잘 진전되지 않았다. 1876~1877년 사이 투르크 제국과의 전쟁으로 인한 경기 침체와 1878년의 베를린 회의 이후 처하게 된 국제적 고립 상태로 인해 러시아는 청과의 원거리 전쟁에 나설 수 있는 형편이 아니었다. 게다가 국내에서 혁명이 일어날지도 모르는 긴장 상태였고, 교역 문제로 전쟁을 야기할 경우 오히려 유럽과 미국을 자극해 중국 편을 들게 할 것이라는 점도 염려되었다. 나아가 자유주의 언론과 보수주의 언론 양측뿐만 아니라 중국통들 또한 평화적 해결이라는 입장을 견지하고 있었다.[43] 정부 역시 평화를 원했지만 그러한 난국에서 적절한 출로를 찾을 수 없었다. 러시아의 차르 정부는 6개월 가까이 별 소득 없는 협상을 거친 끝에 마침내 중국 편입을 거부하는 무슬림 난민들의 정착을 위한 서부의 몇몇 마을을 제외한 나머지, 즉 터커스 강 유역과 무차르트 통로를 포함한 일리 전역을 반환하는 데 동의함으로써 논쟁을 마무리지으려고 했다. 러시아 공사관 숫자는 둘(투르판과 쑤저우肅州)로 줄이고, '군사비' 명목의 배상금은 900만 루블(약 500만 냥)로 증가시켰다. 이러한 내용을 포함해 1881년 2월 24일 새로운 협정, 즉 '상트페테르부르크 조약'이 조인되었다.

    일반적으로 중국의 외교적 승리로 간주되는 이 평화적 해결은 두 가지 중요한 결과를 남겼다. 첫째, 강력한 서구 국가를 이겼다는 생각은 자만과 낙관과 오만에 대한 증국번의 경고에도 불구하고 중국의 자신감과 보수주의를 한껏 고조시켰다. 청의淸議로 일컬어진 무책임한 주전론자들은 이번 승리는 전쟁을 소리 높여 외친 자신들의 주장에서 연유한 것이라 여겨 한껏 고무되었고, 중국의 대외 관계상의 문제 해결 능력을 과신하게 되었다.

둘째로 신장의 지위가 새롭게 변했다. 전통적으로 서역으로 알려진 신장은 중국의 완전한 영토가 아니라 중국의 국력이 강할 때는 변경 지역이 되었다가 국력이 약할 때는 빼앗긴 땅失地이 되기를 반복해 온 곳이었다. 상트페테르부르크 조약 이후 조정은 좌종당의 건의를 받아들여 1884년에 신장을 정식 성으로 편입해 수복전에서 큰 공을 세운 명석한 젊은 장군 유금당을 초대 순무로 임명했다. 이러한 제도적 혁신은 중국 변경의 역사에 하나의 이정표를 세운 것이었다.[44]

안남을 둘러싼 청불 전쟁(1883~1885년)

일리 위기가 해결되자 조공국이던 안남에 대한 프랑스의 침략 문제가 대두되었다. 고대에 베트남越南으로 알려진 안남은 기원전 3세기에 처음으로 중국의 세력권 아래 들어왔으며, 북부 지방은 한 무제 치세(BC 140~87년)인 BC 111년에 정복되었다. 안남이라는 중국식 이름('남쪽을 평안하게 하다')은 당나라(618~907) 때 이 지역을 통치하기 위해 설립한 안남安南 도호부에서 기원했다. 당의 몰락 후 베트남은 독립을 얻었지만 여전히 중국의 강력한 문화적·정치적 영향 아래 있었고, 명과 청 시기에는 중요한 조공국 중의 하나였다.

1615년 예수회 선교사의 도착과 더불어 서구의 영향력이 베트남에 미치게 되었지만 유교 국가인 베트남에서 선교 활동의 진전은 대단히 느렸다. 프랑스의 동인도회사도 교역 시도에 실패했지만 1788년에 폐위된 구체제의 유일한 생존자인 구엔푹안阮福映이 프랑스의 지원

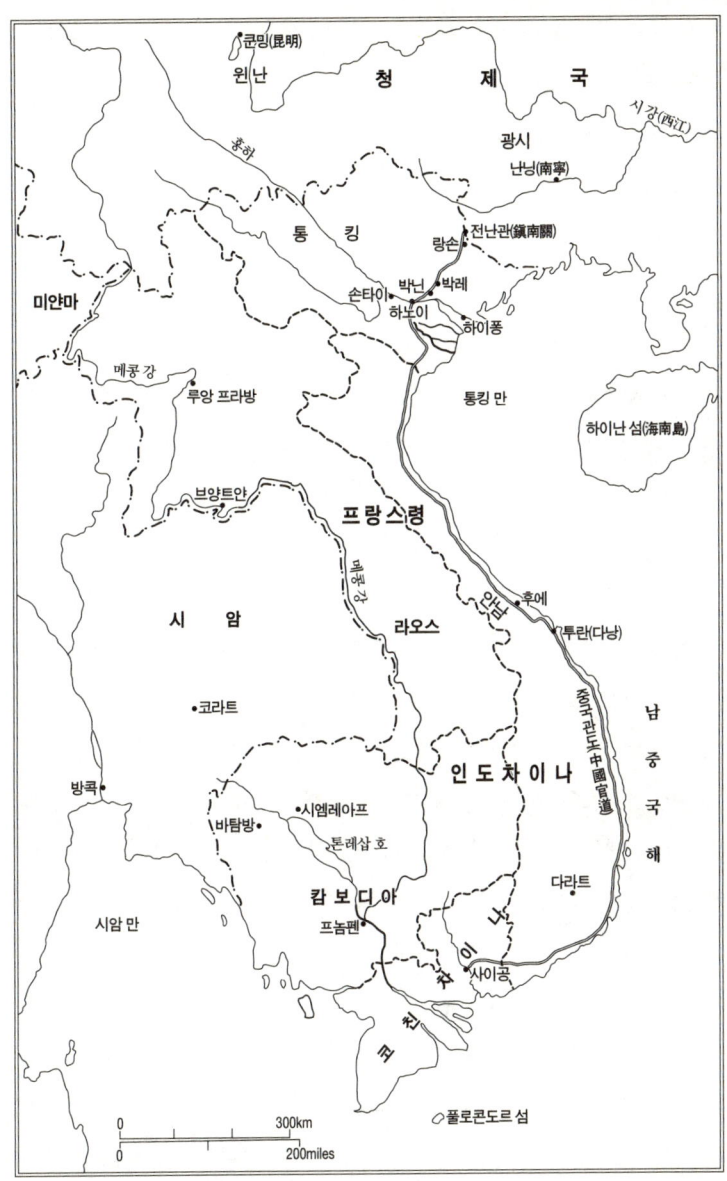

〈지도 6〉 프랑스령 인도차이나

으로 재집권한 18세기 말부터 프랑스의 영향력이 커지기 시작했다. 그가 구엔 왕조의 초대 황제인 가륭제嘉隆帝로 즉위한 이후 이 왕조의 통치는 1802~1945년까지 이어졌다.

가륭제와 그의 계승자들은 보수적인 유교주의자들로 선교사와 개종자들에 대한 배외적인 폭동을 지지했다. 프랑스령 인도차이나 제국 건설과 해외 가톨릭 포교의 수호자라는 명성을 얻길 열망하고 있던 루이 나폴레옹은 선교사 반대 세력을 처벌하기 위해 1859년 사이공으로 군대를 출동시켰다. 1862년 강제로 체결된 조약에는 베트남이 프랑스에 400만 달러의 배상금을 지불하고, 무역권, 가톨릭 포교권을 허용하고, 베트남의 외교 관계 통제권을 양여하며, 코친차이나로 불리게 되는 남부의 세 지역을 할양한다는 등의 내용이 명기되어 있었다. 1874년에 새로 체결한 조약은 프랑스의 코친차이나 점령, 베트남(이제는 프랑스령 안남으로 불리게 되었다)의 외교 관계에 대한 프랑스의 감독권을 확인하고, 북부 통킹의 홍하紅河에서의 프랑스의 항해권을 보장했다. 이 조약은 명목상으로는 안남을 독립국으로 인정하고 있지만 실제로는 프랑스의 보호국으로 격하시켰다. 타이완 위기와 마거리 피살 사건의 처리에 여념이 없던 청은 프랑스의 진출을 막기 위해 적극적으로 대응하지는 못했지만 베트남이 청의 속국이라는 이유로 1874년에 체결된 조약의 인정을 거부했다.[45]

프랑스는 안남에서의 활동을 강화했고, 1880년에는 하노이와 하이퐁 항구에 병력을 주둔시키는 한편 홍하 연안을 따라 요새를 구축했다. 프랑스의 진출에 대항하기 위해 안남 정부는 조공을 보내 청과의 유대를 강화했으며, 청-안남 접경지대에 주둔해 있던 청의 비정규군인 흑기군黑旗軍의 원조를 요청했다. 1882년 흑기군은 프랑스군과 교전에 들어갔으며, 다음 해에 청조는 조용히 통킹으로 정규군을 출동시켰다.

톈진에 주재하던 직예 총독 이홍장은 중국 해군과 해방 계획을 완성하기 전에 프랑스와 교전하는 것에 반대했다. 그는 공격당할 때만 방어전을 펼 것을 주장했고, 방어전 역시 많은 피해를 불러올 수 있기 때문에 협상을 통한 신속한 해결을 강구할 것을 촉구했다. 총리아문의 수장이자 군기처의 거두였던 공친왕도 최강의 서구 세력에 성급하게 맞서지 말아야 한다는 데 동의했다.

청의파의 대두

이홍장과 공친왕의 신중한 태도는 두뇌는 명석하지만 외교, 군사 문제에 대한 실전 경험과 진정한 지식은 거의 없는 다른 부류의 관료들로부터 공격과 조롱을 받았다. 강력하게 주전론을 펴는 상소를 올림으로써 그들은 백성들의 지지와 황제의 주목을 얻었다. 청류당淸流黨을 자임한 그들은 프랑스를 '못쓰게 된 화살'로 격하시켰고, 유화책은 적의 탐욕을 더욱더 부채질하는 것과 마찬가지라고 비난했다. 그들은 전쟁은 무기가 아니라 용기, 미덕 같은 정신적 가치로 승리하는 것이라고 주장하며 경멸적인 어조로 이홍장을 매국노로 악명 높던 송대의 진회秦檜(1090~1155년)에 비유했다.[46]

청류당이 중국의 정신적 가치를 강조한 반면 이홍장은 중국의 물리적 허약성을 강조했다. 그러나 증기택은 상황에 대한 균형 잡힌 안목을 보여주었다. 프랑스의 국내 정치 상황과 국제적 위치를 잘 알고 있던 그는 프랑스가 멀리 떨어진 곳에서의 전쟁은 감당할 수 없을 것이라고 결론지었다. 그는 다음과 같은 이유를 들어 이홍장에게 프랑스를 대할 때 두려움을 가져서는 안 된다고 충고했다. 1) 그들은 약자를 무시하고 강자를 존경한다. 중국의 투쟁 결의가 단호하면 할수록 화평의 가능성은 그만큼 더 커진다. 우유부단함, 지연, 타협은 프랑스에게만 이로울 뿐이며, 중국이 나중에 그것을 회복하기는 대단히 어렵다. 2) 프랑스는 광둥의 탄광과 윈난의 금광을 탐하고 있다. 안남 양도로는 그들의 욕구를 충족시켜줄 수 없으며 화남의 국경 지대 방어만 약화시키고 말 것이다. 3) 통킹을 상실하게 되면 영국과 러시아가 티베트와 조선을 탐내게 될 것이다. 4) 프랑스는 국내의 정치적 불안정과 유럽 정치로부터 고립된 처지로 인해 외국에서 전쟁을 수행할 형편이 못 된다. 이러한 이유들을 근거로 증기택은 지나친 신중론을 반박하면서 강경책을 주장했다.[47]

조정은 전쟁과 화친 사이에서 갈피를 잡지 못했다. 자존심으로는 속국을 보호하고 싶었지만 서구의 주도적인 열강과의 전쟁에 대한 두려움이 이를 막았다. 로버트 하트의 런던 주재 대리인 캠벨J. D. Campbell이 보낸 보고서는 청조로 하여금 안남 주둔 프랑스 군대는 전면전을 감행하지 않을 것이며, 하노이와 홍하를 개방해 무역과 항해를 허락한다면 갈등의 근본 원인은 제거될 것이라고 믿도록 만들었다. 그리하여 조정은 이홍장에게 프랑스 공사와 협상을 시작하도록 지시했다. 안남을 청과 프랑스의 공동 보호국으로 하자는 첫번째 협상안은 파리에서 거부되었으며, 프랑스는 곧 안남으로 원정군을 파견했다. 통킹에서 청군이 패배하고 이에 프랑스의 중국 본토 공격을 걱정해야 할 지경에 이르자 서태후는 격노해 공친왕과 다른 4명의 군기대신을 해임한 다음 이홍장에게 다시 해결책을 모색하도록 명령했다. 이후 이홍장이 프랑스 해군 대령 푸르니에F. E. Fournier와 1884년에 가진 협상에서는 프랑스가 안남과 맺은 모든 조약에 대한 청 측의 승인, 통킹에서의 청군의 철수, 프랑스 측의 배상금 요구 포기, 청 침략 배제, 향후 안남과의 모든 조약 체결 시 청의 지위를 훼손하지 않을 것 등이 요구되었다. 이 협상은 청류당을 극도로 흥분시켜 이홍장의 탄핵을 요구하는 상소가 47개나 올라오게 되었다. 이런 경황 중에 이홍장은 이홍장-푸르니에 협약에 명기된 안남 주둔 청군의 철수 날짜를 조정에 보고하지 못했다.[48]

철수 지시를 받지 못한 통킹의 청군이 철수하라는 프랑스의 요구를 거절하면서, 쌍방은 다시 충돌했다. 프랑스 정부는 청의 약속 불이행을 비난하며 1884년 7월 12일 거액의 배상금과 이홍장-푸르니에 협약의 즉각적인 이행을 요구하는 최후통첩을 보냈다. 프랑스의 공격을 염려한 조정은 청류당의 거두 두 명을 핵심적인 방어 지역으로 전임시켰다. 즉 장지동을 양광 총독〔광둥, 광시 총괄〕으로 임명하고 장패륜張佩綸은 푸젠 함대를 이끌도록 했다. 8월 23일 쿠르베^{Courbet} 제독 휘하의 프랑스 해군이 푸저우를 공격하기 시작했는데, 한 시간 만에 청의 군함 11척이 침몰당하고 1866년 이후 프랑스의 원조로 건설한 푸저우 선정국이 파괴되었다. 장패륜은 가장 먼저 달아났다. 조정에 올린 그의 보고서는 온갖 화려한 미사여구로 너무나 심하게 왜곡되어 있어 베이징에서는 청이 해전에서 승리한 줄 알았다. 하지만 진실이 밝혀져 장패륜은 변방으로 유형당하고 청조는 프랑스에 선전 포고를 했다.

강화

서태후는 1884년 8~11월까지 3개월 동안 전쟁을 지원했다. 하지만 12월 통킹에서 뚜렷한 전과가 나오지 않고, 프랑스가 타이완을 봉쇄하고 화남으로부터의 조운 선단을 차단하려 하자 큰 고민에 빠지게 된 서태후는 다시 동요하기 시작했다. 영국과 독일이 도와주길 기대했으나 이루어지지 않았다. 북부 변경 지역에서 러시아가 활동을 재개한 것도 위협이 되었으며, 일본의 조선 진출도 문제였다. 불안정한 정국과 먼 곳의 전쟁을 지원해야 하는 부담이 정부를 짓누르고 있던 프랑스 역시 강화를 원하고 있었다. 하트의 런던 주재 대리인 캠벨은 파리에서 비밀리에 강화 협상을 시도했는데, 랑손諒山 전투에서의 프랑스군의 참패는 청조에 체면을 구기지 않고도 화평을 모색할 수 있는 기회를 마련해주는 동시에 프랑스의 전의는 한층 더 꺾어버리고 말았다. 1885년 6월 이홍장과 청국 주재 프랑스 공사는 정식 조약을 체결했다. 청은 프랑스가 안남과 맺은 모든 조약을 인정하며, 프랑스는 타이완과 펑후澎湖에서 군대를 철수한다는 내용이었다. 배상금은 지급하지 않았지만 청은 10억 냥 이상을 지출했고 2억 냥가량의 빚을 지게 되었다.[49]

조정의 우유부단함과 동요가 가져온 결과는 참담했다. 확고한 주전론을 고수했다면 어쩌면 프랑스의 침략을 물리칠 수도 있었을 것이고, 일관되게 화친책을 유지했다면 푸젠 함대와 푸저우 선정국을 보전할 수 있었을 것이다. 하지만 무능력한 지도는 이 둘의 파괴와 조공국인 안남의 상실을 초래했다. 감정만 앞세워 비현실적인 입장을 고집한 청류당이 이 모든 것에 대한 대부분의 책임을 져야만 했을 것이다.

안남의 상실은 20여 년에 걸친 자강 운동의 실패를 알리는 것이었다. 외교, 군사, 기술 부문의 제한적인 근대화로는 외국 제국주의에 대항할 만큼 나라를 부강시킬 수 없었던 것이다. 청의 쇠약함은 영국으로 하여금 프랑스를 본받아 1885년 미얀마 침략을 감행해 이 나라를 분리하도록 자극했다. 1886년 청과 영국이 맺은 조약은 미얀마를 영국의 보호령으로 인정하되 10년에 한 번씩 베이징에 조공하는 것은 허용했다. 청이 남쪽의 이러한 조공국들을 상실하게 되자 북동쪽의 주요 조공국인 조선의 운명도 미묘한 균형 상태에 놓이게 되었다.

일본의 조선 침략

청에 의해 화북의 귀중한 '외번外藩[울타리]'으로 간주되어오던 조선은 명대와 청대의 주요 조공국이었다. 조선(1392~1910년)은 명에 매년 정규 사신단을 세 번, 청에 네 번 보냈으며 그 외에도 수많은 소규모 사신을 파견했다. 1637~1894년 사이 조선 사절단은 507회 베이징을 방문했으며, 청나라 사절단은 169회 조선을 다녀갔다.[50] 청의 정치적·문화적 영향력 아래 있던 조선은 청의 제도와 생활 방식을 모델로 받아들였으며, 보다 평등한 관계로 '이웃 나라와 사귀는 것(교린交隣)'으로 규정한 일본과의 관계와 구분해 청과의 관계는 '세력이 강하고 큰 나라를 받들어 섬기는 것(사대事大)'으로 규정했다. 1637년 이래 조선은 청과의 조공 관계 그리고 이따금씩 주고받는 일본과의 사절단 교환 외에는 사실상 어떠한 외교 관계도 맺지 않았다. 조선은 서구인들에게는 '은자隱者의 왕국'으로 알려져 있었다.

조선의 문호 개방

청과 일본의 문호 개방과 함께 조선도 점점 더 서구 열강으로부터 교역, 포교 활동, 외교 관계 수립에 대한 압력을 강하게 받게 되었다. 그러나 조선 조정은 1786년에 천주교를 이단으로 금지하고, 난파자들을 돌보는 것을 제외한 서구와의 어떠한 접촉도 거부했다. 이처럼 비타협적인 태도는 나이 어린 고종高宗의 부친 대원군이 1864년 섭정의 자리에 오르고 난 뒤 한층 더 강화되었다. 1866년 2월 대원군은 다시 천주교 금압령을 내렸는데, 결국 그것은 외국인 선교사 학살로 이어졌다. 10월 청국 주재 프랑스 공사는 본국의 승인 없이 조선으로 원정군을 파견했다. 프랑스군은 서울을 흐르는 한강 하구에 있는 강화도를 점령했으나 정족산성에서 패한 후 철수했다. 같은 해 8월 미국 상선 제너럴 셔먼 호가 평양에 나타나 온갖 위협과 대포로 통상을 요구했다. 해적이나 다를 바 없는 짓을 하던 이 배는 강의 수위가 낮아질 때 모래톱에 좌초되는 바람에 배가 불타고 선원들은 살해당했다. 1871년 미국 국무성은 청국 주재 미국 공사 로우Frederick F. Low를 파견해 사건을 조사하도록 했다. 그는 군함 다섯 척을 이끌고 왔다. 강화도에서 협상을 거절당한 미국 원정군은 한강을 거슬러 서울로 진격하려 했다. 조선의 해안 포대가 발포하자 미군은 보복에 나서 화력을 총동원해 강화도를 포격했다. 얼마 후 싸울 명분을 잃은 미군은 물러났다. 조선은 프랑스와 미국과의 전쟁에서 모두 이겼다고 결론지었다.

청이 조선을 방어할 여력이 없다고 본 총리아문은 1867년 조선에 서구와의 화해를 권유했다. 1879~1880년 청은 점증하는 일본의 영향력에 맞서기 위해 서구와 조약 관계를 맺을 것을 촉구했다.[51] 일본의 경우 도쿠가와 시대(1603~1867년)에 쓰시마 영주가 담당하던 조선과의 관계는 1868년의 메이지 유신 이후 도쿄의 중앙 정부의 직할 하에 들어갔다. 이러한 정치적 변화를 알리고 새로운 관계를 수립하기 위해 일본이 조선으로 사절단을 파견했지만 일본의 근대화를 못마땅하게 여기고 일본 황제가 '천황'이라는 칭호를 사용하는 것이 오만하다고 느낀 대원군은 이들을 받아들이지 않았다.

이러한 모욕에 대한 보복으로 일본 지도자들은 1873년 조선에 원정군을 파견하기로 결정했다. 그러한 조치를 통해 1) 불만에 가득 찬 사무라이들에게 분출구를 마련해주고, 국내 문제로부터 바깥으로 관심을 돌리도록 하며 2) 조선에 대한 청의 종주권에 성공적으로 도전함으로써 아시아에서 우세한 지위를 점하고 3) 영국과 러시아의 진출을 견제하고 4) 1592~1597년 도요토미 히데요시의 조선 침략 실패를 되갚으려고 했다. 하지만 서구에서 돌아온 일본 지도자들은 대외적 모험을 개시하기에는 역부족인 국내 사정을 들어 이 결정을 취소하도록 했다.

그럼에도 불구하고 1875년 포함을 거느린 조사단이 파견되었다. 강화만에서 공격당하자 일본은 대응 사격을 가하여 조선군의 연안 포대들을 파괴시켰다. 이 승리에 힘입어 일본 정부는 여섯 척의 함정을 더 파견했으며, 청의 반응을 알아보기 위해 베이징으로 특사[52]를 파견했다. 당시 마거리 사건에 정신이 없던 총리아문은 조선은 청의 조공국이지만 항상 내정과 외교 문제에서는 완전한 자유를 누려왔다고 소극적으로 응답했다. 이러한 대응에 자신을 얻어 일본은 조선의 문호 개방을 강요했고, 충돌을 피하고 싶었던 청 조정은 조선에 협상에 임할 것을 권했다. 그리하여 1876년 2월 24일 조선과 일본 사이에 강화도 조약이 체결되었는데, 그것의 주요 내용은 다음과 같다. 1) 조선은 자주국으로 일본과 평등한 권리를 가진다. 2) 상호 사절단을 파견한다. 3) 3개 항구를 개항한다. 4) 이들 조약항에서는 일본이 영사 재판권을 가진다. 조선의 이러한 독립에 대해 항의하지 않음으로써 청은 종주권을 제대로 주장하지 않은 셈이 되었다.

조선에서의 이러한 행동에 이어 일본이 1879년 류큐를 합병하자 청은 조선의 문호를 서양에 개방해 일본의 영향력을 견제하기로 결심하게 된다. 베이징 정부는 조선이 서양과 통상 관계를 맺는 문제를 이홍장에게 위임했다. 1882년 그는 마건충과 해군 제독 정여창^{丁汝昌}을 조선으로 파견해 미국 측 협상 대표 슈펠트$^{R. W. Shufeldt}$를 수행하도록 했다. 1882년 5월 22일 조선과 미국 사이에 조약이 체결되었다. 두 나라는 대사를 교환하고, 조약항에 영사관을 개설하며, 평등한 관계를 맺기로 합의했다. 미국은 조선의 독립을 인정했으나 조선은 청의 '속방^{屬邦}'이라는 것을 통지하는 별도의 조회문을 미국 대통령에게 보냈다.[53] 이후 몇 년 사이에 조선은 영국, 프랑스, 독일과도 협정을 체결했으며, 비록 더디기는 했지만 청나라식으로 일부 근대화를 시작했다.

국내 반란과 국제 정치[54]

1873년 고종이 친정을 시작한 이후 세도가인 민씨 가문 출신의 황후인 '민비'의 영향력도 점점 더 커졌는데, 이를 이용해 민비는 개혁을 지원하고 일본인 교관을 초빙해 조선 군대를 훈련시켰다. 민비의 영향력을 차단하기로 결심한 대원군은 해산당한 구식 군대의 불만을 이용해 1882년 궁궐과 일본 공사관을 공격하도록 사주했다(임오군란]. 민비는 가까스로 도망쳤고, 공사관이 불타면서 일본 관리 일곱 명이 죽고 공사는 일본으로 탈출했다. 그리고 대원군이 재집권하게 되었다. 사건을 조사하기 위해 온 해군 제독 정여창과 마건충은 일본의 보복 행위를 막기 위한 조치로 급히 대원군을 체포해 청으로 압송했다. 마건충의 조언으로 고종은 55만 달러의 배상금을 지불하고, 사과 사절단을 파견하고, 일본군의 공사관 주둔을 허용하기로 일본과 합의했다. 조선에 대한 군대 파병권의 확보는 일본 외교의 중요한 승리였다.

1882년의 임오군란 이후 이홍장은 조선에서 청의 입지를 강화하기 위해 적극적인 노력을 기울이기 시작했다. 양국은 청의 치외 법권을 인정하는 통상 조약을 체결했으며, 청은 조선 정부에 차관과 서양식 대포를 제공했다. 이홍장은 청의 교역 감독관을 임명해 조선과의 교역을 감독하도록 했으며, 위안스카이를 조선 군대의 훈련 교관으로 임명했다. 청의 세관리稅關吏에 이어 톈진의 독일 영사관에서 근무한 경력이 있는 묄렌도르프Paul George von Möllendorf가 대한 제국의 통리아문의 참의와 협판으로 임명되어 외교와 세관 업무를 맡았다. 그리고 조선의 질서를 유지하고 일본의 침략을 막기 위해 청의 6개 대대가 조선에 주둔했다.

1882년 이후 조선에서는 친청파와 친일파 간의 투쟁이 시작되었다. 조정은 위안스카이와 친청파의 세력 아래 있었지만 조선 주재 일본 공사 다케조에 신이치로竹添進一郎가 김옥균이 이끄는 친일파와 우호 관계를 증진하고 지원을 제공하려고 했다. 1884년 프랑스와 교전 중이던 청이 조선에서 3개 대대를 철수시키자 친일파는 12월 4일 정변을 일으켰다[갑신정변]. 그들은 궁궐에 침입해 왕을 구금하고 친청파 관료들을 제거했다. 위안스카이의 군대가 즉각 반란을 진압하고 왕을 구해냈으며 정변의 주모자 김옥균은 일본으로 망명했다.

일본 정부는 즉각 원정군과 특사 이노우에 가오루井上馨를 조선에 파견해 보상금과 사의 표명, 공사관 수축비 부담을 요구했다. 또 다른 특사 이토 히로부미가 이홍장과의 회담을 위해 청으로 파견되었다. 프랑스와의 전쟁에 여념이 없던 이홍장은 즉시 타협안에 동의해 1885년 4월 18일 톈진 협정을 체결했는데, 주요 내용은 다음과 같다. 1) 청일 양국은 4개월 이내에 조선에서 철병한다. 2) 조선 국왕에게 권해 조선의 자위군을 양성토록 하되 훈련 교관은 청일 양 당사국을 제외한 타국에서 초빙하도록 한다. 3) 양국은 장차 조선으로 파병할 때는 반드시 상대방에 사전에 통보하며 사태가 진정되면 즉시 철병한다. 이 조약은 실제로는 조선을 청과 일본의 공동 보호국으로 전락시켜 청의 배타적인 종주권을 소멸시켰으며, 조선에 대한 일본의 파병권을 확인해주었다.

한편 러시아가 조선의 동북 연안에 위치한 영흥만(라자레프 항Port Lazareff)을 점령하고 영국이 남쪽의 섬인 거문도(해밀턴 항Port Hamilton)를 점령함에 따라 국제적인 경쟁이 심화되었다. 서구 열강이 조선에서의 기득권을 위협해오고 있다는 것을 깨달은 일본은 청이 통제력을 강화해 다른 열강의 영향력을 차단하도록 지원함으로써 장차 조선 문제와 관련해서는 청과만 교섭하면 되도록 하는 방침을 취했다. 이러한 속셈을 알아차리지 못한 이홍장은 위안스카이를 '주차조선총리교섭통상사의駐箚朝鮮總理交涉通商事宜'로 임명해 모든 통상 업무를 관장하고 내정을 감독하도록 함으로써 조선에 대한 통제를 강화시켜나갔다. 위안스카이는 빠른 속도로 조정과 해관, 교역, 전신 사업을 장악하면서 1885

~1893년까지 조선 최강의 실세로 군림했다. 청이 조선에서 우위를 차지하고 있던 이 시기는 일본에서 급속한 경제적·군사적 성장이 이루어진 시기와 일치하는데, 1894년경에 이르면 일본은 중국에 도전하기에 충분할 만큼 근대화를 달성하게 된다.

이미 조성된 긴장 상태는 친일파의 거두 김옥균이 1894년 3월 상하이에서 같은 조선인[홍종우]에게 암살당하면서 더욱 악화되었다. 그의 시신은 반역자에 대한 경고로 조선으로 보내져 능지처참되었다. 일본은 이 사건을 직접적인 모욕으로 받아들였고, 청나라에서 조선인이 같은 조선인에게 살해당한 것은 법적으로는 일본과는 관련이 없다는 외상 무쓰 무네미쓰陸奧宗光의 발언에도 불구하고 일본의 여론은 고조되었으며 현양사玄洋社 같은 비밀 단체들은 전쟁을 선동했다. 이런 집단들은 동학난을 조선에 대한 군대 파병의 구실로 삼았다.

동학난(1894년)

원래 종교 운동에서 출발한 동학 운동은 정부의 박해를 받으면서 정치적인 성향을 띠기 시작했다. 최제우崔濟愚(1824~1864년)는 좌절한 선비로 정부의 학정과 기독교의 팽창을 보고 고민하다가 유불선의 정수를 융합한 '동학'이라는 종교를 창시했다. 조정은 동학을 사학邪學으로 단정했으며, 1864년 최제우를 체포해 고문 끝에 참수형에 처했다. 이후 지하로 숨어 들어갈 수밖에 없게 된 이 종파는 서서히 정치적 야심을 가진 사람들을 끌어들였다. 1892년 동학교도들은 교조 신원 운동을 벌였으나 거부당했으며, 도리어 조직 해산 명령을 받았다.

그 직후 동학교도들은 일본인 비밀 결사 현양사의 도움을 얻어 각종 폐단에 항의하는 '집회'를 이용해 반란을 일으켰다. 조선 조정이 청의 지원을 요청하자 일본 공사는 위안스카이에게 적극적인 조치를 취할 것을 권하며 일본은 이 문제에 개입할 의도가 없음을 암시했다. 그리하여 이홍장은 일본이 전쟁을 하지 않을 것이라고 오인하게 되었으나 일본은 실력 행동을 하기 위한 만반의 준비를 갖추고 있었으며, 청조가 조선 정부의 동학난 진압을 지원하자마자 바로 일본군 8,000명이 출동했다. 일본은 조선의 내정 개혁을 요구했으나 이홍장의 지시를 받고 있던 조선의 조정은 일본군이 철병해야 비로소 개혁을 추진할 수 있다고 응답했다.

전쟁의 발발

외교적 해결책을 모색하기로 한 이홍장은 서구 세력의 협조를 얻어 일본이 평화적 해결안을 받아들이도록 할 생각이었다. 청나라를 대신해 개입해달라는 요청에 러시아가 응하지 않자 이홍장은 영국의 중재를 요청했다. 사태가 이렇게 급박하게 반전되리라고는 예상치 못한 영국은 적절한 정책을 마련하지 못한 채 꼼짝 못하고 있었다. 3월에 글래드스턴의 뒤를 이어 수상이 된 로즈버리Rosebery 경은 "극동에서 변동이 발생하는 것을 원하지 않았다".[55] 마침내 이홍장은 청군과 일본군이 동시에 철병하고 조선의 한성 주변에 중립 지역을 두자는 아주 온건하고 무난한 제안을 했다. 일본은 이 제안을 거절했을 뿐만 아니라 화평을 권하는 미국의 요구도 묵살했다. 이홍장이 외교적 해결을 모색하느라 청의 군사적 준비는 지연될 수밖에 없었다. 평화로운 해결의 희망이 모두 사라진 다음에야 비로소 그는 조선으로 지원 병력을 출동시켰다. 지원 병력의 출동을 알게 된 일본은 1894년 7월

25일 수송선인 영국 선적의 증기선 고승호古升號를 격침시켜 청군 950명이 익사했다.⁵⁶⁾ 8월 1일 청과 일본은 모두 전쟁을 선포했다.

이 전쟁은 실로 30여 년간 근대화를 추진해온 양국 간의 실력대결이었다. 지상에서 일본은 평양 전투에서 이홍장의 회군을 패배시키고, 대원군을 수장으로 한 괴뢰 정권을 수립한 다음 조선의 독립을 선언했다. 해상에서는 청조의 선단이 좀더 규모가 컸지만 함선 전부가 동원된 것은 아니었다. 이홍장의 북양 함대만이 일본 해군과 싸웠다. 남양 함대와 다른 두 성, 즉 광둥 성과 푸젠 성의 해군은 자기 보호를 위해 '중립'으로 남아 있었다. 게다가 청의 전함들은 일본 전함보다 용적 톤수는 컸지만 낡고 속도도 느려 새로 건조된 민첩한 일본 함대의 상대가 될 수 없었다. 양국 해군은 1894년 9월 17일 압록강에서 얼마 떨어지지 않은 황해에서 격전을 벌였다. 시작부터 기함의 사령관이 전투 대형으로 포진하라는 상관인 제독 정여창의 명령을 거부하면서 청의 해군은 일대 혼란에 빠졌다. 게다가 기함에서 처음으로 일제 포격을 가하자마자 함교가 무너져버리는 바람에 정여창과 그의 영국인 고문이 부상을 당해 함대는 지휘관을 잃고 말았다. 육군 장교 출신인 독일인 고문이 지휘를 맡았으나 별 효과가 없었다. 5시간의 교전 끝에 청군은 전함 4척을 잃고 1,000명이 넘는 병사가 죽거나 부상을 당했다. 일본의 손실은 전함 1척에 불과했다.

여기서 살아남은 청의 전함들은 뤼순 항으로 퇴각했다가 다시 해군 기지가 있던 웨이하이웨이威海衛로 철수했다. 11월에 일본은 육로로 다롄, 뤼순을 점령하고 두 항구에 설치되어 있던 포대를 무력화시켰다. 1895년 2월 일본이 배후에서 웨이하이웨이를 점령하고 포대의 대포들로 항구에 정박하고 있던 청의 전함들을 공격하면서 청의 완패는 확고해졌다. 해군 제독 정여창은 자결했고 그의 부하들은 항복했다(4장을 참조하라).

30년에 걸친 자강 운동 뒤에 있은 이러한 굴욕적인 참패로 인해 이홍장은 엄중한 탄핵 요구에 직면하게 되었다. 그는 북양 함대와 회군만으로는 일본이라는 나라 전체의 힘을 상대할 수 없다고 변명했지만 해임과 불명예를 면할 수는 없었다.

강화

1894년 11월 총리아문의 책임자로 재임명된 공친왕은 미국 공사에게 중재를 요청하며 강화를 위한 노력을 시작하면서, 배상금 지불과 조선의 독립을 승인할 의사가 있음을 내비쳤다. 이제 뤼순과 다롄을 획득해 만주와 랴오둥을 위협하게 된 일본은 그 정도 양보로는 부족하다고 보았지만 협상할 의사가 있음을 밝혔다. 1895년 2월 청조는 총리아문의 대신이면서 호부시랑인 장음환張蔭桓을 이토 히로부미와 외상 무쓰 무네미쓰와의 면담을 위해 히로시마로 파견했으나 일본은 면담을 거부하며 강화 협상을 하기에는 그의 권한이 충분하지 않다고 주장했다. 북양 함대가 패해 강화가 시급해지자 청조는 이홍장을 전권 대신으로 일본에 파견했다.

일본이 제시한 강화 조건은 일본 각계의 다양한 요구를 종합한 것이었다. 육군은 랴오둥 반도의 할양을, 해군은 남아시아의 기항지로 필요한 타이완을 요구했으며 '진보당'은 산둥, 장쑤, 푸젠, 광둥 지역을 장악할 것을 요구했고 자유주의자들은 만주의 할양을 요구했다. 재무성은 거액의 보상금을 요청했다. 최종 조정안에서는 조선의 독립,

배상, 영토 할양, 통상권과 항해권 등이 강조되었다.

시모노세키에서 진행된 협상에서 이홍장은 청과 일본은 동일한 문화적·인종적 배경을 갖고 있음을 인정해야 하며, 동시에 서구 제국주의 시대에 아시아 국가들로서 동일한 이해관계를 갖고 있으므로 서로를 이용해서는 안 된다는 점을 강조했다. 이홍장은 나이 ― 73세 ― 를 이용해 연하의 상대방들을 심리적으로 제압하려 했지만 별 효과가 없었다.[57] 이처럼 결정적인 시점에서 이홍장은 일본의 한 광신자에게서 총격을 받았다. 그리 심각한 부상은 아니었지만 이 사건으로 서구 열강이 중국 문제에 개입하게 되지나 않을까 일본 정부는 몹시 당황했다. 일본 천황은 어의御醫를 보내 이홍장을 치료하도록 했고, 일본 정부는 자진해 휴전을 선언하고 배상금 요구액도 3억 냥에서 2억 냥으로 낮추었다. 외상인 무쓰 무네미쓰는 이렇게 말했다.

> 이홍장의 불행은 동시에 대청 제국의 행운이기도 하다. 이제부터 평화 협상은 훨씬 더 쉬워질 것이고, 청일 전쟁은 곧 끝날 것이다.[58]

1895년 4월 17일 시모노세키 조약이 체결되었다. 이 조약의 주요 내용은 1) 청국은 조선이 자주 독립 국가임을 인정하고 조공을 중단한다. 2) 청국은 일본에 2억 냥의 배상금을 지불한다. 3) 청국은 일본에 타이완, 펑후 열도, 랴오둥 반도를 할양한다. 4) 충칭, 쑤저우蘇州, 항저우杭州, 사스沙市를 개항한다. 5) 일본 국민들이 청나라에서 공장을 개설하고 산업과 제조업에 종사할 권리를 부여한다.

청의 반대 여론은 심각했다. 이홍장은 나라를 팔아먹었다고 비난받았다. 양강 총독 장지동은 조약 비준에 반대했고, 회시 응시를 위해 베이징에 올라온 거인들은 여러 차례 조정에 상소를 올려 조약을 거부하고 전쟁을 계속할 것을 요구했다(5장을 참조하라).⁵⁹⁾ 그러나 이러한 반대에도 불구하고 청조는 1895년 5월 8일 조약 비준서를 교환했다.

타이완에 있던 청의 지도자들은 청불 전쟁 이후 성으로 승격되어 초대 순무⁶⁰⁾ 주도로 근대화에서 상당한 성과를 보이고 있던 타이완의 일본 할양에 강력히 저항했다(4장을 참조하라). 5월 25일 독립을 선언한 그들은 타이완이 공화국임을 선포하며 현임 순무〔당경숭唐景崧〕를 총통으로 추대했다. 청조의 대표로 파견된 이홍장의 아들 리징팡李經方의 압력과 일본군의 작전으로 1895년 10월 마침내 이러한 지역 운동은 진압당하고 타이완은 일본의 지배하에 들어갔다.

아무리 다시 살펴봐도 이 전쟁에서 청의 패배는 불가피했던 것 같다. 무엇보다도 이 전쟁은 민족주의를 통해 정부와 국민이 하나의 목표로 굳게 단결해 근대 국가를 건설하려던 나라와 정부와 백성이 전체적으로 완전히 따로 놀았던 나라 사이의 전쟁이었던 것이다. 전쟁에 나선 일본은 거국적인 역량을 총동원한 반면 청의 일반 백성들은 전쟁과는 거의 동떨어져 있었으며 조정은 거의 전적으로 북양 함대와 이홍장의 회군에게만 의지했다. 둘째, 청은 명확한 지휘 체계가 서 있지 않아서 명령이 일사불란하지 못했고 거국적인 동원도 없었다. 총리아문, 지방 당국, 무책임한 청류파 관료들의 상충된 건의들은 청조의 우유부단함만 초래했을 뿐이다. 조선의 외교와 군사 업무를 관장하고 있던 이홍장은 정책 결정권이 없었으며 자기 관할 밖에 있는 전함과 군대에 대한 통제권도 없었다(4장을 참조하라).

셋째, 조정과 북양 함대 사령부의 부패는 처음부터 청의 노력에 어두운 그림자를 드리웠다. 서태후가 여름 별궁인 이화원願和園 건축을 위해 해군 기금에서 수백만 냥을 전용한 것, 그녀의 환관 총애, 사회 전반의 도덕성 타락도 패전의 원인이 되었다. 이홍장이 정직성보다는 개인적 충성심과 복종심에 따라 인선한 북양 함대의 사령부에서 특히 부패가 만연했다. 많은 군관들이 태감 이연영李蓮英의 환심을 사려고 애썼으며 공금을 빼돌려 그에게 선물을 보냈다. 그러면 그는 이들의 불법 행위를 비호해주었다. 외형적으로는 엄청난 규모였지만 북양 함대는 사실상 약체였다. 이홍장은 이 점을 잘 알고 있었기 때문에 전쟁으로 번지기 전에 먼저 외교적 수단을 총동원했던 것이다.

마지막으로, 이홍장의 외교는 국제 정치에 대한 이해 결여, 개인의 협상 능력에 대한 지나친 자신감, 구태의연한 이이제이 정책에의 의존 등으로 말미암아 근본적으로 한계가 있었다. 러시아의 중재가 무산되자 이홍장은 영국과 미국의 지원을 구했으나 양쪽 다 일본을 효과적으로 견제할 수 없었다.

'중국의 분할' 위기

삼국 간섭

1895년 4월 23일 러시아, 프랑스, 독일 3개국은 일본 정부에 공동

각서를 보내 일본의 랴오둥 반도 점령은 베이징의 안전을 위협하고 조선의 독립을 유명무실하게 만들며 극동의 전반적인 평화를 위협한다고 경고했다. 일본이 아시아 대륙에 진출하는 것을 경계했고 부동항인 뤼순과 다롄에 관심을 갖고 있던 러시아가 이러한 삼국 간섭을 부추겼다. 러시아의 재무대신 비테Witte 백작은 이렇게 지적했다.

> 지금의 급선무는 일본이 중국의 심장부로 침투하거나 랴오둥 반도에 교두보를 확보하지 못하도록 하는 것이다.[61]

따라서 랴오둥을 전쟁 이전 상태로 돌려놓기로 결정한 러시아는 일본의 동의를 이끌어내기 위해 일본의 항구들에 대한 폭격을 포함해 필요한 모든 수단을 강구하기로 했다. 러시아와 2국 동맹 관계에 있던 프랑스가 이에 가담했으며 러시아가 극동 문제에 전념해 유럽에 대한 압력이 줄어들길 고대하고 있던 독일도 이에 가세했다. 경고에 힘을 싣기 위해 러시아는 청과 일본 항만에 정박 중이던 전함들을 소환하고 블라디보스토크를 전쟁 지역으로 선포한 다음 그곳에 병력을 집결시켰다. 영국은 불간섭 정책을 고수했는데, 무엇보다도 랴오둥이 영국의 직접적인 이해가 걸린 지역이 아니었으며, 수상인 로즈버리가 일본에 대한 병력 발동을 피하려 했기 때문이었다.[62]

시모노세키 조약 체결 이전에 이미 유럽의 간섭 가능성을 알고 있던 이토 히로부미와 무쓰 무네미쓰는 일본은 대륙에서의 영토 획득 요구를 억제해야 한다고 주장했다. 그러나 군부는 영토 할양은 승리에는 필수적인 것이라고 고집했다. 그리하여 삼국 간섭에 직면하게 된 일본은 다음 세 가지 대안 가운데 하나를 선택해야 했다. 즉 1) 경고를 거부하며 전쟁도 불사하든지, 2) 랴오둥 문제에 관한 국제회의를 요구하든지, 3) 삼국의 주장을 받아들이든지 해야 했던 것이다. 1895년 4월 24일 일본 어전 회의는 두번째 안을 선호했으나 외상 무쓰 무네미쓰는 서구 열강이 그러한 국제회의를 계기로 다른 평화안까지 수정하도록 할까 염려해 그에 반대했다. 일본 정부는 마침내 5,000만 냥을 받는 대신 랴오둥을 청에 반환하기로 결정했다. 열강은 보상금을 3,000만 냥으로 감액하도록 했고, 1895년 11월 4일 이홍장과 베이징 주재 일본 공사 하야시 다다스林董가 랴오둥을 반환하는 공식 협정을 체결했다.

러시아는 삼국 간섭을 주도하고 1억 냥에 달하는, 일본에 보낼 첫 해 배상금을 차관해줌으로써 청의 환심을 샀다. 연 수입이 8,900만 냥에 불과하던 청조로서는 그처럼 거액의 배상금을 지불할 능력이 거의 없었기 때문이다. 청조는 1895년 프랑스-러시아 은행단에서 4억 프랑을 연리 4%의 이자로 차관했다. 청은 이후 1896년과 1898년 두 차례 더 연리 5%와 4.5%의 이자로 1,600만 파운드를 영국-독일 은행단에서 차관했다.

청러 밀약

러시아가 보여준 우의에 호감을 갖게 된 청조의 고관들은 앞으로 있을지 모르는 일본과 서구의 침략에 맞선 보루로서 러시아와의 동맹을 주장했다. 1874년의 해방 대 육방 논쟁, 그리고 1878~1881년 사이의 일리 위기 시 친러적 성향을 보여준 바 있던 이홍장은 이번 전쟁에서 영국이 청을 도와주지 않은 데 크게 실망했다. 이에 따라 그는 러시아와의 동맹을 향후 중국 외교의 기본 방침으로 여기게 되었다. 결국 서태후 또한 이 동맹에 동의했다.

한편 러시아 측에서는 비테 백작이 시베리아 횡단 철도를 만주를 가로질러 블라디보스토크까지 연장할 수 있는 양보를 얻어낼 수 있으리라는 기대에서 이러한 동맹을 환영했다. 그러한 만주 노선은 350마일을 단축해 많은 시간과 경비를 줄일 수 있고, 나아가 중국에 평화적으로 침투하려는 비테의 정책을 한층 더 진전시킬 수 있도록 해줄 것이었다. 비테는 외무성의 아시아국과 아무르 성 장관의 반대에 부딪혔는데, 그러한 계획은 다른 열강의 반대를 야기해 중국의 분할을 초래할 가능성이 있다는 것이 반대의 이유였다. 그러나 비테는 차르의 지원을 받았으며, 중국 주재 러시아 공사 카시니Cassini는 이 철도가 중국 방어를 위한 러시아 군대의 이동을 원활하게 해줄 것이라고 이홍장을 설득하라는 훈령을 받았다. 일부 논의가 있었고 영자지『노스 차이나 데일리 뉴스North China Daily News, 字林西報』에는 '카시니 협정'이라고 보도되기도 했지만 공식 협정에 도달하지는 못했다.

철도 통과와 관련된 특허권 협상과 청러 동맹은 마침내 1896년 니콜라이 2세의 대관식과 함께 실현되었다. 청조는 중간급 관료를 대관식에 참석하도록 결정했으나 카시니가 이홍장급의 고관이 파견되어야 좀더 격이 맞을 것이라고 조용히 항의했다. 러시아 황제 본인이 서태후에게 전보를 보내 이홍장을 임명하면 더 기쁘겠다고 전했다고도 한다. 그리하여 74세의 고령에다 파면 상태였던 이홍장은 일등 흠차대신으로 임명되어 러시아 황제의 대관식에 참석하고 영국, 프랑스, 독일, 미국의 통치자들을 만나보기 위해 첫번째 서구 여행을 떠났다. 비테는 회고록에서 이렇게 말하고 있다.

나는 …… 그가 러시아에 도착하기 전에 다른 유럽 국가를 방문하는 것을 막고 싶었다. 만약 유럽에 가게 된다면 이홍장은 유럽 정치가들의 온갖 음모의 대상이 될 수밖에 없는 것이 분명해 보였기 때문이다.[63]

그리하여 러시아 황제는 특사 우흐톰스키(Ukhtomski) 공을 파견해 수에즈에서 이홍장을 '가로채' 오데사로 인도해 왔다.

상트페테르부르크에서 비테는 위급한 상황에서 청에 군사적 지원을 제공해주려면 러시아로서는 유럽 지역으로부터 블라디보스토크까지 최단거리의 철도가 절실하게 필요하다는 인상을 강하게 심어주려 했다. 몽골 북부와 만주를 통과하게 될 이 노선은 그것이 횡단하는 지역의 생산성을 제고시켜줄 것이며, 일본을 유럽과 연결시키는 것이므로 일본도 반대하지 않을 것으로 예상할 수 있었다. 이홍장은 은밀히 그러한 계획에 동의하고 청조에 그것이 장차 영국과 일본의 팽창을 저지해줌으로써 청과 러시아 모두에게 유익할 것이라고 보고했다. 비테와 이홍장은 세 가지 원칙에 합의했다.

1) 청은 러시아가 치타에서 블라디보스토크까지 철도를 건설하는 것을 허용하며, 민간 회사인 청의 중동철로공사(中東鐵路公司, 東省鐵路公司)가 이를 운영한다.

2) 청은 철도 건설과 관리에 필요한 땅을 제공하며, 치안 유지를 포함하는 전권을 중동철로공사가 가진다. 36년 후에 청은 7억 루블을 상환하고, 철도는 80년 뒤에는 무조건 청에 귀속된다.

3) 청과 러시아는 청, 조선 및 러시아의 극동 영토에 대한 일본의 어떠한 공격에도 공동으로 방어하기로 합의한다.

이러한 협약과 관련해 이홍장이 러시아로부터 1,500만 달러의 뇌물을 제안받았고, 적어도 일부는 전달된 듯하다는 소문이 나돌았다. 비테는 그러한 사실을 부인했지만 설령 사실이라 하더라도 이홍장의 결심에 뇌물이 결정적인 작용을 한 것은 아니었다. 왜냐하면 그는 동맹을 체결한다는 분명한 목적을 갖고 러시아로 갔기 때문이다. 이이제이 정책 — 이 경우 러시아를 이용해 일본을 제어하는 것 — 을 충실히 따른 이홍장은 이 협약이 20년 동안은 중국에 평화를 보장할 것이라고 자신 있게 선언했다. 그러나 평화는 채 2년도 이어지지 못했다.

조차지 쟁탈전

독일은 영국이 홍콩, 프랑스가 통킹, 러시아는 블라디보스토크 등 다른 열강들이 모두 동아시아에 기지를 갖고 있는 사실을 거론하면서 삼국 간섭에 대한 보상으로 중국에 해군 기지를 마련하려고 했다. 청은 이를 거부했다. 그러나 1897년 독일 황제가 러시아를 방문해 차르로부터 산둥의 자오저우膠州 점령에 대해 애매하게나마 모종의 동의를 얻어냈다. 독일은 산둥에서 독일인 신부 2명이 피살된 사건(1897년 11월)을 이용해 자오저우를 점령하고 청조를 압박해 99년간의 조차권과 산둥 철도 2개 노선 부설권을 획득했다. 여기에 자극받은 러시아 외상 미하일 무라비요프Mikhail Muraviev는 (비테의 반대에도 불구하고) 뤼순 또는 다롄 점령안에 대해 차르의 지지를 얻어냈다. 1897년 12월 러시아는 독일로부터 중국을 보호한다는 구실로 두 항구를 점령했고, 이듬해 3월에는 청조를 압박해 두 항구를 25년간 조차하고 중동철도로부터 이 항구들까지 이어지는, 그리고 다시 여기서 서쪽으로는 뉴좡까지 그리고 동으로는 압록강까지 이어지는 남만주철도에 대한 철도 부설권을 얻어냈다. 비테는 후일 청 측 교섭 담당자인 이홍장과 장음환에게 협조를 부탁하며 뇌물을 준 것을 인정했다. 청이 3년 전 3,000만 냥을 주고 되찾은 랴오둥 반도를 이제는 러시아가 차지하게 된 것이다!

그리하여 이제 조차지 쟁탈전이 본격화되었다. 영국은 웨이하이웨이에 대한 25년간의 조차권을 그리고 홍콩의 신영토에 대한 99년간의 조차권을 확보했으며,[64] 양쯔 강 유역을 다른 어떤 열강에게도 넘기지 않기로 약속받음으로써 이를 영국의 세력권에 포함시킬 수 있게 되었다.[65] 일본은 푸젠 성에 대해 그와 비슷한 비양도 약속을 받아냈다. 프랑스는 광저우 만을 99년간 조차해 광둥-광시-윈난을 세력권으로 만들었다. 오직 이탈리아 — 이탈리아의 요구는 거부되었다 — 만이 조차지 획득에 실패했으며 미국은 미국-스페인 전쟁과 필리핀 혁명 사건에 전념하느라 아무런 행동도 취하지 못했다. 이러한 중국 분할의 위협이 국내적으로는 1898년의 개혁 운동(자세한 내용은 5장을 참조하라)이 일어나도록 했고, 대외적으로는 미국으로 하여금 문호 개방 정책을 선언하도록 만들었다.

문호 개방 정책

비록 중국에서 독자적인 세력권을 주장했지만 영국은 다른 열강들의 독자적인 세력권에서도 교역상의 문호 개방 정책을 촉진시키려고 했다. 중국 분할에 가담한 영국으로서는 혼자만으로는 그러한 계획을 추진하기 곤란해 열강 중 유일하게 '깨끗한' 전력을 가진 미국에

캠브리지 중국사

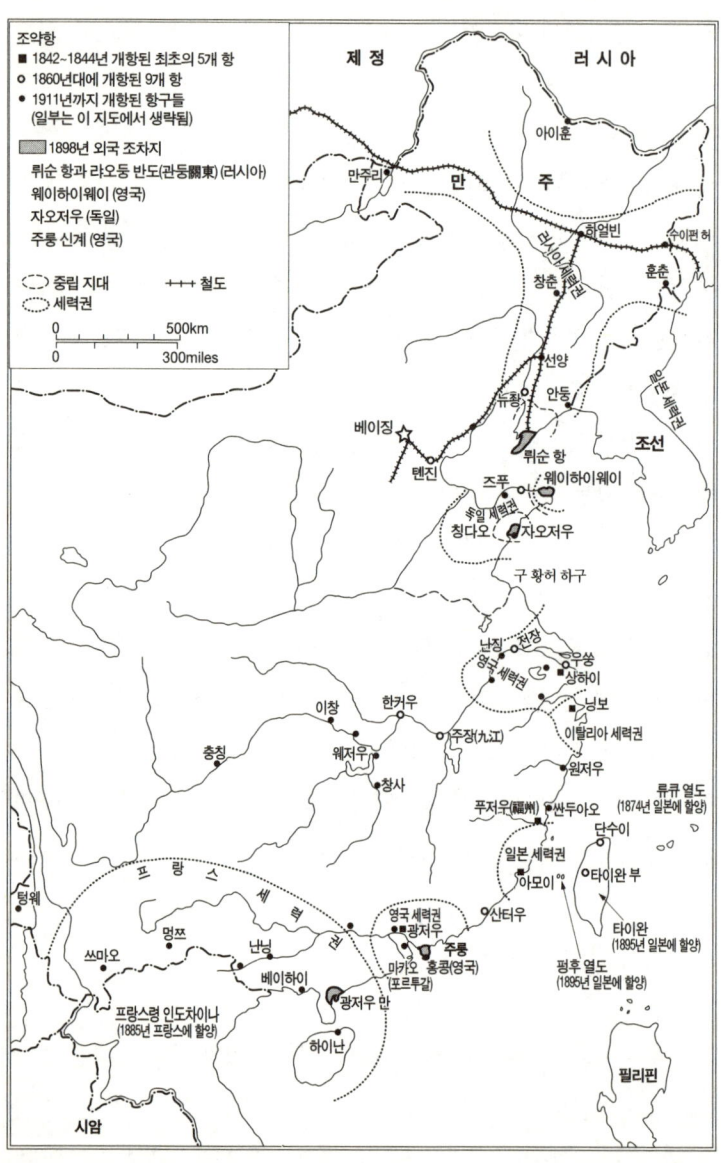

〈지도 7〉 1890년대의 제국주의

도움을 요청했다. 1898년, 그리고 다시 1899년에 워싱턴 주재 영국 공사는 미국 국무성에 접근해 중국에서 동등한 상업적 기회를 갖기 위한 운동을 공동으로 발의할 것을 제안했다. 그러나 미국은 스페인과의 전쟁이 끝나고 필리핀을 병합한 뒤에야 비로소 관심을 보이기 시작했다. 그리하여 중국 해관의 영국인 세무사인 히피슬리A. E. Hippisley는 미국인 친구 록힐W. W. Rockhill을 설득해 이 제안에 솔깃하도록 만들었다. 전직 중국 주재 공사였던 록힐은 국무장관 헤이John Hay의 극동 문제 고문이었다. 헤이는 중국에서의 균등한 교역 기회를 요지로 록힐이 초안한 제안서를 1899년 9월 영국, 독일, 러시아, 프랑스, 이탈리아, 일본으로 발송했다. 그것의 주요 내용은 3가지로 요약되는데, 모두 조약 체제를 유지하기 위한 것이었다.

1) 각국의 세력권이나 조차지 안에서는 어떤 국가도 타국의 조약항 또는 기득권에 간섭할 수 없다.

2) 각국의 세력권 안에서는 어떤 나라도 다른 나라 국민들에 대해 항만세나 철도 요금을 차등 적용해서는 안 된다.

3) 각국의 세력권 안에서는 청과의 조약상의 관세가 적용되며 청 정부에는 관세를 징세할 권리가 부여된다.

이 제안서에 대해 어떤 열강도 입장을 표명하지 않고 다른 열강의 태도만 관망하고 있었으나 그럼에도 불구하고 헤이는 1900년 3월 20일 각국이 모두 "최종적으로 그리고 분명하게" 동의했다고 발표했다. 1900년 7월 3일 의화단 운동이 전개되면서 문호 개방 원칙이 위협받게 되자 미국은 두번째 제안서를 발표해 중국 영토와 행정의 통일성을 보전한다는 내용을 추가했다. 하지만 이는 뻔한 목적을 가진 발언으로 어떤 열강의 호응도 끌어낼 수 없었다.

문호 개방은 원칙의 선언일 뿐 미국 정부의 공식 정책은 아니었으므로 미국은 그것을 강행할 의지도 없었고 그럴 힘도 없었다. 하지만 이러한 선언 후 중국이 분할될 듯한 분위기는 가라앉았는데, 그것은 미국의 요청에 호응한 것이 아니라 제국주의자들이 상호 경쟁과 분쟁을 피하려고 했기 때문이다. 그에 따른 열강 간의 세력 균형은 청 제국의 즉각적인 붕괴를 방지해주었다.

의화단의 난

100일간의 무술변법(5장을 참조하라)이 1898년 9월의 무술정변으로 종말을 고하면서 급진파와 온건파 한인들이 모두 축출되고 만주족 보수파가 권력을 장악했다. 영록榮祿과 유록裕祿, 계수啓秀 등의 보수파가 군기처에 들어갔고, 대학사 강의剛毅가 점점 더 서태후의 총애를 받게 되었다. 이들은 강경 저항책을 옹호했고, 이들의 영향 아래 서태후는 더이상 열강에게 양보하지 않기로 결정했다. 이탈리아가 1899년 2월 푸젠의 싼먼 만三門灣의 양여를 요구하자 서태후는 이 요구를 거부하도록 지시했는데, 이탈리아가 10월에 이를 철회하자 신 정책의 타당성을 확신하게 되었다. 1899년 11월 21일 서태후는 성의 당국자들에게 평화에 대해 더이상의 환상은 갖지 말도록 지시했다.

전국의 순무와 총독들이 합심 협력하기만 한다면 …… 아무리 강한 침략자들이라 할지라도 …… 우리 같은 대국이 어찌 두려워할 필요가 있겠는가? 평화를 생각하지도, 외교적 책략에만 의지하지도 말지어다.⁽⁶⁶⁾

1860년 영불 연합군의 침입으로 조정이 러허로 피신하고, 청불 전쟁 그리고 이어서 청일 전쟁에서 패하고, 1897~1898년에는 열강에게 영토를 분할당한 일 등은 모두 서태후가 외국에 대해 적대감을 갖도록 만든 원인이 되었다. 1898년의 개혁 운동에 대한 외국의 지지, 외국인들이 개입해 개혁파인 캉유웨이^{康有爲}와 량치차오^{梁啓超}가 외국으로 탈출할 수 있도록 지원한 사실, 이러한 망명객들이 일본에서 개혁을 지속하기 위해 전개한 활동 등은 서태후의 반감을 심화시켰다. 이제 베이징 주재 외국 공사들은 그녀가 광서제를 폐위하고 단군왕^{端郡王}의 아들을 태자로 세우려는 계획에 공개적으로 반대 의사를 표명했다. 두 사람의 계획에 대한 열강들의 이러한 개입을 막을 힘이 없어 모멸감과 좌절감을 느낀 서태후와 단군왕은 대규모 반외세 봉기를 일으킨 의화단 운동을 지원하게 되었다.

의화단 운동의 배경

배외 감정은 조정뿐만 아니라 학자, 관리, 신사, 일반 백성들에게도 확산되었다. 반세기 가까이 외국에게 당한 치욕은 그들의 자부심과 자존심에 큰 상처를 입혔다. 오만한 외국 공사와 영사, 호전적인 선교사와 상인의 존재는 그들에게 중국의 불행을 끊임없이 상기시켜주었다. 부당하다는 느낌이 점점 더 커져가는 가운데 좀더 커다란 사회적·경제적·정치적·종교적 요인들이 결합되어 광범위한 배외 운동이 벌어지게 되었다.

외국인 선교사들은 1858년의 톈진 조약과 1860년의 베이징 조약에 의해 중국 내지에서 자유로운 포교 활동의 권리를 부여받고 있었다. 그러나 포함의 보호 아래 중국을 침략한 기독교에 반발하고 있던 중국인들에게서 신자를 얻기란 대단히 어려웠다. 일부 선교사들은 신도들에게 금전적인 지원이나 기타 편의를 제공하는 방식을 취하기도 했고, 송사가 벌어지는 경우 신도들을 대신해 지현과 협상을 벌이기도 했다. 총리아문은 신자를 보호하는 선교사들의 힘이 얼마나 대단한지를 조정에 보내는 보고서에서 이렇게 요약하고 있다.

> 교회와 관련된 사건을 수십 년 동안 다루어왔지만 선교사들이 교인들을 견책하거나 징계하는 것을 우리는 단 한 번도 보지 못했다.

특히 신사층에서 배외 감정이 심했고, 기독교를 사회를 타락시키는 이단으로 간주했다. 유교적 예의범절의 수호자를 자임한 이들은 어떠한 외국 종교나 철학의 침입도 거부했으며, 특히 기독교로 개종한 사람들이 전통 의례를 수행하지 않고 지방의 각종 제전에 동참하지 않는 데 분노했다. 신사들이 선교사에 반대하는 폭동을 배후에서 조종하는 일이 빈번하게 벌어졌다. 교회와 수도원의 높은 담장 안에서 외국인들이 온갖 극악무도한 일을 벌이고 있다는 민간의 소문과 유언비어는 중국인들의 반감에 불을 붙였으며, 기독교는 배외주의 감정의 근본적인 원인이 되었다(10권의 11장을 참조하라).

1897~1898년의 조차지 분할 경쟁은 애국주의적인 중국인들에게 망국의 위기가 임박했다는 의식을 불러일으켰다. 캉유웨이는 중국

이 제2의 미얀마, 안남, 인도나 폴란드가 될 위험성을 경고했으며, 진보파들은 철저한 제도 개혁으로 나라를 위기에서 구할 것을 주장했다. 그러나 보수파들과 무지몽매한 무리들은 외국인을 몰아낼 것을 주장했다. 독일이 자오저우를 점령한 이후 산둥에서 일어난 약 1,000여 차례에 달하는 각종 사건과 다른 지역에서 분출한 수많은 사건들은 모두 외국 침략에 대한 민중의 분노가 얼마나 큰지를 잘 보여주는 것이었다.

외국 수입 상품의 유입과 고정 관세는 청의 경제를 침체시켰던 것처럼 보인다. 19세기 중반 기근으로 인해 수많은 사람들이 도적으로 내몰리는 등 민생은 한층 더 피폐해졌다. 처음에는 불행의 원인을 태평천국 탓으로 돌렸던 수많은 극빈자들은 결국 이들 반란 세력에게 기독교 신앙을 불어넣은 외국인들에게 분노의 화살을 돌렸다. 태평천국의 난 이후 도심의 상점들에는 외국 제품이 점점 더 증가하기 시작했으며, 자강 운동 기간(1861~1894년) 동안 외국 자본과 함께 외국식 기업과 공장들이 등장했다.

외국이 건설한 철도 또한 전통적인 운송 체계를 위협했다. 기존의 대운하와 한커우-베이징을 잇는 육로는 새로 건설되고 있던 철도와는 경쟁 상대가 되지 않았고, 이러한 전통적인 운송 체계에 생계를 의지해 오던 수천 명의 사람들은 실직 위기에 직면했다. 19세기 말 중국은 농촌의 빈궁, 실업의 증가, 백성들의 전반적인 생활난 등의 문제에 포위당해 있었던 것 같다. 많은 중국인들은 이 모든 문제를 외세의 영향과 경제적 지배 탓으로 돌렸는데, 이에 따라 외국인들에 대한 깊은 적대감이 발달하게 된 것은 놀랄 일이 아니었다.

1898년 황허의 제방 붕괴로 산둥 지역의 수백여 개의 마을이 침수되고, 쓰촨 성, 장시 성, 장쑤 성, 안후이 성에서도 이와 비슷한 홍수가 일어나는 등 자연재해로 인해 경제적 궁핍은 한층 더 심각해졌다. 1900년 이처럼 끔찍한 홍수에 이어 화북에 극심한 가뭄이 몰아닥쳤다. 이재민들과 미신에 사로잡힌 학자, 관리들은 모든 책임을 외국인들에게 돌리며 그들이 이교를 전파해 천지신명을 노하게 했다고 여겼다. 외국인들은 철도를 건설함으로써 땅의 '용맥龍脈'을 파괴하고, 광산을 개발함으로써 산의 '보기寶氣'를 누출시켰고, 풍수지리를 철저하게 해침으로 인간과 자연 사이의 조화를 파괴시켰다고 비난받았다. 이러한 미신적인 분위기와 극단적인 경제적 어려움, 외래적 요소에 대한 대중들의 적대감이 널리 퍼져 있던 가운데 1900년 강력한 배외 운동이 터져 나왔다.

의화단 운동의 기원

'Boxers'란 '의화권義和拳'이라 불리는 중국의 비밀 결사를 가리키는 영어 이름으로, '의와 조화의 권법'이라는 뜻의 이 단체명은 단원들이 익히던 전통적인 방식의 권법에서 따온 것이었다. 1796~1804년의 반란을 부추긴 반청 비밀 종교인 백련교와 관련되어 있던 의화권은 팔괘교八卦敎에서 파생되었다. 의화권은 1808년 칙령에서 처음으로 공식적으로 거론되었는데, 공식적인 금지령에도 불구하고 산둥, 후난, 장쑤, 안후이, 직예 지역에서 계속 활동을 이어갔다. 전통적으로 반왕조적 성향을 띠었던 이 결사는 1890년대에 들어서면서는 반외세적 성격까지 띠기 시작해 외국인과 이들에 협력하는 중국인들을 살해할 것을 천명했다.

의화단은 건자권乾字拳, 감자권坎字拳, 곤자권坤字拳 등 전혀 통합되어 있지 않은 몇몇 결사들 — 각각의 지도자가 달랐다 — 로 이루어져 있었다. 각 집단은 일반적으로 25명 단위(권단拳團)로 조직되었으며, 각각 전권을 가진 지도자를 두었다. 훈련 방식은 각 집단마다 달랐지만 대체로 짧고 단순했으며 하루 만에 끝났다. 의화단의 단원들은 최고 지도자를 '노사부老師父' 또는 '노조사老祖師'로 불렀으며, 그 아래 지도자들은 차례대로 '대사형大師兄', '이사형二師兄'으로 불렀다. 또한 그들은 외국인들을 '대모자大毛子', 중국계 기독교인과 '외국 업무'에 종사하고 있는 사람들은 '이모자二毛子', 수입품을 쓰는 사람들은 '삼모자三毛子'로 불렀다. 이 모든 '모자'는 제거 대상이었다.[67]

의화단이 섬기는 대상에는 전설상의 인물뿐만 아니라 역사적 인물까지도 모두 망라되어 있었다. 그들의 수련의 핵심이자 아직도 미신을 믿고 있던 백성들을 가장 혹하게 만들었던 것은 바로 주술의 시행이었다. 이들은 부적, 주문, 의식을 통해 총알을 피하고, 공중을 날고, 전쟁에서 신성한 군대의 도움을 받을 수 있는 초자연적 능력을 얻을 수 있다고 주장했다. 배외적이었던 이들은 서양식 총포의 사용은 피하고 재래식 창과 칼을 선호했다.

1899년 가을 일부 의화단 지도자들이 청조를 지지하기 시작했으나 모든 집단이 그만큼의 확신을 갖고 그러한 생각을 공유하고 있던 것은 아니었다. 여전히 '반청복명反淸復明〔청조를 타도하고 명조를 부흥시키자〕'을 고수하는 무리가 있는가 하면 대부분이 비적 떼였던 다른 무리는 이 문제에 관해 아무런 관점도 갖고 있지 않기도 했다. 1900년 여름 의화단이 조정에 의해 베이징으로 소환되자 친명적 무리는 외국 공사관들을 공격하는 동시에 몰래 세력을 규합해 만주 조정을 전복하려고 시도했지만 실패로 돌아가고 말았다.⁶⁸⁾ 하지만 이처럼 다양한 의화권 집단도 외국인과 중국인 협력자들을 제거한다는 기치 아래서는 단합되어 있었다.

청조의 의화단 지지

1890년대 대도회大刀會로 알려진 의화권 일파가 산둥에서 그곳 순무 이병형李秉衡의 비호를 받으며 활발하게 활동하고 있었다. 이병형은 의화단이 일으키고 있는 폭동들에 대한 책임을 기독교인들에게 돌렸다. 그는 기독교인들이 "선교사들의 보호와 지원하에 일반 백성들을 괴롭히고 억압하고 있다"고 주장했다. 아울러 의화단원들을 탄압하기보다는 회유할 것을 건의했다. 1897년 독일 선교사 2명이 피살된 사건은 독일의 자오저우 점령 구실을 제공했고, 외국의 압력으로 이병형은 면직당했다. 이어 1899년 3월 그곳의 순무로 임명된 육현毓賢 또한 의화단과 대도회를 후원해 선교사와 교인들의 탄원과 불만을 무시하도록 부하들에게 지시했다. 그의 비호 아래 의화단은 '부청멸양扶淸滅洋〔청조를 받들고 서양을 멸망시킨다〕'의 기치를 내걸었다. 그는 의화단에 보조금을 지급하고, 본인의 병사들의 훈련을 위해 초빙하는 한편 이들의 명칭을 〔의화권에서〕 '의화단' 으로 개칭해 공식적인 민병대인 '단련' 형식으로 개편했다. 공식적인 지원을 받으면서 대담해진 의화단이 선교사들과 교인들에 대한 공격을 늘려가는 와중에도 육현은 계속 "기독교인에 대한 학대 같은 것은 전혀 존재하지 않는다"고 조정에 보고했다. 조정은 그러한 보고를 사실로 간주했으며 점점 더 배외적인 성격을 강하게 띤 정책을 폈다.⁶⁹⁾

1899년 12월 외국의 압력으로 면직당한 육현은 베이징으로 올라와 단군왕, 장친왕莊親王과 대학사 강의를 만나 의화단을 지지하도록 설득했다. 이 보수파들은 서태후에게 이 안을 건의했고, 좌절감에 빠져 있던 서태후는 기꺼이 이를 수용했다. 육현은 산시山西 순무로 임명되었으며, 그의 후임으로 산둥 순무에 임명된 위안스카이에게는 의화단을 처벌하지 말라는 지시가 내려졌다. 그러나 위안스카이는 이 지시를 따르지 않고 산둥의 의화단 운동을 탄압했다.

조정은 계속해서 의화단을 지지했으며, 1900년 1월 12일 자기 방어를 위해 단련하는 사람들을 도비로 간주해서는 안 된다고 공포했다.

> 자신과 가족을 보호하기 위한 목적으로 이루어지고 있는 평화적이고 합법적인 민간의 무예 수련, 그리고 향촌의 자위를 목적으로 한 촌락 간의 상호 협력은 상호 원조와 집단 방어의 문제일 뿐이다.[70]

이 칙령에 이어 4월에 공포된 비슷한 내용의 칙령은 의화단 활동을 크게 고무했으며, 5월에 의화단은 직예의 가오뤄 촌高洛村에서 대규모 폭동을 일으켰다. 서태후가 은밀히 후원하고 있음을 알고 있던 직예 총독 유록은 의화단을 처벌하지 않았고, 조정도 징계 조치를 취하지 않았다. 그리하여 의화단의 활동은 점점 더 대담해져갔으며, 외세에 의한 중국의 노예화의 상징이던 철도와 전신 시설을 파괴하는 지경에 이르게 되었다.

1900년 5월 청조는 의화단을 단련으로 개편하려고 했으나 유록과 위안스카이의 반대에 부딪혔다. 하지만 의화단이 신통력을 갖고 있다는 보고에 고무된 서태후는 베이징으로 의화단을 소환했다. 서태후는 의화단 지도자들을 칭찬했으며, 여성을 포함한 조정의 모든 관속들에게 그들의 무예를 배우도록 명령했다. 그러자 친왕과 귀족들은 의화단을 고용해 주거지를 지키도록 했으며, 일부 정규군도 의화단에 가입했다.

이처럼 점차 고조되고 있던 배외주의적 분위기는 외국 외교관들로 하여금 5월 28일 다구 연안에 있던 자국 함대로부터 부대를 불러들이도록 자극했다. 총리아문은 각 공사관마다 수비대 인원이 30명이 넘지 않도록 하려고 애썼으나 6월 1일과 3일 베이징에 도착한 선발대는 러시아, 영국, 프랑스군이 각각 75명, 미국군이 50명, 이탈리아군이 40명, 일본군이 25명이었다.

5월 29일 다시 한번 조정의 우호적인 칙령이 포고된 것에 힘입어 의화단은 6월 3일 베이징-톈진을 잇는 철로를 끊었다. 우창에 주재하고 있던 호광 총독 장지동과 철도·전신을 책임지고 있던 성쉬안화이는 그러한 활동을 제재할 것을 주청했으나 받아들여지지 않았다. 조정이 보수파들에 의해 완전히 장악되어 있었으므로 외국 외교관들은 베이징에 있는 외국인들의 안전을 우려하게 되었다. 영국 공사는 톈진에 있는 시모어Edward Seymour 해군 제독에게 도움을 요청했고, 6월 10일 2,100명의 연합군이 기차로 톈진을 출발해 베이징으로 향했다. 기차가 톈진에서 베이징으로 오던 도중 의화단이 이들 외국 파견대를 공격해 베이징 행을 저지했다. 두 도시 간의 전신 시설도 파괴되어 베이징의 외국인들은 고립에 처하게 되었다. 같은 날 의화단은 시산西山에 있던 영국의 여름 공관을 소각했으며, 6월 11일에는 일본 공사관의 서기관(스기야마杉山)이 보수파 무슬림 장군인 동복상董福祥의 군대에게 살해당했다.

6월 13일 조정은 각국 공관은 적절히 보호받고 있으므로 베이징에 더이상 외국 군대는 필요하지 않다고 발표했다. 총독 유록과 장군 섭사성聶士成에게는 시모어 제독의 진군을 저지하도록 명령했으며, 다구 포대 지휘관들에게도 기습 공격에 대비하도록 지시했다. 6월 13일부터 시작해 대규모의 의화단원이 베이징으로 몰려 들어와 교회와 외국인 거류지를 불태우고, 중국인 교인들을 살해하고, 관리들을 거리로 질질 끌고 다니며 공개적으로 모욕을 주었다. 그들은 초기 예수회 선교사들을 포함한 선교사들의 시체를 파내고, 공사관 경비병들을 공격했으며, 6월 20일 독일 공사 케텔러Clemens von Ketteler를 살해했다. 의화단은 톈진에서도 도시 전역을 유린했으며, 이러한 무질서에 맞서 외국군은 6월 17일 다구 요새를 점령했다. 한편 시모어의 파견대는 톈진으로 복귀했다.

이러한 상황에서 단군왕, 강의 및 서태후는 이제 공사관을 총공격하는 것이 반세기 동안의 굴욕을 씻는 길이라는 데 의견을 같이했다. 6월 16일 이 문제를 다루기 위해 소집된 제1차 어전 회의의 — 이 문제와 관련해 전부 4차례 소집되었다 — 에서 태상시경太常寺卿 원창袁昶은 이 공격에 반대하면서 의화단의 이른바 '도창불입刀槍不入', 즉 칼이나 철포에도 상처를 입지 않는다는 주장을 믿을 수 없다고 지적했다. 이에 서태후는 이렇게 반박했다.

> 우리가 초자연적인 방식에 의지할 수 없다 해서 백성들의 마음마저 의지할 수 없단 말인가? 청은 극도로 쇠약해졌다. 우리가 의지할 수 있는 것이라곤 백성들의 마음뿐이다.

이 회의에서 결론은 나지 않았지만 '젊고 강인한' 의화단원을 군대에 채용한다는 상유가 발표되었다.

6월 17일 제2차 어전 회의에서 서태후는 열강이 제시한 네 가지 요구 사항을 발표했다. 그것의 내용은 이러했다. 1) 황제를 위한 특별 주거 지역의 선정. 2) 외국 대사들에 대한 지방세 징수권의 부여. 3) 외국 대사들에게 청의 군사 문제에 대한 관할권 부여 등이었다. 서태후가 밝히지 않은 네번째 요구는 '광서제의 일선 복귀'였다고 한다. 이 네 가지 요구 사항은 사실은 단군왕에 의해 날조된 것이었는데, 이에 자극받은 서태후는 청은 외국의 어떠한 행동에라도 맞서 '결사 항전' 할 것이라고 선언하기에 이르렀다. 6월 18일 제3차 어전 회의에서도 역시 결론이 나지 않았으나 19일 외국군이 다구 포대에 항복을 요구한다는 소식이 전해져 왔다. 6월 19일 서태후는 제4차 어전 회의를 소집해 외교 관계의 단절을 공포했다. 그녀는 의화단의 도움에 힘입어 외세와 싸우기로 결심했으며, 그러한 결정을 연기시키려는 광서제의 노력을 무산시켰다. 6월 21일 다구와 톈진에서의 접전에 대해 모호하기는 하나 다소 긍정적인 첩보가 도착했으며, 조정은 열강에 자신만만하게 선전을 포고했다.[71]

조정은 이제 지방 당국들에도 의화단을 재정비해 외세의 침략에 맞서도록 하라고 공식적으로 지시를 내렸다. 베이징에서 의화단은 공식적으로 정부의 지원을 받았고, 장친왕, 강의, 단군왕 등이 친히 의화단 무리들을 이끌었다. 이들 의화단 무리들은 장군 동복상이 지휘하는 정부군과 함께 공사관과 베이징 천주교회(베이탕北堂)를 공격했다. 장친왕은 외국인 포로 획득에 대해 포상했으며, 강의는 "공사관을 빼앗으면 서양 오랑캐들이 근절되어 천하에 평화가 올 것이다"라고 선

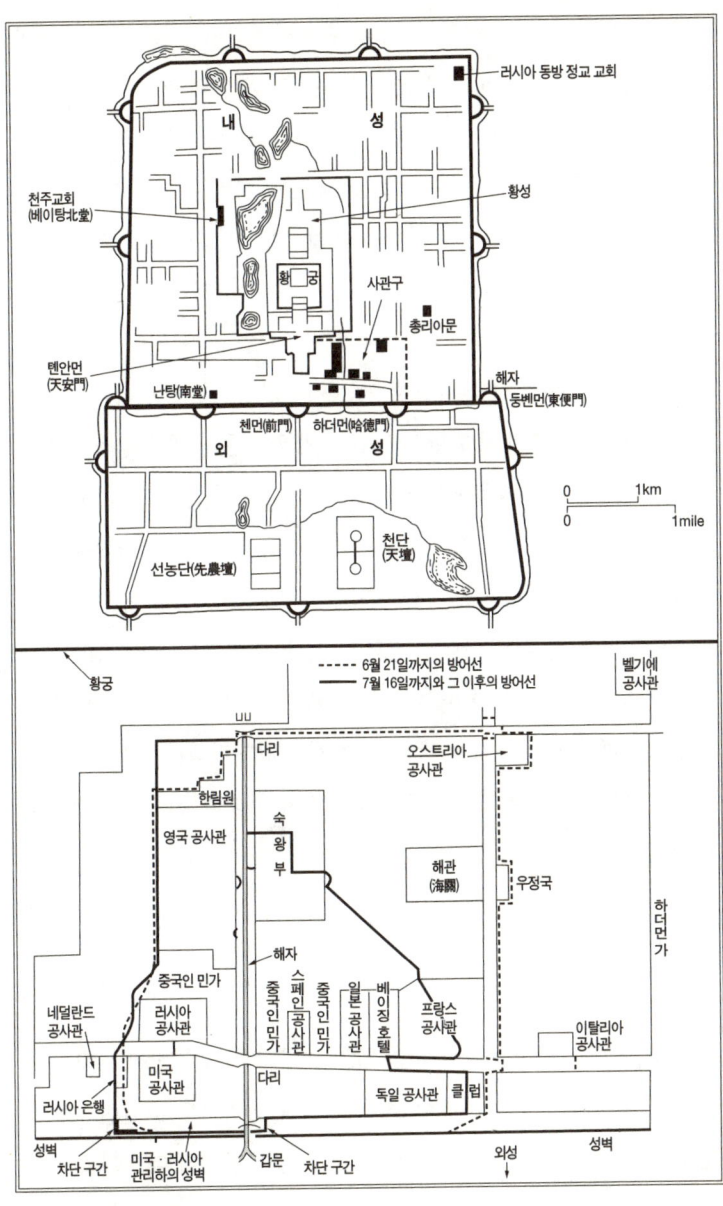

〈지도 8〉 1900년의 베이징

청 말의 대외 관계(1866~1905년)

언했다. 황태후의 전폭적인 지원 아래 이루어진 공격을 통해 보수파들은 오랑캐들에게 분노를 발산하고, 외국의 위협으로부터 수도를 구하고, 조정이 의화단을 지지했다는 증거를 없애고, 백성들의 지지를 얻어내려고 했다. 머리를 온통 풀어헤친 채 '신비한 무기'를 들고 권법에 나와 있는 걸음걸이로 사방을 활보하는 이들은 전설 속의 마녀를 똑 닮았는데, 이들에게 공사관 소속의 친위병 450명, 민간인 475명(공사 12명이 포함되어 있었다), 중국의 기독교인 2,300명이 거세게 저항했다. 베이징은 마녀들이 활개 치는 아수라장으로 변했다.

이러한 사태 전개에 위협을 느낀 해외 열강은 군대 파병을 결정했다. 장차 양쯔 강 유역을 세력권 아래 두려고 했던 영국은 특히 더 큰 불안감을 느꼈다. 7월 초 영국 외무부는 적절한 대응책과 관련해 일련의 제안을 접수했다. 후에 역사가가 된 모스는 "양쯔 강 유역과 반란군 사이를 영국과 독일 군대로 차단할 것"을 제안했다. 마침 런던에서 휴가를 보내고 있던 상하이 총영사 브레넌 Byron Brenan은 연합군의 무력 개입으로 베이징 정부가 축출되어 무정부 상태가 되면 공자의 직계 후손인 연성공衍聖公을 황제로 추대하는 것을 고려해볼 수 있을 것이라고 건의했다.[72]

화남과 동남의 독자 행동

심지어 공식적인 선전 포고가 있기 전부터 벌써 조정이 무모한 선택을 하고 있다는 것은 분명해 보였다. 양광 총독으로 그러한 분위기를 바꿀 수 있는 유일한 인물이었던 이홍장은 명령에 따르기를 거부하면서 대군을 이끌고 있는 영록이 병력을 동원해 보수파들을 권좌에서 몰아내야 할 것이라고 주장했다.⁷³⁾ 조정의 정책을 바꿀 수 없었던 각 성의 당국자들은 의화단으로 인한 혼란과 외국의 보복 행동으로부터 각자의 관할 지역을 지키기 위한 방안을 모색하기에 여념이 없었다.

6월 21일 조정이 선전 포고를 하자 주요 지방관, 즉 광저우의 양광 총독 이홍장, 난징의 양강 총독 유곤일, 우창의 호광 총독 장지동, 산둥 순무 위안스카이 등은 이번 선전 포고는 광서제의 정식 재가를 받지 않고 불법으로 포고된 '난명亂命'이라 주장하며 그 이행을 연대해 거부했다. 그들은 선전 포고를 무시하고 민절 총독과 함께 상하이의 외국 영사들과 비공식 협정을 체결했다. 이 협정은 각 성의 당국자들은 외국인의 생명과 재산을 보호하며, 관할 지역 내에서 의화단을 진압하고, 해외 열강은 이들의 관할 지역으로 군대를 파병하지 않는다는 내용을 담고 있었다. 이리하여 중국의 동부와 남부 전역은 의화단으로 인한 재앙과 외국의 침입을 면할 수 있었다.

지방의 성의 지도자들은 의화단과 보수파가 조정의 권력을 탈취해 위법적인 명령을 내렸으며, 서구의 여러 열강에 대항하는 전쟁은 무모한 짓이며, 공사관의 외국인들의 생명은 보호되어야 한다는 근거를 내세워 본인들의 행동을 정당화했다. 그들은 조정에 군기가 엄정한 군대를 파견해 외국 공사관을 보호하고 계속해서 차관을 갚도록 요구했다. 그들은 영록에게 협조를 요청했으나 거절당했다.

성쉬안화이는 위안스카이로 하여금 산둥에 있는 군대를 이끌고 베이징으로 가 서태후와 광서제를 불순 세력으로부터 구출할 것을 제안했다. 위안스카이는 이렇게 말하며 거절했다.

어명 없이 외국 공사들을 구하기 위해 군대를 이끌고 북진하다가는 제가 도중에 먼저 패하지 않을까 두렵습니다. 저로서는 따르기가 지극히 곤란합니다.

유곤일은 서태후의 부담을 덜어주기 위해 외국 영사들에게 이번 선전 포고가 "조정의 본의가 아니었다"라고 전했다. 한편 조정은 7월 3일 각 성의 당국자들에게 '강화'라는 말은 입에도 올리지 말도록 경고했다.

7월 14일 외국 군대는 톈진을 점령하고 베이징으로 진군하겠다고 위협했다. 같은 날 동부와 남부 지역에 있는 13개 성의 당국자들은 의화단 진압, 외국인 보호, 의화단의 난 동안 발생한 피해에 대한 배상금 지불, 케텔러 공사의 죽음에 대한 사과 편지를 독일로 보낼 것 등을 조정에 요구했다. 이러한 압력으로 조정은 잠시 태도가 누그러졌다. 총리아문은 외국 대사와 가족들에게 안전을 위해 아문으로 거처를 옮길 것을 요청하면서 그들의 귀국 절차도 준비하겠다고 제안했다. 이홍장은 해외의 중국 공사들에게 각국 정부에 베이징에 있는 자국 대사들이 무사하다는 정보를 전하도록 훈령을 내리라는 지시를 받았다. 7월 19일 총리아문은 군대의 호위 아래 톈진으로 외국 대사들을 보내겠다고 제안했으나 이를 신뢰하지 못한 외국인들은 공사관에서 구조를 기다리기로 결정했다. 이 짧은 유화기 동안(7월 14~26일) 총리아문은 공사관에 물자를 지원했으며, 공격도 중단되었다.

그러나 7월 26일 보수파 이병형이 베이징에 도착함에 따라 전쟁과 외국인 섬멸 정책이 재개되었다. 강화책을 건의한 고관 5명은 처형당했는데, 크게 상심한 위안스카이는 이러한 상황을 '절망적'이라고 묘사했다.

　외국의 지원 병력은 7월 말에 다구에 도착했으나 서로 간의 시기와 분쟁으로 베이징 행은 8월 4일에야 비로소 가능했다. 일본군 8,000명, 러시아군 4,800명, 영국군 3,000명, 미국군 2,100명, 프랑스군 800명, 오스트리아군 58명, 이탈리아군 53명으로 이루어진 이 연합군은 의화단과 정부군을 단번에 패배시켰으며, 8월 14일 베이징에 도착해 포위당한 공사관을 구출했다. 공사관들은 거의 두 달 가까이 버텼는데, 이는 주로 북양대신인 영록이 황태후의 명을 어기기 어려워 공사관을 공격하긴 했지만 겉만 떠들썩했지 실제로는 형식적인 공격을 가한 덕분이었다.

　연합군이 진격해 들어오자 서태후와 광서제 및 소수 측근들은 베이징을 탈출했다. 황제는 남아서 강화를 모색하려 했으나 서태후는 그를 억지로 데리고 떠났다. 길고 험난한 도주 끝에 조정은 10월 23일 시안西安에 정착했다. 이리하여 마침내 화북, 내몽골과 만주를 혼란 속에 몰아넣고, 231명의 외국인과 수천 명의 중국인 교인들을 죽음으로 몰고 간 의화단의 재난은 막을 내리게 되었다.

　　강화

　의화단의 난이 막바지로 향하면서 이홍장에게 강화 협상을 하도록 지시가 내려졌다. 그는 그보다 전인 1900년 6월 18일 이미 조정에 의해 베이징으로 소환되었으나 서태후가 의화단을 지원하고 있는 것을 경계해 광저우에서의 출발을 연기했다. 7월 8일 그는 1870~1895년에 재임한 바 있는 직예 총독 겸 북양통상대신으로 다시 임명되고 나서야 비로소 상하이로 출발했다.74) 7월 21일 상하이에 도착한 그는 베이징의 상황에 절망해 베이징 행을 거부했다. 8월 7일 조정은 이홍장을 열강들과의 협상을 위한 전권대사로 임명했으나 이홍장은 그가 보기에 평화를 얻기 위해 필요한 조치, 즉 의화단을 진압하고 베이징 체류 외국인들을 보호하는 것에 조정이 동의하지 않을 거라는 생각에 선뜻 나서지 않았다.

이홍장은 외세가 중국에 선전 포고를 한 것이 아니라 단지 반란군을 진압하기 위한 군대만 파견한 사실에 다소 안도했다. 그리고 러시아 측에서 교섭 준비 단계로 군대와 민간인을 톈진으로 철수시키고, 다른 열강들이 과도한 요구를 하는 것을 미연에 방지하기 위해 협상에서 온건책을 제시하겠다는 제안을 해 오면서 이홍장은 비로소 북상에 동의했다. 그는 협상에 경친왕과 영록이 함께하도록 해줄 것을 조정에 요청했는데, 조정이 이를 승인하자 러시아의 보호 아래 북상하여 9월 18일 톈진에 도착했다. 열강들이 공사관 공격에 가담한 영록이 교섭자로 나서는 것은 받아들일 수 없다고 선언하자 이홍장은 그를 시안으로 보내도록 청원했다. 이홍장은 11월 11일 군기처에 합류한 영록이 아직도 막강한 단군왕과 강의의 영향력을 제어해줄 수 있기를 바랐다.

한편 베이징의 연합국 대표들은 '조정의 복귀', 즉 '황제의 재집권' 이전에는 교섭에 임하지 않을 것이라고 선언했다. 그들은 이러한 요구를 발판 삼아 다른 요구들을 관철시키려는 속셈을 갖고 있었다. 그러나 서태후는 수용할 수 없는 조건들이 강요될까봐 두렵다면서 이를 거부했으며, 조정은 강화가 이루어진 이후에 복귀할 것이라고 선언했다. 그러자 동남 지역의 각 성 지도자들은 연합군 측의 관심을 죄를 저지른 대신들에 대한 처벌 문제로 돌려보려고 했다. 그들은 의화단을 지원한 9명의 대신, 순무 육현, 장군 동복상에 대한 처벌 요구를 받아들이도록 조정에 압력을 가했다. 조정은 마지못해 이들에 대한 처벌에 동의했으나 동복상에 대한 판결은 보류했다. 열강들은 동복상에 대한 처벌을 주장했고, 유곤일과 위안스카이는 현명한 정치가라면 "한 사람을 아끼느라 천하를 버리지 않으며, 한 사람을 살리기 위해 만민을 버리지 않는다"며 영록에게 조치를 취하도록 압박을 가했다.[75] 1900년 12월 3일 조정은 마침내 태도를 누그러뜨렸다. 하지만 책임자를 가릴 때 가장 중요한 두 명의 주모자, 즉 서태후와 영록에 대해서는 아무런 언급도 없었다.

베이징에서 협상에 나선 연합군 대표들 간의 합의는 대단히 어려웠다. 독일은 엄중 처벌을 요구했으며, 독일 황제는 심지어 베이징의 파괴까지 언급했다. 그는 심지어 "어떤 중국인도 앞으로는 두 번 다시 감히 독일인을 곁눈질하는 일조차 없도록" 보장받고 싶어 했다.[76] 공사 케텔러의 피살로 독일의 육군 원수 발데르제 백작Count von Waldersee이 연합군 총사령관직을 맡고 있었다. 러시아는 자국이 혼란의 와중에 점령한 만주를 할양받기 위해 청의 비위를 맞추려 하고 있었고, 이런 러시아를 견제하기 위해 독일을 지원했다. 일본은 청의 호의를 얻기 위해 러시아와 경쟁을 벌였다. 프랑스는 청에 관심이 없다고 선언했으며, 미국은 '청의 영토와 행정의 온전성의 보존'을 지지하는 두번째 문호 개방 선언을 발표했다. 오랜 논쟁 끝에 1900년 12월 24일 12개 조항의 공동 선언문이 발표되었으며, 1901년 1월 16일 청조는 마지못해 이를 받아들일 수밖에 없었다. 최종 합의된 주요 내용은 다음과 같다.

1) 책임자 처벌: 열강 측은 처음에는 장친왕, 단군왕, 강의, 육현, 이병형, 서동徐桐, 장군 동복상을 포함한 12명의 관리들에 대한 처형을 요구했다. 최종 합의문에서 장친왕은 자결을, 단군왕은 신장으로 유배 보내져 그곳에 종신 수감되는 형을, 육현은 사형을 선고받았다. 장군 동복상은 면직되었다. 이미 사망한 강의, 서동 및 이병형은 삭탈 관직되었다. 지방의 각 성에서는 총 119명의 관리들이 참수부터 단순한 견책에까지 이르는 각종 형을 선고받았다.

2) 배상금: 연리 4%의 이자로 6,750만 파운드, 즉 45억 냥을 39년 내에 지불하기로 했으며, 해관세, 이금, 내지 관세 및 염세를 담보로 했다. 이를 상환하기 위해 현행 세율을 올리고 이제까지의 면세 품목에도 과세를 해야 했다. 배상금 내역은 다음과 같다.[77]

국 가	냥	비 율
러 시 아	130,371,120	29.00
독 일	90,070,515	20.00
프 랑 스	70,878,240	15.75
영 국	50,620,545	11.25
일 본	34,793,100	7.70
미 국	32,939,055	7.30
이탈리아	26,617,005	5.90
벨 기 에	8,484,345	1.90
오스트리아	4,003,920	0.90
기 타	1,222,155	0.30

3) 그 외 중요한 규정들

    a) 독일과 일본으로의 사과 사절단 파견

    b) 공사관 보호를 위한 상비군의 주둔

    c) 다구를 비롯 베이징에서 해안 사이에 있는 포대의 폐쇄

    d) 2년간 무기 수입 중단

e) 베이징과 해안 사이의 핵심 지역에 외국 군대 주둔

f) 의화단의 활동이 있었던 45개 도시에서의 과거 시험의 5년간 중지

이러한 내용들이 12개의 조항과 19개의 부속 조항으로 이루어진 베이징 의정서〔신축조약辛丑條約〕에 명기되었고, 이홍장과 경친왕 및 11개 열강의 대표들에 의해 1901년 9월 7일에 조인되었다. 연합군은 9월 17일 베이징에서 철수했으나 조정은 1902년 1월 7일이 되어서야 복귀했다.

만주에서의 러시아

강화가 이루어졌지만 러시아의 만주 점령 문제는 해결되지 않았다. '반란군'을 진압하고 질서를 회복한다는 명분으로 20만 명의 러시아군이 만주로 휩쓸고 들어왔으며, 1900년 7월 23일에는 아이훈을, 8월 30일에는 치치하르를, 10월 1일에는 선양(청의 부도인 성징盛京)을 점령했다. 11월 30일 랴오둥 반도의 러시아 총독이던 알렉세예프 Alexeiev 제독은 성징 장군 증기增祺에게 강제로 '임시 협약'에 서명하도록 했는데, 이 조약은 사실상 만주에서 청조의 통치권을 배제하는 것이었다. 청조는 증기에게는 서명할 권한이 없다고 하면서 이 협약의 비준을 거부했다. 그리하여 상트페테르부르크에서 시작된 협상에서 러시아는 1901년 2월 16일 (알렉세예프-증기택 협약을 대체할) 12개 항의 조약을 제안했는데, 이 조약은 명목상으로는 만주를 청에 반환하고 있지만 실제로는 '철도 경비'라는 이름으로 러시아군의 만주 점령을 공인하는 것이었다. 이 조약은 러시아의 동의 없이 청이 군대를 파

병하고 만주의 철도 운영권과 채굴권을 타국에 양여하는 것을 금지했다. 또한 [만주] 점령과 중동철도 파괴에 대한 청 측의 배상금 지불과 함께 러시아에 앞서 말한 철도에서 만리장성까지 철도 연장 부설권을 부여하도록 규정했다.

러시아의 이러한 행동은 다른 열강들의 불안을 불러일으켰다. 베이징 주재 일본 공사는 경친왕에게 러시아의 만주 점령에 관해 조금이라도 양보하면 청의 분할이 초래될 것이라고 경고했다. 영국과 독일은 베이징에서 연합국들과의 공동 협약이 체결되기 전에는 러시아와 어떠한 별도의 조약도 맺지 말 것을 조정에 요구했으며, 미국, 오스트리아, 이탈리아는 러시아의 요구를 거부할 것을 촉구했다. 한편 비테 백작은 러시아의 요구를 거절하면 러시아는 만주를 합병할 것이라고 경고했다. 조정의 딜레마는 고관들의 상충되는 조언에 의해 한층 더 심해졌다. 이제 노골적으로 친러적 성향을 보이기 시작한 이홍장은 러시아와의 위험천만한 단교를 피하기 위해 조약에 서명할 것을 권고한 반면 장지동과 유곤일은 이에 격렬하게 반대했다.

이처럼 상충되는 의견과 온갖 다양한 국제적 압력 사이에서 옴짝달싹할 수 없게 된 조정은 선뜻 결정을 내리지 못했다. 그러나 런던과 베를린 주재 중국 공사들의 거듭된 반대 의견, 특히 러시아는 영국과 일본이 연합해 반대하면 감히 만주에서 행동을 취하지 못할 것이라는 일본 주재 공사의 건의에 힘입어 조정은 3월 23일 마침내 러시아와의 조약을 거부했다. 국제적 반대에 직면한 러시아는 적극적인 행동을 취하지는 않고 다만 만주에서 철수하고 싶지만 당분간 국제 정치의 현실적 상황은 이를 허락하지 않는다고만 공포했다. 이홍장은 여전히 직접 협상을 통한 별도의 협정을 지지하며 러시아 군대를 철수하는 대가로 만주에서 몇 가지 양보 사항을 러시아에 제시하려고 했지만 비테 백작이 그의 제안을 거절했다. 이 제안이 거절된 직후 늙고 쇠약한 데다 수모까지 겪은 이홍장은 1901년 11월 7일 78세의 나이로 갑자기 세상을 떠났다.

경친왕과 군기대신 왕문소가 이홍장의 업무를 이어받았다. 국제 정세가 자국에 불리하게 돌아가자 러시아는 1902년 4월 4일 마침내 6개월 간격으로 3단계로 나누어 만주에서 철수하겠다는 협약에 서명했다. 중국은 러시아가 관리하는 중동철도를 보호해주기로 합의했다. 첫 단계 철수 작업은 일정에 맞게 이루어졌으나 1903년 4월 두번째 철수 일정이 다가오자 러시아 군대는 '철도 수비대'로 이름만 바꾼 채 이를 핑계로 철수하지 않았다. 게다가 새로운 독점권까지 요구하고 이미 철수했던 선양과 뉴좡을 재점령했는데, 이것은 일본과 전쟁을 벌이게 되는 화근이 되었다.

의화단의 난의 영향

의화단 운동은 만주 조정의 보수파, 보수적인 관료와 신사들, 무지몽매하고 미신을 믿는 민중의 힘이 결합해 전개된 것이었다. 이 운동은 외국 제국주의에 대한 분노와 반감이 완전히 비이성적인 방식으로 폭발한 것으로, 내재적으로는 애국적인 요소를 갖고 있었다. 그래서인지 오늘날 마르크스주의자들과 일부 다른 역사가들은 이 운동을 동기는 타당했으나 방법은 부적절했던 일종의 원시적인 애국적 농민 봉기로 간주하고 있기도 하다.

의화단 봉기와 강화 조약 체결은 다음과 같은 몇 가지 중요한 결과를 가져왔다.

1) 연합군의 베이징 점령과 러시아의 만주 진군은 국제 경쟁을 격화시켰고, 열강들로 하여금 상호 충돌에 따라 중국에서 누구나 동등한 경제적 기회를 가졌던 상황이 종식되는 사태가 야기되는 것을 우려하게 만들었다. 열강들 사이에서는 전반적으로 긴장을 줄이고 중국에서 현상을 유지하려는 열망이 생겨났다. 1900년 7월 3일 미국은 "중국의 영토와 행정의 온전성을 보존하고 전 세계에 대해 중화 제국 전역과의 동등하고 공평한 교역이라는 원칙을 보장해주기 위한" 노력의 일환으로 두번째 '문호 개방 제안서'를 발표했다. 그리고 10월 16일 영국과 독일(다른 국가들에게도 기회를 열어두었다)은 중국 영토를 침략하지 않겠다는 조약에 서명했다. 이처럼 제국주의 활동이 막다른 궁지에 몰림으로써 청 제국의 즉각적인 붕괴는 막을 수 있었지만 청의 국제적인 지위는 전례 없이 격하되었다.

2) 신축조약은 중국의 주권을 심각하게 침해했다. 무기 수입 금지, 다구를 비롯한 여러 포대의 폐쇄, 공사관 구역서의 외국 군대 주둔, 베이징에서 해안까지 외국 군대를 배치할 수 있는 권리 등 모든 것이 청의 자위 역량을 손상시켰다. 여러 지역에서의 과거 시험의 중단은 청의 내정에 대한 노골적인 간섭이었다.

3) 4억 5,000만 냥의 배상금은 만기 지불 때까지의 이자를 합산하면 결국 원래 배상금의 두 배가 넘는 9억 8,228만 3,150냥까지 이르게 되어 있었다. 배상금은 모두 외화로 지불되어야 했는데, 환전 과정에서 청은 특히 은 가격이 급락한 시기에는 추가 손실을 감수해야 했다. 이처럼 막대한 양의 자본 유출은 청의 경제 성장을 — 불가능하게까지 만들지는 않았겠지만 — 억제시켰다.

4) 베이징의 각국 공사들은 이후 강력한 외교단을 형성했는데, 종종 일종의 초-정부로 기능한 이들의 힘은 만주 조정을 능가하기도 했다.

5) 의화단의 야만적인 행동은 국제 사회에서 청을 미개한 국가로 인식하도록 만들었으며, 동시에 해외 열강들의 잔인한 세력 과시는 그들이 난공불락이며 우월하다는 이미지를 심어놓았으며 청의 자신감과 자존심을 산산조각 내버렸다. 외국인들에 대한 중국인들의 경멸감과 적개심은 종종 두려움과 아첨으로 바뀌기도 했다.

6) 비록 만주 조정도 살아남기 위해 마지못해 입헌제 정부를 지향한 개혁을 시도했으나, 만주족의 지도력이 이미 바닥까지 무너졌다고 생각한 많은 중국인들은 혁명으로 돌아섰다. 폭력으로 청조를 타도하자는 쑨원 박사의 주장은 점점 더 많은 지지와 공감을 얻었다. 혁명의 박동이 빨라지면서 1911년 만주 왕조의 최종적인 붕괴를 재촉해감에 따라 그의 이미지는 불충스런 반역자에서 애국적인 혁명가로 바뀌었다.

영일 동맹과 러일 전쟁의 결과

영일 동맹의 기원

온갖 심각한 국제적 문제를 야기한 러시아의 만주 점령은 유럽 열강들의 세력 관계라는 좀더 큰 맥락에서 바라보아야 한다. 20세기로 접어들 무렵 유럽은 3국 동맹(독일, 오스트리아-헝가리 그리고 이탈리아)과 2국 동맹(프랑스와 러시아) 사이에서 아슬아슬한 세력 균형을 이루고 있던 반면 영국은 '영광의 고립'을 고수하고 있었다. 이 두 진영 간의 경쟁으로 인해 조성된 긴장과 함께 수세적인 상태에 있던 이 두 진영이 함께 영국에 맞서 대륙 연맹을 구축할지도 모른다는 불안감은 열강들을 궁지에 몰아넣어 이들이 아시아와 아프리카로 관심을 돌리도록 자극했다. 이러한 관점에서 러시아의 만주 침략은 단지 중국의 주권을 침해한 개별적인 사례로 끝나는 것이 아니라 기존 국제 질서의 심각한 붕괴를 의미하는 것이었다. 특히 일본은 조선과 만주에서의 자국의 지위를 염려했으며, 미국은 중국의 미래의 문호 개방을 걱정했다. 영국은 베이징에 대한 영향력과 만리장성 이남에서의 자국의 지위에 대해 위협을 느꼈다. 반면 프랑스는 러시아의 진출을 지지했으며, 독일은 유럽에 대한 러시아의 관심을 다른 곳으로 돌리기 위해 극동 지역으로의 팽창을 비밀리에 지원했다. 분명히 국제 관계의 새로운 시기가 열리고 있었다. 그리고 그것은 전례 없는 동서 제휴로 이어졌다.

영국은 선택의 기로에 놓여 있었다. '영광의 고립' 정책으로 우방을 상실했으며, 1899년 10월부터 1902년 5월까지 2년 반 동안 영국군 25만 명을 투입한 보어 전쟁은 대영 제국의 국방력이 약화되었다는 사실과 고립 정책이 얼마나 위험한지를 적나라하게 드러내주었다. 대영 제국을 보호하고 세계 질서에서 주도권을 유지하기 위해 영국은 고립 상태에서 탈출해 필사적으로 동맹국을 찾을 수밖에 없게 되었다. 처음 선택한 나라는 독일이었다. 영국은 청에서 현 상태를 유지할 것을 기조로 하는 1900년 10월의 영독 협정이 러시아의 만주 진출을 저지해주기를 바랐으나 독일은 분명 러시아의 반감을 사는 것을 피하기 위해 나중에 해당 조문에서 만주를 빼버렸다. 독일과 동맹 관계를 맺으려는 시도가 거듭 실패하자 영국 정부는 다른 대안을 찾을 수밖에 없게 되었다. 프랑스는 러시아-프랑스 2국 동맹에 속해 있어 제외되었고, '비동맹'이라는 전통적인 정책을 고수해오고 있던 미국은 막 스페인과 전쟁을 치른 뒤라 문호 개방을 유지하기 위해 해외로 모험을 시도할 처지가 아니었다. 이리하여 일본이 유일한 가능성으로 부각되었는데, 이 나라가 강력한 해군력을 지닌 것은 물론 러시아에 반감을 갖고 있다는 것은 누구나 알고 있는 것이었기 때문에 더욱 매력적이었다.

1901년 영국의 해군 본부는 '청국 연안'에서 러시아-프랑스 연합국의 해군력은 전함의 경우 9 대 4로 영국보다 우세하지만 일본과 제휴할 경우 11 대 9의 비율로 우세가 바뀌며, 순양함에서도 우위에 설 것이므로 유럽 함대를 추가로 파견할 필요가 없게 될 것으로 계산했다. 군사적인 고려 외에도 영국은 러시아가 만주에 대한 통제를 통해 베이징을 지배할 가능성과 함께 전통적으로 영국의 세력권에 있던 양쯔 강 유역에 대한 (베이징-한커우 간 철도를 건설하고 있던 벨기에 자본을 통한) 러시아의 경제적 영향력의 침투에 대해서도 염려했다. 러시아가 티베트에서도 활동을 강화해 결국 달라이 라마가 1901~1902년 두 차례 러시아로 사절단을 보낸 것도 영국의 불안감을 증대시켰다.[78] 만약 저지하지 않는다면 러시아의 남진은 인도의 안전까지 위협할 수 있었다. 이처럼 전통적인 두려움이 되살아남에 따라 영국은 러시아의 진출을 저지하고 아시아에서의 우위를 유지하기 위해 일본과 동맹을 맺는 것이 절대적으로 필요하다고 보았다. 전 세계 도처에 식민지를 둔 제국으로 유럽 정치에서는 고립되어 있었던 데다 러시아의 새로운 위협에 직면하게 된 영국으로서는 실로 이와 다른 선택의 여지는 전혀 없었다. 런던 주재 일본 공사와의 교섭은 아시아에서 영국의 이익을 심각하게 위협할 수 있는 일본-러시아 간의 동맹 가능성을 막기 위해서라도 신속히 추진되었다.

일본 또한 1895년의 삼국 간섭 이후 러시아에 대한 적대감이 만연해 있었다. 서구 열강 중 최강인 영국과의 동맹은 그야말로 환상적인 제안이었다. 왜냐하면 그것은 즉각 일본의 국제적 위상을 높여 열강의 반열에 올려놓는 것이었으며, 러시아에 맞설 든든한 방패 역할을 해줄 것이었기 때문이다. 야마가타 아리토모山縣有朋의 후원을 받고 있던 수상 가쓰라 다로桂太郞, 외상 가토 다카아키加藤高明와 그의 후임 고무라 주타로小村壽太郞, 영국 주재 공사 하야시 다다스가 이끄는 막강한 집단이 이 동맹에 강력한 지지를 보냈으며, 이들은 정계 원로 야마가타 아리토모, 사이고 쓰구미치, 마쓰카타 마사요시松方正義 등의 후원을 받고 있었다. 그러나 전임 수상이자 정계 원로였던 실력자 이토 히로부미는 전통적인 고립 정책을 포기하겠다는 영국의 저의를 의심스러워했으며, 그러한 동맹으로 일본이 러시아 공격의 선봉에 서게 되는 부담을 지게 될 것을 우려했다. 그것은 일본으로서는 아무래도 너무나 부담스러운 임무라고 생각했던 것이다. 또한 그는 조선과 만주 문제는 주로 일본과 — 영국이 아니라 — 러시아 사이의 문제이므로 러시아와의 친선이 우선이라고 여겼다. 그의 주장은 또 다른 정계 원로 이노우에 가오루의 공감을 얻었으나 야마가타와 군부는 러시아와의 친선은 일시적일 수밖에 없으며 결국 일본은 조선과 만주에서의 패권을 놓고 러시아와 싸울 수밖에 없다고 주장했다. 두말할 필요도 없이 외교 문제에 대한 이처럼 상충된 견해들은 국내 정치에서의 경쟁과 관련되어 있었다. 이토 히로부미는 군부가 국사를 좌우하는 것을 막으려고 했으며 군부는 그가 다시 정권을 잡을 수 있는 기회를 주지 않으려고 했다.

내각의 입장에 반대함으로써 이토는 가쓰라에게 성가신 존재가 되었다. 가쓰라는 정적을 제거하기 위해 노심초사했는데, 마침 1901년 10월 이토가 예일 대학 개교 200주년 기념행사 기간 중 명예 법학 박사 학위를 받기 위해 초청받은 것을 기회로 삼았다. 이후 이토 히로부미는 이노우에의 권유를 받아 개인 자격으로 협상을 시작하기 위해 러시아에 갈 요량으로 유럽으로 건너갔다. 이토가 국내에 없는 동안 가쓰라는 하야시에게 최대한 빨리 런던에서 동맹 체결과 관련된 교섭을 시작할 것을 지시했다. 이토가 프랑스에 도착했을 때 하야시가 동맹 조약의 초안을 들고 나타났다. 크게 낙담한 이토는 일본으로 돌아가려고 했으나 결국 처음 계획대로 러시아를 방문하기로 했다. 그는 하야시에게 잠시 런던에서의 동맹 교섭을 중지할 것을 요구했다. 베를린에서 그는 도쿄로부터 동맹 협상이 이미 철회할 수 없는 상황까지 진전되었다는 보고를 들었다. 그래도 여전히 포기하지 않고 이토는 러시아로 가서 다음과 같은 제안을 했다. 1) 조선 독립의 상호 보장, 2) 조선의 영토를 타국에 맞선 전략적 용도로 사용하지 않을 것에 대한 상호 동의, 3) 만주에서 러시아가 최우선적인 이권을 갖고 있음을 인정하는 대가로 조선에서의 일본의 자유로운 활동에 대한 러시아의 인정 등이 그것이었다. 그러나 러시아 정부는 그러한 조건들을 받아들이려고 하지 않았다. 러시아는 일본이 조선에서 자유롭게 활동할

캠브리지 중국사

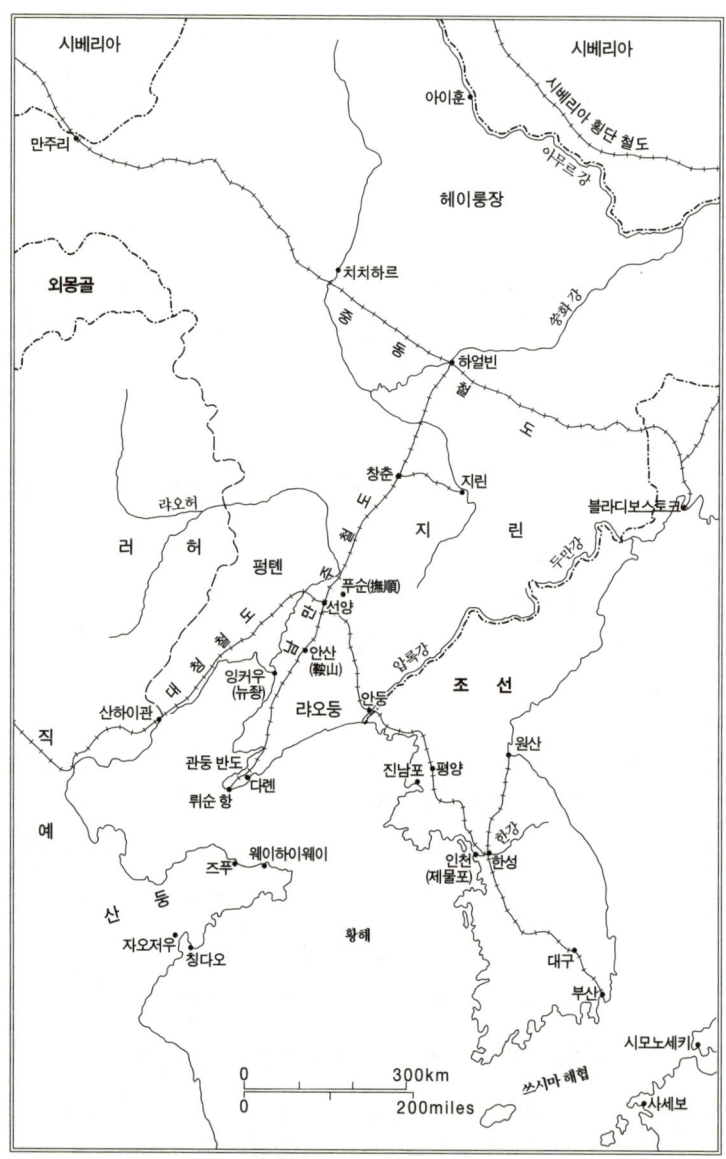

〈지도 9〉 만주와 조선에서의 국제 관계

권리를 인정하지 않았으며, 만주와 중국의 나머지 지역에서의 러시아의 자유로운 활동을 인정해줄 것을 고집했다.⁷⁹⁾ 이토는 아무런 합의도 이루지 못하고 러시아를 떠났지만 친선에 대한 생각까지 포기한 것은 아니었다. 귀국길에 베를린에서 그는 다시 한번 전보로 영국은 신뢰할 수 있는 국가가 아니라는 것을 경고하며 러시아와의 추가 교섭을 위해 협정에 대한 조인을 연기할 것을 제안했다. 그러나 내각은 확실치 않은 러시아와의 친선을 위해 영국과의 확실한 동맹을 놓치는 모험을 감행할 생각이 전혀 없었다. 추밀원의 권고로 1901년 12월 천황은 영일 동맹을 비준했다. 이토는 기꺼이 그러한 결정을 수용했으나 이 동맹을 러시아와 대결하는 데 이용할 것이 아니라 '만한교환滿韓交換'이라는 원리 — 즉 러시아의 만주 점령을 일본이 인정하는 것에 대한 보상으로 러시아는 일본의 조선 지배를 인정하는 것, 간단히 말해 '만주와 조선을 맞교환하는 것' — 에 기반한 협상에 러시아가 동의하도록 압력을 가하는 데 이용해야 한다고 주장했다.

    영일 동맹은 1902년 1월 30일에 공식 체결되었다. 조약 전문에서 양국은 조선과 청의 독립과 영토 보존을 통해 동아시아에서 현 상태와 전반적 평화를 유지하고 이 두 국가에서 모든 국가들에게 동일한 기회를 보장할 것을 촉구했다. 이 두 동맹국은 외국의 침략이나 국내 혼란으로 이 두 국가에서 양국의 이익이 위협받을 경우 그것을 지키는 데 필요한 조치를 취할 것을 선언했다. 또한 양국은 만약 한 나라가 다른 나라와 전쟁을 할 경우 중립을 지키며, 또 자국의 영향력을 행사해 다른 나라들이 전쟁에 가담하는 것을 저지하기로 합의했다. 하지만 제3의 열강이 이 두 동맹국 중의 하나를 겨냥한 전쟁에 가담한다면 다른 동맹국은 상대방을 원조하기로 했다. 이리하여 이제 일본은 자유롭게 러시아와 싸울 수 있는 여유를 갖게 되었다. 만약 프랑스가 러시아를 지원한다면 영국이 일본을 지원할 것이었다.

영일 동맹의 영향

러시아와 프랑스의 즉각적인 반응은 2국 동맹을 동아시아에까지 확대시키는 것이었지만 그것은 단지 상징적인 조치에 불과했다. 미국은 일본에 우호적이었다. 루스벨트Theodore Roosevelt 대통령은 일본을 문호 개방 원칙과 청의 영토 보존의 수호자로 보았고, 심지어 일본이 조선을 완전히 지배하는 것이 동아시아의 평화에 가장 바람직하다고 생각했다.[80] 그는 청은 취약하고 우왕좌왕하다가 쉽게 강대국의 먹이가 되는 민족인 데 반해 일본은 아시아의 신흥 강대국으로 인식하고 있었다.

> 중국인과 일본인이 같은 인종이라고 얘기하는 건 얼마나 어처구니없는 일인가![81]

루스벨트는 일본이 러시아의 만주 진출을 막아주기를 바랐고, 영국과의 제휴로 일본의 입지가 강화된 것을 크게 반겼다.

청은 안도감과 수치심, 두려움이 뒤섞인 반응을 보였다. 처음에는 영일 동맹이 청과 조선의 보호를 목적으로 러시아를 겨냥하고 있었기 때문에 안도감을 느꼈다. 그러다가 곧 수치심을 느끼게 되었는데, 청의 독립과 영토 보존을 보장해주겠다는 외국의 공약이 청을 조선과 같은 부류로 취급하고 청나라의 운명은 본인들의 손을 떠나 자칭 보호자들의 손에 넘어가게 되었음을 강조하고 있었기 때문이다. 마지막으로 일본이 결국 러시아를 대신해 만주를 집어삼키는 제국주의의 우두머리가 될 것이라는 두려움을 느꼈다. 정계 원로로 호광 총독이던 장지동, 양광 총독 유곤일은 연명으로 올린 1902년 2월 16일자 상소문에서 조정에 만주에서의 러시아의 행동이 일본과 영국의 분노를 야기해 두 나라로 하여금 '만주 문제를 다루는 것을 주목적으로 한' 동맹을 결성하도록 자극했다는 것을 알리면서, 이처럼 안도감과 불안감이 뒤섞인 심경을 보여주었다. 그들은 이렇게 경고했다.

> 하지만 우리가 그들(영국과 일본)에 합세해 확고한 입장을 취한다면 만주 문제를 잘 해결할 수 있을 것입니다. 그러나 러시아의 함정에 빠져 영국과 일본의 권리에 해를 입히게 된다면 두 나라는 반드시 배상을 요구할 것입니다.[82]

이틀 후 유곤일과 신임 직예 총독 위안스카이에게 보낸 전보에서 장지동은 영일 동맹의 저의에 대해 크게 염려했다. 청과 조선의 국내 혼란에 개입하겠다는 영국과 일본의 선언을 담고 있는 첫번째 조항을 언급하면서 그는 그러한 '혼란'의 의미에 의혹을 제기했다. 조선에서 동학난이 일어났을 때 일본이 했던 것처럼 양국은 제멋대로 청에 군대를 파견하겠다는 의미인가? 그는 비통한 심정으로 다음과 같이 말했다.

> 다른 국가들의 보호에 의지하고 조선과 같은 대접을 받다니 개탄스럽기 짝이 없는 일입니다. 청의 위상이 이토록 낮아지다니 더이상 할 말이 없습니다![83]

위안스카이는 영일 동맹에 대한 분석에서 이보다 한층 더 분명한 목소리를 냈다. 그는 동양에서 일본보다 더 강한 군대를 소유한 나라는 없고, 서양에서 영국보다 더 강한 해군을 소유한 나라는 없다고 조정에 보고했다. 이 두 나라의 연합은 새로운 세력권을 형성해 동아시아뿐만 아니라 전 세계의 균형에 영향을 미치게 되었으며, 그들이 동맹을 맺은 것은 실제로 청과 조선을 보호하려는 의도에서라기보다는 자국의 이권을 보호하기 위해서라고 그는 주장했다. 그는 또 영국과 일본이 중국의 이익을 위해 엄청난 대가를 치러가며 애쓸 이유가 무엇인가라고 반문했다. 따라서 청은 영일 동맹 관계에서 어떤 이익도 기대해서는 안 되었다. 반대로 청이 한시라도 방심하면 이 동맹은 청을 곤경에 빠뜨릴 것이었다. 또한 그는 이렇게 냉정하게 경고했다.

영토 보존을 위해 다른 나라들의 동맹에 의지하는 것만큼 청에 치욕적인 일은 없습니다!

위안스카이는 이러한 치욕에 직면한 만큼 즉각적인 제도 개혁, 신속한 군대 양성, 자원 개발, 근대식 교육의 진흥을 통해 부국강병을 추구할 것을 조정에 촉구했다.[84]

이러한 상황에 대처할 방도가 전혀 없는 청의 총체적 무능력 때문에 청의 관리들 사이에는 절망의 기운이 역력했다. 만약 영일 동맹이 러시아와 일본 간의 화해로 이어지면 청은 바로 피해를 입게 될 것이고, 만약 그것이 전쟁으로 이어진다면 청의 영토가 전쟁터가 되어 청의 운명은 승전국의 처분 아래 놓이게 될 것이 분명했다. 또한 일본이 청의 최대 위협으로 다가오고 있다는 두려움도 증가했다.[85] 장지동은 "말로는 부드럽게 나오지만 실제 행동은 악독하게 하는" 전술을 택하고 있는 일본이 점점 더 오만해져가고 있음을 발견했다.[86] 그는 영일 동맹에서 문호 개방에 대한 언급의 허구성을 간파했고, 일본의 궁극적인 속셈에 대해 크게 불안해했다. 하지만 그는 여전히 "먼 곳에 있는 적의 침입을 막기 위해 가까운 국가의 도움을 구한다"라는 면에서 러시아보다는 일본이 그래도 차악이라고 생각했다.[87]

영국은 동맹 관계가 일본에 한결같은 영향을 미쳐 일본이 러시아에 대해 너무 적대적이지도 그렇다고 너무 유화적이지도 않도록 함으로써 전쟁 가능성이 줄어들기를 바랐다. 영국은 만약 협상 내용에 대해 통보받고 또 그것이 영일 동맹의 규정들을 위반하는 것이 아니라면 러시아와 일본 사이의 협약 추진에 전혀 반대할 생각이 없었다. 일본 정부는 러시아와의 조약 체결이 전쟁보다는 낫다고 믿었으나 군부는 과연 영속적인 협약이 가능할지에 대해 의구심을 가졌으며 시베리아 횡단 철도와 중동철도의 완공 후 극동에서 러시아의 군사력이 꾸준히 증가하고 있는 것을 염려했다.

러시아에서는 동아시아 정책을 심의하기 위해 1902년 11월에서 1903년 4월 사이 일련의 회의가 이어졌다. 재무장관 비테는 청의 적대적인 태도나 외국의 개입에 대한 적절한 안전 대책을 세우지 않은 채 만주에 철도를 건설하면서 엄청난 경비를 소모했다는 이유로 황제의 총신 베조브라조프Bezobrazov를 비롯한 실권파의 공격을 받았다. 이들 일파는 조선 북부 지역의 산림 개발권을 장악하고 있었는데, 이를 경제적 이익과 전략적 목적으로 사용할 것을 제안했다. 즉 그것을 일본이 남만주 지역으로 침투해 오는 것을 막는 군사적인 보호막으로 활용할 것을 주장했던 것이다. 비테는 순식간에 황제의 신임을 잃어 버렸고, 평화적 만주 진출이라는 그의 정책도 폐기되었다. 차르는 청이 새로운 조건들을 수락할 때까지 산림 개발권을 근거로 만주에서 러시아 군대를 철수하지 않기로 했다. 만주를 '황색 러시아 Yellow Russia'[88]로 바꾸어놓기 위해 러시아 정부는 청이 만주의 영토를 다른 국가에 할양하거나 임대하지 못하도록 하고, 러시아와의 협의 없이는 어떠한 새로운 지역도 교역이나 영사관 부지로 개방하지 말도록 요구하기로 결정했다. 러시아인 이외에는 어떤 외국인도 만주의 행정 자문역을 맡을 수 없으며 러청 합작 은행이 뉴좡에서 계속 관세를 징수한다는 내용이 요구 사항에 포함되었다. 그리고 러시아 국민이 만주에서 확보한 모든 이권은 그대로 유지되어야 할 것임도 함께 요구하기로 했다.

1903년 4월 18일 이러한 요구들이 청조에 통보되었고, 청국 정부는 즉각 그것을 유관 해외 열강에 전달했다. 러시아의 요구를 거부하라는 영국, 일본, 미국의 권고에 힘입어 청국 정부는 1902년 4월의 협약에 따라 만주에서의 군대 철수가 완료되기 전에는 어떠한 새로운 요구 조건도 논의할 수 없을 것이라고 러시아 정부에 통보했다. 9월에 러시아가 원래 수준에서 다소 완화된 일련의 조건들을 제시했으나 청은 이 역시 거부했고, 만주에서 러시아 군대가 최종적으로 철수하기로 정해져 있던 1903년 10월 8일 청은 미국, 일본과 수정된 통상 협정을 체결해 선양, 안둥, 다둥거우大東溝를 대외 교역과 영사관 부지로 개방했다. 이처럼 자국의 요구를 노골적으로 거부한 데 대한 보복으로 러시아는 선양을 재점령했다. 이보다 앞선 1903년 8월 차르는 극동 총독구를 신설했는데, 이 행정구에는 1845년에 창설된 카프카스 총독구의 통치 유형을 모방해 전쟁과 외교에 대한 독립적인 권한을 부여했다. 만주를 카프카스처럼 흡수 병합한 지역으로 취급했던 것이다.[89]

한편 일본은 러시아와 교섭을 시작했다. 제안된 사항의 개략적인 내용은 다음과 같았다. 1) 청과 조선의 독립과 영토 보존, 2) 이 두 나라에서의 양국의 상업적 기회 공유, 3) 만주와 조선에 대한 러시아와 일본의 기득권의 상호 인정. 그리고 그러한 이익을 보호하고 해당 지역 내의 분쟁을 조정하기 위한 군대 파병의 상호 인정, 4) 조선의 내정 개혁에 대해 조언하고 지원할 수 있는 일본의 배타적인 권리 인정. 이제 일본이 만주 문제에 개입하려 한다는 것은 분명했다.

1903년 7월 28일 러시아 정부는 협상을 개시하는 데 동의했고, 8월 12일 일본의 제안이 전달되었다. 10월 3일에 전달된 반대 제안에서 러시아는 만주 문제는 논외라고 주장했다. 조선과 관련해서는 그곳이 일본의 최대 관심사임을 간파한 러시아는 조선의 독립, 영토 보존, 북위 39도 이북 지역의 중립 지대화, 남해 연안에서의 축성 금지 등에 대한 양국의 상호 존중을 요구했다. 즉 러시아는 조선에 대한 일본의 지배권은 약화시키면서 만주에 대한 일본의 개입을 거부했던 것이다. 비록 러시아가 나중에 중립 지대화에 대한 요구를 철회하긴 했지만 양측의 견해 차이는 도저히 메울 수 없을 정도로 컸다. 일본은 전쟁이 불가피하다는 결론을 내렸다.

러일 전쟁

일본 정부는 양국의 국력, 군사적 준비 상태, 재원 등의 차이를 아주 냉정하게 분석한 끝에 전쟁을 치르기로 결정했다. 일본이 개전 초기에 승리를 거두어 기선을 제압하면 유리한 위치에서 강화를 이끌 수 있으리라는 것이 그들의 생각이었다. 총사령관인 고다마 겐타로兒玉源太郞 육군 참모총장은 천황에게 이렇게 보고했다.

일본은 10번의 전투에서 6번은 승리할 가능성이 높습니다. 그렇게만 되면 어떤 나라가 나서서 강화를 주선할 것을 기대할 수 있습니다.[90]

이때 염두에 두고 있던 나라는 미국이었는데, 왜냐하면 루스벨트 대통령은 러시아와의 전쟁의 선봉에 서야 하는 부담을 감수하며 만주에서 문호 개방을 수호하는 역할을 할 일본에 호의적이었기 때문이다. 청국 자체는 그러한 일을 감당할 수 없고, 미국은 대중의 무관심으로 인해 어쩔 수가 없었던 것이다.[91] 대통령의 호의를 확실하게 끌어내기 위해 일본은 대통령과 하버드 대학 동창인 가네코 겐타로金子堅太郞를 워싱턴으로 파견했다. 1904년 2월 6일 일본은 러시아와의 협상을 중단하고 다음 날부터 공격을 개시했다. 2월 10일 러시아와 일본은 상호 선전 포고를 했다.

만주에서 전쟁이 벌어지자 이번 전쟁에서 어떤 입장을 취할 것인가와 관련해 청조는 난처한 처지에 놓이게 되었다. 심지어 이러한 외교적인 난국이 있기 전인 1903년 12월 27일 이미 위안스카이는 이렇게 조정에 건의한 바 있었다.

우리가 러시아 편을 든다면 일본 해군이 남동부를 공격할 것이고, 일본 편을 든다면 러시아 육군이 북서부로 침입해 들어올 것입니다. 그러면 청뿐만 아니라 전 세계가 위기에 처하게 될 것입니다. 러일 협상이 결렬될 경우 우

리는 중립을 선언해야 합니다.[92]

1904년 1월 7일 청국 주재 일본 공사는 러일 전쟁이 발발할 경우 자국 정부는 청이 엄격하게 중립을 지켜주길 요청하고 있다고 베이징에 통보했다. 1월 22일 위안스카이는 청은 자국에서 전쟁이 일어나는 것을 막을 능력이 없으므로 중립을 지키는 것이 중요하다는 점을 재차 강조했다. 그는 만주를 방어하려면 수십만 명이 필요하고 주요 지역의 방어에만도 6만~10만 명이 필요한데, 청은 최대 2만~3만 명의 병사밖에 동원할 수 없으며, 신축조약으로 무기 수입이 금지되어 군수품도 부족한 상황이라고 지적했다.[93] 하지만 양광 총독 천춘쉬안岑春煊 등은 만주 회복을 위해 일본과 함께 러시아에 대항해야 한다고 주장했다.[94] 하지만 그것은 누가 봐도 분명히 비현실적인 제안이었다. 전쟁이 일어나자 위안스카이는 다시 '민심을 안정시키기 위해서라도' 중립을 선언할 것을 촉구했다.[95] 그제야 비로소 조정은 성명서를 발표해 두 교전국에 선양과 성징의 왕릉들을 보호하고 만주에 대한 청의 통치권을 침해하지 말 것을 요구했다.

누가 승리하느냐에 관계없이 만주의 영토에 대한 주권은 청의 것이다. 어느 나라도 [그곳을] 점령해서는 안 된다.

일본은 청의 중립을 인정하고 전후 청의 영토에 대한 어떠한 요구도 하지 않겠다고 약속한 반면 러시아는 만주를 중립 지대로 인정하거나 만주의 장래의 지위에 대해 논의하기를 거부했다.[96] 청의 여론은 러시아의 오만함에 깊이 분개했고, 소심한 조정의 태도에 대해서도 비판이 일었다.

　이보다 앞선 2월 6일 워싱턴 주재 독일 공사는 미국이 만리장성 이남의 청 영토의 중립성을 보존하기 위한 협조 방안을 여러 열강에 제안할 것을 루스벨트 대통령에게 건의했다. 그러한 제안은 러시아로 하여금 몽골과 신장에서 자유롭게 활동하도록 만들어줄 것이며, 화북 지역을 보호한다는 명목으로 연합군을 파견해보았자 중국인들의 반감만 불러일으킬 것이라는 이유로 루스벨트 대통령은 그에 반대했다. 하지만 미국 정부는 어쨌든 "청의 중립을 존중하고 모든 가능한 방법으로 청의 행정의 독립성을 존중하도록" 일본과 러시아에게 촉구해줄 것을 요청하는 각서를 각국 열강에게 보냈다. 중립적인 열강들뿐만 아니라 일본과 러시아까지도 만주는 예외라는 조건으로 이러한 제안에 동의했다.

　전쟁 자체에 대해 여기서 다시 언급할 필요는 없을 것이다. 1905년 봄까지 일본이 뤼순 항을 점령하고 남만주에서 러시아를 몰아내고 사할린 섬에 상륙하고 쓰시마 해협에서 발트 함대를 괴멸시킨 것을 비롯해 러시아 해군에 완승을 거두었다는 것을 언급하는 것만으로도 충분할 것이다. 그러나 군사적·재정적으로 전력이 고갈된 일본은 루스벨트 대통령에게 강화의 주선을 요청했으며, 곧 뉴햄프셔의 포츠머스에서 회담이 열렸다.

　중국인들은 강화의 조건과 그것이 중국의 미래에 끼칠 영향에 대해 큰 관심을 가졌다. 베를린 주재 공사 쑨바오치孫寶琦는 중국의 주권을 보호하고 러시아의 향후 의도를 미연에 방지하기 위한 수단으로 만주, 몽골, 신장을 외국과의 통상에 자발적으로 개방할 것을 권고했다.⁹⁷⁾ 조정은 지방관들의 의견을 물었는데, 1905년 7월 24일에 제출한 장지동의 대답은 대부분의 관리들이 동의하고 있는 내용을 반영하는 것이었다.

> 일본이 만주에서 취한 모든 특권을 중국에 반환한다는 것은 분명 불가능한 일이다. 그러나 일본이 지나치게 많은 이익을 취한다면 이전에 맺은 협약을 어기는 것이 되고, 그러면 유럽 열강들의 견제를 야기할 것이므로 그러한 상황을 자초하지는 않을 것이다. 일본은 [공식적으로는] 중국을 위한다고 하고 있지만 실제로는 자국의 이익을 고려하고 있다. 일본이 강성해지려면 중국의 보존을 필요로 하기 때문이다. 러시아는 중국을 기만해 집어삼키기만을 원하는데, 그것은 곧 중국의 멸망과 러시아의 이익을 의미한다. 따라서 최종적인 강화가 어떻게 맺어지든 아시아로서는 일본이 이득을 얻는 것이 러시아가 이득을 얻는 것보다 낫다고 할 수 있다.[98]

이처럼 중국의 입장은 분명히 청일 전쟁 후의 '반일, 친러'에서 러일 전쟁 후에는 '친일, 반러'로 바뀌었다.

장지동은 또한 만주를 열강의 교역 및 외교 공관을 위해 전면 개방해 영국과 미국의 영향력을 불러들여 일본을 견제하도록 하고, 일본인을 포함한 외국인 고문들을 임명해 만주를 다스리도록 할 것을 제안했다. 이러한 외국인들의 존재로 인해 만주는 더이상 과거의 방식으로는 통치할 수 없을 것이며, 만주의 특수한 지위 또한 종식되어야 할 것이라고 그는 결론 내렸다.[99]

1905년 9월 5일 다음과 같은 내용으로 강화 조약이 체결되었다. 러시아는 조선에 대한 일본의 정치적·경제적·군사적 주도권을 인정한다. 18개월 이내에 일본과 러시아는 만주에서 철병한다. 랴오둥 반도의 조계지와 러시아가 청의 동의하에 일본에 넘겨주기로 한 만주 철도의 남부 노선을 제외한 만주 지역을 청에 반환한다. 러시아는 사할린의 남쪽 절반과 인근 섬들을 일본에 양도한다는 것이 그것이었다. 일본과 러시아 양국은 자국의 철도를 지키기 위해 만주에 군대를 주둔시킬 수 있으나 병력 수는 1킬로미터당 15명까지로 제한하기로 했다. 1905년 12월 23일 청과 일본은 베이징에서 '16개 항의 비밀 협약'을 체결했는데, 여기에는 랴오둥의 토지 임차권과 만주 철도 남부 노선을 일본에 양여한다는 내용이 포함되어 있었다. 이 외에도 16개 항구의 개방, 압록강 남부의 산림 지역에 대한 청일 합동 개발에 대한 합의도 들어 있었다. 일본은 러시아에 '관대한' 조건을 제시한 데 대한 보상으로 포츠머스 조약에서 규정한 것 이상의 이권을 얻어냈다. 이제 일본은 러시아를 대신해 만주의 실질적인 제국주의적 지배자가 되었다.

    1905년 일본이 강대국으로 부상하고 영국과 좀더 긴밀한 동맹 관계를 재설정한 것은 동아시아의 국제 관계에서 새로운 장을 여는 것이었다. 그것이 중국에서의 열강들 간의 경쟁을 종식시킨 것은 아니지만 1895년부터 빈사 상태의 청 제국을 위협해온 영토 분할 위협을 제거한 것만은 분명했다. 러시아가 승리했다면 거의 틀림없이 만주 그리고 아마 몽골까지 합병했을 것이고, 다른 열강들로 하여금 영토 배상을 요구하도록 부추겼을 것이다. 그러나 패전한 러시아는 발칸반도로 눈을 돌렸고, 이 지역에서 오스트리아-헝가리 제국, 독일과 충돌해 제1차세계대전이 발발할 장을 마련하게 된다. 이제 남만주에 확고하게 자리 잡게 된 일본은 궁극적으로는 중국의 독립과 영토 보존까지 위협할 수 있는 위치에 서게 되었다. 그러나 1905년 만주에 대한 청의 통치권 회복은 비록 일본과 러시아가 소유한 특권에 의해 제한된 것이기는 했지만 만주가 여전히 중국 땅으로 남을 것임을 보증해주었다. 1907년 4월 20일 조정은 만주족의 발상지라는 만주 지역의 특별한 정치적 지위를 종결시키고 그곳을 정식 성으로 개편하기 위한 조치를 취해 쉬스창徐世昌을 총독 겸 흠차대신으로 임명하고 펑톈, 지린, 헤이룽장 3성에 각각 무관 순무 대신 문관 순무를 파견해 총독을 보필하도록 했다.[100]

아울러 주목할 만한 것은 러일 전쟁의 충격으로 인해 중국에서 입헌 운동이 등장한 것이었다. 학자 출신으로 뒤에 기업가로 변신한 장젠은 "일본의 승리와 러시아의 패배는 입헌주의의 승리와 군주제의 패배를 의미한다"고 선언했다. 1906년 9월 1일 조정은 마지못해 입헌 정부를 세우겠다는 의향을 발표했으나 결코 그것을 진지하게 고려하지는 않은 탓에 조정은 한층 더 백성으로부터 멀어지게 되었으며, 혁명 운동은 새로운 동력을 얻어 가속화되었다. 1860년대 이후 외교 관계에서 불행히도 중국이 계속 동요한 것은 청조의 쇠퇴와 나란히 일어난 일이었다.

THE
CAMBRIDGE
HISTORY
OF CHINA

03

서구와의
관계에 대한
중국의 인식 변화
(1840~1895년)

머리말: 중국의 전통적 대외관

19세기 중국의 침략자들은 지금까지 알려진 어떠한 중국 측 사료보다 훨씬 더 방대한 기록을 남겼다. 어쨌든 성공담은 멋진 이야기가 될 터이니 말이다. 날로 팽창 중이던 국제 교역 세계의 변경에서 거둔 각종 위업과 그에 대한 인상에 관해 여행가, 외교관, 선교사, 언론인 및 그 밖의 다른 많은 사람들이 엄청나게 쏟아낸 다양한 편지와 논문과 서적을 지금 서양의 어느 도서관이나 기록 보관실에 가더라도 쉽게 찾아볼 수 있을 것이다. 반대로 침략당했던 중국인들은 해괴한 이야기, 두려움과 재앙 말고는 별다른 기록을 남기지 않았다. 결국 외세

† 필자들은 일일이 밝히지는 않았지만 수많은 유용한 정보를 제공해준 류광징 교수에게 깊은 감사의 마음을 전한다. 또한 도움이 되는 조언을 해준 장하오 교수와 리처드 B. 라이스 교수에게도 감사드린다.

에게 침략당한 역사는 결코 유쾌하지 않은 치욕의 역사이기 때문이다. 게다가 그러한 상황을 직접 알고 있던 사람은 소수의 지배 계급, 독서인들과 관리들밖에 없었으며 보통 사람들, 특히 외국인들과 함께 일했던 사람들은 후세를 위해 그들의 견해와 경험을 기록하는 데 익숙하지 않았다. 따라서 서양에 대한 중국인들의 시각을 연구할 때 우리는 어쩔 수 없이 주로 상층 학자들의 글에 의지할 수밖에 없는데, 이들은 중국 경전의 고전적인 가르침에 철저히 물들어 있었기 때문에 외국인들에 대한 전통적 태도를 쉽게 버릴 수가 없었다.

　이 외에도 청대에 서방과의 관계에 대한 중국의 관념은 중국 본토와는 근본적으로 다른 지역에서 와 한족을 통치하고 있던 만주족에게 고유한 몇 가지 고려 사항에 의해서도 영향을 받았다. 예를 들어 만주의 경제는 원래 사냥과 어로와 목축업을 겸하는 반*유목적인 것으로, 중국의 정착 농업 경제와는 근본적으로 달랐다. 이 때문에 만주족과 몇몇 기본적인 특징을 공유하고 있던 몽골, 신장과 티베트의 유목 사회가 전략적으로 특히 중시되었다. 비록 연해로부터 가해진 서구의 충격은 중국의 어느 왕조에게라도 심각한 도전이었겠지만 만주족은 북방의 유목 지역에 몰두해 있었기 때문에 동남쪽에서 중국으로 진출하고 있던 서양인들에 대해 그들이 펼 수 있는 정책은 아무래도 소극적인 것일 수밖에 없었다. 게다가 문화적으로도 만주족은 한족과는 다른 민족이었다. 통치 기간 내내 만주족이 한족과 다르다는 것을 분명히 인식하고 있었다는 증거는 무수히 찾아볼 수 있다. 만주족은 본인들이 이민족이었기 때문에 19세기 중반 서양의 침략에 직면했을 때 마음 편하게 민족주의를 주창할 입장이 될 수 없었다. 오히려 그들은 자신들의 왕조의 이익을 생각하고 있었을 뿐이다.

하지만 19세기가 진행되는 동안 만주족도 점차 중국화되어갔기 때문에 이러한 만주족의 특징은 점점 더 중요성을 잃어갔다. 그들은 17세기에 이미 하루가 다르게 중국의 전통적인 유가 제도들을 받아들였고, 옹정제가 1722년에 통치를 시작한 이후 그러한 중국화는 가속화되었다. 이러한 경향은 건륭제가 1793년 영국 국왕에게 보낸 유명한 칙서에서 분명하게 나타나고 있는데, 그는 이 칙서에서 서양이 중국 국내에 대표를 주재시키는 것을 금지하면서 영국인들에게 "청국에는 없는 것이 없다"고 말했다.[1] 따라서 19세기에 서양의 침략 문제를 처리할 때 만주족이 주로 중국식 문화주의에 의존했던 것은 전혀 놀랄 일이 아니었다.

1800년에 이르면 만주족은 이미 한족의 세계관을 확고히 받아들이고 있었다. 그러한 세계 질서는 중국의 상층 지배층이 수세기에 걸쳐 심혈을 기울여 마련하고 계승해온 일련의 사상과 관행에 기반하고 있었다.[2] 그러한 질서의 핵심에는 천하를 다스리는 천자는 천하 만물보다 뛰어나다는 관념이 자리 잡고 있었는데, 이 '천하'라는 용어는 종종 중국 바깥의 모든 것을 포함해 세계 전체를 포괄하는 말로 쓰였다. 중국인들에게 중국은 아시아의 일부로 보이지 않았으며, '극동'의 일부분은 더더욱 아니었다. 그것은 중국, 즉 문명 자체를 구현하고 있는 '중심의 국가'였다. 이러한 중화사상은 중국의 엄청난 영토, 힘, 역사, 자원 등 이 모든 것이 중국을 동아시아 세계의 자연스러운 중심으로 만들고 있다는 사실에서 유래하는 것이었다. 그리고 중국인들과 비중국인들 사이의 관계에는 이러한 중화사상 그리고 중국인들이 다른 민족보다 우월하다는 편견이 물들어 있었다.

중국인들은 대외 관계를 중국 내에서 내부적으로 구현된 사회와 정치 질서의 원리를 확대한 것으로 생각하는 경향이 있었다. 따라서 중국의 대외 관계는 국내 사회와 국가와 마찬가지로 위계적이고 불평등했다. 이론적으로 중국의 세계 질서는 몇몇 측면에서 위계적일 수밖에 없었다. 중국은 내부이고, 크고 위대하다. 반대로 비중국의 '오랑캐'는 외부이고, 작고 미천하다. 이와 동시에 '포함하지 않는 것이 없다(무소불포無所不包)'라는 사상과 '아무 차별 없이 대한다(일시동인一視同仁)'는 사상 또한 중요했다. 한편 천하의 주인이 된 자는 마땅히 모든 사람들을 관대하게 대해야만이 '군주 된 사람에게는 바깥이라는 것이 없음(왕자무외王者無外)'을 보여줄 수 있었다. 그렇게 하려면 '일시동인'의 정책을 취해야 했다. 모든 외국인은 멀고 가까운 것 구분 없이 한결같이 평등하게 대하는 것이 원칙이었다. 이론상으로 비중국인들은 천자를 알현할 때 지켜야 하는 적절한 절차와 의례를 준수함으로써 중국의 세계 질서 속에 들어갈 수 있었다. 이러한 관례들이 곧 외국인들이 조공 제도라고 부르는 것을 구성하게 되었다.

　당연히 중국인들의 세계 질서에도 이론과 실천이 일치하지 않는 부분이 있었다. 만일 비중국인들이 그러한 관례를 준수하기를 거부한다면 강제 수단을 사용할 수 있었다. 실제로 유가 경전의 전통에서도 그처럼 호전적인 태도를 쉽게 찾아볼 수 있다. 예를 들어 『좌전左傳』에서 오래된 구절을 하나 인용할 수 있는데, "덕망으로 중국을 유연하게 다스리고, 형벌로써 사방의 오랑캐를 위협한다德以柔中國, 刑以威四夷"는 말이 그것이다.[3] 후세의 왕조들은 계속 이처럼 호전적인 자세를 유지했는데, 자신이 알고 있던 모든 세계를 중국의 제도라는 틀 안에 전부 끌어들이려고 한 명대의 영락제永樂帝의 웅대한 결심은 바로 그것을 증명해주고 있다. 전쟁이 없을 때는 정보를 수집해 분석하고, 분석한 결과를 확인해 상대편의 힘과 의도를 분명히 파악하는 것이 중요했다. 그것은 병법을 논한 고대의 경전인『손자』에 들어 있는 명언, 즉 "적을 알고 나를 알면 백 번을 싸워도 위태롭지 않다知彼知己, 百戰不殆"와도 일치하는 것이다.

그러나『손자』에서는 곧 이어서 말하기를 백 번 싸워 백 번 다 이기는 것은 최선이 아니니, 싸우지 않고서도 다른 사람을 굴복시키는 것이야말로 최선이라고 했다. 실제로 중국이 비중국인 종족 집단과 관계를 맺어온 오랜 역사에서는 일반적으로 선린 관계가 우세했다. 왜냐하면 물리적 강제를 중시하지 않는 사상이 유가 전통 속에 깊이 뿌리내리고 있었기 때문이다. 공자는 다음과 같이 말했다.

먼 지방의 사람들을 안정시키면 사방이 모두 그에게 복종한다柔遠人, 則四方歸之.4)

맹자는 한 걸음 더 나아가 이렇게까지 말했다.

예부터 싸움을 잘하는 사람은 높은 형벌을 받는다故善戰者, 服上刑.5)

앞의 구절로부터 '회유원인懷柔遠人'이라는 용어가 형성되었는데, 이것과 함께 강대한 '만이蠻夷'들을 다룰 때에는 흔히 '기미羈縻' 정책이 사용되었다(19세기 중반의 조약 체계 초기의 수십 년의 시기도 이러한 관점에서 바라볼 수 있을 것이다). 한대와 당대에 유가 독서인들은 종종 군사적 확장 정책은 국력과 민생을 소진시킬 것이라고 경고했다. 이러한 선린책은 한대 이래 계속해서 문치주의를 중시하고 무를 경시해

온 중국의 기존 체제를 반영하는 것이었다. 하지만 비록 유가의 전통이 결국 대외 정책과 관련된 한 호전적이기보다는 선린적인 경향을 띠고 있었던 것이 사실이기는 하지만 그것은 결코 일방적인 것이 아니었다. 이처럼 모호한 태도는 1840~1895년 사이 서구와의 관계에 대한 중국의 견해 속에서 명백하게 드러나게 되었다.

최초의 반응과 타성(1840~1860년)

전통적 경세학과 새로 제안된 전략들

19세기 초에는 '경세치용' 학파에 대한 관심이 부활되어 다시 나타났다. 사회 참여와 세속사에 뛰어드는 것을 강조하는 이 학파는 유가적 인도주의의 이상을 반영하고 있었다. 한편으로 이것은 이학이 숭상하던 현학과 사변을 '공空'이라고 거부했으며, 다른 한편으로는 고거학考據學이라는 방법을 낡고 쓸모없는 것이라고 경멸했다. 이 학파는 17세기에 번성했지만 주로 독서인 계급에 대한 건륭제의 억압 정책으로 18세기에 이르러서는 고증학파에 밀려나게 되었다.⁶⁾

19세기에 경세학파가 재등장한 것은 금문경학파今文經學派가 다시 활력을 띤 것을 보면 알 수 있었는데, 이 학파는 무릇 사람은 실질적인 방법으로 국가와 사회에 안녕과 번영을 가져다줄 도의적 책임감을 느껴야 한다고 강조했다. 이러한 사상적 부활에서 중요한 역할을 한 학자가 바로 바로 장쑤 성의 우진武進 출신의 장존여莊存與(1719~1788년)였다. 그에게서 경서를 배운 외손 유봉록劉逢祿(1776~1829년)이 19세기 초 일군의 젊은 학자들에게 직간접적인 영향을 주면서 그로부터 경세학파가 대두하게 되었다. 이들 젊은 학자군에는 다작의 저술가인 공자진과 포세신包世臣, 그리고 변경 문제 전문가인 요영姚瑩과 소령유蕭令裕 등이 포함되어 있었다. 또 아편전쟁에서 중요한 역할을 하게 되는 임칙서林則徐와 황작자黃爵滋 그리고 후일 대 서방 관계에서 발생하는 문제에 관심을 가진 개혁가로 유명해지게 되는 위원과 풍계분馮桂芬도 포함되어 있었다. 이들 가운데 위원과 공자진은 유봉록과 특히 밀접한 관계를 맺고 있었다.

위원은 『황조경세문편皇朝經世文編』 서문에서 현세를 강조하고 치용致用의 중요성을 강조하는 경세학파의 두 가지 기본 원칙을 천명했다. 당시 중국의 절박한 문제는 무엇이었을까? 19세기 초의 몇 십 년 동안 경세학파 학자들의 주요 관심은 국내 통치 문제였는데, 그것은 일반적으로는 청조가 점차 쇠퇴하면서 그리고 구체적으로는 백련교의 난으로 인해 유발된 것이었다(10권의 3장을 참조하라). 반란 진압 방법과 조운, 염세 등과 관련된 전반적 개혁이 모두 문제였다. 반란이 끝나가게 되자 경세학파 학자들은 점점 더 변경 문제에 관심을 기울이기 시작했고, 그중에서도 특히 내륙아시아가 관심의 초점이 되었다. 이 방면의 대표적 인물이 위원(1794~1857년)으로, 그는 20대에 처음으로 변경 문제에 관심을 갖기 시작했다. 1830년 그는 개인적으로 양방楊芳 장군과 함께 신장 성을 여행할 계획을 세웠지만 무위로 돌아가고 말았는데, 그는 평생 이 기회를 놓친 것을 후회했다. 그러나 그는 계속 북방의 변경 문제를 연구했으며, 적어도 8권의 연구서를 완성했다.[7]

그러한 연구에 전념한 다른 경세학파 학자들로는 1850년대의 장목張穆과 하추도何秋濤, 1870년대의 증기택과 장지동 등이 있었다.

물론 연해 지역에서 빈발하는 각종 사건도 종종 사람들을 근심하도록 만들었다. 16세기 중국-일본의 해적들이 연해 일대에서 벌이는 소란과 17세기 타이완의 국성야國姓爺 일당의 위협은 분명 골치 아픈 문제였지만 19세기 중반 이전까지 중국의 주된 관심은 내륙아시아 변경 지역의 영토와 관련되어 있었다. 그러나 서양 세력이 동남의 연해 지역으로부터 침략해 들어오는 사례가 늘어나면서 1825~1850년 사이 경세학파의 관심의 초점에서는 중요한 전환이 일어나게 되었다. 즉 관심 대상이 내륙아시아에서 '오랑캐' 들이 새로운 기술을 갖고 들어오는 연해 지역으로 바뀐 것이다.

경세학파 저술가인 포세신은 일찍이 1826년에 영국이 오래지 않아 연해 지역에서 중국에 심각한 위협이 될 것이라고 단언한 바 있었다. 그러나 이에 대한 그의 견해는 앞뒤가 모순되는 점이 있었다. 즉 훗날 그는 백성의 고통을 덜어주는 것이 해방보다 훨씬 더 중요하다고 썼던 것이다. 해방에 관한 초기의 저작들은 당연히 광동 성의 연해 지역에 초점을 맞추고 있었다. 아편전쟁 중 전사한 관천배關天培는 1836년경 『주해초집籌海初集』을 편찬했으며, 아편전쟁 이후 양정남梁廷枏, 유창회兪昌會와 이복상李福祥도 비슷한 저서를 완성했다.[8]

이들 일부 경세학파 사대부들의 가장 큰 관심은 바다에 능수능란한 서양을 이해하는 것이었다. 하지만 어떻게? 흠차대신 임칙서가 생각하기에 효과적인 지름길은 번역이었다. 1839년 광저우에 있을 때 그는 광저우, 마카오, 싱가포르와 인도의 외국 신문을 번역할 것을 지시했다. 훗날 위원은 공립 번역국翻譯局을 설립할 것을 건의했다. 곽숭도는 1859년의 상소에서 외국어를 가르치는 공립 학당을 설립할 것을 상주했다.[9] (1850년대 하계청何桂清, 노숭광勞崇光, 설환 등 연해 일대에서 근무하고 있던 일부 실용주의적 관리들은 모두 이러한 태도를 갖고 있었다). 신문 이외에도 서양의 역사, 지리, 법률, 정치 상황 등에 관한 정보가 수집되었다. 흠차대신 임칙서의 지원 아래 바텔Vattel의 국제법이 일부분 번역되었다. 얼마 후 양정남은 『합중국설合衆國說』을 저술했는데, 여기서 그는 미국의 정치 제도를 상당히 높이 평가하고 있다. 이러한 저서들이 비록 사람들에게 큰 영향을 주었다고 하더라도 가장 큰 영향을 미친 것은 바로 세계 지리 방면의 연구 저작이었다.

세계 지리에 대한 관심은 표면적으로는 미지의 서양 세계, 실로 세계 전체에 관한 지식을 얻으려고 한 데서 나온 것처럼 보였다. 그러나 당시의 절박한 필요를 고려한다면 중국 자체의 지식과 역량을 강화하기 위한 운동으로 보는 것이 더 나을 것이다. 다시 말해 당시 중국의 일부 관리와 독서인들은 서구 유럽의 오랑캐 국가와 전쟁을 벌인 후 절박하게 적을 이해하려고 했고 유럽이 도대체 어떤 위치에 있는지를 알려고 했다. 정확한 답을 찾을 필요가 있었다. 이러한 압력하에서 세계 지리에 대한 관심이 거대한 파도처럼 밀려오게 되었던 것이다.

중국의 지리서와 역사서 가운데 서양과 관련된 자료는 거의 찾아보기 어려웠다. 19세기 서구 열강에 관한 자료와 관련해서는 더욱더 그러했다. 왜냐하면 세계 지리에 관한 초기의 지식은 모두 가톨릭 선교사들의 펜에서 나온 것으로, 심지어 그것들 중에서 지도가 들어 있는 것은 단 3권에 불과했기 때문이다. 1840년대 이전 중국의 저술가들은 3권의 상당히 신뢰할 만한 참고 서적을 출판했는데, 진륜형陳倫炯의 『해국문견록海國聞見錄』(1730년), 왕대해王大海의 『해도일지海島逸志』(1760

년), 사청고謝淸高의 『해록海錄』(1820년)이 그것이었다. 임칙서는 영국의 상황을 이해하기 위해 『해록』을 분석한 바 있다.[10]

1840년 이후 중국의 독서인들은 세계 지리 문제에 점점 더 많은 관심을 기울이기 시작해, 1861년까지 22종이 넘는 저서들이 간행되었다.[11] 흠차대신 임칙서가 그러한 연구를 적극적으로 지원했다. 그의 후원 아래 머레이Murray의 『지리 대전Cyclopaedia of Geography』의 일부분이 1841년에 중국어로 번역되어 『사주지四洲志』라는 이름으로 간행되었다. 이 분야의 선구적이며 포괄적인 저서는 위원의 『해국도지』였는데, 이것 또한 임칙서에서 기원한 것이었다. 임칙서는 수집한 외국 관련 자료들을 1841년에 위원에게 넘겨주었는데, 위원이 1842년 그것들을 50권의 방대한 저서로 편찬해 다음 해에 출판했던 것이다. 그것은 서방에 관한 중국 최초의 중요한 저서였다.[12] 요영 역시 세계 지리에 관심을 갖고 있었다. 흠차대신 임칙서나 위원과는 달리 요영은 외국에 대한 지식을 아편전쟁 기간에 타이완 도대로 재임하던 동안 포로로 잡은 영국 전쟁 포로들에게서 얻었다. 이 주제에 관한 또 다른 유명한 저서인 『영환지략瀛環志略』은 푸젠 순무 서계여徐繼畬에 의해 편찬되어 1848년에 간행되었다.

이러한 책을 쓰게 된 동기와 관련해 그들은 엄밀하게 지식을 추구하여 동포들의 길 안내를 하려 한다고 밝혔다. 위원은 가장 중요한 동기는 외국 사정을 철저히 이해하는 것이라고 주장했다. 전쟁의 진행 과정을 서술할 때건 아니면 평화 협상의 진행 상황을 서술할 때건 항상 위원을 사로잡고 있던 생각은 "오랑캐의 장기를 배워 오랑캐를 제압한다師夷之長技以制夷"는 것이었다. 이 때문에 『해국도지』는 각국의 지리를 포함할 뿐만 아니라 외국의 조선 기술과 무기 생산 기술을 가능하면 가장 완벽하게 논구해야 했다. 위원은 모든 동포들이 외국 지리를 연구해야 한다고 생각했다. 서계여의『영환지략』은 그보다 더 체계적이었다. 푸저우 성의 상무商務를 주관하고 있었기 때문에 서계여는 공무와 저술 활동을 함께 할 수 있었다. 그리하여 그는 5년 동안 매일 5시간씩 작업해 외국 자료들에 근거해 이 책을 편찬할 수 있었다. 요영은 자기가 책을 쓴 이유는 중국이 외국인들의 손에 놀아나는 것이 분했기 때문이라고 주장했다. 그의 바람은 중국인들로 하여금 노소를 불문하고 모두 다른 나라에 대한 올바른 지식을 얻을 수 있도록 하는 것이었다. 마지막으로 그는 중국이 치욕당하지 않기를, 해방과 변방邊防을 강화해 중국이 외국에게 정복당하지 않길 바랐다.[13]

이런 식으로 이러한 학자들, 특히 위원과 서계여 등은 외부 세계에 대한 중국인들의 지리적 인식을 바꾸는 데 크게 기여했다. 그러는 가운데 그들은 중요한 역할을 하게 되었다. 그들은 서양에 관한 새로운 지식을 소개했을 뿐만 아니라 중국이 사실은 '중국中國'이 아니라는 점을 밝힘으로써 중화사상을 해체시키기 시작했던 것이다.

영국의 군사력에 강한 인상을 받고 서양의 뛰어난 무기에 매료된 일부 사람들은 중국이 전력을 다해 서양을 모방해야 한다고 생각하게 되었다. 이처럼 새로운 관심을 상징적으로 보여주는 용어가 바로 '선견포리船堅炮利(견고한 선박과 강력한 화포)'였다. 1821~1861년 사이 적어도 66명의 사람들이 중국은 그러한 군함과 총포를 마련해야 한다는 데 동의했는데, 그중에는 도광제와 정부 고관들 그리고 저명한 학자들이 포함되어 있었다.[14] 이들은 모두 조선과 무기 제조를 주장했다. 임칙서도 그러한 계획을 옹호했다. 그는 200문의 외국 대포를 구입해 광저우 방어를 강화했고, 서양의 총포 제조에 관한 서적을 번역하도록 지시했다. 그러나 정치적 이유로 인해 그는 공개적으로 서양 무기를 모방하자고 주장할 수는 없었다.

그에 비하면 위원의 태도는 한층 더 선명했다. 1843년 1월 그는 『해국도지』의 초고를 탈고했는데, 거기서 그는 광저우에 조선소와 병기창을 설립하고, 프랑스와 미국의 공정사를 초빙해 건설 추진 및 선박 운항과 무기 사용법의 교습을 담당하도록 할 것을 주장했다. 또한 무과 시험에 해군 장교를 선발하기 위한 과를 신설해 조선과 무기 제조 능력이 있는 사람을 선발해 공직을 맡도록 하고, 일반 병사들 중에서 선박 운항과 무기 조작에 뛰어난 자들은 승진시킬 것을 건의했다. 그는 모든 해군 장교의 임명과 승진은 모두 이러한 방법을 따라 진행되도록 할 것을 건의했다. 모두가 근대 중국의 군대의 역사에서 선구적이라고 손꼽힐 만한 생각들이었다.[15]

무기와 탄약 제조법에 관한 옛 서적을 다시 출판한 것 외에도 이 시기에는 또 서양 무기에 대한 22종의 새로운 도서들이 출판되었는데, 이 중 7종은 총포 제조에 관한 것이고 6종은 지뢰와 탄약 제조에 관한 것이었다. 2종의 저서는 포상砲牀에 관한 것이고, 또 다른 2종은 흑색 화약의 생산에 관해 논술한 것이었다. 나머지 5종은 모두 포병의 방어와 공격 전술에 관한 서적이었다. 이 22종의 도서는 대부분 1840~1850년 사이에 완성되었고, 나머지도 늦어도 1860년 이전에 출간되었다.[16] 이들 저작들 각각의 상대적인 가치는 너무나 다양해서 일률적으로 말할 수는 없지만 모두 당시 중국의 독서인들이 집중적으로 서양의 군사 기술을 배울 의도가 있었음을 보여준다. 이 밖에도 10여 명이 넘는 저술가들이 서양 군함에 관해 연구하거나 저서를 출간했다. 가장 상세한 설명은 정복광鄭復光의 『화륜선도설火輪船圖說』에서 찾아볼 수 있었다.[17] 이 모든 반응은 직접적으로 서양과의 접촉에서 자극을 받아 일어난 것으로, 그 결과 중국인들은 진짜 자신들에게 필요한 것이 무엇인지를 깨닫게 되었다. 전체적으로 볼 때 그러한 연구들은 — 위원의 말을 빌리자면 — "오랑캐의 장기를 배워 오랑캐를 제압"하는 것을 목적으로 하고 있었다.

다른 한편 중국이 자신의 군사 역량을 이용할 수 있기 전에 오랑캐를 제압하기 위한 다양한 임시방편들이 제안되었다. 그러한 정책 중의 하나가 바로 "무역을 이용해 오랑캐를 제압(용상제이用商制夷)"하는 것이었다. 조공 제도하에서 공납을 받는 국가였던 중국은 관습적으로 대외 관계와 교역을 동일시해왔다. 실제로 중국은 심지어 서방 국가들과의 대외 관계의 존재마저 인정하지 않았기 때문에 단지 '이무夷務'만이 존재했는데, 그것은 본질적으로 교역의 다른 이름에 불과했다. 따라서 이 시기 일부 독서인들이 교역을 이용해 대외 관계와 관련된 요구를 다룰 필요가 있다고 생각한 것은 당연한 일이었다. 이미 아주 이른 시기부터 중국인들은 멀리서 온 외국의 상인들을 다룰 때 시장을 개방하거나 폐쇄하는 방법으로 그들을 통제했다. 교역을 완전히 거부하는 것이 중국의 의도는 아니었기 때문에, 비록 교역을 정지시키겠다는 핑계로 광저우에 있던 동인도회사에 압력을 가하는 횟수가 늘어갔지만 그처럼 극단적인 방법을 자주 사용하지는 않았다. 1840년대 중국 관원들은 서구 열강의 진정한 힘을 과소평가하는 경향이 있어서 그 결과 지나치게 자주 이 정책을 사용했다. 이와 아울러 자기의 역량과 준비 상태를 제대로 평가하는 데 실패한 것이 전쟁이라는 재앙을 불러들였던 것이다. 연이어 양광 총독으로 부임했던 서광진徐廣縉과 섭명침葉名琛이 주로 교역을 중단하는 방법을 사용했는데, 이

두 사람은 이 정책을 주창한 가장 대표적인 인물들이었다.[18]

중국인들이 이해한 바 중외中外 교역의 기본 가설은, 외국인들은 교역을 포기할 수 없기 때문에 교역을 이용해 그들을 굴복시킬 수 있다는 것이었다.[19] 그러면 실제로 이 정책의 가치는 무엇이었을까? 근대의 주권 국가들은 지속적으로 이러한 정책을 이용해왔으며, 그것은 국가 주권의 필수적인 부분인 것 같다. 그러나 조공 제도를 통한 중국과의 교역이라는 과거의 전통 속에서 통상 거부는 다만 오랑캐를 통제하는 수단의 하나일 뿐이었다. 통상과 이윤을 미끼 삼아 외국인들의 욕심을 채워주는 것으로 그들을 달래 군사 충돌을 피한다는 것이 기본 전략이었다. 아편전쟁과 조약항의 개항 이후에도 중국 관원들은 여전히 이런 사고방식을 그대로 갖고 있었다. 모든 열강에게 똑같은 통상 기회를 나누어 주려고 한 기영耆英의 생각이야말로 통상을 평화를 얻기 위한 적극적인 수단으로 이용하려는 이러한 사고방식을 가장 잘 보여주는 증거라고 할 수 있었다. 이렇게 보면 교역의 확대는 그것을 이용해 외국인들을 통제하려는 정책에 대해 일부 긍정적인 가치를 갖고 있었다고 말할 수 있을 것이다.[20]

이처럼 오랜 전통을 가진 정책이 19세기 중반에 예상했던 효과를 거두지 못하게 되자 이번에는 "백성을 이용해 오랑캐를 제압한다用民制夷"는 책략이 제출되었다. 이러한 관념은 "백성이 보는 대로 하늘도 본다天視自我民視", 즉 백성들의 무언의 복종이야말로 정권의 정당성에 대한 승인이라는 고대의 관념으로 되돌아가는 것이었다. 그런데 정부를 전복시킬 수 있는 백성의 저항은 또한 침략자들에 맞서는 데 이용될 수도 있었다. 이런 정책을 사용할 것을 가장 강력하게 제안한 사람은 양광 총독 서광진과 흠차대신 승보勝保였다.[21] 하지만 이런 정책을 검토한 사람들은 이보다 훨씬 더 많았고, 그것의 영향도 상당히 광범위했다. 진짜 목적은 대중들의 국민감정을 이용해 외세의 중국 침략을 막는 것으로, 그것은 먼저 서양 상인들이 교역항에 출입하는 것을 막는 데 이용되었다. 후일 그것이 점점 더 내지에서의 기독교 선교에 반대하는 데 이용되면서 그 결과 종종 심각한 외교 분쟁이 빚어지기도 했다. 그러한 정책은 독서인들의 두 가지 기본 신념을 반영하고 있었다. 먼저 백성들이 외국인들에 반대해 일어나면(종종 중국 관료들이 그렇게 하도록 부추기기도 했다) 외국인들은 일반 백성들을 두려워할 것이며, 따라서 이런 식으로 백성의 감정을 이용하면 오랑캐들을 다스릴 수 있다는 신념이었다.[22] 두번째로 백성은 황제와 국가에 충성스러우며 일단 집단행동에 나서면 격렬해지고 쉽게 흥분하기 때문에 외국인들에 맞서는 데 큰 도움이 된다는 것이었다.[23]

뿐만 아니라 계책을 사용해 외국인들을 서로 반목시킬 수도 있었다. '이이제이 以夷制夷'라고 하는 방책이 바로 그것이었다. 이미 기원전 6세기에 중국인들은 "천자의 안전은 주변의 오랑캐[를 부리는 데]에 달려 있다 天子守在四夷"라는 개념을 발전시키고 있었다. 이러한 개념은 쉽게 '이이제이' 사상으로 이어졌다.[24] 중국이 최초로 내륙아시아와 관계를 맺게 되는 서한 西漢[전한] 초에 진행된 학자들의 이론적 논의와 대외 관계에서의 실제 행동은 모두 '이이제이' 정책이 얼마나 중요한지를 보여주었다. 아편전쟁 시기 이러한 방안이 다시 제안되었다. 임칙서는 영국을 제압하기 위한 방법으로 영국 이외의 다른 모든 외국 상인들에게 청과의 통상을 허락할 것을 주장했다. 전쟁 기간 동안 완원 阮元은 미국을 이용해 영국을 통제할 것을 건의했지만 전권 대사인 이리포 伊里布가 이를 거부해버렸다. 전후에 벌어진 토론에서 위원은 육상에서는 러시아와 동맹을 맺어 영국령 인도, 더 나아가서는 베트남, 미얀마, 네팔 등을 위협하고 해상에서는 프랑스, 미국과 전략적 동맹을 맺어 영국에 대한 연합 공격을 펼칠 것을 건의했다. 하지만 막상 얼마 후 기영이 광저우에서 대외 사무를 담당하게 되었을 때 사람들은 그러한 정책에 반대하기 시작했다. 반대파가 제시한 논거는 두 가지였다. 하나는 비록 중국은 옛날부터 '이이제이' 정책을 사용해왔지만 먼저 중국 자체가 강대해야만 그러한 정책이 효력을 발휘할 수 있다는 것이었다. 그러나 당시 상황에서 미국과 프랑스는 중국과 아주 멀리 떨어져 있고, 중국은 그들을 통제할 힘이 없었다. 둘째, 설령 미국과 프랑스가 중국을 돕는다고 해도 그들이 이기리라는 보장이 없었다. 뿐만 아니라 만일 그들이 승리하면 중국은 훨씬 더 큰 통제 문제에 직면하게 될 것이었다.[25]

이 시기의 '이이제이' 정책에서 멀리 떨어진 유럽과 아메리카의 국가들에까지 영향을 미치겠다는 의도는 찾아볼 수 없었다. 중국의 관원들과 독서인들에게 그처럼 원대한 포부는 없었다. 그것은 오직 중국에 온 영국, 미국, 프랑스의 관원과 상인들을 겨냥하고 있었을 뿐이다. 그것은 중국과의 통상이라는 미끼를 이용해 각국이 서로에게 압력을 가하고 적대시하며 심지어 서로 싸우게 만들 것을 제안했다. 이러한 정책은 중국이 모든 해당 국가에 통상에 따른 이익을 제공한다는 전제에 기반해 있었다. 따라서 1840년의 정책과 1870년 이후 무력 외교와 제국주의적 경쟁의 와중에서 이홍장과 장지동이 주창한 '이이제이' 정책은 완전히 다른 것이었다는 사실은 누구나 쉽게 알 수 있을 것이다. 이 세 가지 정책, 즉 '이상제이'와 '이민제이'와 '이이제이' 가운데 '이이제이'가 가장 깊고 지속적인 영향을 미쳤다.

오해와 타성

중국과 서양의 만남은 가장 넓은 의미에서 하나의 문화 충돌이었기 때문에 이처럼 새로운 상황에 대한 반응이 많은 오해와 종종 부적절한 조치들을 낳은 것은 전혀 이상할 것이 없었다. 두 가지 유명한 예가 영국이 1793년 중국에 파견한 매카트니Lord Macartney 사절단과 1816년 파견한 애머스트Lord Amherst 사절단이었다. 영국의 국력과 국위를 제대로 이해하지 못한 청은 일방적으로 청조의 번속藩屬 제도에 따른 번잡한 의례 행사를 일일이 따르기를 강조하고, 외국인들에게 청의 일 처리 방식을 받아들이도록 강요했다. 그리하여 영국과 정식으로 양국 간의 외교 관계를 수립할 수 있는 두 차례의 기회를 잃어버렸다. 번속 제도에 따라 청은 외국인들에게 오직 광저우에서만 교역할 수 있도록 했는데, 이 정책은 결국 자멸적인 것으로 드러났다.

중국인들이 서양인의 모습을 어떻게 그리고 있는가만을 보아도 그들이 서양인을 얼마나 오해하고 있는가를 분명하게 알 수 있었다. 서양인들의 외모 자체가 호기심을 불러일으켰다. 흰 피부, 붉은 머리카락, 움푹 들어간 파란 눈, 높은 코, 무성한 구레나룻, 큰 키와 몸에 딱 붙는 의상이 그러했다. 이 모든 것이 괴상하다는 반응을 불러일으켰고, 오해로 이어졌다는 것이 아편전쟁 시기의 많은 기록에 남아 있다. 이 시기의 독서광이던 왕중양汪仲洋은 서양인의 인상을 묘사한 시를 한 수 남겼다. 그가 묘사한 영국인은 매부리코에 고양이 같은 눈, 붉은 구레나룻 수염과 머리카락을 가진 사람으로 다리가 너무 길어 굽힐 수가 없기 때문에 달리거나 뛰어오르지를 못하는 모습으로 그려져 있다. 또한 그들의 푸른 눈동자는 햇빛을 견딜 수 없어 한낮에는 감히 눈조차 뜰 수 없다고 했다.²⁶⁾ 양강 총독 유겸裕謙은 몇몇 글에서 분명하게 영국인들은 허리나 다리를 굽힐 수 없기 때문에 얻어맞기라도 한다면 금방 넘어질 것처럼 묘사하고 있다.²⁷⁾ 물론 이처럼 널리 유행하던 시각에 의문을 품은 신사들이 없었던 것은 아니다. 예를 들어 독서인 소령유는 직접 목격한 사실에 근거해 외국인들은 재빨리 산을 오르고 물을 건널 수 있다는 정반대 증거를 제시했다. 포세신 또한 영국인들은 육지에서 태어나고 자랐기 때문에 일단 육지에 상륙하고 나면 꼼짝도 못한다는 통상적인 믿음을 받아들일 수 없다는 상식적인 판단을 보여주었다.²⁸⁾ 그럼에도 불구하고 외모상의 차이가 중국인들의 마음속에 오해를 불러일으켰던 것은 분명하다.

중국과 외부 세계 사이의 관계는 교역과 함께 시작되었다. 중국에서는 일반적으로 외국인들은 비단과 차, 대황 같은 중국 상품을 대량으로 필요로 한다고 믿고 있었다. 이러한 상황을 완전히 피상적으로만 이해한 일부 독서인들은 다소 터무니없는 몇몇 결론을 끌어냈는데, 사람들이 철석같이 믿는 바람에 그것들은 널리 확산되고 서로서로를 강화시켜주었다. 외국인들이 차와 대황을 필요로 하고 있다는 것은 널리 알려져 있었으며, 그들이 이 두 제품을 수입하고 있다는 것 또한 분명했다. 아편전쟁 시기에 많은 사람들은 외국인들은 차와 대황 없이는 못 살고, 만약 공급을 끊어버리면 눈이 멀거나 위장병에 걸리게 될 것이라고 철석같이 믿고 있었다. 물론 전후 광둥 순무를 역임한 황은동黃恩彤과 위원 같은 일부 개명한 사대부들은 외국인들이 중국 차를 좋아하는 것은 차의 뛰어난 맛 때문이지 사람의 생사가 관련된 문제가 결코 아니라고 주장했음에도²⁹⁾ 불구하고 차와 대황의 중요성에 대한 잘못된 믿음은 여전히 성행했다. 실제로 그러한 관념이 어찌나 중국인들의 마음속에 깊이 자리 잡고 있던지 당시의 저서들 중 적어도 20여 곳에서 이처럼 지나치게 확신에 찬 괴이한 생각들을 표현하고 있는 글을 인용할 수 있을 정도이다. 게다가 그러한 생각을 철석같이 믿고 있던 사람들 중에는 흠차대신 임칙서와 포세신, 소령유 등 일부 실사구시적인 경세학파 사대부들도 찾아볼 수 있었다.[30]

이러한 오해의 이면에는 뿌리 깊은 사상적·제도적 타성이 자리 잡고 있었다. 예를 들어 도광제는 난징 조약을 "영원히 후환을 막는 永杜後患" 방안으로 간주했다. 어떤 군기대신도 그토록 절실히 요구되던 변혁을 촉진시킬 수 없었다. 목창아와 새상아賽尚阿는 무능했고, 성리학자인 기준조祁寯藻는 보수적인 동시에 호전적이었으며, 도학자 왕정王鼎은 자살했고, 실용파였던 반세은潘世恩은 어떤 일을 정열적으로 추진하기에는 나이가 너무 많아 결국 1849년에 물러났다. 실제로 아편전쟁 이후 베이징의 정치적 분위기는 정치에 어찌나 냉담한지 술집이나 찻집에 "현실 이야기는 하지 마라免談時事"라는 글귀들이 내걸릴 정도였다.[31]

각 성의 지도자들도 더 나을 게 없었다. 이처럼 새로운 상황에 대한 대책이라는 것도 여전히 전통에 치우쳐 있어 사병들에게 수영을 가르치고, 적을 공격하기 위한 화력을 준비하고, 아편전쟁 동안 파괴된 연해의 요새들을 복구하는 것에 그쳤다. 양광 총독 기영은 약 1,100년 전인 당대에 한 저명한 관원이 쓴 군사 전략에 관한 글을 필사해 제출했다. 기선琦善, 양국정楊國楨, 이량怡良, 우감牛鑒, 벽창璧昌과 이성원李星沅 등 그 밖의 다른 연해의 총독들은 모두 개혁에는 무관심했다. 유운가劉韻珂와 하계청은 예외였지만 유운가조차도 마지못해 개혁에 나섰을 뿐이었다. 이러한 정치적·제도적 타성은 또한 연해 각 성의 순무와

고위 군사 지휘관들에게서도 찾아볼 수 있었다.[32]

또한 일부 정치 지도자들이 서양에 대해 견지하고 있던 견해 속에서도 중국의 타성을 찾아볼 수 있다. 중국이 서양과 접촉하던 초기부터 그러한 대외 관계는 순전히 경제적인 것일 뿐 정치적인 것은 아니며, 따라서 고관들은 관여할 필요가 없다는 인식이 일반화되어 있었다. 예를 들어 1842년 8월 17일 기영은 당시 진행 중이던 평화 협정에서 본인이 직접 영국인들을 만날 계획이었지만 도광제가 그것을 만류하는 지시를 내렸다. 또 1846년 5월 8일 흠차대신 새상아는 외국인들을 대하는 방법을 하나 제시했다. 심지어 외국인들이 중국 관원에 대한 접견을 요구할 수 있는 통로까지 포함해 모든 통로를 차단하는 것이 그것이었다.[33] 이것이 바로 대외적으로 '문을 걸어 잠그는關門' 외교 정책이었다.

그것이 아니면 호전책이 있었다. 비록 영국과 전면전을 벌일 의도는 아니었지만 흠차대신 임칙서의 강경책은 경세학파인 포세신과 요영, 그리고 베이징의 왕정과 이상계李尙階 및 기준조 같은 일부 고관들을 포함한 이 시기의 많은 사대부들의 지지를 받았다. 이들보다는 지명도가 낮은 학자들 또한 임칙서의 정책에 매료되었다. 1832년 거인 장서청臧紓青은 아편전쟁 때 고향인 장쑤 성에서 약 10,000여 명의 향용을 조직했다. 이러한 노력 때문에 그는 난징 조약이 조인된 후 '동지同知'라는 직함을 수여받았다. 그러나 그는 유화책을 써서 대외 문제가 해결된 마당에 포상을 받는다는 것은 치욕이라고 주장하며 그러한 서훈을 받기를 거부했다.[34]

그러한 상황에서 "오랑캐의 장기를 배워 오랑캐를 제압한다"는 위원의 건의가 전혀 귀에 들어오지 않았던 것은 놀랄 일도 아닐 것이다. 비록 1840~1860년 사이의 시기에 미미하게나마 서구에 대한 연구가 시작되긴 했지만 서구와의 관계에 대한 중국인들의 견해는 여전히 오해와 사상적·제도적 타성으로 인해 한계를 가질 수밖에 없었다. 외국의 현실을 고려하기를 거부했기 때문에 훨씬 더 강력한 충격이 이 세계의 중심에 있는 왕국을 아연실색게 할 때까지 중국은 전 국민적인 절박감을 가질 수 없었다. 그리하여 결국 중국은 아편전쟁 이후 근대적 방어력을 강화하기 위한 노력에서 20년의 세월을 완전히 '허송해버리는' 결과가 빚어지고 말았다.

서양이 가한 군사적·경제적 충격(1860~1895년)

중국이 '변국'을 인정하다

1860년 이후 일부 독서인들은 중국이 수천 년 이래 겪지 못했던 새로운 상황을 맞이하고 있다는 것을 깨달았다. 황은동은 이러한 상황을 '변동變動'이라고 불렀고, 여서창聚庶昌은 '변단變端'이라고 이름지었다. 왕도王韜는 이것을 '창사創事'라고 규정했고, 정일창, 서린瑞麟, 증기택과 이종희李宗義는 '창국創局'이라고 불렀다. 그러나 가장 널리 사용된 용어는 '변국變局'이었는데, 1860년대에는 하섭夏燮, 설복성, 왕도, 이홍장과 공친왕 혁흔 등이, 1870년대에는 정관잉이, 1880년대에는 캉유웨이와 기타 경세학자들이 그러한 용어를 사용했다.

서구와의 관계에 대한 중국의 인식 변화(1840~1895년)

비록 훗날의 정치가와 역사가들은 아편전쟁을 시대를 가르는 획기적인 사건으로 간주하겠지만 — 그리고 거기에는 충분한 근거가 있기도 하다 — 청 말의 사대부들 대부분은 1860년이 지나서야 변국 의식을 갖게 되었다. 지금 남아 있는 자료로 미루어보건대 1840~1860년 사이에는 오직 한 학자만이, 즉 양저우揚州 출신의 수재秀才 황균재黃鈞宰만이 1844년에 서양인들의 도래는 커다란 변국이라고 분명하게 기록했을 뿐이다.35) 그러나 1861년 이후 많은 신사들이 그러한 사건의 중요성을 깨닫게 되었다.

우리는 1861~1900년 사이 적어도 43명의 인물들이 이처럼 거대한 변화의 의미에 대해 언급하고 있는 것을 발견할 수 있다. 가장 먼저 이에 대해 언급한 사람은 많은 글을 남긴 왕도인데, 그는 1864년 서양인들이 중국으로 몰려드는 현상을 경이감을 갖고 표현한 바 있었다. 전 광둥 순무 황은동은 1865년 중국이 이미 수백 년래 최대의 변화에 직면해 있음을 인식했다. 1867년 정일창은 중국과 서구의 접촉의 확대는 지난 1천 년 동안 겪지 못한 최대의 변화라고 단언했다. 이홍장은 1872년 서양인의 동방 침략은 지난 3천 년 동안 일어난 최대의 변화라고 선언했다. 광서제 시기에 들어와서는 증기택이 이 사건을 지난 5천 년래의 최대 변화라고 했고, 장지동은 이보다 큰 변화는 태곳적부터 지금까지 찾아볼 수 없다고 썼다.36) 실로 너무나 엄청난 변화여서 과거의 경험에 비추어서는 제대로 이해할 도리가 없었다. 실로 그것은 결코 전례가 없는 것이었다.

1862년 심보정에게 보낸 편지에서 여서창은 서양인들과의 교류가 바야흐로 시작되고 있으며, 그러한 상황은 되돌릴 수 없을 것이라고 썼다. 2년 뒤 왕도도 비슷한 어조로 이렇게 쓰고 있다.

지금 외국인들이 세계 도처에서 중국으로 몰려들고 있다. 이것은 정말 전례가 없는 사건으로, 천하가 대변국이다.

그는 후일 이러한 변국은 전 세계가 하나의 커다란 동족 집단이 될 때까지 계속될 것이라고 단언했다. 외교 사절로 유럽으로 파견되기 전 증기택은 1870년대 초에 엄청나게 많은 서양 선박이 중국으로 몰려들고 있는 사태에 대해 깊은 인상을 받았다. 마찬가지로 설복성도 세계의 모든 해운 국가들이 윤선 덕분에 마침내 이웃 국가가 될 것이라는 사실에 경이로움을 표하고 있었다.[37] 이 외에도 장기적인 안목을 갖고 있던 하섭, 서린, 곽숭도 등의 독서인들도 모두 1860~1870년대에 이와 비슷한 언급을 한 바 있었다.

이처럼 열린 생각을 갖고 있던 사람들에 따르면 서양의 도래는 각 방면에서 커다란 변화를 초래할 것이었다. 먼저 이처럼 새로운 상황은 외교 문제를 제기했다. 개혁파인 풍계분은 이미 1860년대 초에 중국이 국내 반란은 오래지 않아 진압할 수 있을 테지만 무슨 수를 써서라도 중국에 남아 있으려는 서양인들은 쫓아낼 수 없을 것이라고 정확하게 지적했다. 그리하여 하섭과 황은동이 1860년대 중반 강력히 주장했던 것처럼 멀리서 온 사람들과 평화를 유지하는 것이 청조의 중요한 과제가 되었다. 청은 이후 수십 년 동안 서양과의 관계를 크게 중시했는데, 이를 두고 중국의 주일 공사 여서창은 1884년 외부 세계와 교류해온 오랜 역사에서 청은 이제 막 새로운 시대로 접어들었다 ― 이러한 인식은 이제 상식이 되어 있었다 ― 고 언급할 수 있었다.[38]

또한 이처럼 새로운 형세의 특징은 서양의 군사적 우위에 있었다. 청이 외국의 흉악한 위협에 속수무책일 수밖에 없었던 것은 그러한 위협이 과거와는 전혀 다른 곳에서 왔기 때문이기도 했지만 동시에 그들이 도저히 맞설 수 없는 군사력을 갖고 있기 때문이기도 했다. 1874년 고위 관료인 양창준楊昌濬은 이렇게 지적하고 있다.

서구 열강은 군함과 총포가 강력하기 때문에 사해四海에서 맹위를 떨친 지가 이미 30여 년이 넘었다. 게다가 그들은 기술을 더욱 개선하기 위해 서로 치열하게 경쟁하고 있기도 하다. 이것은 전례가 없는 상황이다.

이홍장도 비슷한 기조로 서양의 무시무시한 군사력은 파괴력이 뛰어난 대포를 보면 잘 알 수 있는데, 그것은 아무리 강한 중국 진지도 너끈히 파괴해 연해와 내륙의 모든 요새를 무방비 상태에 빠뜨릴 것이라고 말했다. 게다가 윤선과 전신에 힘입은 신속한 교통 통신이 이러한 군사적 우위를 한층 더 강력한 것으로 만들어주었다. 따라서 그는 서양이 중국에게는 지난 수천 년 동안 만나본 적이 없는 가장 강력한 적이라고 결론지었다.[39]

많은 사람들에 따르면 이러한 변화의 핵심은 서양이 유목 세력이 아니라 해양 세력이라는 데 있었다. 1874년 이홍장은 이렇게 상소했다.

중국의 역대 변방 문제는 주로 서북 지역에서 발생했고, 그곳에서 중국의 힘은 오랑캐의 힘과 같았습니다. 게다가 중국과 오랑캐의 땅은 〔만리장성으로〕 나뉘어 있었습니다. 하지만 지금은 1만 리里가 넘는 동남 연해가 통상과 선교를 목적으로 찾아오는 외래인들에게 열려 있습니다. 그들은 심지어 베이징을 포함한 내지까지 들이닥치고 있습니다. …… 실로 수천 년래 없었던 변국이옵니다.

통령統領 주성전周盛傳도 이홍장과 완전히 동일한 견해를 공유하고 있었다.[40)]

개명된 관리들은 종종 이러한 변국을 정치적 제국주의 탓으로 돌렸다. 1865년에 황은동은 이렇게 쓰고 있다.

영국이 청의 문호를 개방하고 조약을 체결하자마자 미국과 프랑스가 뒤를 따랐다. 그들은 모두 우리에게서 특권을 획득했다. 더 작은 국가들조차도 그들의 뒤를 따르려 하고 있다. 이것은 실로 과거 수백 년래 없었던 거대한 변화이다.[41)]

많은 사람들은 이후 형세가 가면 갈수록 악화될 것이라고 보았다. 공친왕과 이홍장은 1860년대 말과 1870년대 초에 외국인들은 연해 지역에서 활동하고 있을 뿐만 아니라 곧 내지까지, 심지어는 베이징까지 파고들 것이라고 지적했다. 이홍장은 이렇게 말했다.

이들 서양인들은 겉으로는 평화와 선린을 말하지만 속으로는 침략할 계책을 도모하고 있다. 한 나라가 우리와 문제를 일으키면 다른 나라들은 분쟁을 부추긴다. 실로 수천 년래 없었던 변국이다.

양창준과 왕문소王文韶 같은 다른 고관들의 생각도 이와 비슷했

다.[42)]

19세기가 지나면서 정치적 제국주의도 점차 강화되었다. 추성민 鄒誠敏은 열강의 포위는 전례 없던 변화라는 것을 예리하게 인식하고 있었다. 그의 주장에 따르면 당송 시대에는 오직 서북 변방만 중시하면 되었고, 명대에는 다만 동북 변방만 주목하면 되었다. 하지만 19세기 말에 이르러 중국은 사방에서 외적의 침략을 받는 위치로 전락하고 말았다. 정일창도 동일한 절박감을 공유하고 있었다. 그는 1874년의 상소에서 중국은 외적들에게 완전히 포위되었다고 지적했다. 프랑스는 안남을 기지 삼아 광시, 윈난과 구이저우를 위협하고 있었다. 영국은 인도를 식민지로 삼은 이후 쓰촨과 윈난 지역을 위협하고 있었다. 북방에서 불안을 조성하며 다가오고 있는 강대국 러시아는 신장, 간쑤, 산시陝西와 만주를 위협하고 있었다. 동남 연해의 7개 성은 항상 서구 열강의 해상 침략의 위협에 놓여 있었다. 이어 그는 중국은 유구한 역사 중 일찍이 이런 식으로 육지와 바다에서 동시에 침입당해본 적이 없다고 결론을 내렸다.[43)]

일부 개혁가들은 또한 '변국'의 특징은 서양의 경제 침략에 있다고 보았다. 1860년대 하섭과 이종희는 중국과 서구 사이의 교역의 필연적인 결과에 대해 토론한 바 있었다. 그리고 개혁파 상인인 정관잉은 중국과 서구 사이의 대규모 교역은 중국 역사상 유례가 없던 사건이라고 말했다. 1867년 정일창은 서양 기계의 신기함에 놀라움을 표시했다. 1870년대 이홍장과 오운吳雲 같은 많은 사대부들은 윤선과 철도를 갖게 되면서 이미 청에는 새로운 시대의 서광이 비치기 시작했다고 주장했다. 실제로 이후 10년간 많은 신사들은 기술 도입을 변국의 핵심으로 보았다. 설복성에게 서양 기술의 등장은 "삼라만상 가운

데 가장 경이로운 현상"이었다.[44]

　이처럼 새로운 상황은 일부 사대부들에게 중국 역사에서 주나라가 망하고 진나라가 등장하면서 일어났던 거대한 변화를 떠올리게 했다. 그들은 중국-서구 관계의 확대가 기원전 221년에 있었던 고대의 전환기에 필적할 만큼 새로운 기점이라고 생각했다. 1870년대 이후 변화는 더욱 가속화되어 많은 개혁파들이 이러한 사실을 인식하게 되었다. 예를 들어 1874년 정일창은 서구의 침략을 모든 것을 휩쓸어 파괴해버리는 불길에 비유했다. 장유조張裕釗는 1880년대 초에 변화의 속도는 극히 빠르고, 변화의 성질은 전에 없던 것이라고 지적했다.[45]

　이처럼 많은 사대부들이 새로운 시대가 동터오고 있다는 것을 알고 있었지만 그들은 과연 무엇을 이론적 기초로 하여 그러한 변화를 바라보고 있었을까? 유교 사회에서 자란 그들로서는 당연히 전통 속에서 답을 찾으려 했으며, 그리고 답을 찾아냈다. 실제로 전통 사상 또한 결코 변화에 대한 믿음이 없거나 그에 둔감했던 것은 아니다. 이 문제에 관한 가장 중요한 경전은 『역경易經』이다. 왕도, 정일창, 정관잉, 곽숭도 등 양무 전문가들은 모두 이 책의 핵심 사상 중의 하나인 "막히면 변하고, 변하면 통한다窮則變, 變則通"는 구절을 자주 인용했다. 실제로 1860~1895년 사이 서양을 모방하려던 다양한 노력을 가리키던 '자강'이라는 용어 또한 이 경전에서 따온 말이었다. 증국번은 이를 이렇게 해석하고 있다.

　　『역경』의 두 가지 핵심 요소는 시간과 때이다. 이 두 가지는 우주의 알 수 없는 힘에 의해 조절되기 때문에 사람의 힘은 조금도 간여할 수 없다.[46]

'운회運會'라는 용어는 소옹邵雍이 발전시킨 이학의 우주론에서 기원한 것인데, 불가사의한 숙명적 변화를 의미하는 말이었다. 그것은 사람이 저항할 수 없는 신비한 힘이 존재하고 있다는 믿음으로, 예측할 수 없이 나타나는 어떤 힘이 인간 세계와 자연 세계에 거대한 변화를 일으킨다는 것이었다. 모든 거대한 역사적 변화에는 이 개념이 적용될 수 있는 것처럼 보였기 때문에 많은 개혁가들은 1860년 이후의 새로운 형세를 '운회'라고 묘사하게 되었다. 일부 사람들은 '운회'는 하늘의 뜻을 드러내는 것이라 할 수 있기 때문에 거스를 수 없다고 주장했다. 이러한 생각을 가장 명료하게 표명한 것은 옌푸였다. 그는 중국은 진나라 이래 최대의 변화를 겪고 있는데, 변화의 원인은 알 수 없다고 했다. 하지만 굳이 이름을 붙인다면 그것은 '운회'라고 할 수 있다는 것이었다. 일단 '운회'의 힘이 작용하면 심지어 성인이라 하더라도 그것의 진로를 바꿀 수 없었다. 왕도, 정관잉, 탕진湯震 등 많은 개혁 지향적인 학자들은 '운회'가 곧 세계를 전 인류가 자유롭게 교유하는 거대하고 조화로운 공동체로 만들 것이라고 예언했다.[47]

일부 독서인들은 자기들만이 홀로 변혁을 고취하고 있는 것은 아니라고 과감히 주장했다. 유교의 성인들도 19세기에 살았더라면 비슷한 방식으로 행동했으리라는 것이었다. 이와 관련해 곽숭도는 고대 성인인 요순을 거론했고, 피석서皮錫瑞는 성리학의 대학자인 주희, 정호程顥와 정이程頤를 들었으며, 왕도와 이홍장 그리고 정관잉 등은 모두 공자 본인이 만일 19세기에 살았더라도 시대의 추세를 따랐을 것이라고 주장했다. 이들 중 옌푸가 가장 대담한 관점을 제시했는데, 그는 성인들 역시 '운회'의 산물이기 때문에 설령 변화에 저항하려고 하더라도 그렇게 할 수 없을 것이라고 주장했다. 따라서 '운회'의 추세를 예견

할 수 있기 때문에 성인들 또한 시류에 따라 행동할 것이라는 것이다.[48]

많은 독서인들이 시대가 변화하고 있다는 것은 알고 있었지만 이러한 변화의 메시지는 무엇이었을까? 그들은 서양의 도래는 중국에 절호의 기회를 제공했다고 주장했다. 1864년 왕도는 하늘이 서구 열강이 중국에 달려들도록 한 것은 중국을 약화시키기 위한 것이 아니라 마치 칼을 숫돌에 날카롭게 갈듯이 중국을 단련시켜 부강한 나라로 만들기 위한 것이라는 견해를 피력했다. 훗날 그는 그렇게 하면 중국은 서양인을 고용해 중국에 봉사하도록 할 기회를 갖게 될 것이기 때문이라고 설명했다.

곽숭도에 따르면 새로운 상황은 마치 양날의 칼과 같았다. 중국이 그러한 상황을 유리하게 이용할 수 있느냐 그렇지 않느냐에 따라 그것은 중국을 해칠 수도 있고 이롭게 할 수도 있었다. 실제로 1860년대의 설복성과 정일창, 1870년대의 이홍장과 정관잉을 포함한 많은 개혁파들은 동포들에게 이처럼 하늘이 준 호기를 이용할 것을 촉구했다.[49]

이렇듯 개혁파들은 중국이 중대한 변화에 직면하고 있으며, 그러한 변화는 중국에 도전의 기회를 마련해주고 있다는 것을 깨달았다. 그러나 문제는 중국이 이러한 형세에 어떻게 대응할 것인가 하는 것이었다. 곽숭도는 이렇게 말했다.

> 이러한 변화에 대응하려면 반드시 외국인들을 이해해야 한다. 이 기회를 포착하려면 반드시 외국의 방법을 연구해야 한다.[50]

그러면 어떻게 해야 외국인들을 이해하고, 또 어디서부터 외국의 방법을 연구하기 시작해야 할까?

선린 관계의 모색

개혁파들은 세련된 외교가 서양에 대한 이해에서 중대한 역할을 할 것이라고 주장했다. 곽숭도는 방어를 위한 것이든 아니면 공격을 위한 것이든 전쟁 준비는 전혀 시국에 맞지 않는다고 했다. 설복성, 정일창, 왕도는 모두 중국은 외부 세계와의 전통적인 교섭 방식을 버리고 새로운 방법을 찾아야 한다고 주장했다. 대외 관계를 제대로 끌고 나갈 수 있다면 굳이 군사력을 사용할 필요가 없을 것이기 때문이다.[51]

1861년 총리아문의 설립(10권의 5장과 10장을 참조하라) 이후 외교관과 역관의 양성이 강조되었다. 실제로 이미 1859년 2월 26일에 곽숭도는 서양 언어를 가르칠 필요성을 강조하며 역관 양성 학교를 설립할 것을 상주했다. 1861년 풍계분도 서양 언어 학습의 절박성을 강조했다. 그러나 이들 건의는 1862년이 되어서야 실현되어 이해 베이징에 동문관이 설립되었다. 이 학당은 공친왕과 문상이 1861년에 공동으로 상주해 세운 것으로, 어리고 총명한 만주족 자제들을 선발해 외국어를 가르칠 예정이었다. 동문관에는 영어, 불어, 러시아어, 독어 과정을 두었다. 학습 분위기를 고취시키기 위해 군기대신 문상이 최초의 학생을 맞이하며 열심히 공부해 서양을 제대로 이해할 것을 독려했다. 이 학교는 곧 많은 우수한 외교관들을 배출해냈다.

지방 차원에서는 이홍장이 그와 비슷한 조치를 취했다. 두 명의 저명한 개혁가인 곽숭도와 풍계분의 도움을 받아 1863년 순무인 이홍장은 상하이에 광방언관廣方言館을 설립했다. 비슷한 학교가 1864년에 광저우에, 1866년에 푸저우에 세워졌다. 이들 외국어 학당들은 점차 서학 일반의 중심지로 변해갔다. 1867년이 되면 동문관의 교과 과정에 천문학과 수학이 개설되고 1879년에는 물리학, 화학, 생리학과 국제법 과정이 증설되었다.[52] 이 학교는 점차 소규모 문과 전문대학의 모습을 갖추게 되었다.

동시에 조약항에서는 1850~1860년대 상하이 도대였던 오건창吳健彰, 설환, 오후吳煦, 양방, 정일창, 응보시應寶時 등으로부터 시작해 일군의 외교 전문가들이 출현했다. 하계청과 노숭광勞崇光 같은 초기의 조약항의 관리들과 비교해볼 때(10권의 5장을 참조하라) 그들은 서양을 좀더 잘 이해하고 있었다. 하지만 아무리 그렇다고 해도 1870~1880년대의 곽숭도, 증기택, 마건충 같은 외교 전문가들과는 비교할 수 없었는데, 이들은 모두 직접 서양 사회를 목격할 기회가 있었기 때문이다. 개명한 관료들은 서양에 관한 직접적인 지식을 매우 중시했다. 정일창은 1867년 상소에서 해외에 공식 공사관을 설치할 것을 주장했다. 그가 보기에 중국 외교관들의 중요한 임무는 근대식 무기에 대한 기술과 지식을 가진 서양인을 몰래 초빙하는 것이었다. 10년 후 중국은 런던에 곽숭도를 대표로 하는 해외 공관을 처음으로 설치했다. 곽숭도는 한 외교관에게 두 가지 과제를 주었다. 먼저 국익을 위해 주재국의 장점을 배우고, 전력을 다해 중국과 주재국 사이의 평화 관계를 유지하는 것이 그것이었다.[53]

개혁파들은 서양을 이해하는 최선의 길은 전쟁이 아니라 평화를 통해 얻을 수 있다고 생각했다. 베이징에서 선린 정책을 제창한 주요 인물은 서양의 침략자들과 교섭할 책임을 지고 있던 공친왕과 문상이었다. 그들은 서양인의 관심은 무역에 있지 영토에 있는 것이 아니라고 믿고 있었다. 따라서 중국의 대책은 상업상의 특권을 이용해 침략자들을 달래는 것, 즉 물질적인 미끼를 이용해 그들을 통제하는 데 있었다. 그것은 오랜 전통을 가진 기미 정책에 부합하는 것이었다. 다른 사람들도 동일한 관점을 공유하고 있었는데, 그중에서 가장 저명한 인물은 아마 곽숭도(1818~1891년)일 것이다. 함풍 연간에 곽숭도는 선린 정책을 위한 철학적 근거를 제시했다(10권의 9장을 참조하라). 1858년 허난 성 동부의 염군을 먼저 진압할 것인지 아니면 톈진 일대 서양인들을 먼저 공격할 것인지 하는 문제와 관련해 셍게린친(僧格林沁)에게 답하는 편지에서 곽숭도는 염군은 이미 상당한 규모의 반란군을 형성했으니 반드시 군사 작전으로 토벌해야 하지만 서양인은 다만 교역에만 관심이 있을 뿐이니 전쟁이 아니라 평화를 위주로 처리해야 한다고 말했다. 다음 해 장군 셍게린친이 영불 연합군과 정말로 전투를 벌일 준비를 하고 있을 때 곽숭도는 무려 17통의 편지를 보내 그러한 행동을 말렸다. 1860년 셍게린친과 다른 장군들이 패배한 후 곽숭도는 더욱더 전쟁에 반대했다. 그는 남송대부터 계속 현실을 무시하고 전쟁을 주장해온 학자들을 비난했다. 일리 위기 때 곽숭도는 런던에서 편지를 보내 러시아와의 전쟁을 피할 것을 주장했다. 그는 은퇴 이후에도 베이징과 지방의 고위 관료들에게 이러한 선린 정책을 거듭 요구했다. 마찬가지로 청불 전쟁 때에도 중국의 호전적인 정책을 비판했다.[54]

지방에서는 몇몇 고위 관료들이 선린 정책을 지지했는데, 가장 영향력 있던 인물은 이홍장이었다. 이홍장은 인생의 하반기 내내 평화를 유지하기 위해 전력을 다했으며, 결코 전쟁을 함부로 입에 올리지 않았다. 1870년 그는 중국의 역사적 경험에 근거해 볼 때 중국은 장기간에 걸쳐 대외 전쟁을 치를 수 없다고 주장했다. 하지만 오랫동안 평화를 유지하는 것은 얼마든지 가능했다. 1871년에는 이보다 한 발 더 나아가 설령 중국이 100번의 전쟁에서 모두 승리한다고 해도 싸우지 않고 승리하는 외교 정책에 비할 수 없을 것이라고 주장했다. 그는 임칙서와 셍게린친이 경솔하게도 거의 청조의 멸망을 초래할 정도로 심각한 대외 전쟁을 일으켰다고 애통해 마지않았다. 1870년대 말과 1880년대 초 일리 위기와 안남 사태 때문에 총리아문에 보낸 편지에서도 이홍장은 선린책을 주장했다.[55]

1872년에 사망한 증국번도 이처럼 실리를 추구하는 외교 정책을 전적으로 지지했다. 1870년 그는 과거 700여 년 동안 허황된 논리로 대외 전쟁을 선동했던 학자들을 질책했는데, 그것은 곽숭도의 견해를 떠올리게 하는 것이었다. 그는 대외 업무를 처리하는 최선의 방법은 '기미'라고 단언했다. 증국번에 따르면 이 정책은 자명한 진리였다. 그의 동생 증국전曾國筌도 같은 생각을 갖고 있었다. 그는 대외 관계를 처리하는 지침은 '부드러움柔'과 '인내忍'라고 주장했다. 이 때문에 1883년 그는 프랑스와의 전쟁에 반대했다.[56] 그 밖에 개혁 지향적인 다른 많은 사대부들도 이러한 선린 정책에 찬성했다.

평화를 유지하는 한 가지 방법은 조약에 규정된 조항들을 제대로 준수하는 것이었다. 상하이 도대 정일창이 1864년 외국의 면포 상점을 단속할 것을 요구하는 중국 상인들의 청원을 거절한 것은 바로 이 논리에 의해서였다. 그와 동일한 기조에서 1866년 곽숭도는 차오저우潮州 주민들에게 외국인들이 성 안에 들어오는 것을 허락하라고 끈질기게 설득하기도 했다. 또 신사들에게 보내는 공개서한에서는 비록 중국인들은 서양의 불법적인 요구에 대해서는 얼마든지 거부할 수 있지만 해당 성城을 조약항으로 규정한 조약은 반드시 존중해야 한다고 설명했다. 그는 편지 말미에 조약의 준수를 거부하다가 영국군의 포로가 된 섭명침의 사례를 거론했다. 정일창은 자신이 곽숭도를 도와 이 위기를 처리하도록 임명된 사실을 알고 나서 1866년의 편지에서 이렇게 썼다.

우리는 조약을 어겼는데 서양인들은 준수했다면 죄는 우리에게 있습니다.[57]

이러한 선린책을 완전한 굴복으로 해석해서는 안 된다. 오히려 그것은 일종의 적극적인 정책이었다. 왜냐하면 정일창에 따르면 그것만이 중국이 조약에 따라 자국의 이익을 지킬 수 있는 유일한 길이었기 때문이다. 1864년 상하이 도대 정일창은 요령 있게 그러나 단호하게 외국인들의 몇몇 법외적인 요구를 거절했다. 당시 미국은 상하이 시내에 부동산을 구매할 수 있도록 해줄 것을 요구하고 있었고, 영국은 상하이와 쑤저우蘇州 사이의 윤선 운항을 허락해줄 것을 고집하고 있었으며, 프랑스는 상하이와 우쑹吳淞 사이에 전신선을 부설할 수 있도록 해달라고 요구하고 있었다. 정일창은 자신의 원칙을 분명히 밝혔다. 즉 외교 업무 가운데 조약이 규정하고 있는 항목은 반드시 이행되어야 하지만 조약에 없는 사항은 엄격히 금지한다는 것이었다.[58]

일부 고위 관리들에 따르면 서양과 선린 관계를 유지하기 위한 중요한 방법 중의 하나는 모든 외국인들을 성실하게 대하는 것이었다. 1860년대 성실을 기초로 한 대외 정책론이 형성되었는데, 이 성실은 유학의 중요한 덕목이었다. 공자에 따르면

말과 행동에 신의가 있음言忠信, 行篤義은 비록 오랑캐蠻貊의 나라에서라도 통할 수 있다.59)

바로 그것이 1860년 영불 연합군이 베이징을 점령한 이후 시기의 개혁파들의 지도 원칙이었다. 공친왕과 문상은 서양 군대가 조약에 따라 베이징에서 신속히 물러난 것을 예로 들면서(10권의 5장과 9장을 참조하라) 서양인들은 중국 영토를 빼앗으려 했던 중국 역사상의 어떤 오랑캐와도 다르다고 주장했다. 신의로 그들을 굴복시키고 그들의 야만성을 순화시킨다면 중국은 자신의 이익을 확대할 수 있을 것이었다.60)

증국번은 1862년 이홍장에게 보낸 편지에서 비록 중국이 외교 사무를 처리하는 데 극도의 어려움을 겪고 있지만 공자가 정해놓은 체계 이외의 것에서 기본 원칙을 찾을 필요는 없다고 썼다. 좀더 구체적으로 말하자면 오랑캐를 대하는 중국의 정책은 '충忠'과 신信과 독篤과 경敬'이어야 한다는 것이었다. 더 나아가서 그는 '독'이라는 것은 두텁다는 것이고, '경'은 신중한 것이라고 설명했다. 이어 그는 이렇게 덧붙였다.

신信은 그저 헛된 말을 하지 않는 것이나, 지키기가 매우 어렵습니다. 우리는 이 한 글자를 철저히 실행하는 것에서 출발해야 합니다.61)

증국번만 공자의 이 네 가지 원칙을 강조한 것은 아니었다. 왕도 역시 1864년에 이 네 가지 원칙을 이용한 대외 정책을 정일창에게 제안했다. 1876년 곽숭도는 한 상소에서 이 네 가지 원칙을 중국의 대외 정책의 기초로 삼을 것을 주장했다.[62] 후일 증국번은 이 원칙을 한층 더 구체적으로 밝혔다.

> 약속을 지키지 않거나 조약의 규정을 무시한다면 신실함이 없는 것이다. 그러나 태도나 사소한 일에서도 신실함을 유지하는 것이 마찬가지로 중요하다.

그는 또 어떤 사람이 다른 사람을 싫어하는 경우 그러한 느낌은 외적 행동으로도 나타나야 한다고 말했다. 그렇게 하지 않는다면 신실하지 못한(겉과 속이 다른) 것이 된다는 것이었다. 이와 마찬가지로 중국과 외국 사이에 평화가 회복된다면 중국은 외국인들을 공정하게 대해야 했다.[63]

곽숭도 역시 1861년에 비슷한 관점을 갖고 있었다. 그는 역사적으로 중국은 내내 네 가지 서로 다른 방법으로 외국인들을 통제해왔다고 주장했다. 덕망 높은 행동, 전략적인 계책, 경외심을 불어넣는 명성과 인자한 행동이 그것이었다. 핵심은 신실함이 이 모든 4가지 범주의 중심에 자리하도록 하는 데 있었다. 이러한 신실함의 외교가 곽숭도가 말년에 주장한 대외 정책의 이론적 기초가 되었다. 1860년대 초에 이와 비슷한 관점을 공유하고 있던 또 한 명의 학자가 풍계분이었다. 그는 이미 평화 협정이 체결되었으므로 중국인들은 마땅히 성심성의로 외국인들을 대하고, 동시에 모든 비우호적이고 의심 가는 행동을 그만두어야 한다고 말했다. 증기택曾紀澤 같은 관원들은 1870년대에 줄기차게 성실하고 신의를 지켜야 한다는 생각을 천명했다.[64] 몇몇 측면에서 이처럼 '신의를 지키는' 외교 정책은 조약의 준수를 중시하는 서방의 정책과 일치했다. 물론 중국이 그것을 서양에서 빌려온 것은 아니었다. 먼 옛날부터 이러한 신념은 이미 중국인들의 경세치국經世治國의 한 요소였다.

"호기를 이용하자"

당시 개명한 사대부들은 이처럼 선린 정책을 적극 제창했을 뿐만 아니라 '변국'이 기회라는 것을 깨닫고 군사적 강성함을 도모해야 한다고 생각했다. 이러한 견해가 톈진에 서양식 군사 훈련을 시키는 신기영神機營을 설립하도록 했고, 서양 무기를 이용해서 태평천국을 진압하고 병기창과 윤선을 제조하도록 만들었다(10권의 9장과 10장을 참조하라). 그러나 자강을 주창했던 사람들은 이러한 군사적 계획을 비용에 대한 고려 없이 마구잡이로 추진하지는 않았다. 실제로 그들은 신중하게 몇 가지 원칙을 따랐다. 우선, 처음에 그들은 서양인들이 결코 군사 비밀을 알려주려고 하지 않을 것이기 때문에 그것을 몰래 배워야 한다고 생각했다. 1864년 총리아문과 이홍장은 편지로 탄약 생산과 조선업에 대해 논하면서 의심을 사거나 불만을 불러일으키지 않고 외국인들의 군사 비밀을 배울 필요성을 크게 강조한 바 있었다.[65]

두번째로 이들 고위 관료들은 군사적 자강 계획을 추진하면서도 중국의 행정적 통일성에는 전혀 흐트러짐이 없어야 한다고 주장했다. 이러한 태도는 1862년 이홍장이 서양 교관들에게 중국 군대의 훈련을 맡기자는 제안에 대해 의구심을 표현한 사례나 1863년 공친왕과 증국번이 레이-오스본 함대를 중국인이 통제해야 한다고 주장했던 일(10

권의 9장을 참조하라), 또 1864년 회군 훈련과 관련해 영국과 프랑스 교관이 가진 힘을 억제하려 했던 정일창의 조치 등에서도 전형적으로 나타난 바 있었다. 30년 후 이홍조李鴻藻와 영록은 중국이 서양인들을 계속 확고하게 통제할 수 없을까 두려워하여 서양 교관들이 중국 군대를 훈련시키는 것에 반대하고 나섰다. 마지막으로 개혁파들은 기술 과목을 과거 시험에 포함시키려고 했다. 1860년대 초 풍계분, 이홍장, 정일창은 서양의 뛰어난 기술을 획득하려면 근대적 재능을 가진 사람을 선발하는 과목을 신설하는 등 과거제도를 반드시 개혁해야 한다고 적극 주장했다. 이러한 건의는 당시 가장 근본적이고 진보적인 사상을 대표했지만 결과는 미미했다.[66]

자강 운동은 서양과의 관계에서 발생한 위기에 대한 중국의 반응이었다. '자강' 이라는 용어는 원래 『역경』에서 스스로 힘쓰며 쉬지 않는自强不息 하늘의 본질을 묘사하기 위해, 또 인류에게 하늘의 이러한 기질과 하나가 되어 조화를 이룰 수 있도록 자강을 위해 부단히 노력해야 한다는 것을 깨닫도록 하기 위해 사용된 것이었다. 남송 시대에 동괴董槐는 이 개념을 중국과 내륙아시아의 각 유목 민족과의 관계에 적용시켰다. 그는 만일 중국이 자강할 수 있다면 이들 오랑캐들을 두려워할 필요가 없다고 주장했다.[67] 자강의 근대적 의미는 이러한 일반적인 개념에 기초해 있었다. 1895년 이전에 적어도 39명의 저자들이 자강을 도모하는 문제에 대해 논한 바 있었다.

자강 운동을 논의하게 되면 반드시 '양무洋務' 를 이야기하지 않을 수 없게 된다. '양무' 의 의미는 시대에 따라 달라졌다. 1840년 7월에 한 어사가 '이무夷務〔오랑캐들과 관련된 일〕' 와 동일한 일반적 의미로 처음 이 말을 사용했는데, 그것은 대외 업무나 대외 무역과 관련된 단순한 일들을 가리켰다.⑻ 1860년 이후로도 그것은 여전히 흔히 서양과 관련된 업무(러시아는 포함되었지만 일본이 반드시 포함되는 것은 아니었다)를 가리키는 것이었다. 점차 그것은 서양의 방법과 기기뿐만 아니라 서양인들과의 관계까지 포함한 관련 정부 업무를 의미하게 되었다. 그러나 좁은 의미에서 이 용어는 서양의 기술과 지식을 받아들여 사용하는 것을 가리키고 있었다. 다시 말해 자강을 도모하는 구체적 계획 중에서 통상 서양의 방법들을 모방하는 단계가 포함되어 있었던 것이다. 이것을 '양무운동' 혹은 서구화 운동이라고 할 수 있을 것이다. 자강이 사대부의 목표였다면 협의의 서구화는 곧 그것을 달성하기 위한 구체적 계획이었다. 비록 이론상으로는 내무(內務)의 개혁을 포함하고 있었지만 자강의 중점은 실제로는 서양 기술의 모방에 있었다.

1860~1880년 사이 문화 의식에 대한 새로운 각성이 일어났다. 그것은 수많은 토론을 촉발시켰는데, 이들 토론에서는 사상, 태도, 심지어 제도까지 좀더 비중 있게 다루어졌다. 이러한 각성은 개혁(변법)이 필요하다는 깨달음에서 유래한 것으로, 외국의 기술적·경제적 도전에 직면한 상황에서 이 변법은 실질적인 국내 정치 개혁보다는 중국의 제도적 정비를 의미했다. 하지만 실제로 진행된 혁신 정책들은 피상적이고 혼란스러운 것이었다. 자강이라는 이름으로 설립된 새로운 기구들은 한결같이 '국(局)'으로 불렸는데, 그것은 원래 특수한 긴급 상황에 대처하기 위해 세워진 임시 기구였다. 그러다가 '국'은 점점 제법 상당 기간 존속되는 기구로서의 지위를 갖게 되었는데, 국을 세운 사람들이 그것을 장기간의 개혁의 요체로 삼으려고 했기 때문이다. 하지만 '국'은 정규 관료 기구라는 안정적 지위를 갖고 있지 못했다. 이들 '국'은 윤선초상국처럼 유력한 정부 관료의 후원이 있어야만 지

위를 안전하게 보장받을 수 있었고, 다른 관리들의 공격을 받기도 쉬웠다.

원래 '변법'은 행정 제도에 대한 급진적인 개혁론으로, 경세학을 중시하는 소수의 전통적인 학자들과 관리들이 주장해온 것이었다. 송대의 왕안석에서부터 청 초의 고염무顧炎武 혹은 19세기 초의 공자진 등에 이르기까지 비교적 철저한 성격을 띤 개혁 사상은 긴 간격을 두고 불쑥불쑥 제기되어왔다. 1860년대 초 '변법'이라는 용어는 종종 서양 제도의 근대적, 긍정적 수용을 의미했다. 많은 관원들이 보기에 그것은 실로 심각한 문제였다. 왜인 같은 보수파들에게 서양 기술의 수용을 촉진시키기 위해 중국의 제도를 바꾸는 것은 타락일 뿐만 아니라 너무 급진적인 것이었다. 그러나 과거제도나 군대 훈련 같은 제도적 측면의 근본적 개혁이야말로 서구화를 주장하는 소수 관원들이 원래 바라던 것이었다. 이홍장은 1864년 병제 개혁에 관한 건의를 올릴 때 '조정'이나 '개정 방안' 등 그다지 거슬리지 않는 용어를 사용하긴 했지만 아무튼 본인의 건의를 '변법'이라고 불렀다. 신성불가침의 과거제도를 서양 기술에 적응시킬 것을 주장한 정일창이 가장 대담한 건의를 제출했다고 할 수 있는데, 그가 제안한 8과의 고시 과목에는 시사, 군사 전문 기술, 자연 과학 및 외국어와 외교 업무 등 양무와 관련된 네 가지 과목이 포함되어 있었다.[69]

이홍장은 1874년 황제에게 올린 정식 상소에서 개혁을 언급했는데, 해방海防 문제에 대해 상주하는 가운데 『역경』을 인용해서 본인이 요구하는 개혁의 의미를 충분히 전달할 수 있었다. 그는 이렇게 결론을 내리고 있다.

오늘날 해방을 정비하려면 변법과 인재 등용 말고는 다른 도리가 없습니다.

1881년 1월 학자인 왕카이윈王闓運에게 보낸 편지에서는 더욱 분명하게 이렇게 말했다.

안으로 변법을 해야 합니다.70)

같은 시기에 민감한 관료와 독서인들은 — 곽숭도가 1875년, 설복성이 1879년, 왕도가 1880년대 초에 — 모두 구체적인 말로 개혁 문제를 논했다. 당시 개혁 사상에 거의 진척이 없었다는 사실은 그것이 직면한 장애가 얼마나 컸던가를 설명해준다. 1870년대, 심지어는 1880년대의 수십 년간 중국의 지도자들과 저술가들은 그저 공허한 이야기만 늘어놓으며 실제로는 도저히 극복할 수 없는 제도적·정치적 장애물들과 타협했지만 그럼에도 불구하고 그들은 여전히 '변국'에 의해 조성된 절호의 기회를 잡으려고 노력했다.

이처럼 새로운 문화 의식은 '서학西學'이라는 말로 암시적으로 표현되었는데, 그것은 전파 속도도 아주 느리고 사람들이 이를 존중하게 되는 데에도 많은 시간이 걸렸다. 서학이라는 개념은 수많은 다른 개념을 낳았다. '서학'과 '신학新學'은 의미가 비슷했지만 '신학'이라는 말은 1894년 이후에 와서야 유행하기 시작했다. '서학'은 중국인이나 외국인들이 유럽 또는 미국에서 수입한 온갖 다양한 지식을 포괄하는 용어였다. 그것이 고대로부터 내려온 전통적인 학술 지식과 달랐기 때문에 그와 대비해서 '신학'이라고 불렀던 것이다. 중국의 학문과 서학, 구학과 신학 사이의 이러한 대조에서부터 자연스럽게 문

서구와의 관계에 대한 중국의 인식 변화(1840~1895년)

화적으로 구별하고 선별하는 자세가 나타나게 되는데, 거기에는 서학의 내용을 설명하고, 그것의 독특한 특성을 분석하고 또 그 가치를 평가하는 것이 모두 포함되었다.

서학 수용 운동은 1860년 이후 뚜렷한 진전을 보였다. 앞서 말한 대로 이미 1840년대에 서양어 신문을 번역하는 것이 외국에 대한 정보를 얻는 데 좋은 방법이라는 것이 인식되었다. 1851년 이후에는 이러한 노력이 서적 번역에까지 이르게 되었다. 정부 측 주도로 번역된 작품들만 살펴보더라도 강남제조국과 경사 동문관의 출판물도 상당했다. 이들 출판물의 다수가 청 정부가 고용한 프라이어John Fryer와 마틴W. A. P. Martin의 성과물이었다. 만일 서양 선교사들이 개인적으로 번역한 작품까지 포함시킨다면 양은 훨씬 더 늘어날 것이다. 이 모든 번역물은 서학의 전달을 위한 중요한 다리 역할을 했다. 이러한 번역물들이 관료들 사이에서 널리 읽혔던 것은 의문의 여지가 없다.

이와 관련된 몇 가지 사례를 살펴보기로 하자. 1852년 이후에 간행된 위원의 『해국도지』 신판에는 당시 출간된 대략 20여 부의 번역물에서 따온 자료들이 들어 있었다. 조열문趙烈文은 서양 선교사들이 홍콩에서 출판한 『하이관진遐邇貫珍』 전체(1853년 8월에서 1858년 5월까지 모두 33호를 간행했다)를 수집해 그것을 한림학사인 오가선吳嘉善과 도대 정수범鄭藻帆 등의 관료와 동료 독서인들에게 전해주었다. 해방에 관해 논한 독일의 서적 한 권이 중국어로 번역되어 출판된 1874년 이홍장, 이종희, 유곤일과 정보정 등 네 명의 총독과 순무는 각자 별개 상소문에서 이 저서에서 제시된 원리를 이용했다.[71] 강남제조국의 번역국이 당시 가장 큰 공헌을 했다. 번역 사업을 시작한 1868년부터 1879년 6월까지 총 98부의 저서를 출판했고, 또 45부는 이미 번역되었으나 아직 출판되지는 않았고, 그 외 13부는 아직 번역이 완성되지 않았다. 판매량은 모두 31,111부에 달했다. 이로써 이 시기 서학의 전파 규모를 알 수 있을 것이다.

　신식 학당의 설립에 따라 서학은 한층 더 널리 전파될 수 있었다. 관립 학당은 언어, 기술, 전보, 광산 채굴, 조선, 해상 전투와 육상 전투 등을 가르쳤다. 이 외에도 외국 선교사들이 세운 사립 학당이 있었다. 서양의 과학과 기술 지식에 대한 직접적인 전수는 새로운 수준에 도달했다. 서양 과학에 대한 중국인들의 호기심의 증대 — 특히 조약항의 독서인과 상인들 사이에서 많았다 — 는 이들이 『격치회편格致滙編』(1876~1892년)의 편집인인 프라이어에게 보낸 편지에서도 확인할 수 있다.[72]

　마지막으로 서학의 전파 과정에서 우리는 관원과 학자들의 해외여행 또는 외교 사절 파견, 그리고 미국 유학 사절단에 참가한 학생들이나 푸저우 선정국에서 영국과 프랑스로 파견한 유학단에 참가한 학생들의 해외여행이 얼마나 중요했는가를 지적할 필요가 있을 것이다. 이러한 활동들을 통해 서학을 좀더 깊이 수용할 수 있었기 때문이다. 해외로 여행했던 이들의 여행 회고록과 기타 저서들은 그러한 영향력을 한층 더 확대시켜주었다. 1866년 빈춘을 필두로 중국 관원과 학자들의 여행기들은 하나의 훌륭한 전통을 만들었다. 즉 그 이후로 해외여행을 한 사람들은 각자가 본 것과 들은 것, 느낀 점에 대해 일일이 기록한 후 이를 일기나 시문으로 남겼던 것이다. 1866~1900년 사이 외국에서의 체험을 기록한 글은 총 158편(필자는 61명이었다)이 넘었다.[73] 이러한 일기와 시문들이 출판되어 광범위하게 전파되자 관원과 신사들은 상당한 영향을 받지 않을 수 없었다. 이들 출판물들은 제도 개혁을 한 발 더 밀고 나가는 데 제법 큰 공헌을 했다고 할 수 있다. 그리하여 1860~1870년대에는 산발적이던 변법 계획이 1885~1895년 사이에는 광범위한 운동이 되었다.

1870년대 이후 상업, 공업, 농업이 더욱 주목의 대상이 되었다. 1879년 설복성은 외교 정책에 대한 건의에서 당시와 같은 변혁기에 정책의 '용用'은 상업이 되어야 하고, 정책의 '체體'는 공업화가 되어야 한다고 주장했다.[74] 군수 분야를 제외한 다른 분야의 공업화도 서서히 주목을 끌기 시작했고, 19세기의 4사분기 동안 개혁 지향적인 관료들은 공업 건설을 통해 해운, 광산 채굴, 방직, 철도, 통화와 강철 생산 등의 민간 수요를 충족시키려고 했는데, 물론 이들 기업에는 모두 서양 기기가 설치될 예정이었다. 또한 농업 근대화도 논의되었다. 정관잉이 1870년대에 이 문제를 제기했고, 좌종당은 1877~1881년 간 쑤 성에서 실제로 몇 가지 조치를 취했다. 1892~1895년 사이 진치陳熾와 쑨원 등 좀더 많은 사람들의 저서가 출판되었는데, 그것들은 모두 서양의 재배법과 관개 기술, 농기계와 화학 비료의 사용, 농산물 시장의 장점을 강조했다. 1895년과 1896년에는 쑨원과 장젠의 지도 아래 광저우와 상하이에 각각 농학회農學會가 설립되었으며, 농업 근대화를 전문적으로 다루는 잡지도 출간되었다.[75]

서양으로부터 경제를 학습하려는 이 모든 노력의 중심에는 중국을 부강한 나라로 만들려는 열망이 자리 잡고 있었다. 1860~1870년대에는 '부국강병'이라는 구호가 널리 유행했으나 1870년대 중반부터는 오히려 '부민富民' 또는 '이민利民'의 중요성을 강조하는 사조가 출현했다. 이 새로운 사상은 1875년까지 거슬러 올라가는데, 당시 곽숭도는 공친왕에게 보내는 편지에서 국부國富와 민부民富는 불가분의 관계에 있기 때문에 정부는 백성들에게 근대적 해운업과 제조업에 참여하도록 독려해야 한다고 주장했다. 정관잉, 왕도, 이홍장도 이러한 생각을 논한 바 있으나 이를 가장 체계적이고 설득력 있게 주장한 사람은 1890년의 마건충이었다.[76]

예로부터 정책 지향적인 글들은 전통적인 논리로 백성을 보호하고 백성의 편의를 도모할 것을 요구해왔지만 부역과 조세 경감에 대한 요구 또는 안민책安民策을 넘어서는 주장은 거의 찾아볼 수 없었으며 어쨌든 장기간에 걸쳐 실천할 수 없는 것인 경우가 많았다. 이러한 전통 사상은 다만 부민富民이라는 근대적인 관념의 먼 배경을 이룰 뿐이었다. 하지만 부민이라는 이처럼 새로운 사상은 나라와 백성이 밀접하게 연결되어 있으며 민부民富가 국력의 기초라는 것을 인식하고 있었다. 다시 말해 부와 강은 상호 밀접하게 관련되어 있기 때문에 국가가 강성해지려면 반드시 만백성이 부강해져야 했다.

대외 정책에 대한 시각 차이(1860~1895년)

서양을 바라보는 중국인들의 일부 시각은 그다지 합리적이지도, 별로 건설적이지도, 또 유쾌하지도 않았다. 종종 호전적이고 감정을 앞세우며, 간혹 배외적이기도 했다. 이처럼 서양을 적대시하는 비합리적 또는 이데올로기적 태도는 주로 사대부들이 이념적으로나 정서적으로 중국의 문화 전통을 철석같이 고수하고 있던 데서 비롯된 것이었다. 역설적으로 그러한 태도를 부추긴 것은 바로 서구의 제국주의였지만 말이다. 동시에 비록 아주 느리고 희미하게나마 중국은 정말 소중히 해야 할 하나의 실체라는 의식이 출현하게 되었다. 이러한 의식은 배외적이고 문화근본주의적이기보다는 합리적이고 민족주의적인 성격을 띠고 있었다.

배외주의의 출현

비록 중국이 외부 세계와 관계를 맺게 된 초기의 역사 속에 깊이 뿌리내리고 있긴 하지만 배외주의는 서양의 압력이 강화되던 1860년까지는 진지하게 고려해야 할 만큼 심각한 영향을 미치지는 못했다. 배외주의도 가지각색이었다. 한편으로 외국인들을 증오하지만 그들에게 반격을 가하기 위해 서양을 모방하는 것에는 반대하지 않는 사람들도 있었다. 다른 한편으로는 기독교든 아니면 근대 기술이든 외국의 것이라면 무조건 반대하는 사람들도 일부 있었다.

서양 기술에 대한 거부감

이미 다른 곳에서 반선교사 운동에 대해서 살펴보았기 때문에(10권의 11장을 참조하라) 여기서는 주로 서양 기술의 도입에 대한 반대 문제를 살펴볼 생각이다. 반대한 이유는 수도 없이 많았다. 가장 기본적인 이유는 중국은 서양을 모방할 필요가 없다는 것이었다. 먼저 배외적인 독서인들은 서양 기술은 본질적으로 외양만 그럴듯하지 중국에 꼭 필요한 것은 아니라고 믿었다. 왜냐하면 강국이 되려면 무기보다는 민심이 더 중요하다고 믿었기 때문이다. 대학사 왜인은 오랑캐들이 두려워하는 것은 대포와 군함이 아니라 백성들의 민심이라고 단언했다. 서양을 모방하는 것으로는 적과 싸워 이길 수 없으며, 오히려 정부에 대한 민심의 이반만 불러올 것이라고 했다. 왜인은 민심을 잃은 정부가 어떻게 오래가겠느냐고 반문했다. 따라서 그는 오랑캐의 기술을 모방할 것이 아니라 백성들의 사기 진작을 기본 계획으로 하자고 제안했다. 그는 기술로는 약해진 국가를 강성하게 만들 수 없다는 것을 역사는 분명하게 보여준다고 주장했다.[77]

특히 일부 학자-관료들은 중국은 해방을 위해 서양식 무기를 구입할 필요가 없다고 믿었다. 유석홍劉錫鴻은 러시아와 미국을 예로 들었다. 미국은 해군의 도움 없이도 영국을 무찔렀고, 러시아는 겨우 상징적인 해군만을 갖고 있지만 오히려 성공적으로 영국의 패권에 도전하고 있다는 것이었다. 또 다른 비판자들은 중국의 소위 문화적 우월성을 내세우면서, 군사 기술의 획득은 문화와 선정善政의 희생 위에 이루어지는 경우가 많다는 주장을 제기했다. 이 점을 구체적으로 보여주기 위해 그들은 중국 북방의 오랑캐들의 경우 비록 강대한 기마병을 갖고 있지만 문화적으로 뒤떨어져 있으며 국가 조직을 형성하는 데도 취약성을 보이고 있음을 지적했다.[78]

개혁파들이 자신들의 방안이 실질적으로 유용하다고 자부한 반면 유가의 도덕적 원리를 강조한 배외적인 사대부들은 고집스러운 반실용주의자들이었다. 그들은 중국이 특히 중시해야 할 것은 예와 의와 염廉과 치恥라는 유서 깊은 유가적 원리라고 고집했다. 실제로 덕행이야말로 오랑캐들을 두렵게 만드는 묘법이라는 것이었다. 이어서 그들은 만약 오랑캐들에게 무엇을 배우려고 하다가는 염치를 잃어버리게 될 것이라고 말했다. 결국 오랑캐의 정신에 물들게 된 독서인들은 염치를 모르고 애국심이 없기 때문에 아무리 기술적으로 서기西器에 정통하다고 하더라도 중국에는 아무 쓸모가 없었다.79) 따라서 도덕을 숭상하는 것을 근본으로 삼아야 했으니, 그것의 영향은 멀리까지 미칠 것이기 때문이었다. 반대로 실용주의적 접근법은 피상적이고 근시안적인 것이라고 생각했다. 따라서 광서제의 태사 중의 하나인 옹동화翁同龢가 이 젊은 황제에게 종종 의義와 이利를 구분하는 것이 얼마나 중요한지를 강론했던 것은 전혀 놀랄 일이 아니었다. 이처럼 의와 이를 구분하는 것이 바람직하다는 주장이 있자 1870~1880년대의 많은 사대부들이 각종 자강 계획에 반대하게 되는데, 대표적인 것이 1889년 톈진-퉁저우通州 사이의 철도 부설 계획에 반대한 것이었다.80)

보수파들은 중국이 양무운동을 할 필요가 없는 또 다른 이유를 제시했다. 중국 역사를 꼼꼼히 살펴보면 번영을 구가하던 시기에 중국이 오랑캐에게서 배운 예가 없다는 것이 그것이었다. 그렇다면 왜 19세기에 서양을 모방해야만 부강해질 수 있단 말인가? 더 나아가 그들은 중국이 설령 과학과 기술 방면에서 진보를 이루어야 한다 하더라도 서양 오랑캐들에게 배우는 것은 여전히 피할 수 있을 것이라고 주장했다. 중국은 각 방면 최고의 전문가들을 보유하고 있으니 정부가 해야 할 일이란 중국 내부에서 그들을 찾아내는 것뿐이라는 것이었다.81)

일부 사대부들은 사회적 조건도 다르고 가치관도 다르기 때문에 서양에 좋은 것이라고 해서 반드시 중국에도 유용한 것은 아니라고 보았다. 그러한 차이 중의 하나가 바로 인구였다. 서양은 인구가 적어서 노동력이 부족하기 때문에 기계가 필요했다는 것이다. 인구 과잉의 중국에 기계를 도입하면 그저 실업 문제를 더욱 심각하게 만들 뿐이라고 그들은 주장했다. 또 다른 사례는 철도였다. 철도를 건설할 필요가 있는지의 여부는 해당 국가의 군사력에 따라 달라졌다. 서방은 강성하기 때문에 신속한 수송을 위해 철도를 이용할 수 있었다. 하지만 중국은 전시에 철도를 지킬 수 없기 때문에 오히려 철도 때문에 고통당하게 될 것이었다. 적이 철도를 이용해 중국 내에서 신속하게 군대를 이동시킬 수 있게 될 것이기 때문이었다.[82]

배외적인 신사들은 한 발 더 나아가 비록 그렇게 할 필요가 있다 해도 중국은 오랑캐들에게서 성공적으로 배울 수 없을 것이라고 주장했다. 예를 들어 군사 지식은 너무나 중요하기 때문에 다른 국가와 공유할 수 없다는 것이었다. 대학사 왜인은 1867년의 상소에서 오랑캐는 결국 교활한 무리들이니, 그들이 진심으로 군사 기술을 중국에 가르쳐줄 것이라고는 믿을 수 없다고 말했다. 동일한 이유로 서양은 최고의 무기는 중국에 팔려고 하지 않을 것이라고 그는 주장했다. 저명한 학자인 유월兪樾과 이홍장의 막료를 지낸 왕병섭王炳燮 역시 이와 비슷한 견해를 피력했다. 어떤 나라도 자멸을 초래할 정도로 어리석지는 않기 때문에 중국이 서양으로부터 얻을 수 있는 것이라곤 낡고 쓸모없는 것뿐이라고 그들은 믿고 있었다. 또 다른 학자 이원도李元度는 단호한 결심만 있으면 아무리 교활한 것이라도 제압할 수 있고 과단성이 있으면 어떤 음모도 굴복시킬 수 있지만 어떤 상황에서도 학생에게 선생을 이길 수 있는 계책을 도모하기를 바랄 수는 없을 것이라고 말했다.[83]

일부 보수파는 대담하게 근대 기술은 아무 데도 쓸데가 없다고 단언했다. 후난 성의 저명한 학자인 왕카이윈은 증기를 동력으로 사용하는 군함은 완전히 석탄 에너지에 의존하기 때문에 만일 석탄 공급이 끊기면 무용지물이 되고 만다고 말했다. 게다가 군함은 강에서는 그다지 민첩하지도 못하며 지상전에서는 전혀 쓸모가 없다고 했다. 마찬가지로 대포도 가볍고 기동성이 있어야 효과적일 텐데, 서양식 대포는 너무 무거워서 기동성이 떨어진다는 것이었다. 번영기라면 호기심을 충족시키기 위해서라도 이처럼 쓸모없는 기물奇物을 노리개로 이용할 수도 있겠지만 재정이 곤란할 때에는 결코 그런 데다 재정을 낭비할 수 없다고 이들 보수파들은 주장했다.

우주에 관한 유가의 신화는 우주와 인간 세계 사이의 상호 작용을 전제로 하고 있다. 보수파들은 광산 채굴, 철도, 전신선, 교회 건물 등 서양 것들을 도입하는 것은 오곡의 생장과 사람들의 길흉화복에 영향을 미치는 '풍수風水'를 포함해 우주적 질서를 거스르는 것이라고 주장했다. 따라서 그들은 종종 혜성 같은 기이한 천문 현상을 놓고 인간 세상에 뭔가 불길한 일이 일어나고 있다는 것을 하늘이 경고하는 것이라고 주장하곤 했다. 또한 그들은 가뭄, 홍수, 지진, 궁전 화재 같은 자연 재앙은 어떤 곳에 흐르던 길한 흐름이 뭔가에 막혀 방해받고 있다는 구체적인 표시라고 단정했다.[84]

더 나아가 비록 서양 기술이 어떤 방면에서는 중국에 유익할 수도 있지만 장점보다는 단점이 훨씬 클 것이라고 이들은 주장했다. 유월이 지적했듯이 무엇보다도 그것은 공급에 한계가 있는 자연 자원을 급속하게 소모시키기 때문에 결국에는 해로운 것이었다. 1870년대 장시 순무였던 유병장劉秉璋은 이를 이유로 근대식 채광에 반대했다. 다른 사람들은 사회적·정치적 결과에 초점을 맞추었다. 예를 들어 왕병섭은 부자는 서양 기계를 도입해 더 부유해질 것이고, 가난한 사람들은 일자리를 잃어 더 가난해질 것이므로 그것을 도입하는 것은 사회적

불의를 더욱 악화시킬 뿐이라고 주장했다.[85]

그러한 사회적 불의가 초래할 정치적 후유증은 수많은 사람들에게 영향을 미칠 수 있는 것이었다. 군기대신 옹동화, 장인어사掌印御史 도인수屠仁守, 순무 왕문소와 후보 지부 양정희楊廷熙 같은 베이징과 지방의 각급 관료들은 모두 정치 동란의 가능성을 지적했다. 실업자 가운데 약한 자는 좀도둑이 될 것이고 강한 자는 무리를 지어 도비나 반란군이 될 것이다. 이처럼 원래 중국의 이익을 도모하기 위해서 시작된 '양무' 활동이 결국 반란을 불러일으킬 것이라는 것이 그들의 결론이었다. 광서제 초기의 이 같은 문화적·정치적 배외주의는 1873년에 이미 사망한 성리학자 오정동吳廷棟의 관점과 일치했다. 그는 오로지 이익만을 위해 행동한다면 결코 조금의 이익도 얻지 못하게 될 것이라고 말한 바 있었다.[86]

제국주의에 대한 공포

중국의 배외주의는 여러 모로 서양 제국주의에 대한 공포에서 나온 것이었다. 한림학사 은조용殷兆鏞, 정치 막료 왕병섭과 설복성 등 수많은 사대부들은 서양인들이 마치 누에가 뽕잎을 야금야금 먹어 들어가듯이 점진적으로 중국을 '잠식하는' 정책을 쓰고 있다고 생각했다. 그러나 중국을 식민지로 만들기 전에 서양인들은 경제적으로 중국을 착취하고 사회 질서를 혼란케 하고 법 절차에 간섭하고, 마지막으로 도덕을 무너뜨리려고 할 것이었다. 그들에 따르면 외국인들이 중국에 온 목적은 중국의 지리적·사회적 상황을 익혀 정치적으로 침략하기 위한 것이었다. 만약 그렇지 않다면 왜 외국인 선교사들은 자기 나라에서 하느님을 섬기는 데 만족하지 못하는가? 그들은 중국에 대한 서양의 잠식은 점진적이지만 동시에 집요한 것이라고 주장했다. 예를 들어 난징 조약에서 언급되지 않은 기독교 선교 문제는 16년 뒤 톈진 조약에서 핵심적인 쟁점 중의 하나로 부각되었다. 이미 1860년대에 그들은 서구 열강은 이후에도 계속 조약을 개정해가며 중국에 압력을 가해 보다 많은 특권을 얻어내려 할 것이라고 추측했다.

서양의 정치적 침략에 대한 중국인들의 공포가 결코 연해 지역에 한정되지 않았음은 분명하다. 내지에서 광범위하게 발견되는 반기독교 선전 벽보에서도 그러한 공포를 분명하게 확인할 수 있었기 때문이다. 1862년 후난에서 작성된 한 벽보에서는 아프리카와 인도가 서양의 팽창주의의 물결 속에서 참담한 운명을 맞고 있다고 하면서 중국도 머지않아 그들의 뒤를 이을 것이라고 통탄하고 있었다. 1860~1870년대에 쓰촨과 광시에서도 그와 비슷한 벽보가 발견되었다.

외국의 외교관, 상인과 선교사들의 오만한 태도 그리고 외견상의 기이한 행동은 이러한 배외 정서를 한층 더 자극했다. 1880년 베이징의 일부 관리들은 외국인들이 베이징에 높은 건물을 짓는 것을 막아야 한다고 청원했는데, 군사 정보를 수집하는 용도로 사용될지도 모른다는 것이 이유였다. 1887년 충칭의 한 지방 신사는 한 프랑스 주교가 요새 같은 교회를 세우고 중국 황제 못지않을 정도의 생활을 하고 있다고 비난했다. 사태를 한층 더 악화시킨 것은 외국인들의 이러한 행동과 특권이 종종 포함 외교의 지원을 받은 것이었는데, 이로 인해 중국의 배외 감정은 한층 더 강해졌다. 이처럼 서구 열강이 노골적으로 무력을 사용하자 심지어 증국번과 이홍장 같은 개명한 고위 관료들조차도 강력한 불만을 표시할 정도였다.

배외적인 독서인들은 외국인들이 중국 경제를 '착취'하고 백성들을 세뇌시킨 후 오랑캐들을 숭배하는 중국인들을 이용해 중국 정부를 전복시키고, 그리하여 중국을 '삼켜버릴' 것이라고 주장했다. 이런 식으로 중국은 자바와 필리핀 같은 운명에 처하게 될 것이라는 것이었다. 그들은 또 조약항의 친서방적인 중국 상인들이 세금을 납부하지 않으려고 외국인들에게 협력하고 있으며, 이미 공자묘孔廟 유지비 납부를 거부한 중국의 기독교인들은 곧 어떠한 세금도 납부하기를 거부할 것이라고 비난했다. 왕병섭은 중국의 교인들이 그들의 종교 지도자들에 대한 충성을 최우선시하고 있기 때문에 천자에게 충성하지 않고, 그리하여 중국 법을 지키지 않을지도 모른다고 걱정했다.[87]

반기독교적인 독서인들은 기독교가 반역 행위를 비호하고 부추길 것이라고 지적했다. 그것은 유명한 반기독교 문집인 『파사집破邪集』이 편찬된 17세기 중반 이래 계속 반복되어온 오래된 주제였다. 1724년 기독교가 공식적으로 금지된 이후 많은 사람들은 기독교를 가장 공포스러운 비밀 결사 중의 하나인 백련교와 연관시키기 시작했다(10권의 3장을 참조하라). 금령이 취소되고 1년 후인 1845년 민절 총독 유운가는 조정에 바로 이 문제에 관심을 갖도록 촉구했다.[88]

왕병섭과 천바오천陳寶琛 같은 또 다른 독서인들은 한대에 태평도太平道가 황건적의 난을 부추기고 백련교 일파가 원, 명, 청대에 강력한 반왕조 세력을 형성했던 것처럼 기독교도 중국에 수많은 내부 변란을 일으킬 것이라고 경고했다. 이러한 반기독교적 독서인들이 보기에 기독교의 몇몇 교리가 태평천국의 반란 운동에 사상적으로 큰 영향을 준 것이야말로 이 종교의 사악한 성격을 분명하게 보여주는 것이었다. 1850년~1860년대에는 기독교를 반왕조적인 비밀 결사와 동일시하는 사람들이 광범위하게 존재하고 있었다. 왕병섭 같은 사람들은 기

독교가 전파됨에 따라 국내 변란의 씨앗도 함께 전파된다고 생각했다.[89]

이에 따라 배외주의자들은 최대한 빨리 서양의 정치적 침략을 끝장낼 것을 호소했다. 만일 계속 서양인들이 체류하도록 내버려둔다면 상황은 곧 수습할 수 없는 지경에까지 이르러 성인이라 하더라도 도저히 어찌할 수 없게 될 것이었다. 이러한 관점에서 볼 때 반선교사 운동은 좋은 징조였다. 왜냐하면 그것은 중국인들이 정치적으로 크게 각성하고 있음을 보여주는 것이었기 때문이다. 그들은 그러한 배외 봉기가 일어나지 않는 날 중국은 완전히 굴복하게 될 것이라고 예언했다.[90]

이와 동시에 황당하고 맹목적인 배외주의도 있었다. 많은 사람들은 옛 명언대로 "우리 동족이 아니라면 마음도 반드시 다르다"[91]고 믿고 있었다. 이 때문에 그들은 외국인들을 '서양 귀신洋鬼'이라고 불렀고, 짐승에 비교했으며, 연단술이나 주술을 위해 중국인들을 죽인다고 믿었다. 그처럼 야만적인 행위를 막기 위해 순친왕 혁현奕譞은 오랑캐들을 물리칠 6가지 계책을 1869년에 제시했다. 그러한 계획이 실현될 가능성이 없다는 것을 알게 되자 1874년에 그는 외국 것을 모두 버리자는 상소를 올렸다. 그는 백성들에게 모범을 보이기 위해 조정에서 솔선수범해 쓸모없는 서양 물건들을 버릴 것을 제안했다.

1867년 총리아문 직책에 임명받고도 고집스레 그것을 사임한 왜인의 행동만큼 외국인들 그리고 외국 것에 대한 감정적 증오심을 분명하게 보여주는 예도 찾아보기 힘들 것이다. 그는 출근하던 첫날 일부러 말에서 떨어졌다. 그리고 낙상한 것을 핑계로 그는 출근을 그만두었다. 조정에서 여러 차례 병가를 연장시켜주었지만 그는 계속 걸을 수 없다고 고집했다. 그러나 사직이 허락되자 '갑자기' 상처가 말 끔히 나아버렸다. 이와 비슷한 사례를 등승수鄧承修라는 인물에게서도 찾아볼 수 있는데, 1884년에 총리아문에 임명되자 그는 즉각 그 자리에서 사임하며 자기는 오랑캐에 관한 사무에 대해서는 아무것도 모른다고 주장했다. 대신 그는 전장에서 싸우다가 죽고 싶다며 군사 업무를 맡겨줄 것을 요청했다. 서동徐桐의 행동 또한 이처럼 황당한 배외주의가 얼마나 횡행했는지를 웅변해주고 있다. 그는 서양식 건축물을 보고 통탄하면서 자기는 차라리 나라를 망하게 할지언정 개혁은 하고 싶지 않다고 말했다고 한다. 따라서 훗날 그가 의화단의 난의 발발에 책임을 져야 할 주요 선동꾼 중의 하나가 되었던 사실은 전혀 놀랄 일이 아니었다.[92] 1900년 의화단이 자행한 대대적인 살육은 중국의 오랜 배외주의 역사의 정점에 도달한 사건이었다. 의화단원들은 배외주의 때문에 서양식 무기를 사용하는 것을 거부하고 전통적인 칼과 창을 선호했다.

주전파의 대외 정책

배외주의의 또 다른 형태는 호전성이었다. 무책임한 주전론은 일찍이 남송 시대(1127~1279년)에 크게 성행한 바 있었는데, 당시 중국은 군사력 면에서 북방 유목 민족보다 열세에 놓여 있어 문명이 파괴될 위기에 직면해 있었다. 한대(BC 206~AD 222년)의 군사적 현실주의와 당대(618~907년)의 세계주의 정신이 보수적 호전성에 밀려났던 것이다. 이러한 전통은 19세기 하반기에 다시 등장했다. 러시아, 프랑스 또는 일본 등과 싸우자고 선동한 사대부들의 태도는 남송 시대 사대부들의 '맹목적인 주전론'을 상기시키는데, 그들은 붓을 휘두르는 일에는 능했지만 실제로 전쟁이 무엇인지에 대해서는 깜깜했다.

청 말의 호전성은 부분적으로는 1840년, 1860년, 1884년의 여러 차례 전쟁에서 패한 데 대한 지식인들의 분노에서 유래한 것이었다. 대학사 왜인은 1867년에 이렇게 상주했다.

> 오랑캐들은 우리의 적입니다. 그들은 1860년에 군대를 끌고 쳐들어와 수도 베이징을 파괴하고 종묘와 사직을 능멸했습니다. …… 모든 독서인들이 그들을 미워하게 되었습니다. 어떻게 우리가 하루아침에 적의 만행과 우리의 부끄러움을 잊을 수 있겠습니까?

1860년 청조가 영불 연합군과 싸우고 있을 때 베이징의 많은 관리들이 주전론을 펼쳤다. 전경全慶은 청 군대가 다구, 덩저우登州와 홍콩에서 동시에 외국 군함을 공격해야 한다고 주장했고, 설서당薛書堂은 필승의 5가지 근거를 일일이 열거했다. 많은 친왕과 고위 관료들은 황제에게 친히 전쟁을 지휘할 것을 탄원했다. 승보勝保 장군은 문제를 더 단순하게 생각했다. 즉 조정에서 외국의 모든 요구를 굳건히 거절할 수 있을 것이기 때문에 천조天朝가 굴복할 이유가 없다는 것이었다. 만약 그래도 서양이 계속 요구해올 경우 황제가 한번 나가 싸우라고 호령하기만 하면 자기 장군들이 즉각 오랑캐 병사를 사로잡고 지휘관들을 죽일 것이라고 그는 호언장담했다. 심지어 해안에서의 전투에서 패배할 경우 베이징에서 산시陝西로 천도해 전쟁을 계속해야 한다고 건의하는 사람들도 있었다.[93]

1870년 톈진 교안이라는 위기가 발생했을 때 일부 베이징 관리들, 특히 어사와 6부의 소장 관료들은 모두 주전론을 고수하고 있었다. 그들은 오랑캐에 대한 증오심에 불타고, 지역의 상황을 잘 알고 있는 백성들로 하여금 외국 침략자들과 맞서 싸우도록 허락해야 한다고 주장했다. 정신력으로 무장하고 있고 숫자상으로도 적을 훨씬 더 능가하고 있기 때문에 서양의 함선과 대포를 가볍게 물리칠 수 있으리라는 것이었다. 순친왕은 지방 부대는 소수의 서양 군함의 공격에 맞설 수 있고, 베이징 정부는 외국인들의 주력 공격을 분쇄할 수 있기 때문에 중국이 너끈히 외국인들을 물리칠 수 있을 것이라고 생각했다.[94]

아편전쟁 이후 수십 년 동안 사대부들 사이에서는 분명히 주전론을 찾아볼 수 있었지만 그리 활발한 움직임을 보이지 않다가 '청류당 清流黨'이라고 불리는 적극적인 정치 집단이 출현하여 단호하게 주전론을 주창하고 나섰던 1870년대에 이르러서야 비로소 활성화되기 시작한다. 실사구시적인 개혁파들이 중국의 물질적 약점을 강조했던 반면 이들 젊고 현학적이며 현실 경험이 없는 관원들은 중국의 도덕적 힘을 강조했다. 이들의 지도자는 보수파 권세가로 군기대신이자 태사였던 이홍조(1820~1897년)였는데, 곽숭도에 따르면 그는 1880년대 초에 "동부에서는 일본과 전쟁을 벌이는 동시에 남부에서는 프랑스와 전쟁을 하자고 주장"했다고 한다.[95]

장지동은 이 집단의 저명한 성원이었다. 1870년대 말의 일리 위기 때 그는 러시아에 대해 강경책을, 즉 주전론을 취할 것을 조정에 끈질기게 촉구했다. 1879년 숭후가 체결한 조약(2장을 참조하라)을 거절해야 할 10가지 이유를 열거하면서 그는 서양 용병의 고용 등을 포함해 적극적으로 전쟁을 준비할 것을 주장했다. 1883년 연해 지역에서 칭불 전쟁의 그림자가 다가오자 장지동은 다시 한번 설령 중국의 군사력이 프랑스만 못하더라도 우유부단한 태도를 버리고 전쟁을 준비할 것을 황제에게 촉구했다. 왜? 이유는 다음과 같았다.

[프랑스에] 맞서 싸우지 않는 한 중국 연안의 방어는 결코 강화될 수 없습니다. 패배할 위험을 무릅쓰지 않는 한 전투 경험은 결코 얻을 수 없을 것입니다.[96]

장패륜, 등승수, 천바오천, 황체방黃體芳, 오대징吳大澂, 성욱盛昱, 유은부劉恩溥, 이자명李慈銘 등 그 밖의 다른 청류당 인물들도 이와 비슷한 방식으로 대외 관계에서 주전적 행동 노선을 취할 것을 주장했는데, 특히 러시아, 일본, 프랑스에 대해 그러했다. 그들은 러시아의 낙후함, 프랑스의 연약함과 일본의 빈궁함을 멸시했다.

주전론자인 이들 '청류당'과 같은 생각을 갖고 있던 다른 사대부들도 있었다. 예를 들어 1880년대 초 왕병섭은 이와 비슷한 관점에서 중국의 대외 정책을 논한 바 있었다. 그는 상책은 오랑캐와 전면전을 벌여 그들을 완전히 일소하는 것이고, 중책은 오랑캐로 오랑캐를 제어하는 것以夷制夷이고, 하책은 방어만 하는 것이라고 주장했다. 그는 이어 오랑캐들을 모방하는 것은 정책이라고 부를 만한 가치도 없다고 말했다. 더 나아가 그는 전쟁을 위한 상세한 군사 전략까지 제시했다. 예를 들어 오랑캐들의 강력한 대포의 공격을 피하려면 중국 군대는 결코 대규모로 집결해서는 안 된다고 했다. 그러나 외국 사정을 전혀 모르고 있었기 때문에 그의 군사 전략은 대부분 현실과 동떨어질 수밖에 없었다. 연해 지역을 따라 깊은 도랑을 파 서양 기병대의 이동을 저지해야 한다고 주장한 사실이 바로 그것을 전형적으로 보여주고 있다.[97]

잘 알려져 있는 대로 당시 이러한 주전론이 항상 우위를 점했던 것도 아니고, 또 중국이 외국 열강과의 전쟁에서 승리를 거둔 것도 아니었다. 게다가 장패륜과 오대징 같은 주전론자들은 전쟁터에서 좋은 평판을 얻지 못했다. 그러나 청조가 비현실적인 정책을 고집하고 상황에 감정적으로 대처하려 한 데 대한 책임은 주로 이들 주전론을 주장한 보수파들이 져야 마땅할 것이다. 결국 그들은 청불 전쟁, 청일 전쟁과 의화단 전쟁을 촉발시키는 데 일조하게 되었다. 이러한 호전론의 배후에 자리 잡고 있던 본능적 성향과 심리적 배경을 살펴볼 필요가 있는데, 왜냐하면 그것들이 종종 조정의 정책에서 핵심적인 요소로 작용했던 것을 부인할 수 없기 때문이다.

문화주의의 고수

이러한 배외주의 이외에도 대외 정책에 관한 중국의 견해는 사상적으로 중국 문화, 특히 유교 전통을 크게 존숭하는 사대부들의 태도에서도 큰 영향을 받아왔다. 증국번은 태평천국을 비난하는 유명한 격문에서 동료 학자들에게 공자와 맹자의 전통을 따르는 중국의 문화 유산을 지키는 데 동참할 것을 촉구했다. 청조 또한 그와 비슷하게 이러한 국가와 문화의 일치 체계를 영속시키기 위해 과거제도의 중요성을 강조함으로써 유학을 장려했다. 1898년 후난 성에서 일어난 반개혁 운동을 뒷받침해주었던 것은 바로 이러한 문화 의식이었다(5장을 참조하라).

이러한 문화 의식은 외교에 대한 배외주의자들의 견해 속에서 분명하게 표현되었다. 곽숭도가 런던에 사절로 파견되리라는 것을 알게 된 왕카이윈은 1876년 그에게 지금까지 중국의 유학자가 왕림하는 영예를 한 번도 누리지 못한 영국에 반드시 공자의 가르침을 널리 전하라는 내용의 편지를 보냈다. 이와 비슷한 맥락에서 한 저명한 한림학사는 증기택의 외교 능력을 의심했다. 왜냐하면 과거에 실패한 것은 그가 공맹의 제자가 아니라는 의미였기 때문이다.[98] 그러면 왜 유가 학설은 대외 정책에 대한 견해와 이처럼 밀접한 관계를 맺고 있었을까? 유가 학설은 여러 복잡한 사상을 담고 있었는데, 그중 특히 두 가지가 이 문제와 관계가 있었다.

문명 대 야만

유교의 중심 사상은 문명과 오랑캐의 구분(화이지변華夷之辨)에 있었다. 유가 사대부들의 사고 속에는 중국 문명이라는 것은 존재하지 않았다. 그들이 보기에는 문명과 야만이 있을 뿐으로, 문명이 아니면 곧 야만이었다. 문명은 진정 이웃이 없는 제국이었다.[99] 따라서 중국은 하나의 국가가 아니라 문명사회 전체의 중심이었다. 제나라의 유명한 재상이었던 관중管仲에 대해 언급할 때 공자의 생각에는 분명히 이러한 화이의 구분 관념이 있었다. 공자는 비록 다른 측면에서는 관중을 과소평가했지만 중국 문명을 오랑캐의 침략으로부터 지켜낸 그의 능력만큼은 높이 칭찬했다.

> 만약 관중이 없었다면 나는 지금쯤 머리털을 늘어뜨리고 옷깃을 왼쪽으로 여미고 있을 것이다.[100]

청 초의 애국자인 왕부지王夫之가 한과 당의 멸망은 단지 왕조의 교체만을 의미할 뿐이지만 몽골이 송을 멸망시킨 것은 요, 순, 우, 탕 등 유가 성현들의 가르침을 체현하고 있던 문명 자체를 파괴한 것이라고 주장할 수 있었던 것도 바로 그가 이러한 관점을 갖고 있었기 때문이다.[101]

이러한 화이의 구분은 주로 문화적인 것이었다. 일부 저명한 중국의 역사가들은 오랑캐들을 인의(仁義)를 따르지 않고 성인을 존중하지 않는 사람들로 보았다. 그러한 생각의 뿌리는 중국이 북방의 유목 민족들과 오랜 세월에 걸쳐 충돌해온 경험에서 나온 것이었다. 이들 내륙아시아 민족들은 탐욕스럽고 항상 배신을 밥 먹듯이 하며 행동에도 전혀 신의가 없는 자들로 간주되었다. 중국이 서양과 관계를 맺고 있을 때의 사상적 배경이 이러했으므로 대다수 신사 독서인들이 서양인들을 오랑캐로 바라보았던 것은 전혀 놀랄 만한 일이 아니었다. 앞서 말한 왕병섭을 전형적인 사례로 들 수 있을 것이다. 청 정부가 1860년대 외국군 장교들을 초빙해 태평군과 염군을 진압하려고 하자 왕병섭은 이 사건을 '회흘조순回紇助順'이라고 했다. 즉 8세기 중반 회흘인(위구르 투르크인)들이 당 왕조를 도와 안녹산의 난을 진압한 사실에 빗대었던 것이다. 이와 비슷한 기조로 이자명 또한 1870년 톈진 교안에 대해 언급하면서 중국-서양 관계는 송 왕조가 북방의 오랑캐국인 요遼의 위협에 직면하고 있던 10~12세기의 중국과 오랑캐 간의 관계와 비슷하다고 썼다.[102]

서양인들을 오랑캐로 보는 이러한 사상은 총리아문의 설립에 반대한 일부 독서인-관료들의 태도에서 가장 극명하게 나타났다. 청조의 대외 관계는 주로 조공 제도에 근거해 몇몇 국가 기구에서 해당 업무를 처리하고 있었기 때문에 1861년 이전에는 대외 업무를 담당하던 공식 기구는 없었다. 이번원理藩院은 러시아와 동북 변경 지역의 사무를 담당했다. 곧 총리아문을 설치한다는 소식을 들은 이자명은 그것은 제국 질서의 근본 원리(체제體制)에 부합하지 않는다고 주장했다. 대신 그는 이번원 안에 공친왕을 수장으로 하는 새로운 부서를 설치해 서양 관련 업무를 처리하도록 하자고 건의했다.[103]

이와 비슷하게 많은 독서인들 역시 조공 제도라는 맥락에서 중외 관계를 바라보았고, 외교 사무를 처리하는 것을 체면 깎이는 일로 생각했다. 군기대신 염경명閻敬銘은 올바른 군자라면 마땅히 외교 사무를 처리하는 일 따위에 관심을 두거나 해서는 안 된다고 주장했다. 1875년 곽숭도가 청의 주영 공사로 임명되자 많은 친구들이 크게 실망했다. 이학년李鶴年과 풍예기馮譽驥는 곽숭도에게 오랑캐의 나라에 가지 말라고 적극적으로 만류했고, 이자명은 일기에 이 일로 크게 상심했다고 적었다.

> 곽 시랑은 학문과 문장이 출중한데도 이번에 해외로 나가니, 정말 애석하기 짝이 없도다![104]

1870년대 말 내내 이자명은 외국에 관리를 파견하는 것을 비난했다.

그러나 대다수 유학자의 의견에 따르면 문명의 존재를 위협하고 있는 것은 바로 이들 오랑캐들이었다. 내지에서의 서구인들의 선교 활동을 허용한 톈진 조약은 많은 신사들에게 경종을 울렸다. 예를 들어 하섭은 그것이 성인들의 가르침이 무너지기 시작하는 사건이 되는 것은 아닐까 하고 걱정했다. 1862년 후난 성에 걸린 한 벽보에서는 이렇게 탄식하고 있다.

> 수천 년 동안 인의를 간직해온 나라인 중국이 오랑캐의 나라로 전락하게 되었다니, 이 어찌 슬프지 아니한가![105]

1860년대에 왕병섭은 정치 동란은 언제나 발생했지만 당시 중국이 직면하고 있던 위기는 결정적인 것이라고 썼다. 왜냐하면 중국이 오랑캐의 나라로 전락할지도 모르기 때문이었다. 따라서 외국의 영향은 홍수나 맹수보다 더 위험했다. 그는 이보다 더 비참한 형국을 만날 수 있겠는가라고 되물었다. 동문관의 교과 과정에 천문과 수학 등의 교과목을 추가하려고 했을 때 왜인과 이자명, 양정희 등 많은 사대부들은 문명의 선봉인 공문의 제자들이 오랑캐에 동화될지도 모른다는 위기의식 때문에 이러한 서학을 추가하는 데 반대했다.[106]

인간 대 금수

유학자들은 또한 사람과 짐승을 구분하는 사고(인금지변 人禽之辨)에 물들어 있었다. 유교 사상에 따르면 사람은 품행이 단정해야만 인간이라 할 수 있었다. 사람의 행동은 마땅히 측은지심, 시비지심, 수오지심 등 '본성'에 부합해야 한다고 생각했다. 특히 삼강이라는 핵심 원리를 포함해 성인의 가르침을 따라야 했다. 이것은 사람이면 반드시 한 개인으로서 지켜야 할 참된 도리였다. 다른 한편 짐승은 잔인하고 남을 속이는 존재로 마음속으로는 오직 육체적 만족만을 추구한다고 보았다. 만일 그러한 속성을 갖고 있다면 그는 도덕적으로 사람으로 간주될 수 없으니 바로 짐승이라는 것이었다.

야만과 금수禽獸는 문명의 영역에 들어갈 수 없기 때문에 이 두 개념은 종종 같은 의미로 바뀌어 사용되기도 했다. 먼 옛날부터 중국인들은 즐겨 오랑캐를 각종 짐승에 비유해온 것 같다. 적狄, 만蠻 등은 야만족을 일컫는 호칭으로, 이들 한자의 변은 모두 짐승을 가리키는 것이었다. 중국과 북방 유목민들 사이의 전통적인 관계는 부분적으로 이처럼 황당한 논리에 기반하고 있었다. 당근과 채찍 정책은 오랑캐들을 개처럼 취급한 것이고, 기미 정책은 그들을 소나 말로 간주했던 것이다. 하지만 엄격히 말하자면 오랑캐는 교화 가능하지만 짐승은 구제할 방법이 없으므로 짐승이 오랑캐보다 더 나쁜 것이었다.

따라서 유학자들은 '명교名敎'라는 유교의 도덕 준칙을 따라 살 것을 강조했다. 이들이 고수한 가치와 신념의 신성불가침한 원리는 각각 임금과 신하, 어버이와 자식, 지아비와 아내 사이의 위계적 관계를 규정하고 있는 군위신강君爲臣綱, 부위자강父爲子綱과 부위부강夫爲婦綱 등 삼강에 기반해 있었다. 보수파 세도가였던 이홍조는 수양이 깊은 학자가 어버이에게 어떠한 도리를 다해야 하는지 모범을 보여주었다. 1866년 8월 13일 모친이 사망하자 그는 조정에 복상 기간을 준수하기 위해 27개월의 휴직 휴가를 허락해줄 것을 청했다. 8월 18일 두 황태후는 이홍조가 군기대신이자 태사로 중임을 맡고 있는 점을 고려해 100일의 휴가를 준 다음 장례가 끝나는 대로 복직하되 아침마다 열리는 조회에는 참가하지 않아도 된다고 했다. 5일 후 이홍조는 다시 상소해 고위 관원들은 특히 성인의 가르침을 준수해야 한다고 주장했다. 이어 이홍조는 만일 성인의 가르침을 따르지 않는다면 자기는 자식으로, 심지어 인간으로 불릴 자격도 없다고 덧붙였다.

8월 28일 조정에서는 다시 유지를 내려 그의 요청을 거부했으나 앞으로 27개월 동안 조복朝服을 입지 않아도 되며, 아침 조회와 궁정 연회나 그 밖의 다른 의식에 참가하지 않아도 좋다는 또 다른 몇몇 특권을 베풀어주었다. 3일 후 이홍조는 다시 상소해 원래의 요청을 거듭 주장했다. 그는 만일 원칙대로 해당 기간 동안 상복을 입지 않는다면 '명교에 죄를 짓게 될' 뿐만 아니라 조정의 명예도 크게 훼손될 것이라고 주장했다. 다시 세번째 상소도 조정에서 받아들여지지 않자 그는 공식적인 100일의 휴가 기간이 끝나자마자 병을 핑계로 입궐하지 않았다. 1868년 11월 26일 유교에서 정한 27개월의 상복 기간이 끝나자 소위 질병도 '쾌유' 되어 그는 다시 공무를 보기 시작했다. 이홍조가 법도대로 상을 치르려고 그렇게도 고집한 여인이 실제로는 양어머니에 불과했던 점에서 유교의 가르침을 곧이곧대로 따르려는 그의 태도는 더 주목할 만한 것이었다. 1877년 생모가 사망하자 그는 다시 한번 27개월의 복상 기간을 지켰다.[107] 왜인, 서동徐桐 그리고 일군의 어사 등 보수파 관원들은 유교 전통을 철저히 따랐다고 그를 칭송해 마지 않았다.

　유교 전통을 중시하던 많은 사대부들은 삼강을 따르지 않는 서양인들의 영향으로 인간과 짐승 간의 이러한 구분이 곧 무너질 것이라고 생각했다. 또 서양인들은 정치 지도자보다는 종교 지도자에게 더 충성하며, 성령으로 잉태했다는 기독교의 교리를 믿는 것은 자기를 낳아준 아버지를 공공연하게 부인하는 것이라고 믿었다. 맹자는 묵자와 양주楊朱를 비난하면서 '아버지도 없고 임금도 없으니無父無君' 금수와도 같다고 했는데 같은 맥락에서 이들 학자들도 서양인들은 짐승과 다를 바 없다고 주장했다. 실제로 이들의 저서는 종종 서양인들은 개와 양의 본성을 갖고 있다고 언급하고 있었다.[108]

더 나아가 이들 도학자들은 좀더 자세히 관찰해보면 서양인들이 실제로는 짐승보다도 못하다는 것을 알 수 있다고 주장했다. 먼저 짐승은 아비에게는 불효할지도 모르지만 어미에게는 정을 느끼는데 예수는 심지어 자기 어머니까지도 부인한다는 것이었다. 게다가 다른 반기독교적 글들도 기독교인들이 저지르고 있다는 추정되는 온갖 음행과 난행을 생생하게 묘사하고 있기도 했다(10권의 11장을 참조하라). 한 소책자는 "그들은 진정 짐승만도 못하단 말인가?"라고 웅변적으로 묻기도 했다. 마지막으로 서양인들은 부모에게 불효할 뿐만 아니라 광산을 개발하고 철로를 건설하고 전선을 가설하기 위해 조상의 무덤을 파헤친다고 했다. 이처럼 결국 서양인들은 짐승만도 못하기 때문에 후난 학자 왕카이윈은 그들을 감정 또는 생명이 없는 존재인 '물物'에 비교할 수 있었던 것이다. 1860년대 한 배외주의적 소책자는 — 믿기 어려울 수도 있겠지만 — 많은 중국인들이 여전히 그처럼 타락한 서양의 종교적 관습을 믿고 서양의 기술적 계획을 따르고 있다고 경고했다.[109]

보수주의의 영향

비록 청 말에 보수주의가 출현한 것은 부분적으로는 정치적 요인들 때문이었지만 대부분의 사대부들은 도덕과 이념을 존숭하는 태도에 깊이 물들어 있었다. 이러한 중국식 문화주의는 현학적인 주전론과 결합해 독특한 양상을 띠게 되었다. 비교적 대담한 자강 계획안은 결국 모두 장애에 부딪히거나 오랫동안 질질 끌다가 겨우 채택되었으며, 심지어 왕카이윈과 왕셴첸王先謙 등 그러한 목표에 찬성한 사람들도 결코 '제도 개혁改制'은 바라지 않았다. 1884년 이후 장지동은 태도를 바꿔 보수주의에서 양무 실천으로 돌아섰지만 그가 변혁기에 대응하기 위해 제시한 계획은 여전히 "덕망 있는 사람이 다스린다"는 유서 깊은 유가적 원리에 기반해 있었다.

베이징의 관원들뿐만 아니라 각 성의 총독과 순무들 사이에서도 뚜렷이 보수주의를 찾아볼 수 있었다. 그중 잠육영芩毓英, 심보정, 문빈文彬과 이병형 등은 적극적 배외주의자였고, 왕문소, 유곤일과 이한장李瀚章 등은 서양 기술의 도입에 대해 미온적인 태도를 갖고 있었다. 이홍장 휘하의 군 지휘관이었던 유병장은 1886~1894년 사이 쓰촨 총독으로 재임하면서 공개적으로 서학의 도입에 반대했다. 개혁에 관한 몇몇 중요한 서적이 얼마나 느리게 황제의 관심을 불러일으켰는가를 보아도 중국의 이러한 문화적 타성을 분명하게 확인할 수 있다. 위원의 『해국도지』는 1843년에 초판이 간행되고 1847년과 1852년에 수정판이 간행되었지만 1858년에 이르러서야 황제에게 전달되었다. 이해 왕무음王茂蔭은 이 책을 정부에서 간행할 것을 제안했지만 그의 건의는 받아들여지지 않았다. 이와 비슷한 또 다른 사례로는 풍계분이 1861년에 출판한 『교빈려항의』라는 문집이 있었는데, 이 책은 1889년에 이르러서야 비로소 옹동화가 광서제에게 일독을 권하며 바쳤다.[110]

보수파 관원들, 특히 어사들이 실용을 중시하는 개혁파들을 전면적으로 공격했다. 그들은 당연히 가장 영향력 있는 개혁파 인물인 공친왕, 증국번, 이홍장을 비판했다. 그 외의 개혁파 인물들도 이들의 공격을 벗어나지 못했다. 예를 들어 이자명이 노골적으로 비판했던 사람 중에는 마건충, 이봉포李鳳苞와 진란빈陳蘭彬 및 기업가 당경성唐景星, 서윤徐潤과 성쉬안화이가 포함되어 있었다. 그는 이 모든 사람들을 모조리 매판이고 '소인배'라고 몰아붙였다. 또 다른 경우는 정일창이었다. 그는 1864년 상하이에서 외국인들과 교류했고, 또 1866년에 차오저우潮州 위기와 1870년의 톈진 교안에 관련된 바 있기 때문에 보수파 관료들로부터 가면 갈수록 더 환영받지 못하는 인물이 되었다. 그들의 비판으로 그는 1878년 55세로 푸젠 순무 자리에서 조기 퇴진할 수밖에 없었다. 초대 타이완 순무였던 유명전劉銘傳은 1885년 타이완에서 대담한 근대화 계획을 추진했지만 보수파 관료들은 그를 1891년에 파면시켜버렸다.

개혁파 가운데 곽숭도보다 더 맹렬한 비판을 받은 사람은 아무도 없었다. 1876년 그가 영국 공사로 부임할 때 독서인들은 그가 성인의 나라를 버리고 오랑캐의 나라를 섬기러 간다고 비난했다. 고향 사람들은 그가 수치스러운 행동을 했다며 그의 집을 부숴버리려 하기도 했다. 그는 본래 자강 운동과 근대 외교에 관한 저서를 쓸 계획을 갖고 있었지만 보수파의 거듭된 비판을 두려워해 이 계획을 포기하게 되었다. 1877년 총리아문이 서양 문명을 찬양하는 곽숭도의 일기를 공개했을 때 어떤 사람은 조정에 인쇄 원판을 파기할 것을 요구하기도 했다. 도덕적 용기로 충만한 인물이었던 곽숭도는 처음에는 뜻을 굽히기를 거부했다. 런던에서 돌아온 뒤 쓴 보고에서 그는 서양의 기술, 정치 제도와 교육 제도를 높이 평가했다. 이런 이유와 다른 이유들 때문에 그는 조정을 배반하고 중국 문화 전통을 저버린 인물로 여러 차례 지탄받았다. 그는 마침내 압력에 굴복해 1879년에 사직하고 외교 활동도 중단하고 말았다. 귀국한 이후 그는 다시 후난의 고향으로 돌아갔다. 유곤일은 곽숭도를 총리아문으로 보내어 활동하게 하자고 건의했으나 실세인 두 명의 보수파 군기대신 이홍조와 경렴景廉의 반대로 이 건의는 실현되지 못했다.[111]

공친왕은 자강 계획의 추진이 지지부진한 것은 주로 보수파의 반대가 원인이라고 비판했다. 그의 비판은 중국 철도 발전의 역사가 실증해준다. 1876년 외국인들이 세운 상하이-우쑹 사이의 짧은 철로는 다음 해 중국 관원이 사들여 즉각 걷어내 버렸다. 정일창의 철도 건설 계획은 보수파 비판가들의 반대 때문에 1877년 중도에 무산되었다. 유명전은 1880년의 상소에서 베이징에서 칭장푸淸江浦에 이르는 철도 건설을 제의했는데, 이홍장은 그의 건의를 지지했으나 전통 사상에 철저한 어사와 한림학사들이 제시한 논리에 조정이 설득되면서 조정은 마침내 이 계획을 파기시켰다. 논란을 불러일으켰던 톈진에서 퉁저우通州에 이르는 철도 건설 계획도 1889년 실패의 운명을 맞게 되었다.[112] 광산, 전보, 윤선 운항과 기술학교 등의 다른 계획도 모두 비슷한 반대를 받았다.[113]

민족의식의 출현

비록 광범위한 운동으로서의 민족주의는 1890년대에 와서야 비로소 출현하지만 일종의 정신 상태로서의 민족주의는 1860~1870년대에 나타나기 시작했다. 많은 개명한 사람들, 특히 (왕도와 곽숭도 같은) 연해 지역의 개명한 인사들의 배외 감정은 문화적 측면보다는 민족주의적 감정에서 촉발되었다. 비록 산발적이기는 했지만 정치의 장뿐만 아니라 경제 방면에서도 민족의식이 등장하고 있다는 것은 분명했다. 관료들이 국가 주권을 의식하게 되고 국제 외무에서 세력 균형 이론(균세론均勢論)을 채택하게 된 것은 정치적 민족주의가 등장했음을 알려주는 분명한 증거였다. 조약항들에서는 서양에 대한 상전론商戰論

서구와의 관계에 대한 중국의 인식 변화(1840~1895년)

이라는 개념이 상업적 민족주의의 초석이 되었다. 하지만 두 경우 모두 이러한 민족의식은 유서 깊은 중화주의가 서서히 붕괴되면서 출현하기 시작했다.

중화주의의 붕괴

19세기 하반기 동안 중화사상은 신사-독서인들의 관념 속에서 점차 영향력을 잃어갔다. 그것을 잘 보여주는 첫번째 증거는 개혁 지향적인 대다수 신사들이 이제 더이상 외국인들을 짐승에 비유하지 않게 되었던 데서 찾아볼 수 있었다. 1840~1850년대에는 심지어 임칙서와 공자진 등의 저명한 개혁파까지도 포함해 사대부들이 서양 국가의 이름을 표기할 때는 일반적으로 짐승(통상은 개)을 의미하는 변을 사용하는 것이 일반적인 관행이었지만 1870년대 이후 이러한 관행은 크게 줄어들었다. 기미 같은 몇몇 시대에 맞지 않는 낡은 어휘를 사용한 것을 제외하고는 산문, 시문, 상소문 등을 모두 포함하고 있는 곽숭도의 문집에서 외국인들을 짐승에 비유하는 구절은 단 하나도 찾아볼 수 없다.

중화사상이 점점 더 희미해져갔다는 것을 알려주는 또 다른 증거로는 시간이 흐름에 따라 점점 더 '이夷' 자를 사용하지 않게 되었다는 것에서 찾아볼 수 있다(영국과 체결한 톈진 조약에 의해 이 글자를 공식 문서에서 사용하는 것이 금지되었다). 위원은 1850년대에 서양인들은 예의바르고 정직하며 식견이 넓기 때문에 '오랑캐'라고 부르는 것은 옳지 않다고 했다. 위원은 서양인들은 '신기한 재주'를 가진 '좋은 벗'이라고 했다. 개명한 사상가들은 서양을 가리키기 위해 다양한 용어를 사용했다. 황은동은 서양을 '원薳(멀리 있는 국가)'으로 표현했고,

정일창은 '외국'이라고 불렀으며, 공친왕과 정일창, 설복성 등 다른 많은 사람들은 '서양'이라고 했다. 1840~1850년대에만 해도 많은 배외주의적 저서에서는 서양인들을 '이夷'라고 표현했다. 하지만 1870~1880년대에 이들 저서의 수정판이 간행되었을 때는 '양洋'이라고 바꾸어 불렀다.[114]

이처럼 도덕적으로 짐승도 아니고 또 문화적으로 오랑캐도 아니게 된 유럽인들은 이제 중국인들과 동등한 위치에 서게 되었다. 역사상 비슷한 사건들을 논의하는 것을 보면 중국인들이 이러한 국제 의식에 눈을 떠가고 있었다는 것을 분명하게 확인할 수 있다. 1861년 풍계분은 동주東周(BC 770~221년)와 당시 세계가 아주 비슷하다고 주장했다. 1894년이 되면 정관잉, 마건충, 증기택, 왕도, 팽옥린, 진규陳虯와 장지동 등 10여 명이 넘는 다른 사람들도 이와 비슷한 지적을 하게 되었다. 그들은 춘추 시대(BC 772~481년)와 전국 시대(BC 403~221년) 동안 중국이라는 세계는 마치 19세기 말의 다국 체제와 마찬가지로 많은 독립 국가와 제후국들로 구성되어 있었다고 주장했다.[115] 이러한 생각은 마치 주 왕조 말기의 진나라처럼 중국은 '중'화 국가가 아니라 평등한 국가들 중의 하나라는 것을 암시하고 있었다. 그러한 비유는 비록 무의식적인 것일 수도 있었지만 중국이 중화사상을 버리고 현재 직면하고 있는 새로운 세계로 들어가도록 하는 데 도움이 되었다.

앞서 살펴본 대로 일부 진보적인 사대부들, 특히 자강 운동의 지도자들은 중국은 이러한 격변기를 놓치지 말고 서양으로부터 배워야 한다고 주장했다. 풍계분, 허치何啓, 호례원胡禮垣이 이러한 정책에 대한 논리적 기초를 제공했다. 개혁 방침을 제출하면서 풍계분은 두 가지 원칙을 제시했다. 첫째는 "(고대의 임금이 아니라) 최근의 임금을 본받는다(法后王)"는 것이고, 둘째는 "다른 나라들로부터 배운다(鑒諸國)"는 것이 그것이었다. 평등한 토대에 기반해 나란히 공존하고 있는 이들 부강한 국가들은 중국에 모방하기에 딱 알맞은 아주 탁월한 모델을 제공해주었다. 허치와 호례원은 역사는 순환하는 속성을 갖고 있기 때문에 중국이 그들에게 배우는 것에 대해 조금도 난감해할 필요가 없다고 강조했다. 중국이 과거에는 강대했지만 근대 시기에 들어와 쇠퇴해버렸듯이 서양은 과거에는 연약했지만 이후 자연스럽게 발전해 강성해졌다는 것이다.[116]

또 다른 중화사상적인 용어들 또한 의문시되었다. 그중의 하나가 중국이 온 세상을 품고 있다는 '천하(天下)'라는 용어였다. 정관잉은 중국은 이제 국제 사회의 일원이 되었기 때문에 이 용어는 더이상 현실을 반영하는 것이 아니라고 주장했다. 또 중국인들이 이처럼 현실주의적으로 사고하지 않는다면 중국은 심리적으로 국제법 사상을 받아들일 준비를 할 수 없을 것이라고 했다.[117]

경제적 민족주의

서양인들이 중국에 오게 된 주원인이 바로 교역이었기 때문에 중국의 민족주의가 교역 관계로부터 발생하여 일찍부터 조약항들에서 발전한 것은 전혀 놀랄 만한 일이 아니었다. 중국은 1840년 이래 교역 정책이라는 오래된 문제에 직면해오고 있었다. 하지만 이제 대외 무역은 나라의 생명의 박동 자체와 관련되기 시작했다. 정부는 원래 무역에 대해 조금도 관심을 두지 않았고 책임도 지지 않으려는 태도를 갖고 있었는데, 이제 개명한 관료들은 자세를 바꾸어 진정으로 이에 대해 고민하기 시작했다. "상업을 이용해서 오랑캐를 다스린다"는 정책은 이제 더이상 쓸모가 없게 되었다. 이제 그것은 정부의 경제적 특권이라는 새로운 개념과 "무역을 무기로 삼는다"는 새로운 전략으로 대체되었다. '이권利權'이라는 전통적 용어는(권리라는 근대적 용어와는 달리) 원래 세수, 소금 전매와 조운 등 정부가 관리하는 업무와 관련해 사용되던 용어였다. 하지만 이홍장과 정일창이 상하이의 경제 활동 대부분이 외국인들의 손에 장악된 것을 발견한 1862년 이 용어는 외국인들이 장악하려는 경제적·재정적 문제에 대한 정부의 행정적 권리라는 의미를 갖게 되었다.[118] 후일 중국 윤선초상국과 상하이 기기직포국을 세우면서 이홍장이 가장 중시했던 목표는 '이권' 회복 즉 경제를 다시 장악하는 것이었다.

이와 비슷한 기조로 1860~1870년대 전신을 직접 경영하겠다는 러시아, 영국, 미국의 요구를 거절한 뒤 정일창은 이러한 근대적 기업은 마땅히 중국이 경영해야 한다고 주장했다. 1877년에 곽숭도는 런던에서 보낸 편지에서 은화 주조권이 주권 국가의 '이권'이라는 사실에 놀랐다고 쓰고 있다. 외국 은화가 중국 경제에 미치는 파괴적 영향을 본 그는 중국이 이러한 '이권'을 적극적으로 회수할 것을 주장했다. 심지어 1895년 이전에도 벌써 사람들은 광산 채굴권이 외국인들의 수중에 들어가서는 안 된다는 것을 강렬히 느끼고 있었다. 당경성과 서윤을 중심으로 하는 조약항의 상인들 또한 이 문제에 대해 민감했다.[119]

일부 민족주의 사상가들은 외국인들이 청 제국의 해관을 장악하고 있기 때문에 또 다른 '이권'도 이미 그들에게 빼앗겨버렸다고 보았다. 이러한 '이권'을 회수하기 위해 정관잉은 중국인을 해관 부副세무사에 임명해 10년 안에 서양 세무사들을 대체하도록 할 것을 건의했다. 이어서 그는 일본은 이미 해관 업무를 맡고 있던 외국인들을 일본인들로 교체했기 때문에 중국은 이 방면에서는 일본에 크게 뒤떨어져 있다고 했다. 등승수는 하트가 해관 총세무사 일을 담당하고 있는 것은 결코 타당치 못하다고 여겼다. 따라서 그는 그 자리에 중국인과 서양인을 각각 한 명씩, 두 명 임명하자고 제안했다. 1886년 증기택 또한 총리아문에 편지를 보내 하트를 해임할 것을 강력하게 요구했다. 진치는 1890년대에 하트가 부패했을 뿐만 아니라 부당하게 외국 상인들을 보호하고 중국의 관세 장정에 간섭한다고 맹렬히 공격했다. 아울러 그를 중국인으로 교체하라고 요구했다.[120]

　서양이 경제적으로 중국을 잠식하는 것을 보고 조약항의 개명한 고위 관료들과 애국적 상인들은 곧 외국인들과의 '상전商戰'을 논하기 시작했다. '상전'이라는 용어는 1862년 증국번의 편지에서 처음 등장하는데, 하지만 당시에는 지나가는 듯한 투로 몇 번 언급되었을 뿐이다. 상하이 도대 정일창은 1863년 상하이-뉴좡 사이의 콩 거래에서 외국 상선들과 경쟁할 수 있도록 중국 범선들의 세금을 낮추어줄 것을 약속했다. 다음 해 그는 이홍장에게 편지를 써서 중국 상인들에게 윤선을 구매하거나 제조하도록 장려하라고 건의했다. 현지 시장에 좀 더 밝기 때문에 근대적 해운 장비를 갖추기만 한다면 중국 상인들은 외국 상인들과의 경쟁에서 승리할 수 있을 것이라는 것이었다. 정일창은 서양인들이 중국에 온 주된 동기는 이윤 추구이니 만일 이윤을 얻지 못한다면 자연스럽게 중국을 떠날 것이라고 했다. 그렇게 하면 중국은 무기를 사용하지 않고도 외국인들을 쫓아낼 수 있을 것이었다. 1876년 황제에게 무역에 대한 지원과 보호의 중요성을 강조하면서 이번李瀋은 '상전'이라는 증국번의 용어를 사용했다. 1879년 설복성은 중국과 외국 사이의 상업적 경쟁은 불가피한 것이라고 단언했다.[121]

서양과 상업적으로 경쟁하려는 중국의 의지는 연해 지방에 윤선 회사를 설립하려는 노력에서 그대로 드러났다. 룽훙容閎과 허도신許道身은 이러한 애국적 시각을 가슴에 품고 총리아문의 지원을 얻어 1868년에 상하이에 윤선 합자 회사를 세우려고 했다. 비록 두 사람의 계획은 자금 부족으로 무산되었지만 1873년에 마침내 중국 윤선초상국이 설립되었다. 그것을 설립한 이홍장은 서양의 윤선 회사들과 경쟁하는 것이 이 회사의 목표라고 선언했다. 이 초상국의 두 명의 경영 책임자인 당경성과 서윤은 '상전'에 대한 분명한 인식을 갖고 있었다. 1874년 그들은 외국의 윤선 회사들과 경쟁하는 데 세 가지 유리한 점이 있다고 주주들에게 보고했다. 즉 첫째, 중국 회사는 베이징으로의 조량漕糧 운송에 참가할 수 있다. 둘째, 관리비가 싸다. 셋째, 자국의 상인들에게서 탁송할 화물을 쉽게 접수할 수 있다. 한편 외국인들이 회사 주식을 사들이는 것을 막기 위해 주식 증권에 소유자의 성명과 본적을 명시해 증권을 외국인들에게 전매하지 못하도록 규정했다.[122]

'상전'을 논한 인물들 중에서는 정관잉의 주장이 가장 체계적이었으며 그는 이 개념의 가장 중요한 지지자였다. 1870년대 말 정관잉은 이미 교역과 해운 방면의 경쟁에 대해 상세히 설명한 바 있었다. 훗날 계속 간행된 『성세위언盛世危言』의 여러 판본들(1884~1893년)에서 그는 교역을 무기로 삼을 필요성을 점점 더 강조했다. 고위 관료들이 군사적 자강에 몰두하고 있을 때 정관잉은 상업과 공업이야말로 변국에 대처하는 데 가장 중요한 역할을 할 것이라고 생각했다. 그는 서양이 강대한 것은 부富에 기인한 것이고, 이 부는 상업과 공업에서 나오는 것이니 중국이 '상전'을 배워 실천한다면 '병전兵戰'보다 훨씬 더 효과적일 것이라고 강력히 주장했다.

정관잉은 서양 국가들은 총포뿐만 아니라 교역도 무기로 삼는다고 확인했다. 사실 외교적 담판이나 군사적 대결이나 하나같이 교역의 확대를 목표로 하고 있기 때문에 국가 전체가 이러한 정책을 지원하고 있다고 할 수 있었다. 하지만 비록 서양 국가들이 상업을 무기 삼아 특정 지역을 식민지화했다고 해도 평화적으로 서서히 진행된다는 이 전략의 속성 때문에 피해자는 거의 아무런 경각심도 갖지 못했다. 다른 많은 나라들과 마찬가지로 중국이 서양의 군사적 침략에는 재빨리 반응할 수 있었지만 서양의 경제적 잠식에는 대응이 아주 느릴 수밖에 없었던 것은 바로 이 때문이었다. 실제로 중국은 무역 적자로 서양과의 상업 교류에서 심각한 피해를 입고 있었다. 정관잉은 그러한 경제적 착취가 영토 할양과 전쟁 배상금 지급에 따른 피해보다 훨씬 더 심각하다고 주장했다. 외국의 경제적 침략이 이처럼 유해한 속성을 갖고 있다면 과연 그것을 어떻게 물리칠 것인가?

정관잉은 세 개의 핵심 영역에서 중국이 서양을 추격해야 한다고 역설했다. 참된 인재를 양성하기 위해서는 과거제도를 개혁하고 기술학교와 직업학교를 설립해야 했다. 천연자원을 이용하기 위해서는 광산 채굴과 농업 근대화가 가장 절실했다. 상업을 촉진하기 위해서 정부는 반드시 세제를 개혁하고 지방 교역에 대한 이금세를 폐지해야 했다. 작전 차원에서 볼 때 상전은 두 개의 전선에서 수행되어야 했는데, 중국의 수출을 늘리고 수입을 줄이는 것이 그것이었다. 그는 수입을 줄이려면 중국은 근대적 상품을 제조하고 아편을 재배해야 한다고 주장했다. 또한 수출을 늘리려면 차 생산 공정을 개선하고 더욱 많은 비단 가공 공장을 건설해야 한다고 주장했다. 그러나 상업을 촉진하기 위한 근본적인 방책은 바로 이론상 기존 사회 구조의 최하층에 속해 있는 상인들의 사회적 지위를 높여주는 것이었다. 특히 상인을 신사 계층의 일부로 대우하고 관직에도 오를 수 있도록 해주어야 했다.

정관잉은 결국 만일 중국 상품이 서양 상품과 성공적으로 경쟁하게 될 수 있다면 서양 상인들도 손해를 보지 않을 수 없게 되어 당연히 본국으로 돌아갈 것이라고 결론지었다. 논란도 많고 비용도 많이 드는 군사적 자강 계획에 비해 '상전'은 서양과 경쟁하기에 좀더 쉽고 효과적인 방법이었다. 그러한 논지를 확증하기 위해 정관잉은 일본의 근대사를 예로 들었다. 처음에는 일본도 중국처럼 서양에 착취당했다. 그러나 일본은 상업과 공업을 진흥시키고 서양과 성실히 경쟁한 결과 서양과의 교역에서 발생하는 유해한 측면들을 제거할 수 있었을 뿐만 아니라 실제로 그것으로부터 이익을 얻을 정도가 되었다. 당시의 세계는 정관잉이 생각했던 것처럼 상업적 경쟁의 세계였으며,[123] 정관잉은 그러한 근대 중국에서 상업적 민족주의를 주창한 최초의 개혁가 중의 한 사람이었다. 정관잉의 사상적 입장의 중요성은 일반적으로는 세계사를, 그리고 구체적으로는 서양 사회를 경제적으로 해석한 데 있다고 할 수 있을 것이다.[124]

'상전'은 법가 사상가인 상앙商鞅(?~BC 338년)의 '경전耕戰' 정책과 비슷한 전쟁 전략이었다. 하지만 19세기 말에 상업을 무기로 사용하는 전략이 제대로 효력을 발휘하려면 대외 무역에서의 상품 교역, 무역 법규, 해관 관세법, 조약, 영사관 설립과 외교 사절의 파견 등 더욱 광범위한 틀이 필요했다.

국가 주권 개념

경제적 민족주의는 정치적 민족주의에 의해 한층 더 강화되었는데, 이러한 정치적 민족주의는 국가 주권에 대한 의식에서 가장 뚜렷하게 나타났다. 이러한 주권을 지키려면 세력 균형 정책을 쓰는 것이 가장 효과적인 것으로 간주되었다. 1860년 이후 중국과 외국 열강 사이의 교역과 협상이 하루가 다르게 빈번해져가면서 중국은 점차 국가 주권과 국가 간의 평등 — 즉 모든 국가는 동등한 주권을 가진다는 관념 — 이라는 서양의 관념을 받아들이게 되었다. 그러나 중국의 주권은 조약 체제에 의해 크게 훼손되어버렸다. 조약은 평등하고 호혜적인 것이 아니라 중국 측에 불리한 것이었다. 게다가 외국인들은 협상 중에도 늘 조약에 따라 기득권을 유지하려고 했고, 또 다른 이익이라도 생길라치면 언제나 악착같이 손에 넣고야 말았다. 중국은 조약을 이용해서 자국의 목적을 달성하지 못하고 오히려 조약에 속박당하는 경우가 많았다. 결국 이러한 상황을 인식하게 된 중국인들은 치욕감을 느끼게 되었는데, 이런 치욕감은 중국이 국제 관계에서 동등한 지위를 얻도록 하기 위한 구체적인 성찰과 합리적인 노력으로 바뀌었다.

가장 먼저 그리고 가장 강력히 중국인들의 관심을 불러일으킨 문제는 치외 법권이었다. 1840년대 치외 법권이 시행된 이후 4반여 세기가 지난 후인 1868년 문상은 영국 공사 올콕에게 만일 외국인들이 치외 법권을 포기한다면 상인과 선교사들이 중국 내지의 어느 곳에서든 거주할 수 있게 하겠지만 그것을 지키려고 한다면 중국 정부는 전력을 기울여 외국인들의 거주와 치외 법권을 둘러싼 분쟁을 조약항 내부로 제한시킬 것이라고 했다. 청의 주영 공사로 런던에 재임하고 있던 곽숭도는 1877년 황제에게 그러한 권리를 신속히 폐지할 것을 요청했으며, 다음 해에는 솔즈베리 백작과 이 문제를 토론하기도 했다. 1880년대 중반 그의 후임자인 증기택도 적극적으로 이 문제를 다룰 것을 총리아문에 강력히 요청했다. 그는 「중국선수후성론中國先睡後醒論」이라는 글에서 중국인들은 하루빨리 치외 법권을 취소해야 한다고 주장했다. 사실 정관잉은 1881년 이전에 이미 서양인들의 법률적 권리들에 대해 비판한 바 있었다.[125]

비록 중국이 치외 법권 개념을 받아들였지만 처음에는 이를 가리키는 중국식 용어가 없었다. 왕도는 처음으로 그것을 명명한 사람 중의 하나였는데, 그는 '액외권리額外權利'라는 표현을 사용했다. 그러나 황준헌黃遵憲이 사용한 '치외 법권'이 표준적인 용어가 되었다. 1890년 초 진치 역시 이 문제를 논한 바 있었다. 이들은 모두 치외 법권이 중국에 초래한 해악을 열거하면서 공의公義라는 이름으로 이를 폐지할 것을 요구했다.[126]

이러한 요구가 서서히 불타오르면서 일부 개혁파들은 중국의 법률 제도를 다시 살펴보게 되었다. 1877년에는 곽숭도, 1887년에는 허치와 호례원, 1892년에는 정관잉, 1895년에는 쑹위런宋育仁 등이 하나같이 중국의 전통 법률은 공정하지 못하고 형량이 너무 무겁다고 주장했다. 게다가 권신權紳들의 간섭으로 법률 집행도 엄정하지 못하다고 했다. 이러한 상황에서 심지어 중국인들조차 인정하지 않으니 서양인들도 자연히 중국 법률을 지키려고 하지 않는다는 것이었다. 이에 따라 그들은 감옥의 조건을 개선하고 참수형과 체형을 폐지하고 금고형을 노역형으로 대체할 것을 제안했다. 결론적으로 그들은 중국이 법률 제도를 개혁한 뒤라야 서양 열강들에게서 평등한 대우를 받을 수 있을 것이라고 했다.[127]

중국의 주권과 관련된 두번째 문제는 고정된 관세율이었다. 첫번째 조약에서 관세율이 정해진 지 33년 후인 1878년에 어사 이번은 수입 관세율이 너무 낮아 중국 경제에 불리한 영향을 미치고 있다고 주장했다. 증기택은 1880년대 영국이 중국의 관세 장정에 대해 또다시 간섭하자 영국 공사 웨이드에게 항의하기도 했다. 1889년 증기택은 중국과 일본이 함께 피해를 당하고 있는 불평등 조약에 대해 일본의 주중 공사와 토론하면서 관세 자주권을 획득하는 것이 양국의 국가 주권을 회복하기 위한 첫번째 단계가 되어야 한다고 언명했다. 1884~1892년 사이 정관잉은 몇 차례에 걸쳐 이 문제를 논했다. 그는 주권 국가라면 의당 대소와 강약에 관계없이 무엇보다 먼저 자국의 관세율을 통제할 수 있어야 마땅하다고 역설했다. 그리고 중국은 관세 보호 정책을 취해야 한다고 분명히 주장했다.[128]

국가 주권과 관련된 또 다른 중요한 문제는 최혜국 특권이었다. 그것은 1843년 영국과 조인한 후먼 추가 조약에서 처음으로 인정된 것이었다. 이후 그것은 조약 체제의 보편적인 주요소가 되어 중국의 권리를 크게 훼손시키게 되었다. 1879년 영국에서 브라질의 주영 공사와 대화하던 중 증기택은 최혜국 원칙은 국제법에 부합하지 않는다고 불평하며 중국은 조약 가운데 이 조항을 폐지하기를 절실히 바라고 있음을 밝혔다. 같은 해 설복성은 『주양추의籌洋芻議』라는 글에서 최혜국 특권과 치외 법권 문제를 다루었다. 그는 그것이 조약 중에서 중국에 가장 큰 해를 끼치는 두 조항이므로 반드시 법을 고쳐 폐지해야 한다고 주장했다. 설복성은 원고의 바로 첫번째 글에서 개진되고 있는 이러한 생각을 이홍장에게 보내 총리아문이 검토할 수 있도록 했다.[129]

(주권 국가들 사이에 외교 사무를 처리하는 원칙인) 국제법의 중요성 또한 서서히 사람들에게 인식되기 시작했다. 아편전쟁 이전에 이미 흠차대신 임칙서가 바텔의 글에서 국제법 부분을 발췌해 번역하라고

지시한 바 있지만 국제법에 관한 완전한 중국어 번역서는 아직 한 권도 없었다. 1862년 마틴이 휘턴Henry Wheaton의 『국제법 원리』의 번역을 시작한 다음 총리아문의 세밀한 교정을 거쳐 2년 뒤 출판되었다[『만국공법』]. 공친왕과 문상은 이 책을 상당히 높이 평가해 300권을 지방 당국에 보내 참고하도록 했다. 이처럼 새로운 지식으로 무장한 공친왕은 1864년에 프로이센 공사를 압박해 중국 영해에 구류되어 있던 덴마크 선박을 석방시키는 데 성공했다. 또 다른 사례로는 1875년 휘턴의 저서를 참조해 마거리 사건을 해결한 것을 들 수 있다.[130]

1869년 동문관 총교습으로 임명된 이후 마틴은 일부 다른 한족 및 만주족 동료들과 함께 블룬칠리Johann Kapur Bluntschli의 『국제법회편國際法滙編, Droit international codifé』, 울시Theodore D. Woolsey의 『국제법 연구 도론 國際法硏究導論, Introduction to the study of international law』과 국제법연구소Institute de Droit International가 편집한 『전쟁법수책戰爭法手冊, Le manuel des lois de la guerre』 등 여러 종류의 다른 서적들을 번역했다. 이러한 책들은 일부 관원들에게 영향을 주었다. 그중의 하나가 곽숭도인데, 1877년 1월 영국 대사로 부임하는 과정에서 그는 국제법에 대해 호평했다. 또한 일리 위기 때인 1880년에는 숭후에 대한 처분이 너무 무거우니 국제법의 원리에 따라 처리할 것을 상주하기도 했다. 이와 비슷하게 이홍장은 국제법을 인용해 양국 간에 설령 전쟁이 발발하더라도 상대국의 외교 사절을 모욕해서는 안 된다고 주장했다.[131]

번역서들이 중국 관원들 사이에 영향을 끼치고 있는 동안 조약항의 상인-학자들은 직접 서양인들로부터 국제법에 관한 지식을 얻고 있었다. 이를 잘 보여주는 아주 좋은 예가 개혁파인 매판 정관잉의 경우였다.[132] 1870년대 그는 이미 국제법을 상당히 중시해, 개혁을 논의한 저서 『역언易言』의 첫번째 글에서 이 문제를 다루었다. 뒤에 다시 간행된 여러 판본에서 정관잉은 더 나아가 국제법의 원리와 용도까지 상세히 서술했다.

마건충은 1870년대 프랑스에서 국제법을 연구하고, 이후 중국에 돌아와서는 국제적인 외교 업무에 관해 이홍장에게 중요한 조언을 제공했다. 1884년 청불 전쟁이 공식적으로 발발하기 전 이홍장은 마건충을 상하이로 파견해 국제법에 따라 중국 윤선초상국의 선박을 미국의 러셀사 American house of Russel and Company [기창양행期昌洋行]에 판매하도록 했다. 이러한 조치는 성공적이었다. 왜냐하면 윤선들은 전쟁 기간 동안 조금도 손상당하지 않았으며 전후에는 원래의 약속대로 다시 중국인들이 사들일 수 있었기 때문이다. 1880년대 말과 1890년대 초 량치차오, 진규와 도유학涂儒萬 등의 다른 독서인들 또한 이 문제를 거론했다.[133] 1893년 진규는 국제법을 시행하기 위해 모든 국가를 포괄하는 세계 조직을 설립할 것을 제안했다. 그는 자기 제안이 30년 안에 실현될 것이라고 예언했다.[134]

세력 균형론

비록 이렇게 하여 국가 주권의 중요성을 인식하게 되었더라도 어떻게 한 국가가, 특히 약한 국가가 주권을 유지해야 하는가 하는 것은 그와는 또 다른 문제였다. 일부 개명한 사대부들은 세력 균형(균세均勢)의 원리를 적절히 이용하는 데 해답이 있다고 생각했다. 소국이 강대국들 사이에서 살아남은 가장 좋은 예는 춘추 시대(BC 722~481년) 소국의 하나였던 연燕이었다. 또 다른 예로는 19세기 말의 벨기에와 스위스가 있었다. 따라서 이들은 조선과 안남(베트남) 같은 조공국뿐만 아니라 중국도 이러한 정책을 취할 것을 적극적으로 요구했다.

파리에서 국제법을 연구하고 있던 마건충은 1878년 서양의 세력 균형론과 이 이론의 발전사 그리고 그것의 실용적 가치에 대해서 상세히 밝혔다. 마건충이 파리에서 보낸 편지에서 처음으로 '균세'라는 용어를 사용했는데, 이 편지는 아마 이홍장의 요청으로 총리아문에 제출했던 것처럼 보인다. 이홍장 본인이 이러한 정책의 강력한 주창자였으며, 1870년대에 그는 일본의 침략이 비록 불쾌하기는 하지만 중국에 대한 서양의 영향을 견제하기 위한 힘으로 이용할 수 있다고 보았다. 1880년대에 그는 더욱 심해지고 있는 서양의 침략을 저지하기 위해 중국에 진출한 서양 세력들 사이에서 교묘한 균형을 취하려고 했다. 1895년 이후에도 이 정책은 사대부들 사이에서 계속 지지자를 갖게 되었는데, 그중에서 대표적인 인물이 장지동이었다.[135]

이홍장은 조선에 대한 외교 정책에 신속하게 이러한 원리를 적용시켰다. 1879년 그는 조선을 서양과의 교역과 외교에 개방시키기로 결정했다. 그는 조선의 고위 관원에게 보낸 편지에서 투르크 제국, 벨기에, 덴마크 등의 역사가 잘 보여주듯이 서양의 상호 견제와 균형 이론이 얼마나 유효한지를 설명했다. 일본의 침략에 직면해 있는 조선은 이러한 국가들로부터 배워야 한다는 것이었다. 이어 이홍장은 조선이 혹 일본을 대적할 수 없다고 하더라도 만일 서양에 무역을 개방하기로 결정하기만 하면 서구 열강들의 힘으로 조선에 대한 일본의 영향력을 견제할 수 있을 것이라고 했다.[136] 1880년 청의 주일 공사 하여장(何如璋)(1838~1891년)은 당시 도쿄를 방문하고 있던 한 조선 관리에게 "서방 국가는 모두 세력 균형 이론을 갖고" 있는데, 만일 조선이 서양 제국과 조약을 체결하면 평화를 보장받을 수 있다는 사실을 각인

시키려고 했다.[137] 이것은 조선에 대한 새로운 정책을 마련하기 위해 청조가 서양의 국제 질서의 관념을 어떻게 받아들였는지를 잘 보여준다. 청일 전쟁이 발발하기 전 10여 년 동안 성쉬안화이와 기타 경세파 학자들을 포함한 다른 많은 사대부들은 조선은 세력 균형론의 원칙 덕분에 강대국들에게서 독립을 보장받은 벨기에와 스위스 등 유럽의 소국들을 본받을 필요가 있다고 제안했다.[138]

증기택은 중국의 조공국들을 서양 열강들과의 교역과 외교에 개방할 것을 주장한 이홍장의 입장에 대체로 동의했다. 중국과 프랑스 사이의 긴장이 고조되었으나 아직 어떠한 군사적 충돌도 없던 1883년 증기택은 안남과 관련해 세력 균형 정책을 채택할 것을 조정에 적극 요구했다. 증기택은 이러한 '개방' 정책은 "양을 미끼로 던져서 호랑이들을 서로 싸우게 유도하는 것과 같다"고 말했다.[139] 그러면 결국 호랑이들은 양을 잡아먹을 수 없을 정도로 기력을 잃게 되기 때문에 양은 살아남을 희망이 있다는 것이었다.

또한 당시 사람들은 세력 균형에 따라 각국이 평등한 주권을 누리며 주권 국가들이 평화를 유지할 수 있게 될 것이라고 생각했다. 중국의 몇몇 독서인들은 러시아로 하여금 정복한 대부분의 땅을 양보하도록 해 강대국들 간의 전쟁을 방지한 1878년의 베를린 회의에서 이러한 아이디어를 얻었다. 예를 들어 마건충은 파리에서 보낸 한 편지에서 유럽은 수많은 크고 작은 국가들로 구성되어 있으며, 그들 모두 주권 국가이지만 세력 균형을 통해 평화적인 관계가 유지되고 있다고 했다. 중국은 강대한 주권 국가들과 동맹을 맺으려는 이러한 정책에서 과연 이득을 얻을 수 있을까? 마건충의 답은 긍정적이었다. 1870년대 말 그는 수많은 사례를 인용해가면서 협력과 동맹의 체결이 대외 관계를 처리하기 위한 가장 효과적인 정책이라고 밝혔다. 바로 이 시기에 정관잉은 미국과의 동맹을, 장환륜張煥綸은 영국과의 동맹을 주장했는데, 이것은 바로 그들이 동맹 체결론을 두 사람 나름대로 수용하고 있었음을 보여주는 것이었다.[140]

서구와의 관계에 대한 중국의 인식의 지속과 변화

　　서구와의 관계에 대한 중국의 관점은 1840~1895년 사이에 계속 변화했는데, 1860년 이후 그러한 변화는 한층 더 가속화되었다. 일반적으로 말해 대외 정책에 대한 견해는 1840년대의 '쇄국' 정책에서 1860년대에는 유가의 성誠과 신信에 기초한 '수신守信' 정책으로 바뀌었다. 하지만 근대적 외교술, 특히 국제법 사상은 이후 20년 동안 계속 강조되었다. 1880~1890년대에는 권력 정치, 특히 세력 균형론과 강대국과의 동맹론이 한때를 풍미했다. 다른 한편 1860년대 중반에는 민족의식이 등장해 날로 강력해져갔다. 1840~1860년 사이에는 상업을 이용해 오랑캐들을 견제하자는 원칙이 인기를 끌었으나 1860~1870년대에 그것은 '상전'이라는 좀더 역동적인 관념에 자리를 내주었다. 전체적으로 볼 때 대외 정책에 대한 견해에서 나타난 이러한 변화들은 유교의 이상주의적 태도에서 실용주의적 태도로의 전환을 대변하는 것이었다.

　　서양을 이해하고 모방하고자 하면서 실사구시적인 사대부들의

서구와의 관계에 대한 중국의 인식 변화(1840~1895년)

외부 세계에 대한 관점은 계속 바뀌어 완만하지만 지속적으로 세련되어갔다. 그것은 1840~1850년대 위원과 서계여의 세계 지리 연구와 함께 시작되어 1860년 이후에는 자강이라는 이름으로 군사적 측면에서 서양을 모방하려는 노력으로 바뀌어갔다. 하지만 1870년대 중반 이후에는 정관잉과 당경성 등 상인-기업가들이 상업과 공업의 중요성을 강조하고, 곽숭도와 마건충 등 외교 전문가들은 서양의 정치 제도와 교육 제도를 토론했다.

서양은 중국의 국가와 사회 일반에 어떤 역할을 했을까? 처음에 사람들은 서양의 영향은 국지적인 것으로 결국 중국의 정치 질서와 사회 질서에 흡수되어 중국의 근본적인 체제에는 아무런 변화도 가져올 수 없을 것이라고 생각했다. 1860년까지도 서양인들은 여전히 다만 제거해야 할 성가신 존재로 취급당했다. 그러나 결국 양무는 전국적 관심의 초점이 되었다.

핵심적 용어의 사용에서 나타난 변화는 서방에 대한 이해가 어떤 식으로 진행되었는지를 웅변적으로 증언해준다. 서방과 관련된 업무는 1860년대 이전에는 대체로 '이무'라고 했고 1870~1880년대에는 '양무'와 '서학'이라고 했으며 1890년대에는 '신학'이라고 했다. 첫 번째 용어는 중화사상을 보여준다. 두번째와 세번째 용어는 가치 평가에 있어 다소 중립적이었다. 마지막 용어는 분명히 뭔가 인정하는 듯한 의미를 함축하고 있었다. 일부 사대부들의 태도 변화도 이 점을 구체적으로 보여준다. 자강 운동을 주도한 주창자들인 증국번, 이홍장과 공친왕 등은 처음 서양인들과 부딪혔을 때는 모두 배외적이었다. 서방에 대한 이해가 깊어지면서 그들의 태도는 점점 더 유연하고 현실주의적인 것으로 바뀌어갔다.[141]

이 모든 변화에도 불구하고 보수 세력은 여전히 강대했다. 서양의 것을 중국에 수입할 수 있느냐의 여부는 그것들이 전통과 얼마나 어울리는 것이냐에 따라 달라졌다. 이 때문에 군수 산업은 쉽게 받아들여졌으나 광산 채굴과 철도 건설 같은 것은 풍수를 훼손하기 때문에 어려움에 부딪혔다. 기독교는 유교의 권위에 도전하는 것이었기 때문에 극히 격렬한 저항에 부딪혔다. 보수 세력 이외에도 서학을 옹호하는 많은 사대부들도 기독교에는 반대했다. 이들 가운데는 위원, 서계여, 정일창, 설복성과 심보정 등과 같은 사람들도 속해 있었다. 이러한 문화주의, 즉 정서적으로나 사상적으로나 유가의 가르침을 절대적으로 고수하려는 사대부들의 태도는 부분적으로는 중국인들과 서양인들 사이의 외모상의 차이 때문에 생긴 것이었던 초기의 배외주의와는 분명히 달랐다. 이 때문에 보수파와 서구화 세력 사이에 분명한 선을 긋는 것은 어렵다. 근대화는 어떤 의미에서는 서구화를 의미했다. 많은 사대부들이 '양무' 운동에 찬성했던 것은 그것이 근대적이었기 때문이다. 그리고 거기서 중국을 망국의 위기로부터 구해낼 수 있다는 희망을 보았기 때문이다. 그러나 일부 사람들은 그것이 서구적이라는 이유로 '양무' 운동에 반대했다. 그것이 유가 학설을 대체할까봐 두려웠던 것이다. 어떻게 하면 중국을 구하는 동시에 중국 고유의 방식을 유지할 수 있을까 하는 문제에 직면한 그들은 모순적인 태도를 가질 수밖에 없었다.
　이처럼 모순적인 심리 상태는 일부 개혁 지향적인 신사들이 중국과 서구 사이의 문화적 관계를 규정하는 방식에서도 여실히 드러나고 있었다. 그들이 보기에 중국은 반드시 서양을 배워야 하지만 서학은 근본적으로 중요한 것은 아니었다. 1870~1880년대 서학의 의미를 이해하려고 시도할 때 처음에 그들은 '도道' 대 '기器'라는 이분법을 사용했다. 예를 들어 왕도와 정관잉은 서양의 기술을 '기'로 구분한 다음 '도'라는 좀더 중요한 범주는 중국의 학문에 해당되는 것으로 남겨놓았다. 1870년대 이후 좀더 역동적인 이분법이 도입되었다. 저 유명한 '체體' 대 '용用'이라는 개념, 즉 '중체서용론(중국의 학문을 근본으로 하고 서학을 실용적 목적에 활용한다中學爲體, 西學爲用)'이 바로 그것이었다. 잘 알려진 대로 장지동과 이 개념을 지지한 그의 추종자들은 이론적으로 이학理學의 이원론을 잘못 적용했는데, 왜냐하면 체와 용은 상호 연관되어 있는 특정한 실체의 두 측면이기 때문에 상호 분리 불가능하기 때문이다. 하지만 그러한 논리는 심리적으로는 아주 중요한 의미를 함축하고 있었다. 즉 중국으로 하여금 문화적 정체성을 잃어버리지 않고 근대화를 가속할 수 있도록 해주었기 때문이다. 그것이 과연 타당한지 여부와는 상관없이 이것은 서구에 대한 중국의 모순적인 태도를 상징적으로 보여주는 것이었다.

    저 유서 깊은 '탁고개제托古改制'라는 논리에 따라 중국의 전통 내에서 근대화를 뒷받침할 만한 논거를 찾으려는 시도 또한 그와 비슷한 접근 방법을 보여주고 있다. 개혁의 주창자들은 자강 계획은 변화와 기술 그리고 재주가 뛰어난 외래인의 기용을 강조해온 중국의 오랜 전통에 부합하는 것이라고 주장했다. 더 나아가 그들은 서양의 과학과 제도는 원래 고대 중국에서 기원한 것이라고 단언했다. 이 때문에 개혁을 진행하면 할수록 중국은 전통에 더 가까워지게 된다는 것이었다. 이러한 관점은 심지어 오늘날까지도 생명력을 유지해오고 있다.

THE
CAMBRIDGE
HISTORY
OF CHINA

04

군사적 도전:
서북 지역과
연해 지방

태평천국 시기 이후의 청

1868년 염군 전쟁이 끝날 무렵 새로운 종류의 군대들이 청조의 안전을 지키는 주요한 보루로 등장했다. 역사가들은 종종 지방 군대라고 부르기도 하지만 이러한 군대들은 당시 일반적으로 용영勇營이라 불렸다. 1860년대 말 청조 전역에서 이러한 군대는 30만 명이 넘었다. 거기에는 증국번이 만든 과거의 상군의 잔여 부대, 좌종당 주도로 새로 조직된 초군楚軍, 이홍장이 이끄는 회군 등이 포함되어 있었다. 또한 허난 성(예군豫軍), 산둥 성(동군東軍), 윈난 성(전군滇軍), 쓰촨 성(천군川軍) 등에도 그와 비슷한 성격을 가졌지만 규모는 작은 군대들이 있었다.[1] 이들 군대가 다른 군대들과 달랐던 것은 일반적으로 이들이 서양식 무기를 좀더 많이 사용하고, 따라서 유지 비용도 훨씬 더 많이 드는 점에 있었다. 좀더 근본적으로 이들은 군사적 목적으로 동원되었으나 전통 사회의 지역 연고주의에 따른 충성심이 강했다. 용영의 장점과 단점은 모두 하급 장교와 고급 장교 그리고 장교와 일반 병사들 사이에 형성되는 긴밀한 인간적 유대 관계에서 찾을 수 있었다. 이러한 측면에서 용영은 청 제국의 전통적인 군대, 즉 팔기군이나 녹영병과 달랐다.

원래 300명을 하나의 단위(니루)로 삼아 조직된 청대의 팔기는 모두 청 제국으로부터 봉록과 토지를 지급받았다. 그러나 만주족의 친왕과 청조의 관원들이 이들을 사병으로 이용하는 것을 막기 위해 황제는 18세기 초 니루급 이상의 팔기군을 지휘하는 고급 장령〔장군〕들은 3~5년마다 반드시 관할 지역을 순환하도록 하는 제도를 만들었다.[2] 19세기 중반 대략 60만 명이었던 녹영군은 경찰 병력으로서 각 지방에 소규모 단위로 파견되어 주둔하거나 각 성의 고위급 문무 장관이 통솔하는 비교적 큰 '표標'〔직할 부대〕에 소속되어 각지에 주둔했다. 그러나 이 '표'의 규모는 각각 달랐다. 예컨대 전략 요충지인 섬감 군사 구역에는 4만 명이 13개의 표에 소속되어 있었으나 베이징 바깥의 직예성에 있는 1만 2천 명은 7개 '표'에 소속되어 있었다.[3] 비록 녹영군은 세습 군인이었지만 심지어 중급 이상의 장령들까지도 대개 한 부대에서 3~5년씩만 근무했으며 회피법回避法에 따라 자기가 태어난 성에서는 근무할 수 없었다. 이것은 장교와 병사들, 특히 통령統領과 지방 소분대의 하급 군관들 사이에 오랜 기간에 걸쳐 사적인 관계가 생기는 것을 막기 위한 것이었다. 몇몇 녹영군 부대를 모아 특수 임무를 띤 특별 부대를 편성할 경우 임무를 제대로 완수하는 경우는 드물었다. 그것은 다음과 같은 상황이 벌어졌기 때문이다.

병사는 장령을 잘 따르지 않고, 장령들 또한 서로 간에 반목이 심했다.[4]

용영의 장점은 장교와 병사들 사이의 긴밀한 인간적 관계에 있었다. 통령은 휘하 각 영의 영관營官을 개인적으로 선발했다. 약 550명의 병사를 거느리고 있는 각 영관 또한 초관哨官들을 개인적으로 선발할 수 있었으며, 이들 초관들 또한 병사들을 통솔하는 십장什長을 선발할 수 있었다. 그리고 각 소대를 구성하는 약 10여 명의 일반 병사들은 통상 십장에 의해 개인적으로 선발되었다. 1868년 증국번은 이처럼 조직 전체에 걸쳐 개인적 관계로 맺어져 있는 용영 제도를 적극 찬양했다.

식량은 비록 정부에서 나오지만 용정勇丁[용영의 일반 병사들]들이 영관이 병사로 선택해준 데 대해 마치 사은私恩이라도 받은 것처럼 감사의 마음을 느낀다. 평소 [장교와 병사들이] 상호 신뢰하고 이처럼 은혜를 베푸니 싸움에서도 가히 환난을 함께할 수 있을 것이다.[5]

문무 관원의 임명에 대한 황제의 권위 — 여기에는 성의 고위직에 대한 통제, 선망의 대상인 녹영병의 관함官銜과 직위를 용영의 통령들과 영관들에게 수여하는 것이 포함되어 있었다 — 가 손상되지 않는 한 청 조정은 이처럼 새로운 군대를 중국 내의 이러저러한 목적에 이용할 수 있었다(10권의 9장을 참조하라). 그러나 무기, 전술, 보급 등이 끊임없이 발전하는 시대에 과연 연고주의적 충성심을 주요한 힘의 원천으로 삼고 있는 군사력으로 중국이 국외로부터의 새로운 도전에 대처할 수 있을까?

　1860년대 조정은 — 보통은 청조가 조약항과 교역로를 보호해줄 수 있을 정도로 강해지기를 바란 서구 열강의 지지하에 — 일련의 군사 훈련 계획을 비준했다(심지어 주도적으로 발의하기까지 했다). 그러나 청조의 계획은 거의 별다른 효과를 거두지 못했다.
　조정은 팔기군과 녹영병을 포기할 생각이 없었다. 비록 별 효용도 없고 유지비도 많이 들었지만 두 군대를 유지하는 것이 용영을 개편하는 것보다 중시되었다. 예컨대 베이징 자체의 팔기군 유지에 남다른 노력을 기울였다. 서양 무기로 무장한 베이징의 신기영은 1862년 문상 등이 만든 것으로 약 500명의 기인들에게서 훈련받고 있었는데, 이들은 일찍이 통상대신 숭후가 마련해놓은 대로 텐진에서 영국 장교들로부터 근대적인 소형 무기의 사용법을 훈련받은 바 있었다(10권의 9장을 참조하라). 처음에는 단지 약 3천 명에 불과했던 신기영은 1865년 서태후의 제부※인 순친왕이 신기영을 통솔하는 친왕 대신으로 임명된 후 크게 늘어났다. 황제의 명령으로 이 새로운 부대와 함께 훈련받기 위해 베이징의 각 팔기 부대에서 총 3만 명의 병사가 차출되었다. 동시에 원래 통령들의 수중에 있던 일반 병사와 장교들에 대한 고과의 권한이 순친왕 손으로 넘어갔다.⁶⁾
　그러나 신기영은 더이상은 발전하지 못했다. 순친왕도 서구식 훈련 기회를 충분히 이용하지 못했다. 1865~1866년 순친왕은 팔기 보병 중 500명을 선발한 다음 두 부대로 나누어 텐진으로 보내 서구식 무기 훈련을 받게 하자는 데 동의했다. 그러나 그는 공친왕의 측근인 숭후가 팔기 기병들 또한 서구식 훈련을 받도록 하자고 건의하자 이를 거절했다. 혹시 그들이 "과거에 익힌 기술을 등한시할까" 두려워한 그는 단지 소수의 기병이 톈진에서 단기간 훈련받는 것만을 허락했을 뿐이다. 1869~1870년 사이 영국의 훈련 계획 — 당시에는 일찍이 고든 휘하의 상승군에서 복무했던 메이저 소령의 지휘하에 3명의 외국 교관들만이 병사들을 훈련시키고 있었다 — 기간이 종결되었다. 신기영이 3만 명의 병력으로 베이징을 지키고 있었으나[7] 1870년 톈진 교안의 여파로 프랑스와의 전쟁이 임박한 것처럼 보이자 직예 방어를 보강하기 위해 이홍장이 이끄는 용영 약 2만 5천 명을 불러 올려야 했다. 명령을 받은 이홍장의 부대는 다구와 톈진 사이의 요충지, 즉 양춘楊村, 시허우西河務 등지에 주둔했다.[8] 그리하여 베이징의 안전은 한족들의 충성에 좌우되게 되었다.

제국의 다른 곳에서도 팔기 주둔군들은 계속 쇠퇴해왔지만 여전히 병력도 충원되고 경비도 지원되고 있었다. 하지만 솔직히 말해 만주족의 힘이 다시 회복될 기미는 전혀 없었다. 광저우의 청조 관원들은 베이징의 지시에 따라 신식 무기를 이용한 청군의 훈련과 관련해 영국과 프랑스 양국의 제안을 선별적으로 수용했다. 1863년부터 시작해 광둥 성 당국이 구매한 장비로 영국 교관들에 의해 360명의 팔기군이, 프랑스 교관들에 의해 300명의 팔기군이 훈련받았다. 만주족 군관과의 조정하에 531명의 지방 녹영병들 또한 영국인들에게서 훈련받았다. 하지만 광저우에서의 이러한 훈련 계획은 겨우 3년간 시행되다가 중단되었다. 왜냐하면 크게 실망한 외국 영사들이 유럽 교관들의 철수를 요청했기 때문이다.[9]

다른 한편 만주족 관원들은 법정 수비 지역의 팔기 주둔군을 회복시키기 위해 열심히 노력했다. 1867년 일리, 그리고 신장의 그 외 다른 4개 핵심 지역의 경우 회란 이후 살아남은 팔기 병사는 겨우 150명에 불과했다. 그들은 내몽골로 이동되어 재배치되었다. 중국 본토의 12개 성시에 주둔하고 있는 팔기병과 그들의 가족은 한족들과 격리된 구역에 살고 있었는데, 만주에 머물고 있는 팔기군과 마찬가지로 이들 또한 지리멸렬하기는 마찬가지였다 — 궁핍에 찌들고, 아편에 빠져 있고, 상급자들이 급료에 손을 대는 것은 다반사였다.10)

팔기군의 힘은 쉽게 회복될 수 없었기 때문에 조정은 여전히 병부와 호부의 통제하에 있던 녹영병을 강화시키려고도 했다. 실제로 숭후의 계획에 따라 톈진에서 영국 교관들에게 훈련받은 병사들 중에는 녹영병이 팔기군보다 많았으며, 여기서 훈련받은 녹영병으로 500명의 '양창대'가 만들어졌는데, 이 부대는 염군 전쟁 동안 효력을 입증하게 된다. 한편 1863년 직예 총독으로 임명된 전 상군 장령 유장우劉長佑는 약 15만 명에 달하는 직예의 녹영병들을 새로 훈련시킬 것을 제안했으나 전통적인 지휘 구조는 개편하려고 하지 않았다. 소규모의 전초 기지에 근무하는 부대[신병汛兵]는 500명 단위의 '영'으로 편성해 성의 7개 중심지에서 정기적으로 훈련받도록 할 예정이었지만 다음 훈련이 있을 때까지의 긴 기간 동안에는 원래의 근무처로 돌아가는 것이 허용되었다.11)

1866년 공친왕은 총독 유장우에게 좀더 많은 재정을 지원할 수 있도록 조정의 허락을 얻었다. 대규모 표에서 차출해 편성된 군대가 유장우의 조정하에 6개의 중심 지역으로 파견되었다. 새롭게 편성된 이러한 군대를 '연군練軍', 즉 '재훈련된' [녹영]병이라 불렀다. 호부는 처음에는 톈진 해관에서 10만 냥을 떼내 새로운 훈련 계획에 필요한 군사비로 충당했다. 그러나 1867년 1월 조정에서 공친왕 반대파에 속하던 호부시랑 나돈연羅惇衍은 이러한 계획을 공격하는 내용의 글을 상주했다. 그의 비판은 서태후의 환영을 받았던 것이 틀림없다. 조정은 이 새로운 계획에 필요한 경비를 대폭 삭감시키는 상유를 내렸다.[12] 1868년 염군 기병이 직예를 침략해 조정에 큰 충격을 주고 이어 증국번이 직예 총독에 임명되고 나서야 비로소 '연군'에 대한 추후의 계획이 세워지게 되었다. 영국과의 조약 개정 문제와 관련된 대외 정책 문제를 놓고 조정에서 격렬한 논쟁이 벌어지고 있던 와중에 베이징에 도착한 증국번은 이홍장에게 보낸 편지에서 이렇게 당시 상황을 알리고 있다.

> 공친왕은 강화를 강조하고, 순친왕은 전쟁과 방어를 중시하고 있습니다. 일반 여론은 순친왕을 따르고 있습니다.

만주족의 양 파 모두 증국번을 크게 신뢰하고 있었기 때문에 그에게 녹영 제도를 정비할 수 있는 전권을 주었다. 서태후 본인이 그를 불러 이 문제를 논의했다.[13]

비록 개혁과 관련된 좀더 근본적인 쟁점들을 제기하는 것은 자제하고 있었지만(아마 그의 정치적 위치만이 아니라 본인의 보수적 성향 때문이기도 했을 것이다) 증국번은 용영의 운용 방식을 녹영병에 응용했다. 1869~1870년 그는 새로 만든 영營은 손을 대지 말고 그대로 두되 그러한 영의 병사들과 장교들은 각 성의 비교적 큰 녹영표綠營標에서 선발할 것을 건의했다. 이 외에도 그렇게 해서 파견된 병사들과 하급 군관들의 자질과 업무 수행 능력을 반드시 새로운 영의 군관[영관]들이 검열하도록 했는데, 후자는 용영 체제에서처럼 한 사람당 550명 전후를 거느리고 있었다. 전통적인 방법과 가장 달랐던 것은 증국번이 영관들에게 쓸모없는 병사들을 세습적인 녹영 호에 등록된 적이 없는 사람들을 포함해 직예성 출신자들 사이에서 선발한 신병으로 대체할 수 있는 권한을 부여하려 한 것이었다.[14] 영관들은 녹영병의 고급 지휘관, 즉 제독이나 총병이 선발하도록 할 생각이었다. 본관 회피법에 따라 장령들은 물론 초관에까지 이르는 사실상 녹영의 모든 군관들이 다른 성 출신이어야 했다. 비록 이렇게 새로 훈련된 녹영의 병사들과 장교들은 용영 부대들처럼 동향 관계를 유지할 수는 없었지만 증국번은 적어도 연군의 중간급 군관들이 좀더 오랫동안 복무하며, 총병이나 제독들 — 이들에게는 연군의 통령이라는 관함이 추가로 주어졌다 — 과 친밀한 관계를 맺을 수 있기를 바랐다. 1870년 4월 연군의 일반 병사와 장교들의 봉급에 관한 조례는 증국번이 기초해 황제의 비준을 받았는데, 연군의 봉급은 일반 녹영병의 동급 장교와 병사들보다 많았다. 하지만 증국번은 쓸모없는 병사들의 수를 줄이기 위해 녹영 제도 전체를 전면적으로 개조하는 것을 권고하지는 않았다. 그는 단지 새로운 재원으로 연군의 군비를 마련하기를 희망했다.[15]

사실 이전 4년 동안 황제는 몇몇 성의 표영標營을 줄인 다음 그렇게 해서 절약한 경비를 나머지 녹영에 필요한 경비와 군비로 사용하자는 다른 성 관료들의 건의를 이미 비준한 바 있었다. 1867년까지 민절 총독을 지낸 좌종당은 이미 이에 기반해 녹영병을 재편하기 시작했으며, 장쑤 순무 정일창 또한 1869년 조정의 유지를 받들어 순무의 '무표撫標〔직할 부대〕'를 1천6백 명에서 1천 명으로 줄인 바 있었다(10권의 9장을 참조하라).[16] 정일창은 자기가 직접 지휘하는 1천 명의 표군을 장쑤 녹영군의 전면적 개혁을 위한 중추로 전환시키는 계획을 진지하게 고려하고 있었다. 그러나 1870년 모친상을 치르러 떠날 때까지 그의 계획은 실현되지 못했다.

증국번의 건의 속에서 녹영병제를 전체적으로 보존하면서도 동시에 개선할 수 있는 희망을 본 황제는 1871년에 장쑤 성과 직예성 같은 전략적인 성을 제외한 모든 성에서 기존의 용영을 8천 명 이하로 줄이라고 하명했다.17) 용영에 관한 이러한 지침이 그저 형식적으로만 이행되는 사이 충성스러운 각 성의 행정관들은 각 성의 녹영병에 대한 기득권을 그대로 보존할 수 있는 편리한 방책을 찾아냈다. 몇몇 성(장쑤, 저장, 푸젠, 광둥)에서는 좌종당과 정일창의 선례를 따라 일부 표군의 병력을 줄였다. 그리하여 이론상 나머지 녹영군의 급료가 늘어나게 되었다. 나머지 성들(산둥, 허난, 산시山西, 후난)에서는 증국번이 직예에서 실시한 방법을 전면적으로 적용해 녹영병 중에서 인원을 뽑아 연군의 각 영을 조직했다. 1873년 병부에서도 이러한 방법을 수용할 뜻을 비쳤다.18) 조정은 용영의 군관이 녹영병제에 들어가는 것에 반대하지 않았다. 청조의 서훈 제도의 일부로 1850년 이후부터 많은 용영 군관들이 녹영의 군관들로 명예 진급했다. 이에 많은 용영 군관들이 영관과 초관에서 성의 제독에 이르기까지 실제 녹영의 결원을 메우며 승진할 수 있었는데, 그러한 자리들은 여전히 병부에서, 고위 장령들의 경우에는 황제 본인이 관리하고 있었다.

증국번의 연군 운용 원리는 각급의 녹영군에 몇 가지 새로운 요소를 불어넣어 주었지만 아직도 무용지물인 사람들은 엄청나게 남아 있었다. 1870년대 말과 1880년대 녹영병 숫자는 여전히 40만 명 전후로 매년 필요한 군비는 600만 냥 이상에 달했다.19) 조정의 입장에서 본다면 이처럼 방대한 군비 지출도 완전히 낭비라고 할 수는 없었다. 왜냐하면 새로 훈련받은 녹영병이 상당히 근대적인 장비를 구비한 채 각 성의 반란이 일어나기 쉬운 지역에 주둔함으로써 19세기의 나머지 기간 동안 국내의 전반적인 안정을 유지했기 때문이다.[20] 하지만 유럽 열강이나 일본과의 분쟁은 두말할 필요도 없고 섬감과 신장의 회란 같은 대규모 전쟁과 관련해서는 용영이 여전히 유일하게 효과적인 수단으로 남아 있었다.

하지만 용영의 조직 원리는 근대의 군사적 관행과 양립할 수 없었다. 설령 아무리 일반 병사와 장교들 사이에 친밀한 개인적 관계가 존재한다 하더라도 용영의 계급 제도하에서 중급과 상급 군관들은 직접 전투에 참가하지 않아도 되는 지위에 있었다. 영관, 심지어 초관조차도 혹독한 군사 훈련, 특히 서구식 훈련에 참가하도록 하는 것은 극히 어려웠다. 일찍이 1862~1863년부터 이홍장은 자신의 군관들이 "서양인들에게 한두 가지 비법"을 배울 수 있기를 바랐으나[21] 외국 교관들에게서 훈련받은 상승군 출신의 몇 사람(예를 들어 나영光羅榮光, 원구천袁九皋 등)에게 군관 계급을 수여한 것을 제외하면 이홍장의 방법이라는 것은 단지 서양 교관들로 하여금 '양창대' 병사들을 훈련시키는 데 지나지 않았다. 1864년 이후에도 회군에 남아 있던 얼마간의 서양인들(여기에는 청조의 신하가 되는 프랑스인 페넬J. Pennell도 포함되어 있었다)은 장교들 또는 일반 병사들에게 광범위하면서도 체계적인 훈련을 제공할 수 없었다. 분명히 중국인들은 서양 전술의 응용과 전체적인 효과에 대해 유보적인 태도를 취하고 있었다. 1864년 고든은 청의 군관들은 외국식 보병 방진防陣을 찬양하지만 "자신의 병사들을 그렇게 세우는 것이 바람직하다고 생각하지는 않는다"고 지적했다. 또한 "중국인들은 우리 포의 우수성은 인정하지만 보병에서는 중국이 훨씬 더 뛰어나다고 생각한다". 이 외에도 용영 군관들은 서양 화포의 가치는 인정하면서도 포의 운용 기술은 배우려고 하지 않았다. 고든에 따르면 "그들은 심지어 지휘 구령조차 배우려고 하지 않았다".[22]

중국은 서양의 도움을 받아들이면서도 자주성을 유지할 수 있었을까? 다른 한편 용영군은 외국인의 훈련 없이도 잘 해나가면서 근대전에 필요한 핵심적인 규율과 기술을 획득할 수 있었을까? (상하이에서 25마일 떨어진 곳에 있는) 펑황산鳳凰山에서의 훈련 계획의 전말은 이러한 딜레마를 그대로 보여주고 있는데, 원래 이 계획은 상승군의 해체 직후인 1864년 5월 고든 본인이 세운 것이었다.[23] 영국 공사와 상하이 영사의 열렬한 권유 속에 시작된 이 훈련 계획은 총리아문의 '구두 보증'까지 얻었으며, 이홍장 또한 처음에는 고든에 대한 믿음으로 그것을 환영했다. 1864년 6월 이홍장은 2~3명의 최우수 장령과 1,300명의 회군을 선발해서 고든에게 훈련을 맡겼다.

영국이 이러한 계획에 관심을 가진 이유는 여러 가지였다. 이미 쇠퇴한 청나라 정부가 중앙 집권적인 영도권을 장악하는 것은 불가능하다고 생각한 고든은 영국이 "거의 희망이 없는 베이징의 조정 대신 각 성의 무대撫臺[순무]를 통해" 청군의 발전을 도와야 한다고 생각했다.[24] 영국 공사 브루스는 청나라에 대한 고든의 정책에 완전히 동의하지는 않았지만 그럼에도 불구하고 청을 군사적으로 원조해야 한다는 데는 동의했다. 하지만 상하이 영사 해리 파크스의 태도는 이홍장으로 하여금 경계심을 갖도록 만들었다. 파크스는 주로 청군을 훈련시켜 앞으로 이 지역의 소란으로부터 상하이를 지키도록 하려 하고 있었다. 그는 또한 당시 상하이 근처에 여전히 중국군 훈련 캠프를 유지하고 있던(이들 중국군은 1865년 중순에야 원 부대로 복귀했다) 프랑스를 부러워했다. 이에 이홍장은 파크스가 "중국의 병권을 장악해 우리 재정을 고갈시키려 한다"고 비난했다.[25]

하지만 1864년 말 고든은 평황산 훈련 계획을 포기하고 영국으로 돌아갔다. 이홍장은 파크스가 지명한 영국군의 제브^{Jebb} 중위를 평황산의 신임 교관으로 임명해야만 했다. 1864년 11월자 합의안에서 파크스는 그에 대한 대가로 회군의 한 사령관 반정신潘鼎新이 중국 군대의 급료와 장비는 물론 승진과 강등에 대한 전적인 통제권을 가져야 한다는 이홍장의 제안을 받아들였다. 그리고 이 계획에 따른 경비는 해관 수입에서 조달할 예정이었다. 제브의 임무는 군사 훈련과 교육에 국한되었는데, 거기에는 중국에서 경비를 지원받고 있는 15명의 외국 참모들에 대한 감독도 포함되어 있었다. 하지만 제브의 임명은 잘못된 선택임이 드러났다. 왜냐하면 그는 종종 훈련장을 비웠고, 훈련할 때에도 '영국의 규정과 교련 교과서'를 그대로 따를 것을 완고하게 고집했기 때문이다.[26] 1865년 6월 염군이 북상하자 이홍장은 직예를 보호할 보병과 포병을 파견하라는 유지를 받았다. 그는 지체 없이 그곳에서 훈련 중이던 300명의 포병과 함께 평황산에서 한 영營의 양창대 전체를 차출해 반정신의 지휘하에 북쪽으로 파견했다. 영사 파크스는 강력하게 항의했다. 비록 이홍장이 평황산에서 차출한 850명의 병사를 다른 회군 병사들로 대체하는 데 동의했지만 이미 이때가 되면 그는 더이상 평황산 훈련 계획을 신뢰하지 않게 되었으며, 그러한 계획을 확대하라는 요구도 여러 차례 거부했다.

이후 이 평황산 훈련 용영이 겪는 역사는 중국과 서양 사이의 알력, 외국 교관들뿐만 아니라 회군 자체의 약점을 적나라하게 드러내고 있었다. 1865년 7월 제브 중위가 영국으로 전보되자 상하이 도대 정일창은 재빨리 손을 써 한때 고든의 부하였던 윈스턴리W. Winstanley를 대신 임명하려고 했다. 파크스는 영국 현역 군관을 임명하려고 했으나 베이징 주재 영국 공사는 이에 반대했다. 윈스턴리는 분명히 이지적이고 양심적인 사람이었으나 충분한 권위를 갖고 있지는 못했다. 그리고 평범한 서양 교관들은 거의 병사들의 신임을 얻지 못했다. 또 용영의 장령들은 그들대로 비협조적이었다. 비록 사열과 분열 중에는 항상 모습을 나타냈지만 실제 훈련에 참가하는 초관들은 거의 없었다. 뿐만 아니라 그들과 그들의 상사가 급료일마다 받는 돈은 매 영의 일반 병사와 하급 장령들의 봉급에서 50달러(멕시코 달러)를 징수한 것이었다. 윈스턴리는 병사들이 유탄포榴彈砲와 화전탄火箭彈 등의 사용 훈련에 숙련된 것을 높이 평가했다. 하지만 팔기군과 녹영병에서와 마찬가지로 평황산 용영의 많은 병사들과 장교들은 습관적으로 아편을 피웠다. 사병들은 또한 기율이 없어 온갖 문제가 발생했다.[27] 때때로 그들은 외국인에 대해 불만을 표시했다. 1870년 6월에 일어난 톈진 교안의 여파로 훈련은 중단될 수밖에 없었다. 그러나 훈련이 재개된 이후 사병들의 분노는 부패한 용영의 상급자들에게로 향하게 되었는데, 이것은 이 용영 체계의 특징인 사병과 장교 사이의 친밀한 관계가 얼마나 한계가 많은 것이었는가를 여실히 드러내주었다. 1872년 두 차례 반란이 일어났는데, 한 영관이 부당한 처벌을 내린 것을 포함해 군관들의 권한 남용 때문에 촉발된 것이었다.[28] 9년 동안 거의 1,500만 냥의 경비를 지출한 이 계획은 영국 영사의 강력한 반대에도 불구하고 1873년 5월 갑자기 종료되었다. 한때 영국 장교들에 의해 '중국의 올더숏〔잉글랜드 남부 도시로 영국군 훈련 기지가 있다〕'으로 구상되기도 했던 펑황산에서는 실제로는 결코 군관을 훈련할 계획이 없었다. 하지만 상당수의 회군 병사들에게 근대식 무기의 사용법을 훈련시킨 것은 사실이었다.

 1870년대 초경 청군은 분명히 중국 본토의 대부분의 지역에서 반란을 진압할 수 있는 능력을 갖고 있었다. 그러나 연해에서 이루어지고 있는 서양의 침략 또는 심지어 지세가 아주 험한 서북과 중앙아시아 지역의 반란을 진압할 수 있는지는 여전히 의문이었다.

회란과 그러한 반란의 국제적 함의들

 1850~1875년 사이 청조에서 일어난 대규모 회란은 회민들이 기록한 신뢰할 만한 자료가 부족하여 특히 연구에 큰 어려움을 겪고 있다. 그런데 몇 차례에 걸쳐 일어난 회란은 각 반란이 일어난 정황과 지리적 분포는 물론 인종과 종교 의식의 강도에서도 다양한 편차를 보였다. 예컨대 중국 본토의 경우 윈난 성에서의 회민 반란(1856~1873년, 반타이班賽 반란으로도 알려져 있다)과 산시陝西와 간쑤 성에서의 회민 반란(1862~1873년, 퉁간東干 반란으로도 알려져 있다)은 모두 지역 사회 사이의 갈등을 배경으로 하고 있었다. 이 두 반란은 독립적인 촌락 또는 성진城鎮을 기반으로 자신들의 종교적 관행과 특수한 관습을 고수하며 독특한 생활 방식을 유지하고 있던 회민 소수파에 의해 발생했다. 그러나 신장 성에서의 회란은 기본적으로는 외국의 침입으로 야

기되었다는 점이 특징적이었다. 즉 청 이전 알티샤르 지역의 이슬람 통치자의 후손 마후둠자다 호자가 코칸드에서 돌아온 것이었는데, 알티샤르의 카슈가르 부근에 있는 그의 선조들의 무덤들은 여전히 이슬람 신앙의 중심지였다. 또한 신장 성에서의 회란으로 러시아는 일리 지역을 점령했으며, 영국과 러시아는 청령 투르키스탄을 놓고 최소한 몇 년 동안 치열하게 경쟁하게 되었다.

 비록 중국 본토의 회민들은 베이징에 있는 청조의 권위에 충성해야 한다는 분명한 그리고 문화적으로 인정된 근거를 소유한 것은 결코 아니었지만, 아무튼 수세기 동안 중국 내에서 살아왔다. 이들의 문헌 자료를 보면 회민들은 여전히 이슬람의 최고신에 대한 특별한 존경심은 그것대로 고수하면서도 유가의 삼강도 따른 것을 알 수 있다.[29] 전통적으로 회민들은 역대 청조 황제들에게서 상당한 대우를 받았다. 그들은 과거 시험에 응시했으며, 고위직까지 올라가는 경우는 드물었지만 많은 사람들이 문무 관직에 모두 출사했다. 그러나 1762년부터 황제는 회민들을 엄격하게 차별하는 법률들을 발표했다. 예컨대 산시陝西와 간쑤의 회민들이 절도와 약탈 죄를 범할 경우 윈난과 구이저우 등지로 귀양을 보내 군대에 충원시켰는데, 죽을 때까지 몸에 칼을 차고 있어야만 하는 경우도 종종 있었다. 비슷한 죄를 지어도 가벼운 태형으로 그치고 만 한족들보다 훨씬 더 가혹한 처벌이었던 셈이다.[30] 이러한 반-회민 법률들은 청조에서 최초로 심각한 회란이 발발하기 약 20년 전에 주로 발표되었다. 그리고 다시 그러한 반란들은 청조의 관리들로 하여금 이슬람 사원〔청진사淸眞寺〕을 중심으로 한 회민 사회들을 한층 더 의심하도록 만들었다. 19세기 초 생활이 한층 더 힘들어지자 한족들은 회민들을 점점 더 토지 소유 문제와 상업에서 경쟁자로 인식하게 되었다. 일단 한족과 회민 사이의 분쟁이 재판으로 가는 경우 회민들이 공평한 판결을 받을 가능성은 거의 없었다. 한족 관리 본인이 선입관을 갖고 있었으며, 만주족 관원들 역시 통상 한족 편을 들었기 때문이다.

윈난 성

1856년 윈난 성에서 발생한 회란은 1840년대에 불타올랐던 촌락 집단 간 충돌의 연장이었다. 하지만 이 반란을 결코 단순한 회란으로 바라보아서는 안 되며 오히려 중국의 서남단에 있는 이 성의 질서가 전반적으로 붕괴된 것으로 보아야 할 것이다. 그것은 윈난 성 중부에 있는 한 은광에 대한 통제권을 놓고 한족과 회민 사이에 벌어진 장기적인 투쟁과 함께 시작되었다. 다수 민족인 한족과 소수 민족인 회민 사이의 무장 충돌(계투械鬪)이 확대되기 시작했다. 1856년 편집광적인 만주인 안찰사의 부추김 속에 적어도 2천~3천 명의 회민이 성도인 쿤밍에서 살육되었다. 윈난 성의 여러 주현에서 한족 신사들이 단련을 조직해 회민들을 '도멸屠滅'했으며, 회민들도 조직을 만들어 주현을 점령하고 관리들을 살상하기 시작했다. 봉기가 성 전체로 확산되는 가운데 1856년 일찍이 사서삼경을 공부한 바 있는 한족 출신의 무슬림인 두문수杜文秀(1828~1873년)가 윈난 성 서쪽의 다리大理에서 평남국平南國을 세웠는데, 이 국가는 한족과 회민들로 구성된 문무 관료 기구들을 구비하고 있었으며 두문수는 스스로를 대원수이자 술탄으로 불렀다. 두문수의 경쟁 상대였던 또 하나의 분파는 마여룡馬如龍(1832~1891년)이 이끌고 있었는데, 그의 조상들은 원래 녹영군의 세습 장령들이었고 마여룽 본인 역시 무과의 생원이었다. 그는 윈난 성의 중부와 남부 대부분을 점령했으나 1863년 청나라에 투항해 청군이 두문수를 물리치는 데 협조했다.[31]

마여룽의 투항은 마덕신馬德新(1794~1874년)의 동의를 얻어 이루어진 것이었는데, 존경받는 종교 지도자였던 그는 일찍이 메카와 콘스탄티노플을 다녀온 바 있으며 평생 한문으로 30여 종이 넘는 이슬람 관련 서적을 저술한 바 있다. 교리상으로 볼 때 마덕신은 13세기 수피즘의 고전인 아븐 알아랍트의 『푸수스 알히캄Fuṣūṣ al-ḥikam』을 신봉하고 있었는데, 이 경전은 무하마드에서 정점에 이르는 예언자들의 가르침을 개괄하며, 존재의 하나됨에 대한 신비주의적 접근을 강조하고 있었다. 하지만 또한 마덕신은 신(주재主宰)에 대한 이슬람의 존경은 '이'와 '기'라는 성리학의 개념들과 완전히 부합한다고 주장했다.[32] 1863년 윈귀 총독〔윈난, 구이저우 총괄〕서리로 잠시 쿤밍에 주재한 바 있던 그는 많은 회민들이 중국의 통치에 따르도록 했다. 하지만 그럼에도 불구하고 그는 윈난 반란이 끝나면서 청나라 관리들의 사주로 살해되었다.

두문수의 '평남국'은 영국과 프랑스의 상당한 관심을 끌게 되는데, 이 두 나라는 1860년대 중반 각각 미얀마 남부와 코친차이나에서 식민지를 건설한 바 있었다. 1867년 해군 장교 라그레Duart de Lagrée의 인솔하에 변절자 마여룽(그는 당시 쿤밍에서 통령으로 복무하고 있었다)을 찾아간 한 프랑스 사절단원은 이미 한 프랑스 수도사가 청나라를 도와 마여룽이 사용 중인 근대식 무기를 위한 탄약을 제조하고 있는 것을 발견했다. 이후 1868년 2월 라그레의 부관인 가르니에Francis Garnier가 반란군의 수도인 다리에 도착했으나 술탄인 두문수와의 알현을 냉정히 거절당했다. 바로 이때 슬레이든Edward B. Sladen 대위가 이끌고 있던 영국령 인도의 대표단 또한 이라와디 강 상류의 바모에서 육로로 윈난 성 서쪽으로 들어갈 채비를 하고 있었다. 변경의 한 성내에서 평남국의 한 고급 관원은 슬레이든을 융숭하게 대접하며 미얀마와의 교역을 논의했다. 그러나 슬레이든이 요구한 두문수와의 만남은 이루어지지 않았다.[33]

평남국의 행정 제도에 관한 현존하는 자료를 살펴보면 두문수는 중국 전통의 관료 제도로 통치하고 있었음을 알 수 있다. 그는 윈난 성의 3대 종교인 이슬람, 유교, 원시 부족들의 토착 신앙을 모두 똑같이 존중할 것을 명령했다. 두문수의 통치력은 한때 윈난 성의 거의 절반에까지 미쳤다. 그는 대부분의 문관직 그리고 최소한 1/3의 무관직에는 한족을 선발해 임명했다. 하지만 1871년경 능력이 출중한 청조의 신임 순무 잠육영이 부임하면서 그의 통치력은 도전에 직면하게 되었다. 잠육영이 근대식 무기에다 프랑스 교관까지 갖추고 있었기 때문이다. 이해 두문수는 이상야릇한 조공 사절단을 영국에 파견하는 것을 재가했다. 다음 해 4월 그의 사절인 유도형劉道衡이 평남국 술탄의 이름으로 도문수가 통치하는 땅을 상징하는 대리석 4상자를 영국 여왕에게 바쳤다. 이는 봉건 제후의 예로써 영국에 복종함을 나타내는 것이었다. 하지만 이때쯤 두문수의 운동은 거의 실패로 끝난 것이나 마찬가지였으며, 영국의 인도 사무 대신 아가일 공작Duke of Argyll은 단지 두문공이 바친 예물을 런던 박물관에 전시할 것을 제안하며 그러한 행동은 정치적으로 아무런 의미도 갖지 않는다고 덧붙였다.[34]

산시와 간쑤

이 시기 청 제국에서 일어난 회란들을 어떤 식으로 개괄하든 산시陝西와 간쑤 지역의 반란은 매우 중요한 사건으로 간주되어야 할 것이다. 왜냐하면 산이 많은 이 황토 지대는 수많은 하곡河谷과 대상로들이 자리 잡고 있어 베이징에서 청의 황제들이 천신만고 끝에 비로소 장악한 변경 지역인 신장으로 들어가는 주요 관문을 굽어보고 있었기 때문이다. 게다가 중국 본토의 무슬림들은 바람에 깎인 간쑤 회랑을 통해 저 너머의 광대한 무슬림 세계와 상대적으로 쉽게 접촉할 수 있었으며, 특히 신장에서 일어나는 사건들에 일정한 영향을 미칠 수 있었다. 부족한 자원에 많은 인구, 무거운 세금, 중국 동부의 긴급한 요구에 대처하기 위한 정예 녹영병의 파견 등은 모두 중국 서북 지방 방어의 보루인 산시와 간쑤 두 성이 1860년대에 크게 약화되게 되는 요인으로 작용했다. 아울러 18세기 말부터 간쑤 성은 실천적인 중국 수피즘 학파의 중심지로 활발한 활동이 전개되고 있었다. 이 마지막 요소는 마술馬術 및 관련 무술의 수련으로 다져진 불굴의 정신과 더불어 퉁간인東干人*들을 청조가 지금껏 겪어본 중에서 가장 완강한 반란 세력 중의 하나로 만들었다.

윈난 성의 회민들과 마찬가지로 퉁간인들도 중국어를 사용했다. 퉁간의 남자들이 비무슬림 여자들과 결혼하는 것을 허용하는 관습과 한족의 어린아이를 양자로 들여 공동체의 인구를 늘려나가려는 관행 등에 의해 본래의 중앙아시아 혈통은 계속 약화되어왔다. 하지만 윈난 성의 회민들과 다른 점도 있었다. 즉 그들은 중앙아시아 회민들과

퉁간인: 신장으로 이주한 사람들을 포함한 산시와 간쑤 성의 회민들.

밀접한 접촉을 유지했는데, 이것이 부단히 이들의 종교 신앙을 강화시켜주었던 것이다. 그것은 모스크를 중심으로 한 자율적인 각 공동체의 아훈드akhund[이슬람 경전을 가르치는 교사]에 의해 보전되었다. 그리고 중앙아시아로부터 낙쉬반디야Naqshbandiyya[서구의 침입에 맞선 이슬람 수도승들의 개혁 종단]와 카디리야Qādiriyya[성법을 운영하는 판관] 등과 같은 수피즘 종단(타리캇tarikats)이 중국의 서북 지역으로 도입되었다. 이 수피즘 종단들의 영수(샤이흐shaykh)[원래는 부족장을 가리킨다]는 신과 특수한 관계를 맺고 있다고 주장하면서, 병을 치료하고 생기지 않는 자식을 낳게 해주고 미래를 예언하는 등의 '이적(키라맛kiramat)'을 행했다. 일단 사람들에 의해 성인(왈리wali)으로 추앙받으면 종교 지도자들의 권위는 논쟁의 여지가 없는 것이 되었다. 성인이 죽으면 그의 묘지는 성지가 되었다. 1870년대 영국의 여행가인 벨루H. W. Bellew는 카슈가르 부근에 있는 낙쉬반디야의 지파인 아파키야의 창시자인 한 성인의 무덤을 찾았다. 18세기 중반 아파키 호자들이 청군에 의해 신장에서 쫓겨난 후 이 아파키 종파의 창시자의 무덤은 수많은 신자들의 순례 대상이 되어왔다.[35] 아파키 호자들은 코칸드에 있는 피난처에서 3대에 걸쳐 알티샤르를 회복하기 위해 반란을 책동하고 성전을 벌여왔다(10권의 2장, 8장을 참조하라). 1860년대에 이들의 자손 중의 하나가 다시 똑같은 행동을 했다.

한편 중국의 무슬림으로 18세기에 부하라와 아라비아 반도까지 다녀온 마명심馬明心에 의해 간쑤 성의 낙쉬반디야파들 사이에 디크르-이-자리dhikr-i-jahri[낭송염공법朗誦念功法]라는 수니파의 수양 방법이 도입되었다. 마명심은 낭송염공법으로 개종했는데, 이것은 신에 대한 기억 이외의 모든 잡념을 심령 밖으로 몰아내기 위한 종교 수련법으로 알려져 있었다. 1761~1762년 사이 고향인 간쑤 성으로 돌아온 마명심은 간쑤 성의 성도인 란저우에서 그리 멀지 않은 오늘날의 칭하이 성의 동단에 위치한 쉰화循化의 살라르 투르크족Salar Turks* 사이에서 설교하기 시작했다. 마명신의 추종자들은 그들이 사용한 '저허레이예者 赫雷葉'라는 구절들을 통해 구분되었는데, 아마도 이 말은 '낭송' 타리캇인 자리야jahriyya의 음역인 것이 분명하다. 20년 만에 이 신교(신교는 초기 수니파 중의 묵송염공파와 분쟁 중이었는데, 신에 대한 '묵상'을 강조하는 이들은 구교로 불렸다)는 반청 반란을 일으키게 되었다. 마명심은 이 반란에서 패배해 처형당했으나 그의 신도들은 그를 성인으로 추앙했으며, 이후 그들은 지하로 들어가지 않으면 안 되었다. 1862년 산시와 간쑤에서 대규모 회란이 일어났을 때 (당시 간쑤 성의 관할권에 있던) 닝샤 부寧夏府의 진지바오金積堡에 살던 마화룡馬化龍이 마명심의 의발衣鉢을 계승했다. 낭송염공파의 열렬한 신도였던 마화룡 또한 미래의 일들을 예언하고, 병을 낫게 하고, '아이를 낳고 싶어 하는 사람들'을 도와 아이를 갖도록 해주었다. 그의 신도들은 잘못된 행동을 했을 때는 모두 기꺼이 죄를 고백하고 매를 맞았다. 마화룡은 대리인(하이리페이海裏飛 또는 할리파khalīfa)과 교사들(만라滿拉 또는 물라mullā)을 신장 성의 우루무치烏魯木齊와 심지어 만주의 콴청쯔寬城子까지 파견했다고 한다.[36]

그러나 산시·간쑤의 회란은 단지 종교 운동만은 아니었다. 윈난 반란처럼 퉁간 반란 또한 대규모의 촌락 간 분쟁이었다. 즉 박해당한

살라르 투르크족: 중국의 소수 민족. 90% 이상이 칭하이 성 쉰화의 살라르족 자치현에 살고 있다. 중앙아시아에서 이주해 온 이슬람족과 주변 티베트족, 몽골족, 회족이 융합하여 오늘날의 살라르족을 형성했다. 이들은 이슬람 근본주의로 인해 청대에 큰 핍박과 순교를 당했다.

회민들이 생존을 쟁취하기 위해 세력을 규합해서 일어난 반란이었던 것이다. 1854년 4월 태평천국의 원정군이 산시陝西 성에 들어와 5월 중순에는 시안 부근까지 들어간 것은 산시 성의 반란을 크게 자극하는 결과를 가져왔다. 거기서 청군에게 저지당한 태평군이 신속하게 동쪽으로 이동해 5월 말에 허난 성에 진입하자 웨이수이渭水 강 양안의 각 집단은 일대 혼란에 빠져버렸다. 관의 공식적인 지원하에 한족들이 지방 단련을 결성하자 회민들도 이를 따라했다. 웨이난渭南 현에서는 현청의 아역이던 한족 회민 훙훙洪興이 3천여 명에 달하는 회군回軍을 조직했다.37) 5월 말 부근의 화 현華縣에서는 한족들이 회민 촌락을 불태우면서 한족과 회민 간에 대규모 충돌이 일어났다. 한족과 회민 사이의 무장 충돌은 즉각 웨이수이 강 유역을 따라 번졌다. 이 지역의 방어를 책임지고 있던 흠차대신 장불張芾이 퉁간의 한 우두머리에게 살해 당하자 모든 회민들을 일률적으로 "가차 없이 죽이라格殺勿論"는 포고령이 내려졌다. 이러한 포고령이 공식적으로 재가되었든 그렇지 않든 회민들은 조직적으로 반란을 일으키지 않을 수 없었다.38)

산시 성의 회민들은 전통적으로 '18 대영'의 지도자들을 따르고 있었다. 이 중 최소한 3명은 아훈드였다. 반란은 처음에는 3개의 중심지를 중심으로 발전했다. 하나는 웨이수이 유역 동단에 있는 퉁저우潼州 부근의 번성하고 있던 시진이었고, 다른 하나는 시안 북쪽, 나머지 하나는 간쑤 성 접경에 위치한 펑샹鳳翔 부근의 서쪽이었다.39) 초기에 반란군들이 성공했던 것은 청군이 믿을 수 없을 정도로 약했기 때문이다. 산시 순무인 잉계瑛棨는 녹영병과 지방 단련과 함께 시안에 틀어박혀 있다가 회민들의 봉쇄를 돌파하지 못하는 바람에 성의 식량 공급이 모두 끊기는 결과만 가져오고 말았다. 1862년 8월 일찍이 묘패

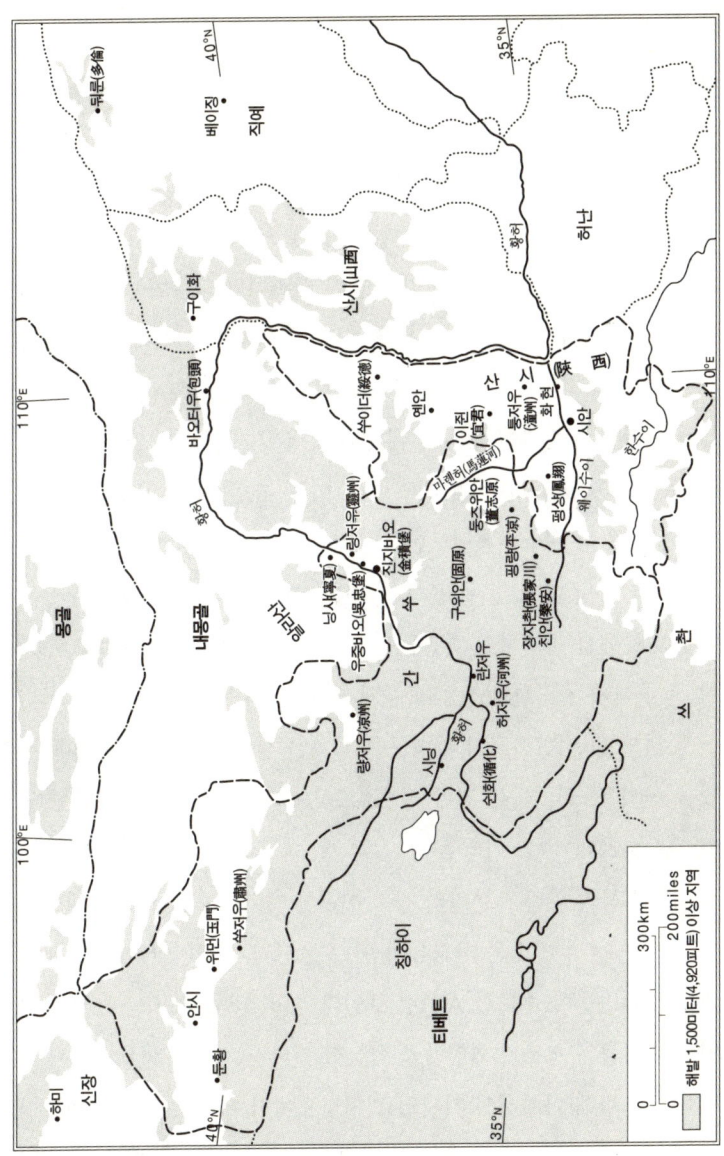

〈지도 10〉 산시(陝西)·간쑤 지역의 회란(1862~1873년)

림 등 반청 세력이 투항하도록 유도한 것으로 악명 높았던 승보(10권의 9장을 참조하라)가 시안을 구출하기 위한 흠차대신으로 임명되었다. 그러나 승보는 회민들을 투항시키지 못했을 뿐만 아니라 군사적 무기력과 심각한 부패로 1863년 1월에 면직되었다.

흠차대신 다룽아^{多隆阿}(1817~1864년)가 도착하면서 비로소 청군은 승리를 거둘 수 있었다. 원래 만주 팔기 군관이던 다룽아는 뒷날 호림익^{胡林翼}의 추천으로 상군의 도통^{都統}으로 승진했다(그가 이끄는 부대는 '초용^{楚勇}'으로 불렸다).[40] 1861년 다룽아는 증국번을 도와 태평군으로부터 안칭을 수복하고, 1862년에는 혼자서 루저우^{廬州}를 탈환했다. 그의 용영군은 또한 회란의 진압에도 아주 효율적임이 입증되었다. 1863년 3월 다룽아의 용영들은 산시 성 동부에서 퉁간인들의 주요한 기지로 사용되고 있던 두 곳의 시진을 탈환했다. 이어 8월에는 산시 인근의 봉쇄를 돌파하고 회민들을 산시 서부까지 추격했다. 1864년 3월 산시 성에 침입한 쓰촨 태평군과 싸우다가 사망할 때쯤 그는 이미 산시 성의 회민 반란군의 주력군을 격파한 상태였다. 하지만 이에 수많은 산시 성 회민들이 간쑤 성으로 도망가서 그곳에서 일어나고 있던 무수한 회군^{回軍}에 가담했다.

산시 성의 반란은 분명히 한족 신사들과 관원들에 의해 촉발되었지만 간쑤 성의 반란은 마화룡이 이끄는 신교가 커다란 역할을 하는 가운데 회민들이 주도한 것처럼 보인다. 이미 1862년 10월에 일부 회민 지도자들은 청조가 회민들을 학살할 것이라는 말을 퍼트리면서 회민들을 조직해 마화룡의 기지인 진지바오에서 이북으로 40여 마일밖에 떨어지지 않은 대규모 성시인 링저우^{靈州}를 포위했다. 다른 한편 간쑤 동남쪽에 있는 구위안^{固原}은 주요 운송로를 가로질러 있는 전략 도시로 회민들의 공격을 받았다. 란저우에 주둔하고 있던 섬감 총독 은 린恩麟은 타협책 말고는 달리 대안이 없었다. 1863년 1월 청조는 그의 요청에 따라 특별히 간쑤 성을 대상으로 한 칙령을 발표해 회민들을 차별하지 않는다는 원칙을 반복해서 강조했다. 하지만 산시 성에서와 마찬가지로 한족과 회민들의 지역 단련은 계속 증가하고 있었으며 분쟁도 늘어났다. 그리고 4년 안에 성도와 한 줌도 안 되는 그 밖의 다른 성시를 제외한 간쑤 성 전역이 회군에 의해 장악되게 되었다.

마화룡의 종교적·군사적 연결망은 4개 지역에 기반을 두고 있었다. 먼저 진지바오 자체가 있었다. 둘째 칭하이 동부의 시닝西寧이 있었는데, 이곳에서는 많은 살라르撒拉족이 신교로 개종해 있었다. 그리고 간쑤 성 남부의 두 지역이 있었는데, (칭하이 부근의) 허저우河州와 (산시陝西 성에서 멀지 않으며 신교의 중심지인 장자촨張家川에서 가까운) 친안秦安이 그곳이었다.⁴¹⁾ 닝샤 부의 유능한 감독관(도원후道員侯)이었던 후운덩侯雲登은 충분한 팔기군과 녹영군뿐만 아니라 지방 단련을 규합해 1년 동안 링저우를 방어했다. 그러나 1863년 12월 마화룡의 아들과 그 외 신교의 다른 수령들이 이끄는 부대가 링저우뿐만 아니라(소문에 따르면 이 과정에서 한족 10만 명이 살해당했다고 한다) 닝샤 부의 한족과 만주족이 거주하고 있는 성시들을 점령했다. 마화룡은 분명히 바로 이때 중국식 칭호를 채택해 스스로를 '닝샤 부와 양하兩河 및 제지諸地의 군무를 담당하는 대총융大總戎'으로 불렀다 — 여기서 양하는 황허와 다른 한 주요 지류를 가리켰다.⁴²⁾ 마화룡은 이러한 직위를 내세워 관할 구역의 부와 현의 관원들을 임명했다. 그리고 날로 점증하고 있는 신도들에게 자신이 신과 특수한 관계에 있는 '성인'으로 여러 가지 이적을 행할 수 있다고 말했다.

물론 간쑤 성에는 신교를 따르지 않은 반란군 수령들도 많았다. 1862~1866년 사이에 간쑤 성에서 활약했으며 역사 기록에서도 이름을 찾아볼 수 있는 70명이 넘는 회민 수령들 중 20명이 마화룽파에 속했던 것처럼 보인다.[43] 이 20명 중에는 신교의 선교사들뿐만 아니라 녹영병의 일련의 중급 군관들도 포함되어 있었다. 최근 산시 성에서 온 11명의 수령을 포함한 나머지 사람들 중에는 이미 마화룽과 결맹한 일군의 사람들도 있었으며 그에게서 물자를 공급받은 사람도 있었다. 윈난 성의 반란군과 비교해볼 때 섬감의 회민 수령들 중에서는 마여룡처럼 진정으로 청군에 항복한 사람은 거의 찾아볼 수 없었다. 종종 회민들이 투항하는 것은 단지 계략에 지나지 않는다는 것이 드러났다. 다룽아를 따라 산시 성에 왔다가 이제는 간쑤 성으로 자리를 옮겨 전투를 벌이게 된 상군 군관 뇌정관雷正綰은 1864년 중반에 구위안과 펑량平涼을 점령했다. 이로써 웨이수이 강과 간쑤 성의 서부와 중부를 잇는 정부의 역도驛道가 다시 열렸다. 산시 성의 회민 반란자이자 아훈드인 혁명당赫明堂이 뇌정관에게 항복했으나 산시 성의 회민들이 다시 구위안을 포위한 9월 혁명당은 교우敎友들이 승리할 수 있도록(그리고 지나가는 김에 말하자면 그와 마찬가지로 뇌정관에게 항복한 간쑤 성의 다른 일파의 회민들을 몰아내기 위해) 안에서 성문을 열어주기로 음모를 꾸몄다. 현존하는 회민 자료에 따르면 매번 전쟁이 있기 전 혁명당은 경문을 외우고 이렇게 큰 소리로 기도했다고 한다.

저희는 주께 의지하나이다. 저희가 싸움에 나가 우리의 종교를 수호할 때, 진정한 주님께서는 항상 저희와 함께하시나이다.[44]

1865년 2월 구위안이 다시 청군 수중에 들어갔으나 산시 성 반란 세력들은 혁명당의 지도 아래 10월에 다시 구위안을 탈환했다. 아울러 산시 성과 경계를 마주하고 있는 동남쪽의 여러 성시도 함께 탈취했다.

진정으로 전향한 힘 있는 변절자의 도움을 받을 수 없었기 때문에 청의 관원들은 사실상 해당 구역을 반군의 수중에 남겨둔 채 '투항'을 권유하는 방책을 썼다. 대표적인 사례가 바로 마화룽 본인의 경우였다. 1864~1865년 청 정부는 만주인 통령 중 가장 우수한 두 통령인 도흥아都興阿와 목도선穆圖善을 파견해 간쑤 성과 닝샤 부의 교차 지역에 있는 마화룽의 기지를 공격하도록 지시했다. 도흥아는 주로 간쑤 성에서의 작전을 감독했으며, 전에 다룽아 휘하의 기병의 부도통이었던 목도선은 닝샤 장군을 맡았다. 청군은 닝샤 부의 두 성을 1년 동안 포위 공격했으나 점령에 성공하지 못했다. 그러자 목도선은 마화룽의 부장들이 제시한 화평 조건을 받아들이려고 했다. 하지만 그러한 생각에 완고하게 반대했던 도흥아가 성징盛京 장군으로 전임되고 나서야 비로소 마화룽을 항복시키기 위한 정책을 추진할 수 있었다. 마화룽은 마침내 청군에게 대포 26문, 1천 정이 넘는 라이플 총〔양창洋槍〕, 1만 개가 넘는 칼과 창을 넘겼다. 그에 대한 대가로 목도선은 조정에 마화룽이 역도라는 기록을 삭제해줄 것을 상주했다.

마화룽은 간쑤 성 회민들의 두터운 신임을 받고 있습니다. 만약 그를 각지에 파견해 회민을 달랜다면 …… 싸우지 않고서 많은 지역의 회민을 귀순시킬 수 있을 것입니다.[45]

1866년 5월의 상유는 마화룽의 투항을 승인했으며, 그는 심지어 이름까지 마조청馬朝淸으로 바꾸어 청조에 충성을 표시했다. 하지만 마화룽은 청의 공격을 두려워할 필요 없이 계속 자신의 영향력을 굳히고 확대해나갔다.

한편 간쑤 성에서 청조의 효율적인 통치는 무너져가고 있었다. 회란은 간쑤 성 내 황허 서쪽의 좁고 길게 뻗어 있는 회랑 지역으로까지 확산되었다. 1865년 2월 량저우涼州(지금의 우웨이武威)의 한 회족 녹영병 군관이 반란을 물리치고 성을 장악했다. 3월에는 위먼玉門에서 회란이 일어나, 곧 서북단의 안시安西까지 확산되었다. 4월에 간쑤 성의 회민은 순식간에 전략 요충지인 쑤저우肅州를 장악했으며 12월에는 그곳을 좀더 영구적으로 점령했다. 일부 회민들은 산시로 돌아갔으며, 그리하여 다시 산시 성이 위험한 상황에 놓이게 되었다. 한편 이미 1863년부터 섬감에서 벌어지고 있는 사건들의 영향을 받고 있던 신장에서도 몇몇 지역이 수많은 반란과 국경 밖으로부터의 침략에 한창 시달리고 있는 중이었다.

신장

신장 성에서 중국 본토의 회민들이 반란을 일으켰다는 소식은 이 지역이 인종적으로나 언어적으로 다양한 만큼, 또 지리와 역사 전통적으로 분리되어 있던 만큼 다양한 반응을 낳았다. 이곳에서 청의 행정은 여러 모로 취약했으며, 1860년까지도 조정은 아파키 호자들 그리고 투르크계의 언어를 사용하는 이들의 추종자들이 주기적으로 일으키는 성전에 맞서 알티샤르의 질서를 거의 제대로 유지할 수 없었다(10권의 2장, 8장을 참조하라). 한족의 신장 이주는 계속 증가하고 있었는데, 이러한 사태 전개로 양측의 충돌 가능성 또한 한층 더 커졌다. 무슬림이든 그렇지 않든 중국인 정착민들은 투르크어 계통의 주민들의 입장에서 보면 소수 민족일 뿐이었으며, 게다가 신장 성의 청의 통치자들에 반대하는 반란 세력이 될 수도 있었다. 또한 이처럼 청 제국의 영토 중 북서단에 위치한 이곳의 한족과 비한족들은 러시아가 중앙아시아의 교역과 정치를 지배하는 요소로 출현하는 것에 직면해야 했다. 한편 파미르와 카라코람[쿤룬 산]을 통한 새로운 산길이 여전히 열심히 탐색되고 있던 당시 신장은 영국령 인도에 의해서는 북쪽 국경과 너무 가까운 곳에 있는 것으로 간주되었다.[46]

중국 본토에서 회란이 일어났다는 소식이 이미 1863년 3월에 일리 지역의 회란을 자극했을 수도 있는데, 청군은 그것을 아주 신속하게 진압했다. 이해 5월 신장 서북에 있는 키타이^{奇臺}(구청^{古城})에서 회족과 한족 사이에 싸움이 벌어졌다. 키타이에는 한족 농민과 상인들이 많았으며, 청조 또한 꾸준히 한족의 이주를 장려했다. 반면 청조는 회민들에게는 무거운 세금을 부과해오고 있었다. 6월 알티샤르 북쪽에 위치한 쿠차에서 라쉬딘 호자^{Rāshī din Khoja} — 그는 마흐둠자다 호자의 친척은 전혀 아니었다 — 를 우두머리로 하는 또 다른 반란이 일어났다. 이 반란은 동쪽으로는 카라샤르^{Karashahr}*까지 확산되었으며, 서쪽으로는 카슈가르까지 접근했다. 라쉬딘 호자는 악쑤를 수도로 삼은 다음 투르키스탄의 왕이라는 칭호를 사용했다. 그러나 7월 라쉬딘 혈족이 전혀 존경받고 있지 못하던 야르칸드에서 지역 반란이 일어나

카라샤르: 중국 서부 톈산 산맥 남쪽의 신장웨이우얼 자치구에 있는 오아시스 도시. 비단길의 요충지로 암염이 나며 말이 유명하다.

도시의 권력을 장악했다. 곧이어 키르기스 원주민들의 토착 관료인 벡이 카슈가르로부터 남쪽으로 약 30마일밖에 떨어져 있지 않은 양기 히사르를 점령했다. 그리고 알티샤르 남쪽에서는 투르크어 계통의 한 지도자가 호탄 왕을 자임하고 나섰다.

한편 신장 동부의 청의 보루인 우루무치에서는 간쑤 성 출신의 퉁간족 호자[47]인 타밍安明 — 마회룡의 일당이라는 말이 있었다 — 이 청조의 주둔군(술군戌軍)들 사이에서 군사 반란을 획책하고 있었다. 타밍은 간쑤 성의 회란의 전개 방식에 따라 우루무치 녹영군의 참장參將인 색환장索煥章의 충성을 얻어냈다. 색환장의 부대는 일찍이 키타이에서 회민들과 다투고 있던 한족 이주민들의 단련에 맞서 싸우고 있었다. 1864년 7월 색환장은 군사 반란을 주도하여, 만주족 장령을 죽이고 우루무치의 한족들의 성시를 장악했다. 이어 타밍은 청진왕淸眞王이라는 칭호를 스스로 내걸고 색환장을 대원수로 삼았다. 타밍의 부대는 마나스 강 유역의 여러 성시를 점령했으며, 10월에는 우루무치의 만주족의 성시 또한 투항했다. 청조는 물론 투르크인들도 신뢰하지 않았던 신장의 퉁간인들은 쿠르 카라 우수Kur Kara Usu와 투르판에서의 봉기로 이에 화답했다. 12월 타밍의 부장 중의 하나가 투르판을 점령했다.

1864년 11월 신장 전역을 관리하는 만주족 군사 순무의 주둔지인 일리가 소란에 휩싸였다. 타란치족 출신으로 원래 하킴 벡(최고위 토관土官)이었던 무아잠 칸Mu'az̤z̤am Khan의 주도하에 반란군들 — 대부분이 투르크어 계통 사람들이었으나 차르하르Charhar 출신도 일부 포함되어 있었다 — 은 일리에 있는 만주족의 두 성시인 후이닝惠寧과 후이위안惠遠을 포위했다. 일리 주둔군의 통령 명의明誼는 러시아와 국경 협상을 마치고 타르바가타이Tarbagatai에서 막 돌아온 상태였다. 그와 순무 명서明緒는 러시아의 서부 시베리아 총독에게 원조를 요청했다.[48] 그들은 장기간의 포위에 대비하면서 심지어 총리아문을 통해 베이징 주재 러시아 공사에게 그러한 요구를 전달하기까지 했다. 하지만 아무런 소용도 없었다. 청군은 비록 두 성시를 18개월 동안 용감하게 지켰으나 두 성은 마침내 1866년 3월에 함락되었다. 또 같은 해 4월 한 아훈드의 지휘하에 지역 회민들 — 이들은 카자흐족의 지원을 받고 있었다 — 에게 포위당해 있던 타르바가타이가 함락되었다. 그리하여 신장에서는 이제 바르콜Barkol_하미Hami 지역만이 청조의 수중에 남아 있게 되었는데, 심지어 이 지역조차 회민들의 습격과 폭동의 대상이 되었다.

한편 신장 남부 지역에서는 자한기르의 성전(10권의 8장을 참조하라)의 드라마가 재연출되었던 것처럼 보이는데, 그것은 다만 교묘한 권력 찬탈자 — 아마 그도 독실한 신자였을 것이다 — 의 등장만을 가져왔을 뿐이다. 만주족은 이미 1864년 중반에 카슈가르에 대한 통제권을 상실했다. 하지만 다른 두 집단이 이 성시에 대한 통제권을 놓고 싸웠다. 카슈가르에 대한 권력을 놓고 다투고 있던 이 두 집단 중의 하나를 이끌고 있던 키르기스의 족장 시디크 벡은 1865년 초 코칸드에 도움을 요청했다. 하지만 코칸드가 직접적으로 개입하는 것이 아니라 자한기르의 아들 중의 하나인 부주르그 칸Buzurg Khan을 돌려보내는 것으로 결론이 났다. 부주르그 칸은 단지 60여 명만 거느리고 왔는데, 코칸드군에서 복무했던 장령 야쿠브 벡이 이들을 이끌고 있었다. 그가 거느리고 온 군사의 숫자는 적었지만 카슈가르 지역의 많은 사람들이 부주르그 칸의 깃발 아래 몰려들었다. 왜냐하면 아직도 이곳의 많은 사람들이 아파키를 성인으로 모시는 전통을 적극적으로 따르고 있었기 때문이다. 곧 부주르그 칸은 카슈가르에 대한 주도권을 놓고 다투고 있던 두 경쟁 세력을 제거할 만큼 강성해졌다. 곧이어 악쑤의 라쉬딘 호자와 야르칸드의 새로운 지배자가 이 도시를 공격해 왔지만 이 두 유력자 모두 야쿠브 벡이 조직한 군대에 패했다. 부주르그 칸이 정식으로 왕위에 즉위한 다음 야쿠브는 4월에 군대를 근처의 양기 히사르로 이동시켜 고립무원의 만주족 군대를 물리쳤다.

마침 야쿠브 벡은 뛰어난 지휘관일 뿐만 아니라 권력을 운용하고 동시에 종교적 권위를 이용해 권력을 유지하는 데에도 빼어난 능력을 갖고 있었다. 권력과 종교 이 두 가지는 이슬람을 따르는 투르키스탄에서는 불가분의 관계에 있었다. 부주르그 칸은 곧 이처럼 엄청난 야심을 가진 지휘관을 거느리고 있는 것에 심한 불안감을 느끼고는 그를 내쫓을 계획을 세웠다. 그러나 그 사이에 야쿠브는 아파키의 무덤을 독실하게 지켜온 샤이흐와 우호적인 관계를 맺어놓고 있었다. 따라서 샤이흐들은 야쿠브를 추방하라는 부주르그 칸의 요구를 거부했다. 이에 교활한 야쿠브는 이 호자를 협박해 양기 히사르로 가도록 한 다음 그곳에 사실상 18개월 동안 구금해버렸다. 1867년 이 호자는 알티샤르를 떠나도록 강요받았다(또는 설득당했다). 명분은 메카로 순례 여행을 가라는 것이었다. 그리하여 야쿠브 벡이 '행운왕(바다울라트 Badawlat)'이라는 이름으로 카슈가르의 권력을 장악하게 되었다. 동시에 그는 타명이 이끌고 있는 퉁간들인들을 상대로 종교 전쟁을 수행하겠다는 결심을 밝혔다. 왜냐하면 퉁간 회민들은 비록 정통 이슬람파(수니파)였지만 카슈가르의 종교 당국이 따르고 있는 하나피파가 아니라 법을 중시하는 샤피이파에 속해 있는 것으로 알려져 있었기 때문이다.[49] 타명이 투르판에서 왕국의 영향력을 서쪽으로 확대하고 있었기 때문에 야쿠브 벡은 1867~1868년 호탄의 통치자인 무프티 하비브 알라Mufti Habīb Allāh, 악쑤와 쿠차의 통치자인 라쉬딘 호자를 복종시킴으로써 타림 분지에 대한 카슈가르의 통제를 확고히 하려는 시도를 정당화시킬 수 있었다. 왜냐하면 이 두 실력자가 퉁간인들을 군대에 받아들이고 다른 성시에서도 퉁간인들의 지원을 환영해왔기 때문이다. 그는 또 부하라의 수장들과 협의해 아탈릭 가지Atalīq Ghāzī(신앙의 아버지 전사)라는 종교적 칭호를 부여받았다. 이리하여 그는 상당한 정통성을 확보할 수 있었는데, 그것은 자기의 통치 지역에서 이슬람 율법에 대한 엄격한 해석을 제도화함으로써 한층 더 강화되었다. 또한 그는 많은 마드라사madrasa(고등 종교 교육 기관)를 설립하고 토지를 하사했다.

    야쿠브 벡이 진정 헌신적인 투사였다는 사실은 그가 계속하여 퉁간인들이 통제하고 있던 성시들을 공격하기 위해 동투르키스탄으로 과감히 쳐들어간 것을 보아도 잘 알 수 있다. 1869년 그는 단지 쿠얼러庫爾勒를 얻는 데만 성공했던 것 같다. 그러나 1870년 말이 되면 카라샤르, 투르판, 우루무치 자체를 점령하게 되었다. 우루무치 전투에서 야쿠브 벡은 신장 동부 한족 정착민들의 '단련의 두목'(단두團頭)인 비회민 한족 서학공徐學功의 도움을 받았다. 서학공 그리고 타명에 불만을 품은 그의 이전의 지지자들의 도움으로 야쿠브의 군대는 12월에 우루무치를 점령했다. 타명은 저항을 포기한 후 마나스로 도망가서 그곳에서 병사했다. 그러나 야쿠브의 승리도 엄청난 대가를 치렀다. 한 자료에 따르면 그의 원정군은 1867년에는 약 2만여 명에 달할 정도로 강했으나 신장 동부에서의 전투 후 절반으로 줄었다고 한다.[50] 그러나 원정은 중요한 반향을 가져왔다. 1871년 6월 러시아 군대가 국경 도처를 휩쓸고 지나가면서 일리 지역을 점령했는데, 이것은 이제 앞으로 어떤 계획을 세우든 야쿠브는 먼저 준가르 서부를 점령해야 한다는 것을 예고하는 것이었다.

러시아의 일리 점령은 보다 거시적인 관점에서 바라보아야만 한다. 왜냐하면 그것은 신장이 이제 더이상 자한기르 시대처럼 단지 중앙아시아의 일부에 그치는 것이 아니게 되었음을 의미했기 때문이다. 신장은 이제 청, 러시아, 영국 3제국의 교차점에 놓이게 되었다. 특히 청과 러시아는 신장의 미래에 커다란 이해관계를 갖고 있었으며, 러시아는 우선 야쿠브 벡의 종교적 열정이 러시아가 당시 통제하는 데 심혈을 기울이고 있던 투르키스탄의 다른 국가들을 지지하는 방향으로 나가도록 하지는 않겠다는 것을 확실히 하고 있었다. 야쿠브 벡이 권력을 장악해나가던 기간에도 코칸드, 부하라, 히바^{Khiva} 등의 칸국汗國들은 모두 독립을 위해 최후의 저항을 벌이고 있었다. 러시아는 1865년에는 타슈켄트를, 1868년에는 부하라 토호국에 속하는 사마르칸드를 차지했다. 이러한 흐름은 계속되었다. 히바 칸국은 마침내 1873년에 항복하고, 코칸드 또한 3년 뒤인 1876년에 러시아에 점령당했다. 한편 신장과의 교역량은 여전히 적었지만 당시 영국은 다른 이유로 러시아의 중앙아시아 침략에 불안을 느끼고 있었다. 영국이 불안감을 느낀 것은 부분적으로는 — 사실 러시아인들도 모르기는 마찬가지였지만 — 카라코람 산맥을 통한 대규모 군사 행동은 전혀 불가능하다는 사실을 모르고 있었기 때문이다. 그러나 1857년의 인도 대폭동에 대한 기억이 아직도 생생하던 영국으로서는 현지 대리인을 통해 카슈미르와 아프가니스탄 사이의 불만을 품은 국경 부족들에게 접근하려는 러시아인들에 의해 인도의 잠재적 불만에 불이 붙을까 전전긍긍하고 있었다. 그리하여 영국은 신장이 러시아 수중으로 떨어지지 않고 러시아 제국에 맞서는 완충 지대의 일부 역할을 해주기를 바랐다.[51]

야쿠브 벡 또한 그처럼 불확실한 본인의 위치를 모르지는 않았다. 하지만 본인을 위해서든 아니면 투르키스탄의 다른 무슬림 국가들을 위해서든 그가 할 수 있는 일에는 한계가 있었다. 그는 이미 1868년에 교역의 가능성을 타진하고 그의 왕국에 대한 승인을 요청하기 위해 인도와 러시아에 사절을 파견했다. 1872년 러시아 군대가 일리를 점령하자 야쿠브 벡은 한 러시아 관리와 상무 조약을 맺지 않을 수 없었는데, 거기에는 외교적 승인은 포함되어 있지 않았다. 러시아의 교역이 2.5%라는 낮은 수입 관세 아래 빠르게 성장하자 이에 불만을 품은 야쿠브 벡은 법을 어긴 러시아 상인들을 구금하고 자의적으로 상품을 몰수하는 식으로 복수를 가했다. 그리고 아주 신중하게 영국과 중앙아시아 이외의 다른 이슬람 국가들의 지원을 구하기 시작했다.

1860년대 말 야쿠브 벡은 아마 오스만 술탄 제국과 접촉하고 있었을 것이다. 하지만 1873년이 되어서야 비로소 투르크 정부가 그의 왕국을 공식 승인하게 된다. 그는 아미르*라는 봉호를 받고, 또한 같은 해 술탄 칼리프는 그에게 3천 정의 라이플 총, 30문의 대포, 3명의 투르크 교관을 선물로 보내주었다. 한편 1868년 쇼[Robert B. Shaw] 그리고 1870년 포사이스[Douglas T. Forsyth]와 그 밖의 다른 사람들이 카슈가르를 답사 여행한 것을 계기로 영국은 야쿠브 정권에 열렬한 관심을 갖기 시작했다. 1873년 다시 카슈가르로 파견된 포사이스는 야쿠브 벡에게

<u>아미르</u>: 군사령관, 총독, 황태자 등을 뜻하는 아랍어.

영령 인도의 무기고에 있던 구식 머스켓 총 수천 정을 선물로 주었다. 1874년 초 그는 야쿠브 벡과 상무 조약을 체결했는데, 거기에는 이 신흥 카슈가르 국가에 대한 외교적 승인도 포함되어 있었다. 런던에서 헨리 롤린슨 경Sir Henry Creswicke Rawlinson*은 『동아시아에서의 영국과 러시아England and Russia in the East』의 신판(1875년)에서 이렇게 쓰고 있다.

러시아가 인도에서 이슬람 반란을 선동하는 것보다는 영국이 옥수스 강〔'아무다리야 강'의 전 이름〕 이북에서 대규모 반러시아 마호메트교〔말 그대로이다〕 운동을 부추기는 것이 훨씬 더 쉽다.52)

하지만 헨리 경의 제안은 결코 실현되지 못했다. 야쿠브의 왕국을 제거한 것은 러시아가 아니라 청이었기 때문이다.

산시와 간쑤에서의 청의 승리

청군이 신장으로 들어가기 위해서는 먼저 섬감의 회란을 진압해야만 했다. 1867년 야쿠브 벡이 신장에 그의 칸국을 세울 때 좌종당은 아직도 여전히 신상군新湘軍(초군楚軍)을 모집하고 중국 본토의 통간인들을 물리치기 위한 군비와 수송 수단을 마련하고 있던 중이었다. 섬

헨리 롤린슨 경: 1810~1895년. 영국의 오리엔트 학자로 이란의 베히스툰에 있는 다리우스 1세의 비문에 쓰인 설형 문자를 해독해 아시리아 연구의 기초를 닦았다.

감에서의 전투는 거의 7년간(1867~1873년) 계속된 반면 막상 신장에서 그의 부대가 치른 실제 전투는 오랜 준비 기간과 달리 겨우 2년(1876~1877년)밖에 진행되지 않았다.

좌종당은 1867년 7월 산시陝西 성에 도착했지만 염군과 싸우기 위해 10개월 동안 그곳을 떠나 있어야 했다. 이 기간 동안 좌종당의 부관으로 섬감 군무 흠차대신을 맡고 있던 유전劉典이 간쑤 성에서 돌아온 산시 성 남부의 회민 반란군을 제거할 수 있었다. 그러자 산시 회민들은 간쑤 성 동남쪽의 비옥한 평원인 둥즈위안董志原에 참호를 구축했는데, 그곳에서 그들의 '18대영'은 계속해서 사방을 습격했다. 한편 이 평원의 훨씬 더 북쪽에는 1866년 초에 청에 '투항'한 신교 영수 마화룡이 경제 기지이자 군사 기지로 진지바오를 세웠다. 마화룡의 추종자들 중에는 오랫동안 간쑤 성과 내몽골의 바오터우包頭 사이에서 대상과 무역로와 뗏목 ─ 이들은 동쪽으로 황허가 크게 굽어지는 물길을 따라 항해했다 ─ 을 이용해 가격이 폭등한 짐승 가죽 등을 교역하고 있던 많은 회민 상인들이 포함되어 있었다. 마화룡 본인도 2개의 상사를 소유하고 있었으며, 그의 많은 추종자들의 사업에도 투자하고 있었다. 그는 몽골과 간쑤 성 남부 사이의 모든 교역을 통제할 수 있는 지리적 위치에 자리 잡고 있었다.[53] 하지만 그의 관심사는 종교와 군사에 있었다. 그는 현재 후허하오터呼和浩特로 부르는 구이화청歸化城에서까지 소화기小火器들을 구입해 그것을 간쑤 성의 다른 신교 중심지로 보냈다. 마화룡은 또한 둥즈위안에서 산시 회민들과 거래해 말과 생필품을 팔고 식량을 사들였다. 1868년 1월 산시 성으로 돌아온 좌종당은 마화룡이 신장과 연결되어 있을 뿐만 아니라 '남북 모두 대사막으로 구성된(대막남북大漠南北)' 몽골에 대해서도 뭔가를 도모할 것이라

고 확신했다.⁵⁴⁾

　이제 간쑤 성 공격 채비가 거의 다 마무리되었다. 좌종당 휘하의 노련한 군관들은 이미 후난에서 총 5만 5천여 명에 달하는 새로운 부대를 모집했다. 이 외에도 증국번은 이미 1867년 그가 해산하지 않은 상군 1만여 명을 그의 최고의 장군 중의 하나인 유송산劉松山의 지휘하에 산시 성으로 보냈다. 황제는 또한 황정黃鼎이 이끄는 쓰촨 성의 부대 [천군] 1만 명, 곽보창郭寶昌이 통솔하는 안후이 성 군(환군皖軍) 7천 명, 장요張曜가 지휘하는 허난 성 군[예군] 등을 좌종당의 지휘하에 맡겼다. 이 부대들은 모두 태평군 및 염군과 싸운 경험을 갖고 있었으며, 총 7,500명의 기병이 포함되어 있어 좌종당 본인이 마련해둔 5천 필의 말에 보태졌다.⁵⁵⁾ 하지만 좌종당은 그의 기병대(마대馬隊)를 훈련시키기 위해 지린 성에서 만주족 장교를 고용한 것을 제외하고는 자신의 부대를 훈련시키는 일에 거의 관심을 갖지 않았던 것 같다. 그는 유송산의 부대가 전술 대형에 능숙하고 사격도 정확한 것을 칭찬했다. 그러나 그는 태평천국의 난 때의 본인의 경험에 따라 승리할 수 있는 두 가지 핵심적인 요소는 병사들의 사기와 충분한 군수軍需라고 확신하고 있었다. 그는 반란 후기에 잠깐 서양식 군대 훈련 방법을 시험해 보았으나 "지휘 구령을 일반 부대의 대규모 대형에 사용할 수 없다"는 것을 깨달았다. 비록 서양의 소화기들로 부대를 무장시켰으나 어쨌든 좌종당은 군대가 싸움터에 나가기 전 "10일 동안 하루에 두 번" 목표물을 대상으로 한 훈련을 하는 것으로 충분하다고 생각하게 되었다.⁵⁶⁾ 다행히 이후 간쑤에서 공세를 취할 때 그는 주로 방책과 진흙 담으로 만든 성을 공격하게 되었는데, 덕분에 공격 조건은 지형이 좀더 험악하다는 점만 빼면 태평천국의 난 때와 크게 다르지 않았다. 하지만 좌종당은 대형 공성포를 높이 평가했고, 그의 몇몇 고참 부장들은 그것의 사용법을 익혀두고 있었다.

좌종당은 또한 군비와 병참 문제를 반드시 해결해야 한다고 믿었다. 섬감 지역은 전쟁으로 초토화되었기 때문에 양식이 귀하고 물가는 극히 높았다. 좌종당은 3개월 치 식량이 마련되어야 비로소 큰 전쟁에 나설 수 있다는 규칙을 세웠다.[57] 따라서 다른 성으로부터 군수품뿐만 아니라 대량의 군량미 또한 섬감으로 운반해 와야 했다. 보급품 마련에 필요한 재정을 확보하기 위해 좌종당은 그저 과거의 많은 왕조들이 채택했던 공식, 즉 "동남의 자원으로 서북의 군수를 공급한다"는 공식에 베이징 조정이 동의해주길 바랄 뿐이었다. 1867년 황제는 동남 연해의 5개 성에 '서정향向西征餉項[서역 정벌 비용]' 명목으로 매년 은 324만 냥을 요구했다. 이러한 조치는 '협향協餉[성간 세수 지원]'이라는 청대의 재정 관행에 의거한 것이었지만 당시 이 성들은 베이징 또는 그 밖의 다른 성의 요구에 응하기 위해 이미 여러 차례 기부금을 징수당한 바 있었다.[58] 좌종당은 일찍이 1867년에 각 성에 자신의 군사 작전을 위해 필요한 할당액을 제공해달라고 요구하는 방책을 구사했다. 그는 또한 황제에게 외국의 상사들로부터 일시불로 차관을 빌릴 수 있도록 해달라고 요구해 재가를 얻었는데, 그것은 각 조약항의 해관 총세무사가 담보를 해주고 해당 성의 순무들이 보장하는 기한 내에 해당 성에서 외국 상인들에게 갚도록 되어 있었다. 1867년 5월 상하이에 있는 좌종당의 대리인(도원道員) 호광용胡光墉(1825~1885년)은 이러한 방식으로 외국 차관 120만 냥을 얻었다. 그러나 이해 12월 좌종당이 같은 조건으로 다시 200만 냥의 외국 차관을 요청하자 조정은 호광용이 제시한 이자가 너무 높다고 반대하며 제안된 차관 액수의 반만 비준했다. 나머지 반은 4개 조약항의 총세무사가 무이자 방식으로 제공하기로 했다.⁵⁹⁾ 좌종당이 더 많은 차관을 획득하기 위해 외국 상사들과 협상하는 것은 당분간 제약을 받았다. 대신 그의 요구를 충족시켜주기 위해 조정은 곧 '서정향향'을 매년 624만 냥으로 증액해 원래의 5개 성의 할당액을 늘리고 다른 2개 성에도 서정향향을 요구했다. 대부분의 성은 할당액을 전액 그리고 즉각 올려 보내지 않았다. 그럼에도 불구하고 좌종당이 각 성들로부터 받은 협향은 매년 평균 400만 냥(1866년 9월 좌종당이 처음 섬감의 군무를 맡은 때부터 1872년 2월까지의 전 기간을 대상으로 한 계산이다)에 달했다.⁶⁰⁾

심지어 산시 성에 도착하기도 전인 1867년 좌종당은 상하이와 한커우에 군수 물자의 공급을 전담하는 두 개의 국을 설치했다. 시안에는 그곳으로 수송된 군수 물자를 배급하기 위한 관청을 설치하고 수륙전운총서水陸轉運總署를 설립해 각 성과 연락을 유지하도록 했다. 상하이에서 마련한 군수품은 외국인 소유의 윤선으로 양쯔 강을 경유해 한커우로 옮긴 다음 그곳에서 다시 다른 보급품들과 더불어 정크선으로 한수이 강을 따라 산시 성 변경으로, 육로를 통해서는 시안으로 옮겨졌다. 쓰촨에서 구입한 쌀은 목선으로 자링 강嘉陵江을 따라 올라가 산시의 병참에 보내졌다. 산시陝西 북쪽의 산악 지대의 부대에 공급할 식량은 산시山西 또는 내몽골의 구이화歸化에서 공급되었다. 산시陝西 북쪽과 영하에 공급될 군수품은 먼저 톈진을 거쳐 구이화로 운반되었다. 좌종당은 그러한 운송 체계가 운송로 연안의 지방 당국에 부담이 되게 하고 싶지 않았다. 그의 대리인들과 호위 부대가 매 선적이 있을 때마다 수송 선단을 호위했으며, 모든 운반인(운공運工) 또는 수부水夫는 유급이었다. 일단 산시陝西 경내에 진입하면 지현知縣들이 충분한 운반선과 짐마차를 준비해 짐을 다른 현으로 운반했다. 지현이 부담한 이러한 비용은 나중에 변상되었다.[61] 전체적으로 보아 이러한 군수 공급 체계는 좌종당의 조직 능력을 빼어나게 보여주고 있다. 그리고 간쑤성에서의 전쟁이 차질 없이 수행된 것을 보면 그것은 어떤 식으로든 효과가 있었음이 분명하다.

좌종당은 일찍이 회민 전쟁에 관한 원칙을 선언한 바 있었다. 그는 단지 진정으로 원하기만 하면, 즉 무기, 말, 식량을 넘기고, 이에 덧붙여 본인과 추종자들을 재정착시키려는 좌종당의 계획을 받아들이기만 한다면 반란 지도자의 투항을 반갑게 받아들였다. 좌종당은 아래와 같은 조정의 유지를 반복해서 선전했다.

단지 양민과 도비盜匪만 구분하지 한漢과 회回는 절대 구분하지 않는다.

하지만 또한 좌종당은 신교의 적극적인 추종자들은 절대 용서하지 않는 것을 또 다른 원칙으로 삼고 있었는데, 그는 이 파를 난을 일으켜 천하에 화를 일으키려는 백련교에 비교했다.[62] 공동체들 간의 전쟁에 의해 회민뿐만 아니라 한족들도 대량 살육되고 군대에 의해 극악무도한 행위가 자행되고 기근의 여파로 질병에 시달리고 있는 성에서 좌종당의 회란 진압은 유가를 따르는 학자-장령과 이제 전사로 바뀐 무슬림 아훈드 사이의 고통스런 의지의 시험장이 되었다. 좌종당은 자신의 용영군이 항상 충성스러운 것은 아니며, 또 항상 믿을 만하지도 않다는 것을 발견하게 되었다. 그는 거의 그들의 사기를 유지할 수 없었다. 그것은 오직 좌종당이 충분한 군수 물자를 제공하고 부유한 회민의 요새를 약탈할 수 있도록 해주겠다고 약속할 때만 충분히 높게 유지될 수 있었다. 동시에 좌종당의 정예군이 가진 서양식 라이플 총과 공성포가 결국에는 적을 제압할 것이라고 대부분의 일반 병사들이 확신하도록 하는 것도 사기 유지에는 반드시 필요했다.

좌종당이 산시陝西에서 서쪽으로 옮기면서 설정한 두 개의 주요한 목표는 진지바오 주위의 마화룽의 성채와 간쑤 동남쪽인 둥즈위안에 있는 산시 성 회민들의 농촌 기지였다. 후자의 지역에서는 상대적으로 쉽게 승리할 수 있었다. 왜냐하면 산시 회민들의 18대영은 중앙 집권적인 지도부도 또 방어할 만한 보루도 없었기 때문이다. 또 다른 이유로는 4,500평방 킬로미터에 달하는 비옥한 땅 근처에 있는 몇몇 큰 성을 간쑤의 회민들이 점령하고 있었으나 그들이 항상 산시 성의 교우들을 돕지는 않았던 것을 들 수 있다. 1869년 2월 중순부터 4월 초 사이 좌종당의 군대는 둥즈위안을 완전히 소탕했는데, 전하는 바에 따르면 이 과정에서 2만 명이 넘는 사람들이 목숨을 잃었다고 한다. 산시 성의 회민들은 대규모로 무리지어 사방으로 흩어졌다. 일부 우두머리들은 진지바오 북쪽에 있는 시진들을 일시적으로 점령했다. 마화룽은 그들과 그들 부대의 일부만을 휘하로 받아들였다. 나머지에게는 낙타를 주면서 다른 곳으로 가길 권했다.[63] 한 무리의 산시 회민이 황허를 건너 닝샤로 들어갔다. 그들은 알라산Alashan 기旗의 몽골 왕공의 영지에 도착해 그의 저택과 선영을 약탈했다. 이 바람에 조정은 내몽골의 다른 곳에 있는 부대를 그곳으로 급파해야 했다.[64] 하지만 산시 회민의 우두머리들은 대부분 한 무리의 부하 병사들과 함께 간쑤 성에, 그중에서도 주로 란저우 동북과 서남쪽의 성진 안에 또는 그곳에 가까운 곳에 남아 있었다.

둥즈위안은 상대적으로 간단하게 손에 넣을 수 있었으나 간쑤 회민들 자체의 요새를 공략하는 것은 그보다 훨씬 더 어려웠다. 좌종당이 간쑤 지역의 4곳의 주요 반란 중심지(진지바오, 허저우, 시닝, 쑤저우 肅州) 등을 공격할 때 얼마나 복잡한 문제에 직면했는지는 1868년 말에 계획이 수립된 진지바오 전투의 역사를 살펴보면 잘 알 수 있다.[65] 3개의 주력 부대가 이 공격에 합류했다. 직예에서 염군과 전쟁을 끝내고 이곳으로 돌아오고 있던 유송산이 이끄는 상군은 후난 성에서 산시陝西 성 북쪽을 가로질러 들어가 동쪽으로부터 진지바오를 압박할 예정이었다. 산시山西 성의 바오터우 일대를 지키고 있던 장요의 후난 성 군 [예군]은 내몽골을 지나 황허 서안을 따라 서쪽으로 나아갔다. 그리고 좌종당의 다른 부대는 간쑤 성의 핑량과 구위안 같은 도시를 점령하고 남쪽에서 진지바오로 접근할 예정이었다. 그러한 계획은 결국 실현되었지만 그러기 전에 좌종당 본인의 군대는 온갖 위기와 상황의 반전을 겪어야 했다.

가장 심각한 위기는 내부에 있었다. 1869년 3월과 4월에, 즉 둥즈위안에서 승리를 거둔 것과 동시에 좌종당이 지휘하는 최우수 부대에서 두 차례의 심상치 않은 군사 반란이 발생했다. 3월 말 유송산이 산시陝西 북쪽을 횡단해 간쑤 성-닝샤 부 접경 지역 쪽으로 접근하고 있을 때 (옌안延安에서 북동쪽으로 약 75마일 떨어진 곳에 위치한) 쑤이더綏德에서 1차 군사 반란이 일어났다. 유송산은 병참 기지를 지키기 위해 이곳에 4,500명의 병사를 남겨놓은 바 있었다. 수백 명의 병사들 ─ 여기에는 나중에 가로회哥老會의 회원이라는 것을 자백한 자들도 포함되어 있었다 ─ 이 곡물 창고(양대糧臺)를 약탈하고 성 전체를 장악했다. 반란자들 중에는 초관이 4명이나 포함되어 있었는데, 이들 또한 가로회원이었다고 한다.[66] 이 반란은 4월 초 유송산이 급히 쑤이더로 돌아온 후 신속하게 진압되었다. 하지만 다른 한편 분명히 이 반란과 무관한 또 다른 반란이 산시陝西 중부, 시안에서 북쪽으로 80마일 떨어진 곳에 위치한 이췬宜君에서 발생해 통령 한 명이 살해당했다. 여기서도 역시 반란을 일으킨 수백 명의 병사들 중에는 가로회원들이 포함되어 있었다. 이 반란에 참가한 4명의 초관과 1명의 영관도 가로회원이었다고 한다. 하지만 반란을 일으킨 병사들은 좌종당의 충성스러운 군대에 사로잡혔다. 좌종당은 몸소 5명의 주모자를 처형했다. 그는 가로회는 원래 쓰촨과 구이저우에서 유래했지만 이 두 성 출신으로 투항한 태평천국 가담자들에 의해, 또는 투기와 모험 활동을 위해 산시陝西 성에 들어온 다른 성의 '산용散勇〔해산한 용영 출신의 병사〕'을 통해 상군에 영향을 주었다고 믿었다. 그는 자기 부대 중에는 그처럼 "지독하고 극악무도하게 도망질이나 쳐대는 놈들"이 극소수이길 바랐다.[67] 그러나 가로회는 때론 합법적으로, 때론 비합법적으로 활동하면서 지하의 상호 부조 집단으로 오랫동안 좌종당의 군대에 존속했다.

이러한 군사 반란과 그것의 여파로 중단되었던 진지바오 공격은 8월 중순까지 지연되었다. 산시陝西 북쪽으로부터 진군하고 있던 유송산은 9월 초 링저우靈州 부근에 도착했다. 마화룡은 아마 좌종당의 힘에 비해 열세라는 사실을 정직하게 받아들였던 것 같다. 이에 그는 좌종당에게 화의를 요청하는 편지를 보냈으나 그의 제안은 단호하게 거부당했다.[68] 11월 유송산은 링저우를 점령했다. 남쪽의 좌종당 부대는 구위안 등지의 성을 점령한 후 계속 북쪽으로 이동했다. 하지만 한때 둥즈위안을 점령했던 산시 성의 회민들을 포함해 간쑤 성에 있는 마화룡의 신교 신도들이 점점 더 많이 전쟁에 가담하면서 저항도 만만치 않아졌다. 좌종당은 곧 그를 높이 평가한 전기 작가 중의 한 명이

"그의 경력상 최대 위기"[69]라고 묘사한 사태에 직면하게 되었다.

링저우에서 남하하던 유송산은 삼면은 산으로, 서쪽은 황허로 둘러싸인 수백 개의 무장 촌락들(촌책村柵)을 뚫고 지나가야만 했다. 소화기를 소유한 촌락의 방어자들은 동시에 마화룽의 가장 충실한 지지자들이기도 했다. 이 때문에 유송산은 어쩔 수 없이 천천히 전진하다가, 1870년 2월 14일 '포화 속에서' 목숨을 잃고 말았다.[70] 비록 그의 뛰어난 조카이자 전에 참모 군관이었던 유금당(1844~1894년)이 부대를 규합할 수 있었지만 당분간은 앞으로 전진할 수 없었다. 마침 이때 이러한 정황 속에서 마화룽이 광범위하게 펼친 반격이 주목할 만한 성과를 거두고 있었다. 그는 자신이 수용 또는 지원하고 있던 산시陝西 성의 회민들로 기병대를 구성해 1월 초 산시 성의 각지를 습격하도록 했던 것이다. 유송산이 죽기 며칠 전에는 산시의 통간 회민 진림陳霖이 유송산의 산시 북쪽 보급로를 차단했다. 다른 산시 회민 마정강馬正綱도 기병대를 이끌고 웨이수이 강 유역에 도착했다.[71] 2월 15일 그는 시안 동쪽을 통과해 웨이수이 강을 건너 8년 전 통간 반란이 시작된 바로 그곳에 도착했다.

좌종당의 군대는 간쑤 성 진지바오 남쪽에서 — 그의 부대는 이 요새에서 거의 50마일밖에 안 떨어진 곳까지 접근했다 — 유송산이 죽기 2일 전 패배했다. 이제 패배는 패주로 바뀌었으며, 청의 원정군은 구위안으로 후퇴해야 했다. 조정은 이러한 일련의 상황 반전에 크게 놀라 3월에 이홍장에게 그의 유명한 군대를 후베이에서 산시로 이끌고 가 그곳의 군무를 책임지라는 상유를 발표했다.[72]

하지만 좌종당의 군사적 상황은 여전히 가능성이 있었다. 왜냐하면 비록 그가 군수품 보급지로부터 멀리 떨어진 곳에 있고, 그의 군제가 많은 약점을 갖고 있었음에도 불구하고 좌종당은 그의 뛰어난 계획 입안 능력과 조정의 지지 덕분에 간쑤 성에서 마화룡과 자원을 대등하게 획득할 수 있었기 때문이다. 좌종당의 차단선을 뚫고 산시 성으로 돌아간 퉁간인은 총 4천 명에 미치지 못했으며, 그들은 좌종당이 산시로 파견한 기병대와 이 성의 자체 병력에게 저지당했다.73) 유송산의 죽음은 일대 타격이었으나 용영 제도는 각종 불의와 부패에도 불구하고 지휘관과 군관들, 군관과 사병들 간의 관계가 손상되지 않았을 때는 언제든지 단결력을 유지할 수 있었다. 다행이었던 것은 유금당의 능력이 숙부인 유송산에 견줄 만했다는 것이다. 좌종당은 곧장 유금당을 '노상군老湘軍' 통령으로 임명했는데, 조정도 1870년 3월에 이를 비준했다. 이로써 유금당은 젊은 나이에 통령이 되었다는 명성을 얻게 되었다. 산시 성 북쪽으로부터의 군수품 공급은 여전히 차단되어 있었다. 하지만 군량미 문제는 황허를 따라 내려온 뗏목들이 링저우 북쪽에 위치한 우중바오吳忠堡로 실어 나르는 것을 받아 해결할 수 있었는데, 장요가 그러한 항로를 열었다.74)

이미 3월 10일에 젊은 유금당은 다시 진지바오를 압박해가고 있었다. 한편 기병전에 경험이 많은 쓰촨 성 군(천군) 장령 서점표徐占彪의 지휘하에 간쑤 성 동남의 좌종당 부대는 6월 이홍장이 산시에 도착하기도 전에(하지만 이홍장은 다음 달 새로운 임무를 맡아 직예성으로 떠났다) 이미 진지바오 주변으로 돌아왔다. 9월에 이르면 청의 몇몇 부대는 마화룡의 요새를 포위하고, 유금당과 직접 접촉하고 있었다. 이에 유금당은 간쑤 성에 있는 좌종당의 본부에서 군량과 군수품이 확실하게 보급될 수 있으리라는 것을 확신하게 되었다.

느릿느릿 진행되는 소모전은 결국 식량 공세로 마화룡의 기지를 항복시켰다. 1870년 9월까지 유금당은 진지바오 주위를 둘러싸고 있는 500여 개의 보루를 몇 개만 남기고 거의 전부 파괴해버렸다. 상하이에서 배로 간쑤 성으로 실어 온 크루프 공성포가 증국번의 부대에서 포장砲長으로 일했던 장교와 함께 유금당에게 전달되었다. 하지만 이 포의 포탄으로는 (두께가 약 35피트라고 하는) 진지바오의 단단한 벽을 무너뜨릴 수 없었다. 하지만 10월에 유금당은 높은 곳에 포대를 쌓은 다음 성벽 위로 성안을 포격했다.[75] 진지바오 안의 사람들은 점점 줄어들고 있었으며, 그나마 남아 있는 사람들도 겨우 초근목피와 사체를 먹으면서 목숨을 부지했다. 이듬해 1월 마화룡은 마침내 유금당에게 항복하고 46문의 대포, 293문의 토포土砲, 1,030정의 산탄총(오창鳥槍), 180개의 서양 화기 등 무기들을 반납했다. 좌종당은 그의 처형을 잠시 늦추고, 그에게 간쑤 성에 있는 다른 회민에게도 투항을 권하도록 명령했다. 하지만 주요 수령들은 투항하지 않았다. 그리고 진지바오에 1,200여 정의 서양 화기를 몰래 숨겨놓은 것이 발각되자 좌종당은 마화룡과 그의 성년 남성 친족들을 처형할 것을 명령했다. 이때 마화룡의 참모와 군관 약 800명과 1천 명의 사병들이 학살당했다. 살아남은 자들 중 몸을 움직일 수 있는 총 14,000명의 주민들(여기에는 산시에서 온 회민 11,000명이 포함되어 있었다)은 핑량 부근으로 옮겨졌다. 아무런 생계 수단도 없는 총 2만 명의 부녀자, 어린이, 노인들은 간쑤 남부의 난민 수용소로 이송되었다. 청의 병사들은 눈에 띄는 대로 보물을 약탈할 수 있도록 허락받았다. 1869년 유송산에게 투항한 산시 성 북쪽의 한족 출신 약탈자들에게는 가족을 거느리고 진지바오로 가서 그곳을 한족 성시로 만들라는 명령이 내려졌다.[76]

마화룡이 죽자 좌종당은 이후 다른 어떤 퉁간인 지도자도 다시는 다양한 기원을 가진 회민 반란자들을 하나로 규합해 대규모 반란을 일으키지는 못할 것이라고 믿었다. 그러나 간쑤 성의 몇 개 지방과 인근 칭하이 성에는 강력한 반란 중심지가 있었다. 바로 이때 베이징은 내외몽골에서 들어온 소식으로 크게 당황했다. 7월에 수백 명의 간쑤 회민 기병이 내몽골의 둬룬多倫 부근을 침공했다. 한편 (간쑤 회랑에서 조직되어 1년 전 울리아수타이Uliasutai를 약탈한) 대규모 간쑤 회민이 사막 사이로 행군로를 발견하여, 10월 초 우르가Urga에서 불과 며칠 거리 밖에 안 떨어진 부족 영지에 도착했다. 몽골족 군대와 만주 군대는 초원을 넘어 둬룬과 우르가를 지켰다. 심지어 직예성의 녹영군도 우르가에 파견되었다. 두 회민군은 러시아가 일리를 점령한 지 4개월 만인 1871년 11월에 궤멸된 것처럼 보인다.[77]

좌종당은 간쑤에 남아 있는 반란 세력을 제거하는 것을 주목표로 삼았다. 그는 마화룽에게 거둔 승리를 기화로 신교 금지를 공포했으나 신교가 선동해서 잘못 입교한 사람에 대해서는 관용을 베풀었다. 그러나 그는 사면의 범위에 할리파(대리인)와 물라(이슬람 교사)는 포함시키지 않았다. 간쑤 관할구에 대한 이러한 정책은 조정에 의해 비준되었으며,[78] 1871년 9월부터 개시한 허저우 전투에서 분명한 효과를 나타냈다. 청군은 11월에 허저우에서 30마일 떨어진 지역까지 천천히 들어갔으나 1872년 2월 허저우 성을 장악한 구교의 수령 마점오馬占鰲에게 쫓겨 밀려났다. 좌종당 부대는 신식 무기를 지니고 있었지만 넓은 강을 끼고 있는 요새를 공격하다 참패하고 말았다. 그러나 마점오는 비록 승리를 거두었지만 결국은 승산이 없으리라 생각하고 그나마 유리한 처지에 있을 때 화의를 하기로 결정했다. 그는 전쟁으로 황폐화된 간쑤에서 부하들에게 만약 전쟁이 계속된다면 "한족의 원한이 날로 깊어질 뿐만 아니라 회족 또한 설 자리가 없다"며, 따라서 승리 후의 투항은 실패 후의 투항보다 낫다고 말했다.[79] 그는 좌종당에게 4천 필의 말, '1만여 정이 넘는 화기와 창'을 넘겨주었다. 그러나 그는 좌종당에게서 허저우에 거주하고 있는 회민의 대부분은 계속 그곳에서 살고, 한족은 즉각 그곳을 떠난다는 약속을 받아냈다. 6월까지 허저우의 한족과 2천여 명의 산시 회민은 다른 곳으로 옮겨갔다. 마점오 및 다른 종전의 반란 수령들은 결국 녹영 군관이 통솔하는 지방 주둔군으로 배치되었으며, 좌종당 군대는 부근 각 성시에서 그들을 감시했다.[80]

 1872년 8월 좌종당은 란저우에 위치한 섬감 총독부로 자리를 옮겼다. 러시아가 일리를 점령했다는 사실은 안 그는 1871년 12월에 한 부대를 쑤저우肅州로 보냈다. 쑤저우는 간쑤에서 신장으로 향할 때 좁은 길목을 넘자마자 나타나는 전략 요충지였다. 서점표가 이끄는 6,500명의 부대(기병이 포함되어 있었다)는 1872년 여름경 반란군이 점령하고 있는 쑤저우 부근에 확고한 거점들을 마련할 수 있었다. 그러나 좌종당은 먼저 란저우에서 북서쪽으로 120마일 떨어진 곳에 있는 시닝에 힘을 집중했다. 1872년 당시 시닝이 여전히 산시 회민 영수들의 통제하에 있었기 때문이었다. 거기에는 과거 마화룡의 동지였으며 지금은 1만 명이 넘는 백전노장의 병사를 거느리고 있는 백언호白彦虎도 포함되어 있었다. 8월 유금당이 시닝 공격 임무를 맡았다. 험준하고 방비가 삼엄한 지역을 돌파해 시닝으로 들어가는 데 3개월이나 걸렸지만 마침내 그가 승리했다. 그는 1만 명이 넘는 반란군을 섬멸했으나 백언호는 도망쳤다. 그리고 신교를 보호한 후이닝의 '회민 신사 영수' 마계원馬桂源은 칭하이의 살라르족 영지에서 청군의 추격을 받았다.[81]

이 기간 내내 좌종당은 실제로는 쑤저우에 대한 결정적인 공격을 준비하고 있었는데, 그곳에는 (원래 시닝 출신인) 신교 수령 마문록馬文祿 휘하에 수많은 퉁간족 수령들이 결집되어 있었다. 1872년 1월 좌종당은 서원표 부대를 증원하기 위해 쑤저우로 자신의 상군 3천 명을 보냈으며 좌종당의 요청에 따라 송경宋慶과 장요의 예군도 전투에 참가하라는 명령을 조정으로부터 받았다. 최근에 임명된 울리아수타이 장군 금순金順도 전투에 참가했다. 좌종당은 란저우에 적당한 규모의 기기국器機局을 세우고, 광둥인으로 무기에 상당한 식견을 갖추고 있는 육군 군관인 뇌장賴長으로 하여금 그곳에서 독일제 공성포를 위한 여분의 포탄을 제작하도록 하는 등 재정과 군수품을 마련하느라 여념이 없었다.[82] 좌종당은 전쟁 준비에 전념했지만 그의 본뜻과 정책은 모두 '선량한 회민'의 생존 환경을 만들어 한족과 회민 간 충돌의 근본적인 원인을 제거하는 데 있었다. 이때 간쑤 성에 남아 있는 산시 회민은 대략 2만여 명밖에 되지 않았다. 심지어 이처럼 소수의 회민들조차 산시에서 환영받지 못했기 때문에 이들은 고향으로 돌아갈 수 없었다. 좌종당은 그들에게 핑량 그리고 핑량 남쪽에 있는 두 개의 성시 부근의 한족 사회와 격리된 농촌 지역에 토지를 마련해주도록 했다. 몇몇 성시로부터 소개된 간쑤 성의 회민들도 이와 비슷하게 란저우 부근의 지정된 장소[회민구回民區]로 보내졌다. 다음과 같은 규정은 아주 엄격하게 집행되었다. 거주민들은 10가家를 1단위로 하는 보갑 제도로 조직되며, 10가의 장長과 100가의 장은 관에서 선정했다. 교역을 허락하되 성에 들어가려는 사람은 누구나 해당 지현의 허가서를 소지해야 했으며 성을 넘어 여행할 경우 반드시 순회 도대에게 통행증을 신청해야 했다. 신교는 엄금되었다. 이렇게 격리된 정착민들에게는 모두 관개 농지가 할당되었는데, 매호마다 식구를 헤아려 지급했다. 아울러 농기구와 종자도 제공했다. 노약자와 병자는 계속 구제를 받을 수 있었다.[83]

한편 1873년 중반 송경이 이끄는 3천 명의 보병과 500명의 기병이 도착하면서 쑤저우는 완전히 포위되었다. 6명의 장령이 이끄는 청군은 1만 5천 명을 훨씬 넘어섰다. 9월 중순 좌종당이 몸소 기기국의 책임자이자 대포 전문가인 뇌장을 대동하고 전선에 나타났다. 크루프 대포가 성의 두꺼운 담을 포격했고, 이와 동시에 성벽 아래에 파놓은 갱을 폭파했다. 10월 24일 청군이 성에 들어가자 마문록은 항복했다. 11월 2일 좌종당은 5,400명의 토착 회민과 외지에서 간쑤로 온 1,573명의 회민을 처형했다고 조정에 글을 올렸다. 좌종당은 시안에 있는 병참 장교에게 쑤저우의 회민 중 노약자와 아이들 그리고 부녀자들은 간쑤 회랑의 다른 두 주요 도시에서 살아남은 회민들과 더불어 간쑤 남부에 정착시킬 계획이라는 편지를 보냈다.

> 관내의 간저우甘州 · 량저우凉州 · 쑤저우肅州 3주현에는 이들의 씨를 남기지 말 것이며, 자위관嘉峪關 내외의 회민들의 충돌과 관련해 어떠한 근심도 없게 하라.

좌종당은 쑤저우의 함락과 관련해 이렇게 쓰고 있다.

> 지난 수십 년 동안의 나의 군 복무 경력 중 이번 전쟁이 나의 가장 뛰어난 업적이었다. 애석하게도 바로 다음 날 각 군은 전리품을 놓고 서로 다투었다.[84]

신장의 수복

간쑤의 회란을 진압한 후 좌종당은 신장으로 진군해 야쿠브 벡과 러시아인들을 상대하려고 했다. 이미 1874년 2월 그는 조정의 비준을 받아 장요에게 하미로 진군해 그곳에 둔전屯田을 설치할 것을 지시했다.[85] 그러나 좌종당 본인은 1년이 더 지난 후, 즉 1875년 5월에야 비로소 신장으로 진군하라는 명령을 받았다. 그리고 유금당이 이끄는 그의 주력 부대는 1876년 4월에야 비로소 쑤저우를 떠나 신장으로 향했다. 조정이 서정西征을 결정하고 엄청난 군비가 드는 병참 전략을 가능하게 해줄 대규모 자금의 사용권을 맡기자 드디어 좌종당은 총 병력 6만 명이 넘는 대군을 이끌고 청령 투르키스탄으로 들어갔다. 좌종당의 서정은 청제국의 '서역西域' 원정 중 최후의 대규모 원정이었다. 좌종당은 자기의 무공을 한나라와 당나라 시대의 원정에 견주었다.[86] 게다가 그것은 한족 출신의 인물이 수행한 전쟁이라는 점에서 청대 중반 혹은 당대의 원정과 비교되는 것이었다. 좌종당은 신장이 청의 하나의 성省이 될 수 있는 길을 닦았으며, 보다 많은 한족 정착민들이 그곳에 살 수 있도록 해주었다. 하지만 그의 승리에도 불구하고 — 그리고 결국 일리 지역의 좁고 긴 땅을 제외한 모든 곳에서 결국 러시아가 물러났음에도 불구하고 — 러시아가 오랫동안 신장을 경제적으로 지배하게 되었다.

과거 청조는 신장의 군사 주둔지들을 주로 팔기에 맡겨왔기 때문에 1874년 8월에 경렴景廉을 '신장 군무 흠차대신'으로 임명했다. 그는 우루무치의 부장副將이었으며, 일찍이 동쪽 저 멀리에 있는 키타이를 수복한 바 있었다. 섬감 총독 좌종당에게는 단지 경렴을 지원할 보급품 수송만을 맡겼다.

당시의 정세와 역사적 전통으로 볼 때 신장 수복은 하나의 피할 수 없는 과제였다. 우선 통간인들의 자극 아래 몽골인들이 동요하기 시작했다. 최근의 연구에 따르면 당시 산발적으로 회민들이 몽골을 약탈(예컨대 1872년 한 회군이 쑤저우에서 콥도^{Khobdo}를 침략해 이 도시의 자랑이던 황사^{黃寺}를 불태웠다)한 이후 "통간인들을 모방해 대규모의 무장한 몽골 마적단이 출현했다"[87]고 한다. 만약 야쿠브 벡 또는 러시아인들이 신장을 차지하도록 내버려둔다면 소란은 몽골까지 확산될 가능성이 있었다. 1874년 10월 (5개월 전 일본 군대가 상륙함으로써 조성된) 타이완 위기가 해결된 후 막대한 비용이 드는 신장 수복을 감행할 것인가 말 것인가 하는 문제가 다시 제기되었다. 이홍장은 12월에 상주한 글에서 야쿠브 벡을 중국의 봉신으로 승인하고 신장 수복에 소모될 막대한 경비를 해방에 쓸 것을 제안했다(2장을 참조하라). 그러나 만주족 정치가 문상은 다른 어느 누구 못지않게 신식 해군을 건설하기 위해 열심이었지만 그럼에도 불구하고 신장 수복 작전은 절대 늦출 수 없다는 좌종당의 입장을 지지했다. 문상은 심지어 단지 몇 년간만이라도 신장을 방치하면 반도들은 큰 힘을 기르게 될 것이라며 이렇게 말했다.

> 그들이 자위관을 허물고 들어오면 섬감과 내지가 모두 진동할 것이다. 아니면 북로로 달려 들어와 몽골의 여러 부족이 모두 장성을 넘어오게 되면 수도의 배후가 무너질 것이다.

문상은 또한 좌종당의 군대가 간쑤에서 전쟁을 치른 경험이 있기 때문에 신장에서도 승리할 수 있을 것이라고 믿었다.[88]

위의 마지막 고려가 조정으로 하여금 신장 수복 작전 임무를 좌종당에게 맡기도록 한 것이 분명한데, 아무튼 이러한 서정에 필요한 군비를 마련해야 했다. 섬감 총독 자격으로 신장 전쟁에 필요한 수송과 물자 공급을 책임지고 있던 좌종당은 1874년 말 조정의 윤허를 얻어 상하이 전운국轉運局의 도원 호광용을 통해 1867~1868년에 빌렸던 외채와 비슷한 조건으로 서양 회사들에게서 300만 냥을 빌렸다. 좌종당은 간쑤 성에서의 전쟁 후기에 '서정향항'이라는 이름의 서정 지원금이 매년 총 700만 냥 이상으로 늘어났지만 그가 실제로 수령한 금액은 매년 500만 냥에 그쳐서, 주로 중국 상인들에게 진 빚을 갚기 위해 300만 냥이 필요하다고 설명했다. 이제 신장 전쟁에 필요한 병참을 적극적으로 마련해야 했기 때문에 좌종당은 1876년 1월 이러한 준비를 마무리하기 위해 외국 상인들에게 1천만 냥을 빌릴 것을 건의했다. 좌종당의 친구이자 일찍이 좌종당이 푸저우 선정국 책임자로 임명한 바 있으며 지금은 난징 주재 총독으로서 해방을 담당하는 두 명의 흠차대신 중의 하나가 된 심보정의 반대에도 불구하고 황제는 좌종당에게 외국 상인들로부터 500만 냥을 빌릴 권한을 주었으며 동시에 호부에 즉시 200만 냥(실제로 이 돈은 해방에 책정된 돈에서 나온 것이었다)을 지급할 것을 명령했다. 동시에 황제는 12개 성에 총 300만 냥을 마련해주도록 명령했다. 이런 식으로 황제는 그가 요구한 거금을 모두 마련해주었다. 마침내 1877년 홍콩·상하이 은행에서 7년 상환으로 500만 냥을 빌렸는데, 광저우, 푸저우, 상하이와 한커우의 해관 수입으로 갚기로 했다.[89] 1875년부터 신장 전쟁이 대부분 마무리된 1877년 말

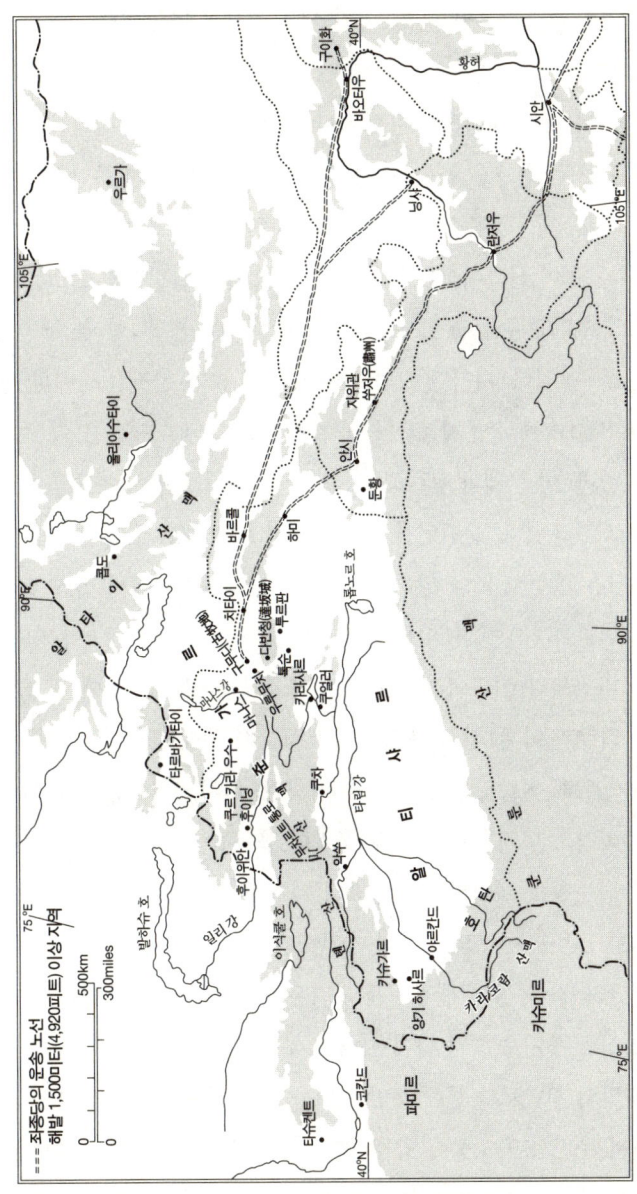

〈지도 11〉 청조의 신장 수복(1876~1878년)

까지 3년 동안 좌종당은 총 2,670만 냥, 즉 1년 평균 890만 냥을 받았다. 1878년 조정은 좌종당이 350만 냥을 더 빌리는 것을 승인했는데, 이 중 반은 홍콩·상하이 은행에서 나머지 반은 중국 상인들에게 빌렸다. 이처럼 전쟁을 완수하기 위해 1878~1881년 4년 동안 좌종당은 총 2,560만 냥, 즉 매년 640만 냥에 달하는 '협향'을 받게 되었다.[90]

좌종당이 신장에서 승리할 수 있었던 가장 결정적인 요소를 하나 꼽으라면 7년 동안 총 5,230만 냥에 달한 이러한 '협향'을 제공받은 것을 들 수 있다. 하지만 그의 성공은 또한 그의 철저한 준비와 전략, 복잡한 군수 보급 문제를 탁월하게 해결한 그의 뛰어난 능력 덕분이기도 했다. 이 문제와 관련해 좌종당은 일찍이 첫번째 목표를 준가르 동부로 결정했다. 퉁간인들이 그곳에서 활동하고 있었기 때문이다. 좌종당은 야쿠브 벡을 알티샤르에 있는 그의 기지에서 멀리 끌어내 결전을 벌이려고 했다. 이를 위해 무엇보다 먼저 신장 동북부의 두 도시인 바르콜과 키타이까지 충분한 물자를 공급하는 것이 필요했다. 간쑤 회랑과 이 두 성시 사이의 사막 루트를 통해 군량과 군수품을 운송하기 위해 좌종당은 한때 5,000량의 큰 마차, 2만 9천 봉의 낙타와 5,500마리의 나귀를 동원했다. 군량미 공급이 특히 어려운 문제였다. 하미에 둔전을 개발한다는 장요의 계획의 경우 비록 자료에 따르면 1875년 1만 9천 무(畝)의 토지를 개간했다고 하지만 비생산적인 것으로 드러났다. 간쑤 성 자체의 곡물 가격은 처음부터 아주 높았다. 좌종당은 양식을 쑤저우(肅州)와 하미 사이의 사람의 접근을 거의 허용하지 않는 사막의 횡단로를 통해 운반한 다음 다시 험준한 산맥을 넘어 바르콜까지 운반하면 도중에 공급량의 2/3에 달하는 양식을 잃어버리게 된다는 것을 경험을 통해 알고 있었다. 그는 신장 북부에서 식량을 좀더 싼 값에 구입하는 방법은 구이화歸化 혹은 바오터우처럼 멀리 떨어진 곳에서 그리고 닝샤의 여러 요지에서 구입한 후 낙타에 실어 초원을 가로지르는 북로를 통해 직접 바르콜로 운반하는 것이라는 사실을 알고 있었다. 좌종당의 군대는 결정적인 시기였던 1876년 여름의 몇 달 동안 이러한 방법으로 양식을 얻었다.[91]

좌종당이 신장 전쟁에서 승리한 또 다른 요인으로는 그가 서양 무기 혹은 중국에서 개조한 무기를 점점 더 많이 사용한 것을 들 수 있다. 그는 자기 부대에 유럽제 라이플 총을 지급했는데, 예비로 보관해 둔 총이 한때 1만 5천 정에 달하기도 했다. 1876년경 신장의 청군은 연발식 라이플 총, 12파운드 또는 16파운드짜리 포탄을 사용하는 강철 대포, 크루프사의 후장총, 그리고 "몇 리 밖에서도 목표물을 맞힐 수 있으며, 특히 기병이나 보병 대오를 급습하는 데 맞춤한" 전계포田鷄砲를 구비하고 있었다.

좌종당은 란저우 기기국에서 탄약과 포탄(그중 일부는 완벽하지는 않은 것으로 드러났다) 이 외에도 심지어 1875년에는 — 러시아의 한 관원이 목격한 바에 따르면 — 4연발 '강철 라이플 총신 후장총'을 생산하는 데 성공했다. 좌종당의 일부 부대는 여전히 구식 경박격포(벽산포劈山砲)를 사용하고 있었으나 토포土砲는 더이상 사용하지 않았던 것 같다.[92]

신장에서 좌종당이 승리한 것은 그의 부대가 강했기 때문이기도 하지만 동시에 상대가 약했기 때문이기도 했다. 우루무치의 퉁간인들은 1870년 야쿠브 벡에게 정복당한 지 2년 후 반란을 일으켰다. 하지만 다시 패배했다. 신장의 전설 속에 아혼드로 기억되고 있는 산시陝西 회민 백언호가 쑤저우肅州와 둔황의 퉁간 회민 잔여 세력과 함께 1874

년 신장 북부로 들어왔다. 그는 우루무치에서 멀지 않은 곳에 독자적으로 기지를 세우고, 그처럼 중대한 때에 신장의 퉁간 회민들과 마찬가지로 야쿠브 벡에게 충성할 것을 선언했다.[93] 당시 야쿠브 벡은 투르크 교관을 초빙해서 서양식으로 군대를 훈련하고 있었다. 1876~1877년 알티샤르를 방문한 한 러시아 관원은 그의 군대가 총 45,360명에 달하는 것으로 추산하고 있다. 야쿠브 벡은 새로운 영국 회사, 즉 중앙아시아 무역 회사(Central Asian Trading Company)에서 일부 현대식 무기를 구매하고 있었다. 그는 또한 '격발식 화기'를 제조할 수 있는 무기 공장을 하나 갖고 있었다. 그러나 병사들의 사기는 아주 낮았다. 많은 신병들은 자원해서 입대한 것이 아니었다. 탈영이 아주 빈번했는데, 심지어 우수한 안디잔 기병들도 마찬가지였다. 알티샤르의 오아시스 도시의 하킴들이 신병 모집을 책임지고 있었는데, 이들에게는 매년 정규세 이외에도 시도 때도 없이 엄청난 액수의 각종 세금이 제멋대로 부과되었다. 이 때문에 백성과 그들의 부족장 그리고 관리들 사이에서는 불만이 팽배해 있었다고 한다.[94]

심지어 러시아조차 청군을 지원했다. 이미 1875년에 란저우에 있는 좌종당을 방문한 한 러시아 관리는 신장 북부에 있는 좌종당의 부대에 500만 근(1근은 약 1.33파운드에 해당한다)에 달하는 양식을 아주 합리적인 가격으로 제공하겠다는 제안을 했다. 1876년 중반 300만 근이 키타이로 운반되었다. 러시아의 그러한 원조는 당시 그곳 시장에서는 거의 곡물을 구할 수 없었기 때문에 적잖은 도움이 되었다.[95] 한편 좌종당 부대는 유금당과 만주 장군 금순의 통솔하에 신장 공격을 시작했다.

신장의 퉁간인들은 우루무치 북쪽 일대의 시진을 띠처럼 두르며

응집력 있는 집단으로서는 최후의 저항의 거점을 마련했다. 우루무치에서 북동쪽으로 15마일가량 떨어진 곳에 있는 구무디古牧地의 육중한 성벽을 유금당의 독일제 대포들이 포격했다. 좌종당은 6천 명의 회민을 죽였으며, 215명을 사로잡았다고 보고했다. 백언호를 포함한 소수의 회민만이 도망갔다. 바로 다음 날, 즉 8월 18일 우루무치는 저항 없이 함락되었다. 하지만 그보다는 장비가 좋지 않은 금순의 부대는 2개월을 소비하고 난 11월 초에야 비로소 마나스를 함락시켰다. 성벽이 포격당하자 마침내 수천 명의 퉁간인이 성문 밖으로 쏟아져 나와 몰살당했다.96)

한편 야쿠브 벡은 약 15,000명의 사병과 함께 동쪽의 투르판으로 이동했다. 그가 구무디와 우루무치를 방어하라고 파견한 부대는 너무 늦게 도착했을 뿐만 아니라 쉽게 패배하고 말았다. 좌종당은 쑤저우肅州의 사령부에서 군대를 지휘하고 있던 한 동료에게 보낸 편지에서 이렇게 지적하고 있다.

안디잔 두목[야쿠브 벡]의 화기는 자못 정교합니다. 폭발탄을 사용하는 화포[개화포開花礮]를 포함해 양창, 양포들을 보유하고 있습니다. 그러나 우리 관군의 무기만큼 좋지 않고 효과적이지도 않습니다. 그의 무리들은 좋은 저격수도 아닙니다. 한번 패하면 단지 도망갈 뿐입니다.97)

야쿠브 벡은 다반청達坂城에 요새들을 세웠는데, 우루무치와 투르판 사이의 관문을 북쪽에서 통제하는 요지였다. 그러나 4월 톈산 산록의 눈이 녹아 다시 작전이 가능해지자 유금당은 곧 다반청을 공격해 4일 만에 성을 떨어뜨렸다.98) 야쿠브 벡 군의 도망자는 점점 더 많아졌다. 악쑤와 같은 오아시스 도시 출신의 장교들, 특히 1867년 이전에 청조 치하에서 벡 또는 하킴 벡이었던 장교들은 이제 청군과 접촉해 청군을 도왔다. 쑤저우鼎州에 있던 좌종당은 하미를 떠나 투르판을 공격하러 가는 당요에게 산시陝西 남쪽 회민들을 잘 대우하는 것이 좋은 정책이라는 말과 함께 다음과 같은 편지를 보냈다.

> 안디잔 두목들은 백성을 학대하니, 관군은 그들을 인仁으로 위무해야 한다. 안디잔의 두목들은 백성을 노략질하니, 관군은 이를 관대함으로 바로잡아야만 한다.

그리고 유금당에게는 반드시 잡아야 할 핵심적인 두 적은 각자의 '사당死黨'을 거느리고 있는 야쿠브 벡과 백언호라고 편지를 보냈다. 좌종당은 알티샤르의 원주민은 비난하지 않았다. 러시아인들에 따르면 짧은 다반청 전투 후에 유금당은 이렇게 행동했다고 한다.

> 그가 포로들을 처리하는 방법은 아주 적절했다. …… 포로들에 대한 이런 처우는 한족에게 유리한 영향을 미치도록 계산된 행동에서 나온 것이었다.[99]

야쿠브 벡 정권은 급속하게 대단원의 막을 내렸다. 4월 26일 장요가 투르판에 입성했으며, 같은 날 유금당 또한 서쪽으로 40마일 되는 곳에 위치한 톡순을 차지했다. 쿠얼러로 물러난 야쿠브 벡은 며칠 후 그곳에서 죽었는데, 사망 원인은 아직까지 알려져 있지 않다. 그의 왕국은 빠르게 분열되어 여러 자식들이 왕위 쟁탈전을 벌였다. 청군은 이제 쉽게 오아시스 시진을 하나씩 하나씩 수복해나갔다. 백언호는 적어도 두 차례의 짧은 전투에 모습을 드러냈으나 매번 도망갔다. 12월 카슈가르가 수복되자 야쿠브 벡의 장자와 백언호는 러시아 영내로 후퇴했다. 1878년 1월 청군은 여전히 러시아가 점령하고 있던 일리를 제외한 신장 전역을 수복했다.[100] 이 문제와 관련된 외교적 위기는 군사적 태도를 취할 것을 요구했기 때문에 좌종당의 부대는 장기간 신장에 머물러 있어야 했다. 1880년 6월 좌종당 본인은 본부를 하미로 옮기고, 11월에 전쟁과 평화 문제에 관해 조언하라는 조정의 명을 받고 베이징으로 떠났다(2장을 참조하라).

이미 1877년 7월에 좌종당은 신장을 성으로 받아들이자는 글을 청 조정에 올린 바 있었다. 당시에 이미 그는 중국의 상인, 농민과 해산된 병사들이 신장 동부에 재이주하고 있는 것을 발견했으며, 그리하여 그는 신장을 단순히 속국의 지위가 아니라 행정상의 정식 성省으로 만들면 질서를 바로잡고 침략을 피할 수 있다고 믿었다.[101] 좌종당의 제안은 비록 세부적인 내용은 고쳐야 했지만 결국 1884년에 실현되어 유금당이 첫번째 순무(재임 기간은 1884~1891년)로 임명되었다. 조정에서 그렇게 한 가장 중요한 동기는 신장 용영의 막대한 유지 비용을 줄이기 위한 것이었는데, 그것은 심지어 일리 위기 이후에도 매년 평균 790만 냥에 달했다. 신장에 행성이 설립된 후에 그곳에 주둔하는 용영은 31,000명으로 감소할 것으로 예상되었다. 그들은 녹영 휘하로 편입되어 매년 480만 냥으로 줄어든 '협향'으로 유지할 계획이었다(이 중 30%는 간쑤에 보내야만 했다. 왜냐하면 군수 물자의 조달 등 이 성에서 신장 성을 위해 하고 있는 일에서 발생하는 비용을 보상해주어야 했기 때문이다). 한편 신장의 궁극적인 재정 자립을 위해 세수 체계 또한

손질해야 했다.[102]

    행정상 신장에는 한 명의 순무가 우루무치에 주둔했으며, 성 전체를 26개의 주(또는 현), 10개의 청廳, 6개의 부府와 4개의 도道로 나누었다. 1887년 지적 조사가 완료되었다. 1,140만 무의 가경지에서 거둔 현물 세액은 곡식 2,000만 근, 사료 세액은 1,390만 근이었다. 현금 세액은 단지 총 57,952냥에 불과했다. 구시대의 벡과 하킴 벡들은 새로운 제도하에서는 향약鄕約 또는 서리書吏로 남았다. 그들은 사실상 세리로서 "백성을 학대한다는 점에서 옛날의 벡과 다를 바 없었다".[103] 신장에서도 이금 제도를 만들었으나 연간 수익이 1년에 겨우 2만 냥을 조금 넘었기 때문 1892년에 폐지되었다. 상트페테르부르크 조약(1881년)으로 신장의 러시아 상인들은 '일시적으로' 세금을 면제받고 있었는데, 실제로는 이들이 신장의 수출입 무역 대부분을 주도하고 있었다. 이들은 이금을 면제받고 있었기 때문에 만약 이 제도를 실시한다면 나머지 상인들이 더욱더 러시아 상인들과 거래하도록 부추기게 될 뿐이었다. 특히 이제 야쿠브 벡보다 훨씬 더 막강한 무력의 지원을 받게 된 러시아의 영향을 피하기 위해서 어렵게 얻은 이 새로운 성을 요령 있게 경영하지 않으면 안 되었다.

이홍장과 해방

1870~1895년 사이 직예 총독이었던 이홍장은 중국의 연해 해방

海方을 주도한 중요 인물이었다. 1872~1885년 사이 자강이라는 이름으로 정부가 수행한 사업의 약 4/5가 그의 후원 아래 시작된 것이었다.[104] 북양 해군 건설도 그러한 계획 중의 하나였는데, 이 함대는 청조의 함대 중 가장 뛰어났다. 또한 이홍장은 비록 직함은 없지만 청조 최고의 군대로 알려진 회군의 공인된 수령이었다. 그러나 그의 권력은 결코 절대적인 것이 아니었다. 그는 해외 열강이 빈틈없이 주시하고 있는 조약 체계의 한계 내에서 활동해야 했을 뿐만 아니라 변덕스러운 서태후는 말할 것도 없고 조정과 지방 관리들의 복잡한 당파 정치를 모두 감수해야 했기 때문이다. 더 나아가 그의 활동은 골치 아픈 재정 제도와 각계각층의 기득권 세력에게서 제약을 받았다. 그가 맡은 직예 총독 자리도 결코 안전하지 않았다. 1881년 좌종당이 신장에서 베이징으로 돌아오자 순친왕은 드러내놓고 이홍장 대신 그를 직예 총독으로 앉히려 했다.[105] 이홍장은 자기 자리를 유지하기 위해 타협하지 않을 수 없었는데, 그것은 의문의 여지 없이 그의 혁신 계획의 질에 영향을 미쳤다. 그러나 그러한 타협이 없었다면 그나마의 계획조차 세울 수 없었을 것이다. 조정 그리고 조정의 안정과 관련해 이홍장이 가진 가치의 주요한 원천은 그가 직접 창설한 용영 대군에 있었다. 1871년에 이르면 회군은 거의 45,000명에 달했는데, 이 중 13,500명이 직예에 주둔하고 있었다. 나머지는 조정의 지시에 따라 3,000명은 산시山西에, 35,000명은 후베이에, 45,000명은 간쑤에, 20,000명은 산시陝西에 주둔했다. 이후 수년 동안 이홍장의 군대는 직예뿐만 아니라 몇몇 다른 성에서도 주요한 방어군으로 활약했는데, 물론 각각의 경우마다 해당 성의 최고 관리의 통제를 받았다. 1884~1885년의 청불전쟁 기간에 회군은 통킹과 타이완에서 싸웠으며, 1894~1895년의

청일 전쟁 기간에도 각 주요 전선에서 싸웠다.[106]

회군과 그 문제점

1870년 직예에 도착하자마자 이홍장은 서양식으로 훈련받은 직예 부대를 본인의 군대 조직 안으로 편입시키기 시작했는데, 그렇게 해서 이 지역의 군사력을 좀더 효과적으로 운용할 생각이었던 것이다. 그는 우선 이 성의 6천여 명의 녹영 연군을 대상으로 회군과 동일한 종류의 조련과 군사 교육을 받도록 했다. 또한 그는 매 경우마다 조정의 허락을 받아 회군 장령을 이 성의 녹영병제의 고급 군관에 임명했다. 이홍장은 숭후의 양창과 양포 단대團隊를 물려받아 새롭게 훈련시켰다. 이홍장은 다구 포대를 중건했을 뿐만 아니라 다구 강어귀로부터 10마일 떨어진 곳에 새로운 성을 견고하게 쌓아 다구 포대와 앞뒤로 마주 보게 했다. 또 조정의 허락을 받아 톈진 해관에서 돈을 얻어 톈진 기기제조국을 확장했다.[107]

이홍장은 직예 통령 2~3명에게 회군 훈련을 맡긴 것처럼 보이는데, 이 중 주성전(1833~1885년)은 가장 열정적이고 사려 깊은 사람이었다. 태평군 및 염군과 싸운 노장인 그는 1870년대 회군 중 장비가 가장 우수한 부대를 지휘했으며, 통상 그의 휘하에는 1만 명 이상의 부대가 있었다. 주성전은 이홍장처럼 신식 무기를 중시했다. 본인이 신병기에 상당한 지식을 갖고 있었기 때문에 이홍장에게 크루프 대포, 캐논과 레밍턴, 스나이더 등의 신식 라이플 총, 개틀링 기관총의 구입을 건의했다. 이홍장에게 건의한 내용과 군대에 내린 훈련 지침으로 볼 때 그가 서양의 신식 무기를 구비해 제대로 보관할 필요성뿐만 아

니라 그것의 사용법을 체계적으로 훈련하는 것이 중요하다는 것을 인식하고 있었음을 알 수 있다.[108]

또한 주성전은 일부 다른 용영 장령과는 달리 서양식 군사 훈련과 조련의 장점을 확신하고 있었다. 그는 훈련 지침서를 간행했을 뿐만 아니라 몸소 군대 훈련을 감독했다. 아울러 영관과 초관들로 하여금 훈련에 참여하도록 끊임없이 독려했다. 우수한 사격수에게는 포상금과 '공로패(공패功牌)'를 주고 사격술이 떨어지는 사람에게는 벌을 주었다. 1870년대 이홍장이 독일로 훈련받으러 보낸 회군 군관 중 한 사람인 사연표査連標는 서양식 훈련법에 능숙하다는 이유로 주성전의 각별한 칭찬을 받았다.[109]

주성전은 자기 군대에 서양 교관을 고용하는 것을 원치 않았지만 종종 외국인들의 조언을 구했다. 그러나 그는 외국인들의 비판에 대해서는 반박했을 뿐만 아니라 때로는 비아냥거리기도 했다. 예컨대 1880년의 일리 위기 때 중국으로 돌아온 빅토리아 시대의 영웅 고든의 군사적 조언 대부분에 대해 그는 회의적인 태도를 보였다. 심지어 그는 이홍장이 1880년대 고용한 독일 군관들에 대해서도 야간 전투와 엎드려쏴 사격의 장점을 제대로 알지 못한다는 이유로 꾸짖었다. 때론 외국인들이 건의한 요점을 오해했던 것이 분명한데, 예컨대 고든이 주장한 기동 유격전을 웃기는 것이라고 비웃은 일이 그러했다. 그러나 그가 고든이 복잡한 기술의 중요성을 과소평가했다고 질책한 것은 적절한 평가였던 것처럼 보인다.[110] 주성전은 이홍장처럼 응용과학(특히 의학)과 전보와 철도를 포함한 근대식 교통 통신 기구에 많은 관심을 갖고 있었다.

최소한 당시의 중국을 기준으로 보면 주성전 휘하의 각 영은 일급 군대였다. 일본, 독일, 영국과 미국에서는 기본적으로 그의 부대를 긍정적으로 평가했다.[111] 그러나 주성전 본인은 1880년대 초 몇 차례에 걸쳐 회군은 기울었으며, 20년 만에 예기鋭氣를 잃고 '쇠퇴의 기운(모기暮氣)'이 역력하다고 한탄했다. 문제는 군비가 아니라 용영의 인재 선발과 승진 체계에 있었다. 그는 경험 많은 장령들은 정신력이 부족하며, 새로운 장령들은 지식이 부족하다고 불평했다. 주성전이 병사들과 함께 열심히 훈련에 참가하라고 독려했음에도 불구하고 영관과 초관들은 직접 훈련에 참가하는 것을 계속 거부했다. 그러한 짓은 품위를 떨어뜨리는 것이라고 생각했기 때문이다. 주성전 본인의 글뿐만 아니라 몇몇 독립적인 외국인 관찰자들도 이것을 골치 아픈 핵심 문제로 지적했지만 분명 그것을 개선할 방법이 없었다.[112] 주성전의 장령들은 조정의 관리, 특히 녹영의 관제와 같은 대우를 요구했으나 군인으로서 직업에 대한 자긍심은 갖고 있지 않았다.

주성전의 부대가 안고 있던 핵심적인 문제는 아주 단순했는데, 그것은 바로 이 부대가 여전히 용영이라는 점이었다. 주성전은 독일의 군사 고문들이 용영 제도의 구조를 조금이라도 개선할 것을 건의해도 거의 언제나 한결같이 반대했다. 그는 독일과 프랑스가 징병제를 실시하고 있다는 사실을 알고 있었지만 중국 실정에는 적합하지 않다고 생각했다. 징병 제도와 관련해 그가 한 양보라고는 용영군 중 각 영이 소유한 50명의 노무자(장부長夫)에게 일반 병사(토병土兵)가 될 수 있는 기회를 제공하자는 것뿐이었다.[113] 주성전은 회군의 특징인 가장家長식 지휘 방식과 사람과 사람 사이의 밀접한 관계를 높이 평가했다. 실제로 그는 많은 친척을 자신의 파견 부대의 참모로 임명했다. 또 비록 본인은 사연표처럼 외국 교육을 받은 군관의 기술과 지식을 높이 평가했지만 그는 군관들이 그렇게 갈망하는 녹영 군관 계급과 관직에 그들을 거의 추천하지 않았다. 분명히 주성전과 이홍장은 이러한 특별 추천 때 객관적인 기준을 갖고 있지 않았다.[114]

주성전 군대는 아편 흡연, 도박과 인민을 약탈하는 일반적인 악습으로부터 상대적으로 자유로웠다. 하지만 그도 종종 병사와 장교들에게 풍기와 기강을 강조해야 했다.[115] 회군의 훈련 계획의 효과는 이들이 아주 중요하기는 하지만 군사적인 것과는 무관한 작업에 투입되는 바람에 크게 줄어들었던 것이 틀림없다. 1870년대와 1880년대 초 주성전 부대는 종종 성을 쌓고, 둔전을 개간하고, 하천을 수리하고, 재해민을 구제하는 등 각종 토목 공사에 참가해야 했던 것이다.[116]

한편 회군은 계속 변덕투성이인 조정의 재정 정책에 시달려야 했다. 이홍장이 경비 삭감에 맞서 끊임없이 투쟁한 사실을 보여주는 자료가 아주 방대하게 남아 있는데, 1870년대 평균 약 300만 냥이 넘었던 회군의 연간 총수입은 1880년대 말과 1890년대에는 250만 냥에도 못 미칠 정도로 줄어들었다.[117] 무기 가격의 상승으로 인해 이홍장은 사병들(이론상 장령들도 마찬가지였다)에게 원래의 규정 봉급의 3/4만 지급할 수 있었다. 고정적으로 체불된 나머지 1/4은 퇴직 때 주기로 했다. 조정은 각 성에 직예에 주둔 중인 회군 군비의 할당액을 최소한 축소된 수준에서라도 이홍장에게 지급하라고 압력을 가했다. 그러나 조정은 또한 군비 지출을 감독할 구체적인 방법을 강구했다. 회군은 호부가 요구하는 '지출에 관한 상세한 보고[조책보사造冊報銷]'라는 규정을 따라야 했으며, 호부는 오랫동안 운반비, 연료비, 각 영의 장부長夫들의 임금을 합법적인 지출로 승인하기를 거부했다.[118] 비록 청조 최고의 군대를 거느리고 있었지만 이홍장은 여전히 반드시 조정의 재정 지원을 받아야만 했다. 이 때문에 그는 부득불 온갖 방식으로 타협해야만 했다. 이홍장은 바로 이러한 정치 구조와 용영 제도라는 틀 안에서 근대 해군을 건설하려고 노력했던 것이다.

해군 건설

해방에 대한 이홍장의 생각은 이를 둘러싸고 1874년에 진행된 정책 논쟁 동안 구체적으로 드러났다. 여전히 해군이 육군만큼 중요하다고는 생각하지 않았지만 그의 제안은 만주와 화북에서 바로 지척에 있는 조선의 안위를 포함해 연해 지역의 안전에 대한 절박한 요구에 대해 관심이 점점 증가하고 있던 사정을 반영하고 있다. 그중 누가 봐도 절실했던 것은 근대적인 해군의 신속한 건설이었다. 이홍장은 상하이와 푸저우에 있는 두 개의 주요한 조선소는 심지어 터무니없는 비용을 들이면서도 쓸 만한 배를 만들어내고 있지 못하다는 것을 깨달았다. 그리하여 그는 황제의 지원 아래 외국에서 선박을 구입하는 데 착수했다. 처음에는 하트를 중개인으로 내세웠다. 1875년 4월 이홍장은 하트를 통해 영국에서 4척의 포함을 사들이고, 이어 1877년 4척을 더 구입했다. 하지만 그는 하트를 중국 해군을 장악하려는 경쟁자로 생각하기 시작했다(10권의 10장을 참조하라). 이에 이홍장이 다른 사람을 통해 배를 구입하자 하트 또한 이홍장 대신 다른 성의 행정관들에게서 주문을 받았다. 두 사람은 무기 구입과 관련해 합일점을 찾으려고 했으나 — 물론 각기 이유는 달랐다 — 모두 성공하지 못했다.[119] 이홍장은 중국 해안 전역을 방어하기 위한 단 하나의 해군을 두는 것은 정치적으로 전혀 가능성이 없다고 생각했다. 1870년대 중반 이홍장은 본인이 바로 그러한 자리에 가장 적합한 후보자였음에도 불구하고 연해와 양쯔 강 연안의 성들의 수사水師〔해군〕를 관리할 '통수統帥'를 설립하자는 총리아문의 제안에 반대했다. 이홍장은 산산조각 난 육군과 해군의 군제와 씨름하면서 해방과 관련된 주요한 책임을 떠맡아야 할 운명이었다.

1870년대와 1880년대 초 톈진의 이홍장과 난징의 남양통상대신, 푸젠과 광둥의 관원들이 모두 함대 구입 일에 연루되어 있었다. 그 결과 혼란이 일어날 것은 이미 예견되어 있었다. 곧 네 지역에서 각각 독자적으로 함대가 건설되었다. 즉 남양대신과 북양대신, 푸저우 선정국과 양광 총독이 각각 하나의 함대를 지휘하게 되었던 것이다. 또한 소위 '양쯔 강 수사' 같은 일군의 구식 수군도 그대로 남아 있었다. 이러한 해군은 무기와 배와 훈련 정도 등에서 지역 간뿐만 아니라 관구 내에서도 크게 달랐다. 게다가 (하트의 제안에도 불구하고) 중앙 정부의 지침이 없었기 때문에 각 성의 관리들은 종종 교활한 무기상들에게 농락당하기 일쑤였다. 심지어 이홍장조차도 무기상들에게 농락당했다. 유럽과 미국의 무기상들은 이홍장의 아문과 부장들 그리고 서양 고문관들 사이를 부지런히 오갔다.[120]

이홍장의 재원은 많은 사람들의 생각만큼 풍부하지 않았다. 1875년 황제가 허락한 400만 냥의 연간 '해방 경비' 중 1877년 말까지 이홍장이 받은 돈은 200만 냥도 되지 않았다. 각 성마다 좌종당의 신장 전투에 필요한 경비를 제공해야 했기 때문이다. 그럼에도 불구하고 이홍장은 남양 통상대신, 특히 심보정과 협력해 함대를 확장할 수 있었다. 심보정은 원래 남양 해군에서 구입한 4척의 영국제 포함을 이홍장에게 주었다. 1879년 일본의 류큐 병합의 여파 그리고 일리 위기 동안의 러시아 해군의 위협은 1880~1881년 이홍장으로 하여금 2척의 슈테틴형 독일제 철갑선과 1척의 철갑 순양함을 구입하는 것을 황제에게 윤허받을 수 있도록 해주었다. 구입 비용의 출처는 다양했는데 아무튼 '해방 경비'로 들어온 수입, 윤선초상국에서 전에 정부에 진 부채를 상환하는 방식으로 이월해준 100만 냥, 안후이 남부의 염상들이 기부(연납)한 60만 냥, 외교 용도로 따로 떼어놓은 해관 수입에서 '빌린 돈' 등으로 충당했다.[121] 1881년에 주문한 독일 포함들은 청불전쟁 이후에야 도착했다. 한편 이홍장은 또한 만주 남단의 뤼순 항에 대규모 조선소를 건설하려고 했다. 이 항구와 산둥의 웨이하이웨이가 그의 해군 기지로 사용될 예정이었다.

1882년 청 제국은 50여 척의 전함을 자랑할 수 있게 되었는데, 이 중 절반은 중국에서 만든 것이었다. 이홍장의 북양 함대는 소규모 포함 8척, 하트가 영국 암스트롱사에서 구입한 1,350톤급 순양함 2척과 푸저우 선정국에서 만든 2척의 병선을 포함해 12척의 병선을 보유하고 있었다. 이홍장이 1881년 한때 북양 함대의 전대장으로 초빙하려 한 미국 해군 장교인 슈펠트Commodore Robert Shufeldt는 자신이 점검한 영국제 전함을 이렇게 칭찬했다.

> 이 신형 포함들은 해전에 필요한 모든 신식 장비들, 즉 대구경의 최고속 수력 운용 대포, 기관총, 전등, 어뢰, 어뢰정, 쌍둥이 스크루 엔진, 강철 충각함 등을 모두 갖추고 있습니다. 실로 이 북양 함대의 설비는 완벽합니다. 그러나 실제로 위력을 발휘하려면 분명 능력 있는 인원과 체계적인 조직을 갖춰야 할 것입니다.[122]

이홍장도 인재의 중요성을 모르지 않았다. 1872년 미국의 코네티컷의 하트퍼드로 중국의 유학사절단을 파견하는 것을 지지한 것 또한 부분적으로는 그러한 계획이 육군과 해군에 보다 많은 신식 교육을 받은 인재를 제공할 수 있으리라는 바람에서였다. 그러나 미국이 1868년의 벌링게임 조약에서 합의된 것과는 달리 아나폴리스Annapolis[미국 해군 사관학교의 소재지]와 웨스트포인트[미국 육군 사관학교의 소재지]에서 중국인을 훈련생으로 받아들이지 않은 것이 일부 빌미가 되어 1881년에 그는 사절단을 철수하겠다는 총리아문의 제안에 동의할 수밖에 없었다. 1876년 이홍장은 톈진 제조국에 전기 작동 어뢰의 제조를 명령했다. 또 같은 해 '전쟁 기술'을 익히도록 7명의 회군 장령을 독일에 파견했다. 그러나 1870년대 중국 해군 장령의 가장 좋은 공급처는 여전히 푸저우 선정학당의 졸업생들이었다. 비록 강남제조국에도 선박 운용과 관련한 소규모 학습 과정이 있었지만 푸저우 선정국의 '함상과 육상' 훈련이 좀더 철저한 것으로 간주되었다.[123]

1873년 가을에 이르면 푸저우 선정국의 실습 항해과(수선과修船科)를 졸업한 4명의 사관생도가 함장 혹은 항해사(대부大副) 자격을 얻었고, 4명의 다른 생도는 순항 훈련에 나섰는데, 실습을 마치고 돌아오면 그들도 그와 비슷한 계급을 얻게 될 예정이었으며, 그 외 6명은 다음 해 봄에 자격을 얻을 예정이었다. 1년 후 엔진학과(윤기함과輪機艦科)의 졸업생 14명이 푸저우에서 제조한 선박에 파견되었으며, 엔지니어(공정사工程師) 시험에 합격한 7명은 배치를 기다리고 있었다. 이홍장은 중국에서 서양인에게 훈련받은 이들 전문가 집단을 신속히 활용하려 했다. 1877년 이홍장과 심보정의 건의로 30명의 푸저우 선정국 졸업생이 최초로 보다 많은 서양식 훈련을 받을 수 있도록 서양에 파견되었다(10권의 10장을 참조하라). 1879~1880년에 귀국한 그들은 모두 해군 함대와 푸저우 선정국에서 주요한 직책을 얻었다. 몇 사람은 이홍장의 막우가 되었다.

 1875년 이후 푸저우 선정국은 쇠퇴해갔다. 부분적으로는 이곳에서 서양인을 거의 찾아볼 수 없게 된 것에도 원인이 있었다. 초대 선정대신인 심보정과 정일창이 전보된 후 이곳의 행정은 이들보다 훨씬 능력이 떨어지는 사람이 맡았다. 곧 선정국은 무능과 태만과 부패로 비판을 받게 되었다. 그리하여 운용 경비가 축소되었는데, 그것은 베이징과 각 성의 관원들의 관심이 줄어든 것을 반영하는 것이었다. 1881년 중반의 한 칙령은 수년간 비싼 돈으로 훈련받은 중국의 해군 생도들이 배의 운항법조차 모른다는 요지의 보고서를 인용하고 있다. 비록 그러한 비난은 종종 보수파 혹은 파벌 투쟁의 소산이었지만 유럽에서 유학하고 돌아온 일부 푸저우 사관생도들의 자질은 믿을 만한 것이 못 되었다. 이홍장 본인도 이들을 "세련되고 우아함(문수文秀)에서는 남음이 있으나 군인 정신(위무威武)은 부족하다"[124]고 평가할 정도였다.

 그리하여 이제 이홍장은 서양에서 훈련받은 중국 해군 장령과 관련해 좀더 신뢰할 만한 공급처를 찾게 되었다. 1880~1881년 그는 톈진에 본인의 해군 사관학교('수사학당')를 열었다. 초대 학감에는 푸저우 선정학당을 졸업한 옌푸가 임명되었는데, 그는 졸업 후 그리니치에 있는 영국의 해군 사관학교에서 다시 훈련을 받은 인물로 나중에는 서양의 정치사상 저술의 위대한 번역가로서 큰 명성을 얻게 된다. 이 새로운 수사학당의 외국 교관들에는 해관에서 파견된 3명의 관원과 젊은 미국인 알링턴$^{L. C. Arlington}$이 포함되어 있었다. 1882년 이홍장은 하트를 통해 영국 해군 장교 랭$^{William Lang}$의 도움을 받았는데, 랭은 1870년대 이홍장이 주문한 암스트롱사의 배를 중국으로 가져오는 것을 도운 적이 있는 인물이었다. 랭은 이홍장을 위해 거의 2년 동안 북양 함대의 총감독관(총사總查)으로 일했으나 직접 톈진 수사학당에 배치되지는 않았다. 회군 기병대 장령 출신인 정일창 휘하의 일종의 '해군 중장' 이던 그의 주요 임무는 이홍장의 함대에 복무하고 있는 기존의 인원을 훈련시키는 것이었다.[125]

톈진 수사학당의 기본 학과목과 학제는 푸저우 선정학당의 영어반과 비슷했다(10권의 10장을 참조하라). 이 학당에는 1881년에 개설된 갑판학과(가사과駕駛科), 1882년에 개설된 엔진과의 두 과가 있었다. 과거 시험에 매달리고 있는 우수한 인재를 영입하기 위해 이홍장은 이 학당을 알리는 고시告示에서 중국의 새로운 함대는 상층 자제들에게 관계에 들어갈 수 있는 새로운 기회를 마련해줄 것이라는 점을 강조했다. 그는 푸저우 선정국의 졸업생들에 관해 언급하면서 이렇게 지적했다.

> 존경받는 가문 출신의 자제들은 …… 학업을 마친 후 …… 함장이 되었다. 어떤 사람은 2~3급의 관리가 되었을 뿐만 아니라 훈장까지 받았다.[126]

톈진 수사학당의 1기 입학생은 단 3년 만에 졸업했다. 그들은 청불 전쟁으로 비상 상태에 있던 함대에 승선한 채 계속 훈련받았다. 북양 함대는 이 전쟁에 참가하지 않았지만 랭은 영국이 중립 국가였기 때문에 중국 해군 임무에서 물러나야 했다. 임시로 그의 임무를 맡은 사람은 지벨린Siebelin이라는 이름의 독일인이었으나 그는 너무나 무능했다. 랭은 1886년 초가 되어서야 비로소 다시 원래의 자리로 복귀했다.

청불 전쟁과 그 영향

1884~1885년의 청불 전쟁은 중국이 지난 20년 동안 추진한 신식 육해군 계획이 최초로 외부로부터 받은 시험이었다. 중국의 상황은 좋지 않았다. 2년간 육지와 바다에서 간헐적으로 진행된 전투로 인해 중국은 자금, 인력, 설비와 위엄 면에서 큰 손실을 입었다. 결국 안남에 대한 종주권을 상실했으며, 프랑스가 남부의 내지로 상업적으로 침투하는 것을 방치해야만 했다(2장을 참조하라).

그러나 프랑스의 승리는 결정적인 것은 아니었다.[127] 1884년 '비공식적으로' 선전을 포고하기 전의 1년이 넘는 기간 동안 유영복劉永福이 이끄는 흑기군黑旗軍은 때로는 견고한 방어 시설 뒤에 자리 잡거나 아니면 교묘한 매복 등의 전투 방법으로 프랑스의 통킹 만 진출을 효과적으로 저지했다. 1884년 6월 말 좌종당의 부장 출신인 왕덕방王德榜이 이끄는 용영이 작전에 참가해 박레北黎 근처에서 3일 동안 격렬하게 싸운 후 프랑스 군대를 물리쳤다. 8월 초 회군의 명장 유명전이 이끄는 부대 또한 타이완의 지룽基隆 포대들에 대한 프랑스 해군 제독 레스페스Lespès의 공격을 격퇴했으며, 10월 프랑스는 단수이淡水에서도 심각한 패배를 당했다. 1885년 중국은 안남과의 국경에 위치한 전난관鎭南關에서 프랑스 군대를 물리쳤으며(3월 23일), 이후 2주 동안에 중요한 도시인 랑손諒山과 청-안남 변경의 주요 성진들을 빼앗았다. 따라서 일부 사람들의 눈에는 1885년 4월 4일 평화 협정으로 적대 행위가 종결되려 할 때 중국이 승리를 거의 눈앞에 두고 있는 것처럼 보였다.

하지만 실제로 중국의 외교적·전략적 상황은 극히 불리했다. 먼저 조선 문제를 놓고 러시아뿐만 아니라 일본과도 긴장 관계에 놓여 있었으며, 프랑스가 일본이 화북에서 중국을 침략하기 위한 작전을 지원할 계획을 하고 있다는 소문도 떠돌고 있었다.[128] 게다가 중국은 행정과 군수품 보급 면에서 중대한 곤경에 빠져 있었다. 조정의 정책 결정자들은 계속 화전 두 파로 나누어져 있었는가 하면 각 성 차원에서는 문관의 업무와 무관의 업무가 완전 뒤죽박죽되어 있었다. 이러한 혼란은 특히 푸저우에서 분명하게 나타났는데, 1884년 8월 23일 중국에서 만든 11척의 '신식' 함대가 채 1시간도 안 되어 프랑스군에게 궤멸된 것이었다. 푸저우에서의 이러한 궤멸 이후 장쑤의 남양 함대 또한 지도자의 무능, 훈련 부족과 기강 해이 등으로 인해 프랑스 해군 제독 쿠르베의 타이완 봉쇄를 저지하려다 대패하고 말았다.

심지어 중국이 지상전에서 거둔 승리도 얼마간은 속 빈 강정이었다. 예컨대 유영복이 통킹에서 제한적이나마 승리한 것은 한편으로는 흑기군이 비정규전을 통해 치고 빠지는 전술을 구사했기 때문이기도 했지만 다른 한편으로는 프랑스의 우유부단함, 보급의 어려움, 전술상의 실패 그리고 단순한 준비 부족 때문이기도 했다. 1883년 12월 13일~16일 사이 프랑스군이 손타이山西에서 협동 공격을 개시하자 흑기군은 "치명적인 것은 아니지만 무시무시한 타격"을 입었다. 그리고 4

개월 후 프랑스군이 박닌北寧을 점령했을 때 일설에 의하면 유영복 군은 싸우지도 않고 도망갔다고 한다.[129] 심지어 종종 중국이 대승한 것으로 선전되기도 했던 랑손 전투에서도 프랑스군의 패배는 청군의 높은 전투력과 훈련 때문이라기보다는 중국 군대의 압도적인 수적 우위와 프랑스의 보급 문제 때문이었던 것처럼 보인다. 당시의 한 목격자의 증언에 따르면 프랑스의 '쿨리苦力 부대'가 집단으로 도망치는 바람에 프랑스의 네그리에Negrier 장군의 군대는 탄약과 각종 군수품이 크게 부족했다고 한다. 또 다른 사람들에 의해 중국에 동정적인 것으로 간주되고 있던 서방의 한 관찰자에 따르면 랑손 지역의 청군의 장비는 아주 우수했으나 훈련은 거의 되어 있지도 않았으며 제대로 된 지휘도 찾아볼 수 없었다.[130] 따라서 중국의 군사 제도 때문이 아니라 그러한 제도에도 불구하고 승리한 것이라고 할 수 있을 것이다. 예를 들어 중국 측의 사상자는 거의 변함없이 프랑스 측보다 훨씬 더 많았다. 단지 타이완에서만 청군은 프랑스군과 일대일로 싸울 수 있었는데, 그것은 대부분 유명전의 철저한 준비와 몇몇 회군 장교들의 전술 능력의 공으로 돌려야 할 것이다.[131]

청불 전쟁에서 중국 해군이 궤멸된 것은 종종 이홍장 탓으로 돌려져왔다. 비판가들은 만약 그가 북양 함대의 남하 요청을 즉각 받아들였다면 푸저우 함대를 보존할 수 있었을 것이라고 주장한다. 그는 남양대신 증국전과 더불어 전쟁 기간 동안 '지방 본위주의적'이라는 이유로 경고받은 바 있었다. 그러나 화북 방어를 중시하는 이홍장의 입장은 상당히 일리가 있는 것으로, 심지어 장지동도 이를 알고 있었다. 특히 조선에서 일본의 활동이 날로 활발해지고 있는 사정을 감안하면 더욱 그러했다. 게다가 프랑스도 실제로 화북을 공격할 생각을 한 바 있었다. 그들이 그렇게 하지 못했던 것은 부분적으로는 그곳의 이홍장 군대 때문이었다.¹³² 이홍장이 자기 함대를 프랑스와의 싸움에 동원하고 싶어 하지 않은 것은 분명하지만 애국심이 없었던 것은 아니다. 중국을 둘러싼 복잡한 국제 정세와 청의 행정 체계가 프랑스의 도전에 신속하고 통일적으로 대응하는 것을 방해했던 것이다.

해군아문과 북양 해군

중국이 실제로 1884~1885년 프랑스와의 지상전에서 승리했다는 일부 사대부들의 믿음에도 불구하고 중국 해군의 온갖 결함은 노골적으로 폭로되었다. 그리하여 많은 사람들이 보다 집중적인 협동 작전을 포함한 새로운 노력을 요구했다. 이미 1870년에 정계의 최고령 원로인 증국번은 해군의 증기선들을 단일 지휘 아래 둘 것을 제안한 바 있었다.¹³³ 1885년 이러한 제안은 갑자기, 적어도 명목상으로는 실현 가능하게 되었다. 1885년 10월 베이징에 해군아문이 설립되어 순친왕이 '총리해군사무대신總理海軍事務大臣'으로, 경친왕 이쾅奕劻(1836~1916년)과 이홍장이 '회동판리대신會同辦理大臣'으로 임명되었다. 이 '중국 해군 본부'의 조직은 총리아문과 비슷했는데, 결국 이 해군아문에서도 6명의 다른 관리들이 판리대신으로 임명되었으나 9개 부처에서 일하는 30명의 관원들은 대부분 만주인이었다.¹³⁴ 순친왕은 이때 자강 운동에 관심을 기울이고 있었던 것 같다. 그러나 해군아문은 주로 서태후와 서태후의 총신들이 조정이 외형상 타당한 목적을 내세워 각 성에서 거두어들일 수 있는 기금을 이홍장과 나누어 갖기 위해 입안한 고안물이라고 보아야 할 것이다.

그것은 1884년 4월 궁정 정치에서 일어난 일대 사건을 배경으로 하고 있었다. 통킹에서 전세가 역전되어 후퇴하게 된 책임을 물어 한 어사가 공친왕과 군기대신을 공격하자 서태후는 이 기회를 이용해 섭정 자격으로 군기대신 전원을 파직하라는 명을 내렸다. 그리고 예친왕禮親王 세탁世鐸을 우두머리로 하는 5명의 신임 대신을 임명했다. 공친왕은 다른 3명의 총리대신과 함께 총리아문에서도 물러나고, 경친왕이 총리아문을 관할하게 되었다. 순친왕은 어린 광서제의 생부였기 때문에 군기처 혹은 총리아문에 임명하는 것이 적절치 않았으나 서태후는 다시 상유를 발표해 "군기처의 모든 주요한 일은 순친왕과 상의할 것"[135]을 지시했다. 순친왕의 심복 중에는 약삭빠르고 타락한 한림학사 손육문孫毓汶이 있었는데, 그는 서태후의 총애를 받았기 때문에 곧 군기대신에 임명되어[136] 순친왕 본인이 사망한 지 4년 후인 1895년까지 자리를 유지했다.

순친왕은 일리 위기와 안남 위기 때는 '주전파'였지만 과거에 한 번도 해군 일에 관심을 보이지 않았다. 그는 신기영에 지급할 서양식 무기를 구입했으나 1881년에 가서야 비로소 철도, 기계식 채광에 대해 양면적인 관심을 보이기 시작했다.[137] 해군아문을 창설하기로 한 그의 — 그리고 서태후의 — 결정은 분명히 1885년 9월 3주 동안 베이징에 체류한 이홍장의 영향 때문으로, 이때 그와 관련된 계획에 대해 마침내 결정이 내려졌다.

이홍장은 함대와 관련 설비의 유지 및 건설에 급박하게 자금이 필요했다. 이미 4월에 이토 히로부미와 톈진 조약을 체결해 조선 문제를 해결했으나 그는 여전히 중국과 가장 가까운 속국을 둘러싸고 일본과 충돌하는 것은 단지 시간문제라고 확신하고 있었다. 순친왕 또한 조

선의 중요성쯤은 알고 있었지만 이복형제이자 정치적 경쟁자인 공친
왕이 사치스러운 정원과 궁궐을 갖고 싶어 하는 서태후의 의도에 반
대하다가 그녀를 대로케 했다는 사실을 너무 잘 알고 있었다. 1880
년대 초 이홍장은 '해방 경비'로 각 성으로부터 매년 겨우 약 60만 냥
밖에 받고 있지 못했다.¹³⁸⁾ 그는 조정의 지지를 받고 있는 해군아문을
각 성으로 하여금 궁궐의 건축 사업비 말고도 해군 사업 비용을 위해
좀더 많은 기금을 조달하도록 강요할 수 있는 좋은 수단으로 바라보
았다. 이에 이홍장에게는 황제 본인과 대대적으로 결탁하는 것 말고
는 달리 대안이 없었다.

　이에 황제는 옛날에 정한 '해방 경비' 400만 냥 전액을 해군아문
에 내도록 각 성에 압력을 가하면서, 심지어 녹영군과 용영의 군사비
를 줄이고, 해군의 전투용 정크선과 낡아서 쓸모없게 된 기선을 줄여
서라도 반드시 그렇게 하라는 조칙을 내렸다. 이 외에도 '해방 기부금
(해방연海防捐)'의 신설을 선포했다. 이러한 목적으로 공개적으로 매관
매직이 이루어졌으며, 일부 관원들에게는 승진을 위해, 심지어 과거
의 비행을 용서받기 위해 기금으로 '황제의 은혜에 보답하라報效'고 부
추기기도 했다.¹³⁹⁾

　서태후의 최우선 관심사는 먼저 자금성紫禁城 서쪽의 싼하이三海 —
베이징 중심에 있었다 — 주변의 많은 누각을 가진 정원을 수리하는
것이었으며, 다음에는 자금성 북서쪽에 새로운 여름 별궁을 짓는 것
이었다. 이미 1885년 6월에 그녀는 불운한 숭후를 포함해 4명의 부유
한 만주 고관들에게 '건축 사업'을 도울 것을, 즉 돈을 기부할 것을 명
령한 바 있었다. 이들 4명의 귀족과 다른 사람들이 공동으로 출자한
돈은 24만 냥이었다. 1886년 1월의 상유에서는 공개적으로 싼하이 건

설 사업을 위해 월해관 감독에게 경비 지원을 요구했을 뿐만 아니라 해군아문에도 '차관' 형태로 지원을 요구했다. 순친왕은 12월 이홍장에게 "신기영과 해군아문"은 함께 이미 당시까지 조성한 220만 냥 중 75만 냥을 제공했으나 지원池苑 공사에는 더 많은 돈이 필요하다는 편지를 썼다. 따라서 순친왕은 이홍장에게 보다 많은 자금을 마련해줄 것을 요구했다. 그는 이홍장이 "경사수사조학당京師水師操學堂 건립 명목이든 아니면 [이홍장의] 본부의 이런저런 계획을 명목으로 내세우든" 70만 냥의 외국 차관을 주선해주길 바랐다. 이홍장은 겨우 동의했으나 그는 분명 본인의 함대에 사용하기 위해 22만 7천 냥의 기금을 추가했던 것 같다. 당시 북직예에서 이홍장의 철도 계획 — 이 계획은 해군아문의 찬성으로 진행되고 있었다 — 을 책임지고 있던 오정방의 주선으로 독일화태은행獨逸華泰銀杏, Berliner Handels Gesellschaft의 톈진 지부에서 이 기금을 제공해주었다. 총 500만 마르크에 연 5.5%의 이율로 빌린 이 돈은 15년 거치로 톈진, 뉴좡과 즈푸의 해관 수입으로 갚기로 합의되었다.140) 이홍장은 마침내 외채를 통해서는 기금을 조성하지 않는다는 자신의 원칙을 포기했다. 하지만 오직 조정의 명령으로 그렇게 했을 뿐이다.

한편 이홍장은 매년 해군아문에서 약 150만 냥(일부는 직접 톈진으로 전달되었지만 해군아문 장부에 기록되었다)에 달하는 자기 몫을 받았다. 그는 또한 특별 경비가 필요할 경우 해군아문에서 이보다는 액수가 적은 경비를 비정기적으로 받았다. 1886~1887년 사이 이홍장은 각각 주영 공사와 주독일 공사이던 증기택과 허경징許景澄을 통해 2척의 영국 신형 순양함과 2척의 독일 순양함을 구입했다(전 주독일 공사 이봉포는 이홍장이 처음으로 3척의 독일 전함을 구입할 때 개인적으로

너무 많은 수수료를 받았다고 탄핵받아 1884년에 해직된 상태였다).[141]
1888년 새로운 순양함들이 톈진에 도착하자 이홍장은 '북양 해군 장정'을 제정해 함대를 재정비했다. 이 장정의 내용은 영국 해군의 관행, 용영의 각종 제도와 녹영군의 용어를 결합한 것이었다. 제독 정여창 밑에 좌우익 '총병總兵'을 두어 각각 7,430톤급의 장갑함을 지휘하도록 했다. 2,300~2,850톤급에 달하는 순양함은 '부장副將'이라는 직함을 가진 지휘관이 이끌도록 했다. 총병과 부장들은 비록 제독의 명령을 따라야 했지만 모두 일단 승선한 다음에는 '지원위원支援委員' 뿐만 아니라 훈련생들에 대해 전권을 갖고 있었다.[142] 장갑 전함 2척, 순양함 7척, 포함 6척, 어뢰정 6척을 갖춘 북양 함대는 대규모 함대였다.

하지만 이홍장은 비록 일본이 보다 새롭고 개선된 모델의 전함들을 구입하고 있다는 것을 알고 있었지만 더이상은 함대를 확충할 수 없었다. 이홍장이 안고 있는 가장 큰 문제는 경비였는데, 서태후가 베이징 서북쪽에 새로운 여름 별궁 ― 이화원이라는 이름을 붙일 예정이었다 ― 을 건축하려는 계획에 해방 경비를 전용했기 때문이다. 서태후가 이 계획에 해방 경비를 정확히 얼마나 전용했는지는 알 수가 없다. 그러나 우리는 1888년 11월 순친왕이 이홍장에게 보낸 편지에서 몇몇 성의 총독과 순무들과 교섭해 총 200만 냥을 거두어 톈진의 서양 회사들에 예탁하고 그 이자를 앞으로의 이화원 건축에 사용할 수 있도록 해줄 것을 요구한 것을 알 수 있다.[143] 하지만 그것은 단지 시작에 불과했다. 왜냐하면 1891년 3~6월 황제는 이화원 건축에 필요한 경비를 '해방연'과 해외 사절단을 위해 할당된 경비에서 사용할 것을 공공연하게 건의한 해군아문 자체의 상주문을 비준했기 때문이다. 이미 1888년 3월 광서제 본인이 건륭제가 모친에게 해드렸던 것처럼 '황모'를 위해 적절한 환경을 만들어 만년을 즐겁게 해드리는 것이 바로 자기의 바람이라는 상유를 발표한 바 있었다.[144] 황실의 윤리는 분명히 효도를 다한다는 명분을 내세운 이상 자금을 그렇게 교묘하게 전용하는 것을 얼마든지 허용할 수 있었다.

한편 북양 해군은 1889~1890년 사이 계속 매년 총 약 130만 냥을 받았는데, 이 액수로는 보유한 함대와 설비 및 인원을 유지하기에도 힘들었다. 1890년 뤼순의 해군 기지에는 400피트 길이의 전석磚石* 선거船渠가 설치되었는데, 동력은 증기로 공급되었으며 25피트 깊이로 준설된 항구를 굽어보고 있었다. 이 공정에 들어간 총 경비는 300만 냥이 넘었다(주요 공정은 프랑스 회사에 의해 이루어졌다). 하지만 이 때문에 이홍장은 자기 함대를 한 척도 늘릴 수 없었다. 서태후의 요구가 분명히 끊임없이 늘어나고 있었고, 또한 그의 이 여름 궁전 건설로 이익을 얻고 있던 수많은 아첨꾼들 때문에 해군아문은 조정에 "모든 함대와 무기 구입을 중단하자"[145]고 건의했다.

하지만 경비 부족이 이홍장의 해군이 직면하고 있던 유일한 어려움은 아니었다. 경비를 마련하고 자기 권력을 유지하면서 또한 이홍장은 뛰어난 인재에 대한 점증하는 수요 문제도 해결해야만 했다. 푸저우 선정국이 쇠퇴함에 따라 이홍장의 톈진 수사학당은 하급 해군 군관의 주요 양성소로 바뀌었다. 1888년 이홍장은 1886년 초에 중국으로 돌아온 랭Lang의 도움으로 수사학당을 개편했다. 개정된 수사학당 규정은 중국 해군을 서양 방식으로 훈련하겠다는 의지를 보여주고 있다. 입학 조건은 엄격해졌으며, 과정 또한 (27개월의 승선 훈련을 포

전석: 동양의 건축 용재의 하나로 벽돌이나 타일과 비슷하다. 흙을 구워 방형 또는 장방형으로 넓적하게 만들며, 건축물 또는 분묘 따위의 벽이나 바닥 등에 쓰였다.

함해) 6년 9개월로 연장되었고, 정기적인 시험도 치러야 했다. 또 포상과 징계, 승진과 해군 예절 등도 상세히 규정했다. 졸업생들은 모두 천총干總[영국 군제로 하면 해군 중위] 후보 자격을 얻었다.146) 뤼순, 웨이하이웨이, 다구와 그 외 북해 연안의 각지에 '선박과 연해' 훈련 설비가 마련되어 있었다.

하지만 중국의 일부 고급 군관들은 거들먹거리기를 좋아하고 툭하면 음모를 꾸몄다. 푸저우 선정국 출신의 선임 장교들과 비非푸저우 출신의 선임 장교들 간에는 상당한 긴장감이 존재했다. 일부 고급 군관들은 랭의 뛰어난 일 처리에 대해 불만을 드러냈는데, 랭은 이들을 '우매하고 시기심이 강한 사람'147)으로 보았다. 이러한 긴장 관계에다 중국 군대에서의 랭의 지위가 모호했던 것이 겹쳐 한 가지 사건이 일어났는데, 그것이 결국 1890년 그를 물러나도록 만들었다. 랭의 사직은 극히 불행한 일이었다. 그의 사직으로 중국 학생들은 영국 해군 학교에서 쫓겨났을 뿐만 아니라 북양 해군의 사기도 떨어지게 되었다. 하트는 비록 랭 본인의 융통성 없는 태도가 문제를 자초한 것을 알고 있었지만 랭의 사직을 비통해 마지않았다.148)

한편 각 성에서도 이때 해군 훈련을 개선하려고 시도하고 있었으나 재원은 당연히 이홍장보다 훨씬 더 적었다. 광저우에서 총독 장지동은 1887년 광동 수륙사학당廣東水陸師學堂을 개설했는데, 회군 장령 출신으로 총독이던 장수성張樹聲이 1881년 황푸黃埔에 개설해놓았던 기왕의 훈련 학교를 기초로 했다. 비록 이론상으로는 해군과 육군의 훈련이 다 같이 중요하다고 생각했지만 실제로 광동이 연해에 위치해 있었기 때문에 장지동은 해군을 더 중시했다. 황푸 학당의 해군 관련 규정은 푸저우 선정학당과 톈진 수사학당을 모델로 한 것이었으며, 이 두 학교에서 초기의 일부 직원과 학생을 데려왔다. 10년 동안 푸저우 학감을 지냈으며, 아울러 이홍장을 도와 톈진 학당을 세운 오중상吳仲翔이 장지동이 개설한 학당의 해군 분야의 초대 학감이 되었다. 비록 해군 분야에는 1887년 개설 당시 70여 명이 넘는 학생이 있었으며, 이후에도 푸저우에서 적어도 37명의 학생이 왔지만 1893년경에는 겨우 총 25명의 사관생도만 남아 있게 되었다. 재정 부족이 부분적으로는 보조금 지급 입학생의 숫자를 급감시킨 원인으로 작용했을지 모르지만 전통 유학과 해군 기능을 동시에 중시한 장지동의 입장이 많은 학생들의 마음을 심란하게 했던 것 또한 틀림없다. 그는 "근본을 튼튼히 하기" 위해 학당에서 매일 경서를 숙독할 것을 요구했다. 이홍장의 톈진 학당에서는 학생들의 과거 시험 참가를 허락하지 않은 반면 장지동은 허락했다. 그럼에도 불구하고 1889년 말 장지동의 이임은 이 학당에 심각한 퇴보를 가져왔다. 장지동의 후임인 이한장은 학당 확장 계획에 반대했으며, 1892~1894년 악명 높은 보수주의자인 광둥 순무 강의剛毅는 의도적으로 학당 운영을 방해했다. 강의의 임기 동안 광저우 수사학당은 문을 닫았고, 서양 교관들도 해임되었으며, 따라서 광둥의 근대식 소형 함대 또한 영원히 닻을 내리고 있을 수밖에 없었다.[149]

1887년 베이징의 이화원 부근에 해군아문의 지출이 합리적으로 이루어지고 있음을 증명하기 위해 소위 쿤밍 호 수사학당昆明湖水師學堂이 설립되었는데, 이 학당은 40여 명의 만주족 학생을 훈련시켜 톈진 수사학당에 보내는 예비 학당의 성격을 갖고 있었다. 1890년 증국전이 뒤늦게 난징에 설립한 남양 수사학당은 그렇게까지 형편없지는 않았다. 톈진 학당을 모델로 한 이 남양 학당은 남양 함대에 장교를 공급해주는 것을 목표로 하고 있었다. 자료에 따르면 남양 학당의 입학 자격

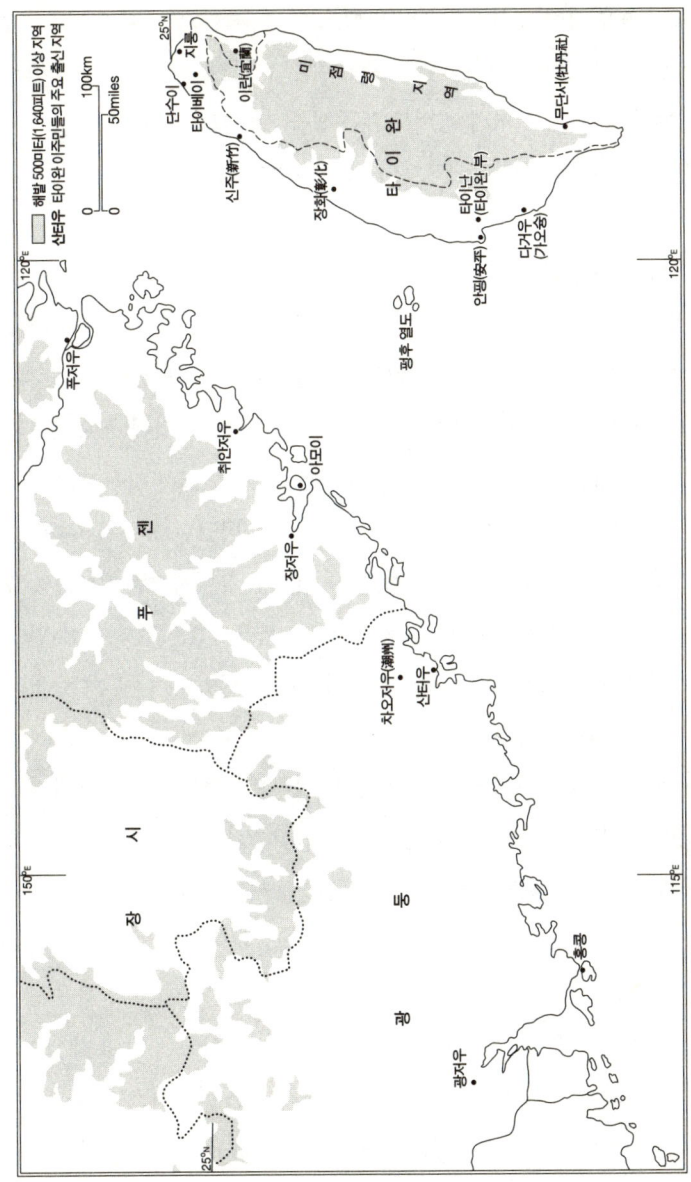

〈지도 12〉 19세기 말의 타이완

은 아주 엄격했고 과정도 광범위했으며 교사들(일부는 톈진 학당 졸업생들이었다) 또한 능력을 갖추고 있었다. 하지만 우수한 학생을 받아들이지 못했고, 분명히 경비도 부족했을 것이다. 이 학당의 제1기 사관생도들은 청일 전쟁 이후에야 겨우 졸업할 수 있었다.150)

타이완의 유명전

1885년 청조는 또 다른 해방 강화 조치를 취했다. 10월 12일 해군아문의 설립을 선포하던 바로 그날 이제까지 푸젠 성에 소속되어 도대가 다스리던 타이완을 별도의 성으로 승격하고 유명전을 초대 순무로 임명한다는 상유가 포고되었다. 회군 장령이었던 유명전은 태평군과 염군을 물리치는 데 큰 역할을 한 것으로 유명했으며 1884~1885년의 청불 전쟁 기간 동안 타이완 방어를 책임지고 있었다. 1884년 그는 푸젠 순무로 임명되어 타이완에 주둔하고 있었다. 이제 그는 청 제국의 20번째 성의 순무로 임명되었다(푸젠 순무직은 푸저우에 주둔하고 있는 민절 총독이 겸임했다). 유명전은 타이완의 행정 인사, 특히 군사 방면의 인사를 전적으로 책임지게 되었다.151) 청 조정은 뒤늦게야 타이완의 전략적 중요성과 경제적 잠재력을 깨달았던 것이다.

청조가 1683년 정성공鄭成功의 후손들을 타이완(포르투갈인들은 이 섬을 포르모사라 불렀다)에서 물리친 후 거의 2세기 동안 이 섬은 만주 조정에게는 포기할 수 없는 변경 지역이었다. 이곳은 반대 세력들의 피난처로, 얼마든지 반청 기지로 변할 수 있는 지역이었기 때문이다. 하지만 조정은 중국 본토 사람들이 타이완으로 건너가는 것을 규제하는 금령을 엄격하게 집행할 수 없었다. 18세기 중반의 그곳의 기록을 보면 타이완에는 부패가 만연하고 법령은 거의 집행되고 있지 않았으며 그나마도 주기적인 반란 진압으로 중단되기 일쑤였던 것을 알 수 있다. 아편전쟁 동안 영국이 지룽을 포격하고 1860년대 초 단수이와 다거우打狗(지금의 가오슝高雄)가 조약항으로 개항되었을 때도 베이징 조정은 이 섬의 중요성을 거의 깨닫지 못하고 있었다. 그러나 1874년 일본이 타이완을 침략하자 일부 정치가들은 타이완 방어가 절실하다는 것을 깨닫게 되었다. 1874년의 위기 동안 흠차대신을 맡았던 심보정은 타이완에 1년 간 머물면서 우선 연해에 포대를 설치하고, 지룽에 기계로 채광하는 광산을 설립하려고 했다. 1875~1877년 동안 푸젠 순무 정일창은 타이완 문제에 큰 관심을 가졌으며, 1876~1877년 겨울과 봄 사이에 타이완 전역을 순찰했다. 그는 지룽 광산의 첫번째 기계 채광을 목격했다. 1877년에 타이완 부府(타이난臺南)와 다거우 사이에 30마일의 전선이 가설된 것은 그 덕분이었다. 정일창은 타이완을 화남의 해군 기지로 만들고 아울러 남북을 잇는 철도를 열어 전시에 병사를 운반하려는 야심 찬 계획을 갖고 있었다. 조정은 원칙적으로 그의 생각에 동의했지만 어떠한 재정 지원도 해주지 않았다. 아울러 푸젠 재정을 책임지고 있는 민절 총독으로부터도 한 푼도 지원받지 못했다. 타이완의 녹영병을 점검하던 정일창은 많은 '현지 병사들'이 병적 대장에 이름만 허위로 올려놓는 등 부패가 만연해 있는 것을 발견했다. 이에 그의 탄핵으로 적어도 총병과 1명의 부장을 포함한 10명의 녹영 군관이 파직되었다. 하지만 정일창 본인은 타이완에서 시행하려고 한 자신의 혁신안들이 실현될 가능성에 대한 모든 환상을 버리게 되었다. 1875년부터 그는 사대부들로부터 이홍장보다 더 악랄한 공격에 시달리게 되었는데, 특히 철갑 전함의 필요성을 강조하고 서학을 제창하고 있다는 이유로 비판받았다. 결국 그는 병을 핑계(사실이기도 했다)로 푸젠 순무직에서 사임할 것을 주청했으며, 1878년 4월 황제는 이를 허락했다.[152]

타이완에 대한 정일창의 꿈은 신임 순무인 유명전이 물려받게 되었다. 청불 전쟁 후 타이완에 부임한 유명전은 정일창보다 훨씬 더 많은 재정 지원을 받았다. 1886~1889년 사이 단수이와 다거우(그리고 이들의 '외항'인 지룽과 안핑安平)의 해관 수입은 매년 45만 냥에 달했으며, 이후에는 그보다 약간 더 늘었는데, 이것이 모두 타이완의 군대 유지 비용으로 할당되었다. 1885년 조정은 5년을 기한으로 여기에 매년 80만 냥을 더 지급했다. 이러한 액수는 푸젠 성의 기금과 푸저우 해관에서 44만 냥, 상하이, 주장九江, 한커우, 닝보, 광저우 등의 해관에서 36만 냥을 출자한 것이었다.[153] 그러나 유명전의 총수입은 여전히 풍족한 것은 아니었는데, 그의 야심 찬 계획에 비하면 특히 더 그러했다. 비록 좀더 신중한 한 현대 학자의 말에 따르면 5년간에 걸친 그의 순무직 기록은 "기껏해야 잡다하다고 할 수밖에 없는"[154] 것이었지만 그는 당시의 외국인들로부터는 '비범한 중국 관원'이라는 칭찬을 받았다.

군비의 중요성을 주장하는 이홍장의 제자였던 유명전은 즉각 유럽과 미국의 상사들을 통해 다량의 대포와 라이플 총을 주문했다. 유명전이 부임하기 전 심보정과 정일창 등이 이미 대포를 타이완과 펑후彭湖의 요새에 설치했다. 1856년부터 3년 동안 유명전은 타이완과 펑후 포대에 31문의 새로운 암스트롱사 대포를 추가로 설치했다. 이 중 약 2/3의 대포의 구경은 9~12인치였다. 또 1만 정의 후장식 라이플 총을 구매했고, 타이완 부근에 병기창을 건설할 계획을 세워 1886

년 2만 냥 이상을 들여 공장을 세웠으며, 8만 4천 냥을 들여 기기, 금속, 보다 많은 라이플 총과 탄약을 구입했다. 1명의 독일 공장장의 감독 아래 약 300명의 노동자가 일하고 있던 새로운 병기창에서 생산한 포탄과 탄약은 유명전 부대에 제공되었다. 아울러 1877년 타이완에 철도를 부설하려는 유명전의 계획이 실행에 옮겨졌을 때 기기제조국은 더할 수 없이 효과적이라는 것이 입증되었다.[155]

이미 유명전은 1886년 타이베이와 타이난 사이에 전보를 설치하고, 타이완-펑후-푸젠을 연결하는 해저 전신망을 설치하려 했다 — 이 모든 계획은 군사적으로 반드시 필요한 것으로 간주되었다. 각각 독일의 텔게^{Telge} 양행, 영국의 자딘-매디슨사와의 계약에 따라 두 선로는 마침내 이홍장이 톈진에 '전보총국'을 설립한 지 5년째 되는 해인 1887년에 완성되었다.[156]

비非사대부 출신의 장령이었던 유명전은 태평천국 및 염군과 싸울 때처럼 쉽게 서양 무기를 받아들였을 뿐만 아니라 자기 부대를 서양식으로 훈련시켜야 한다는 것을 절실히 느끼고 있었다. 유명전은 타이완의 녹영병이 청조의 군대 중 최악이라고 생각했다. 1884~1885년 사이 녹영병은 병적부상으로는 1만 4천 명이었으나 실제로는 4,500명에 불과했다. 이에 유명전은 우수한 일반 사수 중에서 새로 장령을 선발해 훈련을 새롭게 시작했다. 그는 타이완의 용영군에 대해서도 만족하지 않았다. 그는 1885년 상군과 회군은 "강한 쇠뇌가 되었지만 그것의 힘은 이미 소진되었다"고 상주했다. 그는 새로운 훈련이 절대적으로 필요하며, 특히 후장식 소화기들이 도입된 이상 그것이 더욱더 절실하다고 보았다.

대포와 총의 가늠쇠가 정확하게 맞추어져 있지 않으면 목표물의 원근과 고저를 맞출 수 없다. 이는 이로운 총을 갖고 있으나 실제로는 없는 것이나 마찬가지다.[157]

1885년 말 타이완에는 원래 좌종당의 부장으로 1881~1885년 사이 타이완 도대였던 유오劉璈의 통솔 아래 16영의 초용楚勇이 있었다. 유명전은 곧 유오의 초용을 접수해 자신이 타이완으로 함께 데리고 온 10영의 회군에 편입시켰다. 회군의 보충병은 주로 유명전의 고향인 안후이 성 허페이合肥에서 충원되었는데, 이리하여 그는 1888년 총 43개 영, 22,000여 명의 병사를 거느리게 되었다. 두 명의 유럽 교관이 그의 부대를 훈련시켰다.[158]

유명전은 규정된 5년이 지나면 더이상 매년 80만 냥의 세수 지원금에 의지할 수 없다는 것을 잘 알고 있었다. 하지만 그는 농지의 실제 소유주들로 하여금 더 많은 세금을 내도록 함으로써 경비 수입을 증가시킬 수 있는 방법을 찾아냈다. 이러한 개혁은 무엇보다 먼저 지적 조사를 필요로 했다. 그런데 이러한 작업은 새로 성으로 승격한 신장과 타이완을 제외하고는 청대에는 성 차원에서는 한 번도 이루어진 적이 없었다. 중국 농촌의 기득권 집단들이 얼마나 완고한지를 잘 알고 있던 이홍장은 직예 총독이 된 1870년 "성 전체에 대한 토지 조사는 전혀 실시할 수 없다"[159]고 단호하게 말한 바 있다. 그러나 1886년 유명전은 바로 그러한 토지 조사를 실시했는데, 그 결과 타이완의 농지세는 18만 3,366냥에서 1888년에는 67만 4,468냥으로 늘어났다.

이보다 2년 전에 유명전은 타이베이와 타이난에 각각 하나씩 '토지 측량국(청부국淸賦局)'을 설립해 가호家戶마다 토지 조사를 실시해 도

책圖冊으로 만들었다. 실제로 2세기 동안 타이완 해협을 건너 온 이주민들의 선구적인 정착의 성과들을 이용하고 있었던 셈이다. 정부는 18세기 초부터 상대적으로 소수의 사람들(일부 사람들은 타이완 전역에서 4만 명이었다고도 한다)에게만 넓은 농지를 개간할 수 있는 특권을 부여했다.[160] 그러나 이러한 특권의 소유자 중 막상 실제로 본인이 개간에 종사하는 사람들은 거의 없었다. 대신 그들은 땅을 개발자들에게 나누어 주고, 다시 이들이 소작인들에게 임대했다. 이주민이 대규모로 들어오면서 지가가 앙등하자 많은 개발자들은 사실상 대규모의 부재지주 — 성에 살면서 전호에게 40~60%의 현물 지조를 받았다 — 로 변했다. 타이완에서는 이들을 '소조호小租戶〔말 그대로 소규모 지조를 받는 가구〕'라고 불렀다. 이들 소조호들은 매년 원래 받은 토지에서 거두어들인 수확물의 약 10%에 해당하는 세금을 '대조호大租戶'에게 납부해야 했다. 전통에 따르면 오직 대조호만이 세금을 냈다. 그러나 타이완의 청 관료들이 무능하기로 악명 높았기 때문에 대조호는 종종 얼마 되지도 않는 조세를 면제받을 수 있었다. 예컨대 유명전은 단수이 현 전체의 토지세가 780냥에 불과한 것을 발견하고 아연실색했다! 게다가 많은 대조호가 몰락했으며, 종종 신사 지위를 가진 대지주인 소조호는 전혀 세금을 내지 않았다.

적어도 타이완 북부에서 유명전은 신사 영수들의 협력을 얻어 토지 개혁을 순조롭게 진행할 수 있었다. 실제 토지 소유자인 소조호에게 지계地契〔토지 소유권을 증명해주는 문서〕를 발급해 매년 그들의 토지에 비추어 세금을 거두었다. 원래의 개간 특권은 이론적으로는 유효했으나 소조호가 매년 지불하는 지조는 40%로 낮아졌다. 타이완 북부에서는 이미 1888년에 이 새로운 제도가 시행되었다. 하지만 이러한 개혁은 부분적으로는 토지 조사 과정에서의 병폐로 말미암아 타이완 중부와 남부에서는 저항을 받았다. 1888년 장화彰化에서 이 지역 지주인 시구단施九緞의 주도로 심각한 봉기가 일어났다.161) 비록 새로운 세법은 마침내 중부의 평원에서도 실시되었지만 유명전은 어쩔 수 없이 남부의 좀더 완고한 기득권 집단과는 타협해, 대지주와 소조호가 새로 평가된 지조를 공동으로 부담하고 토지 소유권은 대조호가 그대로 유지한다는 데 동의해야만 했다.

한편 유명전은 타이완의 상업 재원을 개발하려고 했다. 그는 각종 이금세를 부과했다. 하지만 외국 상인들의 반대로 많은 종류의 이금 징세를 중단해야 했다. 그는 외국 상인들에게 장뇌樟腦 수출에 대해서는 이금을 면제했으나 산 위에 위치한 모든 장뇌 증류소에는 세금을 부과했다. 이상의 수입원 외에 유명전의 통치 아래 해관세, 평여平餘(동전으로 전부田賦를 납부할 경우 은전으로 환산할 때 생기는 환차익) 등으로 거두어들인 타이완의 수입 총액은 심지어 1889년 각 성의 '협향'이 종료된 후에도 212만 냥에 달했다.162)

유명전은 이처럼 여전히 제한된 재원으로 철도, 해운, 석탄광, 서양학당, 군대 훈련을 위한 외국인 초빙 등 많은 개혁 계획을 추진했다. 그러나 불행히도 중국 전체가 일본과의 전쟁을 준비하고 있었어야 할 때에 유명전의 군대는 타이완의 밀림 산악 지역의 '흉번凶番'을 소탕해야 했다.

타이완 토착민과 한족 이주민들 사이의 충돌도 피할 수 없었다. 1880년대 이주민들이 약 250만 명으로 증가하자 자연히 구릉지대의 가경지를 둘러싸고 다툼이 발생했는데, 이에 산지 토착민들은 죽거나 쫓겨나거나 정복되었다. 타이완에 온 기존의 탐관오리들은 결코 합리적인 '산악 정책'을 실시할 수 없었다. 이주민들과 '토착인들' 간의 충돌은 끊임없이 계속되었다. 소화기를 구입하고 산악의 요지에 진을 친 채 토착민들은 종종 아래쪽의 평지를 습격해 한족 이주민들을 살해하는 것으로 보복했다.[163] 유명전은 한편으로는 그들에 대한 토벌을 용이하게 하기 위해, 다른 한편으로는 장뇌와 목재를 얻기 위해 동쪽 해안에서 산맥을 가로질러 서해안의 장화에 이르는 도로를 건설했다. 전투가 격렬해짐에 따라 수백 명의 병사들과 회군 최고의 장령 몇 명이 말라리아 발병 지역에서 병으로 목숨을 잃었다. 유명전은 타이완에 재임하고 있는 동안 '야만인들'을 총 40차례 공격했다. 기관총과 야전포를 사용했지만 그의 부대는 크게 패했다. 예컨대 1889년 이란伊蘭 부근 전투에서는, 심지어 유명전의 생질을 포함해 273명의 병사와 장교가 전사했다. 청군의 사기는 낮았다. 산과 들에서는 전리품을 거의 찾아볼 수 없었기 때문이다.[164] 이러한 점에서 토착민에 대한 이번 공격은 태평천국, 염난 또는 회란 전투와는 완전히 달랐다.

    순무 유명전은 성실하고 혁신적인 사람이었다. 1885년 그는 도대인 유오를 부패 혐의로 탄핵했는데, 이 때문에 타이난 지역의 관료와 지주들의 저항을 받았다. 1886년 그는 자질이 뛰어난 문관들을 타이완에 임명하기 위해 신장에서와 마찬가지로 타이완에서 3년 이상 뛰어나게 근무한 모든 관료들에게는 대륙으로 돌아가면 승진 우선권을 줄 것을 조정에 상주했다. 유명전은 또한 이부吏部에서 준비한 관리 명부 중에서 지부와 지현을 선발해야 했다. 그러나 그는 1888년 타이완의 특수한 환경에 비추어 10년 동안 이곳의 지현들은 순무의 추천으로, 특히 지적 조사 경험을 가진 관료들 중에서 뽑을 것을 요청했다. 이부는 10년이라는 기간은 너무 길다고 생각했지만 황제는 그가 3년

동안 지현들을 선택하도록 했다.[165]

이홍장과 마찬가지로 유명전은 새로운 사업을 관리하기 위한 특별 기구인 '국'을 설치했다. 그러나 1889년 조정은 각 성에 그러한 국의 숫자와 인원을 축소하고 없어서는 안 될 국의 경우에는 정기적으로 재정 상황을 호부에 보고하라는 1885년의 상유를 강조해서 반복했다.[166] 당시 조정의 정책은 사실상 이화원 건축에 집중되어 있었기 때문에 유명전의 혁신안들은 거의 청조의 지원을 받을 수 없었다. 심지어 이홍장의 윤선초상국은 1870년대에 빌린 정부 차관을 1880년대에 갚아야만 했다.[167]

1890년에 이르면 유명전은 전임인 정일창과 마찬가지로 희망을 잃어가고 있었다. 심지어 그의 탁월한 지적 조사 사업도 1888년의 반란을 촉발했다는 이유로 어사들의 공격을 받았다.[168] 유명전은 상무국商務局을 설립했는데, 타이완 정부 자금과 개인들의 출자금, 특히 싱가포르의 화교들의 출자금으로 경비를 조달했다. 비록 상무국에는 1888년 당시 두 척의 신형 영국제 윤선이 있었으나 외국 상사들, 그리고 심지어 윤선초상국과도 경쟁하게 되면서 점차 자본을 잃어갔다. 1888년 유명전은 지룽의 유명한 탄광을 정부 기구(관판官辦)인 지룽 관매창基隆官煤廠으로 개편했다. 하지만 운용 자금이 없었기 때문에 유명전은 한 영국 상인의 140만 냥의 투자를 받아들이려고 했다. 20년 동안 그의 기업이 기계식 등유 추출뿐만 아니라 타이완의 석탄을 독점한다는 조건이었다. 그러나 베이징은 이러한 조건을 허락하지 않았다. 유명전은 지룽 탄광을 구하기 위해 1890년 6월 황제에게 새로운 제안을 올렸다. 광둥인이 이끄는 일군의 중국 상인 집단에게 탄광의 운영을 맡기자는 것이었다. 타이완 정부는 늘어난 자본의 1/3을 공급한 다음,

발생한 이익 중에서 그에 상응하는 몫을 나누어 가질 예정이었다. 조정에서 이미 거부한 제안을 다시 올렸다는 이유로 총리아문뿐만 아니라 호부에서도 심한 질책을 받은 것을 보면 조정에서의 유명전의 위상이 — 그리고 또한 그의 후원자인 이홍장의 영향력도 — 얼마나 떨어졌는가를 가늠할 수 있을 것이다. 조정은 투자자들의 배후에 외국인들이 있는 것으로 의심했던 것이다. 1890년 10월 조정은 유명전을 '혁직유임革職留任(직위에서 해임시키되 임무는 그대로 맡긴다)' 시켰다.[169]

1891년 6월 타이완 순무직에서 물러난 그는 아마 한 가지는 위안으로 삼을 수 있었을 것이다. 1880년부터 그는 타이완의 철도 건설을 힘껏 주창해오고 있었는데, 1887년 황제에게서 이에 대한 허가가 떨어졌다. '관독상판'으로 이루어진 철도 건설은 유명전의 초상국에서 화교들로부터 100만 냥을 모아 이루어진 것이었다. 작업은 아주 느리게 진행되었지만 1891년 6월 타이베이-지룽 사이의 20마일의 궤도 중 15마일을 완공했다. 2년 후 유명전의 후임 순무인 소우렴邵友濂에 의해 타이베이-신주新竹 사이에 42마일의 철로가 완공되었다.[170] 이처럼 시작은 아주 느렸지만 1894년 당시 타이완을 포함해 중국 전체의 철로는 319마일에 지나지 않았다. 이홍장이 직예에서 257마일의 철로를 건설하는 데도 20년이나 걸렸을 정도였다.

무비학당과 그 문제점

중국 최초의 육군 훈련 학당인 톈진 무비학당天津武備學堂은 톈진 수사학당의 설립 5년 뒤인 1885년에 이르러서야 비로소 설립되었다. 왜 이렇게 뒤늦게 설립되었는지는 이해하기 어렵다. 특히 1870년대에 이홍장이 유럽과 미국에 유학생을 보내 군사 교육을 받도록 한 점을 볼 때 더 그러하다.[171] 이미 1875년에 미국 제독 업턴Emory Upton이 무비학당 설립을 제안했지만 이홍장은 미국 육군에서 9명의 '교사와 교관'을 초빙하는 것과 6년 동안의 영어 교육 계획 등은 너무 많은 비용이 든다는 이유로 그의 제안을 거부했다. 1880년 고든 또한 이홍장에게 무비학당 설립을 촉구했다. 그러나 이홍장은 1884년에 이르러서야 비로소 이 문제를 적극적으로 추진하기 시작했는데, 분명히 청불 전쟁, 몇몇 독일 교관의 중국 도착, 그의 몇몇 참모, 특히 주성전의 태도 변화 때문이었을 것이다.[172]

무비학당의 설립이 늦어진 것은 의심할 나위 없이 대부분의 용영 장령들이 신교육을 받은 사람들이 부대로 들어오는 것을 반대했기 때문이다. 비록 이홍장의 초기의 해군 장교들은 신식 학당의 학생들에게 심한 편견을 갖고 있었다고 말해지지만 이들 신식 해군은 단지 소수의 기득권 집단만 위협했을 뿐이다. 심지어 주성전조차도 서양식 무비학당의 설립에 찬성했지만 그럼에도 불구하고 여전히 "많은 장령들을 훈련시킬 필요는 없다"[173]고 말했다. 기본적으로 그는 회군의 장령 구조에 만족했을 뿐만 아니라 많은 군 장령들이 새로운 인사 변동에 반대하리라는 것을 잘 알고 있었다.

무비학당에 대한 이홍장의 최초의 제안은 아주 수수한 것이었다. 그는 단지 회군과 연군練軍의 각 영에서 100명 정도의 하급 장교와 병사들을 선발해 "군사 훈련을 배우려는 의지를 가진" 일부 문원文員들과 함께 훈련시킬 생각이었다. 압축된 교육 과정은 천문학, 지리, 과학, 측량, 지도 작성, 수학, 축성학과 군사 조련 및 작전 등으로 구성되어 있었다. 6명의 독일 장교들이 학교에서 가르치기 시작했다. 훈련은 주로 동문관과 그 밖의 다른 지역의 역관들의 도움을 받아 독일어로 이루어졌다. 이홍장은 학생들이 1년(실제로는 2년이 걸렸다) 안에 훈련을 마치고 원래의 소속 부대로 돌아가 새로 획득한 지식을 동료들에게 전수해주길 바랐다. 1885~1900년 사이 이러한 방법으로 졸업한 '사관생도'는 총 약 1,500명이었다. 대부분은 그저 교관으로 복무했으며 극소수만이 장교가 되었다.[174]

1887년 봄 이홍장은 추가로 군관 양성 5개년 계획을 세웠다. 응시자의 나이는 13~16세로 제한했으며, 각 나이에 상응하는 한학 교육을 받은 인물이어야 했다. 입학시험에서 이러한 자격을 심사했다. 첫 입학생은 40명이었다. 학생들은 반드시 5년 동안 빠지지 않고 교육받을 것이며, 과거 시험에 응시하지 않고 또 결혼도 하지 않을 것을 선서해야 했다. 부모가 사망했을 때는 휴가를 얻을 수 있었지만 기간은 아주 짧았다.[175] 5년 과정은 비교적 엄격했다. 처음 3년은 외국어(독일어 또는 영어), 수학, 대수, 기하, 기계, 천문, 자연 과학, 지리, 지도 작성, 중국 역사와 경전을 배웠다. 나머지 2년은 사격술, 전술, 전략, 축성 등의 과목을 배웠다. 정기 고사를 실시해 숙련도를 측정하고 진학과 유급을 결정하는 동시에 조정에 학습 진행 상황을 보고할 근거로 삼았다. 또한 이홍장이 웨이하이웨이와 산하이관에 설립한 군사 훈련 학교 — 그것은 아마 톈진에서의 훈련 계획을 확대한 것으로 간주할 수 있을 것이다 — 도 이러한 일반적 규정을 그대로 따랐다.[176]

톈진 수사학당과 마찬가지로 무비학당의 재정도 날로 줄어들고 있는 북양 '해방 경비'에서 조달되었다. 비록 경영이 부실하고 부패했으며 외국 교관과의 관계도 좋지 않은 데다 언어 장벽도 있었고 학생들에게도 여러 문제가 있었지만 20세기 초의 중국 역사에서 활동한

많은 중요 인물들이 이 학당에서 훈련받았다.[177]

1894년 이전에 설립된 유일한 또 하나의 무비학당은 장지동의 광둥 수륙사학당 중 육군 부문이었다. 1885년 장지동은 새로 조직한 용영 부대, 즉 광승군(廣勝軍)에 독일 교관들을 초빙하기 시작했다. 이러한 교관들 중 1~2명의 군관이 군사 학교에서 가르쳤으나 대부분의 훈련은 중국 교관이 담당했다. 장지동은 교육 성과에 아주 만족했다. 이후 1896년 초 난징에서 자강군(自强軍)을 조직했을 때 이 학당 졸업생 중에서 장령을 뽑은 것을 보아도 그것을 잘 알 수 있다. 같은 해 조금 뒤 우창에서 후베이 무비학당을 세웠을 때도 그는 이 광둥 학당 졸업생을 교관으로 채용했다.[178]

사리 분별을 제대로 못하는 관찰자들에게는 청일 전쟁 전야에 중국은 강력한 육해군을 보유하고 있는 것처럼 보였을 것이다. 이홍장의 회군과 다른 군대에 대한 칭송도 드물지 않았으며 북양 해군에 대한 평가도 상당히 좋았다.[179] 청일 전쟁이 발발할 것처럼 보이자 대부분의 서양인들은 중국이 우세하다고 보았다. 중국의 육군은 규모가 어마어마했으며 해군도 수와 위력 면에서 일본을 능가했다. 독일의 참모 본부는 일본의 승리는 불가능하다고 보았다. 윌리엄 랭은 로이터 통신과의 인터뷰에서 일본의 패배를 예측했다. 랭은 중국 해군은 잘 훈련되어 있으며, 함대도 양호하고 함포도 견실하며 연안의 포대들도 강고하다고 생각했다. 랭은 웨이하이웨이는 난공불락이라고 말했다. 비록 중국 군대를 어떻게 지휘하느냐에 모든 것이 달려 있다고 강조했지만 랭은 "결국 분명히 일본이 철저하게 무너질 것"으로[180] 믿고 있었다.

청일 전쟁의 재난

일본이 조선, 만주, 중국 본토로 급속하게 쇄도해 들어옴에 따라 중국의 육해군이 우세하다는 환상은 순식간에 깨졌다. 청일 전쟁은 청불 전쟁 때 양쪽의 정책이 화전 사이를 오락가락한 것과는 달리 처음부터 다른 어느 곳도 아닌 베이징 점령을 목표로 한 일본의 체계적인 공격에 의해 주도되었다. 이 전쟁의 결과는 중국의 군사 준비가 얼마나 참담하게 실패했는가와 함께 일본의 군사 준비는 얼마나 효과적이었는지를 극적으로 보여주었다. 1868년부터 일본의 육군과 해군 건립은 사회의 각 부문에서 이루어진 근대적 발전으로부터 도움을 받았고 동시에 사회 각 방면의 근대화를 촉진했다. 1872년에 실시된 징병제는 국민 의식을 크게 각성시켰다. 아울러 중앙 집권식으로 이루어진 육해군 교육에 따라 군관들을 외국으로 유학 보내고 국내에는 사관학교를 설립했다. 1878년에는 독립적인 참모 본부를 세웠으며, 1883년에는 참모 학교를 세웠다. 육군과 해군 사이의 긴밀한 협력 또한 보장되었다.[181]

영국인 잉글스John Ingles와 독일인 메켈Jacob Meckel을 포함한 서양의 고문과 교관들이 일본군의 효율을 높이는 데 크게 기여했다. 메켈은 전쟁성을 재조직하고, 참모 본부를 개선하고 군사 교육을 향상시키고, 병참과 의료 서비스를 발전시킬 수 있도록 도움을 주었다. 그는 또한 군대를 사단으로 재편성하는 것을 도왔으며, 일본인들에게 "전략적인 철도망, 새로운 징병령, 군관의 훈련 향상 등을 포함한 총동원령이 필요하다"는 점을 가르쳤다. 이런 식으로 그는 중국에서 같은 일을 담당

캠브리지 중국사

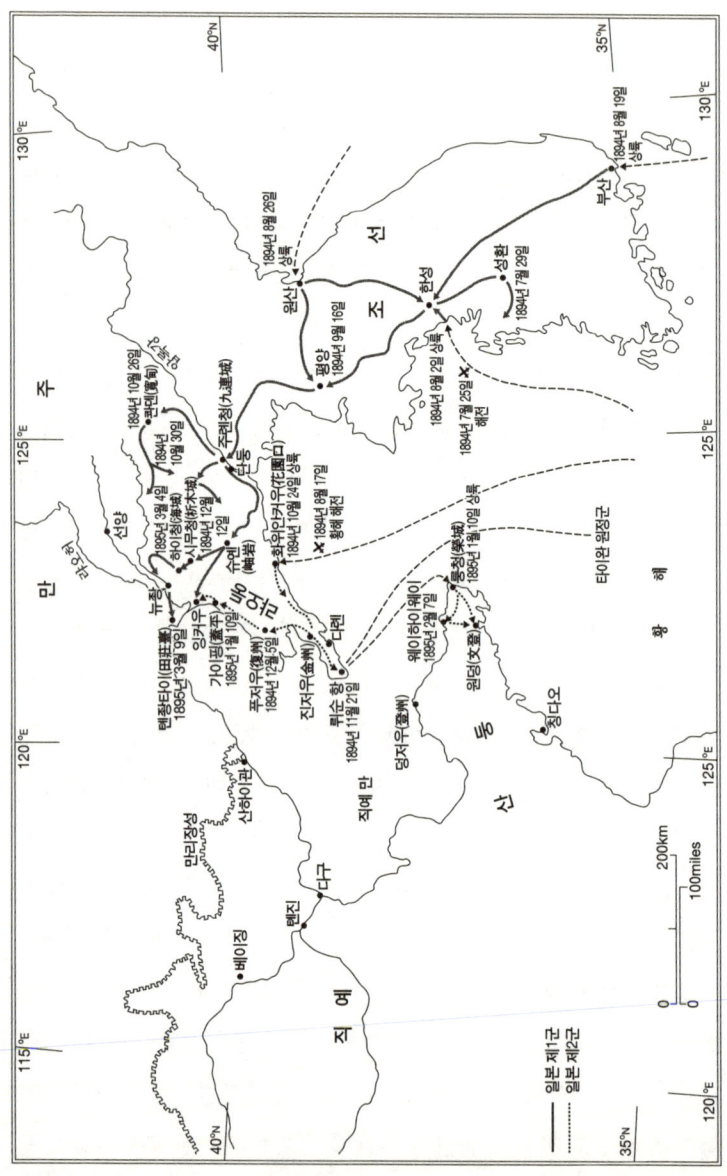

〈지도 13〉 청일 전쟁

했던 독일인 한네켄Constantin von Hanneken에 비해 훨씬 더 많은 것을 성취할 수 있었다. 잉글스 또한 중국 측의 상대방인 랭보다 훨씬 더 많은 일을 할 수 있었다.[182]

심지어 선전 포고를 하기도 전인 7월 말 일본은 조선의 성환에서 일본의 "장군들이 어떻게 지휘할지를 알고 있다는 것을, 그리고 심지어 길이 아주 험한 농촌에서도 군대를 원활하게 전진시킬 수 있음"을 보여주었다. 전쟁 내내 프랑스와 영국 등의 외국 관찰자들의 보고서들은 거듭하여 일본의 전략 전술의 예리함에 찬사를 보냈다. 아울러 효율적인 훈련, 기율, 용맹무쌍함, 단체정신, 빼어난 운수와 물자 공급과 의료 시설에 대해 칭찬했다. 단순히 중국이 약해서 패한 것이 아니라 일본이 강해서 이긴 것이었다.

8월 이후 일본은 조선에서 신속하게 공격을 개시했다.[183] 8월 10일 일본 함대는 군대 운송을 엄호하기 위해 뤼순과 웨이하이웨이를 쉴 새 없이 공격하며 괴롭혔다. 하지만 북양 함대는 이러한 도발을 물리칠 힘이 없었다. 한 달 남짓 지난 9월 16일 일본군은 핵심 도시인 평양을 점령했는데, 단 하루 만에 삼엄하게 방비되고 있던 이 전초 기지를 함락시켜 섭지초葉志超 등이 이끌고 있던 회군을 압록강 너머로 내몰았다. 바로 다음 날 일본 함대는 압록강 어구에서 중국 해군을 결정적으로 격퇴시켰다(2장을 참조하라). 일본 함대 사령관인 해군 중장 이토 스케유키伊東祐亨의 뛰어난 지휘로 얻은 이 승리로 수척의 중국 함선이 침몰했을 뿐만 아니라 일본이 해상권을 장악해 마음대로 육군을 상륙시켜 극히 대담한 작전 계획을 도모할 수 있도록 해주었다.

10월 한 달 동안 일본군은 만주로 돌입해 압록강 부근의 주롄청九連城, 펑황청鳳凰城에서 중국군을 물리쳤다. 11월 초 그들은 진저우金州와 삼엄한 방어를 펼치고 있던 다롄 만의 중국 진지를 함락시켰다. 일본군은 이 싸움에서 621정의 라이플 총, 129문의 포, 3,200만여 발이 넘는 소화기 탄약, 약 250만 발의 포탄을 포함한 다량의 군수 물자를 노획했다.[184] 다롄 함락은 일본군으로 하여금 '난공불락' 이라는 뤼순의 중국 해군 기지를 쉽게 공략할 수 있도록 해주어, 마침내 1894년 11월 24일 뤼순이 함락되었다. 이를 통해 일본은 동아시아에서 가장 좋은 조선소를 획득했을 뿐만 아니라 중국 군대의 사기를 크게 꺾었으며, 베이징을 극도의 공포로 몰아넣었다.

이어 11월 말에서 12월 초까지 일본군은 만주에서 푸저우, 시무청析木城과 하이청海城 등 몇몇 중요한 거점을 점령했다. 1894년 12월 13일에 있은 하이청의 상실은 심각한 타격이었다. 왜냐하면 이로 인해 교통이 두절되고 중국의 군사력이 분산되었을 뿐만 아니라 선양 자체가 공격 앞에 그대로 노출되었기 때문이다. 이해의 나머지 기간 동안 청군은 계속 여러 차례 하이청을 탈환하려고 했으나 큰 손실만 입었을 뿐 끝내 성공하지 못했다.

1895년 1월 초 일본군이 가이핑蓋平을 점령함에 따라 제1군과 제2군 사이의 연락이 한층 더 쉬워졌으며, 일본은 랴오둥 반도에서 중국 내륙과 연해로 들어갈 수 있는 모든 루트를 장악할 수 있었다. 1월 말 일본군은 베이징에 대한 대규모 협공 작전의 일환으로 산둥을 공격하기 시작했다. 1월 18일 일본군은 청군을 분산시키기 위해 덩저우登州를 포격하고 이틀 뒤에는 룽청榮成으로 쳐들어갔으며 2주 동안 몇 차례 격전을 치른 후 마침내 웨이하이웨이를 함락시켰다. 한 프랑스 관찰자의 말에 따르면 이 전투는 일본의 해군과 육군의 긴밀한 합동 작전을 "가장 잘 보여주는 사례"였다. 이 전투에서 일본은 요새 습격, 대포와 함선의 능숙한 운용, 항구를 침몰한 배로 가득 채운 과감한 어뢰 공격 등 근대의 각종 육해군 전술을 선보였다.[185]

웨이하이웨이의 함락은 청에게는 치명타였다. 남은 북양 함대도 일본군에게 침몰되거나 빼앗겼으며 해군 제독 정여창과 일부 육해군 장령들은 자살했다. 이제 산둥으로부터 베이징으로 신속하게 진격할 수 있는 길이 열렸다. 청이 화평 교섭을 제의한 가운데 산둥과 만주 양쪽 모두에서 전투가 계속되었다. 2월 하반기에 송경宋慶이 이끄는 청군(대규모의 회군 파견군도 포함되어 있었다)과 다른 군대는 모두 하이청을 수복하기 위해 격렬하게 싸웠다. 비록 청군의 수가 때로는 약 2배(약 6만 명 대 2만 5,000명) 정도 더 많았지만 일본군은 큰 손실을 입으면서도 완강하게 그곳을 지켰다. 중국은 단지 몇 차례 전술상의 승리를 거두었을 뿐 결코 결정적으로는 승리하지 못했다.[186]

3월 첫째와 둘째 주 동안 만주의 일본 육군은 뉴좡牛莊, 잉커우營口, 톈좡타이田莊臺를 잇달아 함락시켰다. 그런 후에 오래지 않아 일본은 또한 타이완을 침략하고 3월 25일에는 펑후 열도를 점령했다. 시모노세키 조약(1895년 4월 17일)이 체결될 때 일본군은 남만주와 산둥 반도에서 베이징을 협공할 태세를 하고 있었다. 자료에 따르면 청은 북직예에 약 15만~20만 명의 군대를 집결시키고 있었으나 그들이 베이징을 지켜냈을 것 같지는 않다.

청일 전쟁은 시작부터 끝까지 완전한 재난이었다. 강화 협상에서 청이 내세울 수 있었던 그나마 가장 효과적인 협상 카드는 당시까지 남아 있던 육군과 해군의 힘이 아니라 일본의 한 광신자가 이홍장에

게 부상을 입힌 것에 대해 일본인의 죄를 묻겠다는 것이었다.[187]

THE
CAMBRIDGE
HISTORY
OF CHINA

05

사상의 변화와
개혁 운동
(1890~1898년)

배경 — 서구가 가한 충격의 여러 측면들

1890년대에는 정치 개혁 운동을 촉발시켰을 뿐만 아니라 사회와 문화가 〔전면적으로〕 변화하는 새로운 시대의 문을 연 지적 격동이 시작되었다. 이러한 격동은 분명 19세기 말 중국의 문화 전통 안에서 일어난 자생적인 발전들에 크게 힘입고 있었다. 우선 유교 안에서는 한학의 유행에 반대하는 움직임이 학자들 사이에서 계속해서 반향을 불러일으키고 있었고, 불교와 제자백가 등에 대한 관심도 되살아나고 있었다. 하지만 많든 적든 이러한 움직임들은 모두 이미 19세기 초에 시작된 사상적 변화의 부산물이었다.[1] 이러한 자생적 움직임이 서구의 팽창에 따라 촉발된 변화로 인해 지적 격동으로 변형되었던 것이다.

이것은 두 가지 주요한 측면을 갖고 있었다. 누가 봐도 분명한 요소는 서구 열강이 중국에 강요한 강압과 착취로, 제국주의가 바로 그것이었다. 나머지 하나는 변혁적 측면으로서, 서구와의 접촉을 통해 중국이 다양한 변화를 경험하게 된 것이었다. 1890년대 이 두 영역에서 새로운 발전이 시작된 것이다.

1890년까지 중국은 반세기에 걸쳐 제국주의 세력의 팽창에 대응해왔는데, 이제 제국주의의 침략은 새로운 절정의 단계로 접어들고 있었다. 청이 일본에 치욕적인 참패를 당하게 된 결과 서구 열강들은 1895년 초여름 프랑스가 화남과 서남부 지방에 대해 '세력권'을 주장하기 시작한 것을 필두로 광적으로 '조계 쟁탈전'에 나섰다. 독일이 자오저우를, 러시아가 뤼순을 점령하면서 이러한 조계 쟁탈전이 정점에 달하자 청은 즉각적인 해체의 위협에 직면하게 되었다. 전례 없는 위기 국면이 조성되었고, '참외처럼 조각조각 잘라질지도 모른다'는 두려움이 사방으로 확산되어나갔다.

이런 상황은 서구가 중국에 가한 변혁의 충격 — 그것은 1840년대 초 이후 꾸준히 가해져오고 있었다 — 과 관련해 새로운 사태가 전개되기 시작한 것과 동시에 발생했다. 19세기 말 그러한 영향이 가져온 가장 놀라운 결과를 하나 꼽으라면 그것은 두말할 것도 없이 주요 조약항에서 발생한 사회와 경제의 변화였다. 우선 조약항에서 서구 세력의 팽창은 지속적인 경제 성장을 가져왔으며 그것이 누적된 결과 외부 세계의 시장과 긴밀하게 연결되어 있는 이들 도시에서는 많든 적든 '근대적인' 경제 부분이 등장하게 되었다. 사회 변화 과정은 이러한 경제 발전과 관련되어 있었는데, 그것은 매판-사업가, 전문적인 봉급 노동자 그리고 도시 프롤레타리아 등과 같은 새로운 집단의 출현으로 이어졌다. 더 나아가 각종 서구 제도의 '시범 효과'와 각 방면에서 나타난 외부 세계와의 교류 증가로 인해 지방의 백성들 사이에서도 불가피하게 사회적 유동 과정이 시작되어 점차 향촌 사회의 전통적인 삶의 태도와 신념을 잠식해갔으며, 새로운 가치, 새로운 기대, 새로운 행동 양식 등이 형성되었다.

그러나 이러한 지역적 변화에도 불구하고 19세기 말 전체를 통해 경제 발전과 사회 변화는 대개 조약항에 국한되어 있었다. 이들 고립된 소규모 지역들을 벗어나면 중국의 전통적인 사회적·경제적 구조는 거의 아무런 영향도 받지 않은 채 그대로 존재하고 있었다. 신사들은 여전히 전통적인 엘리트 지위를 누리며, 제국의 지배적인 사회 집단으로 남아 있었다. 간단히 말해 서구의 팽창은 조약항에서는 새로운 사회를 창조하고 있었지만 중국의 내지까지 그러한 변혁 효과를 확대시키는 데는 실패했던 셈이다.

그러나 서구가 중국에 가한 **문화적 영향**에 대해서는 그렇게 말할 수 없다. 문화적인 면에서 전환점은 1890년대에 시작되었는데, 이때 처음으로 서구의 사상과 가치가 조약항에서부터 대규모로 쏟아져 들어와 1890년대 중반 신사-독서인들 사이에서 나타나는 지적 격동을 위한 결정적인 자극을 제공했다. 이처럼 중요한 변화의 의미를 이해하려면 이전 수십 년 동안 서구가 중국에 가한 문화적 영향을 포괄적으로 살펴볼 필요가 있다.

중요한데도 불구하고 종종 간과되고 있는 사실이 하나 있는데, 그것은 1840년 이후 거의 반세기 동안 서구 지식의 유입은 매우 느렸고 중국의 신사-독서인들에게 끼친 영향 또한 피상적이었다는 점이다. 서구 문화가 19세기에 일본에서 얼마나 급속하게 성장하고 얼마나 엄청난 변혁적 효과를 가져왔는가와 비교해볼 때 이 점은 특히 두드러져 보인다. 일본에서 서구 지식[서학]은 19세기 중반 이후 급속히 국가적 관심의 초점이 된 반면 중국에서는 수십 년 동안 조약항 그리고 소위 '양무(3장을 참조하라)'를 다루는 일과 관련된 한정된 숫자의 정부 관료에게로만 국한되어 있었다. 1860년 이후 수십 년 동안 진행된 기독교 선교사들의 중국 내지 침투 또한 지적 소통이라는 면에서는 거의 아무런 성과도 낳지 못했으며, 오히려 실제로는 중국과 서구 사이의 심리적 간격을 벌려놓는 사회적·문화적 갈등만 야기했을 뿐이다. 중국의 대다수 신사-독서인들은 여전히 전통적인 지적 세계 속에 살고 있었다.

이처럼 중국의 신사-독서인들이 서구 문화에 대해 전혀 귀를 기울이려고 하지 않은 것은 1890년대까지만 해도 그들의 교육은 여전히 과거 시험을, 그리고 그러한 시험의 토대를 형성하는 유가의 가르침을 중심으로 이루어지고 있었다는 점을 상기해보면 그리 놀랄 일도 아니다. 이처럼 핵심적인 문화 제도에 서구가 그토록 오랫동안 아무런 영향도 끼치지 못했다는 것 자체가 중국 신사-독서인 대부분이 외부 세계와 지적으로 격리되어 있던 사실의 의미심장한 반영인 동시에 그것의 중요한 요인이었다.

중국의 신사-독서인들이 서구 문화에 얼마나 무관심했는지는 몇몇 영역만 봐도 분명하게 알 수 있다. 1865년 강남제조국이 설립된 후 이곳의 번역국에서 출판한 서적들은 잘 팔리지 않았다. 한 추산에 따르면 1860년대 중반부터 1890년대까지 번역국은 약 13,000부의 서적을 팔았다.[2] 중국 독서층의 이러한 무관심은 메이지 유신 시대 일본의 상황과는 놀랄 정도로 대조적인데, 일본에서는 예를 들어 1866년 후

쿠자와 유키치福澤諭吉의 『서양 사정西洋事情』이 출간 즉시(사본寫本을 포함해) 25만 부가 팔려나갔다.³⁾ 더 나아가 이러한 무관심에 대한 증거는 청의 중앙 정부와 성 정부가 1861~1894년 사이에 설립한 근대식 학당들이 성공하지 못한 사실에서도 입증되는데, 이러한 학당에서는 서구의 언어들, 전문 기술, 교련과 군사 조직 등을 가르쳤다. 이들 학당들 중 어느 것도 큰 영향을 미치지는 못했는데, 대부분이 중국의 독서인들이 이러한 학교에 다니기를 거부했기 때문이다.⁴⁾

1890년대까지 서학이 지방 서원의 교과 과정에 거의 포함되지 않았다는 사실보다 이러한 지적 고립성을 잘 말해주는 것도 없을 것이다. 이러한 상황 또한 19세기 말의 일본과 크게 달랐다. 1870년 일본의 한 전형적인 서당에 학생들을 가르치러 간 한 미국인은 서학이 그토록 중시되고, 서당에는 상당한 양의 서구 서적이 소장되어 있는 것을 보고 크게 감명을 받았다.⁵⁾ 하지만 만약 심지어 20년 후에 중국의 전형적인 서원을 방문할 기회를 가졌다 하더라도 그는 서구의 영향을 확인할 수 있는 아무런 증거도 발견하지 못했을 것이다. 량치차오는 1880년대 말 광저우의 유명한 서원 두 곳에서 공부했는데, 두 곳 모두 규모가 아주 컸다. 하지만 두 곳 어디에서도 그는 서구 지식의 흔적을 발견할 수 없었다. 교과 과정은 여전히 전통적인 유교 교육으로 구성되어 있었다. 서구의 영향이 중국의 다른 어떤 지역보다도 컸을 조약항 광저우의 사정이 이러했다. 청 말의 서원들에 관한 전문적인 연구는 아직 거의 이루어지지 않았지만 현재 이용할 수 있는 모든 자료들에 따르면 1895년에 교육 개혁이 시작되기 이전에 서학은 대체로 서원의 교과 과정에서 제외되어 있었다.⁶⁾

1870년대 중반 바로 장지동과 같은 유명한 사대부가 출판하여 후에 큰 인기를 끌게 되는 교육 관련 문헌 목록에서도 또 다른 증거를 발견할 수 있다. 이 책은 서학에 관해서는 단 한 마디도 언급하고 있지 않다. 또한 주차기朱次琦, 진례陳澧, 주일신朱一新, 왕카이윈 등 당시의 저명한 유학자들의 저술을 살펴보아도 그들의 관심은 놀랄 만큼 거의 전적으로 전통적인 유학에 집중되어 있었다. 이들 증거들은 개별적으로는 설득력이 없어 보일 수도 있지만 종합해보면 19세기의 대부분의 기간 동안 서구화된 조약항과 중국의 신사-독서인들의 지적 세계 사이에 커다란 문화적 격차가 있었음을 알 수 있다.

하지만 수십 년이 흐르면서 서서히 이러한 격차는 서구 사상의 완만한 침투에 의해 메워지기 시작하는데, 그러한 변화는 19세기 말엽 중국의 신사-독서인들 사이에 서구 사상과 서구적 가치관이 광범위하게 확산되면서 정점에 이르게 된다. 이보다 더 중요한 사실은 서구 사상의 확산과 동시에 서구 사상에 대한 신사-독서인들의 태도에 커다란 변화가 일어났다는 점이다. 1890년대까지 중국인들은 서구 지식에 거의 관심을 갖지 않았지만 그나마 가진 자그마한 관심도 대부분은 기술 지식(예藝)에 집중되어 있었다. 그러나 서구 지식을 다루고 있는 청의 문헌에 관한 당시의 대표적인 도서 목록으로 미루어 볼 때 19세기 말이 되면 청의 학술적 관심은 점차 서구의 정치 경험과 지식(정政) 그리고 종교 사상(교敎)으로 집중되기 시작한 것으로 보인다.[7]

이처럼 신사-독서인들 사이에 서구 지식과 가치관들이 점차 널리 수용되면서 서구 사상은 중국의 문화 전통의 주변부에서 중심부로 침투해 들어가기가 용이하게 된다. 또한 그러한 침투는 서구 사상과 중국 전통의 지적 경향들 사이의 의미 있는 혼합을 가져왔으며, 그것은 결국 1890년대 중반의 지적 격동을 촉발시켰다. 물론 그러한 격동은 점점 더 가속화되는 제국주의 침략에 직면해 급박한 변화의 필요성을 느끼고 있던 당시의 전반적인 분위기를 배경으로 이해해야 할 것이다. 1895년 이후 그러한 국가적 위기의식은 1890년대 초에 시작된 변화를 더욱 촉진시키는 촉매제로 작용했다.

그러한 발전 중의 하나가 1890년대 기독교 선교사들의 지적 활동이었다. 1860~1900년 사이 신구교를 막론하고 교회의 전도 활동은 거의 성공을 거두지 못했다. 실제로 19세기 말 빈번하게 발생한 반기독교 사건(교안敎案)에서 중국의 신사-독서인들이 주도적인 역할을 한 점에 비추어 보면 기독교 선교사들은 그들 자신과 중국의 사회 지도층 간의 문화적 간격을 메우는 교량 역할을 거의 하지 못했던 것으로 판단된다. 그러나 몇몇 선교사들은 단순히 기독교 복음을 전파하는 종교 포교자로만 활동한 것은 아니었다. 또한 그들은 포이어워커Albert Feuerwerker가 아주 적절하게 '문화 브로커'라고 이름 붙인 역할, 즉 중국의 지식인들에게 서구의 세속적인 사상과 지식을 공급해주는 역할도 수행했다. 그들은 주로 학교, 민간 학회, 신문이라는 세 개의 기구를 통해 이러한 세속적인 재능을 발휘했다. 민간 학회와 신문 두 가지는 1890년대 그들의 문화적 활동을 위한 수단으로서 특히 중요했다.

이러한 노력들은 중국인들 사이에 '광학회廣學會'로 통칭된 단체가 설립된 1887년 이후 크게 진전되었다. 이 광학회는 전적으로 기독교 선교사들에 의해서만 창립된 것은 아니었지만 선교사들이 창립에 주도적인 역할을 했다. 선교사들은 광학회의 활동을 밀고 나갈 수 있는 추진력을 제공했는데, 특히 정력적인 웨일스인 선교사 티모시 리처드Timothy Richard가 광학회의 총비서가 된 1891년 이후 그러했다. 그의 활기차고 창의적인 지도하에 광학회는 활동 폭을 크게 넓혔을 뿐만 아니라 중국의 지도층 인사들을 설득해 서구 문화의 가치를 받아들이도록 하기 위해 새로운 접근법을 채택했다.[8] 그것은 아주 성공적인 것으로 드러나, 1860년대 중국에서 선교사들이 대규모로 활동하기 시작한 이래 전례가 없을 정도로 깊이 중국의 지도층 인사들에게 영향을 미칠 수 있었다. 광학회의 노력에 반응을 보인 정부 관료와 신사-독서인들 사이에서 광학회가 미친 영향은 두 가지 면에서 감지되었다. 첫째 지적·정치적 목적을 지향하는 자발적인 협회로서 광학회의 설립 자체가 개혁 지향적인 많은 독서인들에게 매우 인상적인 조직상의 모델이 되었다. 둘째 광학회가 가한 지적 충격은 서구의 지식과 당대 세계의 여러 사건을 다루고 있는 온갖 종류의 글과 번역물의 출판에서 나온 것이었는데, 예를 들어 매켄지Robert Mackenzie의 『19세기의 역사 History of the Nineteenth Century』와 『중일 전쟁사History of the Sino-Japanese War』 같은 일부 번역물은 매우 인기가 높았다.

광학회의 출판물 중에서는 『만국공보萬國公報』가 가장 인기 있었다. 이 월간지는 원래 미국 선교사 앨런Young J. Allen이 1868년 창간한 『교회신보敎會新報』라는 이름의 잡지에서부터 시작되었다. 1874년 이후 『만국공보』라는 이름으로 바뀐 이 잡지는 기독교 신앙과 서구의 일반 지식을 전파하는 통로가 되었을 뿐만 아니라 사회 비판과 대중 제안을 위한 토론의 장 역할을 했다.[9] 이처럼 『교회신보』는 지향성과 구성 면에서 당시 중국에서 발행되던 신문들과는 전혀 달랐는데, 당시 중국의 신문들은 조약항의 상업계나 혹은 기독교 교회의 회람을 위한 것이었다. 『만국공보』는 1883년에 일시 정간되었다가 1889년 광학회의 후원하에 재간되었다. 여전히 앨런이 편집자로 있던 이 잡지는 본래의 지향성과 구성을 그대로 유지하면서 문언문文言文으로 서구 지식과 당시의 세계정세에 관한 정보를 제공하는 일에 중점을 두었다. 1890년대『만국공보』의 발간 부수는 급격히 늘어나 약 4,000부에 달했다. 그리하여 문화 브로커로서 기독교 선교사들은 마침내 신사-독서인들의 정신세계에 널리 영향을 미칠 수 있게 되었다. 이는 1890년 이전 기독교 전도자로서의 종교적 활동 속에서는 결코 이룰 수 없던 일이었다.[10]

『만국공보』가 개혁 시기의 지적 격동에 얼마나 기여했는가는 이 잡지가 당시 중국의 독서인들에게 어떤 종류의 영향을 미쳤는가에 따라 측정되어야 할 것이다. 우선 신문과 잡지를 사회 비판과 대중 토론의 수단으로 이용한 것은 의문의 여지 없이 1890년대 하반기에 등장하게 되는 새로운 사회적·정치적 성향의 중국 저널리즘에 모델이 되었다. 더 나아가『만국공보』를 비롯한 광학회의 다른 출판물들은 또한 새로운 사상과 가치관을 발효시키는 강력한 효모였음이 입증되었다. 당시 가장 권위 있는 서학 관련 도서 목록 속에는 많은 광학회 출판물들이 열거되어 있었으며, 신지식의 원천으로서『만국공보』를 강력하게 추천하고 있었다.[11] 사실 선교사들이 미친 지적 영향은 항상 명시적이고 직접적이었던 것은 아니다. 왜냐하면 선교사들은『만국공보』나 기타 저술을 통해 대중적인 제안과 사회 비판을 행할 때 보통 어떤 식이든 분명하게 청 제국의 제도에 도전하려고는 하지 않았기 때문이다. 하지만 그들이 글을 통해 발표한 사회적·정치적 정보와 이상들은 종종 급진적인 함의를 함축하고 있었는데, 개혁 성향의 중국인 독자들이 그것을 간파해준다면 더이상 바랄 나위가 없었다. 이런 식으로 선교사들의 출판물은 내용을 제공하는 것에 그치지 않고 정치적 개혁주의의 꿈을 자극했다.

1890년대 초에는 또 다른 상황이 전개되어 일군의 개혁 지향적인 중국 학자들의 정치 저술이 출판되었는데, 이 중 가장 저명한 인물로는 쑹위런, 진규, 탕진, 정관잉, 진치, 허치 등이 있었다. 많은 측면에서 이들의 개혁 사상은 이전 30년 동안의 개혁 사상보다 혁신적인 것은 아니었다. 국부와 국력 그리고 행정 개혁과 교육 개혁, 상업화와 산업화 등에 관한 이들의 관심은 1860년대 이후 많건 적건 사방에 퍼져 있던 유사한 사상들을 반영하는 것이거나 그것을 좀더 정교하게 전개한 것들이었다. 심지어 과거제도 같은 제도의 극적인 변화를 촉구하는 일부 극히 과감한 제안조차도 이미 기독교 선교사들의 글 속에 예시되어 있었다.

그러나 정치사상의 영역에서 1890년대 초의 개혁가들의 저술은 이전 수십 년간 출판된 글과는 결정적으로 구별되는 생각들을 담고 있었다. 거의 모든 개혁 사상가들이 정도는 달랐지만 정치 참여라는 서구의 관념을 수용하는 쪽으로 움직이고 있었다. 그것은 의회 제도를 지지하고 소위 '거민공주제居民共主制' — 이들 중 일부는 입헌 군주제를 이렇게 불렀다 — 를 주장한 것을 보아도 분명하게 확인할 수 있다. 그러한 생각들은 1870~1880년대 개혁가들의 사상 속에서는 주변적인 것으로서 애매하게 겨우 윤곽만 드러냈지만 이제는 핵심적인 중요성을 갖게 되었다. 하지만 분명히 그들이 구상한 정치 참여는 여전히 제한적인 것이었다. 쑹위런에게 있어 그것은 다소 모호하지만 여전히 황제와 관료 사이의 언로를 넓히는 전통적인 방식에서 크게 벗어나지 못했다. 탕진, 진치, 진규 등은 '참찬정무參贊政務'의 성원은 사회 지도층인 신사-독서인들과 관리들 가운데서 뽑아야 한다고 보앉다. 정관잉, 그리고 특히 허치와 호례원 등은 보다 광범위한 의회 참여를 생각했다. 하지만 그들이 생각한 참여는 여전히 지위와 재산을 가진 자들에게 한정되어 있었고, 게다가 황제는 모든 정책 결정에서 상당한 권력을 유지할 수 있었다. 따라서 그들의 생각도 아직 완전히 민주적인 것이라고는 할 수 없었다. 이처럼 자진해서 정치적 참여를 제한하려 한 이들 개혁 사상가들의 의도는 중국의 사회적 조건이 아직 민주주의를 전면적으로 실시할 준비가 되어 있지 않다는 공통된 의식을 배경으로 하고 있었다.[12]

더 나아가 이들 대부분은 입헌 군주제하의 정치 참여를 목적보다는 수단으로 간주했다. 왜냐하면 그들의 주된 관심은 흉포한 제국주의 시대에 어떻게 부국강병을 이룰까 하는 데 있었기 때문이다. 그들은 국력을 신장할 수 있었던 서구 국가들의 비결을 찾다가 기술적 재능과 상업적-산업적 능력만을 강조하던 이전의 사고방식을 넘어서게 된 것이었다. 그들은 이제 서구 국가들이 발전하게 된 열쇠는 주로 지배자와 피지배자 사이의 장벽을 뛰어넘어 통합된 의지와 집단적인 행동을 도출해낼 수 있는 능력에 있다는 것을 깨닫게 되었다. 진치는 그러한 능력이 특히 서구에서 발전한 것은 "군주와 백성을 묶어 일체가 되게 하고, 지배자와 피지배자를 연결해 한마음이 되게 할"[13] 수 있는 독특한 의회 제도 때문이라고 주장했다. 이처럼 이들 초기 개혁가들에게서 민주주의를 민족주의에 끌어넣어 민주주의를 민족주의의 한 요소로만 간주하는 경향이 생겨났는데, 이러한 경향은 이후 중국의 근대 지식인 사이에서 아주 두드러지게 된다.

그러나 이 모든 개혁 지향적인 지식인들이 이처럼 정치 참여를 수단으로만 생각하는 사고방식의 지배를 받았던 것은 아니다. 예를 들어 허치와 호례원 등 — 이들의 글은 1890년대 말 조약항에서 큰 인기를 끌게 되었다 — 은 민주주의를 국가의 부강을 위한 하나의 수단으로 간주했을 뿐만 아니라 동시에 그 자체의 고유한 가치를 인정하는 경향을 보여주었다. 그들의 글 속에서는 민권을 보편적인 통치 원리로까지 승화시킨 반(反)전제주의적 성격의 맹자의 윤리적 논법들을 발견할 수 있기 때문이다. 이러한 관점에서 보면 전통적인 정치 질서는 정치적 비능률뿐만 아니라 도덕적 정당성을 결여한 것으로 비난받아 마땅한 것이 되었다.[14] 도덕적 근거에서든 아니면 정치적 근거에서든 중요한 사실은 이 모든 초기의 개혁가들은 정도는 다양하지만 중국의 정치 형태를 전통적 방식과는 전혀 다른 노선에 따라 재조직하려 했다는 점이다.

그러한 의도는 청 말의 개혁 운동을 향한 중요한 새 출발의 신호가 되었다. 지금까지의 개혁 사상은 전통적인 정치 체제가 정당하며, 따라서 전통적인 정치 질서의 틀 안에서 적절한 혁신이 충분히 가능하다는 전제 위에서 전개되어오고 있었다. 하지만 이제 그것의 정당성에 의문이 제기되고, 그와 다른 기반 위에서 정치 체제를 조직할 수 있는 가능성이 고려되기 시작했다. 당시의 어법에 따르면 서구의 지식은 기술적 지식뿐만 아니라 정치 기술을 위한 지식의 원천이기도 했다.

전통적 국가의 제도적 질서를 포괄적으로 비판한 것으로 비추어 볼 때 이들 개혁가들이 대체로 구질서의 종교적·이념적 토대인 유교에 대한 비판에까지 이르지 못했던 것은 흥미롭기 짝이 없다. 실제로 진치, 진규, 특히 쑹위런 같은 일부 개혁가들은 오히려 의도적으로 유교를 변호하며 유교의 이념적 질서('강상명교綱常名敎')의 타당성을 옹호했다. 진치가 보기에 중국의 경우 허약한 정치 제도가 건전한 윤리적인 이념적 질서와 결합되어 있었다. 이들 개혁가들 대부분에게는 이러한 윤리적·이념적 보수주의가 기저에 자리 잡고 있어 이들의 정치적 개혁론이 급진화되는 것을 막았다.[15]

그러나 여기서도 역시 허치와 호례원은 예외적이었다. 두 사람은 홍콩에서 저술 활동을 했는데, 허치는 실제로 법학과 의학 부문에서 영국 학위를 갖고 있었으며 영국인 부인을 둔 홍콩의 지도층 시민이었다. 서구의 입헌 정치와 의회 제도에 대한 열정이 유교적 신념으로 인해 제약받을 수밖에 없었던 대부분의 다른 개혁가들과는 달리 허치와 호례원은 서구의 자유주의적 관점에서 전통적인 정치 체제를 무자비하게 공격했다. 이는 그들의 윤리적·이념적 틀이 얼마나 급진적이었던가를 말해준다. 1890년대 말에 출판된 논쟁적인 글을 통해 그들은 당시의 지배적인 유학 조류들을 비판하는 것에 그치지 않고 유교 경전이 전체적으로 한 국가로서의 중국의 실제적 요구에 부합하는지에 대해 의문을 표시했다. 거의 모든 방면에 걸쳐 유교를 공격한 그들의 급진적인 견해는 '삼강'이라는 유교의 신성화된 교리를 공개적으로 공격하는 데서 정점에 이르렀다. 국가와 가정의 조직 원리로서 권위를 누렸던 그러한 교리는 두 사람이 공개적으로 표방하고 있던 인류 평등주의적 신념과 충돌을 일으켰고, 따라서 국가와 사회의 실천 가능한 이념적 토대로서는 합당하지 않은 것으로 거부되었다. 두 사람이 보기에 중국은 분명히 정치 제도들과 기술 문화만큼이나 결함이 많은 도덕적·사상적 질서에 짓눌리고 있었다.[16]

중국 전통의 이 모든 영역을 그런 식으로 비판했다는 것은 개혁가들이 중국이 직면하고 있는 세 가지 주요 문제 즉 기술적(예藝) 문제,

정치적(정政) 문제 그리고 윤리적·종교적 문제(교敎)에 관해 서구 문명으로부터 배울 필요를 느꼈다는 것을 의미한다. 서학의 가치에 대한 이러한 인식의 확대는 분명히 서학에 관한 자강 운동의 주창자들의 견해를 지배했던 상업적·산업적 기술 중심의 관점으로부터의 중대한 전환을 의미했다. 이제 서구 학문의 평판이 높아짐으로써 필연적으로 서구 학문과 중국 전통 유산 사이의 관계를 새로운 시각으로 바라보는 것이 가능하게 되었다.

정통적인 성리학적 세계관의 형이상학적 이원론은 생물과 무생물을 막론하고 우주 만물을 하나같이 원리인 이理와 물질적 힘인 기氣의 융합으로 보았다는 점을 기억할 필요가 있다. 기는 이로부터 본질적 특성을 부여받고, 이는 기 속에서 구체적인 모양과 형질을 갖게 된다. 이런 식으로 이 둘은 분리 불가능한 것으로 생각되었다. 성리학은 이러한 존재론적 이원론을 몇 가지 다른 도식으로 표현하고 있는데, 가장 유명한 도식은 도道 대 기器(도구 혹은 용기)의 이분법이며, 아니면 체體(본질) 대 용用(기능)의 이분법이 사용되기도 한다.

성리학의 이론적 틀에 따르면 비록 도의 영역이 기의 영역보다 논리적 우위를 점하고는 있지만 그러한 우위가 반드시 더 높은 가치를 가진 것을 의미하지는 않는다. 하지만 그것이 좀더 통속화되어 사용되게 된 19세기의 도식 속에서 도 대 기라는 이분법은 의식적으로든 아니면 무의식적으로든 가치 지향적인 어조를 띠게 되었다. 서학을 이해해보려고 한 일부 중국의 학자들이 사용한 이분법은 분명히 그러했다. 1860년 이후 이러한 도-기의 조합이라는 틀 속에서 서구 지식의 의미를 파악하려 한 사람들은 서구 지식은 기라는 범주로, 그리고 중국 학문은 도라는 범주로 분류하는 경향을 보였다. 이렇게 해서 서구 지식이 가치를 인정받게 되었지만 그것은 단지 도구적인 것으로 부차적인 것에 지나지 않았다. 반면 전통적인 유교 지식은 여전히 본질적이고 근본적인 가치를 지닌 것으로서 높은 지위를 인정받았다. 그러나 이제 서구의 정치사상과 제도가 가치를 인정받게 되면서 1890년대 초 일부 개혁가들의 글에서는 기와 도의 분리 불가능성을 강조하는 경향이 뚜렷하게 나타나기 시작했다. 만약 서구 지식이 도구로서의 가치를 갖고 있다면 어떤 것에든 기에는 도가 내재되어 있을 것이기 때문에 서학 속에도 또한 도가 들어 있는 것이 틀림없다는 것이었다. 이러한 사유 노선 속에는 서구를 단지 도구적이고 이차적인 가치의 원천으로뿐만 아니라 본질적이고 중심적인 가치의 원천으로 평가하려는 경향이 분명하게 함축되어 있었다.[17]

비록 이들 개혁 사상가들은 중국의 핵심적인 정치 제도의 변화가 필요하다는 깨달음을 공유하고 있었지만 그들의 공통적인 정치사상은 어떤 지적 협력 작업의 결과는 아니었다. 서로 고립되어 작업하다 우연히 동일한 결론에 도달하게 되었던 것이다. 비록 1890년대 초에 출판된 이들의 저술은 이 10년 동안 지적 분위기의 변화에 기여했지만 이들이 가한 충격 전부를 합친다 해도 당시 캉유웨이를 지도자로 하는 광저우의 젊은 학자 집단들에 의해 시작된 사상적·정치적 운동이 끼친 영향에는 훨씬 못 미쳤다.

캠브리지 중국사

캉유웨이와 지적 격동의 출현

캉유웨이(1858~1927년)는 광저우 출신 학자로서 당시로서는 매우 특이한 지적 배경을 갖고 있었다. 성리학의 전통을 가진 사대부 가문에서 태어난 캉유웨이는 유교의 성인 같은 자질을 보여주었는데, 따라서 일찍이 어릴 적부터 강한 도덕적 사명감을 갖고 있었다. 후일 청년이 되면서 이러한 사명감은 스승 주차기의 깊은 영향 아래 높은 사회적 지향성을 띠게 되었다. 주차기는 광동 지방의 저명한 유학자로서 유교의 가르침의 핵심은 도덕적·정치적 목적에 있다고 강조했다.

한편 캉유웨이는 유교 이외의 철학과 종교 관련 글들을 폭넓게 읽으면서 다른 사상들의 영향도 받게 되었다. 대승 불교가 그에게 특별히 강한 인상을 남겼다. 대승 불교의 고통받는 구세주로서의 보살상은 유교의 성인상과 결합되어 캉유웨이의 사명감과 사회적 관심을 한층 더 강화시켜주었다. 그리고 대승 불교의 영적 가르침들은 그의 실존적 감수성을 심화시켜주었다.

캉유웨이의 지적 지평은 홍콩과 상하이를 방문해 서구 학문을 접하게 되면서 한층 더 넓어졌다. 1880년대 초 그는 구할 수 있는 모든 서구 서적을 읽기 시작했다. 동시에 광저우 부근이나 홍콩에서 살았기 때문에 19세기 중국이 서구에게 당한 반복적인 침략을 날카롭게 인식하고 있었다. 1884년 청불 전쟁이 발발했을 때 그는 광저우에 있었는데, 그는 거기서 임박한 외세의 공격에 따른 긴장과 공포를 몸소 낱낱이 경험했다. 서구 열강들의 힘과 군사력을 이렇게 직접 경험한 후 그는 더할 수 없이 절박한 심정으로 서구 학문 연구에 노력을 기울였다. 서구 학문에 대한 열정적인 관심을 통해서 그는 곧 자신의 정신적 구조를 근본적으로 변혁시키게 되는 새로운 지적 세계를 발견하게 된다.[18]

이렇듯 캉유웨이는 1880대 초까지 가학家學인 성리학 외의 다양한 지적 영향, 즉 유가 이외에 중국의 고전 철학, 대승 불교, 서구의 기독교 사상과 세속 사상 등을 경험했다. 1880년대 중반에 이르러 이러한 영향들은 그의 일생을 통해 계속 지배적인 위치를 차지하게 되는 두 가지 중심적인 관심사로 결정화되었다. 하나는 도처에서 찾아볼 수 있는 혼란, 고통, 불의 등이 도덕적 조화와 정신적 기쁨으로 대체될 수 있는 새로운 세계에 대한 실존적 열망이었다. 인간 조건에 대한 이러한 '보편 구원론적' 관심은 유교 사상, 도교 사상, 대승 불교 사상, 기독교 사상 등 종교 문헌에 관한 연구를 통해서 갖게 된 것이 분명했다. 그리고 그에 따라 자기 앞에 열리고 있는 새로운 세계를 이해해보기 위해 1880년대에 그는 때로는 모호하고 모순적이기도 하지만 항상 대담하고 진지한 세계관을 정식화하기 위한 노력들을 단편적으로 시도해보기 시작했다.

이처럼 보편 구원론적인 정신적 관심 외에 캉유웨이는 또한 점증하고 있던 중국의 국가적 위기에 대해서도 각별한 관심을 갖고 있었다. 이러한 사실은 서구의 일반 학문, 특히 서구식 통치 형태에 대한 그의 뜨거운 관심에서 잘 드러나고 있는데, 그것은 1886년 당시 광저우 주재 양광 총독이던 장지동에게 정부 형태와 관련된 서구 서적들을 번역할 것을 요청하는 진정서를 올린 일에도 그대로 반영되어 있다. 캉유웨이의 애국심은 마침내 그로 하여금 대담한 정치 행동에 나서도록 했다. 1888년 가을 베이징의 회시에 참여하기 위해 상경한 그는 관직에 오르지 못한 독서인이 직접 조정에 상주하는 것을 금하는 조정의 오랜 금령을 무시하고 '변법'을 요구하는 상주문을 황제에게 올려 물의를 일으켰다. 이처럼 대담하게 행동하기는 했지만 구체적인 개혁 방법에 관한 그의 생각들은 여전히 모호하고 일반론적이었다. 다만 중국이 서구의 침략으로 인해 국가 존망의 위기를 맞고 있다는 강렬한 의식만은 상주문에 충만했다.[19]

처음부터 캉유웨이는 서구 세력의 팽창에 따른 위협을 단지 사회적·정치적인 것으로뿐만 아니라 문화적·종교적인 것으로도 보았다. 중국은 국가적으로 위기 상황에 처해 있을 뿐만 아니라 서구 기독교에 의해 잠식당할 수 있는 정신적 위기에 처해 있다는 것이었다. 이처럼 국가(國國)로서의 중국뿐만 아니라 신앙(敎敎)으로서의 유교 또한 존망의 위기에 처해 있었던 것이다. 따라서 서구의 팽창이라는 도전에 대응하기 위해서는 신앙을 지키는 것(보교保敎)이 국가를 보존하는 것(보국保國)만큼이나 중요했다. 결국 이 두 쌍둥이 목표가 캉유웨이가 1895~1898년 사이에 광서제에게 제출한 일련의 상주문과 정치적 저술을 통해서 밝힌 그의 개혁안의 핵심을 이루었다.

캉유웨이의 정치 프로그램의 요체는 일련의 제도 개혁이었는데, 만약 실현되었다면 '위로부터의 혁명'에 상당하는 것이 되었을 것이다. 이 프로그램의 첫 단계는 황제 직속 기구로 행정 재조직 기구(제도국制度局)를 설립해 개혁 성향의 관리들로 하여금 책임을 맡게 하는 것이었다. 이 기구는 제도 개혁을 기획하고 실행에 옮기는 일을 담당하게 될 것이었다.

이 프로그램의 중요한 부분은 근대식 해군과 육군의 창설에 있었다. 이러한 목적을 위해 궁술과 검술 시험에 초점을 맞추고 있는 전통적인 무과를 폐지하고 프로이센과 일본의 군사 학교를 모델로 한 근대식 군사 학교를 설립하려고 했다. 이러한 군사 학교를 통해 새로운 상비군의 핵심으로 복무할 전문 장교들을 배출해 이미 힘을 상실한 정부군을 대체할 예정이었다.

정부의 재조직을 위한 캉유웨이의 프로그램에서 군사 개혁보다 더 중요했던 것은 경제 발전 계획과 정부 재정의 합리화 계획이었다. 제도국에 속한 12부서 가운데 절반이 이 두 가지 과제를 다루도록 되어 있었다. 그는 국가가 산업, 상업, 농업, 광업, 근대적 운수업 등을 증진시킬 책무를 갖고 있다고 강조했는데, 이는 캉유웨이 개혁안의 지속적인 주제였다.[20]

캉유웨이가 이러한 제도 개혁안을 제출할 수 있었던 것은 그가 부국강병이라는 정치적 이상을 수용하고 있었기 때문이었다. 그가 러시아의 표트르 대제의 개혁과 일본의 메이지 유신을 모델로 삼을 것을 주장하면서 조정에 상주한 상소문들보다 그가 그러한 목표에 얼마나 헌신적이었는가를 잘 보여주는 것도 없을 것이다.[21]

캉유웨이는 또 일련의 다른 개혁안들을 통해 문화와 교육 관련 제도들의 전면적인 혁신을 권고했다. 그러한 제안들은 조정으로 하여금 특별 대책을 강구해 이질적인 종교들, 특히 서구의 기독교가 중국에 유입되는 것을 막기 위해 유교를 국교로 지정해 보호할 것을 제안하고 있었다. 이러한 방향에 따라 캉유웨이는 종교를 관장하는 정부 부서를 신설해 국가적인 차원에서 공묘제孔廟制를 감독하며, 왕조의 황제 연호를 따른 전통적인 연대 계산법 대신 공자가 탄생한 해를 원년으로 하는 연대 계산법을 따를 것을 권했다.[22]

캉유웨이는 이러한 종교적·이념적 방비책을 서구의 일반 지식과 사상에 대한 문화적 수용을 한층 더 신속하게 하기 위한 대책과 병행해야 한다고 주장했다. 후자의 목표는 한편으로는 서구에 관한 일본 서적들을 대규모로 번역하고 또 다른 한편으로는 학생들을 해외로 파견해 서구 지식을 배워 오도록 함으로써 이룰 수 있다고 생각했다. 그러나 서구 문화를 흡수하기 위한 방향으로 나아가기 위한 가장 중요한 조치는 팔고문, 구식의 무과 시험 같은 전통적인 과거제도의 중요한 시험 과목을 폐지하는 것부터 시작해 교육을 전면적으로 개혁하는 것이었다. 캉유웨이는 대신 서구 지식에 대한 전문적인 지식을 묻는 시험 제도를 도입할 것을 주장했다. 캉유웨이는 이러한 혁신안들을 통해 궁극적으로 과거제도가 폐지되고 국가적인 차원의 학교 제도가 확립되기를 희망했다.

이러한 교육 개혁의 목표 중 일부는 의문의 여지 없이 국가 발전에 필수적이라 할 수 있는, 지식과 기술을 갖춘 시민들을 공급하는 것이었다. 그리고 또 다른 목적은 캉유웨이가 민권, 입헌 통치 등 서구의 관념을 수용한 것에서 추측해야 할 것이다. 일부 다른 초기의 정치 개혁가들에게서도 마찬가지지만 캉유웨이에게서도 입헌 군주제는 정부 바깥의 백성들의 정치 참여를 증진시키고 그것을 통해 지배층과 피지배층의 유대를 강화시키는 중요한 역할을 갖고 있는 것이었다. 이러한 맥락에서 민주주의는 국민적 결속과 정치적 통합을 이룰 수 있는 효과적인 수단으로 상찬되었다. 그러나 입헌 통치와 의회 정치에 대한 캉유웨이의 생각은 단순히 이러한 실용적인 관점에서만 구상된 것이 아니었다. 또한 그는 민주주의를 미래의 모든 인류 사회에 실현되어야 할 정치적 이상으로 보았다. 부국강병이라는 민족주의적 목표

이외에 이러한 목표를 달성하려면 제대로 교육받은 시민층이 필수적이었다.[23]

입헌 군주제와 부국강병이 정치 프로그램에 관한 캉유웨이의 두 가지 핵심적인 이상이었다. 그러한 이상들은 유학의 진흥에 대한 그의 관심과 결합되어 국가 보위(보국保國)와 신앙 보호(보교保敎)라는 가장 중요한 두 가지 개혁 목표의 근거가 되었다. 그의 개혁 사상은 유교에 대한 급진적인 해석에 기반한 포괄적인 이념에 근거하고 있었는데, 캉유웨이는 그러한 해석을 주로 청 말 유학의 주류였던 금문학파와의 접촉을 통해 발전시켰다. 1890~1898년 사이에 그는 일련의 저술을 통해 당시 유학자들의 지적 세계를 근본까지 뒤흔들어놓는 해석들을 쏟아놓았다.

유교를 급진적으로 해석한 첫번째 주요 저술은 『신학위경고新學僞經考[신新 왕조 대에 위조된 경전들에 대한 탐구]』로서 1891년에 발표되었다. 이 책은 17세기 이래 유학자들 사이에 널리 유행하던 고증학파를 비판하기 위한 것이었는데, 당시 고증학은 한학이라 불리고 있었다. 물론 캉유웨이가 고증학파를 비판한 첫번째 학자인 것은 아니었다. 왜냐하면 18세기 말부터 상당히 많은 유학자들이 다양한 문헌학적·철학적 근거 위에서 유서 깊은 한학의 계승자를 자임하는 고증학파의 주장을 반박해왔기 때문이다. 그들은 '진실한' 한학은 후한 시대에 유행한 고문학古文學까지 사상적 계보를 추적할 수 있는 고증학이 아니라 전한 시대에 유행한 유학, 즉 금문학이라고 주장했다. 이리하여 한대까지 거슬러 올라가지만 오랫동안 잊혀져 있던 사상적 논쟁이 청 말의 유학자들 사이에서 재현되었다(10권의 3장을 참조하라).

캉유웨이는 청 말의 금문학자들, 특히 동시대의 금문학자인 랴오펑廖平 등의 기초 작업을 근거로 하기는 했지만 고증학파의 사상적 근원인 고문 경전들은 모두 문헌 비평을 통해 위작僞作으로 드러나게 될 것이라는 자극적인 명제를 제기했다. 따라서 그의 주장에 따르면 참된 한학 즉 유교의 진정한 가르침은 금문학 속에 보존되어 있었다.24)

캉유웨이의 의도는 한학의 사회적 · 윤리적 무관심을 공자의 본래의 가르침에서 벗어난 개탄스런 현상으로 비판하고, 더 중요하게는 유교의 중심적 지향성은 정치에 대한 관심과 제도 개혁에 있다는 사실을 재확인하는 데 있었다. 캉유웨이는 바로 그러한 내용이 금문 경전 주석의 핵심을 이루고 있다고 믿었다. 그러한 해석은 1898년 개혁 사상에 관한 그의 두번째 주요 저술인 『공자개제고孔子改制考〔제도 개혁가로서의 공자〕』에 제시되어 있다.

캉유웨이가 보기에 공자는 무엇보다 먼저 위대한 혁신가로, 유교라는 종교의 예언자 같은 창시자일 뿐만 아니라 제도를 창건한 '왕'이기도 했다. 그는 금문학파의 몇몇 신비적인 해석들에 기대 공자가 죽기 직전에 미래의 새로운 왕조를 위해 새로운 제도들을 고안하라는 하늘의 명령을 받았다고 주장했다. 캉유웨이는 공자를 개제改制, 즉 제도 개혁에 뜻을 둔 '성왕聖王' 혹은 왕관 없는 왕이란 뜻의 '소왕素王'이라고 불렀다. 그런데 캉유웨이가 생각한 제도 개혁이란 무슨 의미였을까? 본래 금문학파의 문헌에서 개제는 근대적 의미의 제도 개혁보다는 의례의 변화를 암시하는 강력한 종교적 · 신비주의적 함의를 가진 폭넓고 모호한 개념이었다. 반면 그의 개혁 프로그램 속에 분명하게 반영되어 있듯이 캉유웨이가 이상적으로 생각하는 개제는 제도 개혁이라는 근대적인 의미를 갖고 있었다. 그는 유교에 대한 독특한 해석을 통해 중국의 전통적인 정치 제도의 토대를 개혁하기 위한 문화적 근거를 찾아내려고 했다.

캉유웨이는 제도 개혁을 바람직할 뿐만 아니라 실로 필연적인 것으로 보았다. 역사의 변화는 직선적 진보를 통해 이루어지기 때문이었다. 그러한 역사관은 공자에 대한 그의 인식 속에 이미 내포되어 있었다. 그는 세상을 구원할 공자는 미래를 미리 내다보는 '성왕'으로서, 역사가 미래의 이상을 향해 정해진 단계를 따라 단선적으로 발전한다고 보았다고 주장했다. 분명 이러한 직선적 역사관은 주로 그가 읽은 서구 사상을 통해 끌어낸 것이 분명하지만 그는 그것을 금문학파의 '삼세설三世說'의 틀을 이용해 체계화시켰다. 이 설에 대한 캉유웨이의 해석에 따르면 공자는 인류의 역사는 예외 없이 혼란기인 '거란세據亂世'로부터 평화에 다가가는 시대인 '승평세昇平世'를 거쳐 세계 평화라는 마지막 시기인 '태평세太平世'로 발전해간다고 보았다. 캉유웨이는 후일 이러한 틀을 조금 바꾸어 '거란세'에서부터 작은 평화 즉 '소강小康'의 시대를 거쳐 대통일의 최종적인 시대인 '대동大同'의 시대로 발전한다고 설명했다. 이 세 시대는 각각 그에 합당한 정치 체제를 갖게 되는데, 혼란기에는 전제 군주제, 승평세에는 입헌 군주제 그리고 태평세에는 공화정이 들어서게 된다고 캉유웨이는 설명했다. 역사는 이 세 단계를 따라 진보하기 때문에 제도 개혁 또한 반드시 일어나게 되어 있었다. 간단히 말해 제도의 변화는 역사 발전 속에 이미 내재되어 있다는 것이었다.[25]

역사는 정해진 단계들을 거쳐 단선적으로 진보한다는 캉유웨이의 생각은 또한 역사의 진보는 결국 '대동'이라는 이상 사회에서 완성될 것이라는 믿음을 포함하고 있었다. 그의 생각 속에 들어 있는 이러한 천년 왕국설은 젊은 시절부터 그를 사로잡아온 보편 구원론적인 영적 관심을 반영하는 것이었다. '대동'이라는 이상으로 표현된 이러한 보편 구원론적 관심은 이상적인 인류 공동체를 향한 강렬한 도덕적 추구와 모든 인류 사회가 당하고 있다고 믿어지는 고통에 대한 철저한 실존적 항거에서 비롯된 것이었다. 그리하여 그는 고통이 사라지고 행복이 충만한 보편적인 도덕 공동체의 이상을 품게 되었던 것이다. 캉유웨이에 따르면 인간의 고통은 종류는 다양하지만 모두 하나의 기본적인 근원에서 유래하는데, 인간의 고질적인 이기심과 그에 따라 자기와 남을 구별하려는 성향이 바로 그것이었다. 인간들의 이러한 성향에서 사방에 만연한 사회적 불평등이 자라나 인간의 삶의 모든 부분을 구속하게 된다는 것이었다. 미래의 보편적인 인류 공동체를 묘사하면서 캉유웨이는 사회적 불평등과 모든 종류의 차별을 없앨 것을 강조했다. 이처럼 급진적인 사회 평등론은 국가, 사유 재산, 가정 등 현존하는 거의 모든 제도의 폐지를 의미했다. 이러한 점에서 캉유웨이의 이상향인 '대동'의 세계는 철저한 평등주의와 보편 구원론에 의해 지배되는 세계였다.[26] 이는 캉유웨이의 세계관이 가진 혼합주의적 성격을 잘 말해주고 있다.

'대동'이라는 관념은 캉유웨이가 유교의 이상주의에서 끌어낸 것이었다. 이 '대동'과 공자의 '인'은 둘 다 유기적인 통합을 이룬 보편적인 도덕 공동체에 대한 열망을 상징하고 있다는 점에서 내용상 상당히 유사했다. 그러나 캉유웨이의 사회적·도덕적 급진주의는 유교의 수용 한계를 넘어서고 있었다. 예를 들어 가족은 유교에서 너무나 중심적인 위치를 차지하고 있는 개념이기 때문에 인의 궁극적인 실현은 가족의 초월보다는 가족의 확대라고 할 수 있는 도덕적 게마인샤프트[공동체]를 낳게 되었다. 하지만 대동이라는 관념은 가족 같은 핵심적인 사회 제도의 초월을 뜻하고 있는 만큼 캉유웨이의 사회적 이상주의는 대승 불교, 기독교, 묵가 사상 등에서도 유가 사상에서만큼 많은 영향을 받아 형성된 것이 분명했다.

보편적인 도덕 공동체라는 캉유웨이의 유토피아적 이상은 제자들과 가까운 지인들 사이에서는 알려져 있었지만 1890년대 동안에는 공표되지 않았다. 게다가 그의 발전론적 역사관에 따르면 그러한 보편 구원론적 이상은 다만 먼 미래에나 가능한 일이었다. 따라서 그의 당면 목표는 여전히 부유하고 강력한 국가 공동체의 건설이었다. 즉 그의 이념 체계 중 현실적으로 실천 가능한 부분은 여전히 제도 개혁이라는 이상을 중심으로 전개된 급진적인 유교 해석이었다. 간단히 말해 캉유웨이는 궁극적인 목표로 보편적 공동체를 지향하고 있었으므로 민족주의자라고 할 수는 없었지만 그의 이념 체계 중 현실성 있는 부분은 민족주의의 요소를 제법 많이 포함하고 있었다.

여하튼 그의 이념 체계 중 1890년대에 발표된 부분은 신사-독서인들에게 중요한 영향을 미쳤다. 거기에는 캉유웨이가 동시대의 많은 개혁 사상가들과 공유하고 있던 일련의 서구의 정치적 가치관들이 포함되어 있었다. 물론 차이는 있었는데, 캉유웨이는 그러한 가치들을 본인의 이념 체계 속에서 설명했던 것이다. 그의 이념 체계는 그러한 가치들을 유교에 대한 급진적인 해석을 통해 수용하는 동시에 그것들을 청 말의 고유한 사상 동향들과 연결시키는 것이었다. 이처럼 신사-독서인들에게 친숙한 전통적 관점에서 제시됨으로써 서구의 정치적 가치들은 다른 방식으로 제시되었을 때보다 훨씬 더 커다란 호소력을 갖게 되었다. 캉유웨이의 급진적인 유교 해석은 많은 동시대인들을 분개시켰지만 동시에 그의 새로운 사상은 상당한 충격을 주었다. 중국의 많은 신사-독서인들은 여전히 서구 학문을 싫어했지만 그것을 무시할 수는 없었다. 캉유웨이의 사상은 중국의 수많은 사대부들이 서구 사상에 주목하게 만듦으로써 1890년대 지적 분위기의 변화에 강력한 자극을 주었다.

캉유웨이의 개혁 이념은 정치적으로나 지적으로나 중요한 함의를 갖고 있었다. 정치적으로 볼 때 제도 개혁에 대한 요구는 정부의 정치적 효율성을 의문시한다는 것을 의미했다. 더 중요한 것은 민권, 정치 참여, 입헌 정부 등과 같은 서구의 정치적 개념들에 대한 옹호가 전통적인 정치 질서의 정당성에 도전하고 있는 다른 정치 개혁가들의 유사한 견해와 여하튼 연결되고 있었다는 점이다. 이처럼 새로운 정치적 가치가 대중들의 의식 속으로 더욱더 널리 확산됨에 따라 중국은 행정의 붕괴뿐만 아니라 1911년 혁명[신해혁명]에서 절정에 이르는 정치적 해체 과정의 시작에 직면하게 되었다.

유교에 대한 캉유웨이의 급진적인 해석에서 나온 사상적 함의 또한 마찬가지로 중요했다. 분명히 유교는 오랜 발전 과정 속에서 서로 다른 다양한 해석들을 낳았지만 그러한 해석들이 유교의 근본적인 사회적·정치적 가치와 신념에까지 영향을 미치는 일은 없었다. 캉유웨이가 이러한 중심적인 가치와 신념에 대해 의문을 제기했다는 사실 자체가 이미 유교가 중국인의 믿음의 핵으로서 역할을 상실하고 있다는 것을 의미했다. 캉유웨이가 오랫동안 받아들여져온 공자상과 유교의 내적인 핵심적 가치에까지 손을 대자 그러한 파장은 한층 더 심각해졌다. 캉유웨이의 도발적인 해석을 읽은 사람은 누구나 유교의 참된 정체성과 특징은 무엇인가라는 혼란스러운 의문에 사로잡히게 되었다. 이러한 질문의 출현은 지금까지 의문의 여지가 없는 믿음의 중심이었던 유교를 이념 체계 — 그것의 기본 성격은 문제 제기가 가능하고 수많은 논쟁을 촉발할 수 있다는 것이었다 — 로 변형시키는 불길한 결과를 낳았다. 그러한 질문은 불가피하게 많은 사람들에게 충격을 주었다. 량치차오에 따르면 그것은 중국의 신사-독서인들의 지적 세계에 "화산이 터지고 땅이 뒤흔들리는 것 같은" 충격을 주었다.

개혁 운동

캉유웨이의 개혁 이념은 분명히 단지 출판되어 발표되는 것만으로도 사상적 변화에 강력한 자극제가 되었다. 그가 개혁 운동을 촉구하고 조직하기 위해 그것을 이용하게 되면서 그러한 영향력은 한층 더 커졌다. 캉유웨이가 광저우에 사립학교인 장흥학사(長興學舍)를 세워 소규모의 헌신적인 젊은 학자들을 가르치기 시작하면서 그러한 운동의 기반이 놓였다. 교과 과정은 당시로서는 혁신적인 것이었지만 여전히 유교적인 틀을 유지하고 있었다. 하지만 실제로는 당시의 여러 유학파들과는 크게 달랐다. 그것은 대체로 유교에 대한 캉유웨이 본인의 급진적인 해석, 대승 불교의 가르침을 연구할 것에 대한 강조, 유가 이외의 중국의 여러 사상의 흐름들 그리고 서구 학문 등으로 구성되어 있었다. 교육의 주목적은 학생들에게 캉유웨이의 정치의식과 개혁 이념들을 주입하는 것이었다. 이 학생들 다수가 후일 헌신적인 정치 활동가가 된 것은 전혀 놀랄 일이 아니었다. 그러한 사람 중의 하나

인 량치차오는 캉유웨이가 전개한 제도 개혁 활동의 주요 보조자가 되었다.[27]

캉유웨이는 1888년에도 개혁의 필요성을 조정에 상주하기는 했지만 지속적인 대규모 운동 형태로 변화를 촉구한 것은 1895년이 되어서였다. 이 운동을 다시 시작하게 한 직접적인 계기는 청일 전쟁에서의 패배였다. 이 전쟁은 대중들의 의식에 중국이 이전 수십 년 동안 외세에 당한 어떤 패배보다도 더 커다란 충격을 주었다. 무엇보다 먼저 이 패배로 중국은 이전 어느 때보다 훨씬 더 많은 물질적 대가를 치러야 했다. 더 많은 조약항을 개항하고 엄청난 전쟁 배상금의 지불을 강요당한 외에 마지막 남은 중요한 조공국인 조선에 대한 종주권을 포기하고 타이완과 랴오둥 반도 등 중국의 넓은 영토를 일본에 양도해야 했다. 이처럼 엄청난 희생은 20년이 넘게 요란스럽게 외쳐온 '자강' 개혁 운동 이후에 찾아왔기 때문에 특히 더 충격적이고 심각하게 느껴졌다. 마지막으로 특히 중국은 전통적으로 일본을 문화와 국력 모든 면에서 열등한 후진국으로 경멸해왔기 때문에 깊은 상실감에 고통스러운 굴욕감이 더해졌다.

1895년 봄 캉유웨이와 제자 량치차오는 회시에 참여하기 위해 베이징으로 올라왔다. 이해 4월 중국이 시모노세키에서 일본과 굴욕적인 강화 조약을 체결해야 하게 되자 캉유웨이는 즉시 이를 동료 과거 응시자들을 움직여 강화 조약에 대해 항의하고 조정에 개혁을 요구하도록 하는 기회로 삼았다. 그 결과 강화 조약에 항의하는 극적인 대중 청원 운동이 나타났다. 1,300명의 응시자들이 조정을 향해 강화 조약을 거부하고 개혁을 시작하라고 요청하며 캉유웨이가 기초한 상주문에 서명했다. 이 모든 항의와 청원은 아무런 주목도 받지 못했다. 하지

만 대중적인 관심이 고조되는 것을 보며 용기를 얻은 캉유웨이는 운동을 더욱 진전시킬 수 있었다.[28]

당시 이러한 개혁 운동은 캉유웨이가 처음 1888년에 혼자 시작했을 때보다 훨씬 더 광범위하게 전개되었다. 1888년 당시 그의 활동은 황제에게 청원하고 조정의 고위 관료들을 찾아가는 것에 그쳤다. 그러나 이제 캉유웨이는 세상을 놀라게 한 대중 청원에 이어 1895년 초여름 두 차례에 걸쳐 개혁을 요청하는 대담한 상주문을 조정에 올림으로써 위로부터의 개혁을 촉진하려는 시도를 계속했다. 동시에 캉유웨이와 그의 지지자들은 중요한 전략적 결단을 내렸다. 그들은 조정에 청원 활동을 계속하면서 아래로부터 지지를 획득하려는 노력도 했다. 이러한 시도들의 이면에는 중국에 입헌 정부와 참여 정치 제도를 확립하려는 개혁가들의 장기적인 전망이 깔려 있었다. 그러한 목표들을 달성하려면 단지 위로부터의 개혁만으로는 충분하지 않았다. 그것은 '아래로부터의 발전' 에 의해 보완되어야 했다.

이 일을 촉진시키기 위해 캉유웨이와 동료들은 새로운 조직과 선전 기구를 설립했다. 가장 중요한 조직은 학회였다. 학회는 두 가지 중요한 기능을 했다. 먼저 학회는 근대 국가의 형성에 필수적인 지적 합의와 조직적 결속을 이끌어내는 매우 중요한 통합 기능을 수행했다. 둘째로 학회의 좀더 특수한 과제는 독서인-신사층의 교육과 동원에 있었다. 캉유웨이와 그의 친구들은 '아래로부터의 발전' 이 이루어지기를 열망했지만 중국 백성들 대부분이 교육받지 못했기 때문에 아직 그러한 과제를 수행할 준비가 되어 있지 않다는 사실을 알고 있었다. 일반 교육과 대중 계몽이 이루어지기 전까지는 중국 사회의 '중간 계층' — 학위 소지자들인 신사들 — 의 지도력에 크게 의지하지 않을 수 없었다. 한편으로 지방의 지도층을 구성하고 있는 이 계층은 일반 백성들보다 훨씬 더 잘 교육받고 많은 재능을 갖고 있었다. 다른 한편 이들 신사들은 관료들과 비교했을 때 사회적으로 백성들과 훨씬 더 밀접해 있고 접촉도 더 빈번했기 때문에 그들을 이끌기에 훨씬 더 적합했다. 바로 여기에 중국 사회에서 신사층이 가진 전략적 중요성이 있었다. 량치차오가 언급했듯이 "신사층은 백성들의 형편을 잘 알고 있어서 상하를 연결하는 가교 역할을 할 수" 있었기 때문이다.

그러나 불행히도 신사층은 중재자 역할을 수행하고 일반 백성을 위해 각성된 지도자가 될 준비가 되어 있지 못했다. 왜냐하면 정치적 동기가 결여되어 있었거나 아니면 나라의 상황과 세계의 사정에 어두웠기 때문이다. 나아가 그들에게는 시민 정신이 거의 없었고 배경상 조직 기술도 전혀 갖고 있지 못했다. 이러한 약점을 극복하기 위해 젊은 개혁가들은 그들을 교육하고 동원하기 위한 최상의 수단으로서 학회를 이용했다.

이들 학회들은 두 가지 원칙, 즉 지역성과 지적 전문성이라는 두 가지 원칙에 기반해 조직될 예정이었다. 먼저 베이징과 상하이에 설립한 다음 후에 각 성과 부府, 주州 그리고 진鎭 등에 지회가 설립될 계획이었다. 한편 신지식으로 신사-관료들을 교육하기 위해 전국에 걸쳐 각 전문 분야의 학회들이 설립될 예정이었다. 이러한 식으로 개혁가들은 전국적인 연결망을 갖춘 학회를 설립해 '아래로부터의 발전'을 촉진한다는 구상을 갖고 있었다.[29]

캉유웨이 집단이 운동을 촉진시키기 위해 이용한 또 다른 새로운 제도는 신문이었다. 그들은 신문이 신지식과 신사상을 확산시킬 뿐만 아니라 백성들 사이의 지적 합의를 이끌어내기 위한 강력한 도구가 될 수 있음을 깨달았다. 조정에 개혁을 요구하는 캉유웨이의 청원 활동은 성공적이지 못했지만 학회와 신문을 통해 '아래로부터의 발전'을 촉진시키기 위한 시도들은 정부의 억압과 사회적 저항에도 불구하고 근대 중국의 사회적·문화적 발전에 획기적인 사건이 되었다.

학회를 결성하기 위한 캉유웨이의 첫번째 조직 실험은 1895년 8월 베이징에 강학회強學會를 설립한 것이었다. 이 학회를 조직하도록 동기를 부여한 것은 주로 캉유웨이였지만 학회의 공식적인 책임자는 당시 중앙 정부의 하급 관리였던 진치였다. 처음에 학회는 아주 성공적이어서 수도의 많은 개혁 지향적인 사대부들뿐만 아니라 영국인 목사 오코너Nicolas R. O'Conor, 선교사 리처드Timothy Richard와 리드Gilbert Reid 등과 같은 일부 서구인들을 끌어들였다. 더욱 중요한 것은 이 학회의 회원 명단에 조정의 많은 고위 관료들도 포함되어 있었던 점이다. 예를 들어 장지동, 왕문소, 유곤일 등과 같은 각 성의 총독, 옹동화, 손가내孫家鼐, 이홍조 등과 같은 조정 내의 주요 인물들 등이 포함되어 있었다.[30] 여러 곳에서의 기금 후원으로 학회는 튼튼한 재정적 기반을 갖추게 되었다. 회원들은 10일마다 정기적으로 회합을 갖고 시사 문제를 주제로 한 공개 강연을 청취했다.

량치차오는 비서로 임명되었다. 강학회의 후원하에 출간된 일간지 『중외공보中外公報』의 편집인은 량치차오와 캉유웨이의 또 다른 제자 마이멍화麥孟華였다. 이 '신문'은 보통 량치차오나 마이멍화가 쓴 시사에 관한 사설만으로 구성되어 있었으나 가끔 광학회가 출판한 글들을 전재하기도 했다. 베이징의 사대부들 사이에 널리 회람될 수 있도록 이 신문은 관보와 함께 무료로 배포되었다. 이 신문은 베이징에서 가장 인기가 높았을 때 3,000부가 배포되기도 했다.

한편 캉유웨이는 상하이를 '엄청나게 많은 신사-독서인들이 운집하는 남북 사이의 중심적 연결 고리'로 보고 1895년 가을 그곳에 강학회 분회를 설립했다. 이 분회는 당시 난징에 주재하던 양강 총독 대리 장지동으로부터 상당량의 기금을 받아서 『중외공보』처럼 무료로 배포되는 자체의 일간지 『강학보强學報』를 발행할 수 있었다.[31] 이처럼 1895년의 격동의 봄 이후 수개월 동안 사대부들 사이에서 새롭고 의미 있는 몇 가지 움직임이 발생했는데, 국가의 위기에 대한 전반적인 각성을 촉구하는 동시에 그러한 각성을 명확한 지향성과 통합적인 개혁 운동으로 조직해 연결하려고 했던 것이다.

그러나 이러한 조직적 노력들은 곧 정부의 억압에 봉착했다. 장지동은 상하이 분회에 대한 재정 지원을 철회하고 『강학보』가 청조의 연호를 사용하지 않고 공자의 탄생을 기원으로 하는 연대 표기법을 취했다는 점을 이유로 신문 발행을 금지시켰다. 분명히 장지동은 그러한 행위가 청조에 불충하려는 불순한 의도를 담고 있다고 보았다. 한편 베이징의 강학회도 고위층으로부터의 상당한 지원에도 불구하고 정부의 압박을 느끼고 있었다. 1896년 2월 한 어사가 무절제한 정치 토론과 대중적 비판이라는 위험한 관행을 독서인들 사이에서 조장할 수 있는 단체를 불법적으로 조직했다는 혐의로 이 학회를 고발했다. 일단 이러한 탄핵이 제출되자 조정은 모른 체할 수 없었다. 1652년 이래 청조는 정부 정책을 비난하는 사사로운 제안과 청원을 금지하고 사적인 단체들의 설립을 금지하는 확고한 방침을 고수해오고 있었다. 그리하여 앞의 어사의 탄핵에 따라 정부는 학회를 폐지하라는 명령을 내려 강학회는 설립된 지 겨우 5개월 만에 문을 닫았다.[32]

베이징과 상하이에서의 강학회와 개혁 신문의 해체는 막 태동하고 있던 개혁 운동의 후퇴였지만 곧 다른 곳에서 새로운 기회가 나타났다. 상하이의 강학회 분회가 활동을 금지당한 직후인 1896년 봄 남은 기금과 개인이 출연한 얼마간의 자금을 이용해 신문사가 설립되었다. 왕강년汪康年이 신문사 경영을 담당했고, 량치차오가 총편집인으로 초대되었다. 이리하여 저 유명한 『시무보時務報, Chinese Progress』가 탄생해 1896년 8월 상하이에서 배포되기 시작했다. 이듬해 봄 마카오에서 자매지가 발행되었다. 처음에 『광시무보廣時務報』라는 제호였던 이 신문은 후에 『지신보知新報, The China Reformer』로 개명되었다. 이 두 신문을 통해 개혁 운동은 양쯔 강 하류 지역과 동남 연해 지방에서 계속 생명을 유지할 수 있었다.[33]

『시무보』의 정신은 량치차오가 쓰는 논설에 담겨 있었다. 량치차오는 캉유웨이의 충실한 제자였기 때문에 당연히 그의 글 속에는 캉유웨이의 영향이 깊이 각인되어 있었다. 그러나 꼼꼼히 검토해보면 량치차오의 글이 단순히 캉유웨이의 사상을 대중화시킨 것이 아니라 캉유웨이의 사상을 한층 더 발전시켜 민족주의와 민주화를 개혁 강령의 좀더 중심적인 위치에 갖다 놓았다는 것을 알 수 있다.

캉유웨이를 비롯한 당시의 많은 다른 개혁 지향적인 학자들과 마찬가지로 량치차오도 기술만을 중시하는 자강 운동의 방향에 대해 강하게 반대했다. 일본의 메이지 유신의 경험에서 교훈을 얻은 량치차오는 중국을 하나의 국가로서 부흥시키려면 정치 개혁이 서구 기술의 도입보다 훨씬 더 중요하다고 주장했다. 정치 개혁이 성공적으로 이행되기만 하면 군사와 기술상의 혁신은 자동적으로 따라오게 되어 있지만 반대로 정치의 변화를 동반하지 않는 단순한 기술 혁신은 자강 운동에서 충분히 확인된 것처럼 완전한 힘의 낭비로 그치게 될 것이라고 주장했다. 즉 량치차오의 개혁 프로그램에 따르면 정치 개혁이 기술상의 변화보다 우선시되어야 했다.

량치차오는 중국의 정치 개혁의 열쇠는 교육 제도의 전면적인 개편이라고 주장했다. 거기에는 필연적으로 과거제도의 폐지와 전국적인 학교 제도의 설립이 포함되어 있었다. 이처럼 새로운 접근법의 일차적인 목표는 백성들에게 글을 읽을 수 있는 능력과 유용한 지식을 확산시키고 — 그와 마찬가지로 중요한 것으로서 — 중국의 문화 전통과 서구의 정치 이념과 경험 두 가지 모두에 대한 지식에 기반해 정치 교육을 시키는 것이었다. 량치차오는 이처럼 새로운 제도들을 통해 정치의식과 사고력을 갖춘 시민 계층이 등장하기를 기대했다.

량치차오의 교육 개혁안의 중심에는 변變과 군群이라는 두 개의 핵심적인 개념이 있었다. 캉유웨이의 역사 철학 그리고 당시 막 중국에 소개되고 있던 사회 다윈주의의 영향을 받아 량치차오는 변화를 주로 단선적 진보라는 의미로 이해하고 있었다. 그러나 량치차오의 사고 속에서 이러한 종류의 변은 군이라는 포괄적인 개념으로 요약될 수 있는 새로운 정치의식의 지배를 받고 있었다. 이 군이라는 개념은 신사-독서인들을 사회적·정치적 행동에 나서도록 동원하고 조직하기 위해 이들 사이에 단체들을 설립할 필요성을 표현하는 용어였다. 의미심장하게도 이 군이라는 개념은 단체라는 의미 외에도 보다 포괄적인 정치적 이상을 함축하고 있었는데, 그것은 중국의 전통적인 정치 제도에 대한 심각한 평가 절하를 포함하고 있었다. 량치차오에 따르면 고대의 전제 정치는 기본적으로 왕조의 지배 체제 유지를 목표로 하고 있었으며, 따라서 전적으로 억압적일 수밖에 없었다. 그처럼 억압적인 질서로는 제국주의의 침략과 국제 경쟁이 난무하는 근대 세계

속에서 중국을 생존 가능한 국가로 유지할 수가 없다는 것이었다. 무엇보다 먼저 그러한 체제는 국가의 생존과 발전에 필수적인 집단적 역동성, 즉 대중들의 에너지와 활력이 생성되는 것을 막을 것이며, 둘째, 지배자와 피지배자 사이의 소통뿐만 아니라 사회의 여러 다른 집단들 사이의 의사소통을 막을 것이라고 량치차오는 주장했다. 전통 중국은 이러한 상호 의사소통의 결핍으로 말미암아 민족적 역동성뿐만 아니라 국민 통합 역시 제대로 이루어낼 수 없었다.

전통적인 정치 질서에 대한 이러한 비판 뒤에는 분명히 정치 공동체에 대한 전혀 새로운 관념, 즉 민족주의 그리고 무자비한 국제 경쟁과 투쟁을 중심으로 한 다원주의적 세계관에 강하게 영향을 받은 정치 공동체 관념이 깔려 있었다. 이 시기 동안 량치차오는 결코 명시적으로 이러한 개념을 민족주의와 동일시한 적이 없었다. 실제로 캉유웨이의 아주 가까운 추종자로서 량치차오는 여전히 캉유웨이가 주장했던 보편 구원론적 이상들을 강조했다. 그러나 그의 정치 저술들의 바로 이면에는 민족주의라는 이상이 들어 있었다.

그러나 새로운 정치 공동체에 관한 그의 비전 속에서 민족주의는 중요한 요소이기는 하지만 유일하게 결정적인 요소는 아니었다. 그는 전통적인 정치 질서를 주로 실용적인 관점에서 평가했는데, 거기에는 도덕적 정당성에 대한 관심이 동반되어 있었기 때문이다. 군주제라는 전통적인 제도는 정치적으로 비효율적이었을 뿐만 아니라 도덕적으로 비난받아 마땅했다. 량치차오는 국가를 하나의 통합된 실체로 보았다. 즉 그것은 지배자뿐만 아니라 피지배자까지 포함한 공동체의 모든 구성원들에게 속한 것이어야 한다고 보았다. 따라서 공동체는 모든 구성원들의 이해관계와 의지의 총체여야 한다는 것이었다. 개인 통치자나 통치 가문이 대중을 지배하는 것은 도덕적 이기심의 뻔뻔스러운 표현에 지나지 않으며, 따라서 공동체의 와해를 야기할 뿐이라고 그는 주장했다. 이처럼 새로운 공동체관은 그가 도덕적으로 민권, 일반 의지 등 루소식 이상을 따르고 있었음을 보여준다. 간단히 말해 량치차오가 정치 개혁의 최종 목표로 구상한 새로운 정치 공동체는 그 자체가 역동성과 통합성뿐만 아니라 민주주의를 구현하고 있는 것이었다.[34]

이처럼 정치 공동체라는 새로운 이상에 중심을 둔 량치차오의 개혁론은 궁극적으로는 다름 아니라 중국의 전통적인 정치 질서의 급진적인 변혁을 목표로 했다. 이러한 급진적인 이상들이 확산됨에 따라 곧 정치 개혁론은 점증하고 있던 지적 격동의 초점이 되었다. 이러한 격동이 확산되면서 개혁 운동은 캉유웨이 한 사람의 지도 아래 출발했던 초창기의 선명성과 단일성을 점차 상실했다. 캉유웨이의 개혁 프로그램과 이념이 여전히 가장 공적이고 가시적인 운동인 것은 분명했지만 그러한 흐름의 아래에서는 캉유웨이의 사상과는 상당히 다른 여러 동향들이 움직이고 있었던 것이다. 따라서 지적 운동으로서의 개혁주의는 하나의 스펙트럼으로 이해하는 것이 가장 바람직할 것이다. 제도 변화의 필요성에 관해서는 캉유웨이와 의견을 같이하면서도 유교에 대한 캉유웨이의 급진적인 해석에는 반드시 동감하지는 않았던 진보잠陳寶箴, 황준헌 등과 같은 사고방식을 갖고 있던 사대부들은 그보다는 좀더 온건한 목표를 추구했다. 이러한 온건파에 속하는 몇몇 인물들의 사상적 입장은 사실상 장지동, 이홍장 등의 자강 운동가들과 별반 다르지 않았다. 반면 다른 쪽 끝에 있는 보다 급진적인 사람들의 견해는 당시의 혁명 운동과 거의 구별되지 않았으며, 심지어 몇몇 측면에서는 훨씬 더 급진적이었다. 이런 배경하에서 두 인물을 특히 주목할 필요가 있을 것이다. 왜냐하면 바로 그들이 개혁 운동을 둘러싸고 진행되고 있던 광범위하고 다양한 지적 격동 가운데 지도적인 역할을 수행했기 때문이다.

그중의 한 사람이 옌푸였다. 그는 젊은 시절 2년 동안 영국에서 공부해 서구의 언어를 알 뿐만 아니라 직접 서구 세계를 목격하기까지 한 소수의 중국인에 속했다. 1895~1898년 사이 그는 톈진에서 발간되는 한 신문에 몇 편의 논설을 발표해 중국의 국가적 위기와 개혁의 필요성에 관한 견해를 밝혔다. 1897년 그는 몇몇 사람들과 함께 톈진에 새로운 일간지 『국문보國聞報』를 창간했는데, 이 신문은 곧 화북에서 가장 중요한 신문이 되었다. 그는 동시에 주간지 『국문휘편國聞彙編』 발행에도 참여해 신지식을 전파하고 개혁주의적 견해들을 발표했다. 같은 해 그는 또한 번역 작업에 착수해 헉슬리Thomas H. Huxley의 『진화와 윤리Evolution and Ethics』의 번역을 끝내고 『천연론天演論』이란 제목을 붙였다. 옌푸의 글과 번역물들은 곧 당시의 독서 대중에게 중요한 영향을 끼쳤다. 그의 『천연론』은 1898년에 출판된 후 대성공을 거두었는데, 심지어 출판되기 전부터 이미 영향력을 행사할 수 있었다. 왜냐하면 캉유웨이와 량치차오가 인쇄되기 전에 본문을 읽고 옌푸의 찬미자가 되었기 때문이다.

당시의 기준으로 보면 옌푸의 정치적 태도는 상당히 온건했다. 그가 권한 것은 결국 점진적인 제도 개혁과 정치 혁신이었기 때문이다. 그러나 그처럼 온건한 정치적 성향은 급진적인 사상적 성향과 섞여 있었다. 그는 중국이 철저한 문화 변혁을 이루는 날이 오기를 고대하고 있었던 것이다. 그의 정치적 점진주의와 지적 급진주의는 모두 그의 사상적 기초인 다윈주의적 사고에 바탕을 두고 있었는데, 그는 주로 스펜서 철학에 대한 독서를 통해 그것을 도출해냈다.

진화는 필연적으로 완만한 축적 과정으로, 결코 도약에 의해서 이루어질 수 없다는 스펜서 사상의 영향으로 말미암아 옌푸는 극적인 변혁이라는 기적은 전혀 믿지 않게 되었다. 사실상 그것은 결국 중국은 백성들이 준비될 때까지는 제도적 변화를 추구해서는 안 된다는 것을 의미했다. 왜냐하면 백성들을 육체적, 지적, 도덕적으로 변화시키려면 장기간에 걸친 교육 과정이 요구되기 때문이었다. 옌푸가 목표로 한 것은 미래의 가치 체계의 철저한 변화였다.

옌푸의 문화적 급진주의는 그의 열렬한 민족주의적 관심, 즉 어떻게 집단적으로 중국을 부강한 나라로 만들어 격렬한 제국주의 세계 속에서 생존할 수 있도록 할 것인가라는 관심에서 나온 것이었다. 사회 다윈주의적 틀 안에서 표현된 그의 이러한 집단주의적 관심은 그로 하여금 집단으로 부강을 달성할 수 있는 열쇠는 서구의 독특한 우주^{cosmos}관에서 찾아야 한다고 믿도록 만들었다. 서구의 우주관은 우주^{universe}를 에너지와 힘의 '소모되지 않는 창고'로, 그리고 불가피하게 '동질적이고 단순한' 것에서 '이질적이고 조직된' 것으로 끊임없이 진화하고 있는 것으로 묘사하고 있다. 이러한 우주의 모습은 드넓은 우주뿐만 아니라 인간 세계에도 똑같이 해당되어, 생존 투쟁에 의해 에너지가 생성되고 진화가 진행된다는 것이었다. 이러한 의미에서 자원은 제한되어 있고 수많은 생명이 우글거리는 지구에서 인간들 사이의 투쟁은 필연적일 뿐만 아니라 역동성과 진보의 원천으로서 세계를 위한 축복이기도 했다.

옌푸는 이러한 실재론에 열광하고 몰두했다. 왜냐하면 그것이 그가 소중히 여기는 투쟁, 역동성, 진보 등의 이상을 담고 있었기 때문이다. 또한 이처럼 근본적인 다윈주의적 가치관과 세계관은 그로 하여금 서구의 자유주의 이념을 찬미하도록 만들었다. 옌푸는 서구에서는 각 개인의 역량이 자유롭게 발휘될 수 있을 뿐만 아니라 동시에 각 역량이 연합해 집단적인 역동성을 생성하기도 하는데, 근대 서구 문명이 성공한 비결은 바로 이처럼 기적 같은 현상에 있다고 생각했다. 근대 서구 문화의 에토스는 공공 정신과 원시적인 에너지를 행복하게 결합시킨 것으로, 매우 독특한 것이었다. 서구 사상에 대한 연구와 영국에 대한 관찰을 통해 옌푸는 그러한 결합은 오직 자유로운 사회와 민주적인 제도라는 맥락 속에서만 가능하다고 믿었다. 자유주의와 민주주의에 대한 그의 믿음은 집단적 역동성이라는 사회 다윈주의적 이상의 수용에서 중요한 부분을 차지하고 있었다.

이처럼 세계관과 기본적인 가치관에 있어서 옌푸는 의심의 여지 없이 서구 문명의 열렬한 숭배자였다. 그것은 또한 옌푸로 하여금 중국의 전통을 무자비하게 비판하도록 만들었다. 그가 보기에 근대 서구에서는 집단적 에너지가 넘쳐흐르고 있는 반면 중국의 전통 속에서는 오직 역동성과 공공 정신이 고갈되어가고 있을 뿐이었다. 앞서 강조한 대로 근대 서구와 비교했을 때 중국이 쇠약해진 것은 과거 중국의 성인들이 백성들의 역량과 능력을 배양하는 일을 거의 하지 않았고, 또한 왕조의 통치자들도 그들을 억압하는 데만 모든 힘을 쏟았기 때문이었다. 따라서 옌푸가 당시 국내의 자생적인 사상 동향을 거의 전적으로 거부한 것은 놀랄 만한 일이 아니었다. 그는 기계적 지식을 요구하는 과거제도를 공격했을 뿐만 아니라 당시의 모든 유학 사상들을 지적 낭비라며 배척했다. 중국이 걸린 온갖 병에 대한 치료는 오직

서구 사상과 가치를 수용하는 데 있다고 그는 주장했다.[35]

또 한 명의 영향력 있는 인물은 후난 출신의 젊은 학자인 담사동 譚嗣同이었는데, 그는 옌푸와는 전혀 다른 지적 특징을 갖고 있었다. 조정 고관의 아들로 신사-독서인에 속했던 담사동은 주로 유교 교육을 받았다. 후일 성년 초에 본인의 지적 탐구를 통해 그는 서구 학문, 기독교와 대승 불교 등의 영향에 노출되었고, 또한 19세기 말에는 당시 활발히 재조명되고 있던 유교 이외의 전통 철학, 특히 묵가 사상에도 영향을 받았다. 이처럼 다양한 사상의 영향을 받으면서 그는 사상적으로 절충주의적인 세계관을 갖게 되었는데, 그는 그것을 1896~1897년에 저술한 도발적인 철학 논문인 『인학仁學』에서 상세히 밝혀놓았다. 이 소책자는 1900년대 초에 이르러서야 비로소 출판되지만 내용은 출판되기 이전부터 량치차오를 비롯한 가까운 친구들 사이에 이미 알려져 있었다.

『인학』의 핵심에는 지상에 보편적 공동체를 수립하기를 갈망하는 세계관이 놓여 있었다. 그러한 공동체는 활력과 역동성으로 충만하고, 끊임없이 더 나은 미래를 향해 발전해나갈 것이었다. 또한 그것은 철저한 평등주의와 중단 없는 감정적 교감을 특징으로 하는 도덕적 게마인샤프트이기도 했다. 그가 이러한 유토피아적 이상을 갖게 된 것은 근대 서구의 산업-상업 사회가 가진 역동성의 에토스에서 깊은 인상을 받았기 때문이기도 하지만 동시에 대승 불교, 성리학, 기독교, 묵가 사상 등의 종교적 보편 구원론과 도덕적 이상주의의 영향 때문이기도 했다. 그러나 담사동과 같은 시대의 수많은 사람들의 사상 속에서 뚜렷한 모습으로 자리 잡기 시작한 민족주의 이념은 특이하달 정도로 모습을 드러내지 않았다.

이러한 세계관을 바탕으로 담사동은 중국의 전통에 대한 급진적인 비판을 제출했다. 옌푸처럼 담사동도 전통적인 군주제를 공격했는데, 그는 전통적인 군주제를 인간의 능력과 정서 모두를 억압하는 가장 암울한 종류의 전제주의로 묘사했다. 그러나 전통적인 제도들에 대한 공격이 오직 정치 질서에만 한정되어 있었던 옌푸와는 달리 담사동은 전통 중국의 중심적인 사회 제도라 할 수 있는 가족에 대해서까지 공격을 확대했다. 이것은 전통적인 윤리 체계와 사회 체계의 핵심, 즉 유교의 삼강에 대한 그의 솔직한 비판에서도 나타나고 있다. 삼강이란 모든 인간 관계에서 가장 성스러운 관계들을 규정하는 것으로, 임금과 신하, 아버지와 아들, 그리고 남편과 아내의 관계가 여기에 속했다. 이 세 관계는 모두 한쪽이 절대적으로 지배하는 권위주의적 원리에 기반하고 있었다. 담사동이 보기에는 부자 관계와 부부 관계라는 두 가지 가족 관계도 군신 관계만큼이나 타락하고 억압적인 것이었다. 담사동은 이 세 가지 관계 모두 하나의 단일한 도착적이고 억압적인 질서를 구성하고 있으며, 이러한 질서 아래에서 전통적인 세계는 쇠퇴하고 타락할 수밖에 없다고 보았다.

그리하여 담사동은 지상에 활력 넘치는 인류 공동체를 건설하기 위해 숨 막힐 듯한 삼강의 속박을 철저하게 끊고 중국의 전통적인 사회 질서와 정치 질서를 전면적으로 타도할 것을 촉구했다. 캉유웨이나 옌푸와는 달리 담사동은 질서 정연한 개혁 프로그램을 제시하지 않았으며 또 『인학』에서도 그의 비전을 어떻게 구체적이고 특정한 단계들을 거쳐 실천할 것인가에 관해서는 아무런 지침도 제시해놓지 않았다. 그러나 그는 『인학』 전반에 걸쳐 매우 감성적인 언어를 사용해 전면적 부정과 전면적 해방이라는 이중의 선율을 뚜렷하게 전달할 수

있었다. 그러한 이중 선율로부터 혁명의 분위기가 조성되고 있었다.[36]

지금까지 우리는 개혁 운동의 지적 격동 속에는 다양한 사상들이 스펙트럼을 이루고 있었지만 그것은 주로 두 가지 주요 관심사를 반영하고 있는 하나의 급진적인 경향에 의해 대표되었다는 것을 살펴보았다. 하나는 나라의 부강에 대한 광범위한 요구였고 다른 하나는 종교적·도덕적 의미에 대한 모색이었는데, 그것은 주로 캉유웨이와 담사동의 사상 속에서 표현되었다. 두 가지 관심사 모두 전통적인 정치 질서의 이념적 기반에 타격을 가한 급진적 사상 속으로 흘러 들어갔다. 따라서 1895년 이후부터 점차 급진적인 개혁가들과 보수적인 사대부들 사이뿐만 아니라 개혁가들 사이에서도 급진파와 온건파 사이에 사상적 불일치가 나타나기 시작한 것은 놀라운 일이 아니었다. 이러한 이념적 불일치는 마침내 1897년 후반 후난에서 공공연하게 드러나게 되었다.

후난 성의 개혁

1896년 초 조정이 베이징에서의 캉유웨이의 운동을 탄압한 후 개혁 운동은 상하이와 마카오에서 대중의 지원을 확보하기 위한 이념적 선전으로 활동을 제한할 수밖에 없었다. 하지만 그러는 동안 후난 성에서 새로운 사태가 전개되고 있었는데, 이로 인해 곧 후난 성의 성도인 창사가 개혁 운동의 중심이 되면서 개혁 운동은 성 차원에서 성공적으로 진행될 수 있는 기회를 갖게 되었다.

당시 후난 성에서의 개혁은 19세기 하반기의 중국의 국가와 사회에서 전개된 두 가지 중요한 발전을 배경으로 이해해야 한다. 먼저 19세기 중반의 여러 반란의 여파로 그리고 당시 중국이 직면하고 있는 국제적 위기에 대처하기 위해 경제와 기술을 발전시키고 제도를 개혁하는 데 이들 지방의 관리들이 각자의 관할 영역 안에서 다양한 노력을 기울인 결과 순무와 총독들의 권한이 증대되었다. 1860년대 초 이후 30년 동안 이루어진 이러한 혁신 노력이 소위 자강 운동의 근간을 이루었다.

두번째 주요한 발전은 지방 엘리트의 세력이 증대된 것이었다. 필립 쿤Philip Kuhn은 19세기 중반의 반란의 시기 동안 지방의 자위군을 조직하는 과정에서 이들의 세력이 어떻게 성장했는지를 보여준 바 있다. 또한 이처럼 세력이 증대되면서 신사들이 비군사적 성격의 공적 기능에도 깊이 관여하게 되었다는 사실을 보여주는 자료들이 있다. 그러한 활동 가운데 많은 부분은 단지 정부의 힘이 약해진 시대에 전통적으로 해오던 공적 활동을 확대한 것에 불과했다. 하지만 몇몇 성의 경우 그들의 활동은 직접적으로 또는 간접적으로 서구와의 접촉으로 촉발된 상업화와 관련되어 있었다. 이러한 내재적인 발전들은 서로 결합되어 신사들로 하여금 고향 도시나 성에서 점점 더 커다란 역할을 수행하도록 했다.[37]

결과적으로 19세기 하반기에 신사들의 정치적 역할은 성의 관리들의 힘이 증대되는 것과 동시에 확대되었다. 이 두 집단이 우연히 동시에 행동에 나섬에 따라 1890년대 후난 성에서 개혁 운동이 시작되었다. 무엇보다 먼저 후난 성은 두 명의 능력 있는 개명된 사대부가

1890년대 초부터 연이어 성의 최고위직에 오르는 행운을 누렸다. 1892~1895년에 후난 순무로 재직한 오대징이 일찍이 교육, 경제, 군사 방면의 개혁에 착수한 바 있었다. 1895년 말 진보잠이 순무가 되면서 더욱 광범위한 규모로 개혁을 좀더 활기차게 추진할 수 있었다. 성의 개혁을 추진하는 과정에서 그는 미래 지향적인 안목을 가진 아들 천싼리陳三立의 도움을 받았는데, 그는 젊은 세대의 개혁 지향적인 독서인들 가운데 많은 친구를 갖고 있었다. 진보잠은 또한 후난 성 안찰사 황준헌과 학정學政 강표江標의 도움도 받았다.

황준헌은 광저우 출신의 학자-시인인 동시에 일본, 미국, 영국, 동남아시아 등지에서 활동한 유능한 외교관이기도 했다. 그는 해외에서 오랫동안 근무하면서 강력한 개혁주의 성향을 갖게 되었고, 또한 대외 업무, 특히 일본에 관해서 지도급 전문가가 되었다. 1890년대에 그가 쓴 『일본국지日本國志』와 일본 관련 역사 시詩는 중국의 독서인들에게 메이지 유신에 관한 중요한 정보원이었다. 1895년 이래 그는 개혁 정책에 매우 적극적으로 임했다. 그는 캉유웨이의 상하이 강학회 분회의 회원이었다. 상하이의 강학회가 해체된 후에는 총편집인 량치차오와 함께 『시무보』를 창간하는 데 주도적으로 참가한 몇 안 되는 사람 중의 하나이기도 했다. 1897년 여름부터 그는 후난 염정사鹽政使로 재직했으며, 그것이 끝난 다음에는 짧은 기간 동안 후난 성 안찰사 직무를 대리했다. 그는 그러한 부문들에서도 열정을 다해 개혁을 추진했다. 외부 세계에 대한 그의 직접적인 지식, 특히 메이지 일본의 성장에 대한 인식 또한 1895년 이후 후난 성에서 막을 올린 제도 개혁을 위한 주요한 영감과 사상의 원천이 되었다.[38]

강표는 1895~1897년에 후난 성의 학정으로 있었다. 비록 정규적인 과거 시험을 통해 관계에 몸을 담게 되었지만 전통적인 유학에 얽매이지 않은 사고 틀을 갖고 있었다. 회시에 합격한 후 강표는 베이징의 동문관에서 학문에 힘쓰다가 후에 일본을 방문했다. 그는 1895년 베이징의 강학회에 참여했으며, 후난 성으로 간 후에는 신지식의 적극적인 후원자가 되었다.[39]

후난 성은 개혁 지향적인 성향의 성 관리들이 포진하고 있었을 뿐만 아니라 호광 총독 장지동의 관할 아래 있었다. 기술 혁신과 제도 개혁을 열정적이고 지속적으로 장려하고 있던 장지동은 신문과 학회 같은 개혁 운동의 중요한 부분을 실질적으로 후원해주었다. 또한 당시 후난 성의 신사들 중 많은 영향력 있는 지도급 인사들이 개혁에 열정을 보여주었던 것도 마찬가지로 중요했다. 그들은 정부의 개혁 노력에 뜨거운 지지를 보였다. 뿐만 아니라 실제로 이들은 여러 중요한 방면의 개혁을 주도하기도 했다. 이처럼 1895년 후난 성에서 일단 개혁이 본격적으로 시작되자 이 운동은 정부와 지방 엘리트들의 합작 사업이 되었다. 후난 성 신사들의 이러한 협조는 19세기 말 후난 성이 저 유명한 신사층 보수주의의 보루였다는 사실에 비추어 볼 때 실로 놀라운 일이었다. 심지어 1890년대 초까지도 후난 성을 기반으로 한 배외 운동의 파도가 여전히 양쯔 강 유역을 휩쓸고 있었다. 1892년에도 후난 성에 전신선을 설치하려는 시도가 지방민들 사이에서 폭동을 불러일으켰을 정도였다.[40] 하지만 1890년대가 점점 저물어감에 따라 후난 성에서도 분명히 변화의 바람이 강하게 불어오고 있었다.

처음부터 기술 혁신과 경제 혁신이 개혁 운동의 중요한 부분이었다. 순무의 주도 아래 창사에 전등이 들어오고 쇄석으로 포장된 도로가 건설되었다. 성 정부 안에 광업국이 설치되고, 전신선이 창사와 한커우 사이에 놓였다.⁴¹⁾ 이처럼 정부가 후원한 프로젝트들보다 더 의미가 있었던 것은 유력한 지방 신사들이 본인들의 주도로 이룩한 사업들이었다. 1895년 말에 두 명의 신사 지도자, 즉 왕셴첸과 장조동張祖同이 순무의 지원 아래 성냥 공장을 세웠다. 1896년에는 왕셴첸, 슝시링 熊希齡 그리고 몇몇 다른 지방 신사들이 지방의 폭넓은 지지를 받으며 후난 성과 후베이 성을 연결하는 증기선 운항을 위해 기금을 모았다. 같은 해 겨울 왕셴첸과 슝시링은 정부로부터 대출을 받아 보선성寶善成 제조 회사를 설립했다. 그들은 심지어 순무에게 한커우와 광저우를 연결할 수 있도록 후난 성을 관통하는 철도를 건설해달라고 청원을 올리기까지 했다.⁴²⁾

이후 여러 해 동안 개혁 운동이 계속해서 산업과 상업 부문에서 새로운 노력들을 자극하고 있는 동안 다른 부문에서도 혁신 작업이 진행되었다. 우선 민병대를 조직하고, 또 창사의 서원을 신식 군사 학교로 바꾸어 미래의 군 개혁을 위한 발판으로 삼으려는 시도가 있었다. 그러나 대체로 황준헌의 지도 아래 시도된 몇몇 제도 개혁들이 이보다 훨씬 더 중요한 의미를 갖고 있었다. 거기에는 관리들에게 전문 기술과 실무적 지식을 제공해줄 수 있는 특별 훈련 계획도 포함되어 있었다. 그것은 성의 개혁에서 지도적인 역할을 수행할 수 있도록 정부 관리들을 준비시키는 것을 목적으로 하고 있었다. 황준헌은 또한 사법 절차와 수감 제도의 개선을 목표로 하는 몇몇 새로운 규정들을 고안해내기도 했다. 황준헌의 법률과 행정 개혁의 핵심은 황준헌이 일본과 서구의 여러 나라에서 경험한 근대적 경찰국을 모델로 한 보위국保衛局을 설립하는 데 있었다. 그리고 이 기관에는 감화원感化院이 부속되어 있어 범죄자의 처벌뿐만 아니라 지역 사회의 인간쓰레기들에 대한 재교육도 담당하도록 되어 있었다. 이 두 제도는 지역 사회의 기층 조직과 질서를 강화하기 위해 전통적인 보갑제를 개선하는 데 목적이 있었다. 그러나 황준헌의 구상에 따르면 보위국은 완전한 정부 조직이 아니라 정부 관리들과 신사-독서인들이 함께 관리 위원회에 참여해 운용을 감시하는 합작 사업이었다.[43]

후난 성의 개혁 운동 가운데서 가장 의미 있고 결정적인 것은 일련의 문화적·교육적 혁신이었다. 이 운동의 선봉에 섰던 인물이 학정 강표였다. 그는 교과 과정을 운영하면서 신지식의 가치와 함께 신지식과 중국의 문화유산 사이의 균형을 유지해야 할 필요성을 강조했다. 이러한 정책에 따라 그는 여러 차례 부시府試에서 전통 유학에 관한 문제 외에도 각종 시국에 대한 지식을 물었다. 이 때문에 응시자들은 『만국공보』, 매켄지의 『19세기의 역사』를 번역한 『태서신사람요泰西新史攬要』, 기타 광학회 출판물 등을 읽지 않으면 안 되었다.

이처럼 신지식을 강조하던 강표는 창사 지방 경세학의 요새인 교경서원校經書院의 교과 과정을 개편하는 실험을 하기도 했다. 그는 신학문의 3과목, 즉 지리학, 수학, 외국어를 포함시켜 성리학의 두 가지 핵심 과목인 유가 경전에 대한 교리학과 경세치용의 학을 보충할 것을 주장했다.[44]

강표는 또한 자신의 후원하에 운영되고 있는 교경서원을 기지로 후난 성 최초의 신문을 발간했다. 10일에 한 번씩 발행된 이 신문은 『상학신보湘學新報』 혹은 『상학보湘學報』라는 이름으로 1897년 봄에 창간되어 이후 개혁 사상과 신지식을 전파하는 주요한 지역 매체가 되었다.

강표는 1897년 가을에 관직을 사임했다. 그가 실행한 교육 개혁은 대체로 자강 운동이라는 이념적 범위 안에서 진행되었지만 그가 떠날 때쯤에는 문화와 교육 방면의 개혁은 이미 보다 급진적인 경향을 보이기 시작하고 있었다.

이처럼 새로운 국면에서 이루어진 가장 중요한 발전은 1897년 가을 신식 학당인 시무학당時務學堂이 설립된 것이었다. 이 학교도 신사와 지방 성 정부 합작으로 시작되었다. 이 학교의 설립을 제안하고 기금을 마련한 사람들은 지방의 신사였으며, 학교의 학장과 부학장은 순무에 의해 임명되었다. 당시 첫번째 입학시험에 응시하기 위해 4,000명씩이나 되는 청년들이 창사로 몰려들었다는 보고가 있었던 것으로 보아 이 학교의 출현이 지방민들 사이에서 대단한 관심을 불러일으켰던 것이 분명하다. 결국 첫해 입학시험을 통과한 자는 40명뿐이었다.

학교의 편제는 전통적인 서원과 극명히 대비되고 있었지만 가르치는 교과목은 대체로 둘 사이의 균형을 유지했다. 자연 과학과 역사에서부터 법률학과 정치학에 이르는 주요한 서구 학문들은 중국의 문화유산 일반과 특히 유교 경전에 대한 엄청난 분량의 강의와 혼합되어 있었다. 실제로 순무 진보잠은 학교의 입학시험을 선포하면서 여전히 중국의 학문이 교육의 중심적인 지침 원리가 되어야 한다고 강조했다. 이처럼 이 학교는 사업 초기에는 다른 자강 운동 사업들과 별반 다르지 않았던 것처럼 보였다.

그러나 중국 학문을 가르칠 교수진이 선발되면서 학교는 급진적인 성향을 띠기 시작했다. 다시 황준헌의 추천으로 량치차오가 주임 강사로 초빙되었다. 그리고 세 명의 다른 광저우 출신 젊은 학자들, 즉 섭각매葉覺邁, 한문거韓文擧 그리고 구구갑歐榘甲이 량치차오를 보좌하도록 초빙되었다. 이들은 모두 캉유웨이의 제자들이었다. 량치차오와 이들은 1897년 가을에 창사에 도착했다.

또한 이해 후난 성에서는 사상적으로 량치차오 일행에게 동조하는 다른 인물들도 등장했다. 이해 봄 서구 학문과 금문학에 대한 깊은 열정을 지닌 젊은 후난 출신 학자 당재상唐才常이 총편집인으로『상학보』의 발행에 동참했다. 그리고 같은 해 가을 그의 가까운 친구 담사동이 난징에서 돌아와 개혁 운동에 뛰어들었다. 량치차오가 창사에 도착해 신설된 학교에서 강의를 시작한 후 당재상과 담사동 두 사람 모두 그를 도와 학생들을 가르쳤다. 한편 후난의 유명한 금문학자 피석서도 장시 성에서 돌아와 막 등장하고 있던 개혁 운동을 지원했다. 캉유웨이의 금문학의 열렬한 지지자인 서인주徐仁鑄가 강표에 이어 신임 학정이 된 시기에 이 모든 사람들이 후난 성에 나타났다는 점은 주목할 가치가 있다.[45] 이 기라성 같은 인물들의 출현은 후난 성의 개혁 운동에 새로운 국면을 열어주었다.

그처럼 새로운 국면은 량치차오와 그의 협력자들이 시무학당에서 가르치기 시작하면서 조성되었다. 량치차오는 '정치학' (정학政學)의 우선적 중요성을 강조하고 있었기 때문에 그의 강의는 주로 유교의 두 경전인『춘추』와『맹자』를 민권, 평등주의 등 서구의 정치사상 용어들로 해석하는 것으로 이루어져 있었다. 량치차오는 이러한 정치적 급진주의를 강의를 통해서뿐만 아니라 정기적으로 제출하도록 되어 있는 학생들의 글에 대한 비평을 통해 학생들에게 침투시키려 했다. 그러한 비평의 가장 주요한 주제는 제국인 중국의 정치 전통을 도덕적 부패와 정치적 폭압으로 가득 찬 부끄러운 기록으로 묘사하는 것이었다.

량치차오와 그의 동료들은 학교 안의 학생들에게 이처럼 급진적인 사상을 전파하기 위해 노력했을 뿐만 아니라 전제 정치를 비판한 17세기 황종희黃宗義의 『명이대방록名夷待訪錄』 요약판에 량치차오와 그의 친구들의 주석을 붙여 비밀리에 재출판해 배포함으로써 외부 세계에까지 그처럼 급진적인 사상을 유포시키려고 했다.

또한 량치차오와 그의 동료들의 정치적 급진주의 속에는 놀랍게도 반만反滿 종족주의의 음조도 깔려 있었다. 학생들의 글에 덧붙인 비평에서 량치차오는 종종 엄격하게 언급이 금기시된 사실, 즉 만주족이 17세기에 중국을 정복하는 과정에서 끔찍하고 극악무도한 죄악을 저질렀다는 사실을 명시적으로 언급하기도 했다. 또한 더 나아가 그들은 만주족이 양저우揚州에서 저질렀다고 하는 도살 행위를 생생하게 묘사한 황종희의 『양주십일기揚州十日記』를 수천 부 재인쇄해 배포하기도 했는데, 이 책은 당시 금서였다. 이렇게 함으로써 이 개혁가들은 사실상 당시의 혁명가들과 구별되지 않게 되었는데, 이 반만 기록과 황종희의 『명이대방록』은 또한 혁명가들에 의해서도 수년 동안 중요한 선전 도구로 사용되었기 때문이다. 혁명파의 독자적인 혁명 관련 팸플릿은 이후 1900년대 초가 되어서야 비로소 출판되기 시작했다.

량치차오의 급진적인 정치적 태도는 1897년 겨울 독일의 자오저우 만 점령에 임해 순무 진보잠에게 제출한 대담한 상주문에서도 입증되었다. 그는 이 상주문에서 후난 성은 필요하면 베이징의 중앙 정부로부터 독립을 선언해야 한다고 제안했다. 이 제안은 중국을 분할하겠다고 위협하고 있는 외국 열강들의 점증하는 침략에 대처하지 못하는 청조의 무능에 대한 량치차오의 분노의 표출이었다. 량치차오는 만일 중앙 정부가 이러한 일을 당하고서도 개혁을 추진할 동기를 느끼지 못한다면 외국 열강에 나라가 종속당하는 것을 막을 수 있는 유일한 방법은 일본 도쿠가와 시대 말기의 사쓰마薩摩 번과 조슈長州 번의 선례를 따라 중앙 정부로부터 탈퇴하는 것이라고 주장했다.

량치차오가 일본의 경험을 언급한 것은 우연이 아니었다. 량치차오는 후난 성의 개혁 운동에 참여하면서 일본의 사쓰마와 조슈의 사례를 염두에 두고 있었다. 일간지『상보湘報』에 발표한 한 사설에서 그는 공개적으로 후난의 신사들에게 도쿠가와 말기의 일본의 경험으로부터 배울 것을 촉구했다. 량치차오는 메이지 유신이 성공한 것은 주로 사쓰마, 조슈, 도사土佐, 히젠肥前 등 4개 번에서 변화가 먼저 성공적으로 진척된 후 나머지 지역으로 전파되었기 때문이라고 지적했다. 일본의 이러한 경험은 넓은 영토와 해묵은 문제들을 안고 있는 중국에 매우 시사적일 수밖에 없었다. 따라서 량치차오는 일본의 전례를 따라 먼저 제한된 영역의 몇몇 성을 변화시킨 다음 다시 중국 전체를 변화시키는 것이 옳다고 강조했다. 량치차오가 보기에 당시 후난 성은 그러한 지역적 개혁을 추진하기에 최고의 환경을 갖고 있었다. 이를 위해 후난 성 주민들은 심지어 중앙 정부로부터의 독립이라는 혁명적 행동을 취할 가능성까지도 염두에 두어야 한다는 것이었다. 량치차오는 분명히 지역 자치가 민족주의의 목표를 이룩하는 데 도움이 될 수 있다는 교훈을 일본의 역사적 사실로부터 배웠던 것이다.[46]

이러한 혁명 사상들이 전파되자 곧 신식 학교인 시무학당에는 정치적 동요의 분위기가 조장되어 개혁 운동이 점점 급진적으로 기울어가게 되었다. 그러한 경향은 1897년 겨울 남학회南學會가 설립되면서 더욱 심해졌다. 이때를 기점으로 하나의 집단으로서의 개혁가들은 급진파와 보수-온건파의 두 파로 분리되었던 것 같다. 남학회의 주요 지도자들은 성 정부 내의 몇몇 동조적인 관료들을 제외하면 대부분이

후기 단계에 개혁 운동에 참여한 광저우와 후난 출신의 젊은 신사-독서인들이었다. 그때까지 개혁 운동의 주요 활동이었던 기술 혁신 운동에 관계했던 왕셴첸, 장조동 등과 같은 지방 신사-독서인들 몇몇의 이름이 참가자 명단에 보이지 않는 것이 특히 눈에 띈다. 이처럼 개명한 성 관리들과 온건 개혁 성향의 신사들이 합작해 설립한 시무학당과는 달리 남학회는 처음부터 대체로 개혁 지향적인 신사-독서인들의 급진파가 일부 성 관리들의 지원을 받아 설립한 것이었다.

급진적인 젊은 개혁가들이 구상한 대로 남학회는 성의 개혁을 추진하는 과정에서 시무학당보다 훨씬 더 중심적인 역할을 담당하게 되었다. 그들은 일반적으로 학회의 가장 중요한 기능은 신사들을 교육하고 조직하는 것이라고 인식하고 있었고, 남학회는 그러한 의미에서 중요했다. 한마디로 말해 그들은 남학회를 후난 성과 기타 남부 각 성에서 신사들의 힘('신권紳權')을 신장시키기 위해서는 없어서는 안 될 수단으로 보고 있었던 것이다. 이제 이러한 목표는 급진 개혁파들의 정치 강령에서 중심적인 위치를 차지하게 되었다. 무엇보다 먼저 신사들의 힘은 민권과 주권을 점진적으로 성취하기 위한 핵심적인 디딤돌로 간주되었다. 게다가 신사들이 중국 사회에서 지도적인 역할을 하고 있는 것과 관련해 신사들의 힘을 신장시키는 것은 또한 중국의 국력을 증진시키기 위한 예비적 단계로 간주되었다. 급진 개혁파에 의해 이러한 정치 강령이 제시되면서 남학회는 그들의 의제에서 최우선 순위를 차지하게 되었다.

남학회에 이처럼 핵심적인 역할이 부여되었던 것을 고려해보면 당시 후난 성의 신사-독서인들이 학회 설립에 왜 그토록 커다란 열정을 보였는지가 이해될 수 있을 것이다. 당시 톈진의 신문인 『국문보』

는 1898년 초여름 성 전역에서 '강학실의 숲'이 솟아 나왔다고 보도했다. 이는 아마 저널리즘 특유의 과장이었겠지만 당시 남학회 외에 적어도 13개의 학회가 있었던 것이 확인된다. 규모 면에서 남학회에 필적할 만한 것은 없었다. 최고조에 달했을 때 남학회의 회원은 1,200명 이상에 달했다.

남학회를 논할 때 이처럼 많은 회원 수보다 더 의미 있었던 것은 학회의 조직 방법과 의도한 활동 영역의 폭이었다. 이론적으로 남학회는 민간의 자발적인 학회였다. 그러나 이 학회의 설립과 운영에 정부가 관여했기 때문에 남학회는 반관(半官)적인 성격을 갖고 있었다. 학회의 이러한 성격을 잘 보여주는 중요한 사실이 하나 있었는데, 이 학회의 회원들이 누린 정치적 특권이 바로 그것이었다. 예를 들어 그들은 지역의 공공사업에 관해 의견을 제출할 수 있었는데, 그것이 타당하고 유용한 것으로 밝혀지면 학회라는 통로를 통해 순무나 기타 성의 고관들에게 제출되어 실행에 옮겨졌다. 더 나아가 회원들은 당면한 문제들을 연구하다가 필요하면 정부에 공문서 이용을 신청할 수 있었다. 이 모든 것은 남학회가 민간 조직이기보다는 공적 조직이었으며, 공식적으로 정부의 한 부서라고 할 수는 없지만 적어도 정부와 밀접하게 연결되어 있었다는 사실을 말해주고 있다.

이 학회와 이 학회의 활동이 가진 반관적 성격은 참가자들이 이 학회를 자발적인 조직 이상으로 여기고 있었음을 말해준다. 이 학회의 모임이 있을 때마다 중요한 연설가로 나서곤 했던 피석서가 일기에 기록하고 있듯이 상세한 규정들이 마련된 것은 지역 신사 중심의 성 의회의 기초를 놓기 위한 것이었다. 남학회가 문을 닫은 직후 학회에 관해서 회고한 량치차오의 언급도 이러한 가능성을 다시 한번 확인해주고 있다.

남학회는 명목상으로는 학회였지만 실제로는 지방 의회의 성격을 갖고 있었다.

실제로 량치차오는 남학회를 후난 성 전체의 개혁 운동의 중추로 간주하고 있었던 것이다.[47]

남학회는 이처럼 자치 정부의 수립을 위한 예비 조직 기능을 한 것 이외에도 도서관 설립, 일간지 『상보』의 발행 등과 같은 문화 사업에도 종사했는데, 이 신문은 1898년 1월부터 배포되기 시작했다. 『상보』는 『상학보』와 함께 후난 성의 개혁 운동의 사상과 활동을 발표하는 기본 매체 역할을 했다. 당재상, 담사동, 이내易鼐, 번추樊錐 등과 같은 급진파가 이 두 신문을 통제했다. 특히 당재상이 편집부의 중심인물이었다.

당재상은 사상적인 틀에서는 캉유웨이, 담사동 두 사람 모두와 가까웠다. 캉유웨이와 마찬가지로 당재상은 공인된 금문학자로서 유교의 가르침의 핵심은 역사의 진보와 제도의 변화라는 이상에 있다고 믿었다. 그는 담사동처럼 체계적으로 자기 사상을 정리하지는 못했지만 그와 거의 흡사한 사고 틀 그리고 중국의 전통, 특히 정치 질서에 대한 비판적 태도를 갖고 있었다. 당재상은 담사동과 마찬가지로 군주제를 극히 뻔뻔스러운 이기심의 표출이라고 비난했고, 민주정을 미래의 질서로 환영했다. 캉유웨이와 담사동의 경우처럼 당재상의 도덕적·정치적 급진주의 이면에는 다양한 전통 사상뿐만 아니라 서구의 깊은 흔적을 그대로 담고 있는 절충주의적 사고가 자리 잡고 있었다.

당재상은 이러한 절충주의적 배경과 급진 사상을 갖고서 담사동 및 후난의 다른 젊은 학자들과 함께 『상학보』와 『상보』를 새로운 사상을 싹틔우기 위한 옥토로 만들어갔다.[48]

1897년 말과 1898년 초에 이처럼 새로운 문화적 기관들이 출현함으로써 개혁 운동은 점점 더 급진적으로 되었다. 이러한 상황은 보수주의자들뿐만 아니라 당시까지만 해도 많은 개혁 프로그램의 강력한 지지자들이었던 사대부들까지 깜짝 놀라게 했다. 그 결과 개혁가 집단 내에 분열이 발생했다. 이제 온건파는 보수적인 사대부들과 결합해 급진파를 공격하며 그들의 열정을 저지하려 했다. 이러한 분열은 마침내 1898년 봄 격렬한 이념 투쟁으로 발전했다.

보수파와 온건파가 연합해 개시한 공격은 왕셴첸 등 성의 지도급 신사들이 지역 내 3개 서원의 창사 학생들을 조직해 상신학약湘紳學約을 기초한 1898년 초여름에 최고조에 달했다. 그들은 이것을 통해 당시 후난 성을 휩쓸고 있는 위험한 이단 사상에 맞서 통일된 이념적 입장을 제시하려 했다. 그들이 보기에 다름 아니라 중국 문명의 기본 가치와 신념들이 위기에 처해 있었기 때문이다. 그들은 점점 더 널리 확산되고 있는 이단 사상에 대항해 그러한 가치와 신념들을 지키고 있는 자신들은 맹자와 한유韓愈의 거룩한 전통을 따르고 있다고 믿었다. 공자의 가르침을 지키기 위해 맹자가 양주楊朱와 묵적墨翟의 이단 사상을 공격하고 한유가 불교와 도교의 이단에 맞섰던 것처럼 자신들도 캉유웨이, 량치차오 집단의 이단 사상에 맞서 유교를 보호하겠다고 맹세하고 있었던 것이다.[49]

이들 신사들에 따르면 그러한 이단 사상의 위험성 가운데 가장 심각한 첫번째 것은 일반적으로는 중국의 정치 전통, 그리고 특수하게는 만주족의 통치에 대한 노골적인 비판이었다. 유교에 대한 캉유웨이의 급진적인 해석 또한 그들의 간담을 서늘하게 하는 것이었다. 이 모든 것에 대해 후난 신사들은 격렬하게 반발했다. 어떤 자들은 사상 전체를 싸잡아 비난했고, 예더후이葉德輝 같은 또 다른 인사들은 조목조목 반박했다. 그러나 어떤 방식이든 비판은 모두 매우 격렬했는데, 그것은 보통 전통적으로 유교 내에서는 교리상의 불일치에 대해 관대한 자세를 보여주었던 것과는 매우 다른 모습이었다.[50]

이처럼 태도가 달랐던 것은 우연이 아니었다. 수세기 동안 유학자들 사이에서는 사상적 불일치가 있어도 그러한 불일치는 보통 유교 전통의 중심적인 가치와 체제에 대한 신념을 공유하고 있는 틀 안에서 일어난 것이었기 때문에 전통적으로 교리상의 불일치에 대해 관대한 자세를 보여주는 것이 가능했다. 그러나 후난의 신사들이 캉유웨이와 량치차오 집단의 사상 속에서 발견한 것은 자신들의 근본적인 신념에 대한 도전이었다. 우선 캉유웨이의 『신학위경고』는 정통 성리학의 타당성과 당시 인기를 누리고 있던 한학을 한마디로 부정해버렸다. 더욱이 캉유웨이는 『공자개제고』에서 유교라는 틀 안에서 보더라도 신성한 정치 제도인 군주제를 변화시키는 것이 정당하고 또 필연적인 것이라고 주장했다. 캉유웨이의 공자 해석이 정치적 전복의 함의를 품고 있다는 사실을 좀더 분명히 입증하기 위해 후난의 신사들은 캉유웨이와 량치차오 집단이 일반적으로 따르고 있던 연대 표기법을 지적했다. 이들은 청조 황제의 연호가 아니라 공자의 출생 연도를 출발점으로 해 연대를 표기하고 있었다. 후난의 대부분의 신사-독서인들의 눈에 그러한 행위는 왕조의 정통성을 부정하는 것과 전혀 다르지 않았다.

급진 개혁파들이 서구의 민권 사상과 평등주의 사상을 공개적으로 지지한 것은 한층 더 충격적이었다. 그러한 사상을 선전하는 행위는 대부분의 신사들에게 그들이 따르고 있는 가치와 신념의 성스러운 핵심, 즉 삼강이라는 유교 교리에 정면으로 도전하는 것이었다. 이 교리는 두 가지 현저한 특징을 갖고 있었다. 삼강은 무조건적인 지배 관계를 규정하고 있다는 점에서 권위주의적이었으며, 다른 한편으로는 절대 깨트려서는 안 되는 절대적인 것이었다. 정통적인 유교의 세계관에 따르면 인간의 질서는 우주의 질서와 분리 불가능하게 연결되어 있었다. 따라서 인간 질서의 핵심으로서의 삼강은 우주 질서와 보편적인 도道에도 내재되어 있는 것으로 인식되었다. 유교의 이러한 우주론적 신화가 여전히 중국의 대부분의 신사-독서인들의 도덕적 · 사회적 사고를 지배하고 있었다.

1890년대의 신사상은 그러한 교리에 직간접적으로 도전했다. 먼저 간접적인 도전은 서구의 물리학과 사회 다윈주의가 확산되면서 점차 그와 함께 자연주의적 세계관이 수용되면서 일어났다. 그러한 세계관은 불가피하게 인간 사회의 질서는 우주에 뿌리내리고 있다는 유교의 우주론적 신화를 침식하게 되었다. 그러한 신화가 깨어지자 삼강의 교리는 전통적인 권위와 설득력을 상당 부분 잃어버리게 되었다.[51]

신사상은 또한 직접적으로 삼강의 도덕적 정당성을 알게 모르게 훼손했다. 담사동의 철학은 그러한 교리를 노골적으로 공격하는 것이었지만 그의 저술인 『인학』은 1900년대 이후가 되어서야 출판되었기 때문에 그것의 영향은 제한된 범위의 가까운 친구들에게만 한정되어 있었다. 삼강에 대한 공개적인 정면 공격은 민권과 사회 평등 등 서구의 자유주의 사상이 선전되면서 비로소 이루어지게 되었다.

이러한 자유주의의 이상들이 삼강의 교리와 상충된다는 것은 너무나 분명했다. 국민의 권리[민권]라는 관념은 군신 간의 권위주의적 관계를 부정했고, 사회 평등이라는 이상은 그러한 교리 전체가 가진 권위주의적 성격과 충돌하게 되었다. 당연히 후난의 많은 신사-독서인들은 평등주의 이념이 모든 사람들은 각기 다르게 태어난다는 [특수주의적] 윤리와 상하존비의 원리, 즉 구 사회 질서와 도덕 질서의 두 가지 핵심을 노골적으로 부정한다며 이를 비난했다. 그러한 비난은 한 보수적인 후난인 쩡롄曾廉이 친구에게 보낸 편지에 극히 명료하게 나타나 있다.

> [오랑캐들을 모델로] 개혁을 해야 한다는 주장은 기술에 대한 언급에서 시작해 곧이어 정치를 말하고 나아가 도덕적 가르침을 언급한다네. 그런 식으로 군신, 부자, 부부 간의 삼강이 완전히 파괴될 것이네. 삼강이 일단 사라지고 나면 천하의 모든 사람들은 친척이나 어른들 보기를 물 위의 부평초 보듯 하게 될 테지. …… 일단 군신 관계, 부자 관계를 규정하고 있는 도덕적 원리가 급속히 잊혀지고 나면 울타리 안에서 먼저 혼란이 일어날 것이고 …… 그리고 종과 광대가 관리와 선비들 위에 올라서게 될 것이네.

그의 많은 동료들과 마찬가지로 쩡롄에게 사회 평등 관념을 수용한다는 것은 말 그대로 세상이 뒤집어지는 것을 의미했다. 급진 개혁파들이 결코 공개적으로 삼강의 교리 그 자체를 공격한 적이 없었음에도 불구하고 신사상을 비난하는 거의 모든 후난 신사들이 민권 사상, 사회 평등 등을 공공연하게 비난한 것은 전혀 놀랄 일이 아니었다.

대다수의 신사-독서인들은 그저 유교의 한두 가지 가치나 혹은 전통적인 제도가 아니라 도덕 질서와 사회 질서 전체의 신성한 핵심이 위협받고 있다고 보았다. 그들이 보기에 서구 사상의 범람은 유교와 중국다움의 정체성 그 자체를 위협하고 있었던 것이다.[52]

캉유웨이와 량치차오의 신사상에 대한 이념적인 공격은 고립적인 운동이 아니었다. 1898년 봄부터 여름까지 후난 성에서 신사상에 대한 공격이 격렬해지고 있는 동안 반(反)급진주의 운동이 다른 곳에서도 진행되고 있었다. 어사들은 캉유웨이의 이단적인 가르침과 개혁 활동을 비난하는 탄핵안을 조정에 제출했고, 사대부인 왕런쥔(王仁俊)은 상하이의 『실학보(實學報)』라는 신문에 캉유웨이의 개혁 이념을 비판하는 반박문을 발표했다.[53] 그러나 후난 성 밖에서 발생한 가장 강력한 비판은 장지동을 중심으로 한 일군의 저명한 사대부들로부터 나왔다.

1898년 봄 장지동은 『권학편(勸學編)』을 발표했는데, 그는 이 책에서 후난 성 신사들의 기본적인 주장에 동감하면서도 그보다는 한층 더 깊이 나갔다. 늦봄부터 한여름까지 『상학보』에 연재된 장지동의 이 책은 급진파에 대한 성전을 위한 강력한 이념적 근거를 제공해주었다.

장지동은 캉유웨이의 사상은 개혁 운동의 목표로 그가 제시한 세 개의 구호 속에 요약되어 있다고 보았다. 보위국가(保衛國家), 보위신앙(保衛信仰) 그리고 보위종족(保衛種族)이 그것이었다. 그러나 장지동은 세 가지 목표를 그런 식으로 분리해서 설정하는 것은 옳지 않다고 생각했다. 보위국가라는 단 하나의 목표만이 있을 뿐이며, 그러한 목표가 성취되면 나머지 두 가지는 저절로 달성된다는 것이었다.

장지동이 보위종족은 보위국가에 달려 있다고 생각한 것은 이해하기가 어렵지 않지만 보위신앙이 왜 보위국가의 목표에 종속된다고 생각했는지를 이해하려면 '국가' 개념을 그가 어떻게 생각하고 있었는지를 검토해야 한다. 먼저 기억되어야 할 점은 장지동이 보위국가 개념을 주로 캉유웨이의 사상을 반박하기 위해 규정하고 있었다는 사실이다. 적어도 보국회保國會의 회칙 서문과 회칙에 반영된 바에 따르면 캉유웨이의 사상 속에서 '국國'은 분명히 중국의 지리적 영토 안에 살고 있는 모든 사람들을 포괄하는 통합적인 실체를 가리켰다. 량치차오의 정치 관련 글, 특히 그의 '군群' 개념에서는 '국'에 대한 정의가 지리적으로 분명히 경계 지워진 지역 내의 인구 전체를 포괄하는 집합적 전체로 훨씬 더 명료하게 제시되어 있었다. 그러나 장지동의 정치사상 속에는 이러한 집합적 개념이 없었는데, 그는 '중국'을 청이라는 특정 왕조와 완전히 동일시했던 것이다. 따라서 그에게 국가를 보위한다는 것은 무엇보다 먼저 청조를 보위하는 것이었다. 그리하여 그는 충忠을 규정하면서 특히 청조가 과거에 실시한 15개의 정책을 '인정仁政'의 증거로 제시하며 백성들이 의당 충성을 다해야 하는 대상은 청조라는 것을 강조했다. 그러한 15개의 인정으로 인해 청은 서구 국가들뿐만 아니라 한, 당 등을 포함한 이전의 중국 왕조들과 구별되며 또한 백성들의 충성을 요구할 수 있는 정당성을 가진다고 그는 주장했다. 캉유웨이나 량치차오처럼 청을 구체적으로 지칭하지 않고 단순히 중국에 대한 충성을 강조하는 것은 위험한 사고방식이라는 생각이 장지동의 사고 안에 잠재되어 있었던 것이다.

결국 장지동의 '충' 개념은 여전히 삼강이라는 유교의 가르침에 대한 신념에 기반하고 있었다. 청 제국의 교학의 핵심으로 제도화되어 있던 이 교리는 군주제, 가족 등의 핵심적인 제도들과 긴밀하게 결합되어 있었다. 바로 여기에 중국의 문화 전통과 정치 전통의 현저한 특징이 있었다. 정치 제도와 종교의 결합이 바로 그것으로, 장지동은 그것을 '이군겸사以君兼師' 혹은 '정교상유政敎相維'라고 표현했다. 이러한 관점에서 장지동이 보위신앙을 보위국가와 분리시킬 수 없었던 것은 당연한 일이었다. 그리고 당연히 장지동은 기존의 정치 체제를 무시한 채 유교를 장려하려는 캉유웨이의 시도를 이단적이라고 간주했다. 왜냐하면 그가 보기에 유학에 대한 캉유웨이의 해석이 가진 본질적인 문제는 제쳐두고서라도 보위신앙이라는 노력 그 자체는 종교를 국가로부터 분리하고, 결국 삼강의 교리 자체를 무력하게 만들 위험성을 내포하고 있었기 때문이다.

하지만 장지동과 캉유웨이의 견해 차이는 국가보위를 위한 캉유웨이의 기본적인 접근 방법, 즉 변법變法을 장지동이 비판함으로써 한층 더 깊어졌다. 겉으로 볼 때 장지동은 변법 운동의 열렬한 옹호자였고, 서정西政[서양의 정치학] 숭배자로 자처했다. 그는 표면적으로는 서구 정치를 학습하는 것이 서구 기술, 즉 서예西藝를 익히는 것보다 우선이라는 캉유웨이와 량치차오의 주장에 동의했다. 그러나 실제로 장지동이 이해하는 바의 '정政'과 '법法'은 전혀 다른 함의를 갖고 있었다. 장지동이 보기에 '정'은 본질적으로 관료 행정을 의미하는 반면 '법'은 정부의 정책이나 행정 규칙을 의미했다. 따라서 장지동이 생각하는 변법이란 결국 자강운동과 같은 행정 개혁이나 경세 사상의 확장에 지나지 않는 것으로 축소될 수밖에 없었다. 장지동은 '정'은 근본적인 정치적 가치나 제도로 이해되어야 하며 따라서 삼강이라는 교리의 성역에 머물러야 하고 또한 '성도聖道[거룩한 길]'의 일부를 이루어야 한다고 전제하고 있었다. '성도'는 유교의 유명한 격언에서처럼 "하늘에서 나온 것이기 때문에 하늘이 영원한 것처럼 변할 수 없는 것"이었다.

장지동은 이처럼 유교의 사회적·정치적 기본 가치를 고수하고 있었는데, 이것이 정치 개혁 문제에 관한 그의 자세를 형성했고, 또한 서구 사상 일반에 대한 태도를 결정지었다. 그는 서구 학문에 대한 열렬한 지지자였으며, 그가 지은 『권학편』은 대부분이 서구 학문의 중요성을 역설하는 내용으로 구성되어 있었다. 그러나 장지동의 주장 전체는 '순서循序〔우선순위〕'라는 원칙을 강조하고 있는데, 이에 따르면 서구 학문은 비록 중요하기는 하지만 중국의 학문과 유교 경전의 핵심적 가르침에 종속되어야 한다는 것이었다. 왜냐하면 중국의 학문과 유교 경전 속에는 도덕적·제도적 전통의 핵심 원리들이 축적되어 있고, 바로 그것이 하나의 민족과 국가로서 중국의 정체성과 나아가야 할 방향을 제시해주고 있기 때문이라는 것이 그의 주장이었다. 또한 거기에는 인간이 인간으로서 의지하고 살 수 있는 진리가 들어 있다는 것이었다.

이처럼 장지동은 한편으로는 중국인에게 서구 지식에 대해 '지통知通〔개방적인 마음〕'의 자세를 가질 것으로 요구하면서, 다른 한편으로는 '지통'을 유교의 가르침에 대한 '지본知本〔본질을 깨닫는 것〕'과 결합시킬 것을 요구했다. 이러한 식으로 이 두 가지는 서로 보완될 수 있다는 것이었다. 이러한 이해 방식이 장지동이 남긴 유명한 말 "중학위체, 서학위용中學爲體, 西學爲用〔중국 학문을 본질로 삼고, 서구 학문을 실용으로 삼자〕"[54]의 바닥에 깔려 있었다.

본질적으로 장지동은 겉으로는 급진파와 보수파 ─ 그는 이 두 파벌 사이의 악의적이고 분열적인 투쟁이 나라를 분열시키고 있다고 느끼고 있었다 ─ 사이의 중간의 길을 모색한다고 했지만 다만 자강 운동의 이념적 위치만 재확인하고 있었을 뿐이다. 그러나 장지동의 중간적 입장은 실제로는 보수파에 대한 반응이라기보다는 급진파에 대한 반동에 훨씬 더 가까웠다. 왜냐하면 그의 입장은 후난뿐만 아니라 기타 많은 다른 지역에서도 일어나고 있는 급진파의 맹공격에 맞서 중국의 전통적인 가치와 제도의 핵심을 지켜내려는 것으로 요약될 수 있었기 때문이다.

이처럼 후난에서 사상적 논쟁이 벌어지고 있던 와중에 장지동의 『권학편』이 출판됨으로써 중국의 이념 갈등은 새로운 국면으로 접어들게 되었다. 먼저 이제 갈등의 중심은 자강 운동파와 보수파 사이의 갈등에서 자강 운동파와 급진 개혁파 사이의 갈등으로 옮겨 갔다. 둘째 이때까지 이념 투쟁은 정부 집단 내의 정책 논쟁 형태를 띠고 있었지만 이후 논쟁은 정부 바깥으로 확산되어 일반 신사-독서인들 사이에서 격렬하게 전개되었다. 마지막으로 1890년까지 정책 논쟁은 1860년대의 공친왕과 왜인 사이의 논쟁이든 아니면 1870~1880년대의 자강 운동파와 청류당 사이의 논쟁이든 대개 모든 논쟁 당사자들이 기본적인 가치에는 동의하는 가운데 전개되었다. 그러나 1890년대 말의 논쟁은 더이상 그러한 동의에 의해 규제받고 있지 않았다. 정확히 말해 이제 그러한 기본적인 가치들이 오히려 논쟁점이 되고 있었다. 따라서 개혁 시대의 사상 논쟁은 깊이뿐만 아니라 범위에서도 과거와의 단절을 의미했으며, 1900년 이후 중국에서 격렬하게 전개될 미래의 이념 갈등을 예고하고 있기도 했다.

1898년 봄 후난 성은 태풍의 중심에 있었다. 봄이 끝날 무렵 점증하고 있던 이념적 불화는 마침내 정치 투쟁과 사회적 갈등으로 폭발했다. 이제 후난 성의 많은 신사들이 왕셴첸, 예더후이 등과 같은 지도자들의 부름에 호응해 세를 규합한 다음 급진파에 대한 지역의 반감을 배후에서 부추겼다. 성 정부에 사회적 압력을 가하기 위해 어떤 사람들은 순무나 학정에게 개인적으로 항의 편지를 썼고, 또 어떤 사람들은 집단행동에 들어갔다. 1898년 여름 후난 성의 신사 전체의 이름으로 된 공개 청원서가 순무에게 제출되었다. 그것은 급진 개혁파를 위험한 이단이라고 비난하고 량치차오와 그의 일파를 시무학당으로부터 퇴출할 것을 요구하는 내용으로 되어 있었다. 젊은 급진파들에게 공감하고 있던 신사-독서인들은 성 정부에 보수파가 지배하고 있는 지방 서원들을 재정리하라고 청원을 올림으로써 이를 되받아쳤다. 그러자 왕셴첸 일파는 몇몇 지방 서원의 학생들을 동원해 급진파에 대한 공격을 강화했다.[55]

조직적 항의 이외에도 후난 성 신사들은 또한 대중 선전과 공개적인 사회적 추방 방식도 이용했다. 예를 들어 지방의 한 서원의 학생들은 벽보와 전단지를 인쇄해 배포하며 시무학당에 대한 비방 운동을 전개했다. 후난 성의 급진 개혁파 인물인 번추는 남학회에서도 적극 활동했으며 또한 『상보』의 중요한 기고자이기도 했는데, 지방민들에 의해서 고향에서 축출되었다.[56] 태풍이 최고조에 달했을 때에는 급진 개혁가들에게 폭력을 가한 일도 있었다는 것이 보고되었다. 신사상에 대한 이러한 반대 운동은 이제 19세기 말의 반기독교 운동을 상기시키는 특징을 띠게 되었다.

한편 후난 성의 반(反)급진파 운동을 지원하기 위한 정치적 압력은 우창의 총독 본부에서도 가해지고 있었다. 1898년 봄까지만 해도 장지동은 후베이 성 전체의 정부 기관과 서원에 명을 내려 후난 성에서 발간되는 개혁적 신문을 구독하도록 했다. 그러나 이제 후난 성에서 확산되고 있는 급진적인 사상과 활동에 두려움을 느낀 그는 구독을 중단하도록 하고, 가까운 참모인 양정분(梁鼎芬)과 함께 후난 성의 각 관리들에게 이처럼 급진적인 경향에 주의하라는 각서를 보냈다. 한편 후난의 일부 신사들은 또한 베이징 정부가 급진파 통제에 나서도록 하기 위한 활동을 벌였다. 후난 성에서 올라온 보고서를 바탕으로 어사들은 조정에 캉유웨이, 량치차오 일당에 대해 강력한 대책을 마련할 것을 요구하는 상주문을 올렸다. 보수적인 신사-학자인 쩡롄은 후난 성에서 전개된 량치차오의 급진적인 가르침과 활동을 반역의 증거로 제시하면서 캉유웨이와 량치차오 두 사람을 사형에 처할 것을 조정에 요청하기까지 했다.[57]

이렇듯 1898년 봄부터 여름까지 개혁 운동의 급진화를 겨냥한 압력이 거세지자 대부분의 개혁가들은 후난 성을 떠날 수밖에 없었다. 8월 초 압력을 받은 순무 진보잠은 조정에 캉유웨이의 선동적인『공자개제고』의 활판을 불태우고 재인쇄를 금지시켜달라는 상주문을 올렸다. 후난 성에서 문화적 혁신을 일으키려던 급진적인 학자 개혁가들의 시도는 여름 내내 여전히 일부 활동이 이루어지기는 했지만 완전한 실패 속에 막을 내렸다.

후난의 개혁이 실패하게 된 원인은 후기 단계에서 이 운동이 급진화된 데서 찾아야 할 것이다. 처음부터 끝까지 이 운동은 성 정부 당국의 전면적인 지원을 받고 있었다. 이처럼 유례없이 희망적인 환경이 젊은 진보파들에게 처음에는 지역적으로 그런 다음에는 나라 전체에 걸쳐 극적인 정치 변화를 이룰 수 있다는 높은 기대감을 불어넣어 주었다. 그러한 급진화의 동인은 이처럼 '성에서 중앙으로'라는 접근 방식에서 찾을 수 있었는데, 그것은 일본의 메이지 유신 경험을 모델로 한 것이었다. 당시 조슈나 사쓰마 같은 번들이 일본의 국가적 부흥을 가능케 한 정치 발전 전체를 주도한 바 있었다. 하지만 일본을 모델로 이용한다는 생각은 잘못된 것이었음이 드러났다. 후난 성 정부 당국자들은 일본의 조슈 번이나 사쓰마 번의 영주들과 같은 독립적인 힘을 갖고 있지 못했다. 그들은 중앙 정부와는 독립적으로 포괄적인 지방 개혁을 실시할 수 없었다. 자신들을 지지해줄 자율적인 지방 세력이 존재하지 않는 한 급진 개혁가들은 지방에 존재하는 강력한 보수 세력 앞에 무기력할 수밖에 없었다. 그리고 이는 결국 운동 자체를 좌절시켜버리고 말았다.

이처럼 대조적인 상황의 뿌리에는 청과 도쿠가와 시대 일본의 사회적 · 정치적 구조상의 차이가 존재하고 있었다. 도쿠가와 시대의 사회적 · 정치적 봉건주의 체제 아래서 일본의 많은 번은 상당한 자치권을 누리고 있었다. 따라서 외곽 지역에서 지역적인 개혁이 성공을 거두어 후일 전국적인 규모의 정치적 변혁을 위한 발판 기능을 할 수 있었다. 그러나 지역에서 중앙으로의 전개 방식은 중앙 집권화되어 있는 청 제국의 관료주의 체제에서는 거의 불가능했다. 19세기 말 중국의 정치 구조는 분명히 일반적으로 탈 중앙 집중화되어 있는 것으로 비치는 측면도 있었지만 그것은 대부분 각 성에서 소위 지역주의가 출현했기 때문에 나타난 현상이었다. 그러나 그러한 인식 자체도 과장된 측면이 있었다. 무엇보다 먼저 최근의 연구들이 잘 보여주듯이 '지역주의'가 정점에 달했을 때도 청조는 여전히 제도적으로 통제력을 잘 유지하고 있었으며, 총독과 순무는 그러한 통제 아래서 단지 제한된 범위의 재량권을 갖고 있었을 뿐 결코 지방 자치적인 권한을 갖고 있던 것은 아니었다.[58]

더욱이 지방 권력은 중앙 정부가 고스란히 유지하고 있던 이념적 권위의 제약을 받고 있었고, 1895년 중반까지 서구의 충격은 신사-독서인들의 지적 세계 속으로 충분히 파고들지 못하고 있었다. 유교적 가치와 신념들이 — 적어도 정통 성리학 형태의 유교의 경우에는 — 여전히 황제에 대한 절대적인 충성심과 제국 체제의 신성불가침성에 대한 믿음을 주입시켰다. 그 결과 중앙 정부의 이념적 권위는 여전히 지방 권력과 독자적인 개혁에 중요한 장애가 되고 있었다.

이처럼 위로부터의 제도적·이념적 제한 이외에도 아래에도 지역의 개혁을 제한하는 강력한 사회 세력이 존재하고 있었는데, 신사층이 바로 그들이었다. 청대에는 신사층이 지방의 권력층이었을 뿐만 아니라 사회적 지도층이기도 했다. 그들은 고향의 현이나 성에서 정부의 허가하에 중요한 공적 활동을 수행했다. 실로 그들의 참여가 없으면 지방 행정이 마비될 정도였다.

지역의 이 권력층은 실제적인 이유에서도 또 이념적인 이유에서도 스스로를 중앙 정부와 동일시하고 있었기 때문에 강력한 중앙 지향 세력을 이루고 있었다. 우선 그들의 지도적 지위는 중앙 정부가 관장하는 과거제도에 크게 의지하고 있었다. 더욱이 관료 기구는 그들이 권력과 부를 획득할 수 있는 제도적 기반이었다. 이처럼 명성, 경제적 이익, 권력 등을 통해 신사들은 제국의 정치 중심과 긴밀하게 결합되어 있었는데, 그들이 설령 애향심을 갖고 있다 해도 그러한 결합이 느슨해지는 일은 거의 없었다.

이러한 이해관계의 연결 고리들은 삼강이라는 교리를 핵심으로 하는 정통 유교의 이념적 연결 고리에 의해 한층 더 강화되었다. 이 교리는 황제에 대한 개인적인 충성 이외에도 왕권이 제도적으로 신성한 것이라는 종교적·우주론적 신념을 심어주었다. 이러한 이념적 연결 고리로 묶여 있던 신사층은 제국의 정치적 통합을 만들어나가는 강력한 사회 세력이 되었을 뿐만 아니라 전통적인 사회적·정치적 질서의 강력한 수호자 역할을 했다.

앞서 지적한 대로 19세기 중반 이후 지방 지도층 인사들의 권력은 순무와 총독들의 권력과 함께 증가했다. 이 때문에 청 말의 소위 지역주의는 이중적 성격을 띠게 되었는데, 그것을 간과해서는 결코 안 될 것이다. 앞서 살펴본 대로 신사들이 충성스러운 존재로 남아 있는 한 순무나 총독의 지방 권력은 한계가 있었다. 보수적인 신사층은 지방관들의 자율성을 제한할 수 있었고, 또한 관리들의 혁신 역량을 좌절시킬 수도 있었다. 1895년 이후 3년 동안 후난 성에서 바로 그러한 일이 벌어졌던 것이다.

19세기 말의 거의 대부분의 시기 동안 후난의 신사들은 다른 지역의 신사들과 마찬가지로 보수적이었으며 중앙 지향적인 사회 세력이었다. 따라서 그들이 거듭 중국 사회에 급진적인 변화를 일으킬 수 있는 운동과 충돌했던 것은 전혀 놀랄 만한 일이 아니었다. 1850~1860년대 후난의 신사들은 전통적인 질서를 유지하기 위해 태평천국으로부터 중앙 정부를 수호할 강력한 군사력을 조직한 바 있었다. 1860년 이후 30년 동안 기독교 선교사들의 내지 침투에 대해 가장 격렬하게 저항한 것도 바로 이들 후난 신사들이었다. 1895년 이후 수년 사이에 상황이 제법 변한 것도 사실이다. 그러나 개혁 운동에 참여한 대다수의 신사-독서인들에게 그러한 변화는 단지 많은 총독과 순무들이 수십 년에 걸쳐 제안해오고 있는 것, 즉 자강 운동 유형의 변화를 수용하기 시작한 것을 의미할 뿐이었다. 한편 잊지 말아야 할 점은 이들 신사-독서인들 대부분도 자강 운동파가 주장하고 있던 변화 개념의 다른 측면, 즉 중국의 전통 속에 남아 있는 중심적 가치와 제도의 불가변성과 신성함을 해치지 않는 범위 내에서의 변화라는 개념을 공유하고 있었다는 것이다. 따라서 개혁파가 이처럼 중심적 가치와 제도를 위협하는 변화를 시도하자 후난의 신사들은 즉각 협력을 거두어들이고 개혁파를 무자비하게 공격했다. 후난 성에서 개혁파가 패배한 것은 비록 19세기 말경 변화가 시작되기는 했지만 1900년대처럼 신사들의 근본적인 사회적·정치적 성향을 변화시킬 정도까지는 진행되지 못했다는 것을 의미했다. 중국의 정치 질서는 여전히 유교의 문화적 지원과 지방 지도층의 사회적 지원에 의해 요새처럼 보호받고 있었다. 이처럼 각 성의 지배적인 사회적·문화적 세력이 국가의 제도적 토대와 동일시됨으로써 지방적 차원의 급진적인 개혁은 극히 어렵게 되었으며, 그와 마찬가지로 일본식 개혁 운동에서 영감을 받은 '성에서 중앙으로'라는 개혁 방법은 허무한 소망으로 끝나버리게 되었다.

1898년의 좌절

개혁 운동이 후난 성에서는 유산되고 있던 반면 1898년 초봄 베이징에서는 부활하고 있었다. 그렇게 부활하게 된 직접적인 계기는 이번에도 역시 대외 관계에서 중국의 위기가 심화되고 있었던 데 있었다. 1897년 11월 독일은 산둥 성으로 침입해 들어와 자오저우 만과 칭다오靑島 항을 점령했다. 러시아도 뒤를 이어 12월 뤼순 항으로 포함을 파견했다. 1898년 초 각각 산둥과 만주를 '세력권'으로 삼아 지배하려는 이 두 나라의 시도는 전면적인 조계 쟁탈전을 한층 더 가열시켰다. 이러한 영토 점령의 야욕은 중국을 외국의 식민지로 분할, 전락시킬 위험을 안고 있었다. 급박한 해체의 위기 앞에서 새로운 각성의 물결이 전국을 휩쓸고 지나갔다.

 1897년 겨울 절박한 국가적 위기의식이 캉유웨이로 하여금 베이징으로 되돌아가 개혁 운동을 재개하도록 만들었다. 1898년 초 캉유웨이는 다시 조정에 개혁을 요구하는 청원을 올렸다. 이전의 청원들과는 달리 새로운 호소는 곧 조정으로부터 긍정적인 반응을 이끌어냈는데, 이를 필두로 1898년 봄과 여름에 걸쳐 예기치 않은 일련의 중요한 사건들을 통해 캉유웨이는 권력에 접근하게 되고 그의 개혁 운동은 거의 성공을 거두게 되었다. 이러한 사태 전개는 조정의 두 명의 중요 인물인 자희태후와 광서제를 둘러싸고 중앙 정부 안에 새로운 권력 구도가 형성되면서 일어났다.

 1889년 자희태후는 공식적으로는 은퇴를 선언했지만 계속해서 권력을 장악하고 있었다. 모든 상주문은 여전히 자희태후의 거처인 의란전儀鸞殿에 보내져 그녀의 검토를 받았다. 그녀는 광서제가 일상적인 행정을 다루는 것은 허락했지만 군기대신이나 육부 관원의 임명 같은 중요한 사안에 대해서는 여전히 결정권을 보유하고 있었다. 옹동화의 일기에 의하면 그가 청일 전쟁이나 조계 쟁탈전과 같은 위기의 시기에 황제의 어명을 받기 위해 궁전에 들어가면 종종 황제만이 아니라 자희태후도 함께 만나게 되었으며, 보통 태후는 국내외 사무

에 관해 많은 말을 했다고 한다.[59]

비록 은퇴했지만 자희태후의 권위는 몇 가지 요소에 의해 유지되고 있었다. 태후로서 그녀는 황제의 공식적인 어머니였다. 그녀는 공식적으로 효(孝)를 지배 원리로 삼아온 왕조의 전통 아래서 태후라는 지위를 이용해 감히 거역하기 힘든 권위를 휘둘렀다. 또한 아버지 함풍제로부터 적법하게 황제의 지위를 계승한 동치제와는 달리 광서제는 동치제의 적통 계승자가 아니었고 전적으로 자희태후의 뜻과 안배에 의해 황제가 되었다. 이 또한 자희태후의 권위를 뒷받침하고 있었다. 그녀의 그늘 아래서 성장하면서 광서제는 불가피하게 태후가 자기를 황제로 만들 수 있었듯이 또한 자신을 파멸시킬 수도 있다는 두려움을 갖게 되었다.

이보다 더 중요했던 사실은 당시 조정의 고관들 대부분이 자희태후의 후원하에 직위를 획득한 자들로서 인간적으로 그녀에게 충성을 다하고 있었다는 점이다. 자희태후의 권력은 여기에서도 나왔다. 광서제가 명목상의 황제로 즉위한 1889년부터 그가 (무술변법으로) 실권한 1898년에 이르기까지의 군기처의 구성을 살펴보면 그러한 사실을 잘 알 수 있다. 청조의 역사를 간단히 살펴보기만 해도 새 황제가 등극할 때마다 거의 매번 군기처의 구성에 중요한 변화가 일어났음을 알 수 있을 것이다. 따라서 1889년 광서제가 등극했음에도 불구하고 그러한 변화가 없었던 사실은 중요한 의미를 가진다. 사실 1889년 이후 4년 동안 5명의 군기대신은 이전에 자희태후가 섭정하던 당시에 임명된 사람들이었다. 1893년부터 새로운 이름들이 명단에 더해지기 시작했다. 이해부터 1898년 9월까지 전부 10명의 신임 군기대신이 임명되었다. 어떤 사람들은 이 기간 내내 봉직했고, 다른 사람들은 단기간 동안만 그러했다. 대부분 자희태후의 후원하에 성장한 관료들로, 태사이자 측근 참모인 옹동화 외에는 황제와 가까운 사람이 하나도 없었다. 그러나 옹동화조차 태후의 후광으로 높은 지위에 오른 자로 1889년에 "태후께서 안 계셨다면 우리가 어떻게 이렇게 놓은 자리에 까지 오를 수 있었을까"라고 말했다고 전해진다. 간단히 말해 황제가 중요한 결정을 내릴 때 영향을 미친 고위 관리들은 전부는 아니라 할지라도 대부분 태후의 사람이었다. 자희태후가 소위 은퇴했으면서도 권력을 유지할 수 있었던 비결이 대체로 여기에 있었다.[60]

광서제에게 충성과 복종을 강요하면서 자희태후의 권력은 필연적으로 증오심을 불러일으켰고, 따라서 긴장과 갈등을 조장했는데, 그것은 이 두 사람의 또 다른 차이점들 때문에 한층 더 악화되었다. 먼저 두 사람은 나이가 크게 차이가 났다. 1895년 광서제는 24세였던 반면 자희태후는 60세였다. 두 사람은 또한 사상적 배경과 세계관도 달랐다. 광서제 또한 대체로 전통적인 교육을 받고 성장한 것은 분명했지만 1889년 '권력을 잡은 후' 그는 곧 주로 옹동화의 영향하에서 새로운 사상들을 접하게 되었다. 예를 들어 당시 젊은 황제는 옹동화의 추천으로 1860년경 풍계분이 개혁에 관해 쓴 글들을 모은 『교빈려항의』에 관심을 보였다. 풍계분은 "중국의 도덕적 원리와 윤리적 가르침"의 틀 안에서 서구 학문을 수용하는 것이 유용하다는 것을 강조했다. 그러나 곧 신학문에 대한 황제의 관심은 옹동화가 허용할 수 있는 범위를 벗어났다. 1891~1894년의 3년 동안 황제는 동문관의 외국인 교사에게서 가르침을 받아 궁정에서 외국어를 공부했다. 1894년에 황제는 진치의 『용서庸書』와 탕진의 『위언危言』 같은 정치 개혁가들의 글을 읽었다. 1895년에는 황제의 또 다른 태사인 손가내가 황제가 자신과 함께 리처드Timothy Richard가 번역한 매켄지의 『19세기의 역사』(『태서신사람요』)를 공부하고 있다고 보고했다.[61]

부분적으로는 광서제가 신사상에 점점 더 깊숙이 빠져드는 것에 대한 걱정으로 태후는 1895년 전통적인 중국 학문 이외에는 황제에게 경연을 하지 못하도록 했다. 그러나 실제로 그러한 금지 조치도 서구 학문에 대한 황제의 뜨거운 관심을 가로막지는 못했다. 따라서 황제의 사상적 견해는 태후와는 상당히 다를 수밖에 없었다.

1889년 이후 이 두 통치자 사이에서 점차 의견의 불일치가 분명해지면서 정부뿐만 아니라 궁정에서도 당파적 대립이 나타났다. 그것의 전개 양상에 관해서는 아직도 많은 부분이 미스터리로 남아 있다. 그래서인지 역사가들은 그것의 의미와 성격을 쉽게 왜곡하는 경향이 있다. 무엇보다도 먼저 기억되어야 할 점은 아무리 조정의 정치가 당쟁의 소용돌이에 휘말려 들어가 있었어도 이 두 통치자 사이의 경쟁은 당시 점증하고 있던 흐름의 하나였을 뿐이라는 점이다. 따라서 이 시기의 조정의 정치를 연구할 때는 모든 당쟁을 이 두 사람의 대립이라는 관점에서만 해석하려 해서는 안 될 것이다. 또한 이 두 통치자 사이의 당파적 경쟁을 단순히 보수파와 개혁파 사이의 이념적 갈등과 동일시하려는 유혹에 빠져서도 안 된다. 실제로 조정의 실권자로서 태후는 당연히 대다수 관리들의 충성을 요구하고 있었다. 따라서 그녀의 당파 속에는 보수파와 개혁파 모두를 포괄해 다양한 정치적 견해와 신념을 가진 인물들이 포함되어 있었다. 황제 측근의 관리들이 대부분 개혁 성향으로 기울어져 있었던 것은 사실이다. 그러나 옹동화나 왕명란汪鳴鑾 같은 황제의 측근들이 보통 태후 측의 중요 인물이라고 일컬어지는 이홍장이나 영록보다 반드시 더 개혁적이라고 할 수는 없었다. 사실 황제와 태후 사이의 대립은 1898년 초까지만 해도 이념적인 성격을 띠지는 않았다.

게다가 그때까지 소위 황제당은 다만 산발적인 황제 지지 성향의 정서를 지닌 무정형의 작은 집단에 불과했다. 문정식文廷式과 왕명란처럼 공개적으로 황제를 지지한 일련의 인물들이 옹동화와 가까웠던 것은 사실이지만 이들이 항상 서로 밀접한 관계를 유지했던 것은 아니며, 또 자신들을 하나의 조직적인 파당으로 만들려는 어떠한 구체적인 시도도 하지 않았다. 더욱이 두 당파 사이의 경계선은 1898년 봄이 지나고 나서야 비로소 확연해지게 되었다. 예를 들어 옹동화는 황제당의 지도적인 인물로 널리 간주되었지만 태후에 반대해본 적이 한 번도 없었다. 1898년 여름 공직에서 물러날 때까지 그는 두 통치자 사이의 불화를 조장하는 것이 아니라 중재하는 것이 자기의 주목표라고 생각했다. 옹동화의 경우 친황제적 입장이 반태후적 입장에 서는 것을 의미하지 않았다는 것은 분명하다.[62]

하지만 1897년 겨울 캉유웨이가 다시 돌아와 개혁 운동을 재개하면서 상황은 바뀌기 시작했다. 1898년 봄과 여름 동안 산발적으로 표출되곤 하던 친황제적 정서들이 점차 구체화되어 완전히 성숙한 하나의 당파로 형성되면서 당쟁은 이념적 색채를 띠게 되고 궁극적으로는 급진 개혁 대 온건 개혁 문제를 둘러싸고 조정을 양분시켰다. 캉유웨이는 1895년에 세상을 깜짝 놀라게 한 대담한 개혁 상소를 올린 후 논쟁적인 인물이 된 바 있었는데, 아직도 조정에는 캉유웨이의 애국적인 헌신성과 폭넓은 사상에 깊은 인상을 받은 몇몇 관리들이 있었다. 이들이 황제에게 그를 추천했다. 그러나 캉유웨이가 '황제당'과 만나는 데 누구보다 큰 힘이 되었던 고위 관리는 옹동화였다.

조정에 입궐했던 초기 옹동화의 정치적 견해는 대다수 보수적인 인물들과 크게 다르지 않았다. 그러나 1880년대 말 그는 양무에 관심을 갖게 되었고 개혁 쪽으로 기울어졌다. 이러한 관점의 중요한 변화는 젊은 황제에게도 결정적인 영향을 미쳤다. 1894년 중국이 일본에 패배하면서 옹동화의 관점은 한층 더 확고해졌고, 이후 그는 열렬한 개혁 옹호자가 되었다.

이처럼 강력한 개혁 성향을 갖게 된 옹동화는 당연히 캉유웨이의 운동에 관심을 기울이게 되었다. 그러나 옹동화가 개혁에 열심이기는 했지만 그의 관점은 여전히 다소 자강 운동의 노선을 따르고 있어서 캉유웨이의 급진 개혁 운동과는 상당한 거리가 있었다. 옹동화가 처음 캉유웨이의 『신학위경고』에 들어 있는 유교에 대한 비정통적이고 선동적인 견해를 읽고서 우려를 표한 것은 바로 이 때문이었다. 그러나 샤오궁취안蕭公權, Hsiao Kung-chüan이 지적하고 있듯이 옹동화가 캉유웨이에 대해 관심을 갖고 황제에게 그를 추천한 것은 오직 이념적 고려에서만 이루어진 일은 아니었을 것이다. 결국 그도 이홍장과 장지동 같은 저명한 개혁 지향적 관리들과의 권력 투쟁에 휘말려 있던 야망 큰 고위 관리였던 것이다. 옹동화에게 개혁은 하나의 이상이었을 뿐만 아니라 포상으로 더 큰 권력을 얻을 수 있는 수단이기도 했다. 풍부한 개혁 아이디어를 가진 캉유웨이는 조정의 개혁 진영 내의 정적들보다 옹동화가 우위를 점할 수 있도록 도와줄 소중한 협력자로 보였을 것이다.[63]

더욱이 1890년대에는 유교에 대한 캉유웨이의 이단적인 견해와 급진적인 제도 개혁안들이 아주 서서히 알려지고 있었다. 따라서 1890년대 중반의 캉유웨이는 1898년만큼 그렇게 급진적으로 보이지 않았다. 실제로 그의 '파격적인' 견해들은 대부분 1898년 봄과 여름 사이에 발표되었다. 이전의 개혁안은 여전히 옹동화, 손가내, 장지동 등 온건 개혁 운동과 조화 가능한 것처럼 보였으며, 이들은 캉유웨이의 사상적 폭과 용기 있는 정치적 자세를 보고 깊은 감동을 받고 있었다. 그러나 캉유웨이식 급진주의의 전모가 알려지게 되면서 옹동화 등은 경각심을 느끼고 캉유웨이를 멀리했다. 그러나 그전에 벌써 옹동화는 캉유웨이를 황제에게 추천해버렸고, 황제와 캉유웨이는 이미 직접 대화를 나누고 있었다.

캉유웨이가 1897년 겨울 베이징에 도착한 직후에, 하지만 개혁에 관한 그의 새로운 청원서가 황제에게 도달하기 전에 황제는 이홍장, 영록, 옹동화 등의 고위 관료들과 캉유웨이 사이의 면담을 총리아문에서 주선하라고 명령했다. 1898년 1월 24일에 이루어진 면담에서 캉유웨이는 대담하게 '조상들의 제도'는 변화를 필요로 하고 있고 중국의 '법과 정부 제도'는 폐지되어야 한다고 주장했다. 옹동화조차 캉유웨이와의 대화에 기가 질릴 정도였는데, 그는 일기에 "지나치게 극단적이다"라고 기록했다.[64]

한편 캉유웨이는 황제에게 1895년에 제출한 개혁안을 실행에 옮길 것을 요청하는 3개의 상주문을 올렸다. 이전 상주문과는 달리 이 세 개의 상주문은 황제에게 전달되었다. 이 상주문 속에는 헌법의 제정과 의회의 설립을 공개적으로 제안하는 내용이 들어 있었다. 더욱 중요한 것은 제도 개혁의 목표를 이루기 위해 필요한 구체적이고 개별적인 정책 개혁안이 제시되어 있었던 점이다. 우선 정부는 의식적으로 일본의 메이지 유신과 러시아의 표트르 대제의 개혁을 모델로 삼아야 한다고 그는 주장했다. 이 두 모델을 따르기 위해 황제는 3단계의 중요한 조치들을 취해야 했다. 첫째, 황제로서의 권력을 확인시키는 동시에 개혁을 위한 결단을 내려야 한다. 둘째, 궁전 대문에 상서소上書所를 세워 느려터진 관료주의적 통로를 간소화하여 아래로부터 직접 여러 아이디어를 이끌어내고 인재를 선출해야 한다. 마지막으로 기존의 관료 체계 전체를 우회하기 위해 제도국을 궁 안에 설치해 제도 개혁의 청사진을 입안하고 그것을 실행에 옮기는 역할을 맡겨야 한다는 것이었다. 캉유웨이의 전략은 조정과 관료 체계 전체를 무력화시키고 모든 힘을 황제와 그의 개혁 자문관들에게 집중시키라는 대담한 요청으로 요약될 수 있었다. 여러 가지 실용적인 목적을 갖고 있기도 했지만 이것은 사실상 청의 관료 조직 전체에 대한 선전 포고나 다름없었다.

캉유웨이의 주청에 대한 광서제의 반응은 분명 매우 뜨거운 것이었다. 왜냐하면 캉유웨이의 첫번째 상주문이 전달되자마자 그는 총리아문에 개혁에 관한 캉유웨이의 글들을 올리라고 지시했기 때문이다. 이후 캉유웨이는 개혁안을 조정에 제출하면서 자신의 『일본명치변정고日本明治變政考[메이지 일본의 정치 개혁 연구]』와 『아라사대피득변정고我羅斯大皮得變政考[러시아의 표트르 대제의 개혁론]』 그리고 기타 근대 유럽 국가들의 정치와 역사에 관한 글들을 함께 올렸다. 이처럼 캉유웨이가 황제와 직접 친견하기 이전인 1898년 초봄에 이미 그의 사상의 대강은 황제에게 전해져 있었다.[65]

한편 캉유웨이는 학회들을 조직함으로써 자신의 뜻에 동조하는 사대부들을 동원하기 위한 노력을 계속했다. 1898년 1월 5일 그는 동향 출신의 학자들을 모아 베이징에 월학회粵學會[광둥학회]를 설립했다. 이어 두 달 후에는 푸젠 성 출신들의 민학회閩學會, 쓰촨 성 출신들의 촉학회蜀學會, 산시陝西 성 출신들의 관학회關學會 등이 설립되었는데, 모두 이들 성 출신의 개혁적 성향의 사대부들이 조직한 것이었다. 한편 캉유웨이와 동료들은 동시에 경제학회와 지치학회知恥學會[수치를 아는 학회]라는 두 개의 다른 학회들도 결성했다.

그런데 캉유웨이 및 량치차오 그리고 그의 일행이 개혁 운동을 재개한 시기는 마침 1895년의 경우와 마찬가지로 3년에 한 번 실시되는 회시가 열리는 시기와 겹쳤다. 수천의 응시자들이 베이징에 운집했다. 독일과 러시아가 각각 산둥 성과 만주 지역을 침략함으로써 수도인 베이징은 긴장과 분노로 가득 차 있었다. 캉유웨이는 다시 이들 응시자와 베이징의 사대부들을 동원해 "국민적 분노를 분출할 수 있는 거대한 집단"을 만들려고 했다. 그리하여 캉유웨이는 개혁 지향적인 어사인 이성탁李成鐸과 함께 보국회를 조직하고 4월 12일에 첫번째 회합을 가졌다. 이에 영향을 받아서 규모는 좀더 작지만 성격은 유사한 3개의 다른 단체, 즉 보절회保浙會[저장을 지키기 위한 모임], 보전회保滇會[윈난을 지키기 위한 모임], 보천회保川會[쓰촨을 지키기 위한 모임] 등이 결성되었다.⁶⁶⁾

강학회를 모델로 해서 결성된 보국회는 지역적인 조직보다는 전국적 단위의 조직을 지향해, 베이징과 상하이에 각각 본부를 두고 궁극적으로는 각 성, 각 부, 각 현에 지부를 설치하는 것을 목표로 삼았다. 보국회가 강학회와 달랐던 점은 조직의 목표를 제시하는 글에 나타나 있는 민족주의 성향에 있었다. 뒤에서 강학회를 움직이고 있던 동력은 한창 깨어나고 있던 민족의식이었다. 그러나 이러한 의식은 강학회의 회칙 서문과 선언문을 채색하고 있는 보수적인 애국주의 언어로 다소 억눌려 있었다. 예를 들어 학회의 목표는 여전히 1860년대에 유행한 구호인 '자강'이었다. 그러나 보국회 회칙 서문에서는 그처럼 보수적인 애국주의 언어가 새로운 수사법으로 대체되었다. 학회의 목표는 국권國權[국가의 권리], 국지國地[국가의 영토], 국교國敎[국가의 신앙]를 보호하는 것이었다. 이처럼 새로운 용어들이 등장했다는 것은 1895년 이후 3년 사이에 중국에서 민족주의가 놀랄 정도로 성장했다는 사실을 분명하게 말해주는 것이었다.

그러나 보국회는 회원 수에서는 훨씬 더 인상적이었지만 자강회 이상의 성공을 거두지는 못한 것으로 드러났다. 자강회의 회원이 30명이었던 반면 보국회 회원은 186명이었다. 그러나 보국회는 정부의 상층부로부터 자강회와 같은 지원을 받지 못했다. 회원 명단에는 유명 인사의 이름이 하나도 보이지 않았다. 더욱이 보국회는 출발하자마자 보수주의자들의 공격을 받기 시작했다. 캉유웨이가 만주족 왕조보다는 국가적 이익을 강조했기 때문에 많은 사람들이 그를 전복적이라며 두려워했다. 곧 『보국회를 반박함』과 같은 팸플릿이 돌았다. 어사들도 보국회를 탄핵했다. 그리고 반보국회 운동이 조직되었다. 이러한 공격이 가해지자 캉유웨이의 지지자였던 이성탁조차 물러서서 탄핵에 동참함으로써 일신의 안전을 도모했다. 한편 회시 참가자들도 4월 중순 합격자 발표가 난 후 베이징을 떠났다. 이리하여 3회의 회합을 갖고 1개월간 지속되었던 보국회는 급속히 사라졌다.[67]

이 단체의 운명은 곧 1898년 늦은 봄부터 초여름까지 베이징에서 전개된 캉유웨이의 개혁 운동에 대한 적대감과 의구심이 어느 정도였는가를 잘 말해주고 있다. 캉유웨이의 추종자와 반대 세력 사이의 광적인 이념 투쟁은 앞서 보았듯이 당시 후난 성에서 절정에 달하고 있었는데, 반대자들은 후난 성의 사례를 중앙 정부로 끌고 가 후난 성에서의 개혁가들의 활동에 대한 보고를 근거로 개혁가들을 온갖 방식으로 비난하는 것을 주요 전술로 삼았다. 그리하여 결국 중앙 정부의 많은 관리들에게 캉유웨이 일행은 이제 위험한 집단으로 입증되었다. 캉유웨이가 온갖 비정통적인 관점과 급진적인 정치관에도 불구하고 전격적으로 황제를 친견해 궁정의 권력 투쟁의 와중에 휩쓸려들게 되었을 때 분위기는 실로 팽팽한 긴장감으로 가득 차게 되었다.

캉유웨이와 량치차오 집단의 개혁 청원은 6월 11일 광서제가 개혁을 국가 정책으로 선포하는 상유를 내림으로써 갑자기 결실을 맺었다. 6월 16일 캉유웨이는 황제와의 첫번째 친견을 위해 궁궐로 소환되었다. 수시간 지속된 이 면담에서 캉유웨이는 중국에 필요한 것은 전면적인 제도 개혁이라고 강조했다. 그는 황제에게 이렇게 약속했다.

> 3년간 개혁을 실시하면 중국은 제 발로 서게 될 것입니다. 그때부터 중국은 매일 진보를 거듭해 국가의 재부나 힘에 있어서 다른 모든 나라들을 능가하게 될 것입니다.

친견 이후 황제는 캉유웨이를 총리아문의 특별한 지위에 임명하고, '정규 통로'를 거치지 않고 황제에게 직접 상주문을 제출할 수 있는 이례적인 특권을 허락했다. 황제와 캉유웨이 사이에 이처럼 직접적인 대화의 통로가 확립됨에 따라 개혁 운동은 '백일 유신'으로 알려진 새로운 국면으로 진입했다.

6월 11일부터 9월 21일 사이에 이르는 이 100일 동안 황제는 매우 빠른 속도로 100개 이상의 정령을 연속적으로 반포하는 등 전례 없는 규모로 개혁을 추진하려고 했다. 8월 말까지 이러한 정령들은 경제, 군사, 문화-교육 등의 분야를 다루고 있었다. 경제, 군사 분야의 정령은 자강 운동을 강화하는 것을 기본 내용으로 하고 있었다. 경제 영역에서는 국가가 농업, 상업, 산업의 발달을 촉진하기 위해 더 많은 노력을 기울일 것임이 선언되었다. 이러한 목적을 위해 온갖 혁신안이 선포되었다. 베이징에 농공상무국을 설립하고 각 성에 지부를 두며, 중앙 정부 내에 광무철로총국(鑛務鐵路總局)을 설치하고, 기술 발전을 장려하는 법규를 제정하며, 베이징과 기타 상업 중심지에 우체국을 설치하고, 정부 재정을 합리화하기 위해 매월 예결산 보고를 올리게 하는 등의 조치가 그것이었다. 군사 개혁 부문에서는 현대식으로 무장한 군대의 조련, 해군력 강화, 보갑과 민병의 조직 등이 강조되었는데, 모두 성 정부의 책임하에 추진되어야 했다.

문화와 교육 방면의 개혁은 자강 운동의 성취 수준을 훨씬 더 뛰어넘어 1896년 이래 단편적으로 진행되어온 교육 개혁은 정점에 이르렀다. 앞으로 실시하기로 계획한 가장 중요한 개혁안은 두 가지였는데, 먼저 과거제도에 대한 급진적인 개혁이 있었다. 이것은 전통적인 필수 과목이던 서예와 경직된 팔고문 대신 시사에 관한 논술과 '실학'에 대한 지식을 묻는 것으로 이루어질 예정이었다. 그리고 또 다른 하나는 학교 설립에 관한 것이었는데, 베이징에 대학을 설립하고 각 성에는 다양한 고등학교와 초등학교를 설립하며 군사 학교와 기술학교를 설립하는 것이 그것이었다.

8월 말부터 황제는 개혁 추진 의지를 더욱 강화해 정부 조직을 재구성하기 시작했다. 중앙 정부의 많은 관직과 총독과 순무의 통제하에 있는 성 정부의 몇몇 관직이 폐지되었다. 또한 중앙 정부의 중요한 부서와 관리들은 기존의 행정 법규들을 폐지하고 새로운 법규들을 정리하라는 명령을 받았다. 새로운 군기대신들이 임명되어 정책을 결정하게 되었다. 9월13일 광서제는 "정부 조직의 변화에 관해 논의하기 위해 궁정을 개방하기로"[68] 결심했으며 이에 대한 준비가 되어 있다고 선언했다.

백일 유신 동안 선포된 모든 정책 혁신안은 온건파와 급진파 모두를 포함하는 개혁 지향적인 신사-관료들이 제출한 제안들에 기반하고 있었다. 그러한 제안들을 위한 대부분의 아이디어는 본래 직간접적으로 캉유웨이에게서 유래한 것으로, 그는 6월 11일 이전에 일반적인 개혁 방향과 접근법에 관해 일련의 상주문들을 올렸을 뿐만 아니라 이후에도 계속 21개 상주문을 통해 황제에게 구체적인 정책안을 제시하면서 본인의 구상을 밝혔다.

그러나 캉유웨이의 제안이 1898년 여름에 발표된 개혁 정령에 모두 반영된 것은 아니었다. 군사 개혁과 문화와 교육 방면의 개혁안은 거의 모두 채택되었다. 그리고 경제 방면에서도 조운과 이금제를 폐지하자는 안을 제외하고는 거의 모든 제안들이 개혁 정령으로 바뀌어 실행에 옮겨졌다. 그러나 헌법 제정, 의회 설립, 황제와 백성의 공동 통치 선언 등 정치 제도의 변혁에 관한 제안들은 황제의 상유로 발표되지 않았다. 그러나 황제는 9월 중순에 정치 제도의 근본적인 변혁을 논의할 준비가 되어 있다고 선언했는데, 이는 황제가 정치 변혁의 가능성을 긍정적으로 수용하고 있었음을 말해준다. 이렇듯 여름이 지나가면서 광서제의 개혁 의지는 점점 더 급진적으로 되어가고 제국의 정치 구조 전체를 극적으로 재조직하는 쪽으로 정점을 향해 치닫고 있었다.[69]

이러한 급진화 추세는 정부 관료들 대다수의 이념적 입장과 상충할 뿐만 아니라 거의 모든 관료들의 기득권을 위협하게 될 것이었다. 과거제도의 개선은 제국 내의 수많은 독서인들에게 입신양명할 기회를 박탈할 위협이 되었다. 정부의 많은 관직을 폐지하고 관료 조직의 기존 행정 법규들을 변화시키려는 대담한 정책들은 많은 현직 관료들의 이익을 즉각적으로 위협했다. 군사 개혁은 많은 기존 군사력의 감축과 해산을 의미했다. 핵심적인 지위는 아니지만 젊은 개혁가들을 군기처나 총리아문 같은 중요한 기구의 전략적인 직위에 임명하고 또 독서인들과 관리들이 정식의 관료적인 통로를 통하지 않고서도 직접 황제에게 각종 제안을 상주할 수 있게 한 상소에 관한 새로운 규정들은 모두 조정 고관들의 권좌를 뒤엎을 수 있는 것이었다. 최상층부의 경우 개혁 계획들은 태후의 권위를 무시하고, 그녀의 권력과 그녀가 가장 신임하는 내관들의 부귀영화를 직접적으로 위협하는 것이었다. 결국 개혁이 숨 막힐 정도의 속도로 추진되고 또 점점 더 급진화되면서 전반적인 우려와 불안의 분위기가 조성되었는데, 그러한 분위기 속에서 개혁 운동은 쉽게 기존 질서 전체에 대한 무차별적 해체 행위로 비쳐질 수 있었다. 그리하여 백일 유신은 조정 전체를 타협 불가능한 적대 진영으로 양극화시켜버렸는데, 한편에는 황제와 소수의 급진적인 젊은 개혁가 집단이 있었고 반대편에는 태후와 전체 관료들이 포진하고 있었다.

양측의 갈등은 백일 유신이 시작되자마자 곧 표면으로 부상했다. 개혁을 국가 정책으로 하겠다는 선언이 있은 지 4일 후인 6월 15일에 황제의 상유문 작성을 도운 옹동화가 태후 일파의 압력을 받아 조정에서 물러났다. 이후 황제와 급진 개혁파가 상유문을 발표하느라 바쁜 동안 태후와 그녀의 강력한 당파는 조용히 힘을 강화시키고 있었다. 옹동화가 해임되던 날 태후의 측근 심복인 영록이 경기 지방인 직예 총독 대리로 임명되었는데, 직예 총독은 화북 지방의 모든 군대를 통솔하는 권한을 갖고 있었다. 한편 새로 직책을 맡게 되는 정부의 모든 관리들은 감사의 뜻을 표시하고 충성을 맹세하는 상징적 행위로서 지위 고하를 막론하고 모두 태후와 친견하도록 명령하는 새로운 포고문이 발표되었다.

이후 두 달 동안 갈등은 점점 더 고조되었다. 9월 초 황제는 단번에 예부의 두 명의 상서와 네 명의 시랑을 해임시키는 데까지 나아갔다. 그리고 황제는 강력한 개혁적 성향을 지닌 네 명의 젊은 학자들 곧 양예楊銳, 임욱林旭, 유광제劉光第, 담사동 등을 군기장경軍機章京에 임명해 사무와 함께 정책을 혁신하는 것을 돕도록 했다. 권위를 확보하고 권력을 잡기 위한 그처럼 과감한 조치와 함께 최후의 결판을 위한 준비가 진행되고 있었다.

최후의 결판은 9월 21일에 있었다. 이날 서태후는 쿠데타에 성공해 광서제의 권력을 박탈하고 그를 고립된 곳에 유폐시켰다. 같은 날 그녀는 또한 '훈정訓政'의 재개를 선포함으로써 제3차 섭정을 개시했다. 3차 섭정은 그녀가 사망할 때까지 10여 년간 지속되었다. 한편 9월 말에는 캉유웨이의 개혁 운동과 직간접적으로 관련된 많은 독서인들과 관리들을 해임하거나 체포하는 숙정을 시작했다. 여섯 명의 젊은 개혁가들이 처형되었는데, 후난 출신의 급진적 학자였던 담사동과 캉유웨이의 동생 강광인康廣仁도 포함되어 있었다. 캉유웨이 본인은 영국 관원들의 도움을 받아 홍콩으로 도피함으로써 가까스로 숙정을 피할 수 있었으며, 량치차오는 일본 군함을 타고 일본으로 도피했다. 9월 26일 태후는 광서제가 100일 동안 선포했던 모든 중요한 정책 개혁안들을 폐기시켰다.

유신 시대의 유산

이처럼 개혁 운동은 각 성에서처럼 베이징에서도 대부분은 실패로 끝나고 말았다. 역설적으로 제국의 중앙 집권화는 지역 수준에서 급진적인 변화가 일어나는 것을 막기에는 충분했지만 제국 정부의 정점에서 모든 것을 조율해가며 전면적인 제도 변화를 추진하기에는 불충분했다. 그러나 개혁 운동의 실패는 전면적인 혁신을 추진하기에는 중국의 정치 제도가 놀랄 정도로 무능력하다는 사실을 노출시킨 것만이 아니었다. 그것은 동시에 정치 수뇌부가 중국이 위기에서 벗어나기 위해 필요한 제도 혁신과 자기 변혁을 추진할 수 없다는 것도 보여주었던 것이다.

그러나 개혁 운동이 전적으로 실패한 것으로 간주해서는 안 될 것이다. 처음부터 개혁 운동의 이면에는 대규모의 사상적 파도가 있었다. 1895년 이후 정치적 노력이 전개되면서 이 운동이 불러일으킨 정서와 대중들의 관심은 이 파도를 한층 더 깊고 광범위한 것으로 만들었다. 결국 개혁 운동은 정치적 목적을 달성하는 데는 실패했지만 그것이 유도한 사상적 변화는 중국의 사회와 문화에 장기간에 걸쳐 전국적인 충격을 주었다.

무엇보다 먼저 그러한 변화들은 중국 문화의 새로운 국면, 즉 이념의 시대를 열어놓았다. 앞서 살펴본 대로 유신의 시기 동안 서구 사상이 대규모로 중국의 신사-독서인들의 세계로 유입됨으로써 사상적인 격동이 발생했다. 그 결과 기존의 세계관과 제도화된 가치 체계가 해체되기 시작했으며, 이로 말미암아 20세기의 문화 위기의 막이 오르게 된다. 문화 위기는 처음부터 열광적인 지적 탐구를 동반하고 있었는데, 중국의 지식인들은 이제 자신들의 과거를 깊이 성찰하는 동시에 자기 문명의 지평을 초월해 사상적 방향성을 찾으려고 했다. 그 결과 1890년대 말 이후 중국에는 지나칠 정도로 많은 이념들이 범람하게 되었다. 이처럼 새로운 이념들이 출현하고 그에 수반해 전례 없는 규모의 지적 변화들이 나타난 것은 1895년 이후 급속히 확산된 새로운 변혁의 도구들 덕택이었다. 그것들 중의 하나가 서원을 개편해서 신식 학교로 만든 것이었다. 10세기경에 처음 출현한 이후 거의 즉각 서원은 신사-독서인들의 사상적 활동의 중심으로서 중요한 역할을 했다. 이후 수세기에 걸쳐 성리학이 꽃피고 사상적 활력을 유지한 것은 주로 서원을 통해서였다. 또 명 말에는 일부 유학자들이 집단적으로 조정에 대해 정치적으로 저항하고 비판할 수 있도록 해주는 독립적인 중심지가 되는 등 정치적으로도 중요한 역할을 수행했다.

청 초 정부가 서원을 재정적으로 통제하고 사회적·정치적 성격의 강의와 토론을 금지시킨 이후 서원은 지적 활력과 정치적 중요성을 잃어버렸다. 그러나 엘리트 교육 기관으로서는 여전히 중요했다는 것은 이들의 엄청난 숫자에 반영되어 있는데, 한 계산에 따르면 19세기에 약 4,500개에 달했던 것으로 추산된다. 또 다른 계산에 따르면 청대에 광둥 성에만 411개의 서원이 존재했다고 한다.[70] 그러나 서원의 교육적 기능은 대체로 틀에 박힌 과거 시험 준비로 축소되었다. 광

둥 성의 학해당과 항저우의 고경정사 등 19세기 초에 설립된 몇몇 서원들 속에서 유가의 학풍이 일부 부활되었다. 그러나 대부분의 서원의 경우 1840년대 이후 조약항에 강하게 불어 닥친 변화의 바람도 그들의 경직된 지적 활동에는 거의 아무런 영향도 미치지 못했다.[71]

중요한 변화는 1890년대가 되어서야 나타났다. 신사-독서인들에 의해 서원들이 개편되고 신식 학교가 설립되기 시작했는데, 처음에는 산발적이다가 1895년 이후에는 점점 더 증가되었다. 이러한 교육 개혁의 선구자들은 일군의 지방 관리들이었는데, 장지동, 성쉬안화이, 료수풍廖壽豊 그리고 강표 등이 대표적인 인물이었다.[72] 지방적 차원에서 이루어진 이러한 노력들보다 훨씬 더 중요했던 것은 1896년 청조의 관리들이 조정에 신식 학교를 널리 설립하라고 요청하는 수많은 상주문을 올린 것이었다. 그중 가장 주목할 만한 것이 이단분李端棻의 상주문이었는데, 조정의 고위 관리로서 캉유웨이, 량치차오와 밀접한 관계를 맺고 있던 그는 교과 과정의 개편을 통해 전통적인 서원 형태를 바꾸는 것이 신식 학교를 세우는 가장 실질적인 방법이라고 제안했다. 이 제안은 조정에 의해 수용되어 정부 정책으로 포고되었다.[73] 그에 호응해 제국 내 많은 지역에서 구식 서원들이 변화를 시작했다는 보고가 이어졌으며 또한 신식 학교를 설립하려는 노력도 상당히 많이 기울여졌다. 그리하여 1896~1898년 사이 2년 동안 엄청난 교육 개혁의 물결이 중국에 휘몰아쳤는데, 그것은 '백일 유신' 동안 과거제를 개선하고 전국적 규모의 학교 제도를 확립하려는 전면적인 노력 속에서 절정에 이르렀다. 서태후의 쿠데타로 말미암아 교육 개혁은 중단되었지만 이미 이루어진 변화를 되돌리려는 시도는 전혀 없었다. 이런 식으로 1900년 이후 이루어진 근본적인 교육 개혁과 1905년의 과거제도 폐지는 이미 1895년부터 시작되고 있었다.

교육 개혁의 핵심은 교과 과정의 개정에 있었다. 그것은 물론 서구 지식을 수용하는 것을 주목적으로 하고 있었는데, 그러한 개정에서는 서구 지식을 '실학'이라는 범주로 수용하는 것이 두드러진 경향을 보였다. 실학은 유교의 정신문화의 중요한 한 범주였다. 그것은 실용적인 의미를 중시하면서 유교의 중심적인 도덕적·사회적 관심사를 탐구하는 학문을 의미했다. 수세기 동안 실학은 '실질'을 결여하고 있어 무가치한 것으로 판단되는 것과 선을 긋고 그것을 논박하기 위한 핵심적인 범주로 유학자들에 의해 거듭 제기되어온 바 있었다. 새 교과 과정에서 서구 지식이 실학이라는 범주 아래 중요한 지위를 갖게 된 사실은 '서구 사상'이 전통적인 사상적 가치 체계의 영역 속에 자리 잡게 되었음을 의미했다.

이처럼 수많은 유서 깊은 유명한 서원들에서의 교과 과정 개편은 1890년대 말 서구 지식의 확산을 한층 더 촉진시켰다. 분명히 대부분의 경우 비정치적이고 기술적인 내용으로 구성되어 있었으며 수학, 과학, 세계 지리와 역사, 또는 서구 언어 등이 중요 과목이었다. 반면 캉유웨이와 량치차오 집단은 전문적인 기술 지식보다는 서구의 정치적 경험과 이념을 더 강조했다. 또한 두 사람은 교육 개혁 운동에 직접 참여했다. 1891년 캉유웨이는 광저우에 소규모 사립 학교인 장훙학사를 설립했는데, 이곳에서의 교육은 사회적 책임이라는 유교적 이상을 서구의 정치적 가치들과 융합시켜 학생들의 정치의식을 길러주는 것을 핵심적인 목표로 하고 있었다.[74]

이러한 정치 중심적인 교육 과정은 후에 량치차오에 의해 계승되었다. 량치차오는 개혁을 위한 선전 활동에서 서구의 기술 지식과 구

둥 성의 학해당과 항저우의 고경정사 등 19세기 초에 설립된 몇몇 서원들 속에서 유가의 학풍이 일부 부활되었다. 그러나 대부분의 서원의 경우 1840년대 이후 조약항에 강하게 불어 닥친 변화의 바람도 그들의 경직된 지적 활동에는 거의 아무런 영향도 미치지 못했다.[71]

중요한 변화는 1890년대가 되어서야 나타났다. 신사-독서인들에 의해 서원들이 개편되고 신식 학교가 설립되기 시작했는데, 처음에는 산발적이다가 1895년 이후에는 점점 더 증가되었다. 이러한 교육 개혁의 선구자들은 일군의 지방 관리들이었는데, 장지둥, 성쉬안화이, 료수풍廖壽豊 그리고 강표 등이 대표적인 인물이었다.[72] 지방적 차원에서 이루어진 이러한 노력들보다 훨씬 더 중요했던 것은 1896년 청조의 관리들이 조정에 신식 학교를 널리 설립하라고 요청하는 수많은 상주문을 올린 것이었다. 그중 가장 주목할 만한 것이 이단분李端棻의 상주문이었는데, 조정의 고위 관리로서 캉유웨이, 량치차오와 밀접한 관계를 맺고 있던 그는 교과 과정의 개편을 통해 전통적인 서원 형태를 바꾸는 것이 신식 학교를 세우는 가장 실질적인 방법이라고 제안했다. 이 제안은 조정에 의해 수용되어 정부 정책으로 포고되었다.[73] 그에 호응해 제국 내 많은 지역에서 구식 서원들이 변화를 시작했다는 보고가 이어졌으며 또한 신식 학교를 설립하려는 노력도 상당히 많이 기울여졌다. 그리하여 1896~1898년 사이 2년 동안 엄청난 교육 개혁의 물결이 중국에 휘몰아쳤는데, 그것은 '백일 유신' 동안 과거제를 개선하고 전국적 규모의 학교 제도를 확립하려는 전면적인 노력 속에서 절정에 이르렀다. 서태후의 쿠데타로 말미암아 교육 개혁은 중단되었지만 이미 이루어진 변화를 되돌리려는 시도는 전혀 없었다. 이런 식으로 1900년 이후 이루어진 근본적인 교육 개혁과 1905년의 과거제도 폐지는 이미 1895년부터 시작되고 있었다.
　　교육 개혁의 핵심은 교과 과정의 개정에 있었다. 그것은 물론 서구 지식을 수용하는 것을 주목적으로 하고 있었는데, 그러한 개정에서는 서구 지식을 '실학'이라는 범주로 수용하는 것이 두드러진 경향을 보였다. 실학은 유교의 정신문화의 중요한 한 범주였다. 그것은 실용적인 의미를 중시하면서 유교의 중심적인 도덕적·사회적 관심사를 탐구하는 학문을 의미했다. 수세기 동안 실학은 '실질'을 결여하고 있어 무가치한 것으로 판단되는 것과 선을 긋고 그것을 논박하기 위한 핵심적인 범주로 유학자들에 의해 거듭 제기되어온 바 있었다. 새 교과 과정에서 서구 지식이 실학이라는 범주 아래 중요한 지위를 갖게 된 사실은 '서구 사상'이 전통적인 사상적 가치 체계의 영역 속에 자리 잡게 되었음을 의미했다.
　　이처럼 수많은 유서 깊은 유명한 서원들에서의 교과 과정 개편은 1890년대 말 서구 지식의 확산을 한층 더 촉진시켰다. 분명히 대부분의 경우 비정치적이고 기술적인 내용으로 구성되어 있었으며 수학, 과학, 세계 지리와 역사, 또는 서구 언어 등이 중요 과목이었다. 반면 캉유웨이와 량치차오 집단은 전문적인 기술 지식보다는 서구의 정치적 경험과 이념을 더 강조했다. 또한 두 사람은 교육 개혁 운동에 직접 참여했다. 1891년 캉유웨이는 광저우에 소규모 사립 학교인 장흥학사를 설립했는데, 이곳에서의 교육은 사회적 책임이라는 유교적 이상을 서구의 정치적 가치들과 융합시켜 학생들의 정치의식을 길러주는 것을 핵심적인 목표로 하고 있었다.[74]
　　이러한 정치 중심적인 교육 과정은 후에 량치차오에 의해 계승되었다. 량치차오는 개혁을 위한 선전 활동에서 서구의 기술 지식과 구

둥 성의 학해당과 항저우의 고경정사 등 19세기 초에 설립된 몇몇 서원들 속에서 유가의 학풍이 일부 부활되었다. 그러나 대부분의 서원의 경우 1840년대 이후 조약항에 강하게 불어 닥친 변화의 바람도 그들의 경직된 지적 활동에는 거의 아무런 영향도 미치지 못했다.[71]

중요한 변화는 1890년대가 되어서야 나타났다. 신사-독서인들에 의해 서원들이 개편되고 신식 학교가 설립되기 시작했는데, 처음에는 산발적이다가 1895년 이후에는 점점 더 증가되었다. 이러한 교육 개혁의 선구자들은 일군의 지방 관리들이었는데, 장지동, 성쉬안화이, 료수풍廖壽豊 그리고 강표 등이 대표적인 인물이었다.[72] 지방적 차원에서 이루어진 이러한 노력들보다 훨씬 더 중요했던 것은 1896년 청조의 관리들이 조정에 신식 학교를 널리 설립하라고 요청하는 수많은 상주문을 올린 것이었다. 그중 가장 주목할 만한 것이 이단분李端棻의 상주문이었는데, 조정의 고위 관리로서 캉유웨이, 량치차오와 밀접한 관계를 맺고 있던 그는 교과 과정의 개편을 통해 전통적인 서원 형태를 바꾸는 것이 신식 학교를 세우는 가장 실질적인 방법이라고 제안했다. 이 제안은 조정에 의해 수용되어 정부 정책으로 포고되었다.[73] 그에 호응해 제국 내 많은 지역에서 구식 서원들이 변화를 시작했다는 보고가 이어졌으며 또한 신식 학교를 설립하려는 노력도 상당히 많이 기울여졌다. 그리하여 1896~1898년 사이 2년 동안 엄청난 교육 개혁의 물결이 중국에 휘몰아쳤는데, 그것은 '백일 유신' 동안 과거제를 개선하고 전국적 규모의 학교 제도를 확립하려는 전면적인 노력 속에서 절정에 이르렀다. 서태후의 쿠데타로 말미암아 교육 개혁은 중단되었지만 이미 이루어진 변화를 되돌리려는 시도는 전혀 없었다. 이런 식으로 1900년 이후 이루어진 근본적인 교육 개혁과 1905년의 과거제도 폐지는 이미 1895년부터 시작되고 있었다.

교육 개혁의 핵심은 교과 과정의 개정에 있었다. 그것은 물론 서구 지식을 수용하는 것을 주목적으로 하고 있었는데, 그러한 개정에서는 서구 지식을 '실학'이라는 범주로 수용하는 것이 두드러진 경향을 보였다. 실학은 유교의 정신문화의 중요한 한 범주였다. 그것은 실용적인 의미를 중시하면서 유교의 중심적인 도덕적·사회적 관심사를 탐구하는 학문을 의미했다. 수세기 동안 실학은 '실질'을 결여하고 있어 무가치한 것으로 판단되는 것과 선을 긋고 그것을 논박하기 위한 핵심적인 범주로 유학자들에 의해 거듭 제기되어온 바 있었다. 새 교과 과정에서 서구 지식이 실학이라는 범주 아래 중요한 지위를 갖게 된 사실은 '서구 사상'이 전통적인 사상적 가치 체계의 영역 속에 자리 잡게 되었음을 의미했다.

이처럼 수많은 유서 깊은 유명한 서원들에서의 교과 과정 개편은 1890년대 말 서구 지식의 확산을 한층 더 촉진시켰다. 분명히 대부분의 경우 비정치적이고 기술적인 내용으로 구성되어 있었으며 수학, 과학, 세계 지리와 역사, 또는 서구 언어 등이 중요 과목이었다. 반면 캉유웨이와 량치차오 집단은 전문적인 기술 지식보다는 서구의 정치적 경험과 이념을 더 강조했다. 또한 두 사람은 교육 개혁 운동에 직접 참여했다. 1891년 캉유웨이는 광저우에 소규모 사립 학교인 장홍학사를 설립했는데, 이곳에서의 교육은 사회적 책임이라는 유교적 이상을 서구의 정치적 가치들과 융합시켜 학생들의 정치의식을 길러주는 것을 핵심적인 목표로 하고 있었다.[74]

이러한 정치 중심적인 교육 과정은 후에 량치차오에 의해 계승되었다. 량치차오는 개혁을 위한 선전 활동에서 서구의 기술 지식과 구

별되는 서구의 정치사상과 정치 경험의 중요성을 강조했다. 그는 정치 교육에 관해 이러한 이상을 품고서 항저우와 산시陝西 성에서 지방 서원의 개혁에 종사하고 있던 친구들에게 정치 학원을 서원 개혁의 모델로 삼을 것을 촉구했다. 또한 그는 1896~1897년 상하이에서 개인적인 교습 활동을 할 때도 그러한 생각을 따랐다. 후일 후난의 시무학당에서 급진적인 사상적 분위기가 조성된 것도 주로 그의 정치 교육 프로그램 때문이었다. 시무학당의 많은 학생들이 후에 정치 활동가가 되었고, 1900년 이후의 개혁과 혁명에서 중요한 인물이 되었다.

학회라고 알려진 자발적인 모임은 전적으로 새로운 기구는 아니었다. 수세기 동안 학자들 사이에 각종 시회가 결성되는 것은 흔한 일이었다. 명 말에는 일부 사대부들 사이에 사社라는 이름의 단체들이 조직되어 정치적 비판의 소리를 높이는가 하면, 당쟁에 연루되기도 했다. 그러나 17세기 말부터 추세는 모임을 갖기에는 결정적으로 불리한 방향으로 급반전되었다. 이는 주로 신사-독서인들이 정치적 성격의 단체를 조직하는 것을 금지한 청의 엄격한 금령 때문이었다.[75] 1895년 강학회가 갑자기 단체 활동을 활발히 전개하기 시작했는데, 송대와 명대에 유학자들이 자발적으로 각종 모임을 결성했던 사실에 대한 기억이 분명 영감의 원천 중의 하나였을 것이다. 그러나 직접적인 자극은 서구에서 온 것이었다. 관료-독서인들 사이에서 전개된 광학회의 강렬한 활동이 그들에게 그러한 단체가 변혁의 도구로서 아주 효과적일 수 있다고 생각하도록 만들었던 것이 분명하다. 동시에 서구에 관한 지식이 늘어나면서 그처럼 자발적인 단체들이 서구를 발전시키는 데 크게 기여했다는 사실이 알려지게 되었다. 학회의 기능에 관해서 논한 당시의 유명한 한 글에서도 결사 활동이 근대 유럽의 급속한 문화적 발전에 핵심적인 기여를 했다고 서술되어 있다.

1895~1898년 사이의 3년 동안 76개의 학회가 있었던 것으로 보고되고 있다. 이들 가운데 약 2/3가 신사-독서인들에 의해 결성된 것이었다. 더욱 의미 있는 것은 이들 지도층의 학회가 모두 소수의 해안 대도시에만 집중되어 있던 것은 아니었다는 점이다. 이들은 10개 성 그리고 31개의 도시에 설립되어 있었는데, 25개는 내륙에 있었다. 이처럼 이들 학회들은 대부분 신사들의 후원을 받고 있었으며 또한 전국적으로 분포되어 있었다. 비록 이렇게 흩어져 있었지만 이 학회들은 신식 학교를 보완해주는 중요한 제도적 매개체로서 서원을 개선해 신사상을 확산시키는 역할을 했다. 학교와 서원이 신사-독서인의 배경을 가진 많은 젊은이들에게 새로운 가치와 지식을 전했다면 학회들은 주로 성인들에게 영향을 미쳤다.[76]

이들 학회를 각자가 표방한 목적에 따라 크게 분류해보는 것 또한 상당히 시사적일 것이다. 유학의 진작이라는 종교적·이념적 목적을 가진 학회가 하나 있었고, 30개가 넘는 학회는 새로운 실용적 정신에 따라 전통적인 유학을 학습하거나 서구 과학을 연구하거나 혹은 서구의 책을 번역하는 것을 목적으로 삼고 있었다. 15개 학회는 (반아편 운동, 반전족 운동 혹은 여성 교육 운동 등) 사회 개혁을 추진했다. 그리고 23개의 학회는 애국심을 고양하고 신사-독서인의 정치의식을 깨우는 것을 목적으로 했다. 물론 이 마지막 학회들 중 1898년 봄 베이징에 세워진 보국회를 비롯한 소수의 학회들만이 자신들의 목표를 민족주의적 용어로 분명하게 공표했다. 그러나 이 23개의 학회 모두 분명히 국가의 위기에 대한 심각한 위기의식 때문에 설립된 것이었다. 심지어 서구 지식을 소개하고 사회 관습을 개선하는 등의 일을 목적으로 하는 비정치적 성격의 학회들조차 학회 결성의 주요한 동기는 민족적 사명 의식의 고양에 있다고 밝히고 있었다. 이러한 의미에서 이러한 학회들의 출현은 분명히 상층 계급 사이에 민족주의가 얼마나 확산되고 있었는가를 말해주는 지표였다.77)

연구 모임 등을 통해 집단을 결성하려는 학자들의 숫자가 점점 증가했던 사실 또한 중국 사회에서 민족의식보다 훨씬 더 폭넓은 일부 경향들이 등장하고 있음을 알려주는 것이었다. 중국 사회는 전통적으로 대체로 사람들이 혈연관계 이외에는 서로 신뢰하지 않고 또 일반적으로 공적 단체의 결성을 회피했다는 의미에서 분열적이었다. 그러나 이제 신사-독서인들이 혈연관계나 관료 체계 바깥의 조직 활동에 몸을 담기 시작했다. 각종 단체들로 범람하는 서구 사회에서처럼 그들도 구체적인 목적을 위해서 소규모의 자율적이고 자발적인 단체들을 만들기 시작한 것이다. 이러한 의미에서 신사-독서인들로 구성된 각종 연구 조직들은 청 말의 분열주의적 전통과 단절하고 20세기 중국의 많은 사회단체로 대표되는 새로운 경향을 선도했다고 할 수 있다.78)

많은 학회가 정치 활동을 목적으로 조직되었기 때문에 그들은 또한 정치 참여를 확대하려는 경향을 보여주었다. 신사-독서인들은 백성들을 위해 봉사하고 사회적 지도자 역할을 다한다는 유교 사상에 투철한 사람들이었기 때문에 항상 정치 참여를 지향할 수밖에 없었지만 그것은 관료 제도의 틀 안에 국한되어왔었다. 그러나 1895년 이후 학회들은 완전히 관료 체계의 밖에 존재하게 되었다. 강학회, 남학회, 보국회 등 몇몇 학회는 공공연하게 민주적 참여라는 서구의 이상에 따라 조직되었다. 심지어 민주적 참여를 의식적으로 중심 목표로 삼고 있지 않은 경우에도 학회에 참여한 학자들은 점점 더 집단행동을 통해 정치에 참여하려는 의도를 보여주었다.

변혁 수단으로서 신식 학교와 학회보다 훨씬 더 중요했던 것은 개혁 운동 시기에 출현한 신문과 잡지들이었다. 1890년대가 되면 분명히 근대식 인쇄술은 중국에서는 더이상 새로운 것이 아니었다. 1890년대 중반 약 12개의 신문이 주요 항구 도시에서 발간되고 있었는데, 대부분은 홍콩과 상하이에서 발간되었다.[79] 그러나 1895년부터 중국의 대중 출판물들은 극적으로 확대되고 새로운 발전을 맞게 되었다. 1895~1898년 사이에 약 60개의 신문이 창간되었다. 그러한 팽창은 전례 없던 현상으로서, 국가 발전이 새로운 전기로 들어서고 있음을 암시하는 전조였다. 그러나 의미 있었던 것은 이제 조약항 바깥에서도 제법 많은 신문들이 발간되고 있다는 사실이었다. 쑤저우蘇州, 우시無錫, 항저우 등과 같은 양쯔 강 하류 지역 도시뿐만 아니라 한커우, 창사, 구이린桂林, 충칭, 청두成都, 시안 등과 같은 일련의 내지의 도시에서도 신문들이 발간되었던 것이다.[80]

이러한 신문들의 정확한 발행 부수를 알려주는 자료는 없다. 대부분은 매우 적어서 아마 지방에서만 배포되었을 것이다. 다만 개혁 운동과 밀접한 관계를 갖고 있던 인물들이 운영하던 『시무보』, 『지신보』, 『상보』, 『상학보』, 『국문보』 등 5개 신문만이 넓은 지역이나 혹은 전국적 규모로 배포되었다. 가장 큰 신문은 『시무보』였는데, 많을 때는 10,000부까지 팔렸다. 『시무보』의 전국적인 영향력은 신문 배포소 수를 통해서도 알 수 있다. 『시무보』가 1896년 가을에 창간되었을 때 9개 성의 19개 도시에 배포소를 두고 있었다. 마침내 그러한 숫자는 15개 성의 66개 도시로 늘어났으며, 뿐만 아니라 동남아시아와 일본의 화교 사회에도 배포소가 설치되었다. 심지어 시안, 란저우蘭州, 청

두, 충칭 등과 같은 내륙 도시에도 2~3개의 배포소가 설치되어 있을 정도였다. 간단히 말해『시무보』는 중국 본토의 거의 모든 성에 침투하고 있었다.[81]

『시무보』를 비롯한 다른 개혁 성향의 신문들이 널리 배포될 수 있었던 것은 부분적으로는 성과 부府정부의 공식적인 지원이 있었기 때문이다. 최소한 11개 성의 관리들이 본인들 관할하의 하급 관청과 기관에 주요 개혁 신문의 구독과 연구를 지시했다고 보고되고 있다.[82] 그러나 이 신문들이 광범위한 호소력을 갖게 된 가장 중요한 원인은 이들 개혁가-언론가들 본인들이 초기 조약항의 언론가들과는 달리 신사-독서인이었다는 데 있었다. 그들의 출신 배경이 지도층이었기 때문에 이들 새로 등장한 신문들은 교육받은 대중 일반뿐만 아니라 좀더 특정하게는 신사-독서인들 사이에서도 조약항의 신문들보다 더 중요하게 취급되었다. 장지동은 개혁 신문들은 신사-관리(신관紳官)들에 의해 발행되기 때문에 "중국에서 신문이 발간된 이래 최초로 건전하고 유용한 신문"이라는 이유로 부하 관리들에게『시무보』를 추천했는데, 그의 이러한 태도가 아마 일반적인 자세를 대표한다고 할 수 있을 것이다. 장지동의 견해에 따르면 신사-관리들이 관련되어 있는 점이 조약항의 신문들과는 구별되는 개혁 신문의 뚜렷한 특징이었다. 조약항의 신문들은 외국 상인들에 의해 운영되어 상업적이기 때문에 "신사-독서인들에 의해 무시당하는 것은 너무나 당연했다".[83] 장지동의 태도가 말해주듯이 개혁 운동 시기에 출현한 신문들은 분명히 새로운 종류의 신문, 즉 초기 조약항 신문과는 구별되는 엘리트 신문의 시작이었다.

이 엘리트 신문은 선교사들의『만국공보』를 모델로 하고 있었는데, 형식과 내용 양면에서 조약항의 신문들과는 현저하게 달랐다. 조약항의 신문들은 일반적으로 많은 면을 지방 소식과 상업 소식에, 그리고 선교사가 후원하는 신문의 경우에는 기독교 소식에 할애했다. 심지어 왕도의 『순환일보循還日報』 같은 진보적인 조약항의 신문에서도 광저우나 광둥 성의 지방 소식이 여전히 중요한 자리를 차지하고 있었고, 상업 부문의 지면이 "일반적으로 다른 면의 두 배"에 달했다. 이와는 대조적으로 개혁 신문들은 두 개의 중요한 부분으로 구성되어 있었다. 한 부분은 정부의 중요 정책에 관한 황제의 상유에 관한 소식, 여러 지역에서 일어나는 사건들에 관한 국내 소식 그리고 중요한 국제적 사건들을 다루고 있었으며, 다른 한 부분은 국가적 사건들과 관련된 사회적·정치적 평론 성격의 논설들로 채워져 있었다. 조약항의 신문들의 두드러진 특징이었던 상업 관련 소식이나 지방 소식들은 거의 찾아볼 수 없었다. 엘리트 신문들은 국가 전체에 어떤 일이 발생하고 있는지 그리고 다른 나라와 비교해보았을 때 나라가 어떤 상태에 있는지에 대해 관심을 집중시켰다. 이러한 양상은 분명 민족주의라고 규정할 만한 흐름을 보여주는 것이었다.[84]

실제로 당시 막 등장하고 있던 엘리트 언론의 중요한 특징은 바로 이러한 민족주의에서 찾을 수 있었다. 거의 모든 주요 신문들이 발간사에서 민족적 위기에 대응하기 위해 창간되었음을 선언하고 있었다. 『무석백화보無錫白話報』 같은 소규모 전문지조차도 백화문을 널리 알려 국가를 부강하도록 하는 것을 목표로 하고 있다고 진술할 정도였다.[85] 량치차오가 지적한 대로 신문의 목적은 무엇보다 사상의 소통을 촉진해 국가적 통합을 이룩하는 것이었다.

이러한 신문들의 등장은 엘리트 민족주의라고 부를 수 있는 것의 시작을 알리는 것이었다. 물론 민족주의가 일종의 정신 상태로 개별적으로 나타나는 것은 이보다 수십 년 전까지 기원을 거슬러 올라갈 수 있을 것이다. 왕도, 곽숭도, 마건충 등과 같은 사람들은 모두 민족주의적 사고방식을 갖고 있었지만 사상운동으로서의 민족주의 그리고 광범한 의식으로서의 민족주의는 분명히 1895년 이후에야 나타났다. 학교, 학회, 그리고 무엇보다도 엘리트 신문이 그것을 가능하게 했기 때문이다.[86]

민족주의의 통로로서 엘리트 신문은 정치 참여의 필요성과 의무에 대한 새로운 의식으로 충만해 있었다. 정치 참여를 통해서만 하나의 국가로서의 중국은 새로운 방향을 지향할 수 있고 나라가 개선될 수 있다는 논거였다. 조약항의 오래된 신문사들은 상업성을 지향했고 또한 외국인 소유였다. 이 때문에 그들은 일반적으로 사회적·정치적 의미를 지닌 논쟁적인 글을 싣기를 회피했다. 반면 1895년 이후 나타난 새로운 엘리트 신문은 신식 학교, 학회 등과 함께 새로운 정치의식을 확산시키는 강력한 도구가 되었다.

이 세 개의 기관들은 서로에게 도움이 되었다. 주요한 개혁 신문들이 신문, 신식 학교들 그리고 학회들의 탄생을 보도해주었고, 신식 학교와 학회에서는 신문들이 읽히고 토론되었다. 예를 들어 창사의 악록서원嶽鹿書院에서는 원장인 왕셴첸이 학생들에게 『시무보』를 읽도록 했다. 공법학회公法學會라는 학회는 국내외 신문을 연구하는 것을 주목적으로 삼았다. 예를 들어 교경학회校經學會 같은 다른 학회는 교경서원이라는 기존의 서원에서 성장해 나온 것이었다. 한편 남학회는 교육 개혁의 촉진을 학회의 목표 중의 하나로 선언했다. 이 세 기관들 사이의 이러한 상호 작용은 그들의 전체적인 영향력을 크게 강화시켜주었다. 그들이 불러일으킨 사상적 흥분은 중국 지식인들 사이에 멀리 그리고 넓게 영향을 미쳤다.

결국 이런 식으로 중국에서 근대적 여론이 처음으로 형성되기 시작했다. 비록 유교가 사회적 책무를 강조하고 있긴 하지만 유교의 도덕적 이상주의가 항상 국가적 사건에 대한 실제적인 관심으로 이어졌던 것은 아니며 청 정부는 공공연한 정치 토론을 금지시켰다. 따라서 종종 신사-관리들 사이에서 정치적 자각이 일어나더라도 그것은 쉽게 전달될 수 없었다. 이 때문에 이처럼 새로운 제도적 통로들이 일단 만들어지자 비교적 신속하게 개인들의 견해를 규합하고 조정하기 시작해 근대 사회의 여론 비슷한 것을 창조해낼 수 있었던 것이다. 이는 1895년 이후 일어난 중요한 새로운 발전이었다.

개혁 시기의 또 다른 중요한 유산은 새로운 사회 집단, 즉 중국의 인텔리겐치아의 탄생이었다.

그들의 두드러진 특징은 그들의 계급적 배경이나 사회적 지위보다는 그들이 공유하고 있던 새로운 견해와 행동 양식 그리고 그들이 중국의 근대적 변혁 과정에서 수행한 독특한 사회적·문화적 역할에 있었다. 이들 신인텔리겐치아를 구 신사-독서인층과 비교해보면 이를 확연히 알 수 있다. 첫째, 신사-독서인층은 대부분 뿌리를 고향의 도시에 두고 있으면서 지역 공동체 내에서의 중요한 기능을 수행하던 지방 엘리트층이었다. 이와 대조적으로 신인텔리겐치아들은 대개 자유로이 움직이는 지식인들로서 도심에 집결되는 경향이 있었으며, 본인이나 가족의 고향인 지역과 거의 아무런 관계를 맺고 있지 않았다. 이를 전형적으로 보여주는 것이 캉유웨이, 량치차오 및 그들의 많은 동료들인데, 이들은 광둥 성 출신이었지만 주요 활동 근거지는 베이징, 상하이, 창사 등의 다른 지역이었다.

더욱이 정치적·조직적 활동에 종사하고 있었던 만큼 신사-독서인들의 활동 또한 정부의 관료 기구나 지역 사회와의 관계 속에서 이루어졌다. 물론 서기 1000년 이후 수세기 동안 신사-독서인들은 종종 그 밖의 다른 정치적·조직적 활동에 참여해온 것 또한 사실이다. 예를 들어 송대와 명대에는 개인이 세운 서원들이 그러한 활동의 중요한 구심점 역할을 했으며, 17세기에는 신사-독서인들 사이에 조직된 자발적인 단체, 특히 유명한 동림東林 운동 및 복사復社 운동과 관련해 부각된 단체 등이 번성하기도 했다.[87] 그러나 이 모든 사회적 흐름은 사멸되었다. 분명히 19세기 말까지 중국의 신사-독서인들은 오랫동안 그러한 활동에 거의 참여하고 있지 않았다. 이와는 대조적으로 근대의 신인텔리겐치아의 정치적·조직적 활동은 대부분 관료 조직과 지역 사회 밖에서 이루어졌다. 도시에서 그들의 활동은 학교, 신문, 각종 자유 결사체 등을 중심으로 이루어졌으며 이것이 후세대들의 활동 양식이 되었다. 중국의 인텔리겐치아들은 개혁 시기에 처음 출현했을 때는 숫자도 적었고 대도시에 분산되어 있었으며 또한 고향의 지역 공동체로부터 단절되어 있었기 때문에 분명히 중국 사회에서 주변부적인 인물들에 지나지 않았다. 그러나 근대 세계의 다른 곳에서처럼 중국에서도 종종 이들 변화에 특히 민감한 주변부 인물들은 변화의 주체가 되기도 했다.

인텔리겐치아는 또한 정부와의 관계에서도 신사-독서인들과는 구별되었다. 신사-독서인들과 전통적인 중국 국가는 일종의 공생 관계에 있었다. 긴장과 갈등이 없었던 것은 아니지만 이해관계가 같았고 이념이 동일했기 때문에 신사-독서인과 국가 사이에는 강력한 결속력이 존재하고 있었다. 따라서 일반적으로 중국의 사회 지도층은 정부에 대한 비판자보다는 지지자인 경향이 많았다. 반면 중국의 인텔리겐치아와 근대 정부 사이에는 이러한 유대 관계가 존재하지 않았다. 전체적으로 그들은 정부에 신사-독서인들보다 훨씬 더 많은 정치적 요구를 했고 정부에 대한 정치적 지지는 훨씬 더 일시적인 것이었다. 따라서 국가에 대한 그들의 관계는 공생 관계라기보다는 긴장 관계에 훨씬 더 가까웠다. 이러한 면에서도 제1세대 중국 인텔리겐치아들은 전형적인 모습을 갖고 있었다. 캉유웨이와 량치차오, 옌푸 그리고 기타 인텔리겐치아들은 반드시 반정부적인 혁명가들이라고는 할 수 없었지만 일종의 소외감과 비판 의식은 그들의 정치적 입장에서 필수적인 부분이었다.

중국의 문화 전통과의 관계에서도 신구 집단 사이에는 놀랄 만한 차이가 존재했다. 중국의 신사-독서인들은 고유의 문화 전통 속에서 자족감을 느끼고 있었다. 그들은 그러한 전통만이 인간 정신과 사회 활동을 인도할 수 있는 지혜와 규범을 제공하는 지상의 유일한 지적 근원이라고 믿고 있었다. 따라서 그들은 자신의 문화유산에 대해 대단히 높은 자부심을 갖고 있었으며, 과거와의 지적 연속성을 특별히 강하게 의식하고 있었다. 신사-독서인들은 종종 정치적 권위와의 관계에서는 어려움을 겪기도 했지만 문화적 동질감이 의문시되는 경우는 거의 없었다. 그러나 개혁 시기가 시작될 때까지 50년에 걸친 서구 문명과의 접촉은 많은 교육받은 중국인들의 문화적 지평을 크게 확대시켜놓았을 뿐만 아니라 동시에 그들로 하여금 전통과의 이질감을 느끼도록 만들었다. 온갖 종류의 문화적 상징들이 외부로부터 중국으로 흘러 들어오면서 중국의 지식인들은 근대 세계 속에서 정신적 방향을 잃어버렸다. 따라서 중국의 인텔리겐치아는 문화적 지평이 확대되면서 탄생했을 뿐만 아니라 문화적 동질성에 대한 깊은 고뇌 속에서 탄생한 것이기도 했다. 과거에 신사-독서인들은 그러한 문제가 있는 줄조차도 몰랐다.

　이처럼 개혁 시기에는 사회, 국가, 문화 전통 등과의 이 모든 관계에서 구 신사-독서인층과는 뚜렷하게 구별되는 새로운 유형의 지식인들이 출현했다. 그들의 출현은 새로운 사상적 분위기, 변화를 위한 새로운 제도적 기구 그리고 이제 막 등장하고 있던 여론 등과 함께 개혁 시기의 중요한 유산이 되었다.

주
___

1장 청 말(1870~1911년)의 경제 동향

1. 필자는 이 장을 작성함에 있어서 중국사회과학연구소의 중국경제위원회와 미시간 대학 중국연구소가 보여준 협조와 지지에 감사드린다.
2. Pin-ti Ho, *Studies on the population of China, 1368-1953*, pp. 47~64.
3. 같은 책, p. 97.
4. C. M. Chiao and J. L. Buck, "The composition and growth of rural population groups in China"(*Chinese Economic Journal*, 2-2, 1928년 3월), pp. 219~235.
5. Muramatsu Yūji, "A documentary study of Chinese landlordism in the late Ch'ing and the early republican Kiangnan"(*Bulletin of the School of Oriental and African Studies*, 29-3, 1966년), pp. 566~599. 그리고 조잔(租棧)에 관한 무라마쓰(村松) 교수의 여러 연구물들을 참조하라.
6. 19세기 토지 점유와 이용 형식에 대해서는 심지어 불충분한 것으로 인정되는 20세기 조사 자료만큼의 자료조차 존재하지 않는다. 필자의 논평의 근거는 George Jamieson이 Royal Asiatic Society에 보고하기 위해 편집한, 지방 조사원을 대상으로 한 1888년의 질문 자료의 결과에 일부 근거하고 있다. George Jamieson, "Tenure of land in China and the condition of the rural population"(*Journal of the North China Branch of the Royal Asiatic Society*, ns, 23, 1889) pp. 59~117.
7. Shigeru Ishigawa, *Economic development in Asian perspective*, pp. 69~77.
8. 嚴中平,『中國綿紡織史稿, 1289~1939年』, p. 311.
9. 彭澤益 편,『中國近代手工業史資料, 1840~1949』, 2, pp. 382~390에 18~19세기 초의 기록 가운데 수공업 작업장에 관해 언급하고 있는 132종의 관련 기사가

나열되어 있다. 물론 엄밀하게 추출된 표본도 아니고 철저하게 구명된 수치도
아니다.

10. 鄭觀應, 『盛世危言』, 7권, p. 20a-b.
11. Blackburn Chamber of Commerce, *Report of the mission to China of the Blackburn Chamber of commerce, 1896~7*, Neville and Bell's section, p. 212.
12. *Blackburn report*, F. S. A. Bourne's section, pp. 5~6.
13. *Report on the native cloth in use in the Amoy consular district*(Foreign Office, micellaneous series, 1886, no. 19), p. 4.
14. *Blackburn report*, F, S. A. Burne's section, p. 36.
15. 예를 들어 樊百川, 「中國手工業在外國資本主義侵入後的遭遇和命運」(『歷史硏究』, 1962년 3월), pp. 85~115를 참조하라.
16. China, Inspectorate-General of Customs, *Decennial reports... 1902~1911*, vol. 2, pp. 229~230.
17. 彭澤益, 『中國近代手工業史資料』, 2권, pp. 356~366.
18. 이 부분에서 Ch.$로 제시된 화폐 단위는 양원(洋元), 즉 외국 달러인데, 통상 멕시코 은원(銀元)으로, 조약항에서 통용되던 화폐다. 이들은 점점 중국 은원으로 보충되었다. 1933년까지는 원(元)과 냥(兩)이 함께 사용되었는데, 1원은 약 0.72냥이었다.
19. 孫毓棠 편, 『中國近代工業史資料, 第1輯, 1840~1895年』, 2, pp. 1162~1169, 1170~1173.
20. 汪敬虞, 「十九世期外國侵華企業中的華商附股活動」(『歷史硏究』, 1965년 4월), pp. 39~74.
21. 汪敬虞, 『中國近代工業史資料, 第2輯, 1895~1914年』, 2, p. 1065.
22. 앞의 책, 2, p. 1017.
23. G. William Skinner, "Marketing and social structure in rural China, part II" (*JAS*, 24-2, 1965년 2월), p. 227.
24. China. Inspectorate-General of Customs, *Decennial reports..., 1882~1981*, p. 661.
25. 天野元之助, 『中國農業の諸問題』, 2, pp. 241~247. 그는 여기에 안후이로부터

상하이까지 각 상품의 운송비를 꼼꼼하고 상세하게 기술해놓고 있다.
26. 1898년에 처음으로 충칭에 소윤선이 도착했다. 정기선의 운항은 1908년에야 시작되었다.
27. 관도(官道)에 역참(驛站)이 분포되어 있던 것은 관리들이 이동할 때 육로로 말을 타고 이동했음을 의미한다. 청대 제도에 관한 규정에 따르면 전국에 1,634개의 육로참(陸路站), 92개의 수로참(水路站), 54개의 수륙참(水陸站)이 관리들이 이동할 때 사용할 수 있도록 개설되어 있었다. 이들 역참은 필요한 말, 수레, 교자, 배, 식사 및 숙소를 제공했다. 공문은 육로상에 설치된 15,000개의 우참(郵站)들을 통해 전달되었다. 河野通博,「淸代山東省の官制陸上交通路」(『史林』, 33-3, 1950년 5월), pp. 317~336.
28. 물론 중국인은 정규 수입세의 절반을 납부하면 획득할 수 있는 '통관증'을 이용해 외국 상품이 상당 정도 이금세를 피할지도 모른다는 사실을 염려하고 있었다. 그러나 이 통관증은 상품이 본래의 포장 상태를 유지하고 있고 또한 그 허가증 위에 명기된 목적지로 수송되고 있을 때만 유효했다는 점을 기억할 필요가 있다. 사실 통관하고 있는 상품에 대한 관세 부과의 유예는 최종 소비자에게 들어갈 때까지만 가능했다고 할 수 있다.
29. *Blackburn report*, F. S. A. Bourne's section, pp. 70~71.
30. 1900년 중국인 소유 기선의 평균 톤수는 35톤이었는데, 1913년의 1,130척의 내지 기선의 평균 톤수가 100톤이나 된다고 가정할 경우에도, 전체 선박의 톤수는 단지 11만 3,000톤에 지나지 않았다. 1941년 9월 쟝쑤, 저장, 안후이 3성에는 11만 8,292척의 크고 작은 민간 선박이 왕징웨이(汪精衛) 정부가 설립한 선원 협회에 등록되어 있었다. 당시 이들 선박의 총 톤수는 85만 704톤이었고 그 위에서 일하는 선원은 45만 9,178명이었다. 필자는 청 말 민간 선박의 수와 톤수를 알려주는 자료를 갖고 있지 않지만 위 세 성의 1941년 수치보다 작지는 않을 것이다. 滿鐵調査部,『中支の民船業』, pp. 134~135를 참조하라.
31. *Decennial reports...*, *1902~1911*, vol. 1, pp. 292~293.
32. 그러나 1900년경부터 산시 표호의 지위가 크게 기울기 시작했는데 이는 주목할 만하다. 1896년 이후 설립된 준관료적 근대식 은행들은 그들이 의존하고 있던 대부분의 환업무와 공적 예금을 흡수했다.
33. Alexander Gerschenkron, *Economic backwardness in historical perspective*.

34. Yeh-chien Wang, *Land taxation in imperial China, 1750~1991*, pp. 73~83.
35. 필자가 계산한 정부 수입 지출 가운데서 장중리가 신사 부문으로 분류한 것도 일부 포함되어 있다.
36. Simon Kuznets, *Modern economic growth; rate, structure, spread*, pp. 236~239.

2장 청 말의 대외 관계(1866~1905년)

1. Ronald Robinson, John Gallagher and Alice Denny, *Africa and the Victorians: the climax of imperialism*, pp. 6, 8, 10~11, 471.
2. L. K. Young, *British policy in China, 1895~1902*, pp. 5, 7~13.
3. 『清代籌辦夷務始末』, 「同治朝」, 40권, pp. 14~22; Robert Hart, "Notes on Chinese Matters"(Frederick W. Williams, *Anson Burlingame and the first Chinese mission to foreign powers*), p. 285.
4. 『清代籌辦夷務始末』, 「同治朝」, 40권, p. 10b.
5. 『清代籌辦夷務始末』, 「同治朝」, 40권, pp. 22b-31b. 영문 원본은 소실되었으나 H. E. Wodehouse는 중문에 근거해 영역본을 만들었다. 자세한 내용은 "Mr. Wade on China", *The China review*, 1-1, 1872년 7~8월, pp. 38~44와 1-2, 1872년 9~10월, pp. 118~124를 참조하라.
6. 『清代籌辦夷務始末』, 「同治朝」, 54권, pp. 1~4, 1867년 12월 18일.
7. 『清代籌辦夷務始末』, 「同治朝」, 55권, pp. 6~10, 1867년 12월 31일.
8. *China correspondence*, No. 5(1871), document 2, p. 8.
9. *Foreign relations of the United States*, 1868, I, p. 494.
10. 지강(志剛)과 손가곡(孫家穀).
11. *China correspondence*, No. 1(1869). 청영 관계에 관한 통신 문서, document 1, The Earl of Clarendon to Mr. Burlingame, 1868년 12월 28일.
12. 위의 자료, document 2, Clarendon to Alcock, 1868년 12월 30일.
13. *China correspondence*, No. 5(1871). 톈진 조약에 관한 통신 문서, document

107, p. 355.

14. 위의 자료. document 117, Clarendon to Alcock, 1869년 7월 4일.
15. 『清代籌辦夷務始末』,「同治朝」, 68권, pp. 14-14b, 1869년 10월 23일.
16. *China correspondence*, No. 1(1869), Alcock to Clarendon, 1869년 10월 28일.
17. *China correspondence*, No. 5(1871), p. 360, Alcock to Medhurst, 1869년 4월 1일.
18. Stanley F. Wright, *Hart and the Chinese customs*, p. 382.
19. 이러한 청원서들의 원문은 *China correspondence*, no. 4(1870), no. 6(1870)을 참조하라. 이 청원서들은 중국 무역에 이해관계가 있는 런던의 상인과 기타 인사들, 그리고 글래스고, 리스, 에든버러, 던디, 맨체스터, 메이클즈필드, 상하이, 푸저우 및 홍콩 등 지역의 상인단에 의해 제출되었다.
20. *China correspondence*, no. 10(1870), "Further memorials respecting the China Treaty Convention"에 대한 올콕의 메모, 1870년 5월 3일, p. 9.
21. Nathan A. Pelcovist, *Old China hands and the Foreign Office*, p. 104에 인용된 FO, 17/645, 1873년 5월 16일.
22. 『清代籌辦夷務始末』,「同治朝」, 79권, pp. 40~40b, 1867년 1월 21일.
23. 인용된 총리아문의 보고문 외에 『청실록』, 『동화록』은 물론이고, 증국번, 좌종당, 이홍장, 문상, 왜인, 심보정, 풍계분 및 왕지춘(王之春) 등 주요 정치인들의 저서에서도 영국 측의 알콕 협정 거부에 대해서는 눈에 띌 만한 언급을 찾아볼 수 없다.
24. Mary C. Wright, *The last stand of Chinese conservatism: the T'ung-chih restoration, 1862~1874*, p. 299에서는 "안칭 수복과 총리아문의 성립은 중흥의 시작을 의미하는 것이며, 올콕 협정의 거부와 톈진 교안은 그것의 종식을 의미한다"고 했다.
25. 선교상의 문제점에 대한 탁월한 연구로는 Paul A. Cohen, *China and Christianity: the missionary movement and the growth of Chinese antiforeignism, 1860~1870*, 3~7장을 들 수 있다.
26. John K. Fairbank, "Patterns behind the T'ientsin massacre", *HJAS*, 20. 3 · 4 (1957년 12월), pp. 482~483, 488, 501.
27. 곧 망해루(望海樓)를 말한다.

28. Knight Biggerstaff, "The Ch'ung-hou mission to France, 1870~71" *Nankai Social and Economic Quarterly*, 8-3(1935년 10월), pp. 633~647.
29. *British parliamentary papers*, China, no. 1(1874): *Correspondence respecting the audience granted to Her Majesty's minister and the other foreign representatives at Peking by the emperor of China.*
30. 1839~1843, 1845~1848년 및 1864년에 그러했다. John K. Fairbank, ed., *The Chinese world order: traditional China's foreign relations*(이후 *CWO*로 약칭함), p. 262.
31. Pelcovits, *Old China hands*, p. 115에 인용된. FO 171/470, 1959년 11월 22일.
32. Immanuel C. Y. Hsu, *China's entrance into the family of nations: the diplomatic phase 1858~1880*, p. 202.
33. Carlton J. H. Hayes, *A generation of materialism, 1871~1900*; William L. Langer, *The diplomacy of imperialism, 1890~1902.*
34. Robert K. Sakai, "The RyūKyū(Liu-ch'iu) Islands as fief of Satsuma"; Ta-tuan Chen(陳大端), "Investiture of Liu-ch'iu Kings in the Ch'ing Period", *CWO*, pp. 112~134, 135~164.
35. Immanuel C. Y. Hsu, *The Ili Crisis: A Study of Sino-Russian diplomacy, 1871~1881*, pp. 18~22.
36. A. L. Narochnitskii, 『극동에서의 자본주의 열강의 식민 정책, 1860~1895년 *Kolonial'naia politika kapitalicheskikh derzhav na dal'nem vostoke, 1860~1895*』, pp. 207, 210~213.
37. Immanual C. Y. Hsu, "The great policy debate in China, 1874: maritime defense vs. frontier defense", *HJAS*, 25(1965), pp. 212~228.
38. Narochnitskii, *Kolonial'naia Politika*, pp. 227, 231~233.
39. 左宗棠, 『左文襄公全集』, 「奏稿」, 55권, p. 38.
40. 『清季外交史料, 1875~1911』, 17권, pp. 16~19.
41. 『清季外交史料』, 18권, pp. 18~22b, 1880년 1월 16일. 장지동의 생애에 대해서는 William Ayers, *Chang Chih-tung*과 Daniel H. Bays, *China enters the twentieth century*를 참조하라.
42. Immanual C. Y. Hsu, "Gordon in China, 1880", *Pacific Historical Review*, 23-

2(1964년 5월), pp. 147~166.

43. Narochnitskii, *Kolonial'naia politika*, pp. 235~236. 이들 중국통 중에는 V. Vasil'ev, M. I. Veniukov and V. Radlov도 포함되어 있었다.
44. Hsu, *The Ili Crisis*, pp. 189~196.
45. 프랑스의 활동에 관한 상세한 내용은 John F. Cady, *The roots of French imperialism in Eastern Asia*, 16장을 참조하라.
46. Lloyd E. Eastman, "Ch'ing-i and Chinese policy formation during the nineteenth century", *JAS*, 24-4(1965년 8월), pp. 604~605.
47. 蕭一山, 『淸代通史』, 3권, pp. 1070~1071.
48. Lloyd E. Eastman, *Throne and mandarins: China's search for a policy during the Sino-French controversy, 1880~1885*, 4장과 5장.
49. 邵循正, 『中法越南關係始末』.
50. Hae-jong Chun, "Sino-Korean tributary relations in the Ch'ing period", *CWO*, pp. 90~111.
51. 중국의 태도 변화에 대해서는 Mary C. Wright, "The adaptability of Ch'ing diplomacy: the case of China's involvement in Korea", *JAS*, 17-3(1958년 5월), pp. 363~381을 참조하라.
52. 이름은 모리 아리노리(森有禮)이다.
53. 이런 언급이 조약 조문 안에 들어 있었다면 미국 의회가 조약 비준을 거부했을 것이다.
54. 이 시기 조선 문제에 대한 중국의 개입에 대해서는 王信忠, 『中日甲午戰爭之外交背景』을 참조하라.
55. Young, *British policy*, p. 16.
56. 고승호는 중국 당국이 빌린 영국 증기선이었다. 이 배의 격침은 영국 국내에서 모종의 여론을 자극했지만 일본이 바로 보상을 약속하고 중국에서 영국의 이익을 보장하겠다고 다짐하면서 금세 진정되었다. Young, *British policy*, p. 16을 참조하라.
57. 이홍장의 책략은 시모노세키에서의 회담 기록에 자세히 나타나는데, 이에 대해서는 「馬關議和宗旨談話錄」(程演生, 『中國內亂外禍歷史叢書』, 5책)을 참조하라.
58. 李守孔, 『中國近代史』, pp. 464~465.

59. 1895년 4월 30일자 상소에는 1,200~1,300명이 서명했다.
60. 유명전(劉銘傳).
61. Sergei Iul'evich Witte, *The memoirs of Count Witte*(trans. and ed. by Abraham Yarmolinsky), p. 83.
62. Young, *British policy*, pp. 17~18.
63. Witte, *Memoirs*, p. 87.
64. Young, *British policy*, pp. 70~71. 이 결정을 내리기까지 영국 내각은 다섯 번의 긴 회의를 거쳤다.
65. 앞의 책, p. 91. 영국은 세력권이 아니라 이권을 얻으려고 했다.
66. Chester C. T'an, *The Boxer catastrophe*, p. 32에 실린 것을 문장을 약간 고쳐 인용했다.
67. 의화단에 관한 이상의 내용은 勞乃宣, 「義和拳教門源流考」(翦伯贊 등 편, 『義和團』, 제4책), pp. 433~439를 참조했다. 이 밖에 Immanuel C. Y. Hsu, *The rise of modern China*, pp. 465~467을 참조하라.
68. 李守孔, 『中國近代史』, p. 589; Victor Purcell, *The Boxer uprising*, 9, 10장.
69. T'an, *The Boxer catastrophe*, pp. 46, 59.
70. 앞의 책, pp. 60~61. 문장을 약간 고쳐 인용했다.
71. 蕭一山, 『清代通史』, 4, pp. 2196~2198.
72. Young, *British policy*, p. 171.
73. 蕭一山, 『清代通史』, 4, p. 2203.
74. 이는 그가 광둥에 머물기를 강력히 요청한 영국 측의 권고를 물리치고 이루어졌다. Young, *British policy*, p. 175.
75. T'an, *The Boxer catastrophe*, pp. 139, 141.
76. H. B. Morse, *The international relations of the Chinese empire*, 3권, p. 309.
77. 실제로 배상금은 연합군의 손실액을 훨씬 초과하는 것이었다. 미국 민간인들이 실제로 요구한 금액은 고작 200만 달러로 1905년까지 지불 완료되었다. 1908년에 미국 정부는 1,078만 5,286달러를 중국에 반환했고, 200만 달러도 차후 사용분으로 남겨두었으며, 1924년에 나머지 금액을 탕감했다. 반환액에 대해 미국 정부는 미국 내 중국인 유학생의 교육비로 사용하도록 지정했다. 이 학생들이 미국에서 유학할 준비를 하도록 베이징에 청화학원(淸華學院, 뒤의

청화대학)을 설립하고 다수의 미국인 교사들을 채용하도록 했다. 이후 영국은 1922년, 러시아는 1924년, 프랑스는 1925년, 이탈리아는 1925년과 1933년, 벨기에는 1928년, 네덜란드는 1933년에 배상금을 감면했다. 다수의 중국학자들은 의화단 전쟁 배상금의 반환을 일종의 문화적 제국주의로 간주하고 있는데, 재조명할 필요가 있는 주제임에 분명하다.

78. 劉彦, 『中國外交史』, 李方晨 增補, pp. 268~269.
79. 陳復光, 『有淸一代之中俄關係』, p. 331.
80. Marius B. Jansen, *Japan and China: from war to peace, 1894~1972*, pp. 79~80.
81. Michael H. Hunt, *Frontier defense and the open door: Manchuria in Chinese-American relations, 1895~1911*, pp. 78, 81.
82. 『淸季外交史料』, 152권, pp. 10b-12a.
83. 張之洞, 『張文襄公全集』, 178권, p. 15.
84. 王延熙・王樹敏 合편, 『皇朝道咸同光奏議』(臺北, 影印本, 1968), 16권, p. 18.
85. 李國祁, 『張之洞的外交政策』, pp. 323~326.
86. 張之洞, 『張文襄公全集』, 180권, p. 35b.
87. 앞의 책, 85권, p. 21b.
88. 陳復光, 『有淸一代之中俄關係』, pp. 338~339.
89. 吳相湘, 『俄帝侵略中國史』, p. 220.
90. Jansen, *Japan and China*, p. 81.
91. Hunt, *Frontier defense and the open door*, pp. 78~81.
92. 『淸季外交史料』, 179권, p. 4b.
93. 앞의 책, 181권, pp. 3~5.
94. 앞의 책, 181권, pp. 16~17.
95. 앞의 책, 181권, p. 18.
96. 앞의 책, 181권, p. 27; 182권, pp. 5, 7b.
97. 『淸光緖朝中日交涉史料』, 68권, p. 25, 1904년 6월 24일.
98. 『淸季外交史料』, 190권, pp. 12b-15b.
99. 張之洞, 『張文襄公全集』, 85권, p. 23b.
100. 만주의 지위와 그 직제 개편에 대한 상세한 내용은 Robert H. G. Lee, *The*

Manchurian frontier in Ch'ing history, p. 152 이하를 참조하라.

3장 서구와의 관계에 대한 중국의 인식 변화(1840~1895년)

1. Ssu-yü Teng, John K. Fairbank, *China's response to the West*, p. 19.
2. 이 문제에 대해서 우리는 페어뱅크가 편집한 *The Chinese world order*에서 많은 자료를 이용했다. 근대 중국사의 전개 과정에서 이러한 세계관이 변하는 문제에 대해서는 Joseph R. Levenson, *Confucian China and its modern fate: the problem of monarchical decay*에서 자세히 다루었다.
3. James Legge, trans. *The Chinese classics. The Ch'un Ts'ew with the Tso Chuen*(『春秋左傳』), p. 196.
4. James Legge, trans. *The Chinese classics. The doctrine of the mean*(『中庸』), p. 409.
5. James Legge, trans. *The Chinese classics. The works of Mencius*(『孟子』), p. 305.
6. 청조 초기의 학파에 대해서는 Liang Ch'i-ch'ao, Intellectual trends in the Ch'ing period(『淸代學術槪論』), trans. by Immanuel C. Y. Hsu, pp. 1, 11에서 간략히 설명하고 있다.
7. 王家儉, 『魏源對西方的認識及其海防思想』, p. 6.
8. 齊思和 등 편, 『阿片戰爭』, 4권, p. 461; 6권, p p. 491, 535.
9. 郭廷以 등 편, 『郭嵩燾先生年譜』, 1권, pp. 132~134.
10. 中央研究院近代史研究所 편, 『近代中國對西方及列强認識資料滙編』, p. 145.
11. 이들 22종의 저서 가운데 일부는 1894년에 간행된 『小方壺齋輿地總鈔』에 수록되어 있고, 어떤 것은 단행본으로 간행되었으며, 7종은 이미 유실되어 이름만 남아 있을 뿐이다.
12. 임칙서에 관해서는 齊思和 등 편, 『阿片戰爭』, 6권, p. 506을 참조하라. 위원에 대해서는 *Modern Asian Studies*, 6-2(1972), pp. 151~204에 실린 Jane K. Leonardo와 Peter M. Mitchell의 글을 참조하라.
13. 姚瑩, 『東溟文後集』, 8권, pp. 10b~11; 徐繼畬, 『瀛環志略』의 서문; 魏源, 『海國圖

志』의 서문, 그리고 Fred W. Drake, *China charts the world: Hsu Chi-yü and his geography of 1848*을 참조하라.

14. 王爾敏, 『淸季兵工業的興起』, p. 35에는 45인의 이름이 열거되어 있다. 그 외의 사람들은 道光帝, 盧坤(兩廣總督), 怡良(兩江總督), 吉爾杭阿(江蘇巡撫), 何桂淸(兩江總督), 周天爵(漕運總督), 桂良(大學士), 花沙納(吏部尙書), 沈兆霖(兵部尙書), 金應麟, 薛廷堂, 劉成忠, 尹耕雲과 신사인 湯彝, 方熊飛, 蕭令裕, 夏燮, 梁廷枏, 吳敏樹, 徐鼒, 馮桂芬 등이다.

15. 魏源, 『海國圖志』, 2권, p. 2.

16. 丁拱辰, 龔振麟(저서 2권), 汪仲洋, 梁章鉅(저서 2권)와 西拉本은 총과 대포에 대한 저서를, 黃冕(저서 2권), 丁守存, 潘仕成, 林則徐와 高邦哲은 지뢰와 폭탄에 관한 저서를, 黃冕과 葉世槐는 화포 설치에 관한 저서를, 丁守存, 陳階平은 흑색 화약에 관한 저서를 남겼다. 나머지 5명의 저자는 金應麟, 張煥元, 兪昌會, 許乃濟와 祈元輔이다. 이들의 저서에 대해서는 王爾敏, 『淸季兵工業的興起』, pp. 206~208; 魏源, 『海國圖志』, 87권, p. 2; 『近代中國對西方及列强認識資料匯編』, pp. 229, 301~302, 418~419, 432, 435, 439, 875~904에서 자세히 분석했다.

17. 魏源, 『海國圖志』, 84권, pp. 1b~6; 85권(이 85권은 鄭復光, 『火輪船圖說』이다). 謝淸高와 楊炳南, 『海錄』, 1권, p. 75; 『近代中國對西方及列强認識資料匯編』, pp. 248~249, 860; 『史料旬刊』, 38권, p. 398b; 『淸代籌辦夷務始末』, 「道光朝」, 59권, p. 48; 63권, pp. 38~39; 汪文泰, 『紅毛番英吉利考略』(王朝宗 편, 『海外番夷錄』, p. 6b); 王大海, 『海島逸志』(王朝宗 편, 『海外番夷錄』, p. 7a-b); 徐繼畬, 『瀛環志略』, 17권, pp. 48b~49.

18. 『淸代籌辦夷務始末』, 「道光朝」, 80권, p. 25.

19. 『史料旬刊』, 제36기, p. 340; 『淸代籌辦夷務始末』, 「道光朝」, 80권, p. 4a-b; 徐繼畬, 『松龕先生全集』, 1권, p. 36b.

20. 蕭令裕, 『粤東市舶論』, p. 2b. 이것은 『小方壺齋輿地叢鈔』, 再輔編 第9帙에 실려 있다.

21. 『史料旬刊』, 제36기, p. 340; 『淸代籌辦夷務始末』, 「咸豐朝」, 34권, p. 22.

22. 徐繼畬, 『松龕先生全集』, 1권, pp. 31b~32.

23. 王爾敏, 「耆英外交」, 『大陸雜志』, 30-10(1965), pp. 330~333.

24. 雷海宗, 「古代中國的外交」, 『社會科學』, 3-1(1941), pp. 1~4; 夏燮, 『中西紀事』, 1

권, p. 19b; 李鴻章, 『李文忠公朋僚函稿』, 10권, p. 35.

25. 『淸代籌辦夷務始末』, 「道光朝」, 21권, pp. 21~22b; 24권, pp. 36~37b; 魏源, 『海國圖志』, 2권, p. 1a-b; 王爾敏, 「耆英外交」.

26. 阿英 편, 『阿片戰爭文學集』, p. 191.

27. 『史料旬刊』, 제38기, p. 399.

28. 蕭令裕, 『英吉利記』, p. 1b(『小方壺齋輿地叢鈔』, 再輔編 第11帙에 실려 있다); 包世臣, 『安吳四種』, 35권, p. 10b; Arthur Waley는 자신의 저서 The Opium War through Chinese eyes에 아편전쟁에 대한 중국인들의 흥미로운 언급들을 싣고 있다.

29. 黃恩彤, 『撫夷紀略』, p. 2; 魏源, 『海國圖志』, 2권, p. 5b.

30. 黃鈞宰, 『金壺七墨』, 2권, p. 2; 『史料旬刊』, 제38기, p. 402b; 『淸代籌判夷務始末』, 「道光朝」, 4권, p. 30; 5권, pp. 25b~26; 9권, p. 6; 『淸代籌判夷務始末』, 「咸豐朝」, 62권, p. 44b; 夏燮, 『中西紀事』, 3권, pp. 21b~22; 金應麟, 『豸華堂文鈔』, 12권, p. 3; 湯彝, 『柚村文』, 4권, pp. 13b~14; 蕭令裕, 『粵東市舶論』, p. 1b; 葉鍾進, 『英吉利夷情紀略』, p 3b(『小方壺齋輿地叢鈔』, 再輔編 第11帙); 包世臣, 『安吳四種』, 35권, p. 9.

31. 齊思和 등 편, 『阿片戰爭』, 제5책, p. 529; 제6책, p. 240, 459~462.

32. 앞의 책, 제6책, pp. 382~383, 386~387, 403~409, 420, 422.

33. 『淸代籌判夷務始末』, 「道光朝」, 58권, p. 33; 75권, p. 28.

34. 齊思和 등 편, 『阿片戰爭』, 제2책, p. 569; 제5책, p. 531; 제6책, p. 543; 王家儉, 『魏源對西方的認識及其海防思想』, p. 130.

35. 黃鈞宰, 『金壺七墨』, 4권, p. 3. 곽숭도 역시 1840년이 중국 근대사의 전환점이라고 생각했지만 이러한 의견을 공식적으로 표현한 것은 1876년이었다. 郭嵩燾, 『養知書屋文集』, 11권, p. 1.

36. 王韜, 『弢園尺牘』, 7권, p. 2; 齊思和 등 편, 『阿片戰爭』, 제5책, p. 409; 『淸代籌辦夷務始末』, 「同治朝」, 55권, p. 25; 李鴻章, 『李文忠公全集』, 「奏稿」, 19권, p. 45; 曾紀澤, 『曾惠敏公遺集』, 「文集」, 3권, p. 1; 王爾敏, 『晚淸政治思想史論』, p. 215.

37. 李鴻章, 『李文忠公朋僚函稿』, 1권, p. 9; 王韜, 『弢園尺牘』, 7권, pp. 2, 17b~18; 李恩涵, 『曾紀澤的外交』, p. 38; 薛福成, 『庸庵全集』, 「海外文編」, 3권, p. 8.

38. 夏燮, 『中西紀事』, 17권, p. 18; 齊思和 등 편, 『阿片戰爭』, 제5책, p. 409; 黎庶昌,

『拙尊園叢稿』, 5권, p. 6.
39. 『淸代籌辦夷務始末』,「同治朝」, 99권, pp. 32, 34.
40. 『淸代籌辦夷務始末』,「同治朝」, 99권, p. 32; 周盛傳,『周武壯公遺書』, 1권, p. 1.
41. 齊思和 등 편,『阿片戰爭』, 제5책, p. 409.
42. 『淸代籌辦夷務始末』,「同治朝」, 99권, pp. 14, 32, 34, 52.
43. 王爾敏,『晚淸政治思想史論』, p. 209; 呂實强,『丁日昌與自强運動』, p. 233.
44. 鄭觀應,『盛世危言增訂新編』, 2권, p. 41; 『淸代籌辦夷務始末』,「同治朝」, 55권, p. 25; 吳雲,『兩罍軒尺牘』, 8권, pp. 18~19; 葛士濬 편,『皇朝經世文續編』, 116권, p. 5; 薛福成,『海外文編』, 3권, p. 8.
45. 呂實强,『丁日昌與自强運動』, p. 240; 張裕釗,『濂亭文集』, 2권, p. 5.
46. 曾國藩,『曾文正公書札』, 8권, p. 25.
47. 全祖望 편,『宋元學案』, 9권, pp. 5~6; 李恩涵,『曾紀澤的外交』, pp. 38~39; 嚴復,『嚴幾道詩文鈔』, 제1책, p. 1; 王韜,『弢園文錄外編』, 7권, pp. 16~17; 鄭觀應,『易言』, 1권, pp. 1~2; 湯震,『危言』, 1권, p. 13.
48. 郭嵩燾,『養知書屋文集』, 28권, p. 12; 王韜,『弢園文錄外編』, 11권, pp. 11~12; 李鴻章,『李文忠公朋僚函稿』, 15권, pp. 3~4; 鄭觀應,『易言』, 1권, p. 2; 嚴復,『嚴幾道詩文鈔』, 제1책, p. 1.
49. 王韜,『弢園尺牘』, 7권, pp. 3, 34; 郭嵩燾,『養知書屋文集』, 12권, p. 20.
50. 郭廷以,『郭嵩燾先生年譜』, 제2책, p. 484.
51. 앞의 책, 제5책, p. 528; 薛復成,『籌洋芻議』(『庸盦全集』, p. 21); 呂實强,『丁日昌與自强運動』, p. 348; 王韜,『弢園文錄外編』, 3권, p. 25. 서양의 영향으로 중국이 외교 관계를 처리할 때 변화가 나타나는 문제에 대해서는 Immanuel C. Y. Hsu, *China's entrance into the family of nations: the diplomatic phase, 1858~1880*을 참조하라.
52. 郭廷以,『郭嵩燾先生年譜』, 제1책, pp. 133~134, 234~235.
53. 呂實强,『丁日昌與自强運動』, p. 223; 郭廷以,『郭嵩燾先生年譜』, 제2책, p. 714.
54. 郭廷以,『郭嵩燾先生年譜』, 제1책, pp. 130, 139; 제2책, pp. 624, 851, 863~864, 898~900. 곽숭도의 안무(安撫) 정책에 대해서는, Lien-sheng Yang, "Historical notes on the Chinese world order", *Chinese world order*, pp. 22~23을 참조하라.

55. 李鴻章, 『李文忠公朋僚涵稿』, 10권, pp. 27b~28; 11권, p. 10; 郭嵩燾, 『郭侍郎奏疏』, 12권, pp. 37b~38; 李宗侗·劉鳳翰, 『李鴻章先生年譜』, 1권, p. 252.
56. 曾國藩, 『曾文正公書札』, 33권, p. 10; 翁同龢, 『翁同龢日記排印本』, 4권, pp. 1259~1260; 郭廷以, 『郭嵩燾先生年譜』, 제2책, p. 900.
57. 呂實強, 『丁日昌與自強運動』, pp. 65~68, 98; 郭廷以, 『郭嵩燾先生年譜』, 제1책, p. 397; 『清代籌辦夷務始末』, 「同治朝」, 41권, p. 32.
58. 呂實強, 『丁日昌與自強運動』, pp. 69~79.
59. James Legge, trans. *The Chinese classics. Confucian Analects*(『論語』), p. 295.
60. 『清代籌辦夷務始末』, 「咸豊朝」, 71권, pp. 17b~18.
61. 曾國藩, 『曾文正公書札』, 18권, p. 17a-b.
62. 王韜, 『韜園尺牘』, 7권, p. 16; 『清季外交史料(1875~1911年)』, 8권, p. 16.
63. 曾國藩, 『曾文正公書札』, 30권, p. 49.
64. 郭廷以, 『郭嵩燾先生年譜』, 제1책, p. 187; 王家儉, 『魏源對西方的認識及其海防思想』, p. 155; 李恩涵, 『曾紀澤的外交』, p. 39.
65. 中央研究員近代史研究所 편, 『海防檔』, 「機器局」, 1권, p. 6. 류광징 교수가 이 방면의 자료뿐만 아니라 이어서 논술하는 개혁에 관한 많은 자료를 제공해준 것에 대해 감사드린다.
66. 呂實強, 『丁日昌與自強運動』, pp. 41~45; 李宗侗·劉鳳翰, 『李鴻藻先生年譜』, 2권, pp. 711~713.
67. 『易經』, 1권, p. 5; 『宋史』, 414권, p. 10; 1860년대의 청조의 정책에 대한 중요한 연구로는 Mary C. Wright, *The last stand of Chinese conservatism:the T'ung-chih restoration 1862~1874*를 들 수 있다.
68. 『清代籌辦夷務始末』, 「咸豊朝」, 22권, p. 29.
69. 呂實強, 『丁日昌與自強運動』, p. 347.
70. Kwang-Ching Liu, "The Confucian as patriot and pragmatist: Li Hung-chang's formative years, 1823~1866", *HJAS*, 30(1970), pp. 34~36 『清代籌辦夷務始末』, 「同治朝」, 25권, p. 10; 李鴻章, 『李文忠公全集』, 「奏稿」, 24권, p. 12; 李鴻章, 『李文忠公朋僚函稿』, 19권, p. 43.
71. Suzanne Wilson Barnett, "Wei Yuan and Westerners. Notes on the sources of the *Hai-kuo t'u-chih*", *Ch'ing-shih wen-t'i*, 2-4(1970), pp. 1~20; 趙烈文, 『能靜

居日記』, 1권, p. 105; 李鴻章, 『李文忠公全集』, 「奏稿」, 24권, p. 16; 李宗羲, 『開縣李尙書政書』, 6권, p. 56; 丁寶楨, 『丁文誠公遺集』, 11권, p. 11; 『淸代籌辦夷務始末』, 「同治朝」, 100권, pp. 24b~25. 서양의 정치 사상가와 사회 사상가의 저서를 번역하는 옌푸의 작업에 대한 치밀한 연구들이 있는데, Benjamin Schwartz의 저서인 *In search of wealth and power: Yen Fu and the West*는 서구 사상을 이용하려는 청 말의 시도에 관한 주요한 연구서이다.

72. 張靜廬, 『中國近代出版史料初編』, pp. 23~25; San-pao Li, "Letters to the editor in John Fryer's *Chinese Scientific Magazine*, 1876~1892: an analysis", 『中央硏究院近代史硏究所集刊』, 4-2(1974년 12월), pp. 729~777.

73. 이들 158종의 저서 가운데 20여 부를 제외한 나머지 저서는 『小方壺齋輿地叢鈔』에서 모두 찾아볼 수 있다.

74. 薛福成, 『籌洋芻議』, p. 10b.

75. 左宗棠, 『左文襄公全集』, 「書牘」, 19권, pp. 59b~60; 陳熾, 『庸書』, 「內篇」, 2권, pp. 2b~3; 孫文, 『國父全集』, 제5책, pp. 4~5; 王爾敏, 『滿淸政治思想史論』, pp. 136~137.

76. 郭廷以, 『郭嵩燾先生年譜』, 제2책, pp. 480~482; 馬建忠, 『適可齋記言』, 1권, p. 1.

77. 中國科學院 등 편, 『洋務運動』, 제1책, pp. 134, 277~283; 『淸代籌辦夷務始末』, 「同治朝」, 44권, p. 25; 79권, pp. 1~2.

78. 呂實强, 『丁日昌與自强運動』, p. 351.

79. 陸寶千, 「倭仁論」, 『中央硏究院近代史硏究所集刊』, 2(1971), pp. 257~270, 특히 p. 260; 『洋務運動』, 제1책, p. 121.

80. 王炳燮, 『毋自欺室文集』, 6권, p. 40b; 翁同龢, 『翁同龢日記排印本』, 4권, pp. 1577, 1580.

81. 『淸代籌辦夷務始末』, 「同治朝」, 47권, pp. 24~25.

82. 呂實强, 『丁日昌與自强運動』, pp. 351~353.

83. 『淸代籌辦夷務始末』, 「同治朝」, 47권, pp. 24~25; 王炳燮, 『毋自欺室文集』, 6권, p. 29; 呂實强, 『丁日昌與自强運動』, p. 353.

84. 王闓運, 『湘綺樓文集』, p. 2; 翁同龢, 『翁同龢日記排印本』, 4권, p. 1575.

85. 呂實强, 『丁日昌與自强運動』, pp. 358~359; 王炳燮, 『毋自欺室文集』, 5권, p. 5.

86. 『淸代籌辦夷務始末』, 「同治朝」, 100권, p. 29; 呂實强, 『丁日昌與自强運動』, p. 357.

87. 呂實强, 「晚淸中國知識分子對基督敎在華傳敎目的的疑懼, 1860~1898年」, 『國立臺灣師範大學歷史學報』, 3(1975년 2월), p. 148; 呂實强, 『中國官紳反敎的原因, 1860~1974』, p. 130.
88. 齊思和 등 편, 『阿片戰爭』, 제6책, p. 383.
89. 呂實强, 『中國官紳反敎的原因』, pp. 25, 117, 171~173; 呂實强, 「晚淸中國知識分子對基督敎在華傳敎目的的疑懼」, pp. 8~9; 王炳燮, 『毋自欺室文集』, 6권, pp. 6~14.
90. 呂實强, 「晚淸中國知識分子對基督敎在華傳敎目的的疑懼」, pp. 148~149.
91. Legge, *The Chinese classics, The Ch'un Ts'ew with the Tso Chuen*(『春秋左傳』), p. 355.
92. 왜인과 서동의 사상 배경에 대해서는 Hao Chang, "The antiforeignist role of Wo-jen, 1804~1871", *Papers on China*, 14(1960), pp. 1~29를 참조하라.
93. 『淸代籌辦夷務始末』, 「同治朝」, 47권, p. 25; 翁同龢, 『翁同龢日記排印本』, 1권, pp. 48, 56.
94. 『淸代籌辦夷務始末』, 「同治朝」, 39권, pp. 1~12, 26.
95. 郭廷以, 『郭嵩燾先生年譜』, 제2책, p. 889. 이 관료 단체에 대한 종합적 견해는 Yen-P'ing Hao, "A study of the Ch'ing-liu tang: the disinterested scholar-official group, 1875~1884", *Papers on China*, 16(1962), pp. 40~65를 참조하라.
96. 장패륜에게 보낸 장지동의 편지는 邵循正 등 편, 『中法戰爭』, 제4책, pp. 518~519에 실려 있다. 일리 위기에 대한 장지동의 관점은 李宗侗·劉鳳翰, 『李鴻藻先生年譜』, 1권, p. 252; 李國祁, 『張之洞的外交政策』, p. 43을 참조하라.
97. 王炳燮, 『毋自欺室文集』, 6권, pp. 29b~30, 41b.
98. 呂實强, 「丁日昌與自强運動」, p. 357; 李恩涵, 『曾紀澤的外交政策』, pp. 75~76.
99. Vadime Elisseeff, "The middle empire, a distant empire, an empire without neighbors", *Diogenes*, 42(1963년 여름), pp. 60~64.
100. Legge, *The Chinese classics, Confucian Analects*(『論語』), p. 282.
101. 呂實强, 『中國官紳反敎的原因』, p. 15.
102. 王炳燮, 『毋自欺室文集』, 6권, p. 40; *The Chinese world order*, p. 295.
103. 李慈銘, 『越縵堂日記』, 동치 6년 6월 3일의 일기에서 그는 1861년에 자신이 건의했던 사실을 회고했다.

104. 郭廷以, 『郭嵩燾先生年譜』, 제2책, p. 499, 526; 閔爾昌 편, 『碑傳集補』, 13권, p. 15.
105. 呂實强, 『中國官紳反教的原因』, pp. 21~22에서 인용했다. 하섭의 견해에 대해서는 그의 『中西紀事』, 16권, p. 6을 참조하라.
106. 王炳燮, 『毋自欺室文集』, 6권, pp. 31b~32; 『清代籌辦夷務始末』, 「同治朝」, 47권, pp. 24~25; 『洋務運動』, 제6책, pp. 153~154.
107. 李宗侗・劉風翰, 『李鴻藻先生年譜』, 1권, pp. 147~154, 241; 2권, p. 414.
108. 王炳燮, 『毋自欺室文集』, 6권, pp. 7b~9, 11; 呂實强, 『中國官紳反教的原因』, p. 31; 『清代籌辦夷務始末』, 「咸豐朝」, 7권, p. 24.
109. 王炳燮, 『毋自欺室文集』, 6권, pp. 8~13b; Paul A. Cohen, *China and Christianity: the missionary movement and the growth of Chinese antiforeignism, 1860~1870*, p. 51; 『海防檔』, 「天險」, p. 212; 郭廷以, 『郭嵩燾先生年譜』, 제2책, p. 857.
110. 王家儉, 『魏源對西方的認識及其海防思想』, p. 176; 王家儉, 『魏源年譜』, p. 82; 翁同龢, 『翁同龢日記排印本』, 4권, p. 1630.
111. 郭廷以, 『郭嵩燾先生年譜』, 제2책, pp. 507, 554, 665, 666, 865.
112. 『清代籌辦夷務始末』, 「咸豐朝」, 98권, pp. 19~20; 李國祁, 『中國早期的鐵路經營』, pp. 37~45, 54~56, 76~78.
113. 翁同龢, 『翁同龢日記排印本』, 2권, p. 992; 『交通史』, 「船政編」, 제1책, pp. 149, 184; 李恩涵, 『曾紀澤的外交政策』, pp. 22~23; 郭廷以, 『郭嵩燾先生年譜』, 제2책, p. 844; 『清代籌辦夷務始末』, 「咸豐朝」, 48권, pp. 12~14.
114. 王家儉, 『魏源對西方的認識及其海防思想』, p. 38; 齊思和 등 편, 『阿片戰爭』, 제5책, p. 409; 제6책, pp. 508~509; 『海防檔』, 「機器局」, 1권, p. 4.
115. 馮桂芬, 『校邠廬杭議』, 2권, p. 66a-b; 鄭觀應, 『易言』, 2권, p. 12; 馬建忠, 『適可齋記言』, 2권, p. 9a-b; 曾紀澤, 『曾惠敏公遺集』, 「文集」, 5권, p. 1; 王韜, 『韜園文錄外編』, 4권, p. 21a-b; 정관잉의 『盛世危言』에 붙인 팽옥린의 서문; 葛士濬 편, 『皇朝經世文續編』, 101권, p. 9b; 陳熾, 『經世博議』, 4권, p. 8b; 王韜 편, 『格致書院課藝』 (1892년집), 1권, pp. 6, 14, 19, 20, 29b; 陳熾, 『庸書』, 8권, pp. 1b~2.
116. 李國祁, 『張之洞的外交政策』, pp. 130~131.
117. 鄭觀應, 『盛世危言』, 4권, p. 8.
118. Liu, "Confucian as patriot and pragmatist", p. 39.

119. 呂實强, 『丁日昌與自强運動』, pp. 252~253; 郭廷以, 『郭嵩燾先生年譜』, 제2책, p. 645; 李恩涵, 『晚淸的收回鑛權運動』, Yen-p'ing Hao, *The comprador in nineteenth century China: bridge betweeen East and West*, pp. 112~120; 『交通史』, 「船政編」, 제1책, p. 147.
120. 鄭觀應, 『盛世危言』, 3권, p. 4; 李恩涵, 『曾紀澤的外交』, pp. 306, 318.
121. 曾國藩, 『曾文正公書札』, 17권, 44a-b; 呂實强, 『丁日昌與自强運動』, pp. 56~62; 『海防檔』, 「機器局」, 1권, pp. 4~5; 『洋務運動』, 제1책, p. 165; 薛福成, 「籌洋芻議」, p. 10b.
122. 『交通史』, 「船政編」, 제1책, pp. 139, 144, 147.
123. 劉廣京, 「鄭觀應易言: 光緖初年之變法思想」, 『淸華學報』, NS, 8-1·2(1970), pp. 373~425; 鄭觀應, 『盛世危言』, 2권, pp. 35b~43; 鄭觀應, 『盛世危言後編』, 1권, p. 1; 2권, p. 37b; 4권, pp. 56b~57; 7권, p. 19; 8권, p. 32; 8권, p. 53.
124. 정관잉 시대의 사회경제적·사상적 배경에 대해서는 Yen-p'ing Hao, "A "new class" in China's treaty ports: the rise of comprador-merchants", *Business History Review*, 44-4(1970년 겨울), pp. 446~459를 참조하라.
125. Robert Hart, *These from the land Sinim, essays on the Chinese question*, pp. 68~69; 王家儉, 「文祥對于世局的認識及其自强思想」, 『國立臺灣師範大學學報』, 1(1973), pp. 219~239; 王韜, 『弢園文錄外編』, 3권, p. 24b; 郭廷以, 『郭嵩燾先生年譜』, 2책, pp. 682, 758; 李恩涵, 『曾紀澤的外交政策』, p. 306.
126. 王韜, 『弢園文錄外編』, 3권, pp. 25~26; 黃遵憲, 『日本國志』, 7권, pp. 21~23; 陳熾, 『庸書』, 7권. p. 4b.
127. 郭廷以, 『郭嵩燾先生年譜』, 2책, pp. 683~684; 何啓·胡禮垣, 『新政眞詮』, p. 11; 鄭觀應, 『盛世危言』, 4권, p. 8; 宋育仁, 『時務論』, pp. 3b, 8b~9.
128. 『洋務運動』, 1책, p. 116; 李恩涵, 『曾紀澤的外交政策』, pp. 304, 306~307; 鄭觀應, 『盛世危言』, 3권, pp. 1b~3b; 4권, p. 9.
129. 『洋務運動』, 1책, p. 165; 曾紀澤, 『曾惠敏公手寫日記』, pp. 2156~2157; 薛福成, 「籌洋芻議」, 서문과 pp. 1b~2.
130. 『淸代籌辦夷務始末』, 「同治朝」, 27권, pp. 25~26b; 「李鴻章致潘鼎新書札」, p. 13.
131. 李恩涵, 『曾紀澤的外交』, p. 35; 郭廷以, 『郭嵩燾先生年譜』, 2책, pp. 574, 863; 李鴻章, 『李文忠公朋僚函稿』, 19권, p. 14.

132. 정관잉의 개혁 사상을 그의 매판 상인 배경과 대조하는 주제에 대해서는 Yen-p'ing Hao, "Cheng Kuan-ying: the comprader as reformer", *Journal of Asian Studies*, 29-1(1969년 11월), pp. 15~22.
133. 『交通史』, 「船政編」, 1책, pp. 154~155; 王爾敏, 『晚淸政治思想史論』, pp. 195, 208; 필영년과 당재상은 1898년 창사에 국제법연구협회를 세웠다.
134. 陳虯, 『經世博議』, 4권, p. 17.
135. 馬建忠, 『適可齋記言』, 2권, pp. 10b~11; 李鴻章, 『李文忠公朋僚函稿』, 6권, p. 42; 李國祁, 『張之洞的外交政策』, pp. 126~213.
136. 李鴻章, 『李文忠公遺集』, 5권, pp. 18~19.
137. 조선 공사 김홍집은 『萬國公法』(Wheaton, *Elements of international law*를 Martin이 번역)에서 '均勢' 라는 용어를 보았다고 대답했다. 국사편찬위원회 편, 『수신사기록(修信使記錄)』, p. 177.
138. 李國祁, 『張之洞的外交政策』, p. 135.
139. 앞의 책, p. 134.
140. 馬建忠, 『適可齋記言』, pp. 13b~14b; 鄭觀應, 『易言』, 2권, p. 13a-b. 張煥綸의 제안은 曾紀澤, 『曾惠敏公使西日記』, 1권, p. 8에 보인다. 또 坂野正高, 「フランス留學時代の馬建忠 ― 外交及び外交官制度に就いての 二つの 意見書」, 『國家學會雜誌』, 84권, 5와 6(1971), pp. 257~293.
141. 郝延平, 「由守舊到革新」, 『大陸雜誌』, 20-7(1960년 4월), pp. 26~27.

4장 군사적 도전: 서북 지역과 연해 지방

1. 팔기와 녹영에 관해서는 魏源, 『聖武記』; 羅爾綱, 『綠營兵志』를 참조하라. 용영이라는 이름은 증국번의 1899년 1월 奏稿(『曾文正公全集』, 「奏稿」, 23권, p. 35)에 처음 나온다. 산동군에 관해서는 『山東軍興紀略』, 4권 상, p. 8; 丁寶楨, 『丁文誠公遺集』, 1권, pp. 4, 37b; 4권, pp. 9, 16을 참조하라. 예군에 관해서는 尹耕雲 등 편, 『豫軍紀略』, 1~3권, p. 11; 5~10권, pp. 10b~11; 12~22권, pp. 5~6을 참조하라. 전군이 잠육영(岑毓英)의 윈난 성 회란 진압 작전에서 기원한다는 주장에 대해서는 王樹槐, 『咸同雲南回民事變』, pp 224~228을 참조하라.

2. Robert H. G. Lee, *The Manchurian frontier in Ch'ing history*, pp. 24~31; Richard J. Smith, "Chinese military institutions in the mid-nineteenth century, 1850~1860" (*Journal of Asian History*, 8-2(1974), pp. 136~141; 章伯鋒 편, 『淸代各地將軍都統大臣等年表, 1796~1911』을 참조하라.
3. 羅爾綱, 『綠營兵志』, pp. 92~100, 126~136, 162~164, 206~207.
4. 앞의 책, pp. 179~181, 213~220, 237~244; 江忠源, 『江忠烈公遺集』, 1권, pp. 2, 4.
5. 『曾文正公全集』, 「奏稿」, 28권, pp. 18b~19.
6. 席裕福 등 편, 『皇朝政典類纂』, 331권, pp. 8~9.
7. 中國科學院 등 편, 『洋務運動』, 3권, pp. 475~479, 484~491, 497~498. 신기영 주력군의 전체 병력은 대략 6,000명을 유지했다. 1881~1882년에 이르러 일본 정보원은 신기영 본부에 보병 3,500명, 기병 2,000명, 포병 500명이 있다는 것을 발견했다. 福島安正 편, 『鄰邦兵備略』, 1권, pp. 21b~22를 참조하라.
8. 王爾敏, 『淮軍志』, pp. 354~355; 李鴻章, 『李文忠公全集』, 「奏稿」, 17권, p. 10b.
9. 『洋務運動』, 3권, pp. 459~470, 481. 1860년대 중반 청 정부는 푸저우(1865년 중반에서 1866년까지)와 우창(1866년 초에서 1868년 중반까지)에서 팔기와 녹영의 훈련을 서양인 교관에게 거듭 요청했다. 앞의 책, pp. 471~472, 482, 492~494를 참조하라.
10. 『皇朝政典類纂』, 333권, p. 11; Lee, *Manchurian frontier*, pp. 123~125.
11. 王爾敏, 「練軍的起源及其意義」, 『大陸雜誌』, 34-7(1976년 4월), p. 216에 유장우의 상주문이 요약되어 있다.
12. 『淸代籌辦夷務始末』, 「同治朝」, 43권, p. 10; 劉長佑, 『劉武愼公遺書』, 12권, pp. 3, 21b, 31~37; 『大淸歷朝實錄』, 「同治朝」, 193권, pp. 18b~19.
13. 『曾文正公全集』, 「書札」, 27권, p. 2; 曾國藩, 『曾文正公手寫日記』, 2권, p. 2856, 1869년 2월 27일자.
14. 『曾文正公全集』, 「奏稿」, 28권, pp. 19b, 36.
15. 앞의 책, 28권, p. 20b; 29권, pp. 13, 16, 18b~19.
16. 左宗棠, 『左文襄公全集』, 14권, p. 17; 19권, pp. 16~21; 呂實强, 『丁日昌與自强運動』, pp. 186~187; 『皇朝政典類纂』, 325권, pp. 4b, 8~10.
17. 劉錦藻 편, 『淸朝續文獻通考』, 202권, pp. 9, 505; Kwang-Ching Liu, "The limits

of regional power in the late Ching period: a reappraisal", *Ch'ing-hua hsueh-pao*, NS, 10-2(1974년 7월), p. 217.
18. 『皇朝政典類纂』, 326권, pp. 6b~8.
19. 공친왕 및 총리대신의 1884년 1월 상주문, 「奏稿」, 『洋務運動』, p. 526; 張佩綸, 『澗于集』, 6권, p. 10.
20. 羅爾綱, 『綠營兵志』, pp. 72~73(주 70~73). 연군(練軍) 사용해 지방 반란을 진압한 경우에 대해서는 『宮中檔光緒奏摺』, 2권, pp. 302, 664, 667; 3권, pp. 172, 318, 323, 399, 445, 518, 753에 더 자세히 나와 있다.
21. Ssu-yü Teng and K. Fairbank, *China's response to the West*, p. 69.
22. Gordon Papers(British Museum), Add. MSS. 52, p. 389의 1864년 8월 26일자; 52, p. 393의 "Confidential memo on the imperialist sphere"(1864).
23. 자세한 내용에 대해서는 Richard J. Smith, 'Foreign training and China's self-strengthening: the case of Feng-huang-shan, 1864~1874", *MAS*, 10-2(1976), pp. 195~223을 참조하라.
24. Gordon Papers, Add. MSS. 52, p. 389의 1864년 6월 19일.
25. 『淸代籌辦夷務始末(同治朝)』, 25권, p. 27. 이홍장은 1864년 7월 여전히 고든이 관장한 훈련 계획을 신임했다. 그는 "앞으로 큰 문제는 더이상 없을 것이다"라고 말했다. 『李文忠公全集』, 「朋僚函稿」, 5권, p. 21을 참조하라.
26. 丁日昌, 『丁中丞政書』, 7권, pp. 10b~11; Alfred E. Hake, *Events in the Taiping Rebellion*, pp. 526~527.
27. 丁日昌, 『撫吳公牘』, 50권, p. 8; FO 228, pp. 453, 492의 1868년 11월 20일 및 1870년 1월 13일 윈스턴리의 보고를 참조하라.
28. FO 228, p. 524의 1873년 1월 6일 윈스턴리의 비망록.
29. 특히 金天柱, 『淸眞釋義』, pp. 1b, 4~5, 17b, 19~21, 25~28을 참조하라.
30. 王樹槐, 『咸同雲南回民事變』, pp. 45~52.
31. 앞의 책, pp. 136~184; Wellington K. K. Chan, "Ma Ju-lung: from rebel to turncoat in the Yunnan rebellion", *Papers on China*, 20(1966), pp. 86~118.
32. 馬德新, 『大化總歸』, 서론 및 작자의 전언; 1권, pp. 15~24, 36~40; 2권, pp. 1~2; 王樹槐, 『咸同雲南回民事變』, pp. 109~127.
33. 黃嘉謨, 『滇西回民政權的聯英外交』, pp. 25~37, 88~113.

34. 白壽彝 편,『回民起義』, 1권 p. 8; 2권 pp. 106, 111~131; 王樹槐,『咸同雲南回民事變』, p. 118, 주 22; 黃嘉謨,「滇西回民政權的聯英外交」, pp. 164~189의 인도 관찬 자료 인용. 田汝康,「有關杜文秀對外關係的幾個關鍵問題」,『歷史研究』, 4, 1963년, pp. 141~150을 참조하라.

35. 佐口秀,『18~19世紀東トルキスタン社會史硏究』, pp. 534~538; Henty Walter Bellew, *Kashmir and Kashgar: a narrative of the journey of the embassy to Kashgar in 1873~1874*, pp. 321~327을 참조하라.

36. 單化普,「陝甘刦餘錄」,『回民起義』, 4권, p. 311; 佐口秀,『18~19世紀東トルキスタン社會史硏究』, pp. 559~579; Joseph Fletcher, "Central Asian Sufism and Ma Ming-hsin's New Teaching", Chieh-hsien Ch'en, ed. *Proceedings of the Foruth East Asian Altaistic Conference*, pp. 75~96;『左文襄公全集』,「奏稿」, 38권, pp. 35b, 63~64.

37. 朱文長,「談有關西北回亂的兩個問題」,『淸華學報』, 5-1(1965), pp. 135~137, 141.

38. 東阿居士(필명),「秦難見聞記」, 馬霄石,『西北回族革命簡史』, pp. 93~96.

39. 單化普,「陝甘刦餘錄」,『回民起義』, 4권, pp. 311~312.

40. 특별한 언급이 없는 경우 섬감의 회란에 관한 내용은 대부분 朱文長(Wen-Djang Chu)의 *The Moslem Rebellion in northwest China, 1862~1878* 및 郭廷以,『近代中國史事日誌』에서 인용했다.

41. 특히 1863년 간쑤-닝샤 변경의 신사들이 올린 상주문에 대해서는 馬霄石,『西北回族革命簡史』, p. 34를 참조하라.

42. 羅正鈞,『左文襄公年譜』, 5권, p. 23; 내용 중 황허 지류는 칭하이의 시닝과 간쑤 서남과 인접한 황허(潢河)를 가리킨다(Mathew의 *Chinese-English Dictionary*, no. p. 2289).

43. 주 40에서 언급된 두 저서와 馬霄石,『西北回族革命簡史』.

44. 「紀事」(원래 중국화된 아랍어로 쓰여진 것을 龐士謙이 중국어로 번역했다),『回民起義』, 3권, p. 240 및 p. 1 맞은편.

45. Chu, *The Moslem Rebellion*, p. 64에 인용되어 있다.

46. 중국 회민, 특히 신장 사건에 대한 Joseph Fletcher의 연구는 전적으로 청조의 중앙아시아 역사에 대한 최근의 연구에 도움을 받았다. 마찬가지로 뉴욕 알바니 주립대학의 Lanny Bruce Fields 교수의 *Tso Tsung-t'ang and the Muslims:*

statecraft in northwest China, 1868~1880에서도 많은 도움을 받았다.

47. 타명은 분명 간쑤 허저우에서 왔으며, 또한 일찍이 신장에 들어오기 전 진지바오를 방문했다. 郭廷以, 『近代中國史事日誌』, 상, p. 449.
48. Immanuel C. Y. Hsu, *The Ili crisis: a study of Sino-Russian diplomacy*, p. 27.
49. Tsing Yuan, "Yakub Beg(1820~1877) and the Moslem rebellion in Chinese Turkestan", *Central Asiatic Journal*, 6(1961), pp. 145~148.
50. 馬霄石, 『西北回族革命簡史』, pp. 61~62; Tsing Yuan, "Yakub Beg", p. 149.
51. G. J. Alder, *British India's northern frontier 1865~1895: a study in imperial policy*, pp. 15~48, 303~305.
52. V. G. Kiernan, "Kashgar and the politics of Central Asia, 1868~1878", *The Cambridge Historical Journal*, 11-3(1955), p. 328에서 인용. 또한 Hsu, *The Ili crisis*, pp. 34~35를 참조하라.
53. 中田吉信, 「同治年間の陝甘の回亂について」, 『近代中國研究』, 3(1959), p. 132; 『左文襄公全集』, 「奏稿」, 30권, pp. 66~67; 37권, p. 64; 「書牘」, 10권, p. 36; 11권, p. 32b.
54. 『左文襄公全集』, 「文集」, 1권, p. 18; 「書牘」, 10권, pp. 23b~26, 52; 11권, p. 10b.
55. Chu, *The Moslem Rebellion*, p. 105; 秦翰才, 『左文襄公在西北』, pp. 51~52.
56. 『左文襄公全集』, 「書牘」, 11권, p. 45; 14권, pp. 48, 55; 16권, p. 27b; 「批札」, 1권, pp. 34~35.
57. 『左文襄公全集』, 「奏稿」, 39권, p. 17.
58. Chu, *The Moslem Rebellion*, pp. 112~119; Liu, "The limits of regional power", p. 204, 주 58~59.
59. 『大淸歷朝實錄』, 「同治朝」, 220권, pp. 26b~27; 244권, pp. 19~29.
60. Chu, *The Moslem Rebellion*, pp. 113~114.
61. 秦翰才, 『左文襄公在西北』, pp. 59~63.
62. Chu, *The Moslem Rebellion*, pp. 127~128. 『左文襄公全集』, 「奏稿」, 32권, p. 10b; 38권, p. 63b.
63. 『左文襄公全集』, 「奏稿」, 31권, p. 16b; 「書牘」, 10권, pp. 32, 52b.
64. 『大淸歷朝實錄』, 「同治朝」, 261권, p. 24; 262권, pp. 17~19; 263권, pp. 10b~11; 276권, p. 23. 1871년 알라산과 오르도스를 여행한 N. Prejevalsky는 두 지역에

서 통간 회란의 영향에 주의했다. 그의 저서 *Mongolia, the Tangut country, and the solitude of northern Tibet*(E. Delmar Morgarn 역), 1권. pp. 198, 210, 259와 p. 238의 주를 참조하라.

65. 『左文襄公全集』,「書牘」, 10권, pp. 19, 26, 36b.
66. 『左文襄公全集』,「奏稿」, 31권, p. 22.
67. 앞의 책, 31권, pp. 2, 23, 27, 28~29;「書牘」, 10권, p. 35; 11권, p. 29를 참조하라.
68. 『左文襄公全集』,「書牘」, 10권, pp. 55b; 11권, pp. 7, 10b;「奏稿」, 33권, pp. 2~3, 17.
69. W. L. Bales, *Tso Tsung-t'ang: soldier and statesman of old China*, pp. 246~247.
70. 『左文襄公全集』,「奏稿」, 34권, pp. 60~61.
71. 간쑤 성 서남에서 진지바오를 지원한 산시(陝西) 회민의 행동에 대해서는 郭廷以,『近代中國史事日誌』, pp. 528~533을 참조하라.
72. 『大淸歷朝實錄』,「同治朝」, 277권, pp. 1~3.
73. 『左文襄公全集』,「書牘」, 11권, pp. 2b, 23b;「奏稿」, 35권, pp. 1~2, 21.
74. 『大淸歷朝實錄』,「同治朝」, 276권, p. 7; 282권, p. 15(6행);『左文襄公全集』,「書牘」, 11권, p. 1b;「奏稿」, 35권, p. 41(8~9행). Bales, *Tso Tsung-t'ang*, pp. 240, 248 의 지도.
75. 『左文襄公全集』,「書牘」, 11권, pp. 21, 27;「奏稿」, 36권, p. 65b; 37권, pp. 12~13, 59.
76. 『左文襄公全集』,「書牘」, 11권, p. 33;「奏稿」, 37권, p. 60; 38권, pp. 3~5; 秦翰才, 『左文襄公』, p. 79.
77. 『大淸歷朝實錄』,「同治朝」, 293권, p. 17; 309권, pp. 22~23; 312권, pp. 10~11; 313권, pp. 1, 11; 315권, p. 6; 319권, p. 12b; 320권, p. 12; 321권, p. 16. Prejevalsky는 우르가에 머물고 있던 1870년 12월에 퉁간인이 울리아수타이를 습격했다는 소식을 들었다. 그는 러시아 군대가 우르가에 파견되어 1년 이상 그곳에 주둔했다고 보고했다. Prejevalsky, *Mongolia*, 1권 pp. 16, 62를 참조하라.
78. 좌종당의 선고에 대해서는『回民起義』, 4권, p. 1 그림을 참조하라. 그러나 청 정

부는 건륭제의 전례에 따라, 금령을 전국적으로 실시하자는 좌종당의 건의에 찬성하지 않았다. 『大淸歷朝實錄』, 「同治朝」, 310권, pp. 15b~16를 참조하라.

79. 馬霄石, 『西北回族革命簡史』, pp. 46~47.
80. 『左文襄公全集』, 「奏稿」, 41권, pp. 5~10, 36, 61~64.
81. 앞의 책, 42권, pp. 50~51; 43권, pp. 24~25.
82. 『左文襄公全集』, 「書牘」, 13권, pp. 23, 32; Gideon Ch'en, *Tso Tsung-t'ang: pioneer promoter of the modern dockyard and the woollen mill in China*, pp. 51~53.
83. Chu, *The Moslem Rebellion*, pp. 149~155; 秦翰才, 『左文襄公』, p. 78.
84. 『左文襄公全集』, 「奏稿」, 43권, pp. 65, 85b~86; 44권, pp. 5b~8; 「書牘」, 13권, pp. 34b~35.
85. 『左文襄公全集』, 「奏稿」, 45권, pp. 19, 79.
86. 左宗棠, 『左文襄公家書』, 6권, p. 58b.
87. C. R. Bawden, *The Modern history of Mongolia*, pp. 154, 174; 馬霄石, 『西北回族革命簡史』, p. 54.
88. 문상이 긴급 궁정 회의에서 진술한 의견은 경관(京官) 李雲麟이 털어놓았다. 李雲麟, 『西陲事略』, pp. 2~3; 羅正鈞, 『左文襄公年譜』, 7권, pp. 36b~37을 참조하라.
89. Chu, *The Moslem Rebellion*, pp. 119~122; 홍콩 은행이 조약항에서 발행한 채권은 이미 500만 냥이었다. 1877년 10월 로버트 하트는 "정부는 중개인 호광용에게 이자 5%를 주었으며, 그는 은행에 10%를, 은행은 공중에게 8%를 주었다"라고 썼다. J. K. Fairbank 등, *The I. G. in Peking*, 1권, p. 251.
90. Immanuel C. Y. Hsu, "The late Ch'ing reconquest of Sinkiang: a reappraisal of Tso Tsung-t'ang's role", *Central Asiatic Journal*, 12-1(1968), pp. 56~58.
91. 秦翰才, 『左文襄公』, pp. 92, 127; Chu, *The Moslem Rebellion*, p. 189; 『左文襄公全集』, 「奏稿」, 48권, p. 69; 「書牘」, 15권, p. 53b; 16권, p. 27; 17권, pp. 1, 39. 좌종당의 실험이 결코 군비 수요를 충족시킬 수 없었다는 것은 王宏志, 「左宗棠平西北亂糧餉之籌劃與轉運硏究」, pp. 96~97에서 밝혀져 있다.
92. 『左文襄公全集』, 「書牘」, 14권, p. 49; 15권, pp. 41~42; 16권, p. 31; 17권, pp. 14, 15b, 36; 18권, p. 26; P. Piassetsky, *Russian travellers in Mongolia and*

China(J. Gordon-Cummings 역), 2권, pp. 156~157.

93. A. N. Kuropatkin, *Kashgaria: historical and geographical sketch of the country; its military strength, industries and trade*(Walter E. Gowan 역), p. 179; 中田吉信,「同治年間の陝甘回亂について」, p. 142, 주 13; 羅正鈞,『左文襄公年譜』, 6권, pp. 36b, 44; 7권, pp. 23b~24;『左文襄公全集』,「書牘」, 15권, p. 59; 16권, p. 65b;「奏稿」, 49권, pp. 5b~6.

94. Kuropatkin, *Kashgaria*, pp. 197~206, 243, 249~250; Louis E. Frechtling, "Anglo-Russian rivalry in eastern Turkestan 1863~1881", *Journal of the Royal Central Asian Society*, 26-3(1939), p. 483에 인용되어 있는 영국 측 자료.

95. 『左文襄公全集』,「書牘」, 15권, p. 34; 16권, p. 10b; 17권, p. 5; Hsu, "The late Ch'ing", p. 59.

96. 『左文襄公全集』,「奏稿」, 49권, pp. 3~4, 58b.

97. Kuropatkin, *Kashgaria*, pp. 180~181;『左文襄公全集』,「書牘」, 17권, p. 11b.

98. 『左文襄公全集』,「書牘」, 18권, p. 9b;「奏稿」, 50권, p. 35.

99. Kuropatkin, *Kashgaria*, pp. 182, 247, 254;『左文襄公全集』,「書牘」, 18권, pp. 22b, 34.

100. 아마 백언호와 다른 퉁간 회민들로 인해 촉발된 것으로 보이는 변경의 반란을 포함해 1878~1879년 사이에 일어난 신장 각 회민 단체와의 소규모 충돌에 관해서는 郭廷以,『近代中國史事日誌』, pp. 641~657을 참조하라.

101. 『左文襄公全集』,「奏稿」, 50권, p. 77.

102. Josephine Nailene Chou, "Frontier studies and changing frontier administration in late Ch'ing China: the case of Shinkiang 1759~1911"(1976년 워싱턴 대학 박사 학위 논문), 6장과 7장.

103. 曾問吾,『中國經營西域史』, p. 364.

104. 이홍장의 주요 사업에 대해서는 K. H. Kim, *Japanese perspective on China's early modernization*, pp. 4~12를 참조하라.

105. Liu, "The limits of regional power", p. 199, 주 35.

106. 앞의 논문, pp. 201~202, 주 49; 王爾敏,『淮軍志』, pp. 356~361.

107. Stanley Spector, *Li Hung-chang and the Huai Army*, pp. 169~171; Liu, "The limits of regional power", p. 203, 주 52;『李文忠公全集』,「奏稿」, 17권, p. 52; 26

권, pp. 38~41.
108. 周盛傳, 『周武壯公遺書』, 「卷首」, pp. 34~35, 38b, 40b, 49b; 4권, pp. 3b~4, 10; 「外集」, 1권, p. 7.
109. 『周武壯公遺書』, 1권 하, p, 24; 2권 하, pp. 1~2, 13; 4권, pp. 19~24, 26b~27, 32~33, 37; 「外集」, 1권, pp. 11~23, 44. 독일에 건너가 군사 훈련을 받은 학생들에 대해서는 王爾敏, 『淮軍志』, p. 203을 참조하라.
110. 『周武壯公遺書』, 1권 하, pp. 2, 14~18, 34~37; 4권, 26b~34. 고든의 신전략에 대해서는 *North-China Herald*, 1880년 9월 11일자를 참조하라.
111. 福島安正, 『鄰邦兵備略』, 3권, p. 45b~46; Mark Bell, *China, being a military report on the northeastern portions of the provinces of Chihli and Shantung; Nanking and its approaches; Canton and its approaches; etc.*, 2권 pp. 4, 57~59; Captain Trotter, "Some remarks on the army of Li Hung-chang", War Office, 33/4(1880) pp. 127~130.
112. 『周武壯公遺書』, 1권 상, p. 19b; 1권 하, pp 41b~42; 2권 하, p. 22b; 4권, pp. 36~37; 「外集」, 1권, pp. 14b, 18b~21, 23b, 36~37; Bell, *China*, 2권, p. 57, 197; Trotter, "Some remarks on the army of Li Hung-chang", p. 129.
113. 『周武壯公遺書』, 2권 하, pp. 16b~17; 4권, pp. 32b~47.
114. 『周武壯公遺書』, 「卷首」, pp. 33b, 49, 56; 2권 하, pp. 1~8, 13; 「外集」, 1권, p. 50b; 王爾敏, 『淮軍志』, pp. 146~147.
115. '성군훈용가(盛軍訓勇歌)'에 대해서는 『周武壯公遺書』, 「外集」, 1권, pp. 50~52를 참조하라. 특히 문제가 된 사항들에 대해서는 앞의 책, pp. 37, 39, 41을 참조하라.
116. 『周武壯公遺書』, 「卷首」, pp. 31b~56.
117. Spector, *Li Hung-chang*, 7장; 王爾敏, 『淮軍志』, pp. 275~290.
118. 王爾敏, 『淮軍志』, pp. 284~289; 『周武壯公遺書』, 2권 하, p. 15; 『李文忠公全集』, 「奏稿」, 25권, p. 46.
119. John L. Rawlinson, *China's struggle for naval development, 1839~1895*, pp. 68~81; Stanley F. Wright, *Hart and the Chinese customs*, pp. 467~478.
120. Chester Holcombe, *China's past and future*, pp. 79~81; William Manchester, *The arms of Krupp 1587~1968*, pp. 150~151.

121. Rawlinson, *China's struggle*, pp. 71, 73~77;『李文忠公全集』,「奏稿」, 37권, pp. 32~34; 40권, pp. 52~56.
122. 슈펠트가 1882년 1월 1일 상원의원 Aaron A. Sargent에게 보낸 편지로 Paul H. Clyde 편, *United States policy toward China: diplomatic and public documents 1839~1939*, p. 163에서 재인용했다.
123. Rawlinson, *China's struggle*, p. 85; Knight Biggerstaff, *The earliest modern government schools in China*, pp. 46~49, 177~178.
124. 앞의 책, p. 249;『李文忠公全集』,「朋僚函稿」, 19권, p. 41.
125. Fairbank, *The I. G. in Peking*, 1권. pp. 537~538.
126. Rawlinson, *China's struggle*, p. 92에서 재인용.
127. 특히 Lloyd E. Eastman, *Throne and mandarins: China's search for a policy during the Sino-French controversy 1880~1885*, pp. 48~50, 87~90; 郭廷以,『臺灣史事槪述』, pp. 169~174를 참조하라.
128. Eastman, *Throne and mandarins*, pp. 198~200.
129. Henri Cordier, *Histoire des relations de la Chine avec les puissances occidentales*, 2권, p. 481 이하; *North-China Herald*, 1885년 5월 22일; Henry McAleavy, *Black fags in Vietnam: the story of a Chinese intervention*, pp. 230~231.
130. *North-China Herald*, 1885년 5월 22일; James G. Scott, "The Chinese brave", *Asiatic Quarterly Review*, 1(1886) pp. 226~244.
131. 劉銘傳,『劉壯肅公奏議』, 3권, pp. 5, 9~11.
132. Rawlinson, *China's struggle*, p. 115; Eastman, *Throne and mandarins*, p. 166(주 5); 張之洞,『張文襄公全集』, 7권, pp. 13b~14. Clyde, *United States policy*, p. 180을 참조하라.
133. 王家儉,「淸季的海軍衙門」,『中國歷史學會史學集刊』, 5(1973), p. 2. 1871년 이홍장은 증국번에게 보낸 편지에서 증국번의 계획에 대해 언급하며 "그것은 현재로서는 실현할 수 없습니다. 따라서 조정은 그것을 한쪽으로 제쳐두려 하고 있습니다"라고 썼다.『李文忠公全集』,「朋僚函稿」, 11권, p. 1을 참조하라.
134. 王家儉,「淸季的海軍衙門」, pp. 14~18.
135. 吳相湘,『晩淸宮廷實紀』, pp. 134~135, 145.

136. 앞의 책, p. 131; 張其昀 등 편, 『淸史』, 6권, p. 4902.
137. 『洋務運動』, 1권, pp. 117~118; 李國祁, 『中國早期的鐵路經營』, pp. 57~58.
138. 『李文忠公全集』, 「朋僚函稿」, 20권, p. 60; 包遵彭, 「淸季海軍經費考實」, 『中國歷史學會史學集刊』, 1(1969), p. 21.
139. 包遵彭, 「淸季海軍」, pp. 28~31.
140. 『大淸歷朝實錄』, 「光緖朝」, 209권, p. 1b; 221권, pp. 10b~11. 순친왕의 편지는 『李文忠公全集』, 「海軍函稿」, 2권, pp. 22b~23에 실려 있다. 또한 2권, p. 36; Charles J. Stanley, *Late Ch'ing Finance: Hu Kuang-yung as an innovator*, p. 58도 참조하라.
141. 包遵彭, 「淸季海軍」, pp. 26~28; Rawlinson, *China's struggle*, p. 139; 『洋務運動』, 3권, p. 12.
142. 「北洋海軍章程」, 『洋務運動』, 3권, pp. 195~264. 또한 pp. 200, 203, 206 등도 참고하라.
143. 이러한 요구와 각 성 관리들이 실제 조성한 200만 냥의 처리 상황에 대해서는 吳相湘, 『近代史論叢』, 1책, pp. 151~170; 包遵彭, 「淸季海軍」, pp. 38~42에서 논의되고 있다.
144. 『大淸歷朝實錄』, 「光緖朝」, 252권, p. 1; 294권, p. 9; 296권, p. 8.
145. 『李文忠公全集』, 「奏稿」, 71권, p. 3; 74권, p. 33; 76권, p. 50; 78권, p. 53(1행); Spector, *Li Hung-chang*, p. 231; 王家儉, 「旅順建港始末」, 『中央硏究院近代史硏究所集刊』, 5(1976년 6월), p. 261.
146. Rawlinson, *China's struggle*, pp. 158~163; Fairbank, *The I. G. in Peking*, 1권, pp. 473~474.
147. Rawlinson, *China's struggle*, p. 165; A. E. J. Cavendish, "The armed strength(?) of China", *Journal of the Royal United Service Institution*, 42(1898년6월), p. 720.
148. *North-China Herald*, 1890년 6월 6일; 7월 4일; 8월 15일; Fairbank, *The I. G. in Peking*, 1권, pp. 797, 801. 이 밖에도 姚錫光, 「東方兵事紀略」, 邵循正 등 편, 『中日戰爭』, 1책, pp. 62~63을 참조하라.
149. William Ayers, *Chang Chih-tung and educational reform in China*, pp. 108~113; Biggerstaff, *The earliest modern government schools*, pp. 54~57. 이

밖에 Rawlinson, *China's struggle*, p. 91을 참조하라.

150. 包遵彭,『中國海軍史』, pp. 232~236; Biggerstaff, *The earliest modern government schools*, pp. 58~60; *North-China Herald*, 1892년 11월 18일; 1894년 1월 12일.

151. 『大淸歷朝實錄』,「光緖朝」, 215권, p. 5;『劉壯肅公奏議』, 6권, p. 4.

152. 呂實强,『丁日昌與自强運動』, pp. 229, 283~319;『洋務運動』, 1권, pp. 121, 131; 黃嘉謨,「中國電線的創建」,『大陸雜誌』, 36-6 · 7 합간(1968년 4월), pp. 179~180.

153. 『劉壯肅公奏議』, 6권, pp. 1b, 3b; 8권, pp. 16b, 18b. 이 밖에도 林東辰,『臺灣貿易史』, p. 186을 참조하라.

154. James W. Davidson, *The island of Formosa past and present: history, resources and commercial prospects*, p. 247. William M. Speidel, "The administrative and fiscal reforms of Liu Ming-ch'uan in Taiwan, 1884~1891: foundation for self-strengthening", *JAS*, 35-3(1976년 5월) p. 458.

155. William M. Speidel, "Liu Ming-ch'uan in Taiwan, 1884~1891"(1967년 예일 대학 박사 학위 논문), pp. 165~166, 170~172.

156. Samuel C. Chu, "Liu Ming-ch'uan and modernization of Taiwan", *JAS*, 23-1(1963년 11월) pp. 47~48.

157. 『劉壯肅公奏議』, 2권, pp. 11~14, 20.

158. Speidel, "The administrative and fiscal reforms", p. 450, 주46; Speidel, "Liu Ming-ch'uan", pp. 168, 177~178; 郭廷以,『臺灣史事槪述』, p. 202.

159. 『李文忠公全集』,「朋僚函稿」, 10권, p. 35b.

160. 유명전의 전부(田賦) 개혁과 그 배경에 대한 이상의 설명은 Speidel, "The Administrative and fiscal reforms", pp. 452~454; Ramon H. Myers, "Taiwan under Ch'ing imperial rule, 1684~1895: the traditional economy", *Journal of Institute of Chinese Studies of the Chinese University of Hong Kong*, 5-2(1972년 12월) pp. 383~386; Edgar B. Wickberg, "Late nineteenth century land tenure in Taiwan", Leonard H. D. Gordon 편, *Taiwan: studies in Chinese local history* 중 특히 pp. 86~88을 참고했다.

161. Speidel, "The Administrative and fiscal reforms", p. 454(주 64)를 참조하라.

162. 『劉壯肅公奏議』, 8권, pp. 21b~22; p. 20b도 참조하라.

163. 특히 Davidson, *The island of Formosa*, pp. 114, 135 이하, 252를 참조하라.
164. Speidel, "Liu Ming-ch'uan", pp. 288~294.
165. 『劉壯肅公奏議』, 6권, p. 5b; 9권, pp. 17b, 23. 유명전이 1889년에 재차 올린 상주문들에 대한 황제의 비답에 관해서는 9권, p. 23b를 참조하라.
166. 『大淸歷朝實錄』, 「光緖朝」, 276권, pp. 13~14.
167. Albert Feuerwerker, *China's early industrialization: Sheng Hsuan-huai(1844~1916) and mandarin enterprise*, p. 133, 표 11을 참조하라.
168. Speidel, "Liu Ming-ch'uan", p. 405, 주 14. 또한 『劉壯肅公奏議』, 1권, p. 20도 참조하라.
169. Chu, "Liu Ming-ch'uan", pp. 40~42, 44~46; 黃嘉謨, 『甲午戰前之臺灣煤務』, pp. 223~235; 『大淸歷朝實錄』, 「光緖朝」, 288권, p. 89.
170. Chu, "Liu Ming-ch'uan", p. 50. 이 외에 H. B. Morse, *The international relations of the Chinese empire*, 3권, pp. 77~78을 참조하라.
171. 미 육군 사관학교에 중국 학생을 입교시키지 못한 점에 대해서는 US Department of State, *Foreign relation of the United States*, 1875년, 1부, pp. 227~228; Holcombe, *China's past and future*, pp. 82~83을 참조하라.
172. Peter S. Michie, *The life and letters of Emory Upton*, pp. 290~298, 309~310; 『洋務運動』, 3권, p. 552; 王家儉, 「北洋武備學堂的創始及其影響」, 『國立臺灣師範大學歷史學報』, 4(1976년 4월), pp. 319~320.
173. 王家儉, 「北洋武備學堂」, pp. 324, 339(주 18), 341(주 36); Biggerstaff, *The earliest modern government schools*, p. 85.
174. Biggerstaff, *The earliest modern government schools*, pp. 61~62; 王家儉, 「北洋武備學堂」, pp. 7~8; 『李文忠公全集』, 「奏稿」, 53권, pp. 42~44; 74권, p. 23; Cavendish, "The armed strength(?) of China", p. 717.
175. *North-China Herald*, 1887년 4월 13일.
176. 앞의 신문; Biggerstaff, *The earliest modern government schools*, p. 63, 王家儉, 「北洋武備學堂」, p. 8.
177. 王家儉, 「北洋武備學堂」, pp. 9~19; Holcombe, *China's past and future*, pp. 84~85.
178. Ayers, *Chang Chih-tung*, pp. 110~113(특히 주 42); Biggerstaff, *The earliest*

modern government schools, pp. 64~65.

179. 특히 작자 미상의 "The Chinese and Japanese armies", *Journal of the Military service Institution of the United States*, 15(1894) pp. 255~259; *North-China Herald*, 1890년 6월 6일과 1894년 6월 29일 및 7월 27일자를 참조하라.

180. *North-China Herald*, 1894년 9월 21일; Rawlinson, *China's struggle*, pp. 162, 169; Ernst Presseisen, *Before aggression: Europeans prepare the Japanese army*, pp. 140~141.

181. Aritomo Yamagata, "The Japanese army", Shigenobu Ōkuma, ed. *Fifty years of new Japan*, 1권 p. 209; Richard J. Smith, "Reflections on the comparative study of modernization in China and Japan: military aspects", *Journal of the Hong Kong Branch of the Royal Asiatic Society*, 16(1976) pp. 11~23.

182. Presseisen, *Before aggression*, 특히 3장과 4장; T. A. Brassey, ed. *The naval annual, 1895*, p. 91; Frederick T. Jane, *The imperial Japanese navy*, p. 36; Alfred Vagts, *Defense and diplomacy: the soldier and the conduct of foreign relations*, p. 185; 王樹槐,『外人與戊戌變法』, p. 89(주 28)를 참조하라.

183. 이하 전쟁에 관한 개설은 주로 姚錫光,『東方兵事紀略』(『中日戰爭』, 1책, pp. 1~108에 수록);『日清戰爭實記』중『中日戰爭』, 1책, pp. 218~286에 수록된 중국어 발췌 번역본; 일본 참모본부, *History of the war between Japan and China*, vol. 1; E. Bujac, *Précis de quelques compagnes contemporaines*, vol. 2; *La Guerre sino-japonaise*; Kuo Sung-p'ing, "Chinese reaction to foreign encroachment"(1953년 컬럼비아 대학 박사 학위 논문); 鄭昌淦,『中日甲午戰爭』; 劉鳳翰,「甲午戰爭雙方兵力的分析」,『中國一周』, 829(1966년 3월 14일), pp. 13~16; 830(1966년 3월 21일), pp. 11~14; N. W. H. DuBoulay, *An epitome of the China-Japanese War, 1894~1895*; Richard Wallach, "The war in the East", *Proceedings of the United States Naval Institute*, 21-4(1895) pp. 691~739를 참고했다. 일본 쪽의 연구에 대해서는「서지학적 에세이」가운데 본 장에 해당하는 부분을 보라.

184. Vladimir(Zenone Volpicelli의 필명), *The China-Japan War compiled from*

Japanese, Chinese, and foreign sources, pp. 215, 223, 231; 姚錫光,『東方兵事紀略』,『中日戰爭』, 1책, pp. 34~36;『日淸戰爭實記』,『中日戰爭』, 1책, pp. 246~256.

185. Lieutenant Sauvage, *La Guerre sino-japonaise 1894~1895*, p. 204; Vladimir, *The China-Japan War*, pp. 303~304;『日淸戰爭實記』,『中日戰爭』, 1책, pp. 269~275.

186. 『日淸戰爭實記』,『中日戰爭』, 1책, pp. 275~278쪽; DuBoulay, *An epitome*, pp. 63~65; Sauvage, *La Guerre*, pp. 220~227.

187. 姚錫光,『東方兵事紀略』,『中日戰爭』, 1책, pp. 90~108; DuBoulay, *An epitome*, pp. 62, 70~71; Sauvage, *La Guerre*, p. 229;『日淸戰爭實記』,『中日戰爭』, 1책, pp. 281~285.

5장 사상의 변화와 개혁 운동(1890~1898년)

1. Hao Chang, *Liang Ch'i-ch'ao and intellectual transition in China, 1890~1907*, pp. 7~34.
2. 翦伯贊 등 편,『戊戌變法』, 2권, p. 18.
3. 이에 관해서는 R. P. Dore 등이 고증한 바 있다.
4. Knight Biggerstaff, *The Earliest Modern Government Schools in China* p. 1~93.
5. R. P. Dore, *Education in Tokugawa Japan*, p. 2.
6. 丁文江,『梁任公先生年譜長編初稿』, 1권, pp. 11~14.
7. 梁啓超,『西學書目表』, 知識會 편,『知識叢書初記』, 1896년,「序」, pp. 9~10.
8. 王樹槐,『外人與戊戌變法』, pp. 9~25, 33~46.
9. Adrian A. Bennett and Kwang-Ching Liu, "Christianity in the Chinese idiom: Young J. Allen and the early *Chiao-hui hsin-pao*, 1868~70", John K. Fairbank, ed. *The missionary enterprise in China and America*, pp. 159~196. Adrian A. Bennett, comp., *Research Guide to the* Chiao-hui hsin-pao(*The Church News*), *1868~1874; Research Guide to the* Wan-kuo

kung-pao(*The Globe Magazine*), 1874~1883. 1889년 이후 영문 제호는 *The Review of the Times*였다.

10. 王樹槐, 『外人與戊戌變法』, pp. 40~44; Richard H. Shek, "Some Western influences on T'an Ssu-t'ung's thought", in Paul A. Cohen and John E. Schrecker, eds., *Reform in nineteenth-century China*, pp. 194~203.

11. Chi-yun Chen, "Liang Ch'i-ch'ao's 'Missionary Education': a case study of missionary influence on the reformers", *Papers on China*, 16(1962), pp. 111~112.

12. 宋育仁, 『采風記』, 知學會, 『知學叢書初記』, 1권, pp. 6a-b, 13a~14a; 『戊戌變法』, 1권, pp. 55~58, 177~180, 198~201, 228, 245~247. 또 Lloyd E. Eastman, "Political reformism in China before the Sino-Japanese War", *JAS*, 27(1968년 8월), pp. 695~710를 참조하라.

13. 『戊戌變法』, 1권, p. 245.

14. 何啓·胡禮垣, 『新政眞詮』, 5권, pp. 42b~61b.

15. 宋育仁, 『采風記』, 1권, pp. 14a-b, 15a, 23a-b, 24b, 26.

16. 何啓·胡禮垣, 『新政眞詮』, 5권, pp. 9b~15, 19~23, 42b~61b. 이 밖에도 Paul A. Cohen, "Littoral and hinterland in nineteenth century China: the 'Christian Reformers'", John K. Fairbank, ed. *The missionary enterprise in China and America*, pp. 197~225를 참조하라.

17. 小野川秀美, 『清末政治思想研究』, pp. 75~111.

18. Richard C. Howard, "K'ang Yu-wei(1858~1927): his intellectual background and his early thought", in Arthur F. Wright and Denis Twitchett, eds. *Confucian personalities*, pp. 303~305.

19. 『戊戌變法』, 2권, pp. 123~131.

20. 湯志鈞, 『戊戌變法史論叢』, pp. 154~178.

21. Richard C. Howard, "Japan's role in the reform program of K'ang Yu-wei", Jung-pang Lo ed. *K'ang Yu-wei: a biography and a symposium*, pp. 288~302.

22. 湯志鈞, 『戊戌變法史論叢』, pp. 168~169.

23. 小野川秀美, 『清末政治思想研究』, pp. 75~111.

24. Hao Chang, *Liang Ch'i-ch'ao*, pp. 48~52.
25. Hsiao Kung-chuan, "K'ang Yu-wei and Confucianism", *Monumenta Serica*, 18(1958), pp. 88~212.
26. Hao Chang, *Liang Ch'i-ch'ao*, pp. 52~57.
27. 앞의 책, pp. 41~47.
28. 湯志鈞, 『戊戌變法人物傳稿』, p. 334.
29. 湯志鈞, 『戊戌變法史論叢』, pp. 222~227.
30. 앞의 책, p. 334.
31. 湯志鈞, 『戊戌變法史論叢』, p. 249.
32. 앞의 책, pp. 16, 227~229.
33. 앞의 책, pp. 231~243, 249~250.
34. Hao Chang, *Liang Ch'i-ch'ao*, pp. 73~120.
35. Benjamin Schwartz, *In search of wealth and power: Yen Fu and the West*, pp. 42~112.
36. 譚嗣同, 『譚嗣同全集』, pp. 56~90.
37. Philip A. Kuhn, *Rebellion and its enemies in late imperial China: militarization and social structure, 1796~1864*, pp. 189~225.
38. 吳天任, 『黃公度先生傳稿』, pp. 1~223.
39. 湯志鈞, 『戊戌變法人物傳稿』, pp. 181~182.
40. 『湖南近百年大事記述』, pp. 137~138.
41. 앞의 책, pp. 126~129. 또한 小野川秀美, 『淸末政治思想硏究』, pp. 281~284도 참조하라.
42. 小野川秀美, 『淸末政治思想硏究』, pp. 281~283; Charlton M. Lewis, "The reform movement in Hunan(1896~1898)", *Papers on China*, 15(1961) pp. 62~90. 또한 Charlton M. Lewis, *Prologue to the Chinese Revolution: the transformation of ideas and institutions in Hunan province, 1891~1907*도 참조할 것.
43. 『湖南近百年大事記述』, pp. 137~138; 吳天任, 『黃公度』, pp. 156~196.
44. 『湖南近百年大事記述』, pp. 113, 138~139.
45. 湯志鈞, 『戊戌變法人物傳稿』, pp. 183~186.

46. Hao Chang, *Liang Ch'i-ch'ao*, pp. 125~128.
47. 王爾敏, 『晚清政治思想史論』, pp. 101~133; 皮錫瑞,「士夫堂未刊日記」,『湖南歷史資料』, 1권(1958), p. 80.
48. 湯志鈞, 『戊戌變法人物傳稿』, pp. 189~197. 또한 唐才質,「唐才常和時務學堂」,『湖南歷史資料』, 3권(1958) pp. 98~108도 참조하라.
49. 『湖南近百年大事記述』, pp. 142~145. 또한 蘇輿, 『翼敎叢編』, 5권, pp. 14~18b도 참조하라.
50. 蘇輿, 『翼敎叢編』, 3권, pp. 30~34; 4권, pp. 1~83.
51. 李澤厚, 『康有爲譚嗣同思想研究』, p. 51.
52. 蘇輿, 『翼敎叢編』, 4권, pp. 1~83; 5권, pp. 12~13, 14~18b.
53. 湯志鈞, 『戊戌變法史論叢』, p. 251; 蘇輿, 『翼敎叢編』, 3권, pp. 14~25.
54. 張之洞, 『勸學編』 3권, p. 80.
55. 蘇輿, 『翼敎叢編』, 5권, pp. 12~13; 『湖南近百年大事記述』, pp. 151~152.
56. 蘇輿, 『翼敎叢編』, 5권, p. 1; 『湖南近百年大事記述』, pp. 151~152.
57. 『湖南近百年大事記述』, pp. 162~164; 黃彰健, 『戊戌變法史研究』, pp. 371~405; 曾廉, 『甌庵集』, 12권, pp. 1~19b.
58. Kwang-ching Liu, "Nineteenth-century China: the disintegration of the old order and the impact of the West", Ping-ti Ho and Tang Tsou, eds. *China in crisis*, 1권 상, pp. 109~112.
59. Kung-ch'uan Hsiao, "Weng T'ung-ho and the reform movement of 1898", 『淸華學報』, NS, 1. 2(1957년 4월), pp. 111~245; 『戊戌變法』, 1권, p. 508.
60. 傅宗懋, 『淸代軍機處組織及職掌之硏究』, pp. 529~683.
61. 王樹塊, 『外人』, p. 53; 『戊戌變法』 1권, pp. 509~512.
62. Kung-ch'uan Hsiao, "Weng T'ung-ho", pp. 111~243.
63. 앞의 논문.
64. 앞의 논문.
65. 湯志鈞, 『戊戌變法史論叢』, pp. 154~221.
66. 앞의 책, pp. 256~261.
67. 앞의 책, pp. 256~260; 湯志鈞, 『戊戌變法人物傳稿』, pp. 344~350; John Schrecker, "The Pao-kuo hui: a reform society of 1898", *Papers on China*,

14(1960) pp. 50~64.

68. 湯志鈞,『戊戌變法史論叢』, pp. 178~216; 黃彰健,『戊戌變法史研究』, pp. 1~305.
69. 湯志鈞,『戊戌變法史論叢』, pp. 154~221.
70. 劉伯驥,『廣東書院研究』, pp. 78~79, 337~430; Tilemann Grimm, "Academies and urban system in Kwangtung", G. William Skinner, ed. *The city in late imperial China*, pp. 475~498.
71. 謝國楨,「清代書院學校制度變遷考」, 胡適 等 編,『張菊生七十生日紀念論文集』, pp. 281~322.
72. 강표(江標)의 교육 개혁에 관해서는 小野川秀美,『淸末政治思想硏究』, pp. 276~281을 참조하고, 료수풍(廖壽豊)의 교육 개혁은『戊戌變法』, 2권, pp. 375~381 및 盛郎西,『中國書院制度』, pp. 223~230을 참조하라.
73. 『戊戌變法』, 2권, pp. 292~296.
74. 梁啓超,「南海康先生傳」,『飮冰室文集』, 3권, pp. 64~67.
75. Frederic Wakeman, Jr, "The price of autonomy: intellectuals in Ming and Ch'ing politics", *Daedalus*, 101-2(1972년 봄) pp. 35~37. 이 외에 張玉法,『淸系的立憲團體』, pp. 6~23도 참조하라.
76. 여기에 제시된 학회의 총수는『시무보』,『상학보(湘學報)』,『지신보(知新報)』등에 보고된 학회들과 장위파(張玉法), 탕즈쥔(湯志鈞), 왕얼민(王爾敏) 등이 열거한 학회 목록 등을 근거로 계산된 것이다. 張玉法,『淸季的立憲團體』, pp. 199~206; 王爾敏,『晚淸政治思想史論』, pp. 134~165; 湯志鈞,『戊戌變法史論叢』, pp. 222~270을 참조하라.
77. Wakeman, The price of autonomy, pp. 55~67; 張玉法,『淸季的立憲團體』, pp. 199~206; 王爾敏,「淸季學會彙報」pp. 134~165.
78. Masao Maruyama, "Patterns of individuation and the case of Japan: a conceptual scheme", in Marius B. Jansen, ed. *Changing Japanese attitudes toward modernization*, pp. 459~531.
79. Roswell S. Britton, *The Chinese periodical press, 1800~1912*, pp. 1~85.
80. 1895년부터 1898년 사이에 출판된 신문의 총수에 대한 대략적인 추산치는『시무보』,『지신보』,『상학보』에 보고된 내용들과 湯志鈞,『戊戌變法史論叢』, pp. 227~270과 張靜廬,『中國近代出版史料初編』, pp. 65~84에 기록된 신문 목록들을

근거로 한 것이다.
81. 『시무보』 배포소의 총수는 발행된 신문 안에 기록된 명부를 바탕으로 계산한 것이다.
82. 湯志鈞,『戊戌變法史論叢』, p. 236.
83. 張之洞,『勸學篇』, 2권, p. 16a-b(pp. 111~117).
84. Britton, *The Chinese periodical press*, pp. 1~85.
85. 『戊戌變法』, 4권, pp. 542~545.
86. Paul A. Cohen, "Wang T'ao and incipient Chinese nationalism", *JAS*, 26-4(1967년 8월), pp. 559~574; Paul A. Cohen, *Between tradition and modernity: Wang T'ao and reform in late Ch'ing China*를 참조하라.
87. 謝國楨,『明淸之際黨社運動考』, pp. 145~255.